신내림의 철학자 하이데거

하이데거의 마법에서 깨어나기

신내림의 철학자 하이데거

하이데거의 마법에서 깨어나기

2024년 1월 5일 초판 인쇄
2024년 1월 10일 초판 발행

지은이 | 문성학
펴낸이 | 이찬규
펴낸곳 | 북코리아
등록번호 | 제03-01240호
주소 | 13209 경기도 성남시 중원구 사기막골로 45번길 14
우림2차 A동 1007호
전화 | 02-704-7840
팩스 | 02-704-7848
이메일 | ibookorea@naver.com
홈페이지 | www.북코리아.kr
ISBN | 978-89-6324-307-8 (93160)

값 29,000원

문성학

MARTIN HEIDEGGER

신내림의 철학자 하이데거

하이데거의 마법에서 깨어나기

북코리아

들어가며

나는 교수 생활을 하면서, 언젠가 적절한 시기가 되면 형이상학에 대한 칸트의 입장을 보다 분명하게 밝혀보는 작업을 해야겠다고 생각했으나, 결국 이런저런 이유로 그 작업을 정년 이후로 넘기게 되었다. 나는 2021년 2월 말에 정년퇴직을 했으며, 그때부터 미뤄두었던 숙제를 시작했다. 그 숙제를 하는 중에, 칸트의 형이상학에 대한 하이데거의 입장을 면밀하게 검토할 필요성을 느꼈다. 처음에는 한 장(章) 정도의 분량으로 만들 구상을 했으나, 분량이 늘어나면서 결국 하이데거에 대한 별도의 책을 한 권 만들게 되었다.

이 책은 단순히 하이데거(M. Heidegger, 1889-1976)에 대한 해설서가 아니다. 나는 하이데거와 철저하게 대결하기를 마다하지 않았다. 필자는 이 책에서 하이데거가 본인이 인정하는 것보다 훨씬 더 많이, 그리고 학계에서 파악하고 있는 것보다 더 심대하게 칸트철학에 의존하고 있음을 밝힐 것이다. 내가 하이데거와 대결하는 입각점은 '가능적 무한-현실적 무한'의 구분이다.

우리는 이 책에서 하이데거가 서양철학 2,500년의 역사를 존재 망각의 역사라고 진단한 것이 잘못이며, 오히려 하이데거야말로 참다운 무한자에 대해 사유하지 못하고 있음을 주장하고 있다. 나는 '존재사유'라는 총을 들고 형이상학적 쿠데타를 일으켜 플라톤(Platon, B.C. 428? - B.C. 424?)과 칸트(I. Kant, 1724-1804)를 형이상학의 왕좌에서 쫓아내고 그 자리를 차지하려 했던 하이데거의 형이상학이 사이비 형이상학임을 밝히고, 플라톤과 칸트를 복권시키고자 한다. 현존재 분석을 통해 존재로 나아가려 했던 하이데거의 전기 사유는 가능적 무한의 사유, 즉 '현실적 무한자 망각의 사유'이며, 존재로부터 현존재로 나아가려 했던 후기의 사유는 현실적 무한자를 사유대상으로 삼으려 한 흔적이 강하게 보이나, 만약 하이데거가 정말로 현실적 무한을 후기에 받아들였다면, 하이데거의 전기 사유와 후기 사유는 일관성을 가질 수 없다는 것이 나의 생각이다. 하이데거가 존재 망각의 사유로 규정한 플라톤, 기독교, 칸트가 오히려 참다운 무한자에 대한 사유를 하고 있다는 것이다. 물론 나는 플라톤 철학이나 기독교 신앙이나 칸트의 철학이 다 진리의 주장을 펼치고 있다고 생각하지는 않는다. 내가 말하고자 하는 요점은 그런 사유체계에서 다루어지는 이데아의 세계나 신이나 물자체가 하이데거가 말하듯이 존재자가 아니라는 것이다.

필자는 이미 칸트의 『순수이성비판』의 다양한 문제들에 대해서도 가능적 무한의 관점에서 해석한 바 있다. 칸트에 대해 공부하면서, 하이데거가 칸트의 '선험적 형이상학'을 가능적 무한의 형이상학으로 해석하고 있음을 알게 되었다. 물론 하이데거는, 내가 아는 범위에서는, 가능적 무한이라는 용어를 그의 책 어디에서도 사용하지 않고 있다. 그럼에도 불구하고 그가 인간이란 말 대신에 사용하는 '현존재'의 본질을 '초월'로 규정할 때, 그는 칸트의 선험적 주관을 현존재로 바꾸어 읽는 셈이다. 하이데거의 현존재가 칸트가 말하는 선험적 주관의 실존철학적 변형이기에, 현존재는 가능적 무한자가 될 것이다. 선험적 주관을 가능적 무한자로 보는 점에서 하이데거는 필자와 입장이 비슷하지만, 그는 '선험적 형이상학'을 칸트가 구상한 비판적 형이상학의 전부로 봄으로써 칸트의 형이상학에 대한 나의 입장과 결정적으로 갈라선다.

나는 이 책에서 칸트의 형이상학에 대한 하이데거의 해석이 옳으냐 그르냐 하는 문제를 다루고 있지 않다. 그 문제에 관한 한, 답은 나와 있다. 그것보다 더 중요한 문제는 과연 하이데거의 철학 그 자체가 옳으냐 그르냐 하는 문제일 것이다. 나는 이 책에서 하이데거가 야심차게 추진했던 서양 형이상학에 대한 해체작업과 재건작업이 실패했음을 밝히는 것을 목표로 하고 있다. 그는 자기 이전의 모든 서양의 형이상학은 존재자의 형이상학이며, 따라서 숨겨진 허무주의의 형이상학이라고 말한다. 그리고 그것을 간파하고 신의 죽음을 폭로한 뒤에 그 대안으로 초인의 철학을 주장한 니체(F. W. Nietzsche, 1844-1900)의 철학도 허무주의 철학이라고 주장한다. 하이데거 자신은 허무주의를 진정으로 극복했다고 말하지만, 나는 하이데거가 새로운 유형의 허무주의라고 생각한다.

하이데거가 지적하고 있듯이 플라톤의 선의 이데아나 기독교의 신이나 스피노자(B. Spinoza, 1632-1677)의 실체가 존재자로 보이는 측면이 있으며, 그들의 형이상학이 존재 망각의 형이상학처럼 보이는 측면을 가지고 있기도 하다. 그러나 나는 그런 관찰이 피상적인 관찰이라고 생각한다. 그들은 한결같이 무한자(존재)를 사유했으며, 결코 유한자(존재자)를 사유하지 않았다. 만약 그들이 신이나 선의 이데아의 세계나 실체의 이름으로 존재자를 사유했다면, 그들은 그런 것들을 유한자로 사유했다는 말이 될 것이다. 그러나 이렇게 추리하는 것은 전혀 설득적이지 않다. 이 단순한 사실이 말해주는 것은 무엇인가? 그들이 존재자와 존재의 존재론적 차이를 무시하고 존재 망각의 사유를 했다는 하이데거의 주장은 과도하다는 것이다. 무한자에다 특정한 명칭을 붙이는 순간에 사람들은 무한자를 유한자로 착각하게 된다. 그래서 노자(B.C. 6세기 - B.C. 4세기로 추정)는 무한자에 대해 이름 붙이기를 거부하는 방식으로 무한자가 유한자 취급받는 것을 피하려 했다. "도가도 비상도, 명가명 비상명"(道可道 非常道, 名可名 非常名)이라 했다. "도를 도라고 말할 수 있다면, 영구불변의 도가 아니며, 이름을 이름이라 말할 수 있으면 영구불변한 이름이 아니다"라고 말한 것이다. 중세의 부정신학도 그런 이유에서 신을 적극적으로 '~이다'라는 식으로 규정하기보다는, '~이 아니다'라는 식으로 묘사하려 했다. 무한자가 선의 이데아나 신이나 실체라는 이름을 갖게 되는 순간, 존재자로 오해받을 여지가 있다고 하더라도 이름만 보고 무한자를 유한자로 간주해버리는 것은, 포장지가 허술하다고 그 속에 싸인 귀중품을 버리는 것이 될 것이다. 하이데거는 기존의 형이상학을 존재자의 형이상학이라고 규정하면서 해체하는데, 그것은 목욕물을 버리면서 아이까지 버리는 잘못을 저지르는 일이라는 것이 나의 판단이다. 하기야 하이데거가 평생을 탐구한 '존재'라는 것도, 노자가 그토록 이름 붙이기를 꺼렸던 '도'라는 것도 결국 하나의 단어요 이름이 아닌가?

나는 사물존재와 의미존재의 구분을 무시하고 있는 하이데거의 현상학적 존재론은 근본적으로 실패했으며, 하이데거의 현존재의 형이상학은, 거칠게 표현해서 사이비 형이상학이라고 생각한다. 플라톤의 동굴 비유는 서양철학사에서 형이상학적인 것과 형이하학적인 것을 최초로 가장 알아듣기 쉬운 언어로 설명한 것이다. 플라톤이 말하는 동굴 안의 세계는 닫힌 세계요, 가변적인 유한자들의 세계다. 그리고 동굴 바깥의 세계는 유한자들을 초월해 있는 무한자의 세계다. 그리고 유한자와 무한자 사이에서 무한자를 추구하는 에로스적 존재 즉 철학자(=지혜를 사랑하는 자)인 인간은 닫힌 세계를 열어가는 존재요, 가능적 무한자다. 플라톤은 인간이 유한에 대한 집착을 깨트리고 무한을 향한 여정을 시작하는 것이 철학자가 되는 길이라고 말한다. 그런데 적어도 전기의 하이데거는 플라톤의 동굴의 비유에서 동굴 바깥이라고 불리는 이데아의 세계, 즉 현실적 무한의 세계를 현상학의 입장에서 부정한다. 하이데거에 의하면, 감각적인 세계가 있고 이 세계와 분리되는 초감각적인 저 세계가 따로 있는 것은 아니다. 있는 것은 오직 이 세계뿐이다. 현상학은 이데아계에 대해 무관심하다. 이것이 그가 말하는 서양 형이상학의 해체작업의 핵심이다. 그가 말하는 형이상학은 동굴 바깥에 대해 말하지 않는다. 그러면 그가 말하는 형이상학은 무엇인가? 그것은 동굴 안의 죄수가 포박을 풀고 머리를 돌려 동굴 입구 쪽으로 향하는 행위 즉 초월의 행위 그 자체다. 동굴 안의 사물들은 플라톤이 말하듯이 그림자(가짜 존재자)에 불과한 것이 아니라, 진짜 존재자다. 하이데거의 눈에는 세계-내-존재인 인간의 고향은 동굴 바깥이 아니라, 동굴 안이다. 철학은 그 존재자의 존재의미를 물어야 하며, 그 물음을 묻기 위해서 우리는 동굴 입구로 눈을 돌려야 한다. 그 행위를 통해 동굴 안의 사물들이 존재자의 존재를 얻게 된다. 그러나 동굴 바깥(시간 초월적인 현실적 무한의 세계)이 부정된 마당에 눈을 동굴 입구 쪽으로 돌리는 것이 무슨 의미가 있겠는가?

칸트가 살아서 돌아온다면, 인식 불가능한 물자체의 세계에 대한 인식을 가질 수 있다고 주장하는 독단적 형이상학의 체계를 해체해버린 자신의 선험적 형이상학을 이용해 서양 형이상학의 전 역사를 해체하고 새로운 '현상학적 형이상학'을 재건했다고 자부하는 하이데거의 형이상학을 어떻게 평가할까? 나는 이 책이 칸트의 입장에서 본 하이데거의 형이상학에 대한 총체적 평가로 읽히기를 바란다. 인간을 '죽음에의 존재'(Sein zum Tode)로 규정한 하이데거에 반대하고, 인간을 '죽음 너머를 신앙하는 존재'

로 규정하는 칸트철학의 관점에서 나는 하이데거 철학을 비판적으로 분석하고자 한다.

하이데거는 '존재와 무는 같은 것'이라고 하면서 형이상학적 마술을 보여주는 마술가 같기도 하고, 존재의 소리를 듣기를 강조하는 신내림의 철학자처럼 보이기도 한다. 나는 이 책에서 전기의 하이데거는 가능적 무한의 철학자로, 후기의 하이데거는 현실적 무한의 철학자로 해석하면서, 그가 보여주는 철학적 마술의 허점을 폭로했고 또 그에게 강림한 신이 진정한 신이 아님을 보여주려고 노력했다. 하이데거를 새로운 구원의 사상가로 보는 사람들에게 나는 환영받지 못할 책을 쓰고 있다는 것을 알고 있지만, 이 책이 그들에게도 하나의 생산적 도전으로 읽히기를 바란다.

이 책을 집필하면서 몇몇 동료 학자들과의 토론을 통해 많은 깨우침을 얻게 되었으며, 그것은 내게 커다란 지적 즐거움을 선사하였다. 그런 지적 즐거움을 선사한 김영기, 김석수, 김재철, 임승택 경북대 교수님, 이재정 대구대학교 교수님과 이병탁 박사님에게 감사의 마음을 전한다. 또한 이 책에 인용된 많은 문헌들을 만들어낸 학자들의 선행 연구가 없었더라면, 이 책의 집필은 불가능했을 것이다. 그분들에게도 고마움을 전한다. 그리고 집필 작업을 항상 응원해주고 집필 시간을 충분히 가질 수 있도록 배려해준 아내 배정옥에게 사랑의 마음을 전한다. 끝으로 출판계의 어려운 여건에도 불구하고 이런 전문 학술서적의 출판을 결정해준 북코리아 이찬규 사장님, 멋진 책을 만들어준 김수진 편집장님에게도 깊은 감사를 드린다.

2024년 1월

문성학

CONTENTS

CONTENTS

CONTENTS

CONTENTS

1장

예비적 고찰: 칸트와 하이데거

1. 칸트의 선험적 형이상학과 하이데거의 현상학적 형이상학
2. 플라톤, 칸트, 하이데거에서 진선미의 주소지
3. '가능적 무한'의 개념으로 투시하는 하이데거 철학
4. 칸트철학과 가능적 무한의 개념
5. 칸트의 선험적 자아와 하이데거의 현존재
6. 데카르트와 가능적 무한의 개념
7. 칸트는 데카르트의 아류인가?

1. 칸트의 선험적 형이상학과 하이데거의 현상학적 형이상학

나는 앞서 출간한 칸트 연구서들에서 칸트의 형이상학을 '가능적 무한-현실적 무한'의 개념틀을 가지고 해명하면서, 칸트의 『순수이성비판』에 대한 하이데거의 형이상학적 해석이 잘못된 것임을 다각도로 부각했다.[1] 칸트는 '선험적'(transzendental)과 '초험적'(transzendent)'을 구분하고 있는데, 칸트의 용어로 바꾸어 표현한다면, 가능적 무한은 '선험적 무한'으로, 현실적 무한은 '초험적 무한'으로 표현할 수 있을 것이다. 나는 이 책에서 첫째로, 하이데거의 '현상학적 형이상학'이 칸트의 선험적 형이상학과 그 근본 구조가 동일하다는 점을 밝힌 뒤에, 둘째로, 그러한 해명에 근거하여 다음과 같은 하이데거 철학의 몇 가지 근본적인 문제점들을 드러내 보이고자 한다.

---

1) 칸트는 가능적 무한을 '과해진 무한'으로, 현실적 무한을 '주어진 무한'으로 간주하기도 한다(문성학, 『인식과 존재』, 서울: 서광사, 1991, 153쪽 이하 참조). 이 개념들에 대한 자세한 설명은 1장 3절(33쪽)을 보라.

① 하이데거가 서양 형이상학의 역사가 존재 망각의 역사요 허무주의의 역사라고 한 것은 서양 형이상학의 역사를 크게 오해한 것이다. 서양 형이상학자들은 그들 나름의 존재 사유를 했으며, 무한자와 유한자의 존재론적 차이를 알고 있었다.

② 하이데거 존재론에서 다루어지고 있는 '존재 물음'의 사유는 사물존재와 의미존재의 구분 없이 전개되기에, 그가 말하는 '무'의 체험이 '삶의 무의미' 같은 의미적인 무인지 물리적 세계의 부재까지 포함하는 무인지 불분명하다. 다시 말하면 하이데거 철학에서는 '삶의 사실의 문제'와 '삶의 의미의 문제'가 착종되어 있다.

③ 하이데거가 물리적 무, 심리적 (허)무, 가치론적 무, 의미론적 무(의미)를 뒤섞은 뒤에, 그것을 존재론적 무로 만든 것은 잘못이다.

④ 하이데거 존재론은 현존재를 통한 '존재의미'를 밝힌다고 하면서, 전통적인 현존(existentia)과 본질(essentia)의 구분을 제거함으로써 존재의 사실 문제들을 다루는 과학에 대한 철학적 반성의 학문인 과학철학이 들어설 여지를 제거해버렸다. 하이데거 철학에는 건설적 과학철학 대신에 악의적 과학비판만 있다.

⑤ 하이데거의 존재사유에는 존재에 대한 묘사와 담론은 풍부하나, 그의 존재사유는 논리적 사고를 거부하기에 존재에 대한 개념적-논증적 사유는 빈곤하며, 그 결과 하이데거의 사상에 대한 개념적 토론은 어렵다.

⑥ 하이데거의 전기 사유가 가능적 무한의 형이상학인 한에 있어서, 그가 전기에 문제 삼는 '존재'는 초월적(선험적) 가상에 머문다. 후기에 현실적 무한을 받아들이면, 가상이라는 멍에를 벗지만, 존재의 음성과 눈짓을 시로써 파악한다는 것은 미덥지 못한 길이다. 그리

고 전기와 후기는 독립적인 사유체계를 형성하며 단절된다.

⑦ 하이데거는 서양 형이상학을 해체하고 새로운 형이상학을 건설하려 했으나, 해체작업도 실패했고 건설작업은 더 심각하게 실패했다. 후기 사상은 철학으로서의 형이상학이 아니라, 접신(接神)을 노래하는 일종의 문학이요 시다.

⑧ 후기 하이데거의 존재역운은 역사숙명론(필연론)과 역사개척론(자유론) 사이에서 혼란스러워하는 모습을 보여주고 있으며, 신의 섭리와 인간의 자유를 함께 긍정하면서 모순적인 모습을 보여주는 기독교 신학과 비슷한 처지에 빠진다.

⑨ 언어는 크게 지시적 기능, 정보전달적 기능, 표현적 가능을 가지는데, 하이데거는 '존재'라는 말을 오로지 표현적 기능으로만 사용하기를 제안함으로써 '존재'라는 용어의 지시적 기능과 정보전달적 기능을 무시하고 있다.

나는 앞서 하이데거의 철학을 '현상학적 형이상학'으로 표현했다. 물론 하이데거는 '현상학적 형이상학'이란 말을 사용한 적은 없다. 그러나 그는 자신의 현상학적 존재론을 자신의 고유한 새로운 형이상학으로 규정하고 있기에, 그의 철학을 현상학적 형이상학으로 간주하는 것은 충분히 가능한 일이다. 하이데거는 '현상'을 어떤 것으로 이해하는가?

> '현상'이라고 지칭되어야 할 그것은 무엇인가? 무엇이 그 본질상 **필연적으로 명시적** 제시의 주제인가? 분명히 우선 대개는 바로 자기 자신을 내보이지 **않고** 있는 그러한 것, 우선 대개 자기 자신을 내보이고 있는 그것에 비추어볼 때, 은폐되어 있는 것이지만, 그럼에도 동시에

우선 대개 자기 자신을 내보이고 있는 그것에 본질적으로 속해 있는 그런 어떤 것으로서 그것의 의미와 근거를 이루고 있는 그런 것이다. 특이한 의미로 **은폐된** 채 남아 있거나, 또는 다시 은닉 속에 되떨어지거나, 또는 오직 '**위장되어서**'만 자신을 내보이는 그것은 이 존재자 또는 저 존재자가 아니라 앞의 고찰에서 보여준 바처럼 존재자의 **존재**이다.[2]

존재는 존재자를 통해 드러나는 듯하지만 숨어 있고, 숨어 있는 듯하지만 드러나 있다. 하이데거에 의하면 바로 그러한 존재자의 존재가 현상학의 탐구 대상이다. 그러므로 "존재론은 오직 현상학으로서만 가능하다."[3] 그리고 존재는 단적인 초월로서, 형이상학적 탐구주제이기도 하다.

그런데 '현상학적 형이상학'이란 용어 자체는 물자체는 인식불가능하다는 주장, 다시 말해서 현상만 인식될 수 있다는 주장 그 자체를 형이상학적 명제로 간주하는 칸트의 '선험적 형이상학'과 마찬가지로 형용모순처럼 들리는데, 형이상학이 현상계의 한계 너머에 있는 실재들에 대한 탐구로 이해되는 한, 현상학은 본질적으로 형이상학이 될 수 없을 것이기 때문이다. 그리고 칸트의 선험적 형이상학도 유사한 의문에 직면하는데, 경험의 한계를 넘어서지 못하고 단지 경험의 가능성 근거를 경험에 앞서서 정초하는 작업인 동시에 형이상학의 탐구대상인 물자체의 인식불가능성을 천명하는 선험적 작업을 형이상학으로 명명하는 것은 뭔가 어색해보인다. 신과 영혼불멸의 문제를 다루는 초험적 형이상학(도덕의 형이상학)의 관점

---

2) 『존재와 시간』(이기상 옮김, 서울: 까치, 1998), 58쪽. 하이데거의 저작에서의 인용은 지금처럼 저자명을 표기하지 않는다. 강조는 하이데거.

3) 『존재와 시간』, 58쪽.

에서 보면 신과 영혼불멸의 문제는 인식의 대상이 아니라고 주장하는 선험적 형이상학(자연의 형이상학)은 형이상학이 아닌 것으로 보인다. 그런데 칸트는 선험적 형이상학이 초험적 형이상학의 기초작업임을 밝혀 보임으로써 이런 문제점을 해명하고 있지만,[4] 하이데거는 칸트와는 다른 방식으로 '현상학적 형이상학'이란 용어가 풍기는 기이함과 어색함을 제거하려 한다. 그는 전통적으로 참다운 형이상학으로 간주되었던 초험적 형이상학을 형이상학의 영토에서 떼어내버리고, 칸트가 초험적 형이상학의 '예비학'으로 이해하기도 했던[5] 선험적 형이상학을 형이상학의 본령으로 만들어버리는 방식으로 일을 처리한다. 적어도 하이데거가 『존재와 시간』에서는 분명히 이런 입장을 갖고 있었다. 그는 기존의 형이상학들이 다루었던 신과 영혼을 존재자로 간주하고, 그런 존재자를 다루었던 형이상학을 '존재자의 형이상학'이라고 규정한 뒤에 배격했다. 그렇다면 그가 새롭게 제시하는 자신의 현상학적 형이상학에서는 그 초월의 문제를 어떻게 다루게 되는가? 그는 그 초월을 '존재자'에서 '존재'로의 초월로 이해한다. 이리하여 하인(예비학)이 주인(초험적 형이상학)을 쫓아내고 주인 노릇을 하는 일이 발생한다. 하이데거는 이것을 서양 형이상학의 해체로 이해했다. 칸트도 선험적 형이상학으로 기존의 모든 독단적 형이상학을 분쇄했다고 생각했는데, 하이데거는 바로 그런 칸트를 서양 형이상학의 해체라는 자신의 작업에 십분 활용하고 있다. 근본 아이디어의 관점에서 본다면, '활용' 정도가 아니라, '모방' 혹은 '복사' 수준이다. 칸트의 경우에는 물자체는 인식의 대상이 될 수 없음을 천명하는 선험적 형이상학이 건설되면서 기존의 모

---

4) 이에 대한 자세한 논의는 나의 책, 『칸트의 인간관과 인식존재론』(대구: 경북대학교 출판부, 2007)의 '부록'인 「칸트에 있어서 형이상학의 새로운 길」을 보라. 특히 375쪽 이하를 보라.

5) 칸트, 『순수이성비판』(최재희 옮김, 서울: 박영사, 1974), B XLIII 참조.

든 사변적 초험적 형이상학은 독단적 형이상학으로 규정되어 학문의 영역에서 쫓겨나고 형이상학의 폐차장으로 간 뒤에 해체된다. 마찬가지로 하이데거의 경우에도 '현존재의 형이상학'이 건설되면서 기존의 모든 형이상학은 '존재자의 형이상학'으로 낙인찍히고 거부된다. 다만 칸트는 하이데거와는 달리 초험적 형이상학은 인식의 차원에서는 불가능하지만 도덕의 차원에서는 가능하다고 생각했지만, 하이데거는 그 길조차도 인정하지 않았다.[6]

칸트가 '선험적 형이상학'에서 형이상학의 개념을 재정의하듯이, 하이데거도 '형이상학'이란 개념을 재정의하는 방식으로 '현상학적 형이상학'이란 용어의 형용모순적 인상을 지워버리고 있는 것이다. 이렇게 함에 있어서 그는 칸트의 transzendental(선험적)을 transzendent(초험적)로 바꾸어 읽는다. 그것은 명백히 언어적 속임수다. 칸트는 『순수이성비판』에서 선험적 형이상학을 건설하고, 『실천이성비판』에서 자유, 영혼불멸, 신의 문제를 해결하는 초험적 형이상학을 건설한다. 칸트는 이 건설작업을 위하여 선험적과 초험적을 그렇게나 엄격하게 구분했던 것이다. 그에게 있어

6) 레비나스(E. Levinas, 1906-1995)는 "이제 우리는 존재론이 다 담아내지 못하는 의미작용들, 오히려 (인간성을 포섭하는 시도라고 주장하는) 존재론을 의문시할 수 있는 의미적용들을 입증해주는 철학사의 몇몇 측면들을 연구할 필요가 있다"(『신, 죽음 그리고 시간』, 김도형 · 문성원 · 손영창 옮김, 서울: 그린비, 2022, 90쪽)고 말하면서, 칸트와 하이데거의 결정적 차이를 이렇게 설명한다. "이렇게 해서 칸트의 철학은, 무엇보다 『순수이성비판』을 중시했던 하이데거에 의해, 존재의 유한성에 대한 최초의 근본적인 설명이라는 식으로 축소되었다. 그러나 칸트에 따르면 철학에 제기되는 네 가지 물음(나는 무엇을 알 수 있는가? 나는 무엇을 행해야만 하는가? 나는 무엇을 희망해도 좋은가? 인간은 무엇인가?)에서 두 번째 물음은 뒤이은 두 물음의 전적인 풍부함으로 첫 번째 물음을 넘어서는 것으로 보인다. **나는 무엇을 알 수 있는가**라는 물음은 유한성으로 인도하는 반면, **나는 무엇을 행해야만 하는가**와 **나는 무엇을 희망해도 좋은가**라는 물음은 더 멀리, 그리고 어떻든 유한성의 방향과는 다른 곳으로 나아간다. 이러한 물음들은 존재의 이해로 환원되는 것이 아니라, 인간의 의무와 구원에 관계한다."(『신, 죽음 그리고 시간』, 91쪽. 강조는 레비나스.)

서 선험적은 지성의 12범주의 내재적 사용법에 대한 것이고, 초험적은 지성의 12범주가 사용될 수 없는 영역을 지칭하는 말이다. 선험적은 Meta-Science(과학철학)이고, 초험적은 Metaphysics(형이상학)이다. 그런데 하이데거는 '선험적'을 '초험적'으로 바꾸어 읽으면서, 칸트가 자신의 비판적 형이상학의 체계에서 — 이 체계는 선험적 형이상학(인식의 형이상학)과 초험적 형이상학(도덕의 형이상학)의 상호 보완적 체계다 — 초험의 문제를 다루던 부분을 불필요하게 만들어 제거해버린다. 그리고 그는 칸트가 『실천이성비판』에서 다루었던 형이상학의 3대 주제인 자유와 신과 영혼의 구원에 관한 문제를, '초험적'(초월적)으로 바꾸어 읽은 '선험적' 차원으로 옮기면서 문제의 주소지를 변경시킨다. 그리고 그는 그 문제들을 '존재의 현상학'이라는 지평 위에서 다룬다. 그러니 이 문제들은 서양의 전통적 형이상학에서와는 완전히 다른 방식으로 다루어지게 된다. 그는 이 작업을 서양 형이상학을 해체한 뒤에 새로 구축한 자신의 현상학적 형이상학으로 이해한다. 이 형이상학은 '존재'와 '무' 같은, 눈에 보이지 않는 개념들을 다루고 있으니 형이상학이지만, 그 개념들이 현존재의 탈자적 초월을 통해서만 문제시되기에, 다시 말해서 현존재의 탈자적 초월에 의존적이기에, 그 형이상학은 플라톤의 동굴 바깥으로 나가는 데서 성립하는 형이상학이 아니라, '동굴 안'(유한의 세계)과 '바깥'(현실적 무한의 세계)의 경계선(가능적 무한)에서 '끊임없이 머뭇거리는'(끝끝내 가능적 무한으로 머무는) 형이상학이다. 하이데거의 입장에서 볼 때, 그는 동굴 바깥으로 나가지 못하는 것이 아니라, 바깥으로 나갈 동굴이란 것은 없다. 그는 동굴 바깥이라는 것의 존재를 인정하지 않는다.

하이데거는 '고향'이란 말을 많이 사용한다. 노발리스(F. von H. Novalis, 1772-1801)는 "철학이란 본디 향수요, 어디에서나 고향을 만들려는 하나의 충동이다"라고 말한다. 하이데거는 노발리스의 이 말을 인용하면서 『형이상학의 근본개념들』에서 논의를 이어간다.

> '철학이 하나의 향수'라는 말로써 무엇이 의미되고 있는가? 노발리스 자신은 이렇게 해설하고 있다. "어디에서나 고향을 만들려는 충동"이라고. 그와 같은 충동이 철학일 수 있는 경우란 오직 철학하고 있는 우리가 어디에서도 고향을 발견하지 **못하고** 있을 때뿐이다. 이러한 충동의 열망은 무엇을 바라고 서 있는가? '어디에서나 고향을 만들려고 함'이라는 이 말은 무엇을 말하는가? 단지 때때로 여기나 저기에서만 고향을 만든다는 것이 아니고, 그렇다고 해서 개개의 모든 장소에서 즉 하나씩 하나씩 모두 합쳐놓은 일체의 모든 장소에서 고향을 만든다는 것도 아니다. 오히려 '어디에서나 고향을 만든다' 함은 곧 어느 때나 [존재한다는 것] 그리고 동시에 전체 안에서 존재한다는 것을 일컫는다. 이러한 **전체 안에서**(im Ganzen, 전체에서)와 그것의 전체성(Gänze)을 우리는 세계(Welt)로 부르기로 한다.[7]

하이데거는 바로 이 세계가 현존재의 고향임을 분명히 말하고 있다. 그렇게 하면서 플라톤의 이데아계나 기독교의 저세상이나 칸트의 예지계는 본향(本鄕)이 아니라고 주장한다. 하이데거는 플라톤과 기독교와 칸트가 말하는 그런 고향은 없다는 것이다. 그가 현존재를 세계-내-존재라고 규정했을 때, 이는 이미 충분히 예견된 일이었다. 그리고 하이데거에 의하면 그런 고향을 그리워하는 마음 자체를 없애는 것이 진정한 형이상학이 할 일이고, 더 나아가서 그는 현존재가 머무는 바로 이 가능적 무한의 세계가 참

7) 『형이상학의 근본개념들』(이기상 · 강태성 옮김, 서울: 까치, 2001), 26쪽. 강조는 하이데거.

다운 고향이라고 말한다. 그러나 하이데거의 철학은 고향을 그리워하지만 끝내 고향에 가지는 못하는 실향민이 자기가 살고 있는 이곳을 고향처럼 생각하고 살아가는 '실향민의 철학'이요 '실향민의 형이상학'이다. 그의 철학은 고향 없는 고향의 철학이요, 무한 없는 무한의 철학이다. 왜냐하면 가능적 무한이 지향하는 것, 가능적 무한의 고향은 바로 현실적 무한인데, 가능적 무한은 절대로 현실적 무한이 될 수는 없기 때문이다. 이제 인간에게 가능한 두 종류의 초월, 즉 가능적 무한의 자기 초월과 가능적 무한의 현실적 무한으로의 초월 중에 후자의 초월이 부정되었으니, 그에게 남아 있는 초월은 가능적 무한자로서의 현존재의 탈자적 초월뿐이다. 하이데거는 가능적 무한에서 현실적 무한으로 초월하는 문제를 가능적 무한의 자기 초월의 문제로 바꾸어 다루다 보니, 그 문제들에 대한 그의 설명은 알아듣기 힘들고 기이해보이며 더 나아가서 신비스럽게 들리게 된다.

2.
플라톤, 칸트, 하이데거에서 진선미의 주소지

우리는 동굴 바깥의 초감성계를 거부하는 하이데거의 입장에서 아주 흥미로운 사실을 발견한다. 플라톤은 진선미의 문제를 모두 '사실의 진리'에 관한 문제로 간주했다. 그리고 그 진리들을 알아내는 것이 '삶의 의미'이기도 하다. 진선미는 모두 그 주소지가 초험적 이데아의 세계이며, 불변적인 이데아들에 대한 앎만이 참다운 앎(episteme)이다. 현상계의 가변적 사물들에 대한 앎은 속견(doxa)에 불과하다. 이데아의 세계에는 진리와 선함과 아름다움이 있다. 플라톤에게 있어서 진리탐구는 이데아계(예지계)의 '사실'을 밝혀내는 것이었다. 그런데 칸트는 진리문제(삶의 사실의 진리)는 선험적 형이상학(과학철학)이 건설되는 『순수이성비판』에서 다루고, 선의 문제(삶의 의미의 진리)는 초험적 형이상학이 건설되는 『실천이성비판』에서 다룬다. 그리고 칸트는 미를 진리와 선을 매개하는 것으로 생각해 현상계와 물자체계 사이에 배치했다. 칸트에 따르면 현상계로 주소지를 옮긴 '진리'를 다루는 것은 과학의 소관사이며, 과학은 삶의 사실의 문제를 다룬다. 그리고 플라톤과 마찬가지로 그 주소지가 예지계인 '선'의 문제를 다루는 것은 윤리학의 소관사이며, 윤리학은 삶의 의미를 다룬다. 그리고 삶의 의미 문제를 다루는 윤리학은 더 이상 '사실의 문제' 혹은 '진리의 문제'가 아니라, '도덕신앙의 문제'라고 생각했다. **칸트는 플라톤이 경우에 이데아의 세계에서 한 덩어리를 이루고 있었던 것을 사실의 문제(진리의 문제)와 의미의 문제(도덕신앙의 문제)로 분리시켰다.**[8] 그런데 하이데거는 칸트가 예지계(이데아계)에 남겨두었던 선조차도 현상계로 옮긴다. 플라톤 철학에서와는 정반대로 진선미 모두의 주소지가 현상계로 바뀐다. 그는 현상학의 지반 위에서 진리와 윤리와 구원과 아름다움의 문제를 다루고 있다. 그리고 하이데거는 『존재와 시간』에서 존재의 의미 문제를 다루면서 삶의 사실에 관한 문제조차도 삶의 의미 문제로 바꾸어 해결하려 한다. 그는 플라톤과는 정반대의 자리(현상계)에서 삶의 의미 문제와 삶의 사실 문제를 한 덩어리로 만들어버렸다. 플라톤에 있어서는 현상계는 이데아계의 그림자에 불과한 세계이지만, 하이데거에서는 그림자의 세계가 실재하는 세계요, 이데아계는 허상의 세계로 간주되어 지워진다. "무시간적인 이념, 특히 영원한 존재의 이념이란 하이데거에게는 애초부터 무의미한 것이다."[9] 나는 플라톤에서 칸트로 가는 길은 철학이 정상적으로 발전해가는 길이라고 생각하지만, 칸트로부터 하이데거로 가는 길은 철학의 퇴락이라고 생각한다. **플라**

8) 칸트는 과학적 사실의 영역과 도덕신앙의 영역 사이에 아름다움의 문제를 배치시키는 방식으로 자신이 구상했던 비판적 형이상학의 체계를 제출하는데, 이때 우리는 칸트가 진리의 개념을 세 종류로 구분하고 있음을 명심해야 한다. 첫 번째 진리는 과학적 진리(인식적 진리)다. 이 진리는 사물의 진리다. 그리고 두 번째 진리는 『순수이성비판』에서 과학적 진리의 가능성 근거를 밝혀 보이는 진리로서 선험철학적 진리다. 이것은 사물의 진리에 대한 진리다. 세 번째 의미의 진리는 자신의 비판철학체계 전체다. 이 진리에는 사물의 진리의 가능성 근거를 다루는 선험적 형이상학의 진리와 의미의 진리 즉 도덕의 진리의 가능성 근거를 다루는 초험적 형이상학의 진리를 다 아우르는 진리다.

9) 허버트 스피겔버그, 『현상학적 운동 1』(최경호 · 박인철 옮김, 서울: 이론과 실천, 1991), 382쪽.

톤은 삶의 의미의 문제를 사실의 문제로 환원시켰고, 칸트는 이 양자를 정당하게 분리시켰다면, 하이데거는 과학적 사실 문제조차도 존재의미의 문제로 환원시켜 해결하려 했다.

3.
'가능적 무한'의 개념으로 투시하는 하이데거 철학

나는 곧 출간할 예정인 『칸트와 떠나는 형이상학 여행』에서 칸트의 형이상학의 전모를 그려내면서 특히 하이데거의 칸트 해석에 대해 비판적 입장을 취하고 있다.[10] 그 책에서 나는 하이데거가 존재 망각의 역사로 규정한 서양 형이상학의 역사를 극복한 뒤, 자신이 새롭게 선보이고자 했던, 현상학적 존재론에 기반한 '불안의 형이상학'이 그 구조상 많은 부분이 칸트적인 것임를 보여주고 있다. '가능적 무한'이라는 개념은 칸트에 있어서는 '현상적 사물들은 선험적 주관의 관념 내용이다'라는 '선험적 사물관념론'의 근거로 사용되었는데, 그 개념은 '현존재로서 인간이 세계에 부여하는 의미들은 현존재에 의존해서 존재하는 현존재의 관념 내용에 불과하다'는 하이데거의 '현상학적 의미관념론'을 이해하는 개념적 틀이 될 것이

---

10) '머리말'에서 언급했듯이, 나는 정년퇴임 후, '칸트와 떠나는 형이상학 여행'이란 제목으로 한 권의 책을 집필하는 중이었으며, 그 책에서 칸트의 형이상학에 대한 하이데거의 해석을 비판적으로 다루었다. 그런데 그 책을 집필하면서 나는 하이데거 철학 전반을 가능적 무한의 개념으로 분석할 수 있다는 통찰을 얻게 되었으며, 결국 하이데거에 대한 별도의 책을 구상하게 되었다. 그렇게 해서 이 책이 만들어졌다.

다. 하이데거의 존재와 무에 대한 논의는 불안이나 권태나 염려와 같은 정서적 개념들을 통해 논의되지만, 그의 논의는 매우 초논리적이고, 그의 언어는 과도하게 문학적이고 현란하여, 보기에 따라서는 말장난 같아 보이는 측면이 있다. 그러나 가능적 무한이라는 엑스레이(X-ray)로 찍어보면 그 논리적 얼개가 칸트적인 것임이 드러나 보인다는 것이 나의 생각이다.

칸트는 『순수이성비판』에서는 가능적 무한을 '자연의 형이상학'(선험적 형이상학)이란 이름으로 다루고 있으며, 『실천이성비판』에서는 현실적 무한을 '도덕의 형이상학'(초험적 형이상학)이란 이름으로 다루고 있다. 그러나 하이데거는 현실적 무한을 거부하면서 『존재와 시간』에서 칸트의 '가능적 무한의 **사물존재론**'을 현상학적 방법론을 동원하여 '가능적 무한의 **의미존재론**'으로 변경시키고 있다. 하이데거의 이러한 변경은 딜타이(Wilhelm Dilthey, 1883-1911)의 영향 때문이다.

> 칸트 선험철학의 전통에 서서 자연과학적 인식의 가능조건을 새로운 방식으로 확립하고자 하는 후설과는 다르게 일찍부터 정신과학 또는 역사과학의 가능조건에 관심을 갖고 있는 하이데거는 이미 전기 사유에서 자신의 현상학적 방법을 해석학적 방법론으로 확장시킨다. 그리고 여기서 말하는 하이데거의 해석학적 방법론은 20세기 초에 딜타이에 의해 새롭게 조명된 해석학으로부터 결정적인 영향을 받는다.[11)]

하이데거는 후설(E. Husserl, 1859-1938)로부터 현상학을 배우지만, 후설이 탐

---

11) 하피터, 『하이데거의 사회존재론』(서울: 그린비, 2022), 255쪽. 하이데거 사유에 미친 딜타이의 영향에 대한 보다 심층적인 논의는, 하이데거의 카셀 강연을 활자화한 책인 『빌헬름 딜타이의 탐구작업과 역사적 세계관』(김재철 옮김, 서울: 누멘, 2010)의 '역자 해제'를 참조하라.

구한 과학적 의미 문제를 딜타이를 통해 삶의 의미 문제로 바꾸어 탐구하게 된다. 주지하다시피 생철학의 창시자로 불리는 딜타이는 학문을 계산적 사고를 중심으로 하는 자연과학 — 자연과학이 구하는 것은 설명이다 —과, 내적 감정과 기분, 정서와 결합된 인간의 내적 체험을 탐구하는 정신과학 — 정신과학이 구하는 것은 이해다 — 으로 구분한 뒤에, 인간과 그 인간들이 만들어가는 역사는 자연과학적 설명의 대상이 아니고 정신과학적 이해의 대상이라고 주장했다. 하이데거는 칸트의 사물존재론을 딜타이의 영향권하에서 의미존재론으로 만들었다. 그럼에도 불구하고 그의 의미존재론이나 칸트의 사물존재론 둘 다 가능적 무한의 존재론이라는 점에서는 마찬가지다.

가능적 무한(potential infinity)이란 한계 짓는 개념으로 간주되며, 완료된 것이 아니라 생성되어가는 것이다. 그것은 가능성으로서만 인정되는 무한이다. 예컨대 양의 정수의 계열에서 누군가가 자신이 헤아림을 시작하는 수에서부터 보다 더 큰 수를 찾아간다면, 그는 하나의 가능적 무한의 계열을 형성하게 될 것이다. 현실적 무한(actual infinity)이란 완료된 전체로 간주되는 무한이다. 수학자 가우스(C. F. Gauss, 1777-1855)는 "무한의 참뜻은 극한과정이다"라고 하면서 현실적 무한을 인정하지 않았다. 그러나 칸토어(G. Cantor, 1845-1918) 이후 수학계에서는 현실적 무한을 인정하고 있다.[12)] 가능적 무한과 현실적 무한의 차이를 이해한 사람은 내가 이 책에서 '존재와 무의 동일성'을 주장하는 하이데거의 입장과 하이데거의 '무의 형이상학'에 대해 가하는 비판을 충분히 이해할 수 있을 것이다. 가능적 무한의 개념은

12) 문성학, 『인식과 존재』, 47쪽 이하 참조. 또한 존 베로의 『무한으로 가는 안내서』(전대호 옮김, 서울: 북하우스 퍼블리셔스, 2011), 49쪽 이하 참조 바람.

굳게 잠겨 있는, 하이데거 철학이라는 철학적 마법의 성문을 열 수 있게 해주는 '열려라 참깨'다. 하이데거는 칸트와는 다른 방식으로 난해한 사상가이며 그 난해함 덕분에 심오한 사상가로 평가받지만, 우리가 '가능적 무한'의 개념을 갖고서 그의 사유의 뼈대를 고찰하면, 하이데거 철학의 난해함과 심오함도 반감될 것이다.

하이데거에 대해 알아가면 갈수록 나는 하이데거의 '불안의 형이상학'은 본질적으로 '가능적 무한의 형이상학'이라는 확신을 갖게 되었다. 그는 칸트의 선험철학적 사물존재론 — 존재자로서의 사물들의 '존재'에 관한 존재론 — 을, 서양철학의 전통에서 경시했던 인간의 기분, 예컨대 불안, 권태, 경외 같은 것들로 덧칠하면서 자신의 현상학적 의미존재론 — 현존재에 의해 실존적으로 체험될 수 있는 한에서 의미존재자들의 '존재'에 관한 존재론 — 으로 바꾸었다. 그런 언어들이 동원되기에 하이데거의 문장은 현란하고 문학적이고 비논리적으로 되어버린다. 하이데거를 읽는 것이 쉽지 않은 일임을 김진석은 이렇게 말한다.

> 하이데거가 말하는 '형이상학의 극복'이란 것은 많이 인용되었지만 아직 여전히 뿌옇다. 실제로 그의 텍스트를 읽어보아도, 그리고 역설적이게도 어느 정도는 자꾸 읽어볼수록 그 숙제와의 거리는 좀처럼 좁혀지지 않는다. 오히려 멀어지는 듯하다.[13)]

김진석은 이런 어려움의 원인을 독자들 탓으로 돌리지도 못하고 하이데거 탓으로 돌리지도 못한다.

---

13) 김진석, 「역사를 종말론적으로 뒤덮으려는 존재역사를 가로지르며」(한국하이데거학회, 『하이데거의 존재사유』, 서울: 철학과 현실사, 1995), 335쪽.

> 그 이유는 단순히 독자들의 태만이나 생각의 얕음 때문만은 아니다. 마찬가지로 하이데거 자신이 단순히 생각의 깊이 없이 구호를 내걸었거나 주장에 관해 변덕을 부려서 그렇게 된 것도 아니다. 그는 끝없이 사고의 깊이를 요구하고 있고, 그의 언어는 그런 깊이를 보여주려는 의도를 가지고 있지 않은가? 그렇다면 오히려 심오한 구석, 너무나도 심오한 구석이 문제가 아닐까?[14)]

이 인용문에서 김진석은 하이데거가 심오한 사상가임을 인정한다. 그러나 그는 하이데거가 독자들에게 사고를 강요하기 위해 말장난 같아 보이는 표현을 하면서 자신의 사상을 고의로 더 어렵고 심오하게 만들어버린 것은 아닌가 하는 혐의를 표명하고 있다. 특히 후기 하이데거 사상에서 그가 구사하는 언어에는 모종의 묵시론적 신비주의가 묻어 있으며, 그런 이유로 그는 우리에게 토론의 자세가 아니라 청종(聽從)의 자세를 요구하는 듯하다. 그의 추종자들은 존재의 철학자인 하이데거를 통해 발설되었다는 이유로, 그가 하는 아리송한 말들이 마치 존재의 소리라도 되는 듯이 다룬다. 이렇게 되면서 하이데거는 우리도 모르는 사이에 비판의 대상이 아니라 숭배의 대상이 된다.[15)] 드디어 그의 존재사상은 '신내림의 철학'이 된다. 하이데거가 '존재'와 '무'의 사유에서 논리학의 무능을 강하게 주장하고 있기에, 그의 추종자와 연구자들이 그의 학설을 논리적으로 분석하고 비판하는 태도를 부지불식간에 자제하게 된다. 이와는 정반대로 주저들의 명

---

14) 김진석, 「역사를 종말론적으로 뒤덮으려는 존재역사를 가로지르며」, 335쪽.

15) 프라이부르크 대학 독문학과와 정치학과의 좌파적 학자들은 하이데거와 그 추종자들을 '하이데거 마피아'로 부르며 경멸했지만, 철학과에서 행해진 하이데거 강의에서는 진지함을 넘어 종교적인 경건함까지 보였다고 한다(최상욱, 『하이데거와 여성적 진리』, 서울: 철학과 현실사, 2006, '머리말' 7쪽 참조).

칭이 모두 '비판'으로 끝나는 칸트의 철학은 청종의 자세가 아니라 비판의 자세를 우리에게 요구한다. 하이데거가 만든 '존재의 호수'에서 주관과 객관의 분리를 극복하여 호수와 내가 하나가 되는 경지에서 즐겁게 수영하는 것에 만족하려는 사람은 하이데거를 하이데거의 언어로 열심히 공부하면 된다. 그러나 그 호수의 아름다움과 매력을 느껴보는 것을 넘어서서, 그 한계를 비판적으로 살펴보려는 사람이라면 칸트의 물자체 개념을 반드시 깊이 고찰해봐야 할 것이다. "우리가 칸트철학의 근본정신에 투철하려는 한, 칸트철학에서 물자체를 제거하는 것은 예수 그리스도 없이도 기독교 신앙을 유지할 수 있다고 생각하는 것과 마찬가지다."[16] 그렇게 함으로써 우리는 칸트를 통해 하이데거의 『존재와 시간』을 비판적으로 읽어내는 힘을 얻을 수가 있을 것이다. 이는 물자체(현실적 무한)를 제거하는 방식으로 칸트 철학을 해석하는 하이데거의 칸트 읽기와는 정반대의 길이다.

나는 하이데거 존재론의 한계는 가능적 무한자의 한계와 같다고 생각한다. 그는 '존재'에 대해 이렇게 저렇게 현란하게 말하지만, 그 존재가 현실적 무한이 아니라 가능적 무한인 한에서, 다시 말해서 그 '존재'가 가능적 무한자인 인간 현존재를 통해서 물어지는 한에서, 그 '존재'는 절대로 존재 그 자체가 될 수가 없을 것이다. 그가 후기에 현존재로부터 존재로 나아가는 길을 포기하고, 현존재가 오히려 존재로부터 들려오는 소리를 들어야 한다고 했을 때, 그가 전기에서와는 달리 존재를 현실적 무한으로 이해하고 있는 것 같은 착각을 일으키기도 한다. 그러나 그 '존재'도 시간과

16) 문성학, 『칸트철학과 물자체』(울산: 울산대학교 출판부, 1995), 163쪽. 예수 없는 기독교 신앙은 물자체 없는 형이상학이다. 칸트의 선험적 형이상학(자연의 형이상학)이나 하이데거의 현상학적 형이상학이 바로 그런 형이상학이다. 칸트는 『순수이성비판』에서는 물자체를, 세 번이나 예수를 부인했던 베드로처럼 철저하게 부인하지만, 『실천이성비판』에서는 부인했던 예수를 인정한다.

함께 파악되는 것인 한에서, 단정적으로 현실적 무한이라고 말하기에는 애매한 구석이 있는 것도 사실이다. 현실적 무한으로서의 존재는 시간적이지 않기 때문이다. 하이데거 전후기 사상이 연속이냐 단절이냐 하는 문제에 대해서 우리는 이 책의 뒷부분에서 본격적으로 다루게 될 것이다. 칸트는 현실적 무한으로서의 존재의 음성을 듣는 길을 『실천이성비판』에서 자유에 기초한 도덕적 결단을 통해 모색하고 있다. 우리는 칸트의 길을 반대할 수도 있지만, 칸트의 길에서 배워야 할 중요한 한 가지 사실은, 그 길은 어떤 깨우침이나 득도나 초월적 신의 계시에서 듣게 되거나, 보게 되거나, 알게 되는 그런 길은 아니라는 것이다. 그래서 칸트는 그 길을 도덕신앙의 길, 달리 말해서 실천이성이 수용할 수 있는 이성신앙의 길로 제시한다. 누군가가 우주적 깨우침을 얻었다거나 신의 음성을 들었다거나 혹은 스베덴보리(E. Swedenborg, 1668-1772)처럼 천당과 지옥을 보고 왔다고 할 때, 가장 심각한 문제점은 그 깨우침과 들음과 봄이 자의적이거나 주관적인 것에 불과한 것이 아니라는 것을 증명할 길이 없다는 점이다. 다시 말해 대화가 불가능하다는 것이다. 명상과 망상은 종이 한 장 차이다. 하이데거가 말하는 존재사유의 호수는 형이상학적 망상가들의 뱃놀이터가 될 가능성이 농후하다는 것이 내 생각이다.

4.
칸트철학과 가능적 무한의 개념

이 절에서는 인간을 가능적 무한자로 보는 칸트의 입장을 간단히 소개한 뒤에, 그러한 칸트의 입장이 하이데거에게 어떻게 전달되었지를 고찰할 것이다. 칸트는 『순수이성비판』의 「이율배반론」 제1이율배반에서 '세계가 공간상 유한한가 무한한가' 하는 문제를 다룬다. 칸트는 '이율배반'이란 용어를 이렇게 풀이한다.

> 우리가 어느 것에 대해서도 타자보다도 우월하다는 요구에 찬동함이 없이 외견상으로 독단적인 두 인식, 즉 정립과 반정립 간의 모순을 의미한다.[17)]

정립은 "세계는 시간상 시초를 가지며, 공간상 한계지어져 있다"고 주장한

---

17) 칸트, 『순수이성비판』, B448.

다면,[18] 반정립은 "세계는 시초나 공간상의 한계를 갖지 않으며, 시간에 있어서나 무한하다"고 주장한다.[19] 칸트는 제1이율배반을 어떻게 해결하고 있는가? 칸트에 의하면 우리가 세계가 공간상 유한한가 무한한가를 알려면 공간 속에 있는 물질들의 공간적 부피를 차례로 합산해봐야 한다.[20] 이리하여 세계는 인간과 독립하여 그 자체로 실재하는 그 무엇이 아니라, 인간과의 관계에서 존립하게 되는 어떤 것이 된다. 칸트는 세계를 하나의 선험적 이념으로 간주했다.[21] 이념은 우리가 그것을 추구하는 동안에만 존재하는 어떤 것이다. 우리가 그것을 추구하지 않으면 사라진다. 바다 한복판에서 우리가 끝없는 항해를 하면서 시야를 멀리로 옮기면 수평선이 만들어진다. 그러나 우리가 먼바다로 나아갈 생각을 하지 않고 시야를 먼바다

---

18) 칸트, 『순수이성비판』, B454. 칸트는 '세계'와 '자연'의 개념을 구분하는데, 세계란 만물의 수학적 전체이고 자연은 만물의 역학적 전체다(『순수이성비판』, B446 참조).

19) 칸트, 『순수이성비판』, B455

20) 왜 공간 자체의 양을 계산하지 않고, 공간 안에 있는 물체의 공간적 양만을 계산하는가? 칸트는 공간 그 자체는 양적으로 규정할 수가 없다고 생각했기 때문이다. 공간은 인간이 자기 외부의 사물들을 보는 직관형식일 뿐이다. 그렇기에 공간 자체는 양이 아니며 양적인 술어를 가질 수가 없다. 그러면 이 건물과 저 건물의 사이에 아파트 200채는 더 지을 수 있는 공간이 있다고 말하는 것은 어떻게 가능한가? 두 아파트 사이의 빈 공간을 양적으로 규정하는 것을 가능하게 해주는 것이 바로 처음부터 있는 두 아파트다. 칸트의 이런 생각에 따르면, 공간 안에 아무것도 없으면, 그 빈공간은 양적으로 영(零)이다.

21) 무제약자를 추구하는 것이 그 본성인 인간의 이성이 "현상의 제약의 계열의 절대적 통일"을 찾아 나설 때, 만나게 되는 선험적 이념이 '세계'라는 이념이다(칸트, 『순수이성비판』, B391 참조). 칸트가 세계를 현상이라는 제약된 것들이 만들어내는 계열을 끝없이 종합해가는 데서 성립하는 것으로 만들었을 때, 그는 이미 제1이율배반을 가능적 무한의 관점에서 해결하려는 복안을 갖고 있었다고 말할 수 있다. 그는 영혼이라는 이념에 대해서도 다루는데, 분명히 영혼의 문제에 대해서도 유심론과 유물론의 이율배반을 구성할 수 있을 법한데, 칸트는 그렇게 하지 않았다. 칸트의 설명에 따르면, 인간이 "사고하는 주관의 절대적 통일성"(『순수이성비판』, B391)을 찾아 나설 때 만나게 되는 것이 '영혼'의 이념이다. 그는 영혼의 이념은 계열을 형성하지 않는다고 생각했다. 그래서 영혼의 문제와 관계된 전통적 주장, 특히 데카르트(R. Descartes, 1596-1650)의 주장은 오류추리의 문제로 다루고 있지 이율배반의 문제로 다루지 않는다.

로부터 거두어 들이면 수평선은 사라진다. 이념은 항상 '인간의 이념'이다. 이런 관점에서 보면, 세계의 양의 총합은 유한도 아니고 무한도 아니다. 세계의 공간적 양의 총합은 세계 내에 있는 사물들의 공간적 양들을 합산해 가는 인간의 합산행위에 의존적이다. 그 행위가 중지되면 유한이요, 계속되면 무한이다. 그러므로 세계는 유한하지도 무한하지도 않다. 이것이 칸트가 정립과 반정립을 다 배격하고. '제1이율배반'을 해결하는 방식이다.

그런데 세계가 유한하지도 않고 무한하지도 않다면, 칸트는 유한과 무한이 모순개념임을 주장하는 형식논리학의 '모순대당'을 거부하는 셈이다. 형식논리학에 의하면 유한과 무한은 그 사이에 제3의 개념이 개입될 수 없기에 모순개념이다. 그런데 칸트는 유한도 아니고 무한도 아닌 어떤 것이 가능하다고 말하고 있다. 그는 유한과 무한의 대립을 '변증적 대당'이라고 부른다.[22] 유한과 무한의 중간자, 그것이 가능적 무한이요, 인간이 바로 가능적 무한자다. 그리고 인간과 연결되어 그 공간적 총량이 결정되는 세계도 가능적 무한자가 된다.

> 세계는 그 자체에 있어서 (나의 역진적 계열과 관계없이) 실존하는 것이 아니기 때문에, 세계는 그 자체에 있어서 무한한 전체로 실존하는 것도 아니고, 또 그 자체에 있어서 유한한 전체로 실존하는 것도 아니다.[23]

칸트에 있어서 인간의 한계는 세계의 한계다. 물론 이 경우 세계는 어디까지나 '인식 가능한 세계'이지, 물자체로서의 세계는 아니다. 세계는 하나

---

22) 칸트, 『순수이성비판』, B531-532 참조.

23) 칸트, 『순수이성비판』, B533.

의 이념이다. 칸트가 『순수이성비판』의 전반부에서 지성의 12범주들을 가능한 경험의 세계 내부에서만 사용한다고 했을 때, 그는 이미 세계를 하나의 이념으로 보고 있었다. 그가 말하는 '가능한 경험의 세계'가 곧 가능적 무한의 세계였던 것이다. 인간이 경험할 수 있는 세계는 고정된 한계를 가지는 그런 세계가 아니기 때문이다. 그 세계는 감성의 직관형식인 시간 · 공간과, 지성의 아프리오리한 12범주와, 인간에게 아프리오리하게 구비된 인과법칙을 갖고 인간이 구성해낸 세계다. 세계는 물자체로서의 세계가 아니다. 세계가 물자체라면, 세계는 현실적 무한의 세계일 것이다. 인간과 세계의 상호 공속성을 주장하는 칸트의 말은 「이율배반론」에서만 아니라 「오류추리론」에서도 발견된다.

> 네 개의 오류추리의 근저에 우리가 둘 수 있는 것은 '자아'라는 단순하고도 그 자신 전연 무내용의 표상임에 틀림없다. '자아는 한 개념이다'라는 말조차 우리는 할 수 없는 것이고, 그것은 모든 개념들에 수반하는 한갓 의식이다. 그런데 생각하는 '나' 혹은 '너'(彼我), 혹은 '그것'에 의해서 표상되는 것은 사고작용의 선험적 주관, 즉 X일 뿐이다. **선험적 주관은 그것의 객어(客語)인 사고작용에 의해서만 인식되고, 이런 사고작용 없이 단독으로는 조금도 이해할 수 없다.** 그러므로 우리는 선험적 주관의 주위를 늘 헛되게 빙빙 돌고 있다.[24)]

선험적 주관은 사고작용에 의해서만 인식되는데, 사고작용은 사고작용의 주체인 선험적 주관에 직관내용이 주어질 때에만 발생한다는 것이 칸트의

24) 칸트, 『순수이성비판』, B404. 강조는 필자.

기본적인 입장이다.

> 우리의 모든 인식이 경험과 함께 출발한다는 것은 전혀 의심의 여지가 없다. 왜냐하면 우리의 인식능력이 대상에 의하지 않는다고 하면 그 외의 무엇에 의해서 활동하게끔 깨우쳐지느냐 말이다.[25)]

위의 두 인용문을 종합해서 파악하면, 칸트가 '선험적 주관은 대상이 주어질 때에만 오직 그때에만 작동한다'는 주장을 하고 있음을 알 수 있다. 칸트의 이런 기본사상은 그가 『순수이성비판』의 재판에서 「관념론 논박」을 추가할 때 더 분명히 표현된다. 칸트는 『순수이성비판』의 초판이 출간된 뒤에 자신의 선험적 관념론이 '존재는 지각됨이다'고 주장하는 버클리의 주관적 관념론과 다를 바가 없다는 비판을 받는다. 칸트는 그 비판을 불식시키기 위해, 재판에서는 「관념론 논박」이라는 소절을 새로 추가했다. 사실 「관념론 논박」의 핵심 주장은 이미 「분석론」에서 개진되었으나, 칸트로서는 자신의 선험적 관념론이 버클리의 주관적 관념론과 유사하다는 비판은 가장 듣기 싫었던 말이었기에 오해 불식 차원에서 삽입했다.

> 관념론(나는 여기에서 질료적 관념론을 의미한다)은 우리 바깥의 공간 속에 있는 대상들의 존재를 의심하고 **증명할 수 없는 것**이라고 설명하거나, 혹은 허위적이요, 불가능하다고 설명하는 이론이다. 전자는 **데카르트의 개연적(蓋然的) 관념론**이요, 이것은 오직 하나의 경험적 주장 즉 '내가 있다'(Ich bin)고 하는 것만은 의심될 수 없는 것이라고 선언한다. 후

25) 칸트, 『순수이성비판』, B1.

> 자는 **버클리의 독단적 관념론**이요, 이것은 만물(불가분적 조건으로서 공간을 갖고 있지만)과 함께 공간 자신을 불가능한 것이라고 설명하고 따라서 공간 중의 사물도 순 공상이라고 선언한다.[26]

칸트는 버클리의 관념론을 논박하기 위해 "내 자신의 존재는 단순하되 경험적으로 규정된 의식은, 내 바깥의 공간 중의 대상들의 존재를 증명한다"는 정리를 내세운 뒤에, 이 정리로부터 "시간에 있어서의 '내 존재'의 의식은, 이 '시간 규정의 조건'인 '내 바깥의 사물의 존재'와 필연적으로 결부되어 있다. 즉 내 자신이 존재한다는 의식은 동시에 내 바깥의 딴 사물의 존재를 직접 의식하는 것이다"는 주장을 끄집어낸다.[27] 칸트의 논리 전개에 의문을 품을 수 있을 것이나, 중요한 것은 칸트가 이 주장에서 대상의식과 자아의식의 공속성을 주장하고 있다는 사실이다. 칸트는 명백히 데카르트의 '코기토 에르고 숨'(Cogito Ergo Sum)을 비판하고 있다. 데카르트에 있어서 사유하는 자아는 그것의 객어가 없이도 사유할 수 있는 것으로 주장되는 자아다.

> 그다음에 내가 무엇인가를 주의 깊게 검토하고, 나는 아무런 육체도 전혀 갖고 있지 않으며, 도대체 세계도 없으며, 내가 있는 장소도 없다고 가상할 수 있으나, 그렇다고 해서 내가 전혀 없다고 가상할 수는 없다. 그리고 실체로서의 내가 존재하기 위하여 물질적인 어떤 것도, 또 다른 장소도 필요하지 않게 된다.[28]

---

26) 칸트, 『순수이성비판』, B274. 강조는 칸트.

27) 칸트, 『순수이성비판』, B274.

28) 데카르트, 『방법서설/성찰/정념론 외』(김형효 옮김, 서울: 삼성출판사, 1992), 77-78쪽.

그러나 칸트는 그런 데카르트의 자아를 '순수통각'으로 규정하고, 자신의 '선험적 자아'를 그것에 대립시킨다. 선험적 자아는 '감각의 제약하에서 사유하는 자아'다.[29] 이와는 달리 데카르트의 자아는 감각의 제약을 무시하고 사유하는 자아다. "데카르트는 주관을 그 자체로서 따로 조정(措定)하고, 그런 다음 세계를 모든 객관의 총체로서 이 주관에서 터를 놓으려 한다."[30] 데카르트의 코기토는 '현상학자들이 말하는 '~에 대한 의식'이 아니다. 그것은 '~에 대면하지 않는 의식'이다. 그러나 칸트의 선험적 주관은 '~에 대한 의식'이다. 이리하여 '의식의 대상은 대상의 의식이다'라는 공식이 성립한다. 그러므로 "선험철학(Transzendentalphilophie)은 경험에서 독립되어 있는 나(Ich)에서 출발한다"[31]는 슐츠의 주장은 잘못임을 알 수 있다. 칸트의 선험철학은 경험에 앞서서 경험의 가능성 조건을 검토하는 철학이며, 그러한 검토 결과 얻어낸 결론은 선험적 주관의 출현과 선험적 대상의 출현은 동시

29) 이에 대한 자세한 논의는 필자의 책, 『칸트의 인간관과 인식존재론』, 제4장 '칸트에 있어서 선험적 자아와 통각'을 보기 바란다. 엄밀하게 말한다면, 데카르트의 사유하는 자아도 '~에 대한 의식'으로 해석될 수 있는 여지가 있다. 데카르트가 방법적 회의의 과정 중에서 악마의 가설을 도입하여 회의를 극단화시킬 때, 사유하는 자아는 전능한 악마의 기만행위에 속아 넘어가서, 3+3=6이 아니고 5라고 잘못 생각하고 있는 의식이다(문성학, 「데카르트의 방법적 회의에 대한 비판적 고찰」, 대한철학회논문집, 『철학연구』 42집, 1986 참조). 그러니 데카르트의 사유하는 자아의 사유 역시 모종의 지향적 대상을 가지고 있다고 말해야 한다. 그러면 칸트의 선험적 자아와 데카르트의 사유하는 자아의 차이점은 무엇인가? 데카르트의 사유하는 자아는 자아 개념이 성립하기 위해서 외계 사물이 불필요하다면, 칸트에게는 선험적 자아 개념이 성립하기 위해서 외계사물이 필요한 것이 아니라 — 외계사물은 선험적 자아의 구성물일 뿐이다 — 물자체의 촉발에 의해 발생하는 경험적 직관의 무규정적 대상(선험적 대상)이 필요하다. 이 점에서 데카르트의 사유하는 자아와 칸트의 선험적 자아는 결정적으로 다르다. 데카르트의 사유하는 자아는 사유하는 실체로서 물체와 분리되어 존재할 수 있는 영혼이지만, 칸트의 선험적 주관은 어디까지나 감각재료가 주어지는 경우에만 오직 그 경우에만 사유하는 주관이다.

30) W. 슐츠, 『달라진 세계와 철학: 제2권 내면화의 동향』(송기득 옮김, 서울: 현대사상사, 1984), 88쪽.

31) W. 슐츠, 『달라진 세계와 철학: 제2권 내면화의 동향』, 20쪽.

적이라는 것이다. '선험철학'이란 명칭에 오도되어 모든 경험대상에 앞서서 경험과 독립적으로 선험적 자아가 미리 존재해야 함을 주장하는 이론으로 생각해서는 안 된다. 그렇게 생각하면 이는 칸트의 선험적 자아를 데카르트의 사유하는 자아와 유사하게 생각하는 것이 된다.

5.
칸트의 선험적 자아와 하이데거의 현존재

선험적 자아가 가능적 무한자이며, 선험적 대상과 상호 공속적이라는 것은 하이데거의 철학에 세 가지 결정적인 의미를 가진다. 첫째로, 하이데거에 있어서도 현존재와 존재는 상호 공속적이다. '현존재를 떠나 존재가 없고', '존재를 떠나 현존재가 없다'.

> 하이데거는 인간은 우선 그 자체로서 독립적으로 존재하고, 그다음에 세계와의 관계에 들어가는 것이 아니고, 인간의 현존재는 세계 내적이기 때문에 인간은 언제나 이미 인간과 그리고 사물과 관계를 맺고 있다는 점에서 출발한다.[32]

하이데거는 '현존재를 떠나 존재가 없다'고 생각하면서, 존재를 탐구하려면 현존재를 먼저 분석해야 한다고 생각했다. 이런 생각에서 그는 현존재분석

---

32) W. 슐츠, 『달라진 세계와 철학: 제2권 내면화의 동향』, 89쪽.

론으로서의 『존재와 시간』을 '기초존재론'(Fundamentalontologie)으로 규정한다. 이것이 하이데거의 전기 사유다. 그리고 '존재를 떠나 현존재가 없다'고 생각하면서 그는 자신의 후기 사유를 전개한다. 둘째로 칸트는 선험적 주관을 X로 표시한다. 우리는 선험적 주관이 무엇인지 규정할 수 없다는 뜻이다. 선험적 주관은 '이것', 혹은 '저것'으로 규정될 수 있는 존재자가 아니다. 그리고 선험적 주관의 상관자인 선험적 대상도 칸트는 X로 표시한다.

> 이 선험적 객관은 그 무엇, 즉 X를 의미하는데, 우리는 (인간 지성의 현재의 구조에 의해서는) 이것을 전혀 알지 못하고 또 알 수 없는 것이다. 그것은 **통각의 통일의 상관자**로서 감성적 직관에서 다양의 통일을 위하여 이용될 수 있을 뿐이다.[33]

선험적 주관과 마찬가지로 선험적 객관도 미지의 X일 뿐, 존재자가 아니다. 하이데거는 칸트가 미지의 X로 표시한 것을 '무'로 해석한다. 선험적 주관과 선험적 객관은 둘 다 존재자가 아니란 점에서 '무'라는 것이다. 하이데거는 칸트의 선험적 주관을 현존재로 바꾸어 이해한 뒤에 그것을 '무'로 이해한다. 현존재는 이제 그것에서 존재가 문제시되고 존재가 물어지는 장소이면서 동시에 무가 깃드는 곳이라는 하이데거의 신비스러운 사이비 주장이 만들어진다. 셋째로 현존재나 선험적 주관이나 가능적 무한자로서 둘 다 그 본질이 초월에 있다. 가능적 무한은 무한한 자기 초월을 통해서만 가능적 무한자로서의 자기동일성을 유지할 수 있기에, 가능적 무한자에게 있어서 초월은 숙명이다. 사르트르(J. P. Sartre, 1905-1980)식으로 표

33) 칸트, 『순수이성비판』, A250. 강조는 필자. 이 강조된 문구에서도 선험적 객관은 선험적 통각의 통일의 상관자임이 분명하게 언급되고 있다.

현한다면, 선험적 자아나 현존재는 '초월에 선고받은 존재'다. 그런데 가능적 무한자인 현존재는 자신의 초월을 통해 자신의 존재를 확보하기에, 현존재는 자신의 존재근거가 자기 자신에게 있는 셈이다. 현존재는 자신의 존재 근거를 자기 바깥에서 찾지 않고 자기 내부에서 찾는다. 그는 자립적이다. 이 점에서는 자신의 존재를 자신의 사유를 통해 확보하는 데카르트의 '코기토 에르고 숨'도 비슷하다. 이리하여 하이데거의 형이상학은 탈근거의 형이상학이 된다. 자신의 존재를 자신의 탈자적 초월에서 확보한다는 점에서 하이데거의 현존재나 칸트의 선험적 자아와 데카르트의 코기토는 마찬가지다. 그러나 이 삼자의 자립성은 미묘한 차이를 보여준다. 코기토의 경우, 데카르트가 방법적 회의의 과정 중에 외계 사물들의 존재를 괄호 쳐버렸기 때문에, 그 자립성은 의식 내부의 자립성에 불과하다. 코기토는 의식 내부에 갇힌다. 사유하는 자아가 의식 내부로부터 탈출하여 자아 바깥의 사물에 도달하기 위해서는 신의 도움이 필요하다. 칸트의 선험적 자아의 경우, 탈자적 초월을 통해 확보되는 선험적 자아의 자립성은 물자체의 촉발사건에 의존한다. 물자체가 선험적 자아를 촉발하는 사건을 통해 선험적 자아에게 감각자료(sense data)를 제공하는 것은 선험적 자아의 초월 운동에 시동을 걸어주는 사건이다. 그러니 선험적 자아의 자립성은 근원적으로 물자체에 의존한다. 칸트의 선험적 자아는 경험적 외계사물의 존재에 도달하기 위해, 즉 외계사물을 구성하기 위해 물자체의 촉발이 필요했다. 하이데거의 현존재의 자립성은 탄생과 죽음 사이의 자립성이다. 현존재는 탄생 이전과 탄생 이후에 대해서는 아무런 할 말이 없다. 현존재는 코기토처럼 외계 사물의 존재에 도달하기 위해 신의 도움을 필요로 하거나 물자체의 촉발사건을 필요로 하지 않는다. 그리하여 그 자기 초월적 자립은 탄생과 죽음 사이에 갇힌다.

6.
데카르트와 가능적 무한의 개념

데카르트는 방법적 회의를 통해 '나는 생각한다, 그러므로 나는 존재한다'는 명석판명(clear and distinct)한 진리에 도달한다.[34] 다음 순간에 그는 자신의 사유를 통해 확보된 자신의 존재는 자신의 사유에 의존하며, 따라서 자신은 사유하는 동안에만 존재하게 된다는 사실을 알아차린다. 우리는

34) 중세철학자 질송(E. Gilson, 1884-1978)이 정확하게 지적하고 있듯이 성 어거스틴(St. Augustin, 354-430)은 데카르트에 앞서서 코기토를 발견했다. 어거스틴은 그의 여러 저서, 『독백론』(*Soliloquia*)과 『자유의지론』(*De liberto arbitrio*)과 『신국』(De civitate Dei)에서 코기토에 대해 언급한다. 특히 『자유의지론』 제2권 제3장에서 대화 상대자인 에보디우스에게 이렇게 말한다. "그렇다면 먼저 가장 명백한 진리에서 출발하기 위해서, 나는 당신에게, '당신은 존재하고 있는가요?'하고 당신한테 묻겠다. 아마 당신은 이 물음에 대답함에 있어서 기만당하는 것은 아닐까 걱정할지도 모르겠다. 그러나 만약 당신이 존재하지 않는다면, 당신이 기만당하는 것은 불가능할 것이다."(Augustin, *Augustin: Earlier Writings*, ed. & trans. H.S. Brulegih, The Westminster Press, p. 138) 그리고 『신국』 제11권 26장에서는 "만일 내가 기만당한다면, 나는 존재한다"(If I am deceived, I am)고 말한다(Augustin, *Basic Writings of Saint Augusstine*, Vol. 2, New York: Random House Publishers, 1948, p. 168). 아마도 데카르트는 어거스틴의 영향을 강하게 받았을 것으로 보인다. "아우구스티누스는 데카르트가 한 바와 같이 그의 원리를 회의주의의 논박에 사용했고, 또 데카르트와 마찬가지로 이 원리를 근거로 하여, 비물질적 · 정신적인 영혼의 존재를 증명하고, 그리고 또 데카르트처럼 신의 존재를 증명하는 데 이 원리를 사용했기 때문이다."(에티엔느 질송, 『존재와 사유』, 박영도 옮김, 대구: 이문출판사, 1985, 161쪽)

부단히 사유하는 방식으로 자신의 존재를 보증받는 데카르트의 사유하는 자아가 가능적 무한자임을 알 수 있다. 가능적 무한의 개념은, 인간이 자신의 존재와 운명을 자신의 힘으로 확보하고 개척한다는 근대적 휴머니즘의 핵심적인 정신을 표현해주는 말이다. 물론 데카르트에 있어서 사유하는 자아는 사유하는 실체로서 영혼이고, 영혼은 물리적 공간을 필요로 하지 않는다고 말함으로써, 그가 영혼을 현실적 무한자로 이해하는 듯이 보이기도 한다. 그러나 그가 진정으로 영혼을 현실적 무한자로 생각했다면, 영혼 바깥에 있는 물질세계로 진출하기 위해 신 — 이는 현실적 무한자이고 칸트의 용어법으로는 물자체다 — 의 도움을 청하지 않았을 것이다. '현실적 무한 바깥'이라는 것은 없기 때문이다. 그러므로 우리는 데카르트가 방법적 회의를 통해 발견한 사유하는 자아는 가능적 무한자라고 해석해야 한다.[35] 데카르트의 발견은, 당연한 말이지만, 칸트의 선험적 자아로 이어

35) 데카르트는 무한과 무제한을 구분하고 있는데,(데카르트, 『철학의 원리』, 원리 26과 27 참조) 이 구분은 현실적 무한과 가능적 무한의 구분과 같다. 그가 실체를 유한실체와 무한실체로 나눈 뒤에, 유한실체를 정신과 물질로, 무한실체를 신으로 생각했을 때, 그가 유한실체로 염두에 둔 것은 가능적 무한이었다. 데카르트는 '원리 27'에서 "신에게만 무한하다는 명칭을 부여한다"고 말하는데, 당연히 신을 현실적 무한자로 간주했다. 데카르트는 실체를 그 자신에 의해서 이해되고 그것이 이해되기 위해 다른 것의 도움을 필요로 하지 않는 것으로 생각했는데, 그것은 엄격하게 말해서 무한자다. 그렇다면, '유한실체'라는 말은 형용모순이다. 그것은 '유한한 무한자'라는 말이 되기 때문이다. 스피노자는 이것이 데카르트 철학의 비일관성이라고 생각했으며, 자신의 『에티카』에서 데카르트가 유한실체라고 한 정신과 물질을 신의 두 속성으로 간주했다. 그러나 뛰어난 수학자이기도 했던 데카르트가 '유한실체'라는 표현에 들어있는 형식논리적 어긋남을 자각하지 못했을 리는 없어보인다. 그는 그런 형식논리적 불편함을 무릅쓰고 그 용어를 사용했다고 보아야 한다. 다시 말해서 그는 형식논리학의 모순대당이 아닌 변증적 대당을 받아들였다는 말이다. 우리는 데카르트가 유한실체의 이름으로 끌어들인, 가능적 무한자로서의 정신과 물질이 칸트에 가서는 선험적 주관과 선험적 대상으로 변경되는 방식으로 칸트 사상으로 수용됨을 보게 된다. 데카르트의 유한실체나 칸트의 선험적 주관과 선험적 대상은 모두 가능적 무한자다. 그리고 칸트도 선험적 주관과 선험적 대상을 형이상학적 실체로 보지는 않지만, 만상의 형식적 기체로 보고 있다(문성학, 『칸트철학과 물자체』, 97쪽 이하 참조.

졌으며, 후설의 현상학을 거쳐 하이데거의 현존재로 이어졌다. 그러나 칸트는 데카르트의 코기토를 선험철학적으로 변경시켰으며, 후설은 선험적 현상학의 지평에서 개조했으며, 하이데거는 현상학적 존재론의 관점에서 활용했다. 데카르트의 코기토나 하이데거의 현존재가 다 같이 가능적 무한자라는 관점에서 보면, 하이데거는 데카르트적인 주관성의 철학으로부터 한 발짝도 벗어나지 못한 것으로 보인다. 칸트의 선험적 주관, 후설의 선험적 의식, 하이데거의 현존재는 모두 가능적 무한자라는 점에서 이것들은 모두 데카르트적 코기토의 다양한 변주인 셈이다.

그런데 데카르트는 가능적 무한자인 사유하는 주관이 물질세계에 도달하려면, 신의 도움이 필요하다는 것을 알아차린다. 칸트의 선험적 자아는 처음부터 물자체의 촉발과 더불어 사유하는 자아이기에, 다시 말해서 가능적 무한을 에워싸고 있는 현실적 무한을 전제하고 시작하기에, 데카르트와는 신(현실적 무한)과 접촉하는 방식이 다르다. 칸트는 신(하나인 물자체)으로부터 시작하여 선험적 주관으로 나아가지만, 데카르트는 사유하는 자아로부터 시작하여 신으로 나아간다. 데카르트에 의하면, 사유하는 자아인 내가 가지는 관념들 중에서 자신의 외부에 있는 것으로 간주되는 여러 사물들에 대한 나의 관념과 신에 대한 나의 관념은 차원을 달리한다는 것을 깨우치는 것이 중요하다.

> 내가 외부에 있는 모든 여러 가지 사물들에 관하여 (…) 내가 가졌던 생각들에 대해서는, 나는 어디에서 그것들이 오는가에 관해서 아는 데 그다지 큰 고통을 느끼지 않았다. 그러한 생각들이 나보다도 더 상위에 속한다는 것을 결코 인식할 수 없기 때문에, 나는 그러한 생각들이 참이라고 할지라도, 그 생각들은 어느 정도의 완성을 가지고 있는 한

에서의 내 본성에 의존하고 있다고 나는 생각할 수 있었다. 그리고 만약에 그러한 생각들이 나에게 의존하지 않는다면, 나는 그런 생각들을 무에서부터 끄집어내거나, 또는 그러한 생각들은 내가 부족으로 인해서 가지게 되는 것으로서 내 속에 있게 되는 셈이다.[36)]

꽤 이해하기 힘들게 진술되고 있지만, 요점은 사물들은 유한자이기에, 그것들을 가능적 무한자인 사유하는 주관 안에 담는 데에는 별 문제가 없다는 것이다. 그러나 신에 대해서는 그렇게 생각할 수가 없다.

그러나 나보다도 더 완전한 존재에 대한 관념에 대해서는 똑같이 전개될 수가 없다. 왜냐하면 그러한 관념을 무에서부터 끄집어낸다는 것은 전적으로 불가능한 일이기 때문이다. 그리고 더 완전한 것이 덜 완전한 것에 의존한다든가, 또는 그것의 결과라고 생각하는 것은 어떤 것이 아무것도 아닌 것에서부터 나올 수 있다는 것과 마찬가지로 모순되는 논법이기 때문이다. 나는 더 완전한 관념이 나로부터 유출되었다고 생각할 수가 없었다. 마찬가지 방법으로 더 완전한 관념은 나보다도 진실로 더 완전한 어떤 본성에 의하여 내 속에 심겨졌다고 보아야 하며, 그리고 그런 한 본성은 내가 완성이라는 어떠한 관념을 가질 수 있게 되는 가능성의 원천이기에, 한마디로 설명하자면 그것은 곧 신이다.[37)]

데카르트는 이 대목에서 신의 존재를 증명하고 있는데, 그는 사고하

36) 데카르트, 『방법서설/성찰/정념론 외』, 77-78쪽.

37) 데카르트, 『방법서설/성찰/정념론 외』, 79쪽.

는 주체가 가능적 무한자인데, 가능적 무한자인 사고하는 주관에게 '무한'의 관념이 존재한다는 사실을 주목한다. 그에게 있어서 신은 생득관념이다.[38] 인간에게는 왜 '무한'의 관념이 존재하는가? 그 관념의 원인은 인간인가? 그럴 수는 없다. 신은 현실적 무한자인데, 현실적 무한의 관념은 가능적 무한자인 인간으로부터 유래할 수는 없다. 그러면 그 관념은 어디에서 오는 것인가? 가능적 무한자의 '무한'은 현실적 무한자인 신이 인간에게 심어준 것이라는 것이 데카르트의 생각이다. 칸트나 데카르트는 가능적 무한의 존재근거로서 현실적 무한을 인정한다. 그 양자의 차이점은 데카르트가 현실적 무한의 사변적 증명을 시도한다며, 칸트는 그런 증명을 거부하고 도덕적 증명만을 받아들인다는 점이다. 그런데 하이데거는 데카르트의 사유하는 주관의 가능적 무한 개념을 받아들이지만, 그것을 철저하게 현상학적 지평에서 받아들인다. 가능적 무한자로서 현존재는 시간의 지평 위에 놓이게 되면, 시작과 끝을 가진 유한성이 된다. 바로 이런 이유에서 하이데거는 "존재는 유한하다"는 말을 한다. 이에 대해서는 다음 장에서 상세하게 다룰 것이다.

우리는 앞에서 데카르트가 방법적 회의를 통해 도달한 '코기토 에르고 숨'의 사유하는 주체가 가능적 무한자였으며, 그것이 칸트를 거쳐 하이데거로 이어지는 과정에 대해 언급했었다. 그런데 하이데거는 서양 형이상학의 해체라는 철학적 과업을 제시하면서[39] 데카르트와 칸트로부터 자

38) 이는 칸트가 신의 문제가 인간의 본성에 부과되어 있다고 말한 것을 생각나게 한다.

39) 서양 형이상학의 해체작업에서 필수적으로 물어져야 할 질문은, "과연 그리고 어느 정도로 존재론의 역사의 흐름에서 도대체 **존재의 해석이 시간의 현상과 주제적으로 합쳐질 수 있었는가** 그리고 과연 이를 위해서 필연적인 존재시성의 문제틀이 원칙적으로 부각되었으며, 부각될 수 있었는가?"하는 물음이라고 한다(『존재와 시간』 42쪽. 강조는 필자). 존재와 시간이 주제적으로 합쳐져서 다루어져야 한다는 생각과 더불어 플라톤의 이데아의 세계나 칸트의 물자체의

신을 구별한 뒤, 이 두 사람에 대해 이렇게 말한다.

> 칸트는 그 모든 본질적인 발전적 형성에도 불구하고 독단적으로(dogmatisch) 데카르트의 입장을 넘겨받고 있다. (…) 데카르트의 존재론적인 입장을 넘겨받음으로써 칸트는 하나의 본질적인 소홀을 저지르게 되는데, 그것은 현존재의 존재론의 소홀이다.[40]

세계는 거부된다. 이데아나 물자체는 시간 초월적인 존재들이기 때문이다.

40) 『존재와 시간』, 43쪽. 이기상은 dogmatisch를 '교조적'으로 번역하고 있다.

7.
칸트는 데카르트의 아류인가?

칸트를 데카르트의 아류로 보는 하이데거의 견해를 우리는 과연 받아들일 수 있는가? 칸트는 정말로 데카르트의 입장을 무비판적으로 받아들이고 있는가? 칸트는 하이데거의 그런 견해를 어떻게 평가할까? 칸트 자신이 데카르트적인 형이상학을 독단적 형이상학으로 규정하여 해체하려고 했던 인물인데, 그런 칸트가 데카르트의 입장을 아무 생각 없이 받아들였다는 하이데거의 주장은, 아무리 하이데거가 자신의 독창성을 두드러지게 하려는 의도에서 하는 말임을 고려하더라도 이해하기 힘든 말이다. 우리가 앞서 살펴보았듯이 칸트는 외적 사물이 존재하지 않는 상태에서 오로지 사유주체 혼자만으로도 사유할 수 있다는 데카르트의 순수통각 이론을 거부한다. 당연히 그런 사유실체를 영혼으로 보는 데카르트의 입장도 거부한다.[41] 그리고 데카르트의 신 존재 증명도 거부한다. 이쯤 되면 데카

---

41) 데카르트가 사유하는 자아가 사유하는 동안에만 존재할 수 있다고 말하거나, 정신을 유한 실체로 간주할 때에 그는 사유하는 자아(정신, 영혼)를 가능적 무한자로 본다. 그러나 정신은 외계사물 없이도 사유할 수 있다고 말할 때, 그는 정신을 현실적 무한자로 보는 셈이다. 필자가

르트 형이상학의 가장 핵심적인 것을 다 거부하는 셈이다. 칸트가 데카르트로 받아들인 것은 기계론적 자연관과 그 자연이 수학적으로 설명될 수 있다는 것이다. 칸트가 받아들인 것은 데카르트의 과학철학이었지 형이상학은 아니었다. 하이데거는 칸트에게는 현존재의 존재론이 없다고 단정한 뒤에, 그 이유를 칸트가 데카르트를 독단적으로 받아들였기 때문이라고 말한다. 그러나 나는 데카르트와 칸트의 관계에 대한 하이데거의 해석이 틀렸다고 생각할 뿐만 아니라, 칸트에게는 하이데거가 현존재의 존재론이라고 한 바로 그것이 『순수이성비판』 전반부에서 인식론의 옷을 입고 나타나 있다고 생각한다. 칸트의 선험적 인식론 — 이는 동시에 선험적 형이상학이다 — 은 '인식될 수 있는 존재자의 존재에 관한 존재론'이다. 그것은 인식주체의 존재론인데, 하이데거식으로 표현하면, 현존재의 존재론이요 기초존재론이다. 칸트의 용어로는 '예비학'이다. 칸트 자신이 『순수이성비판』의 전반부를 존재론이라고 말한다. 다만 '존재론'이라는 명칭은 너무 거만하게 들리기에 '순수오성의 분석론'이라는 겸손한 명칭으로 바꾸어 사용했다고 한다.[42] 왜 칸트는 '존재론'이라는 말이 거만하게 들린다고 생각했을까? 칸트의 존재론 즉 순수오성의 분석론은 인식주체에 의해 시간 속에서 인식 가능한 존재자로 구성되는 존재자들 즉 현상체들만을 다루고 가상체들을 다루지는 않기 때문이다. 칸트의 존재론에는 불안, 염려, 죽음 같은 개념들이 등장하지 않는다는 점에서만 하이데거의 존재론과 다르다. **하이데거의 기초존재론은 칸트의 인식존재론의 실존철학적 개정판이다.** 하이데거 자신이 사실을 잘 알고 있었다. 하이데거는 『순수이성비판』의 「분

보기에 데카르트는 이 사실을 자각하지 못했다.

42) 칸트, 『순수이성비판』, B303 참조.

석론」을 공부하는 중에 칸트가 개진하고 있는 사상이 바로 후설 현상학과 유사하며, 자기가 찾아가고 있던 사유의 길이 정당함을 확인하면서, 눈에서 비늘이 떨어져 나가는 경험을 하게 된다.[43] 그는 칸트에 대한 연구를 통해 자신의 철학을 성숙시켜나갔다. 리처드슨(W. J. Richardson, 1920-2016)도 이 점을 이렇게 지적하고 있다.

> 만약 『칸트와 형이상학의 문제』의 마지막 절이 『존재와 시간』에 대한 최선의 예비지식이라면, 그 책의 나머지 부분은 『존재와 시간』에 대한 가장 권위 있는 해석이다.[44]

김석수 교수도 이 점을 정확하게 지적하고 있다.

> 그(칸트)는 '진리의 논리학'을 다루는 '분석론'에서 우리에게 주어진 존재 세계에 대한 인식의 정당성 문제를 '일반형이상학' 차원에서 집중적으로 분석하고 있다. 그는 여기에서 우리 인간이 정당하게 인식할 수 있는 부분과 인식할 수 없는 부분에 대한 명확한 한계를 설정하고 있다. 이렇게 함으로써 그는 대상일반의 성립가능성과 인식의 정당한 자격을 논하는 존재론을 마련한다. 특히 여기에서 그는 시간과 존재의 관계에 대한 집중적 분석을 시도하고 있다. 그의 이런 작업은 훗날 하이데거가 기초존재론을 마련하는 데 중요한 기여를 하게 된다.[45]

---

43) M. Heidegger, *Phänomenologische Interpretation von Kants Kritik der reinen Vernunft* (Frankfurt am Main, Vittorio Klostermann, 1977), p. 431 참조.

44) W. J. Richardson, S. J., *Heidegger: Trough Phenomenology to Thought* (Hague, Martinus Nijhoff, 1974) p. 106.

45) 김석수, 『요청과 지양』(서울: 울력, 2015), 127쪽. 하이데거는 칸트의 『순수이성비판』에서 자

그리고 그는 자신이 서양 2,500년에 걸친 철학의 역사를 존재 망각의 역사로 해석하기 위해 가장 걸림돌이 되었던 니체(F. W. Nietzsche, 1884-1900) — 니체 자신이 서구의 전 형이상학에 대한 위대한 비방자요 해체자였다 — 를 서양 형이상학의 완성자로 보는 기이한 해석을 제출하는 데 엄청난 공을 들인다.[46] 이 역시 하이데거가 한편으로는 칸트로부터 핵심적인 부분을 배

신의 기초존재론의 선구적 성과를 발견했다고 생각했으며, 그 책에 대한 기초존재론적 해석을 『칸트와 형이상학의 문제』에서 제시했다. 칸트는 자신이 『순수이성비판』에서 제시한 형이상학을 자연의 형이상학이라 불렀다. 그런데 하이데거가 한 번도 그렇게 명명한 적이 없지만, 그가 큰 틀에서 그 자연의 형이상학을 '가능적 무한의 형이상학'으로 읽었다는 점에서는 옳다. 나는 그것을 '선험적 형이상학'으로 해석하는 반면에, 하이데거는 그것을 '초월적 형이상학'으로 본다. 하이데거의 오류는 자연의 형이상학이 칸트가 제시한 비판적 형이상학의 기초공사에 해당하는 일부분인 것을 모르고 전부라고 생각했다는 것이다. 하이데거의 기초존재론적 칸트 해석이 옳으냐 그르냐 하는 해석상의 문제는 하이데거가 『존재와 시간』에서 보여주고 있는 존재론적 논의가 설득력이 있는가 없는가 하는 문제와는 별개의 문제이다. 그의 칸트 해석이 그르다 하더라도 그의 존재론적 논의가 틀렸다는 결론이 따라 나오는 것은 아니다. 그럼에도 불구하고, 칸트에 대한 하이데거 해석의 문제점을 밝힘으로써 그의 존재론의 문제점을 파악할 수 있는 안목을 가지게 된다는 것도 부정할 수 없다.

46) 하이데거는 "신은 죽었다"는 니체의 말을, 플라톤적인 이데아의 세계와 기독교적인 피안의 세계에 대한 반대의 운동임을 확인한 뒤, 이렇게 말한다. "그러나 단순한 반대의 운동일 뿐인 그의 철학은, 모든 반대(Anti-)가 그러하듯이, 자기가 대항하고 있는 상대방의 본질 속으로 필연적으로 사로잡히게 된다. 형이상학에 대항하는 니체의 반대운동(Gegenbewegung)은 단순히 형이상학을 뒤집어놓은 것일 뿐이어서, 그것은 형이상학 속으로 휘말려 들어가 거기에서 빠져나올 출구도 찾지 못한다."(『숲길』, 신상희 옮김, 파주: 나남출판, 322쪽) 플라톤의 형이상학을 반대한 니체의 생철학은 거꾸로 선 플라톤 철학이라는 하이데거의 주장은 견강부회의 전형으로 보인다. 만약 이런 논리로라면, 근대의 표상적 사유를 반대하는 하이데거의 비표상적 사유 역시 자기가 대항하고 있는 상대방의 본질 속에 필연적으로 사로잡히게 되어, 결국 표상적 사유를 도립(倒立)시킨 것이 될 것이다. 박찬국은 하이데거의 니체 해석이 너무 아전인수식인 것을 감지하고 다음처럼 말함으로써 하이데거의 니체 해석을 변명한다. "하이데거는 니체를 일차적으로 서양의 위대한 형이상학자들 중의 한 사람이라고 보고 있다. 이러한 하이데거의 해석에 대해서 사람들은 우선 반발을 느낄 수 있다. 왜냐하면 니체야말로 서양 형이상학을 파괴하려고 한 사람으로 알려져 있으며 니체 자신이 자신을 그렇게 이해했기 때문이다. 그러나 이 경우 니체가 생각하는 형이상학과 하이데거가 생각하는 형이상학은 본질적으로 서로 다르다는 것을 염두에 두지 않으면 안 된다."(『니체 I』, 박찬국 옮김, 서울: 도서출판 길, 2010, '번역자 해제', 631쪽 참조)

웠다는 것을 숨기면서, 다른 한편으로는 니체에게 '서구 형이상학의 위대한 해체자'라는 칭호를 빼앗기지 않으려는 의도로 보인다. 초감각적인 실체들을 생에의 의지를 약화시키는 빈혈증적 이상이요 허구로 간주하여 거칠게 부정해버린 니체를, 플라톤의 이데아계를 가차 없이 거부한 니체의 생철학을, 플라톤적 피안의 철학의 최종 완성이라고 해석하는 것은 기이한 일이다.

2장 하이데거에서 존재의 유한성

1. '죽음에의 존재'로서 (현)존재는 유한하다
2. 유한성의 철학자 칸트
3. 현존재와 가능적 무한
4. '존재는 유한하다'는 하이데거 명제의 문제점
5. 하이데거의 존재탐구가 선험적 가상에 대한 탐구가 되지 않으려면?

1.
‘죽음에의 존재’로서 (현)존재는 유한하다

철학의 역사에서 하이데거만큼 무의 문제를 흥미롭게 다룬 철학자는 없었다. 그 흥미로움은 무가 불안과 결합하면서 만들어졌다. 하이데거는 우리가 무에 대해 진정으로 철학적 탐구를 하려면 필연적으로 비과학적으로 될 수밖에 없다고 말한다. 그는 과학보다 문학이나 시가 무의 문제를 다루기에 더 적합하다고 생각한다. 왜냐하면 무는 과학에 대해서 근본적으로 접근할 수 없는 것으로 머무르기 때문이다. 과학은 본래 있는 것(존재자)만을 대상화시켜 다루는 학문이다. 사람들은 철학적 사유가 비과학적으로 되는 것을 걱정하는데, 하이데거에 의하면, 이는 사람들이 과학적 사고만이 진실한 사고이며, 철학도 그 기준에 맞추어야 하는 것이 아닌가 생각하기 때문이다.[1] 그러나 사람들의 이런 걱정은 잘못된 것이다.

사실에 있어서 이것은 그 반대인 것이다. 모든 과학적인 사고는 다만

1) 『형이상학입문』(박휘근 옮김, 서울: 문예출판사, 1994), 56쪽 참조.

> 철학적인 사고로부터 파생된 (…) 사고방식일 뿐이다. (…) 철학은 결코 그 스스로를 과학과 동일한 계열에 놓아두지 않는다. (…) 철학은 정신적 존재에 있어서 전혀 다른 영역과 품위에 속하는 것이다. 철학 그리고 철학적인 사고와 그 서열을 같이 하는 것은 다만 시(詩) 안에서 찾을 수 있을 뿐이다. (…) 아무것도 아닌 것(무)에 관해서 이야기하는 것은 과학에게는 언제나 하나의 공포이며 무의미한 일인 것이다. 그에 반해서, 이것은 철학자를 제쳐놓고는 시인에게만 가능한 것이다.[2)]

하이데거 철학의 반논리적 표현의 극치는 "무는 스스로 무화한다"이며, 시적 표현의 극치는 무를 "존재의 면사포"(Schlier des Seins)로 표현한 것일 것이다. '존재'를 결혼식장에서 면사포를 쓰고 있는 아름다운 신부처럼 생각하게 만드는 표현이다. '무가 있다'는 표현은 '아무것도 없다'는 표현과 같다. 그러므로 무가 면사포로서 있다는 것은 면사포는 없다는 것이다. 불안은 무(존재의 면사포)를 드러내 보이고, 면사포인 무를 벗겨내면 존재가 드러난다. '무를 벗겨낸다'는 것은 은유적 표현일 뿐이고, 벗겨낼 면사포라는 것은 없다는 것이다. 결국 '무는 존재의 면사포'라는 멋진 표현에 담긴 의미는 '존재는 무'요 '무는 존재'라는 것이다. 인간은 불안을 통해 존재사유를 할 수 있고 존재에 다가갈 수 있다. 우리는 이 대목에서 키르케고르(S. Kierkegaard, 1813-1855)가 "불안은 유한성 일체의 기만을 폭로한다"고 말한 것을 떠올리게 된다. 하이데거도 "불안 속에서 존재자 전체가 무상해진다"고

---

2) 『형이상학입문』, 57쪽. 하이데거의 이 말은 칸트가 『순수이성비판』에서 형이상학의 처지를 추방당한 여왕, 헤쿠바(Hecuba)에 비유해 언급한 것을 떠올리게 만든다. 칸트는 현대인들이 철학이라 부르는 학문, 고대에는 학문 중의 학문 혹은 제1철학으로 불렸던 형이상학을 권좌에서 쫓겨나 추방당한 여왕 헤쿠바에 비유했다. 하이데거의 이 말은 헤쿠바의 독백, 탄식 혹은 희망가처럼 들린다.

말한다.[3] 하이데거의 불안은 무에 대한 불안이요, 키르케고르의 불안은 죄에 대한 불안이요, 사르트르의 불안은 실존적 선택에 따르는 책임에 대한 불안이다.[4] 키르케고르에 있어서 불안은 종국적으로 구원의 사다리이고, 하이데거에서 불안은 초월의 통로이고, 사르트르에게 있어서 불안은 자유의 길이다. 하이데거는 '불안이 존재를 드러내 보인다'고 말하는 대신에 불안과 존재 사이에 무를 집어넣어 완충효과를 주고 있다. 불안은 무를 드러내 보이는데, 알고 보니 그 무가 곧 존재라는 것이다. 하이데거는 헤겔(G. W. F. Hegel, 1770-1831)이 『논리학』에서 "순수한 존재는 순수한 무와 동일한 것이다"라고 한 말을 인용한 뒤, 이렇게 말한다.

> 헤겔의 이 명제는 정당한 것이다. 존재와 무는 공속한다. 그러나 그것은 존재와 무가 — 헤겔이 생각하는 사유의 개념에 입각해서 볼 때 — 무규정성과 직접성에 있어 일치하기 때문이 아니라, 오히려 **존재 그 자체가 그 본질상 유한하기 때문**이며(weil das Sein selbst im Wesen endlich ist), 또 존재는 오로지 무 속으로 들어가 — (머물러) — 있는 터 있음(현존재)의 초월 속에서만 스스로를 드러내 보이기 때문이다.[5]

하이데거는 이 인용문에서 존재와 무를 동일시하는 점에서는 자신이 헤겔과 같은 입장이지만, 그 이유는 다름을 설명하면서 두 가지 이유를 든다. 그중의 하나는 "존재 그 자체가 그 본질상 유한하기 때문"이라고 말한

---

3) 『이정표 1』(신상희 옮김, 파주: 한길사, 2005), 162쪽.

4) 안병욱, 『현대사상』(서울: 삼육출판사, 1985), 276쪽 참조.

5) 『이정표 1』, 171쪽. 아주 의외의 말이어서 원문을 병기했다. 강조는 내가 한 것임.

다.[6] 이는 매우 의외의 말인데도 불구하고, 그는 이에 대해 더 이상의 설명을 덧붙이지 않고 있다. 일반적으로 사람들은 존재자는 유한하고 그것과 '존재론적인 차이'를 갖고 있는 '존재'는 무한하다고 생각하기 쉽다. 하이데거는 존재는 '단적인 초월'이라고 말하기도 하는데, 하이데거의 이런 말은 우리로 하여금 '존재'는 무한한 것이라고 생각하도록 부추긴다. 존재가 유한성(존재자)으로부터의 단적인 초월이라면, 존재는 무한성이어야 할 것이기 때문이며, 존재자나 존재나 둘 다 유한하다면, 그 양자의 존재론적인 '차이'를 언급하는 것은 이상한 일이 될 것이다. 그리고 무한한 것은 초월적인 것이고 그 초월자를 연구하는 것이 형이상학이다. 하이데거는 '형이상학은 현존재에서 일어나는 근본 사건이요, 현존재 자체가 형이상학'이라고 말한다.[7] 그럼에도 불구하고 하이데거는 존재 그 자체가 유한하다고 말한다.

'존재가 유한하다'는 하이데거의 말은 이해하기가 쉽지 않은데, 일견 떠오르는 해석방식은 그 말을 현존재의 죽음과 연결시켜 생각해보는 것이다. 현존재는 그것에서 존재가 문제시되는 그런 존재인데, 현존재는 '죽음에 이르는 존재'(Sein zum Tode)이니, 존재도 유한하게 된다는 해석이다. 하이데거가 인간을 '죽음에 이르는 존재자(Seiendes zum Tode)'로 표현하지 않은 것

6) 두 번째 이유는 94쪽에서 볼 수 있다.

7) 『이정표 1』, 173쪽 참조. 나는 칸트가 인간을 가능적 무한자로 보았다는 입장을 이 책에서 줄곧 피력하고 있는데, 가능적 무한자의 본질은 탈자적 초월에 있다. 하이데거도 현존재를 이와 유사한 방식으로 이해하고 있는 듯이 보이는 구절이 있다. "인간의 터-있음(현존재: 필자 보충)은 그가 무 속으로 들어가-스스로-(머물러)-있을 때에만 존재자와 관계할 수 있다. 존재자를 넘어서는 행위는 터-있음의 본질 속에서 일어난다. 그런데 바로 이 넘어섬이 형이상학 자체다. 형이상학이 '인간의 본성'에 속한다는 사실은 바로 이런 점에서 드러난다. 형이상학은 강단철학의 한 분과도 아니요, 마음대로 꾸며낸 상상의 나라도 아니다. 형이상학은 터-있음에게서 일어나는 근본 사건이다. 그것은 터-있음 자체다."(『이정표 1』, 173쪽)

을 주목할 필요가 있다. 오로지 문자적으로만 해석하면, Sein zum Tode에서 죽음에 이르는 것은 Sein(존재)이며, Sein zum Tode의 Sein은 결국 Da-Sein의 Sein이니, 결국 존재는 죽는 것이 되며, '죽는 존재'는 유한하다고 말하는 것도 가능하다. 하이데거의 '존재'를 '존재의미'로 해석한다면, 이렇게 해석할 수 있는 여지도 있어보인다. 실존론적으로 말한다면 개개인은 각자의 존재 의미를 찾는데, 현존재로서 어떤 개인은 죽음과 더불어 그가 추구하던 '존재'도 끝을 맞이한다.

> 죽음은 무의 관(棺)이다(Der Tod ist der Schrein des Nichts). 즉 어떤 관점에서도 결코 단순히 존재하는 것이 아니다. 그럼에도 불구하고 본질적으로 존재하고 있는, 그것도 더욱이 존재 자체의 비밀로서 존재하고 있는 무의 관이다.[8)]

하이데거에 있어서 존재는 무이기에 '죽음이 무의 관'이라는 말은 곧 '죽음은 존재의 관'이라는 말이 된다. 그러므로 '존재는 유한하다'는 말이 성립한다. 그렇지만 이런 해석은 필경 하이데거를 허무주의로 몰아갈 것이다. 이런 해석의 결론은 인간은 죽음과 더불어 모든 것이 끝난다는 것이 되기 때문이다.[9)] 전동진도 '존재가 유한하다'는 하이데거의 명제를 우리가 앞서

---

8) 『강연과 논문』(이기상 · 신상희 · 박찬국 옮김, 서울: 이학사, 2008), 230쪽.

9) 나는 하이데게 철학에 허무주의의 요소가 있다고 생각한다. 그는 인간을 '죽을 자들'로 규정하면서 죽음을 죽음으로 받아들이는 삶, 죽음 너머를 기대하지 않고, 죽음을 거부하지도 않고, 죽음에 내맡김의 상태로 받아들이는 삶의 경지를 이야기하는 것 같다. 그것은 삶의 허무를 허무한 대로 긍정하는 삶이다. 그런데 뒤집어 생각해보면, 그 (허)무는 곧 존재이니, 허무주의는 한순간에 허무주의가 아닌 것이 된다. 하이데거는 말할 것이다. 무의 공허함은 존재의 성스러운 종소리가 울리는 공명함이라고. 그것은 성스러운 허무주의라고. 그리고 그는 허무의 텅 빔은 존재의 충만이라고 말할 것이다.

그랬듯이 현존재의 죽음과 관계시켜 설명하고 있다.

> 죽음의 현상에 대한 하이데거의 분석이 인상 깊게 보여주는 것은 현존재의 절대적 종말(Ende)로서의 죽음이 현존재가 단지 그의 삶을 다하게 되는 종말이 아니라 현-존재 내에 들어와 그를 항상 규정하고 있는 종말이라는 것, 다시 말해 현존재는 이미 항상 유한하게(endlich) 실존하고 있고, 또 그렇게 실존할 수밖에 없다는 것이다.[10]

하이데거에 있어서, 현존재의 초월행위는 죽음으로 끝장나며, 죽음의 불안은 무를 드러내 보여주며, 현존재에 의해 그 의미가 물어지던 존재(세계)도 죽음을 맞이한다. 이는 변형된 허무주의다. 죽음이 현존재의 존재를 집어삼켜버리기 때문이다. 여기까지는 하이데거의 변형된 허무주의 노래 제1절에 불과하다. 그런데 하이데거에 있어서 존재는 곧 무의 다른 이름이고, 무는 존재의 다른 이름임을 염두에 두고 전동진의 다음 말을 인용한 뒤에 그 뜻을 풀어보겠다. 전동진은 '존재는 유한한다'는 하이데거의 말을 이렇게 해석한다.

> 하이데거의 존재물음에서 그의 근본 관심사라고 할 수 있는 존재의 근원성 문제는 그의 전기 사상, 즉 『존재와 시간』(1927) 및 이를 중심으로 하는 전기 저작들에서는, 인간의 존재를 근본적으로 규정하고 있는 '유한성(Endlichkeit)'에 관한 물음의 형태로 나타난다. 이는 존재의 유한성, 즉 존재가 무(無, Nichts)에 의해 한계 지어져(begrenzt) 있음이 존재의

10) 전동진, 「하이데거에 있어서 존재의 유한성과 유일성」(한국하이데거학회 엮음, 『하이데거의 존재사유』, 서울: 철학과 현실사, 1995), 23쪽.

근원성의 가능근거이기 때문이다.[11]

이 인용문의 핵심은, 존재가 유한한 것은 무가 존재의 한계를 형성하기 때문이라는 것이다. 그러나 '무는 존재의 한계'라는 말은 '존재는 한계를 가지지 않는다'는 말이 된다. 나의 이런 해석이 기계적인 해석이라고 불만하는 사람이 있을지 모르겠지만, 어쨌건 논리상 불가피하다. 결국 '존재는 유한하다'는 하이데거의 명제는 '존재는 무한하다'는 것이 되기도 한다. 나는 이것이 하이데거가 보여주는 변형된 허무주의 노래의 제2절이라고 생각한다. 하이데거가 부르는 허무 노래의 1절과 2절을 통합해서 이해하면, 하이데거의 철학은 허무주의 아닌 허무주의로 보인다. 1절에서 하이데거는 죽음으로 끝나는 인생은 허무하다고 말하고 있다면, 2절에서는'(허)무의 텅 빔이 곧 존재의 충만'이라고 말한다. 그리하여 (허)무는 스스로를 (허)무하게 만든다. 이런 이유에서 하이데거와 대화를 나누었던 일본인은 이 사태를 다음처럼 정리한다.

일본에 있던 우리는 당신의 강연 「형이상학이란 무엇인가?」(Was ist Metaphysik?)를 그 즉시 이해하였던 것입니다. 당시 당신의 강연을 들었던 어느 일본 학생이 번역을 시도했고, 그 번역을 통해 그 강연은 1930년에 우리에게 도달되었습니다. 그 강연에서 언급된 무를 유럽인들이 허무주의적으로 해석하려는 데에 얼마나 사로잡혀 있었는지, 우리는 요즘도 놀라워하고 있습니다. 우리의 경우에 '비어 있음'(空無)이란, 당신이 '존재'라는 낱말로 말하고 싶었던 그것을 지칭하기 위한 아

11) 전동진, 「하이데거에 있어서 존재의 유한성과 유일성」, 15-16쪽.

주 지고한 이름이기 때문입니다.[12]

존재자와 존재의 존재론적 차이를 그토록 강조하는 하이데거가 '존재는 유한하다'고 말하는 것은 정말 기이한데, 나는 앞에서 그 말을 이해 가능한 방식으로 해석했다. 그런데 나는 하이데거가 존재를 유한하다고 말하게 된, 아니 그렇게 말할 수밖에 없는 불가피한 사유가 있다고 생각한다. 나는 이 책의 '머리말'에서 이렇게 말했다.

> 하이데거가 지적하고 있듯이 플라톤의 선의 이데아나 기독교의 신이나 스피노자의 실체가 존재자로 보이는 측면이 있으며, 그들의 형이상학이 존재 망각의 형이상학처럼 보이는 측면을 가지고 있기도 하다. 그러나 나는 그런 관찰이 피상적인 관찰이라고 생각한다. 그들은 한결같이 무한자(존재)를 사유했으며, 결코 유한자(존재자)를 사유하지 않았다. 만약 그들이 신, 이데아의 세계, 실체를 존재자로 간주하며 사유했다면, 그들은 그런 것들을 유한자로 사유했다는 말이 될 것이다. 그러나 이렇게 추리하는 것은 전혀 설득적이지 않다. 이 단순한 사실이 말해주는 것은 무엇인가? 그들이 존재자와 존재의 존재론적 차이를 무시하고 존재 망각의 사유를 했다는 하이데거의 주장은 과도한 주장이라는 것이다.

존재자와 존재의 차이를 유한과 무한의 차이로 치환하여 생각해보면, 존재자는 유한자가 되고, 존재는 무한자가 되어야 할 것이다. 그런데 그렇게 생각하게 되면 하이데거가 기존 형이상학에서 존재가 아니라 존재자로 사유

---

12) 『언어로의 도상에서』(신상희 옮김, 파주: 나남, 2012), 146쪽.

되었다고 말한 신, 실체, 이데아계가 유한자가 되어야 한다. 그런데 그것들이 유한자가 아니라는 것은 철학적 상식이다. 그것들은 무한자로 사유되었다. 그것들이 무한자로 사유되었다는 말은 기존의 형이상학자들도 유한과 무한의 차이, 즉 존재자와 존재의 존재론적 차이를 알고 있었다는 말이 된다. 이렇게 되면 하이데거가 서양 형이상학이 존재 망각의 늪에 빠져 있었다고 주장하기가 힘들어진다. 이런 이유에서 하이데거는 존재조차도 유한한 것이라고 말한 것이다. 이렇게 되면 존재도 유한하고 존재자도 유한하니, 유한-무한의 개념틀로써 '존재론적 차이'라는 개념을 해석하는 것이 무의미하게 된다. 이것이 하이데거의 노림수였던 것이다. 그러나 우리가 앞서 살펴보았듯이, 실제로 그 유한은 가능적 무한이다.

2.
유한성의 철학자 칸트

'존재는 유한하다'는 하이데거의 말을 해독하기 위해 나는 하이데거가 칸트를 유한성의 철학자로 해석한 것을 염두에 두어야 한다고 생각한다. 하이데거가 머릿속에서 그리고 있는 세계는 내가 보기에 칸트가 말하는 '가능한 경험의 세계'인데, 하이데거는 그 세계를 무한한 세계가 아니고 유한한 세계로 해석한다. 칸트에 따르면 철학의 네 가지 근본 물음이 있다.

1. 나는 무엇을 알 수 있는가?
2. 나는 무엇을 행해야만 하는가?
3. 나는 무엇을 희망할 수 있는가?
4. 인간이란 무엇인가?[13)]

---

13) 칸트, 『순수이성비판』(최재희 옮김, 서울: 박영사, 1974), B833. 4번 물음은 칸트가 『논리학강의편람』에서 추가한 물음이다(임마누엘 칸트, 『논리학 · 교육론』, 이엽 · 김창원 · 박찬구 옮김, 한길사, 2021, 49쪽 참조).

칸트는 앞의 세 물음은 결국 마지막 물음으로 귀착한다고 말한다. 이 말은 아주 당연하고도 정당한데, 그런 물음을 던지는 주체는 결국 인간이기 때문이다. 인간은 결국 인간 자신에 대해 묻는 존재요, 『순수이성비판』을 위시한 삼 비판서는 4번 물음에 대한 칸트의 대답인 셈이다. 그런데 하이데거는 칸트의 이 네 가지 물음에서 칸트철학이 유한성의 철학임을 끄집어낸다.

> 인간 이성의 가장 내적인 관심이 앞서 명명된 세 물음들을 자신 안에 합일한다. 이 물음들에서는 인간 이성의 가능, 당위, 그리고 허용이 문제가 된다. 가능이 의문시되어 그것의 가능성들 안에서 한정되고자 한다면, 가능 그 자체는 이미 불-가능 안에 들어서 있다. 전능한 존재자는 '나는 무엇을 알 수 있는가?', 즉 '나는 무엇을 알 수 없는가?'를 물을 필요가 없다. 전능한 존재자는 이렇게 물을 필요가 없을뿐더러, 자신의 본질상 이러한 물음을 여하튼 제기할 수도 없다. (…) 그러나 '나는 무엇을 알 수 있는가?'를 묻는 자는 이로써 유한성을 표명한다. 자신의 가장 내적인 관심에서 완전히 이러한 물음에 의해 움직이는 자는 자신의 본질의 가장 내면적인 곳에 숨어있는 유한성을 드러낸다.[14]

하이데거는 당위와 허용에 대해서도 이런 식으로 풀이한 뒤에 다음처럼 최종적인 결론을 내린다.

> 인간의 이성은 이러한 물음들을 통해 유한성을 누설할 뿐만 아니라, 또한 자신의 가장 내적인 관심이 유한성 자체를 향하고 있음을 드러낸

14) 『칸트와 형이상학의 문제』(이선일 옮김, 서울, 한길사, 2001), 295-296쪽.

다. 인간 이성에서 관건이 되는 것은 가령 가능, 당위, 허용 등의 제거, 즉 따라서 유한성의 해소가 아니라, 오히려 그와 반대로 이 유한성을 솔직히 확인하여 유한성 안에서 스스로를 견지하는 것이다.[15)]

하이데거에 의하면, '나는 무엇을 알 수 있는가?'라는 질문을 던지는 것이 가능하기 위해서 그 질문을 던지는 존재 즉 현존재는 신적인 무한자가 아님을 전제해야 한다고 말한다. 왜냐하면 무한한 신적인 존재는 그런 질문을 던질 필요가 없기 때문이다. 따라서 현존재는 유한하다. 하이데거는 유한과 무한의 이분법으로 자신의 논리를 전개하고 있다. 이 점을 하이데거 자신이 증거해주고 있다. 하이데거는 자신의 철학을 "유한성을 더 이상 무한성과의 관계로부터가 아니라 유한성으로서 그 자체 내에서 사유"하는 철학으로 이해한다.[16)] 흥미롭고도 의아한 점은 하이데거는 현존재를 유한하다고 생각하면서도 그 유한은 자기 초월적 유한이라고 생각했다는 것이다. "인간은 '탈존하는 자'인 한에서 있는 것이며 또한 인간인 것이다."[17)] 그와 동시에 존재도 유한하면서 자기 초월적인 것이 된다. 그런데 자기 초월적 유한은 곧 가능적 무한이다. 하이데거가 가능적 무한을 굳이 유한이라고 말한 것은 정말로 의아한 일이다. 유한, 가능적 무한, 현실적 무한의 삼분법이 하이데거 자신의 철학을 설명하는 데 훨씬 좋았을 것인데, 하이데거는 그 삼분법을 택하지 않았다. 곰곰이 생각해보면 하이데거는 그 삼분법을 택할 수가 없었을 것이다. 왜냐하면 현실적 무한을 인정하는 것은 시

15) 『칸트와 형이상학의 문제』, 296-297쪽.

16) M. Heidegger, Zur Sache des Dendens, 2, Auflage, Tübingen, 1976; 전동진, 「하이데거에 있어서 존재의 유한성과 유일성」, 17-18쪽에서 재인용.

17) 『이정표』(이선일 옮김, 파주: 한길사, 2005), 166쪽.

간 초월적인 것을 인정하는 것이 되기 때문이다. 그는 존재의 의미를 시간의 지평에서 탐구하기에 시간의 지평에 놓이지 않는 현실적 무한을 거부한다. 그에게 남는 것은 유한과 가능적 무한밖에 없다. 가능적 무한은 본질이 자기 초월적 운동으로서 하나의 움직임이기에 그 자체가 시간의 지평이다. 그가 말하는 무한은 가능적 무한이다. 그런데 가능적 무한이 무한을 향한 행진을 그치면 그 순간에 유한이 된다.

이상의 논의를 종합하면, 하이데거는 '존재는 유한적이면서 초월적이다'라고 말하고 있는 셈이다. 유한성과 초월성의 기묘한 결합을 주장하고 있는데, 이는 스스로를 초월하는 유한성이다. 나는 이런 결합을 가능하게 해주는 것은 가능적 무한이라고 생각한다. 왜냐하면 가능적 무한은 유한과 무한의 결합이기 때문이다. 이 점에서 하이데거는 "무한성의 참된 선험적 개념은 어떤 양을 다 측정해버리더라도 단위의 계속적 종합이 완료될 수 없다는 것이다"(B460)라고 말하는 칸트의 입장을 따르고 있다. 단위의 계속적 종합을 통해서는 완료될 수 없는 무한은 가능적 무한이다. 하이데거가 '존재'라는 개념을 머리에 떠올릴 때, 그는 유한과 무한을 대립시킨 뒤에, 끊임없이 유한을 넘어서는(초월하는) 무한 — 이는 가능적 무한이다 — 을 염두에 두고 있는 것이 분명하다. 그런 무한은 초월작용을 멈추는 순간 유한이 된다. 가능적 무한이 가능적 무한으로서의 자기동일성을 유지하려면 부단히 초월해야 한다. 이렇게 보면, 초월이라는 형이상학적 행위는 현존재의 본질을 구성하는 것이 되며, 그러한 초월이 계속 일어나기 위해서 인간은 끊임없이 세계 전체를 무화시키는 죽음의 불안 앞에 자신을 세워 놓아야 한다. 그런데 존재 물음은 항상 현존재에서 물어지는데, 현존재는 죽음에의 존재이니, 결국 현존재의 죽음과 더불어 존재 물음도 행진을 멈춘다. 따라서 존재는 결국 유한하다.

이제 우리는 "존재는 유한하다"는 하이데거의 말을 이렇게 이해할 수 있겠다. 그 유한성은 '움직이는 유한성' 혹은 '자신을 넘어서는 유한성'이며, 하이데거가 그것을 '가능적 무한'으로 표현하지 않고 '유한'으로 표현한 것은 그 움직임과 넘어섬이 죽음으로 마감된다는 것을 강하게 의식하고 있었기 때문일 것이다. 사실 하이데거는 자신의 수많은 저술들에서 영혼불멸의 문제는 다루지 않았던 것으로 알려져 있다.[18] 사실 개개의 현존재 관점(실존적 차원)에서 보면 삶은 유한한 것이며, 한 사람의 삶이 마감되면 하나의 유한한 세계가 사라진다. 그러나 현존재 일반의 관점(실존론적 차원)에서 보면, 현존재는 가능적 무한자다. 한명수(1918-1997) 교수는 존재는 유한하다는 하이데거의 명제와 하이데거의 종말론을 연결시켜 해석한다. 그는 『숲길』에서 하이데거가 한 다음의 말을 인용한다.

존재 자체가 역사적인 것으로서, 그 자신에 있어 종말론적이다.[19]

그리고 한명수 교수는 하이데거의 존재역운의 종말을 다음처럼 설명한다.

"존재사에는 발단과 완결이 있다. 발단에서 완결까지의 전 과정을 하이데거는 '존재의 종말론'이라고 일컫는다. (…) 그러나 우리는 이 종말론을 전통적인 신학적 의미로 이해할 필요는 없다. 왜냐하면 전통적 종말론은 어떤 목표를 지향하는 실체의 운동을 표현하기 때문이다.

---

18) 정기철, 「하이데거가 말한 죽음에 대한 비판적 고찰」(『범한철학』 47집, 2007), 207쪽 참조.

19) M. Heidegger, *Holzwege* (Vittorio Klostermann, Frankfurt am Main, 1977), p. 327. 번역은 한명수 교수의 것이다. 신상희는 "존재 자체는 역운적인 것으로서 그 자체 종말론적이다"로 번역하고 있다(『숲길』, 신상희 옮김, 파주: 나남, 2020), 442쪽.

> (…) 전통적인 종말론과 존재의 종말론의 결정적인 차이는 무엇인가? 전자의 종말은 완성을 지향하지만, 후자의 종말은 몰락 혹은 죽음에 도달한다는 것이다.[20]

모든 개개의 현존재에게 있어서 죽음은 존재의 종말이라는 사실을 한명수 교수는 날카롭게 지적하고 있다.

20) 한명수, 『역사철학』(대구: 이문출판사, 1996), 372-373쪽.

3.
현존재와 가능적 무한

하이데거가 말하는 현존재가 가능적 무한자로 이해될 때, 우리는 다음과 같은 수수께끼 같은 하이데거의 말을 명료하게 이해하게 된다.

> 현존재는 초월하며, 존재자를 가끔 넘어서는 것이 아니라, 현존재로서 넘어선다. 그리고 현존재는 존재자를 넘어설 때, 이런저런 존재자를 선택적으로 넘어서는 것이 아니라, 존재자 전체를 넘어선다. (…) 초월에 속하는 이 '전체'는 무엇을 의미하는가? 이 전체는 존재자의 넘어섬이 그것으로 향하여 수행되는 것, 초월이 그것으로 향하여 초월하는 그것이며, 따라서 현존재가 존재자와의 관계에서 그곳으로부터 존재자에게로 되돌아오는 것이다. 본질적으로 초월하는 현존재가 그곳으로 향하여 초월하는 이것을 우리는 세계라고 부른다. 그러나 넘어섬에서 현존재는 자기 자신을 뒤에 버려두는 방식으로 자신으로부터 벗어나는 것이 아니라, 오히려 현존재는 그 자신으로 머물러 있을 뿐 아니라, 비로소 바로 그 자신이 된다. 넘어섬이 향하는 그곳이

현존재 자신이 그 안에 머무르고 있는 곳이다. 초월함은 세계-내-존재를 뜻한다.[21)]

현존재는 자신을 초월하면서 동시에 존재자 전체를 넘어서는데, 이는 현존재가 곧 세계이기 때문이다. 그러므로 현존재는 자신을 넘어서면서 세계를 넘어선다. 그래서 현존재의 초월이 향하는 것은 세계다. 그러나 현존재가 아무리 세계를 초월하더라도, 현존재는 여전히 세계-내-존재일 뿐이다. 하이데거는 동물은 '세계빈곤' 속에 존재하고 인간은 '세계형성' 속에 존재한다고 하면서, 현존재의 세계가 가능적 무한의 세계임을 암시하는 구절이 있다. 『형이상학의 근본개념들』에서 다음처럼 말한다.

꿀벌에게는 자신의 벌집이 있으며 봉방들이 있고 자신이 찾아다니는 꽃들이 있고 자신과 함께 떼를 이루고 있는 다른 벌들이 있다. 꿀벌들의 세계는 하나의 특정한 구역에 국한되어 있으며 그리고 그 세계가 둘러싸고 있는 범위 내에 그 **세계가 고정되어 있다**. 개구리의 세계, 피리새의 세계 등등의 경우에도 사정은 꿀벌들의 세계의 경우와 매한가지이다. 그러나 각각의 모든 개별 동물들의 세계는 그 범위 내에 한정되어 있을 뿐만 아니라, 그 동물이 접근할 수 있는 바로 그것 속으로 침투할 수 있는 양식이 한정되어 있기도 하다. (…) 이에 비하여 인간의 세계는 풍부한데, 그 범위에서 볼 적에 더욱 크고, 그 침투 가능성에서 볼 적에는 더욱 멀리까지 미친다. 즉 **인간의 세계는 끊임없이 광범위하게 증가할 수 있을 뿐만 아니라**(사람들은 그저 존재자만을 더 가져다가 붙이면 된다) 또한 그 세계는 그 침투가능성과 관련해서도 점점 더 두

21) 『철학입문』(이기상 · 김재철 옮김, 서울: 까치, 2006), 303-304쪽.

루두루 스며들 수가 있다. (…) 우리는 인간이 그것과 행동관계를 맺고 있는 바로 그것의 증가 가능성에 관하여 이야기 하고 있는 것이며, 그리고 그러기에 우리는 세계 형성에 관해서 이야기하고 있는 것이라고 말이다.[22)]

동물들에게 세계는 고정된 것이지만, 인간에게 있어서 세계는 고정된 것이 아니다. 하이데거는 동물들의 '세계빈곤'을 '세계 없음'으로 간주한다. 인간에게만 세계 개념이 있다. 그리고 각각의 현존재에게 각자의 세계가 하나씩 대응한다. 현존재는 이렇게 자신을 넘어서면서 자기가 아닌 것이 되는 것이 아니라, 자기를 넘어서는 방식으로 자신 안에 머물러 있으며, 또 그런 방식으로 자기가 된다. 하이데거의 난해한 말을, 현존재를 가능적 무한의 개념으로 바꾸어 이해하면서 해부해보자. 가능적 무한은 고정된 유한수가 아니다. 그렇다고 현실화된 무한도 아니다. 어디까지나 무한을 향해 나아가는 동안에만 가능적 무한으로 머물 수 있는 그런 무한이다. 무한의 가능성만 가진 무한이다. 그것이 무한을 향한 행진을 그치는 순간 그것은 무한의 가능성을 잃어버리고 유한이 된다. 그러므로 가능적 무한은 자

---

22) 『형이상학의 근본개념들』(이기상 · 강태성 옮김, 서울: 까치, 2001), 320-321쪽. 강조는 필자. 하이데거는 막스 셸러가 말하는 인간의 세계개방성(Weltoffenheit)이 말하는 것과 유사한 말을 하고 있는 것으로 보인다. 그리고 하이데거가 말하는 동물들의 '세계빈곤'도 셸러가 말하는 환경세계(Umwelt)와 별반 달라 보이지 않는다. 그런데 하이데거는 '세계빈곤'과 '세계형성'이 맺고 있는 관계는 "**우열적인** 단계질서"가 아니라고 말한다(『형이상학의 근본개념들』, 319쪽 참조). 이 말은 인간을 식물-동물-인간으로 이어지는 생물학적 위계의 정점으로 파악하려는, 과학친화적인 셸러철학을 염두에 둔 말인 것처럼 보인다. 그러나 하이데거는 "'세계빈곤'은 이것보다 **더 높은 가치가 있는** 것으로서의 '세계형성'에 비해서 그 가치가 더 보잘것없다. 거기에 대해 더 계속해서 말할 필요가 없다는 것은 너무나 명백하다."(『형이상학의 근본개념들』 321쪽, 강조는 필자.)고 말한다. 하이데거는 인간중심주의 혹은 인간우월주의가 아니냐 하는 문제제기에 대해 혼란스러운 모습을 보여주고 있다.

신의 초월행위를 통해 끊임없이 자신이 도달한 것을 부정한다. 그러함으로써 자신의 대응자인 세계도 초월한다. 그러나 이런 초월을 통해 그것은 이전의 자기와 전적으로 다른 어떤 것이 되는 것이 아니다. 물론 그가 도달한 것이 1조라는 숫자이고, 그 다음 순간에 1을 더 보탠 수에 도달했다면, 그 두 숫자는 다르다. 그러나 1조에 도달했을 때의 가능적 무한은 거기에다 1을 더 보탰을 때의 가능적 무한과 같은 무한이다. 물론 넘어서기 전의 자신과 넘어선 뒤의 자신을 고정시켜놓고 보면, 1이 차이가 난다. 그러나 그 양자는 넘어섬의 연속성이라는 관점에서 보면 같은 가능적 무한이다. 가능적 무한은 그런 식으로 자신을 넘어서는 방식으로만 자기동일성을 유지할 수 있기 때문이다. 가능적 무한은 자신을 벗어나는 방식으로 자신으로 머물 수 있고 또 자신이 된다. 하이데거가 현존재를 설명하는 방식이 가능적 무한의 속성과 놀랍도록 유사하지 않는가? **현존재가 끊임없이 그 자신의 존재가 자신에게 문제가 되는 그런 존재이듯이, 가능적 무한도 끊임없이 자신을 벗어나면서 자신의 존재를 힘겹게 확보해야 한다. 현존재 그 자체가 초월이듯이, 가능적 무한도 그 자체가 초월이다. 현존재는 그것에서 존재가 물어지는 일 즉 존재 물음이 일어나는 존재이듯이, 가능적 무한도 그것에서 끊임없이 무한이 물어지는 무한이다. 현존재가 존재 물음을 묻지 않는 순간에 퇴락하게 되듯이, 가능적 무한도 무한을 향한 행진을 그만두는 순간에 유한자로 퇴락하게 된다.** 그런데 현존재가 자신의 본질을 저버리고 불안으로부터 도피하여 세간사에 매몰되어 살아가는 경우, 하이데거는 그런 사람을 세인(das Mann)이라 불렀다.[23)]

앞서 언급했듯이, 하이데거는 가능적 무한이 아닌 현실적 무한을 인

---

23) 『존재와 시간』(이기상 옮김, 서울: 까치, 1998), 176쪽 참조.

정하지 않고 있다. 유한자, 가능적 무한자, 현실적 무한자의 삼분법의 관점에서 보면, 하이데거가 존재와 존재자를 구분한 것은 부실한 구분법으로 보인다. 하이데거는 존재와 무의 관계에서만 현존재를 분석하고 있는데, 현존재의 초월성은 현존재를 고정된 실체적 존재로 간주하는 것을 거부하게 해준다. 현존재의 운동성은 존재와 무의 결합에서 얻어진다고 생각한 점에서 하이데거는 헤겔의 생각을 따르고 있는 듯하다.

파르메니데스(Parmenides, B.C. 515? - B.C. 445?)가 "존재는 있고 비존재는 없다"고 말했는데, 나는 이 말을 현실적 무한의 긍정으로 받아들이는 것이 옳다고 생각한다. 현실적 무한의 세계에는 무가 거론될 여지가 없다. 그렇게 되면 운동이 발생하지 않는다. 그래서 그는 일체의 운동을 가상이라고 생각했다. 그러나 플라톤은 파르메니데스의 주장은 이데아계에는 타당하지만, 현상계에는 타당하지 않다고 생각했으며, 그는 현상계를 설명할 때는 '판타레이'(panta rei, 만물유전설)를 외친 헤라클레이토스(Heraclitus, B.C. 535? - B.C. 475?)의 입장을 취했다. 그런데 파르메니데스의 명제에서 운동을 끄집어내는 해석방식도 가능하다. '존재는 있고 무는 없다'는 말을 '존재는 무에 둘러싸여 있다'는 것으로 해석하는 것이다. 파르메니데스의 명제가 이렇게 해석되면서 무는 존재의 테두리가 되며, 존재는 무의 심연 위에 둥둥 떠다니는 부유물처럼 된다.[24] 존재와 무가 이렇게 결합하면서 존재의 자기 초월 운동이 시간 속에서 생겨난다. 아니 존재의 자기 초월 운동 그 자체가 시간 그 자체다. 그리고 하이데거는 존재의 이러한 자기 초월 운동을 존재 역운(Seinsgeschick)이라고 불렀다. 이렇게 생각된 존재는 가능적 무한이다. 나

24) "더욱 놀랍고 자극적인 것은 이 무와 관련하여 인간의 위치에 관한 하이데거의 공식화 즉 '현존재는 무 속에 떠 있음(Hineingehaltenheit)'이다."(허버트 스피겔버그, 『현상학적 운동 1』, 최경호 · 박인철 옮김, 서울: 이론과 실천, 422쪽).

는 하이데거가 현존재를 가능적 무한자로 보는 논리가 이런 것이라고 생각한다.

자프란스키(R. Safranski, 1945-)는 하이데거가 말하는 존재가 어떤 식으로든 개념적으로 규정될 수 없는 이유를 이렇게 설명한다.

> 우리가 존재를 직접 파악하려 들면 존재는 달아난다. 우리가 파악하는 모든 것은 바로 그러한 파악으로 인해 어떤 존재자가 되어버리기 때문이다. 달리 말해 우리의 지식이나 가치의 질서로 옮겨 분류하고, 분해하고, 기준으로 내세우며, 보통명사로 서술할 수 있는 그런 대상으로 바뀌는 것이다. 이런 모든 것은 존재가 아니다. 하지만 이런 모든 것이 있는 것은, 우리가 존재와 어떤 연관 속에 있기 때문이다. 그 연관이란 열린 지평이며, 우리는 이 지평 속에서 존재자와 만난다.[25)]

'존재'에 대한 자프란스키의 설명은 도(道)에 대한 노자의 설명과 흡사하다. 노자도 우리가 도를 이렇게 저렇게 규정하고 설명하거나 이름 붙이는 순간에 그 도는 참다운 '도'가 아니라고 말한다. 도나 존재는 규정 불가능하다. 우리가 존재를 개념적으로 규정하려는 순간 우리 손에 남는 것은 하나의 존재자이고 존재는 우리 손아귀를 빠져나간다. 이는 칸트가 선험적 주관을 설명하면서, 우리는 선험적 주관의 주위를 헛되이 빙빙 돌고 있을 뿐이라고 말한 것을 연상시킨다.[26)] 내가 사유하는 나 자신을 인식의 대상으로 만들어 붙잡으려 하면, 나는 하나의 경험적 자아를 붙잡을 수 있을

25) 뤼디거 자프란스키, 『하이데거: 독일의 철학 거장과 그의 시대』(박민수 옮김, 서울: 북캠퍼스, 2017), 515쪽.

26) 칸트, 『순수이성비판』, B404 참조.

뿐, 정작 선험적 자아는 내가 내리는 판단의 배후로 사라진다. 나는 지금 글을 쓰고 있는데, 이 작업을 수행하는 나를 대상화시키는 순간에 나는 글을 쓰는 나에 대해 검증 가능한 이런저런 판단들을 내릴 수 있지만, 내가 확인할 수 있는 것은 나의 경험적 자아일 뿐이고, 나의 선험적 자아는 그런 판단들의 배후로 도망간다. 왜 이런 현상이 생기는가? 선험적 자아는 가능적 무한자이기 때문이다. 계속적으로 증가하는 어떤 수 계열의 흐름이 있다고 하자. 우리가 그 수 계열의 흐름을 순간에 정지시켜 포착하려 할 경우, 우리는 하나의 구체적인 유한수를 손안에 넣을 수 있겠지만, 그 수 계열은 우리가 포착한 그 수를 이미 넘어서 있다. 하이데거의 존재가 이와 유사하다. 하이데거의 존재는 시간을 만들어가는 운동이며, 그것이 운동인 한, 가능적 무한이다.

4.
'존재는 유한하다'는 하이데거 명제의 문제점

이 절에서 나는 하이데거가 무한과 무의 결합으로 가능적 무한의 개념에 도달하는 방식에 문제를 제기하고 싶다. 가능적 무한은 현실적 무한(존재)에 무를 결합해서 만들어지는 개념이 아니다. 가능적 무한은 유한과 현실적 무한의 결합에 의해 만들어지는 것이다. 유한자에 현실적 무한이 결합되어야 가능적 무한이 된다. 가능적 무한은 자신을 넘어서는 것을 그만두면 무가 되는 것이 아니라 확정적 유한자가 된다. 가능적 무한을 무(비존재)와 무한(존재)의 결합이 아니라, 유한과 현실적 무한의 결합으로 이해하는 것이, 하이데거가 현존재에게 구비되어 있다고 주장하는 막연한 '존재이해'라는 것을 더 잘 설명하게 해준다. 하이데거는 현존재가 존재에 대한 막연한 이해를 갖고 있다고 말한다. 그런 이해가 있기에 현존재는 모든 문장과 말에서 '존재'라는 말을 자유자재로 구사할 수 있다는 것이다. 나는 현존재가 가능적 무한자라고 했다. 가능적 무한자인 인간은 무한에 대한 막연한 선이해를 갖고 있다. 왜냐하면 그는 자기 속에 응집되어 있는 고정된 유한자 즉 사물적 존재자가 아니며, 비록 가능성의 상태로 이긴 하지만 무한자이기 때문이다. 그리고 가능적 무한자(현존재)는 그 본질상 무한(존재)을 향해 나아가게끔 되어 있다. 그런 사태를 두고 사람들은 인간은 형이상학적 동물이라고 했다. 이제 우리는 하이데거가 가능적 무한의 개념에 도달하는 방식에 문제점이 있다는 것을 알게 되었다.

우리가 가능적 무한자를 유한자와 현실적 무한자의 결합으로 보는 것은 소크라테스(Socrates, B.C. 470?-399)의 애지자 개념을 설명함에 있어서도 유용하다. 소크라테스가 유한자인 동물을 무지자로, 무한자인 신을 전지자로 인간을 그 중간자인 애지자로 보았다. 동물은 무지자요 신은 전지자이며, 인간이 애지자이고 가능적 무한자라면, 인간은 '지의 없음'(무)과 '전지'(무한한 지)의 결합으로 보는 것이 올바른 것이 아닌가 하는 의문을 갖는 사람이 있을 수 있겠다. 그러나 동물은 하나의 돌멩이와 마찬가지로 유한자요 사물적 존재자이며, 바로 그런 이유에서 무지자다. 만약에 동물이 그야말로 '무'라면 우리는 동물을 '무지자'라고 부를 수도 없다. 동물은 지식을 갈구하지 않는다. 그들은 도무지 지식이 무엇인지 모르기 때문이다. 동물은 유한자다. 신도 지식을 갈구하지 않는다. 신은 모든 지식을 다 가진 전지자이기 때문에, 자신이 가진 지식에 더 보탤 지식이 남아 있지 않다. 신은 현실적 무한자다. 그런데 인간은 지식을 갈구한다. 인간은 가능적 무한자다.[27] 인간은 그 본질에 있어서 진리를 향한 에로스(Eros)요, 갈망이요, 향수요, 운동이다. 인간은 철학적 존재다. 하이데거도 이 점을 다음처럼 지적하고 있다.

---

27) 전지자도 무지자도 아닌 인간에게서만 지식을 향한 운동이 발생한다. 인간이 애지활동을 하게 되는 이유는 그가 자기 내부에서 무와 마주치기 때문이다. 소크라테스는 사람들이 '나는 아는 것이 아무것도 없다'는 자각에 이르도록 하려고 죽음도 마다하지 않았다.

우리는 결코 철학 '밖에' 서 있지 않다. 이것은 우리가 혹시 철학에 대한 어떤 지식을 지니고 있기 때문에 그런 것이 아니다. 우리가 철학에 대해서 아무것도 알지 못해도 우리는 이미 철학 안에 들어서 있다. 왜냐하면 철학은 우리 안에 있으며, 우리 자신에게 속하기 때문이다. (…) 동물은 철학할 수 없다. 그리고 신은 철학할 필요가 없다. 신이 철학을 했다면 그 신은 신이 아닐 것이다. 왜냐하면 철학의 본질은 한 유한한 존재자의 유한한 가능성이기 때문이다.[28]

하이데거는 인간이 철학을 하는 이유를 인간이 유한한 존재이기 때문이라고 한다. 나는 '인간은 유한한 존재다'라는 하이데거의 명제를 받아들이지 않는다. 왜냐하면 동물도 유한한 존재이기 때문이다. 동물들이 유한한 존재라면, 동물들도 이미 철학 안에 들어와 있는가? 그렇지 않다. 그러면 왜 동물은 철학하지 않는가? 동물은 유한하지만, 자신이 유한한 것을 자각하지 못하고 있기 때문이다. '동물은 유한하다'는 말은 동물이 자신에게 한 말이 아니고, 인간이 동물을 규정하면서 하는 말이다. 그러나 '인간은 유한하다'는 말은 인간이 자신에게 한 말이며, 결국 인간은 자신의 유한성을 자각하고 있다는 말이다. 인간은 자신의 유한성을 자각하면서 자신의 유한성을 넘어서는 운동을 시작하게 된다.[29] 자신의 유한성을 자각하는

28) 『철학입문』, 15쪽.

29) 대부분의 철학자들은 인간이 자신을 넘어서는 방식으로 살아가는 존재임을 지적하고 있다. 플라톤이 그러했고, 파스칼(B. Pascal, 1623-1662), 셸러(M. Scheller, 1874-1928), 칸트, 사르트르 등이 그러했다. "인간은 자기의 모든 업적과 더불어 자기의 고유한 가능성을 넘어서기 때문에 그는 결국 자기 자신을 넘어서고, 자기의 고유한 본질을 초월한다. "인간은 무한이 인간을 넘어선다."(파스칼) M. 셸러는 동일한 사상을, 그가 인간을 '인생의 영원한 자기 자신을 넘어 나아감'이라고 부를 때, 명확히 표현하고 있다. "불, 자신을 넘어서는 열정 — 이것이 그의 유일하고 참된 인간성인 것이다." (요하네스 헤센, 『철학 교과서』, 제2권, 이강조 옮김, 파주: 서광사, 2010, 198-199쪽)

자는 '자각된 유한성'과 '자각하는 유한성'으로 분열된다. 그리하여 자각하는 유한성은 자각된 유한성을 그 바깥에서 대상화시켜 보게 된다. 대상화된 자기와 대상화하는 자기가 나누어진다는 말이다. 이런 존재를 헤겔은 대자존재(對自存在)라 불렀다. 대자존재로서 인간의 유한성은 결국 자각된 유한성이요, 자각된 유한성은 자신의 유한성을 부단히 넘어서는 유한성인데, 그것은 곧 가능적 무한자다. '인간은 유한자다'라는 명제는 '인간은 가능적 무한자다'라는 명제로 바꾸어 이해되어야 한다. 그렇게 이해할 때에만 우리는 인간을 애지자 즉 철학자로 보는 소크라테스의 명제를 올바로 이해할 수 있다. 인간은 진리를 향한 도상에 놓인 존재요, 진리를 향한 플라톤적 사랑의 항해를 하도록 만들어진 존재다. 그 항해(가능적 무한의 움직임)가 신기루를 쫓는 항해가 되지 않으려면 인간이 찾는 진리(현실적 무한)가 있어야 한다. 그 진리가 없다면, 인간의 모든 노력은 헛수고에 불과할 것이다. 아니 그것을 인정한다 하더라도 인간은 그것에 도달하지 못한다. 그러면 왜 우리는 그것을 추구해야 하는가? 그 이유는 그것을 추구함으로써만 인간은 가능의 영역을 넓혀갈 수 있기 때문이다.[30] 인간은 불가능을 갈망함으로써 가능의 영역을 확장해가는 존재다. 이는 인류의 역사가 증명해주고 있는 사실이다.

---

30) 문성학, 『철학의 기초』(대구: 배영출판사, 1989), 37-40쪽 참조.

5.
하이데거의 존재탐구가 선험적 가상에 대한 탐구가 되지 않으려면?

인간은 진리의 영상을 가진 자다. 진리가 무엇인지 정확하게 모르지만, 그것에 대한 선이해를 갖고 있다. 동물들이 진리를 추구하지 않는 이유는 그런 선이해를 갖고 있지 않기 때문이다. 나는 앞에서 현존재가 존재에 대해 막연한 이해나마 갖고 있기 때문에, '이다'와 '있음'을 문장과 말에서 자유자재로 사용할 수 있다는 하이데거의 주장을, 가능적 무한자로서의 인간이라는 관점에서 설명했다. 인간의 무한은 어디까지나 '가능성'의 무한이다. 인간은 무한의 그림자를 달고 다니기에, 무한에 대한 막연히 이해하고 있는 셈이다. 그러니 '존재'와 '무한'에 대한 막연한 이해를 갖고 있는 인간만이, '존재란 무엇인가?' 혹은 '무한이란 무엇인가?'라는 질문을 던질 수 있다. 그러나 인간은 '무한 그 자체'가 무엇인지는 모른다. 그럼에도 불구하고 현존재가 '모든 존재자'(유한자)에서 '존재'(무한)를 느끼게 되면, 다시 말해서, 모든 유한자에서 신의 흔적을 느끼게 되면, 모든 유한자는 가능적 무한자가 되는데 — 그리고 가능적 무한자인 인간만이 그런 느낌을 가질 수 있다 — '무한'은 사르트르의 당나귀 눈앞에서 흔들거리는 당근처럼 우리 눈앞에서

어른거린다.[31)]

사르트르는 무제약자를 향한 노력을 할 수도 안 할 수도 없는 인간의 딜레마에 대한 칸트적인 표현을 다음처럼 보다 더 실감나게 말해주고 있다.

> 수레를 끌고 가는 노새의 이야기를 여기서 생각해보자. 그 노새는 수레의 채에 묶인 막대 끝에 매달린 홍당무를 먹으려고 노력한다. 홍당

---

31) 나는 하이데거가 말하는 현존재는 가능적 무한자라고 했다. 그런데 가능적 무한자로서 현존재는 세계를 세계화하면서 자신을 하나의 세계와 불가분리적이 되도록 결박하는데, 그래서 현존재가 자신을 초월하는 것은 동시에 세계를 초월하는 것이기도 하다. 현존재와 세계가 같이 가능적 무한의 자기 초월을 감행하게 된다. 초월의 움직임은 가능적 무한의 본질이기에, 이 초월의 동력은 가능적 무한 자체 내부에서 길러내어진다는 것이 하이데거의 생각이다. 그리고 이 초월의 움직임 안에서 모든 존재자들은 존재와의 탯줄을 연결시킬 수가 있다. '존재자의 존재'가 사유된다는 것은 유한한 것이 무한한 것과의 관계 속에서 고찰된다는 것이요, 가능적 무한의 역동성 안에서 존재자가 사유된다는 것이다. 그런데 앞서 말했듯이 가능적 무한은 현존재이면서 동시에 현존재에 의해 세계화된 세계다. 이처럼 초월의 움직임 안에서 존재자가 사유되면, 그 존재자는 고정된 유한자가 아니기에, 다시 말해서 자기 속에서 존재의미를 묻는 현존재(세계) 속에서 무한성과 연결되기에 가능적 무한자가 되며, 그 유한자인 존재자는 존재를 향해 자신을 열어 보여준다. 이 경우 존재자에 존재자의 존재는 머물러 있다. 그러나 존재자가 현존재의 존재사유의 지평, 가능적 무한의 지평, 탈자적 초월의 운동지평에서 다루어지지 않고 그냥 하나의 고정된 유한자로 다루어지면, 존재자의 '존재'는 존재자로부터 떠나가버린다. 하이데거는 "존재자로부터 존재의 떠나버림" 그 자체를 존재 자체의 제1의 역사로 보면서 이렇게 말한다. "존재가 존재로부터 떠나버리고, 존재가 존재자를 그것 자신에게 위임하고, 또한 그로써 존재가 존재자를 공작(工作) 대상이 되게 한다는 사실, 이 모든 것은 단순 소박하게 '퇴락'이 아니라, 존재 자체의 제1의 역사이다. (…) 그렇다면 다음의 점이 밝혀진다. 즉 존재가 존재로부터 떠나버린다는 사실은 존재가 존재자의 드러나 있음 안에서 자신을 은폐한다는 사실을 의미한다. 그리고 존재 자체는 본질적으로 '이러한 빠져나가는 은폐'로 규정된다." (『철학에의 기여』, 이선일 옮김, 서울: 새물결, 2015, 171쪽) 이 인용문에서 하이데거는 사물을 과학적으로 탐구하는 것은 존재자를 존재와의 관계를 단절시킨 상태로 존재자를 고정시켜놓고 보는 것임을 주장하고 있다. 그러나 과학의 발전사를 보면, 과학은 결코 유한성에 갇혀있는 학문이 아님을 알 수 있다. 과학이야말로 무한을 향한 무한한 행진을 하는 인간의 자기 초월적 운동성을 무엇보다도 잘 보여주고 있다. 고대인들은 인간이 달 위를 걷거나 화성에다가 탐사선을 보내는 일을 상상이나 했겠는가? 혹은 인공지능이 문학작품을 만들고, 시를 쓰고 번역을 하는 세상을 상상이나 했겠는가? 인류가 미지의 세계 앞에서 불안해하는 것은, 인류가 선택 앞에 놓여 있다는 것이며, 이 불안은 가능적 무한자로서 인간의 불가피한 숙명이다.

무를 잡으려는 노새의 모든 노력은 결과적으로 수레 전체를 전진시키면서 또한 홍당무마저도 전진시킨다. 그래서 홍당무는 언제까지나 노새에게서 같은 거리 밖에 머물러 있다. 그처럼 우리는 하나의 가능을 좇아서 뛰고 있거니와, 이 가능은 우리의 질주가 나타나게 하는 가능이며 우리의 질주 그 자체 이외의 아무것도 아니다. 그러므로 이 가능은 정의(定義)상 도달할 수 없는 것이다. 우리들은 우리 자신을 향해 뛰는 것이며 따라서 바로 이 사실로 인하여 우리들은 우리 자신과 재결합할 수가 없는 존재다. 어떤 뜻에서는 뛴다는 것은 전혀 아무런 의미도 없다. 왜냐하면 종착점은 주어지지 아니하고 우리들이 그쪽을 향하여 뛰는 정도에 따라서 안출되고 투영될 따름이기 때문이다. 그러나 다른 뜻에서는, 질주가 던져버리는 이 뜻을 질주에 부여하지 않을 도리가 없다. 왜냐하면, 그 모든 것에도 불구하고 가능은 대자(for-itself)의 의미이기 때문이다. 그래서 질주에는 의미가 있기도 하고 없기도 하다.[32]

만약 '존재란 무엇인가', '무한이란 무엇인가'라고 묻는 것이 초월적 가상을 향한 헛발질이 되지 않으려면, '존재자의 존재'가 아닌 '존재 그 자체', 가능적 무한이 아닌 현실적 무한(무한 그 자체)이 인정되어야 할 것이다. 다시 말해서 하이데거의 존재 물음이 헛된 물음이 아니기 위해서 가능적 무한의 형이상학인 '현존재의 형이상학'이 현실적 무한의 형이상학인 '신의 형이상학'으로 되어야 한다. 바로 이 신이야말로 인간의 무한성에 의존하여 존재하는 신(가능적 무한자), 신답지 않은 신, 우상으로서의 신이 아니라 '지금 여

32) J. P. Sartre, *Being and Nothingness*, (trans. Hazel E. Barnes, Philosophical Library, New York, 1956), pp. 202-203.

기'에 존재하는 '신의 현존'이다. 이 신은 키르케고르가 말했듯이, 우리가 그 존재를 증명하려고 하는 한에서는 절대 나타나지 않지만, 증명을 그만 두는 순간에 우리에게 나타나는 것이다. 그것은 우리가 모든 오성적 범주를 동원하여 증명하려고 해도 증명이 원천적으로 불가능한, 칸트가 말하는 '하나인 물자체'와 같은 것이다. 물론 나는 그 신이 기독교적인 세계창조자나 세계심판의 주재자라고 생각하지는 않는다.[33)]

나는『인식과 존재』에서 칸트철학의 물자체가 선험적 대상과 동일시되어서는 안 되는 것임을 밝혔는데, 그 이유는 선험적 대상이 가능적 무한이라면 물자체는 현실적 무한이라는 것이었다. 그런데 하이데거가 칸트의 선험적 대상을 물자체와 동일시하면서『순수이성비판』에서 물자체를 제거해버릴 때, 그는 이 두 가지 무한 중에 가능적 무한만을 인정했다. 현상학적 관점에서 보았을 때, 시간을 통해서 이해할 수 없고, 절대로 현상하지 않는 현실적 무한이란 것은 인정될 수가 없는 것이다. 칸트의 선험철학적 관점에서도 '직관의 대상이 될 수 없는' 즉 '현상하지 않는' 현실적 무한은 '인식'의 대상이 될 수 없다. 그러나 칸트는 현실적 무한을 '사유'해볼 수는 있다고 말했다. 칸트를 인식비판가로 이해했던 신칸트학파는 칸트철학

33) 나는 칸트의 물자체를 대상의 대상성의 한계가 아니라 대상의 대상성의 토대로서, '인식될 수 있음'과 '인식될 수 없음'이라는 이분법의 피안에서 '거기에 있는 것'이라고 했으며, 그것은 인간으로서의 현존재가 아니라, 신적인 현존재라고 했다. 그런데 후기 하이데거는 '존재'를 'Es gibt'(There is, 있다)로 표현하기도 한다. 이렇게 이해된 존재는 현존재의 그림자 같았던 존재(전기의 하이데거)가 아니라, 현존재로부터 분리된 존재로 보이기도 한다(후기의 하이데거). 그런 한에 있어서, 일견 내가 말하는 신적인 현존(Dasein)처럼 생각될 여지가 있다. 과연 하이데거가 가능적 무한의 철학자이기를 포기했던 적은 있었는가 없었는가 하는 문제에 대해서는 뒤에서 별도로 자세하게 다루고 있다. 칸트는 이론이성의 차원에서는 가능적 무한을 인정하고 실천이성의 차원에서는 현실적 무한을 인정하는 방식으로 둘 다를 인정했으나, 전기의 하이데거는 가능적 무한만 인정했다. 전기의 하이데거와 후기의 하이데거가 연속이냐 단절이냐 하는 문제는 결국 그가 가능적 무한의 형이상학을 일관되게 밀고 가느냐 가지 않느냐의 문제가 될 것이다.

을 올바로 이해하려면 칸트철학에서 물자체를 제거해야 한다고 주장했는데, 그 점에서 하이데거는 신칸트학파의 입장과 마찬가지다. 하이데거는 현존재는 그것에서 존재의미가 물어지는 지평이다. 칸트에서도 선험적 주관은 인식될 수 있는 존재자의 존재가 고찰되는 지평이다. 그리고 그 지평의 한계, 대상들의 대상성의 한계는 선험적 대상이었다. 그것은 경험적으로 사유하는 자에게는 없는 것이나 마찬가지다. 그것은 '무'다. 오로지 선험적 사유지평에서 사유하는 자에게만 대상이다. 그래서 그것은 '선험적 대상'으로 불린다. 하이데거는 이처럼 이중적으로 고찰될 수 있는 칸트의 선험적 대상 즉 무를 불안과 연결시킨다.[34] 그가 선험적 대상을 순수 무로 바꾸고, 그 무를 불안을 통해 경험하게 되면서 동시에 존재경험을 한다고 할 때, 현상학적 차원에서 말하고 있다. **칸트에 있어서 '인식될 수 있는 존재자'의 존재의 역동적 지평은 선험적 자아와 선험적 대상의 상호작용 속에서 형성되는데, 하이데거에 있어서도 존재의 역동적 지평은 현존재**(이는 칸트의 용어로는 선험적 자아다)**와 무**(이는 불안을 통해 드러나는데, 칸트의 용어로는 선험적 대상이다)**의 상호작용에 의해 형성된다.**[35] 그런데 하이데거는 칸트가 도입한 사유

34) 칸트의 선험적 대상은 대상의 대상성이 거론될 수 있는 지평이며, 그것은 하이데거가 말하는 존재자의 존재와 유사하다. 하이데거에 있어서 존재는 존재자의 지평이기 때문이다. 그런데 칸트의 선험적 대상은 존재자가 아니기에 그것은 무다. 하이데거는 이런 논리로 존재는 동시에 무라고 말한다. 이것을 이해하는 것은 적어도 전기의 하이데거를 이해하는 데 필수적이다.

35) 이 선험적 대상은 모든 존재자의 존재를 가능하게 만들어주는 것이지만, 그것은 대상들(현상체, 존재자들)의 대상성(현상성, 존재자성)의 한계를 형성하며, 어떤 식으로도 규정될 수 없다는 점에서 즉 존재자가 아니란 점에서 그것은 무나 마찬가지다. 칸트가 말하는 선험적 주관도 가능적 무한자이기에 규정될 수 없으며, 그런 한 특정의 존재자가 아니고 무다. 칸트는 "우리는 선험적 주관의 주위를 늘 헛되이 빙빙 돌고 있다"(칸트, 『순수이성비판』, B404)고 말한다. 선험적 주관은 그것에서 존재가 문제시되는 것이기도 하며 동시에 무가 깃드는 자리이기도 하다. 우리는 하이데거의 현존재가 칸트의 선험적 주관과 놀랍도록 유사하다는 것을 알 수 있다. 현존재 역시 그것에서 존재의미가 물어지는 자리이기에 '존재의 목자'이면서 동시에 무가 머무는 자리, 즉 '무의 자리지기'이기도 하다.

의 선험적 차원과 경험적 차원의 구분을 하나의 현상학적 차원으로 통합한 뒤에 '존재론적 차원'과 '존재적 차원'으로 변경시켰다. 그리고 하이데거는 물자체를 선험적 대상과 동일시하면서, 칸트가 '신앙에 자리를 만들어주기 위해'[36] 남겨둔 물자체의 세계(예지계)를 제거했다. 이제 칸트가 말한 두 세계의 시민인 인간이 하이데거의 현존재가 되면서, 신앙의 자리를 상실하고 현상세계로서의 하나의 '세계-내-존재'로 규정된다.

하이데거는 존재와 무를 동일시하는 이유가 헤겔이 제시하는 이유와 다름을 설명하기 위해 드는 두 번째 이유에서 "또 존재는 오로지 무 속으로 들어가-(머물러)-있는 터-있음(현존재)의 초월 속에서만 스스로를 드러내 보이기 때문이다"라고 한다.[37] 현존재가 무 속에 들어가 머물러 있는 초월

상호 공속적인 선험적 주관(현존재)과 선험적 대상(무)은 힘을 합쳐서 끊임없이 자신을 사방으로 확장해가는 하나의 원을 그려낸다. 원은 존재자들의 장(場)이고 그 테두리는 무다. 그 원 안에 존재자들이 있다. 그런데 현존재가 퇴락하여 그 원 안에 있는 존재자와 자신을 일체화시키면, 그것은 유한성을 무한성과의 관계 속에서, 즉 가능적 무한의 관점에서 즉 존재를 행한 탈자적 초월운동의 관점에서 보는 것이 아니라 유한성을 유한성으로 고정시킨 정태적 관점에서 보는 것이며, 이는 현존재 자신을 유한성에 붙잡아 매어버리는 것이며, 가능적 무한자로서 무한을 향한 자신의 가능성 포기하는 것이다. 그런데 현존재는 자신이 집착하고 그것에 자신을 붙들어 매어놓은 존재자, 그것이 권력이든 재산이든 외모든 학력이든 건강이든 간에 그것이 언젠가는 한순간에 연기처럼 사라질지도 모른다는 불안감 앞에서 현존재는 그것들에 자신을 결박시켜놓는 것이 허무한 것임을, 유한성 일체의 기만성을 알게 된다. 그리하여 그는 불안을 통해 자신을 포위하고 있는 유한성(존재자로서의 존재자)으로부터 해방되며, 자신 속에 잠자고 있었던 무한에 대한 열망이 깨어난다. 그 열망과 함께, 현존재와 무가 같이 만들어낸 존재의 원은 자기를 넓혀가는 초월 운동을 계속하게 된다. 그렇게 됨으로써 그 존재의 원 안에 들어 있던 모든 존재자들도 다시금 존재와의 연결성을 회복하여 자신에게서 떠나갔던 '존재'를 다시 불러오게 된다. 그러나 그 존재는 여전히 존재를 향한 현존재의 부단한 자기 초월에 의존해서만 존재일 수 있기에 결코 존재 그 자체는 아니다. 이는 마치 가능적 무한의 무한은 무한을 향한 무한한 행진에 의존해서만 존재하는 무한이기에 결코 무한 그 자체 즉 현실적 무한이 될 수 없는 것과 마찬가지다. 이런 이유에서 나는 하이데거의 형이상학을 가능적 무한의 형이상학으로 규정한다.

36) 칸트, 『순수이성비판』, B XXX 참조.

37) 존재와 무를 동일시하는 헤겔의 입장에 대한 하이데거의 분석에 대해서는 다음 장에서 상론

상태에서 존재가 드러난다는 것이다. 하이데거의 이 말을 이해할 수 있는 빛을 우리는 역시 현존재를 가능적 무한자로 해석하는 관점에서 얻을 수가 있다. 현존재는 불안 앞에 서 있다. 그 불안을 회피하여 존재자의 세계로 퇴각하면 그는 존재로 초월하는 것이 불가능하다. 그런데 그가 불안을 통해 유한성 일체의 기만성과 허무성을 깨닫게 되면 그는 '존재'(무한자)로 초월하게 된다. 그러나 그 초월은 현존재로서 인간이 자신을 넘어서는 방식의 초월이기에, 현존재가 경험하는 존재는 가능적 무한자에 불과하다. 왜냐하면 현존재 자체가 죽음에로의 존재로서 유한한 존재이기 때문이다. 현존재의 초월행위를 통해 현(現)하는 존재(무한자)는 끝끝내 현존재의 유한성에 얽매여 있는 존재(무한자)다. 그런 무한자는 가능적 무한자다. 가능적 무한자는 유한자가 아니다. 가능적 무한'존재'는 항상 어떤 '유한자'와의 대립관계에서 유한자가 '아닌 것'을 확인하는 과정에서, 달리 말해서 무와의 관계에서 파악될 수밖에 없다. 가능적 무한자로서 존재는 끊임없이 생기(生起, Ereignis)하는데, '존재'는 칸트적인 용어로는 선험적 대상이요, 자신의 가능성을 끊임없이 초월하는 가능한 경험의 세계이며, 부단한 생기로서의 세계다. 그것은 마찬가지로 가능적 무한자인 현존재와 더불어 '인식 가능한' — 하이데거식으로 표현한다면 '현상하는' — 존재자들의 존재지평을 열어보인다. 이런 식으로 생각하면 세계의 한계는 현존재의 한계이며, 이 한계선은 세계라는 지평의 한계다. '지평 밖에는 아무것도 없다.' 이 말은 하이데거가 한 말이 아니지만, 하이데거의 생각을 잘 드러내준다. 지평(존재의 장) 바깥에는 아무것도 없다. 이 말은 두 가지로 해석될 수 있다. ① 존재만 있다. 왜냐하면 존재 이외에는 아무것도 없기 때문이다. 존재는

하고 있다.

존재로서 존재를 스스로를 드러내 보인다(존재의 비은폐성, 존재의 밝음). ② 존재만 있다. 왜냐하면 존재 이외에는 아무것도 없기 때문이다. 즉 존재 이외에 무가 있다. 그러니 존재는 무에 둘러싸여 있다(존재의 은폐성, 무의 밝음).[38]

존재의 지평선은 고정된 것이 아니며 부단히 움직이는데, 그러한 움직임으로서의 '생기'는 현존재의 자기 초월을 통해 이루어진다. 현존재 역시 가능적 무한자로서 부단히 자기를 벗어나는 **탈자적 초월 운동**을 통해 자신의 동일성을 유지할 수 있기 때문에, '존재'의 터전인 현존재가 초월한다는 것은 '존재'도 부단히 자신을 초월한다는 것이 될 것이다. 존재가 자기 초월하면서 만들어가는 역사를 하이데거는 존재역운이라고 불렀다. 그런데 존재가 아무리 자기를 초월해가더라도, 그것이 가능적 무한인 한, 그것은 시간성에서 파악되어야 하기 때문에, 자기 초월하는 그 순간에는 정지한 것으로서는 유한한 것이 된다. 원래 가능적 무한은 유한과 무한의 종합이기 때문에 역동성을 갖는 것이다. **하이데거가 존재는 유한하다고 했을 때, 그는 가능적 무한의 유한성의 측면을 언급한 것으로 보이며, 존재가 역운을 가진다고 했을 때, 그는 가능적 무한의 역동성을 언급한 것으로 보인다.** 이리하여 "존재는 오로지 무 속으로 들어가 (머물러) 있는 현존재의 초월 속에서만 스스로를 드러내 보인다"는 말이 이해된다. 전기 하이데거의 존재(가능적 무한자)**는 현존재가 불안**(세계초월적 무)**을 체험하면서 자신을 벗어나는 초월행위를 하는 동안에만 즉 현존재가 가능적 무한으로서 자기동일성을 유지하는 한에서만 가능적 무한으로서의 자신을 드러내 보인다. 그야말로 현-존재의 부단한 자기 초월을 통해를 통해 '존재'가 현**(드러남)**한다. 현존**

38) 전통적으로 철학자들은 대상과 판단의 일치를 진리로 보았다. 그러나 하이데거는 그런 진리관을 주객분열적 사고의 관점에서 본 진리관이라고 생각하여 받아들이지 않는다. 그리하여 그는 진리를 존재의 비은폐로 설명한다.

재가 불안 속으로 들어가 머물 때에만, 무의 밝음 속에서 동시에 존재의 밝음을 경험한다는 말이다.

3장 칸트, 헤겔, 하이데거의 무 개념

1. 칸트의 무 개념
2. 헤겔의 무 개념
3. 하이데거에서 무와 불안
4. 하이데거의 '불안의 형이상학'이 불안한 형이상학인 세 가지 이유

1.
칸트의 무 개념

하이데거 철학의 매력과 문제점은 무를 다루는 그의 사유의 독특함에 근거하고 있다. 그는 키르케고르의 영향을 받아, 무라는 형이상학적 개념을, 사람들이 심리적인 것이라 간주하여 철학적 사색의 주제로 삼지 않았던 불안이라는 정서와 결합하여 다룬다. 그리하여 그는 불안이라는 심리적 기분을 형이상학적 기분으로 만들어버린 최초의 서양철학자가 되었다. 우리가 하이데거 철학의 문제점을 파악하려면 그가 제시하는 '무의 철학'을 다루어야 할 것이다. 그의 '무의 철학', '불안의 형이상학'을 본격적으로 다루기 전에 우리는 칸트와 헤겔의 무 개념을 예비적으로 살펴보는 것이 도움이 될 것이다.

칸트철학에는 '절대적 공무'(空無) 혹은 '단적인 무'가 들어설 여지는 없다. 칸트의 물자체 개념이 그 여지를 제거해버린다. 물론 이때 언급되는 물자체는 인식될 수 있는 존재자의 인식론적 재료 즉 선험적 대상이 아닌 존재론적 토대인 '하나인 물자체'다. 칸트는 이 '하나인 물자체'를 이렇게 설명한다.

우리 이성에 있어서의 일관적 규정의 근저에는 하나의 선험적 기체가 두어지고, 이것이 이를테면 재료를 전부 저장해 있어서 여기서 온 사물의 가능적 술어들이 죄다 얻어질 수 있다. 이렇다고 한다면 선험적 기체는 전(全) 실재성의 이념에 틀림없다. 그럴 때에 참된 부정은 제한 이외의 딴 것이 아니요. 제한은 근저에 무제한자(전체)가 없으면, 부정(否定)이라 말할 수 없겠다. 그러나 이 실재성을 전부 소유한다고 함에 의해서 '**하나의 물자체**'라는 개념이 완전하게 규정된 것이라고 표상된다. 즉 '하나의 최고 실재'의 개념은 '단일 존재'의 개념이다. 왜냐하면 모든 가능한 대립적 술어에 관해서 그 한쪽의 술어가, 즉 '있다 함'에 단적으로 귀속하는 술어가 저 '최고 실재'의 규정에서 발견되기 때문이다. 이에 이 최고 실재는 하나의 선험적 이상이다. 이것은 만유에서 반드시 발견되는 일관적 규정의 근저에 있는 것이요, 만유를 가능하게 하는 최상의 완전한 질료적 제약이 되는 것이다. 그리고 대상 일반에 관한 온갖 사고는 대상의 내용 면으로 보아서 반드시 이 제약에 귀착하기도 한다.[1)]

'하나인 물자체'에 대한 칸트의 이런 말들이 우리로 하여금 '물자체는 인식할 수 없다'는 칸트 자신의 주장을 정면으로 부정하는 것이 아닌가라는 의문을 가지게 만든다. 그러나 칸트는 인식의 차원에서 이런 주장을 하는 것이 아님을 기억할 필요가 있다. 그는 인식(erkennen)과 사유(denken)를 구분하고 있다. 어쨌건 칸트는 위의 인용문의 마지막 부분에서 '대상 일반'도 그 질료적 부분의 연원을 끝까지 추적하면 물자체에 이르게 된다고 말한다.

---

1) 칸트, 『순수이성비판』(최재희 옮김, 서울: 박영사, 1974), B603-604. 강조는 칸트에 의함. 칸트가 '하나인 물자체' 즉 '일자로서의 물자체'를 '이념'(Idee)으로 부르지 않고 '이상'(Ideal)으로 부르는 이유에 대해서는 이 절의 마지막에서 다룰 것이다.

그리고 부정을 부정답게 만들어주려면, 즉 참된 부정이 되게 하려면, 부정의 근저에 무제약자가 전제되어야 함을 말하고 있다. 그것은 바로 현실적 무한자다. 칸트에 있어서 '하나의 물자체'는 현실적 무한자다. 물론 칸트는 현실적 무한을 인식의 차원에서는 인정하지 않고 있다. 그는 가능적 무한만 인정한다. 우리가 앞서 살펴보았듯이, 그는 『순수이성비판』의 「이율배반론」에서 세계가 공간상 유한한가 무한한가 하는 문제를 다루면서, 세계는 공간상 유한하지도 않고 무한하지도 않다고 주장한다. 칸트에 의하면, 그 문제에 대한 해답을 얻으려면 우리는 공간 속에 있는 물질들의 공간적 양을 합산해야 하는데, 그 합산 과정은 완료될 수 없으며, 따라서 세계는 공간적으로 유한하지도 않고 무한하지도 않다는 것이다.[2]

칸트는 비록 인식의 차원에서는 가능적 무한만 인정하고 현실적 무한은 인정하지 않지만, 그가 현실적 무한을 사유대상으로서는 인정하는 한, 그의 사유체계(인식체계가 아니라)에서는 현실적 무한자의 한정으로서의 부정만이 인정될 수 있지, 현실적 무한자의 부재로서의 절대적 공무는 있을 수가 없게 된다. 이하에서는 이 문제를 더 자세하게 살펴보자. 칸트는 '무' 개념을 심도 있게 다루지 않는다.

> 선험적 분석론을 끝맺기에 앞서서, 우리가 부언해야 할 것이 있다. 그것은 **그 자체가 특히 중요하다고 하는 것은 아니나**, 체계의 완전을 위해서 필요한 성싶은 것이다.[3]

---

2) 칸트, 『순수이성비판』, B531 이하 참조.

3) 칸트, 『순수이성비판』 B346. 강조는 필자.

그리고 그는 범주표에 따라 네 종류의 '무'를 구분한다.

1. 대상이 없는 공허한 개념으로서의 없음.(관념물)
2. 개념에 대한 공허한 대상으로서의 없음.(대상을 결한 없음)
3. 대상이 없는 공허한 직관으로서의 없음.(상상된 존재)
4. 개념이 없는 공허한 대상으로서의 없음.(있을 수 없는 없음)(B348)

1의 없음에는 '지적될 수 있는 직관이 대응하지 않는 개념의 대상'이 속한다. 예컨대 가상체 같은 것이다. 가상체는 인식의 관점에서는 '없는 것'이다. 우리는 그것을 감각적 지각의 대상으로 삼을 수가 없기 때문이다. 그렇지만 그것의 존재가 불가능하다고 말할 수는 없다. 칸트는 2의 없음의 예로 그림자와 차가움을 든다. 그러나 상식적으로 보면 그림자는 있는 것인데, 칸트가 그림자를 없음의 한 종류로 간주하는 것은 이해하기 힘들다. 칸트가 말하고 싶었던 것은 아마도 그림자는 실물이 없으면 생길 수 없으며, 차가움은 따뜻함이 없으면 생각될 수 없다는 것이 아닌가 한다. 칸트의 이런 설명은 설득적이지 않다. 칸트는 순수공간과 순수시간을 3의 없음의 예로 든다. 순수공간과 순수시간은 인간의 직관형식으로서 '어떤 것'이기는 하지만, 직관될 수 있는 대상은 아니다. 4의 없음을 칸트는 '있을 수 없음'으로 설명하면서 '두 변으로 된 직선도형'을 그 예로 든다. 이런 개념 자체를 구성하는 것은 불가능하다. 칸트는 그 어디에서도 세계 자체를 부정하면서 우리가 머리에 떠올리게 되는 순수하고 절대적인 공무를 거론하지 않고 있다.[4] 나는 왜 칸트철학에서는 그런 '순수 무'가 문제시될 수 없는지

4) 나는 뒤에서 그런 개념이 불가능하다는 주장을 하는데, 그 이유는 그런 공무를 생각하는 한, 그 공무를 생각하는 나의 존재가 전제되어야 하기 때문이다.

살펴볼 것이다. 그리고 하이데거에서는 '왜 무가 아니고 존재자인가?'라는 물음을 통해, 그런 순수 무가 자기 철학의 핵심적인 문제로 다루어질 수밖에 없는지 고찰할 것이다.

칸트는 헤겔처럼 존재와 무를 동일시하지 않는다. 칸트에게 있어서 '존재'와 '무'는 항상 '인식될 수 있음'과 '인식될 수 없음'의 대립으로 이해된다. 칸트의 인식론에 따르면 '인식될 수 없음'에는 선험적 대상과 물자체가 있다.[5] 선험적 대상은 경험적 직관의 무규정적 대상이며 따라서 미지의 X이지만, 그것에서 연원하는 인식의 질료들이 지성의 범주적 규정작용을 통해 인식의 대상(현상체)으로 구성된다. 이런 식으로 '아직 인식될 수 없음'은 '인식될 수 있음'으로 된다. 그러면서 가능한 경험의 세계지평은 넓혀진다. 그런데 선험적 대상은 가능한 경험의 세계지평을 넓히면서 자신은 바다의 수평선처럼 뒤로 물러선다. 인식주관은 바다의 수평선 안에 들어 있는 것을 인식할 수 있지만, 수평선 바깥에 있는 것을 인식할 수는 없다. 선험적 대상은 그 경계선 자체이다. 그것은 **인식주관에게 있어서** 대상의 대상성의 한계선이다.[6] 그 선 안에 있는 것은 인식 가능하지만, 그 선 바깥은 인식 불가능하다. 그러면 선 그 자체는 무엇인가? 그것은 존재자가 아니다. 그러니 무라고 생각하게 된다. 그런데 그 무는 존재자의 존재지평을 형성하는 움직이는 테두리 같은 것이다. 그러므로 선험적 대상은 움직이는 수평선이며, 그것이 움직이는 것처럼 보일 수밖에 없는 것은 인식주관이 가능한 경험의 한계를 넓혀가기 때문이다. 보기에 따라서 수평선으로서의

5) 그리고 선험적 주관과 물자체로서의 주관도 있다. 선험적 주관은 선험적 대상과 상호 공속적이고, 물자체로서의 주관은 물자체와 상호 공속적이다.

6) 그것은 하이데거 식으로 말해서 존재자의 존재의 한계다. 그 바깥에는 아무것도 없다. 그래서 하이데거는 그것을 순수 무로 보는 것이다.

선험적 대상 그 자체는 '아무것도 아닌 것' 즉 무요, 어떤 식으로도 규정될 수 없는 것처럼 보인다. 바로 그 때문에 사람들은 그것을 물자체와 동일시하곤 했다. 그러나 앞에서도 말했고 뒤에서도 기회가 되면 또 말하겠지만, 그러한 동일시는 잘못된 것이다.

그러면 선험적 대상과 물자체가 둘 다 단적으로 인식될 수 없음이라면 그 차이는 무엇인가? 선험적 대상은 인식 대상의 대상성의 한계이지만, 물자체는 인식 대상의 대상성의 토대라는 점에서 양자는 분명하게 구분된다. 인식의 장이 만들어지려면, 인식주체와 인식객체가 있어야 한다. 그러면 자동으로 인식의 한계선이 그려진다.[7] 자동으로 인식할 수 없음 즉 무가 만들어진다. 무는 현실적 무한의 한복판에 인간이 놓이는 순간 자동으로 만들어지는 수평선이다. 인간이 없으면 무(수평선)는 없다. 물론 수평선에 둘러싸인 존재도 없다. 인간은 무의 고향이며, 인간은 존재의 구멍처럼 보이기도 한다. 통상 사유의 경험적 지평에 서 있는 자에게는 인식의 한계선, 세계의 한계선은 보이지 않으며, 그것은 '없는 것'이나 마찬가지다. 그에게는 지평선 안에 있는 구체적인 사물들만이 '있는 것'이기 때문이다. 그러나 사유의 선험적 지평에 서는 자에게는 그 '없는 것'으로서의 지평선이 '선험적 대상'이 된다. 그리고 경험적 지평에서 사유하는 자에게는 아무것도 아니지만, 선험적 지평에서 사유하는 자에게는 지평선의 모습으로라도 인식주체에게 드러나는 선험적 대상과 달리, 물자체는 선험적 사유지평에서 있는 자에게도 드러나지 않는다. 그래서 물자체의 실재성은 인정할 수도 부정할 수도 없는 난감한 상황에 놓이게 된다. 그러나 칸트는 인식주체,

7) 물론 무한자인 신에게는 인식주체와 객체의 구분도 성립하지 않으며, 인식의 한계선도 없다. 그래서 칸트는 신을 지적 직관의 소유자이지만, 인간은 감성적 직관의 소유자라고 한다. 감성적 직관은 물자체로부터 촉발당하면서 주어진 질료를 갖고 대상(현상체)을 구성하는 직관이다.

인식객체, 인식 한계선 이 삼자가 존재할 수 있는 터전으로서의 물자체의 실재에 대해서는 인식의 대상으로서는 부인했지만, 사유의 대상으로서는 인정했다.[8)]

나는 물자체와 선험적 대상이 다른 것임을 세 가지 비유로 설명해보고자 한다. 첫째는 앞에서도 소개되었던 '바다 비유'다. 바다에서 주관이 바다를 바라보면 수평선이 보인다. 수평선이 생기는 이유는 바라보는 사람이 있기 때문이다. 바라보는 사람이 없으면 수평선도 없어진다. 그러나 바다를 바라보는 사람(선험적 주관)도 없고 따라서 수평선(선험적 대상)도 생기지 않아도, 바다(물자체)는 거기에 그대로 있다. 우리는 이 경우에 '거기에 그대로 있는' 바다를 '신적인 것의 거기 있음(Dasein, 현존)'으로 이해할 수 있겠다. **엄밀하게 말한다면, 선험적 대상은 수평선 안에 존재하는 모든 현상체들의 질료들의 총체인데, 칸트는 이것을 '경험적 직관의 무규정적 대상'이라 불렀다.** 둘째로 '종이 비유'다. 무한한 크기로 펼쳐진 흰 종이를 상상해보라. 그 위에 온갖 그림들이 그려져 있다. 내가 그 종이 위에 서서 무한하게 펼쳐진 그림들을 보면 나는 내 눈에 그림으로 식별되는 그림은 제한

---

8) 칸트는 사유의 지평을 세 가지로 구분했다. 유한성의 지평(경험적 지평), 가능적 무한성의 지평(선험적 대상의 지평), 현실적 무한성의 지평(물자체의 지평)이다. 그런데 **하이데거는 세 번째 지평을 인정하지 않고, 사유의 경험적 지평과 선험적 지평만을 인정한 뒤, 두 지평을 현상학적 지평으로 단일화한다. 그 다음에 그는 사유의 경험적 지평을 존재자에 몰입하면서 존재 망각 상태에서 세인의 삶을 살아가는 비본래적 삶으로, 선험적 지평을 존재의 빛을 찾아가는 본래적 삶으로 바꾸어 해석한다. 그는 칸트가 구분했던 두 지평을 한 지평 안의 두 가지 태도로 바꾸었다.** 사실 칸트에 있어서도 선험적 자아와 경험적 자아라는 두 종류의 자아가 있는 것이 아니다. 그 구분은 한 자아의 두 가지 사유 태도를 말하는 것일 뿐이다. 칸트는 예지적 자아에 대해서도 말하는데, 이것까지 고려하면 세 종류의 자아가 있는 것처럼 보이지만, 그런 것은 아니고, 한 자아의 세 가지 측면을 말하고 있는 것이다. 그런데 선험적 지평에서 찾을 수 있는 '존재'는 현존재에 묶여 있는 '존재', 현존재와의 관계 속에서만 존재하는 '존재'일 뿐이다. 그것은 선험적 대상이 선험적 자아와의 관계 속에서만 존재하는 대상인 것과 마찬가지다. 그 대상은 경험적 사유지평에 서 있는 자에게는 '없는 것'(무)이다.

적이며, 내가 식별할 수 있는 영역과 식별할 수 없는 영역의 한계선 즉 인식의 지평선이 만들어진다. 이 경우 종이 위에 서서 그림을 바라보는 인식 주관인 내가 사라지면 내가 식별할 수 있었던 그림들의 모습도 사라지고, 그 한계선도 사라질 것이다. 그럼에도 불구하고 종이는 그대로 남는다. 그 바탕 종이가 바로 물자체다. 셋째로 '제빵사 비유'다. 특정의 빵들만을 현상체(존재자)로 간주하는 제빵사가 있다고 하자. 그 제빵사는 특정한 빵이 되기 전의 밀가루가 주어져 있어야 제빵사로서의 자기 기능을 발휘할 수가 있다. 제빵사를 선험적 주관이라고 하자. 제빵사는 밀가루 반죽에 앞서서 독립적으로 존재할 수 있지 못하다. 제빵사가 선험적 주관이라면 밀가루 반죽은 선험적 대상이 된다. 제빵사에게 밀가루 반죽이 주어지면, 제빵사는 자신에게 갖추어진 빵틀을 이용하여 이런저런 빵들을 만들어낼 수 있다. 제빵사는 밀가루와 분리되어 독립적으로 존재할 수 있는 것이 아니다. 그렇다면 그는 제빵사가 아니게 된다. 제빵사와 밀가루는 부모와 자식처럼 상관개념이다. 부모 없는 자식이 없고, 자식이 없는 부모가 없듯이, 제빵사 없는 밀가루 없고, 밀가루 없는 제빵사 없다. 그에게 있어서 밀가루는 하나의 지평이다. 그는 그 밀가루를 사용하여 온갖 빵을 만들어낼 수 있지만, 밀가루 그 자체는 어떤 구체적인 특정한 빵이 아니다. 특정한 빵만을 존재자로 보는 그에게 있어서 밀가루는 빵(존재자)의 기본재료이지만 빵이 아닌 것, 선험적 대상이다. 경험적 지평에 있는 사람들에게 이 선험적 대상은 규정될 수 없는 것이기에 '없는 것'(무)이나 마찬가지다.[9] 그러면 물자체

9) 이것이 선험적 대상을 무로 보는 하이데거의 논리다. 그러나 밀가루를 무로 보는 것은 잘못임이 드러난다. 밀가루는 특정한 빵(존재자)이 아니지만, 그렇다고 무는 아니다. 물론 하이데거도 무는 존재자가 아니지만 어떤 것이라고 한다. 그러나 '그 어떤 것'이라는 말로 내가 의미하는 것과 하이데거가 의미하는 것은 다르다. 하이데거는 '그 어떤 것'으로 '존재'의 상관자인 세계초월적 무를 생각하지만, 나는 '그 어떤 것'으로 '아직 규정되지 않은 것'을 생각한다.

는 무엇인가? 제빵사와 밀가루 이 양자에 의해 성립하는 제빵과정의 장(지평)을 가능하게 만들어주는 밀밭과 같은 것이다. 제빵사에게 있어서 그가 제빵 작업을 할 때, 그가 일차적으로 재료로 삼는 것, **그와 일차적으로 연결되어 있는 것**은 밀가루이지 밀밭이 아니다. 밀가루조차도 존재자(특정 빵)가 아닌 것 즉 무로 간주되는 마당에, 제빵사와 일차적 연결고리도 없는 밀밭은 더더욱 '아무것도 아닌 것'이 된다. 그러나 밀밭이 없으면, 제빵사도 밀가루도 있을 수 없고, 따라서 빵들도 있을 수가 없다. 물자체는 이 모든 것을 가능하게 해주는 터전이다. 제빵사 비유에서 사실 빵 제조의 과정을 제조과정에 앞서서 미리 검토하는 사람은 선험적 인식론자인 칸트이며, 경험적 사유지평에 서 있는 사람들에게는 밀가루는 아무것도 아닌 것이요 대상이 아니지만, 선험적 사유지평에서 생각하는 사람들에게만 대상이 됨을 말하고 있다. 그리고 칸트는 선험적 사유지평에서 생각해보더라도 물자체를 적극적으로 대상으로 간주할 수 없다고 생각했으며 그래서 선험적 대상과 구분했지만, 그것을 적극적으로 부인할 수도 없다고 생각했다. 물자체는 생각해볼 수 있는 것이다. 『실천이성비판』에서 그것은 도덕신앙의 대상으로 다루어진다.

물자체는 '인식될 수 없음'과 '인식될 수 있음'의 대립을 만들어주는 터전이다. 그러니 그것은 인식의 차원에 놓여 있는 어떤 것이 아니라, 인식의 터전을 가능하게 해주는 그 무엇이다. 그러므로 그것을 인식의 범주로 규정하려는 것은 넌센스다. 인식의 터전을 가능하게 해주는 근거를 인식한다는 것은 사리에 맞지 않는 것이다. 그래서 칸트는 물자체는 인식(erkennen)할 수가 없다고 말했다. 선험철학적으로 말한다면 인식이란 어떤 개념에 대응하는 직관이 주어질 때 가능한 것이다. **물자체는 인식주관인 인간의 감관을 촉발하여 선험적 주관에게 직관의 무규정적 질료인 선험**

적 대상을 주며, 그리하여 선험적 주관과 선험적 대상의 상호작용을 통해 인식될 수 있는 존재자의 존재지평이 만들어진다. 그리고 물자체는 직관의 무규정적 질료를 제공하면서 동시에 선험적 주관의 인식형식이라는 공장이 가동하게 해주는 근원이기에, 그 자신은 절대로 직관의 대상이 될 수 없다. 그러니 물자체가 인식의 대상이 될 수 '없음'은 너무나 당연한 것이다. 그렇지만 칸트는 물자체를 '단적인 없음', 혹은 절대적 공무라고 말하지는 않았으며, 그렇게 말할 수가 없다. 그래서 물자체는 '인식될 수 없음'이긴 하지만 '사유(denken)될 수는 있음'으로 말한다. 그러면 칸트는 '사유될 수 있음'의 대립항인 '사유될 수 있음의 없음', 다시 말해서 물자체의 없음으로서의 절대적 공무를 인정하는가? 칸트는 그것을 인정하지 않는다. 그것을 인정하는 순간에 칸트가 말하는 현상계는 사라지고 따라서 '인식될 수 있음'과 '인식될 수 없음'의 구분도 사라진다. '사유될 수 있는 물자체의 없음'은 없다는 것이 칸트의 생각이다.

칸트의 무 개념을 선험적 대상과 물자체 개념과 연계하여 설명하는 것을 마치기 전에 선험적 대상과 물자체의 차이점을 다른 각도에서 설명해보고자 한다. 칸트는 『순수이성비판』에서 세계와 영혼을 순수이성의 이념으로 간주했다. 그리고 신을 '순수이성의 이상'으로 부른다. 「감성론」에서 경험적 직관의 무규정적 대상(현상)으로 불리던 것이 「분석론」에서 선험적 대상으로 불리고 이것이 「변증론」에서는 이념이 된다. 그리고 「감성론」에서 촉발하는 물자체로 불리던 것이 「분석론」에서 한계 개념으로 불리던 가상체가 되고, 이 가상체는 「변증론」에서는 이념(이상)이 된다. 그런데 나는 앞에서 이념이란 그것을 추구하는 인간의 추구활동이 계속되는 동안에만 존재하는 것이라고 했다. 그러므로 세계 역시 하나의 이념인 한, 그것을 추구하는 인간의 활동에 의존적인 것이 된다. 그러면 순수이성의 이상인 신은 어떤가? 신도 그것을 추구하는 인간의 활동에 의존적인가? 만약 신도 무한을 향한 인간의 무한한 행진에 의존적인 존재라면, 이는 물자체는 선험적 주관과 선험적 객관의 가능근거라고 말한 것과 상충되는 것이 될 것이다. 만약 그렇다면 선험적 대상과 물자체를 구분한 위에서 전개한 나의 모든 논의가 물거품이 된다. 그러나 우리는 칸트가 '이념'과 '이상'을 구분한 것이 암시하는 의미를 알아야 한다. 그는 신을 이념이라 부르지 않고 이상으로 불렀다. 만약 선험적 대상과 물자체를 같은 것으로 생각했다면, 칸트는 이념과 이상을 구분하지 않았을 것이다. 칸트는 이렇게 말한다.

> 내가 '이상'이라고 하는 것은 이념보다도 더 객관적 실재성에서 멀어져 있는 것이라고 여겨진다.[10]

왜 이상은 이념보다 객관적 실재성에서 더 멀어져 있는가? 그 말로써 칸트가 이상에 대해 말하고자 하는 것은 무엇인가? 이념은 그것을 추구하는 인간의 무한한 행진 활동에 연결되어 있기에 그것은 사르트르의 당나귀가[11] 눈앞에서 보는 홍당무처럼 우리 눈앞에서 선험적 가상의 상태로라도 어른거리기라도 하지만, 이상은 그렇지도 않다는 말이다. 그런데 이념이 가능적 무한자라면, 그것보다 우리에게서 더 멀리 떨어져 있는 이상은 현실적 무한일 수밖에 없을 것이다. '더 멀다'는 말은 이념과 이상이 연속적인 차원에 있는 것임을 의미하는 것이 아니라, 차원을 달리하는 것임을 표현하는 말이다. 이념이 가능적 무한이라면, 이상이 그것보다 더 멀리 있다고 해

---

10) 칸트, 『순수이성비판』, B596.

11) 사르트르의 당나귀에 대해서는 이 책의 제2장 제5절 '하이데거의 존재탐구가 선험적 가상에 대한 탐구가 되지 않으려면?'을 보기 바란다.

봤자 그 양자를 연속선에서 바라보는 한, 이상도 결국 가능적 무한이 될 뿐이다. 그렇다면, '이상'이 이념보다 우리로부터 더 멀리 떨어져 있다고 말하는 것은 의미 없는 말이 될 것이다. '더 멀리'라는 낱말을 의미 있는 말이 되게 하려면 결국 이상을 현실적 무한으로 해석하는 수밖에 없다. 하이데거는 적어도 『존재와 시간』에서는 이념(선험적 대상)과 이상(물자체)을 구분하는 칸트의 입장을 거부하고, 이념만 인정했다는 것은 이미 앞에서 말했다. 그에게 있어서 '존재'는 하나의 이념이었다.

2. 헤겔의 무 개념

헤겔은 그의 『논리학』에서 변증법의 논리를 동원해서 '순수 유'는 '순수 무'와 같은 것이라고 한다. 헤겔에 의하면, 순수 존재(Sein)는 '무규정적 직접성'(unbestimmte Unmittelbarkeit)으로서 구체적인 어떤 존재가 아니며, 그것은 그냥 '있다'라고밖에는 달리 말할 길이 없으며, 그 순수 존재는 아무런 규정성도 내용도 가지고 있지 않다. 아무런 규정도 내용도 없는 것, 그것은 바로 무(Nichts)다. 이렇게 볼 때 실로 무규정적인 직접적인 것으로서의 존재는 무이며, 결코 이것은 무 이상도 그리고 그 이하도 아닌 것이다.[12] 헤겔은 순수 무에 대해서는 이렇게 풀이한다.

> 무는 자기 자신과의 단순한 동등성이며, 완전한 공허성이요, 또 규정과 내용이 완전히 결여된 것으로서 그 자체 내의 무구별성이다. (…) 이럼으로써 무는 순수 존재와 다를 바 없는 바로 그와 동일한 규정이며

12) F. 헤겔, 『대논리학(I)』(임석진 옮김, 서울: 지학사, 1983), 75쪽 참조.

> 혹은 몰규정성이라 하겠으니, 이제 무는 순수 존재와 다를 바 없는 것이 된다.[13]

그런데 헤겔이 순수 유를 순수 무와 동일시할 때, 그는 순수 유를 여전히 우리 인식주체에 마주 세워서 파악하려 한다. 바로 그 때문에 그는 순수 무가 곧 순수 존재임을 다음처럼 설명한다.

> 그러므로 이것(무)을 만약 직관이나 사유와 관련시켜 본다 할지라도 도대체 그것은 어떤 것이 직관되거나 사유되는 것일 수도 있고, 아니면 아무것도 직관되거나 사유되지 않는 것일 수도 있는 어떤 구별에 해당할 뿐이다.[14]

이 인용문에서 헤겔이 무를 직관이나 사유와 연결시켜 설명하려 하고 있다는 것은 분명하다. 헤겔의 논의의 요점은 결국 어떤 식으로도 규정될 수 없는 '순수 유'라는 것은 결국 **우리에 대해서는** '아무것도 아닌 것'(무)이라는 것이다. 그러나 칸트는 그런 논리에 동의하지 않을 것이다. 왜냐하면 우리에 대해서 아무것도 아닌 것이라고 해서 그것이 절대적 무가 되지는 않기 때문이다. 인식론적 관점에서 볼 때, 물자체는 우리에 대해서는 아무것도 아닌 것이지만, 무는 아니다. 그것은 '우리에 대해서 있는 것'과 '우리에 대해서 아무것도 아닌 것'의 대립을 넘어서 **있는 것** 즉 **존재론적 절대 긍정**이다. 형식논리학의 관점에서 보면 존재는 존재이고, 무는 무다. 존재와 무는 모순대립의 관계를 형성하고 있다. 헤겔의 변증법의 관점에서 보

13) F. 헤겔, 『대논리학(I)』, 76쪽.

14) F. 헤겔, 『대논리학(I)』, 76쪽.

면, '순수 존재'는 곧 '순수 무'이고, '순수 무'는 '순수 존재'다. 그에게 있어서 존재와 무는 변증법적으로 지양하여 생성된다. 그러나 칸트의 선험논리적 관점에서 보면, 존재와 무의 관계에 대한 헤겔의 변증법적 입장과 형식논리의 입장은 다 거부된다. '인식존재론적인 무'와 '인식존재론적인 유'는 비록 구별되지만 그 양자가 모순대립의 관계를 형성하지 않는다. 왜냐하면 지금 우리에게 인식될 수 **없는 것**이라도 언젠가 인식될 수 **있는 것**이 될 수 있다. 그러나 이런 인식될 수 있음과 없음의 대립을 가능하게 하는 터전인 물자체(존재론적 의미)는 우리에게 절대로 '인식될 수 **없는** 것'이지만, 없는 것은 아니다. 그것은 '사고'될 수는 **있다**. 인간은 그것을 어떤 식으로도 규정할 수 없으므로 헤겔식으로 말한다면 순수 무가 되어야겠지만, 그것은 순수 무가 아니다. 물론 우리는 그것을 규정할 수 없다고 하면서 '물자체'로 부른다. 그렇게 하는 것은 언어적 존재인 인간의 한계다. 인식주체인 인간은 물자체의 '바깥'을 설정할 수도 없고, 상상할 수도 없다. 그렇게 설정될 수 있고 상상될 수 있는 물자체는 이미 물자체가 아니다. 그것을 우리는 '순수 유'라고 부를 수도 없고 '있다'고 말할 수도 없다. 왜냐하면 그렇게 부르는 순간 우리는 헤겔이 보여주었듯이 그것에 대립하는 개념인 '순수 무'를 떠올리게 되기 때문이다. 물자체에는 그것과 대립되는 것으로 세워질 수 있는 것이 있을 수가 없다. 파르메니데스가 "존재는 있고 비존재는 없다"고 말했을 때, 그는 존재와 비존재를 동시에 정립하면서 그 양자를 대립시킨 것이 아니다. 그는 그렇게 말함으로써 비존재가 존재의 대립항이 아님을 천명하는 방식으로 그 양자의 대립성을 부정했다. 물론 그는 '무가 없다'고 말할 때, '교실에는 코끼리가 없다'고 할 때의 '부정성'으로서의 '무' 혹은 '세계내적인 무'로서의 '없음'을 말하는 것이 아니다. 우리가 전체로서의 세계(우주)를 머리로 생각한 뒤에 그것의 부재를 상상하면서 만들어내는 무는 세계내적 무가 아니라, 그야말로 절대적 공무이며, 그것은 '세계초월적 무'라고 이름 붙일 수 있을 것이다. 칸트는 세계내적 무를 인식존재론적으로 인정하지만, 세계초월적 무는 인정하지 않는다. 세계내적 무는 인식의 차원에서 유의미하게 다루어질 수가 있다. '이 방 안에 없는 코끼리'는 코끼리라는 '존재의 부정'으로서, 부정성의 범주의 적용 대상이다. 칸트의 물자체는 파르메니데스의 존재처럼 모든 대립성과 규정성을 넘어선 어떤 차원을 지칭하기 위해 고안된 개념이다. **'있음'과 '없음'의 구분은 어디까지나 인식존재론적인 지평 내에서만 유의미하게 즉 참된 술어로 사용될 수 있다. 그 지평을 떠나 있음과 없음이 그 자체로 사용되면 언어게임의 혼란이 발생한다. 그것은 장기판에서 말들이 장기판 바깥으로 돌아다니는 것이나 마찬가지다.** 있음과 없음의 구분을 가능하게 만들어주는 근원이요 터인 물자체는 '인식될 수 있음'(현상체)과 '인식될 수 없음'(현상체의 부재)을 초월해 있다. 물자체는 인식을 가능하게 하는 선인식적인 것이기에 그 구분에 근거하여 물자체를 이해하려 하면 안 된다. 그렇게 이해하려는 것은 나무의 가지가 뿌리로 영양분을 내려 보내려는 것이나 마찬가지다. 물자체는 칸트가 『순수이성비판』에서 인정하고 있듯이 '생각될 수 **있음**'이다. 그것은 '생각될 수 **없음**'은 아니다. 사람들은 '생각될 수 있음'이 있다면 그 대립물로 '생각될 수 없음'이 성립하는 것이 아닌가라는 문제를 제기할 것이다. 앞서 말했듯이 이에 대해 칸트는 '물자체의 생각될 수 없음'은 생각될 수 없다고 대답할 것이다. 물자체가 생각될 수 없다면, 물자체의 터 위에서만 가능한 '인식될 수 있음'과 '인식될 수 없음'의 구분은 성립할 수 없기 때문이다. 헤겔은 존재를 '무규정적 직접성'으로 '규정'하지만, 바로 그렇게 규정된 존재는 그 대립항을 자동으로 갖게 된다. '무규정적'에는 '규정적'이, '직접성'에는 '매개성'이 대립한다. 이런 이유에서 헤겔이 학문의 시초에 놓여야 한다고 생각한 '순수 유'의 순수성이 의심된다는 최상욱의 주장은 설득적이다.

> 그러나 이러한 헤겔의 주장에 대하여 포이어바흐(L. Feuerbach, 1804-1872)가, 왜 시초에 있는 것이 '구체적인 존재자'가 아니라 '순수한 존재'이어야 하는가라고 질문할 때, 우리는 그에 대한 정당한 대답을 제시하기 어렵다. 또한 우리가 헤겔의 입장을 따른다 하더라도, 헤겔이 주장하는 순수한 존재는 존재론적 측면에서 순수할 수 있지만, 그러한 순수 존재는 이미 '직접성 → 매개성 → 매개된 직접성'의 과정을 펼쳐 나간 로고스에 의해 규정된다는 점에서 '순수하다'고 말하기 어렵다.[15]

그러나 칸트의 물자체에 대해서는 그런 대립항을 생각할 수 없다. 사람들은 '물자체'를 말하면서 '현상'을 떠올리지만, 현상은 물자체의 대립물이 아니라, 물자체에 그 질료성의 뿌리를 둔 인식된 존재자일 뿐이다. 물론 칸트는 물자체에다 지성의 범주들을 적용하면서 자신의 인식론적 원칙을 위반하는 진술들을 많이 하고 있다. 그러나 물자체 문제를 논할 때, 핵심적인 것은 칸트가 모순을 범하고 있다는 것이 아니라, 물자체가 모든 대립성과 규정성을 초월해 있다는 것이다. **'순수 무'라는 개념은 모든 것을 그 대립물의 관점에서 파악하려고 하는 인간 정신의 고유한 특징이 만들어낸 가상의 개념일 뿐이다.** 헤겔은 인간 정신의 이런 특징과 한계 속에서 존재와 무의 관계를 설명한 대표적 인물이다. 그는 이렇게 말한다.

---

15) 최상욱, 『니체, 횔더린, 하이데거, 그리고 게르만 신화』(파주: 서광사, 2010), 193쪽.

> 무가 비록 존재와 하등 다를 것이 없는 것임이 밝혀진다는 경우에도 분명히 여기서 확언해 두어야만 할 것은 **무는 결코 그 자체가 홀로 있는 상태에서의 존재일 수는 없을 뿐더러** (…) **오직 존재와의 관계 속에서만 있을 수 있다는 것**, 혹은 또 이미 얘기된 바와 같은 의미로 본다면 진리는 오직 무와 존재의 통일에 있다는 것 외에 아무것도 아니다. 결국 암흑이 오직 광명과의 관계 속에서만 어떤 것일 수 있듯이 여기서는 반대로 존재가 다만 무와의 관계 속에서만 어떤 것일 수 있는 것이다.[16]

그러나 칸트의 물자체는 순수 존재이면서 순수 무인 그런 것이 아니다. 앞서 말했듯이 인식존재론적인 관점에서 보면 무이지만, 그것은 물자체가 인간적 인식작용 — 이 내부에서 모든 이원적 대립이 발생한다 — 을 넘어선 인식초월자임을 표시하는 것일 뿐이다. 헤겔은 파르메니데스의 존재를 "사유의 절대적 추상성 속에서 파악한 사상"[17]으로 설명하고 있는데, 내가 보기에 파르메니데스의 '존재'는 사유의 추상성 속에서 파악된 것이 아니다. 사유의 '추상성'은 사유의 '구체성'과 대립항을 이루는데, 앞서 말했듯이 파르메니데스의 존재는 모든 대립을 넘어서 있는 것으로, 심지어 무와의 대립조차도 넘어서 있는 것으로 언급되기 때문이다. 존재가 사유의 추상성에서 생겨난 것이라는 주장은 존재가 그 구체성이 텅 비어있다는 뜻인데, 파르메니데스의 존재나 칸트의 물자체는 명백히 형식논리적인 개념적 추상작용에 의해 도달한 개념이 아니다. 왜냐하면 파르메니데스의 경우, 그는 무라는 것 자체를 인정하지 않는데, 개념적 추상작용을 통해 존재

---

16) F. 헤겔, 『대논리학(I)』, 94-95쪽. 강조는 필자.

17) F. 헤겔, 『대논리학(I)』, 77쪽.

라는 공허한 개념에 도달하기 위해서, 우리는 끊임없이 '무'를 이용한 추상 작용을 해야 하기 때문이다. 가령 동물과 식물을 추상해서 생물이라는 개념을 만들려면, 우리는 이미 생명이 '없는' 무생물을 상정해야 하는데, 그때 우리는 '무'의 개념을 사용하고 있는 셈이다. 그리고 생물과 무생물을 추상해서 물체라는 더 추상적인 개념을 만들려면, 우리는 물체적이지 않은 즉 물체성이 '없는' 비물체적(정신적) 존재를 상정해야 한다. 그리고 이렇게 상정할 때, 우리는 '없는'(무)의 개념을 사용해야 한다. 그리고 존재라는 개념이 형식논리적인 개념적 추상에 의해 도달하게 되는 개념이라면, 물체적 존재와 정신적 존재를 합쳐서 존재라는 최고의 추상개념을 만들 때, 우리는 그 추상개념을 만들기 위해 이번에는 '무'를 대립시키게 된다. 그러나 파르메니데스는 이 모든 것을 거부했다. 그가 말하는 존재는 무의 대립항이 아니다. 「선험적 감성론」에서 등장하는 칸트의 '촉발하는 물자체'도 결코 우리가 앞서 살펴본 그런 추상작용에 의해 만들어진 개념이 아니다. 만약 그렇다면, 공허한 추상물로 이해된 물자체에서 인식을 위한 **질료**들이 제공된다는 것은 그야말로 허공에서 비둘기를 끄집어내는 요술 같은 일이 될 것이다. 그럼에도 불구하고 헤겔은 이렇게 말한다.

> **물자체**(물론 이 *物* 중에는 정신, 신 등도 포함된다)라는 것은 대상에 관한 모든 의식, 모든 감정규정이나, 또는 모든 특정의 사상을 **추상하는** 한에 있어서의 대상을 표현하는 말이다. 그리고 난 뒤에 대체로 무엇이 남겠는가를 알기는 용이하다. 즉 **완전한 추상**, 완전한 공허, 오직 피안(*彼岸*)이라고밖에 규정할 수 없는 것 즉 표상이나 감정이나 특정한 사상이나 기타의 부정에 불과한 것들만이 남는다. 그러나 돌이켜 생각하면 이 **사령자체**(*死靈自體*, caput mortuum)는 사유의 산물, 좀 더 길게 말하면 바

로 순수추상의 경지에 도달한 사유, 즉 자기 자체의 이 공허한 동일성을 대상으로 삼는 공허한 자아의 산물에 불과한 것이 명백하다. (…) 그러므로 **물자체**가 무엇인지 알지 못한다는 말로 적혀있는 것을 자주 읽을 때 이상한 감이 나지 않을 수 없다. 물자체가 무엇인지를 아는 것보다 더 쉬운 것은 없다.[18]

헤겔은 칸트의 물자체를 심하게 오해하고 있다. 헤겔은 칸트의 물자체를 완전한 추상물로 이해하지만, 칸트는 '하나인 물자체'를 가능한 경험계 내의 모든 현상적 사물들의 실재성이 그곳에서 길러내지는 저장소로 생각하고 있다(B603-604 참조). 하나인 물자체는 보기에 따라서는 하이데거의 존재와 유사해보이기도 하지만, 그런 것은 아니다. **하이데거의 존재는 칸트의 선험적 대상이다.** 선험적 대상으로부터 모든 대상들의 대상성이 길러내어진다. 칸트의 물자체가 헤겔의 주장대로 모든 존재자들의 차별성을 제거해가면서 만들어진 최고 유 개념에 불과하다면, 그것에서부터는 절대로 다양한 사물들의 차별성이 길러내어질 수는 없을 것이다. 혹자는 이렇게 말할지 모르겠다.

칸트가 『순수이성비판』에서 다루는 현상체들은 과학적 탐구의 대상들이고 그런 한에서 그 대상들은 차별성이 제거된 대상이므로 그런 대상들의 실재성을 길러내는 '하나인 물자체'에 근거하여 사물들의 우연성과 다양성을 설명하는 것은 불가능하다.

---

18) G. W. F. Hegel, Werke in zwanzig Bänden 8, *Enzyclopädie der philosophishen Wissenschaften I*, Shurkamp Verlag, Frankfurt am Main, 1970, pp. 120-121. 강조는 헤겔.

그러나 이는 오해다. 칸트의 선험적 사물존재론은 인과법칙을 사물들의 존재를 설명하는 법칙으로 받아들이지만, 어떤 하나의 돌멩이가 특정한 시점과 자리에 있게 된 경위를 설명하지는 못한다. 그러나 이는 칸트의 존재론이 우연적인 돌멩이의 존재를 존재의 영역에서 제외시키고 있고 오로지 필연적인 존재들만을 사물존재론에서 다루고 있기 때문이 아니다. 그 경위를 설명하지 못하는 이유는 그 돌멩이가 인과법칙으로 설명되지 않는 우연성의 영역에 있기 때문이 아니라, 그 돌멩이가 그때 거기에 있게 된 경위를 인과법칙적 계산을 통해 밝혀내기에 그 계산이 너무 복잡하기 때문이다. 칸트는 범주표에서 '우연성'의 범주를 언급하고 있는데, 우연적인 사물들이 일단 인정되면 그 사물들의 실재성도 '하나인 물자체'로부터 길러내어져야 할 것이다.

3.
하이데거에서 무와 불안

칸트와 헤겔의 무 개념에 대해서 살펴보았는데, 지금부터는 「형이상학이란 무엇인가」에서 개진된 하이데거의 무 개념에 대해 검토해보고자 한다.[19] 우리는 무의 개념을 몇 가지로 분류할 수 있을 것이다. '물리적 무', '논리적 무', '수학적 무', '심리적 무', '가치론적 무' 등의 개념이 그것이다. 물리적 무는 어떤 실재물의 부재다. '태양계 안에는 직경이 5만 광년이 되는 별은 없다'고 할 때의 '없음'은 물리적 무다. 논리적 무는 논리적으로 있을 수 없는 것, 혹은 '사유할 수 없음'이다. 예컨대 둥근 사각형은 논리적으로 있을 수가 없는 것이다. 수학적 무는 영(zero)이다. 심리적 무는 그야말로 허무감이다. 가치론적 무는 글자 그대로 가치 없음이다. 깊은 산중에 있는 땅은 물리적으로는 있음이나 가치론적으로는 없음이다. 가치론적 없음은

---

19) 이하에서 내가 제시하는 하이데거의 무 개념에 대한 해석은 철저하게 하이데거의 '존재'와 현존재는 가능적 무한자라는 관점에서 제시되는 것이며, 그렇게 해석된 하이데거의 견해에 내가 찬성한다는 뜻은 아니다. 물론 나는 이곳저곳에서 하이데거를 비판하고 있긴 하지만, 하이데거를 이해 가능한 방식으로 설명하면서 마치 내가 하이데거의 견해를 받아들이는 것처럼 보일 수가 있는데, 독자들은 오해하지 말기를 바란다.

심리적 무와 관계되는 측면이 있으나, 완전히 같지는 않다. 사람에 따라 가치론적으로 가치가 있다고 생각하는 것들조차도 허무하게 느껴질 수가 있을 것이기 때문이다. 하이데거는 이 모든 무를 합친 어떤 하나의 무를 다루는데, 그는 그것을 존재론적인 무로 생각하는 듯하다. 우리는 존재에 대해서도 이런 식으로 분류할 수 있을 것이다. 그러나 하이데거는 그 모든 존재들을 아우르는 하나의 존재를 존재론적인 의미에서의 '존재'로 생각한다.

현존재는 그 존재가 문제시되는 유일한 그런 존재인데, 이 말은 두 가지로 해석될 수 있다. 첫째로 현존재는 존재이해를 갖고서 '존재'를 문제 삼는 존재 즉 '존재 물음'을 던지는 유일한 존재라는 것으로 해석될 수 있다. 둘째로 현존재는 그것이 '존재'를 문제 삼는 동안에만 현존재로서의 자신의 존재와 자신의 동일성을 확보할 수 있는 존재라는 것이다. 첫 번째와 관련해서 보면, 하이데거에 있어서 현존재는 '존재'가 물어지는 자리이지만, 동시에 '무의 자리를 지키는 자'이기도 하다.[20] 이 말을 불안과 연결시켜 이해하게 되면, 인간은 세계초월적 불안을 체험하고, 그것을 체험함으로써 세계초월적 무를 체험한다.[21] 그리고 인간은 세계초월적 무를 체험하면서 동시에 '존재'를 체험한다. 두 번째와 관련해서 보면, 가능적 무한자로서 현존재는 끊임없는 자기 초월을 통해서만 힘겹게 자신의 존재를 유지하고 있는 존재다. 그는 미래를 향해 자신을 결단하면서 던지는 방식으로만 자기 자신일 수 있다. 그러므로 현존재는 자기 속에서 자신의 존재가 부정될 가능성, 즉 무일 가능성을 배태하고 있으며, 그 가능성과 싸운다. 가능적 무한자로서 현존재가 부단히 자신을 탈자적으로 초월함으로써 '존

20) 『이정표 1』(신상희 옮김, 파주: 한길사, 2005), 362쪽. Der Mensch ist der Platzhalter des Nichts.

21) 나는 불안을 두 종류로 나누어볼 필요가 있다고 생각한다. 세계내적 불안과 세계초월적 불안이다. 이 구분에 대해서는 5장에서 자세히 논하고 있다.

재'를 향해 기투하지만, 결코 존재 그 자체에는 도달하지 못한다. 가능적 무한자는 아무리 자신을 넘어서도 현실적 무한에 도달하지 못한다는 원천적인 한계를 갖고 있기 때문이다. 그리고 하이데거의 현존재가 가능적 무한자라는 것은 또한 현존재와 상호 공속적인 '존재'와 '무'가 명사적으로가 아니라 **'동사적으로'** 이해되어야 하는 이유이기도 하다. 이는 칸트가 『순수이성비판』의 「분석론」에서 언급한 '현상계' 즉 '가능한 경험의 세계'(가능적 무한의 세계)가 고정된 세계가 아니라 끊임없이 움직이는 세계인 것과 마찬가지다. 가능적 무한의 세계가 부단히 움직이는 이유는 그것이 토대에 붙잡혀 고정되어 있는 것이 아니기 때문이다. 하이데거는 존재를 무와 더불어 '일어남' 혹은 '근본-생기(生起)'로 이해한다. 하이데거가 무와 존재의 관계를 언급하면서 '무의 본질은 무화다'라고 말하거나, '무는 스스로 무화한다'라고 말할 때, 그 명제들은 형식논리적으로 고찰한다면 말이 안 되는 말인데, 그나마 말이 되는 듯이 보이는 이유는 그가 '존재'를 어떤 고정된 실체적인 것으로 파악하지 않고 생기적인 것으로 파악했기 때문이다. 존재가 실체적인 것으로 파악되는 한, '존재는 비존재'라고 말하는 것은 자기모순일 뿐이다. 존재의 역동성은 무로부터 생겨난다. 하이데거는 무를 존재의 테두리로 이해하는 듯한데, 테두리가 고정되어 있다면, 존재도 고정된 것이고 유한한 것이 된다. 그러나 무가 테두리이고, 무의 본질이 무화라면, 존재의 테두리는 자신을 없애버리는 테두리이기에, 존재는 고정된 테두리에 갇히지 않게 된다. 테두리가 끊임없이 자신을 만들면서 없애기 때문이다. 그리하여 존재의 부단한 자기 초월이 가능하고, 존재의 그러한 자기 초월의 역사인 존재역운이 만들어지는 것이다. 그런데 무의 무화작용과 존재의 자기 초월과 존재의 역사적 운명도 결국 현존재를 떠나서는 아무것도 아니다. 왜냐하면 현존재는 존재가 자신의 생기와 무화와 역사를 만들어가는 '장소와 시간'(Da)이기 때문이다. 하이데거는 무와 존재에 대해 다양한 표현들을 동원하고 있다. '무는 스스로 무화한다', '무의 본질은 무화다', '무와 존재는 동일한 것이다', '무는 존재의 면사포다', '현존재는 무가 거주하는 터다', '죽음은 무의 관이다' 등등이 그런 표현들이다. 이 모든 표현들은 가능적 무한자인 현존재가 자기 초월을 통해 자신의 동일성을 만들어가는 과정에 대한 다양한 표현들이다. 헤겔도 순수 존재는 순수 무와 같은 것이라고 했으며, 이 양자의 변증법적 종합이 '생성'이라고 했다.[22] 생성(생기)에는 무가 들어 있다는 통찰이다. 이런 맥락에서 윤병렬은 「하이데거의 죽음: 해석학과 그 한계」에서 다음처럼 말한다.

> 그런데 무는 하이데거에 있어서 능동적인 성격을 갖고 있다. 즉 '무는 스스로 무화한다'(Das Nichts selbst nichtet)는 것이며, 그렇다고 이 무라는 것이 어떤 신비한 형이상학적 세계를 펼치는 주체로 봐져서는 안 된다. 오히려 무화 내지는 없어짐(Genichtetwerden)이 일어나는 과정을 말한다. 그래서 무는 존재와 같은 구조를 갖고 있다. 그것은 바로 일어남(Grschehen, Ereignis)이며, 근본생기(Grund-gescheh-nis)이다. 무와 존재는 멈춰있는 존재자의 주체가 아니고 움직임(verbal)으로 이해되어야 한다.[23]

22) 헤겔, 『대논리학 I』, 76쪽 이하 참조. 헤겔에 의하면 순수 존재와 순수 무는 동일한 것이지만, 또한 그에 못지않게 진리는 이 양자의 무구별성을 의미하는 것이 아니라 모름지기 이들이 절대적으로 구별되어 있으면서 동시에 서로가 각기 자기의 반대물 속에 소멸되는 데 있다. 이렇게 보면 이 양자의 진리는 한쪽이 다른 한쪽 속에서 직접적으로 소멸되는 운동, 즉 생성에 있게 된다.

23) 한국해석학회 엮음, 『후기 하이데거의 자유현상학』(서울: 지평문화사, 1997), 13-14쪽.

하이데거는 철학자들을 그토록 괴롭혀온 무의 문제를 논리적으로 해결하려 하지 않고, 우리가 앞서 살펴보았듯이 천재적인 기상천외함을 갖고 불안의 개념과 연관시켜 논의하는데, 그 물음에 대해 다음과 같은 기상천외한 결론을 내린다.

> 이로써 무에 대한 물음의 대답은 성취되었다. 무는 대상도 아니고 존재자도 물론 아니다. 무는 그 자신을 위하여 발생하지도 않으며, 또한 존재자의 곁에서 발생하여 마치 존재자의 부속물이라도 되는 듯 그렇게 여겨지는 것도 아니다. 무는 인간의 터-있음을 위하여 존재자 그 자체의 드러남을 가능하게 하는 것이다. 무는 이제 비로소 존재자에 대한 대립개념을 제시하는 것이 아니며, 오히려 근원적으로 (존재의) 본질 자체 속에 있다. 존재자의 존재에서 무의 무화함이 일어난다.[24]

'무가 존재의 본질 자체 속에 있다'는 주장은 기이한 것인데, 나는 앞서와 마찬가지로 하이데거가 존재를 가능적 무한자로 이해했다는 관점에서 이 난해한 문장을 풀어볼 것이다. 우리가 어떤 존재자를 존재자로 특정하는 순간에 우리는 그것이 특정되는 바로 그것이 아닌 다른 것들이 될 수 없음을 말하는 것이다. 스피노자의 말대로 '규정한다는 것은 부정하는 것이다.' 존재자가 존재자로 정립(긍정)되는 순간에 그것은 그것 이외의 '아무것도 아닌 것'(무)이 된다. 존재자의 정립 작용에 이미 무가 개입해 들어온 것이다. 무의 도움 없이는 존재자가 존재자로 긍정될 수가 없다.[25] 그런데 존재자가

---

24) 『이정표 1』, 165쪽.

25) 바로 이런 이유에서 "무로부터 모든 존재자로서의 존재자 전체가 생겨난다"(ex nihilo omne ens qua ens fit)는 말이 성립한다. 이때 언급되는 '무'는 세계내적 무다. 그러나 "무로부터는 아

존재자로 머물기를 고집하는 한, 그 존재자는 '그 자체의 근원적인 개시성'을 갖지 못한다.

> 불안이라는 무의 밝은 밤에, '그것은 존재자이지 무가 아니다'라고 하는, 존재자 그 자체의 근원적인 개시성(열려 있음)이 비로소 생겨난다.[26)]

존재자가 근원적인 개시성을 갖게 되려면 현존재의 불안에 노출되어야 한다. 불안 앞에서 존재자가 일상 속에서 견고하게 유지하고 있는 것으로 착각된 역할과 기능과 의미의 무상성과 무의미성이 폭로되기 때문이다. 그

무것도 생겨나지 않는다"(ex nihilo nihil fit)고 말할 때, 이때 언급되는 '무'는 세계초월적 무다. 이 명제에 대한 고대 형이상학의 해석과 기독교 신학의 해석은 상이하다. 고대 형이상학은 '무'를 '형태가 없는 재료'의 의미로 생각했다. 즉 무규정적 질료로 생각했다. 그런 질료는 어떤 형상을 보여주는 존재자로 스스로 형성할 수가 없다. 바로 이런 이유에서 고대 형이상학은 '무로부터는 아무것도 생겨나지 않는다'는 명제를 받아들였다. 고대 형이상학은 그 명제를 '무규정의 질료로부터는 형상을 갖춘 존재자가 생겨나지 않는다'는 뜻으로 풀이한 것이다. 그런데 하이데거는 "크리스트교 교의학은 '무로부터는 아무것도 생기지 않는다'는 명제의 진리를 부정한다"고 생각한다(『이정표 I』, 170쪽). 기독교의 신은 이미 존재하는 물질적 재료로 세계를 건축한 세계건축가가 아니고 아무런 재료도 없는 상태에서 물질적 세계를 창조한 세계창조자이기에, 만약 '무로부터는 아무것도 생기지 않는다'는 명제에서 언급되고 있는 '무'가 '물질적 재료'를 의미한다면, 기독교가 그 명제를 부정하는 것은 당연한 일이다. 기독교에 의하면 신의 창조행위 바깥에 있는 무규정의 질료는 인정되지 않기 때문이다. 그리고 그런 무(무규정적 질료)는 세계초월적 무는 아니다. 무규정적인 어떤 것이 인정되는 한, 그 상태는 단적인 무의 상태는 아니기 때문이다. '세계초월적 무'라는 것도 기독교적인 세계 즉 피조된 세계의 부재로서의 세계초월적 무와 스피노자적인 세계의 부재로서의 세계초월적 무를 구분할 필요가 있다. 기독교적으로 생각한다면, 피조된 세계를 초월하여 밖으로 나가면 우리는 '무'를 만나는 것이 아니라, '신'을 만난다. 왜냐하면, 세계가 피조되기 전에도 '신'은 존재하기 때문이다. 스피노자는 신과 세계를 동일시했는데, 그런 세계의 부재를 상정하면서 생각하게 되는 '무'는 글자 그대로 세계초월적 무가 된다. 스피노자 역시 그런 무가 가능하다고 생각하지 않았다. 기독교도 신의 부재를 가능하게 하는 그런, 신의 존재를 넘어서는 그런 무는 가능하다고 생각하지 않았다. 그런 무를 생각하는 것은 명상이 아니라 망상이다.

26) 『이정표 1』, 163쪽.

리고 불안 앞에서 현존재는 "존재자 전체와 함께 무를 마주하게 되는데"[27) 그러함으로써 불안은 현존재에게 무를 드러내 보이면서 현존재가 존재자로부터 존재에로 초월하는 계기를 준다. 무를 통해 현존재의 시선이 존재자에서 존재로 옮아가면서 현존재는 그때그때마다 탈자적 초월을 감행하게 되는데, 이때 존재는 항상 자신이 기왕에 넘어선 존재자 전체가 아닌 것으로 경험된다. 이 경우 존재는 어떤 고정된 실체적인 것이 아니라, 그때그때마다 현존재가 불안 가운데서 마주치는 무를 통해 보게 되는 것이다. 그러므로 존재는 무를 통해, 무는 존재를 통해 현존재에게 체험된다. 이는 무슨 말인가? 현존재는 유한자다. 그런데 불안 앞에서 현존재의 유한성은 무상한 것이 되고, 현존재는 유한성을 뛰어넘어 무한성을 사유하려 한다. 그런데 현존재가 자신의 유한성을 초월하여 도달하는 무한성의 세계(존재자의 세계가 아닌 존재의 세계)는 이 현상세계를 훌쩍 뛰어넘는 비감각적 초월계(현실적 무한의 세계)가 아니다. 하이데거가 현존재를 '세계-내-존재'로 규정할 때의 '세계'는 애초부터 그런 세계와는 아무런 관계가 없었다. 그러니 그 세계는 가능적 무한의 세계가 된다. 하이데거가 말하는 '존재'가 바로 가능적 무한자라는 것이다. 그렇다면 그 존재가 자신을 드러내기 위해서는, 달리 말해서 가능적 무한자가 가능적 무한자로 자기 동일성을 유지하기 위해서는 그것이 절대로 현실적 무한자가 아니라는 부정성(한계성)을 그 본질 안에 갖고 있지 않으면 안 된다. 그 부정성이 바로 무다. 하이데거식으로 생각한다면, **존재자의 정립에 세계내적 무의 개입이 필연적이듯이, 존재가 사유되는 곳에서는 세계초월적 무가 동시에 사유된다.** 이리하여 무가 존재의 본질 그 자체 속에 있다는 말의 의미가 해명된다. 존재는 지평이며, 지평은

---

27) 『이정표 1』, 162쪽.

고정불변한 것이 아니며 항상 한계를 전제한다. 지평의 한계를 하이데거는 무라고 생각했다. 한계 없는 지평이 있을 수 없는데, 존재의 지평의 한계는 무다. 무 없는 존재를 생각할 수가 없다. 지평이 있기 위해서 무가 있어야 한다. 그러나 그 무는 스스로 무화하는 방식으로 있기에 지평은 고정불변이 아니다. 유한의 자리에서 보면 가능적 무한은 부단히 유한을 넘어선다는 특징을 가지고, 현실적 무한의 자리에서 보면 가능적 무한은 절대로 현실적 무한이 될 수 없다는 한계를 갖는다. 그러나 그 한계는 고정된 말뚝이 만들어내는 한계와 같은 것이 아니다. 가능적 무한의 한계는 움직이는 한계다. 가능적 무한은 끊임없이 자신의 지평을 변화시킨다. 하이데거에게 있어서 현존재가 자신의 유한성을 뛰어넘어(초월하여) 도달하는 무한은 가능적 무한이다. 그러나 칸트는 가능적 무한 너머에 있는 것을 물자체의 이름으로 인정했다.[28] 바로 이런 이유에서 칸트는 하이데거와 달리 무의 문제에 자신의 전 철학을 매달지 않았다. 그는 『순수이성비판』에서 무의 문제를 인식될 수 있는 존재자의 존재를 해명하는 「분석론」의 부록처럼 가볍게 다루고 있다.[29]

하이데거가 서양철학의 모든 역사가 존재 망각의 역사였다고 하는데, 그 말은 달리 해석하면 서양철학은 무(無) 망각의 역사였다고 말하는 것이 된다. 과연 서양철학은 무를 사유하지 않았는가? 나는 서양철학의 모든 역사가 존재 망각의 역사였다는 하이데거의 주장이 과장이듯이, 무 망각의 역사였다는 것도 과장된 주장이라고 생각한다. 서양철학의 대가들은 단지 무를 하이데거처럼 사유하지 않았을 뿐이다. 무를 하이데거처럼 세계총체

28) 물론 물자체를 인정하면서 인식론적으로 모순에 빠진다.

29) 나의 책 『칸트의 인간관과 인식존재론』, 제8장 「인식존재론적으로 해석된 칸트철학의 무 개념」을 참조하라.

적 존재의 부재로 보는 것은 자명한 것도 아니고 증명된 것도 아니다. 하이데거는 우리가 무를 불안 중에 체험하게 된다고 말하지만, 나는 그런 체험을 믿지 않는다. 설령 그런 체험이 가능하다 하더라도, 나는 그런 체험은 매우 개인적 체험에 불과하다고 생각하기에, 그런 개인적인 체험에 철학의 운명을 매달아두는 것은 잘못이라고 생각한다. 무를 어떻게 규정하고 이해할 것인가에 대한 논의는 기독교에서도 플라톤에서도 헤겔에서도 있었다. 당연히 칸트에서도 발견된다. 그들은 무를 불안이라는 감정을 통해 살펴보는 것에 반대할 것이다. 그렇게 고찰되는 무는 (허)무의 감정(기분)으로 변하게 되며, 그것은 학문으로서의 사물들의 있음을 연구하는 존재론의 탐구대상이 될 수도 없고 되어서도 안 된다고 생각했을 것이다. 하이데거가 눈에 보이지(현상하지)도 않는 무를 현상학적으로 탐구한다는 발상을 한 것은 놀라운 것인데, 그가 말하는 무의 현상학은 불안의 현상학이었다. 불안의 현상을 통해 '아무것도 아닌 것'을 현상학적 탐구의 대상으로 만든 것은 하나의 철학적 마술이지만, 나는 그것이 결국은 철학적 속임수라고 생각한다.

4.
하이데거의 '불안의 형이상학'이 불안한 형이상학인 세 가지 이유

내 눈에는 하이데거가 불안의 개념에다 너무 많은 것을 매달아두고 있는 것으로 보이며, 그 점에서 하이데거의 '불안의 형이상학'이 불안한 형이상학으로 보인다. 그 이유를 아래에서 살펴보고자 한다. 하이데거가 말하는 불안은 삶의 총체적 (허)무를 느끼게 하는 그런 불안이다. 그런 불안을 통해 우리가 경험하는 (허)무는 논리학에서 말하는 '무', 그것을 정의할 때 불가피하게 '이다'라는 술어를 사용하면서 자기모순에 빠지게 되는 그런 개념으로서의 무가 아니라, 체험된 무가 될 것이다. 나는 하이데거의 '불안의 형이상학'은 다음의 세 가지 이유로 매우 불안한 형이상학이라고 생각한다.

첫째로 하이데거가 키르케고르로부터 받아들인 공포와 불안의 구분은 그렇게 선명한 것은 아니다. 공포는 대상을 가지지만, 불안은 특정할 수 있는 대상이 없다고 한다.

공포의 **대상**, 즉 '두려운 것'은 그때마다 손안의 것, 눈앞의 것, 공동현

존재의 존재양식을 가진 세계 내부적으로 만나게 되는 어떤 것이다.[30]

불안 속에서 우리는 위험스러운 것으로 사용될 수도 있을 그런 어떠한 이런 혹은 저런 것을 만나지 않는다. 그러기에 불안은 또한 거기에서부터 위협스러운 것이 가까이 다가오는 특정한 '여기'나 '저기'를 보지 못한다. 위협하고 있는 것이 **아무 데에도 없다**는 것이 불안의 '그것 앞에서'를 특징짓고 있다.[31]

그러나 불안도 얼마든지 대상을 가질 수 있다. "나는 이번 시험에서 낙방할까 봐 불안하다", "나는 제2의 한국전쟁이 발발할까 불안하다"는 문장에서 불안은 대상을 가진다. 한국어의 언어습관에서는 불안은 얼마든지 대상을 가질 수 있다. 하르트만도 불안은 대상을 갖지 않는다는 하이데거의 주장에 반대하고 있다. "불안은 대상이 없는 그러한 것이 아니다. 왜냐하면 불안은 분명코 다가오고 있는 것으로 향하여 있으니 말이다."[32]

둘째로, 모든 걸 차치하고, 하이데거가 말하는 그런 불안이 있다고 하자. 그러나 불안이 드러내는 무를 체험하면서 그 무의 다른 면인 '존재'의 밝음에 진입한다는 것은 기이한 말로 여겨진다. 하이데거가 말하는 특별한 불안의 체험자는 (허)무의 수렁에 빠지는데, 어떻게 그 수렁에 빠지는 것이 동시에 존재의 밝음을 체험하는 것이 되는지 심리학적으로 이해가 안 된다. '허무의 수렁에 빠짐'과 '존재의 밝음의 체험'이 동시적인 사건인지 계기적인 사건인지는 모르겠지만, 그 두 사건이 동시적이라면 삶의 허

30) 『존재와 시간』, 195쪽. 강조는 하이데거.

31) 『존재와 시간』(이기상 옮김, 서울: 까치, 1998), 254쪽. 강조는 하이데거.

32) 니콜라이 하르트만, 『존재학원론』(하기락 옮김, 서울: 형설출판사, 1983), 260쪽.

무에 질식하여 자살하는 사람이 생겨나지 말아야 할 것이다. 오히려 우리들은 세계초월적 무를 체험하는 것을 환영해야 하고, 그런 체험을 갖기 위해 노력해야 할 것이다. 그러나 하이데거는 그런 불안의 체험은 마치 선승들이 '무'를 화두로 붙잡고 수행하는 중에 깨우침에 도달하게 되는 경우도 드물듯이. 드물다고 한다.[33] 만약 앞서 말한 두 체험이 계기적인 사건이라면, 그 이행의 심리적 과정이 제시되어야 할 것이다. 박찬국도 나와 유사한 의견을 피력하고 있다.

> 「형이상학이란 무엇인가?」에서 하이데거는 불안이란 기분을 우리가 위에서 말한 것처럼 단순히 허무감이란 차원을 넘어서 존재자의 경이로운 존재를 경험하는 경외의 기분으로 분석하고 있다. 그러나 나는 하이데거가 분석하는 것처럼 불안이란 기분에서 곧장 존재자의 경이로운 존재에 대한 경외란 기분으로 전환하기는 쉽지 않다고 생각한다. 대부분의 사람들은 오히려 존재에 대한 경외보다는 자신과 존재자 전체가 존재한다는 데서 아무런 의미도 경외도 느끼지 못하는 허무감에 빠져서 일생을 보내기 때문이다.[34]

하르트만은 하이데거의 불안론에 대해 이렇게 평가한다.

---

33) "불안은 언제든지 솟구칠 수 있지만, 실은 아주 드물게만 솟아올라 우리를 사로잡게 한다." (『이정표 1』, 168-169쪽) 하이데거에 의하면, 근원적인 불안은 대개 억눌린 상태로 있는데, 단지 잠들어 있다고 한다.(『이정표 1』, 168쪽) 하이데거는 지진의 은유를 이용하고 있다. 지진은 지하에서 응력을 축적하고 있다가 언젠가 응력이 그 한계에 도달하면 솟구쳐 지표면을 갈라놓는다. 마찬가지로 정신의 지진인 근원적인 불안은, 표면적으로는 아주 드물게 발생하지만, 정신의 내면에서는 항상 솟구칠 기회를 노리고 있다.

34) 박찬국, 『하이데거와 나치즘』(서울: 문예출판사), 227쪽.

불안의 형이상학적 마술은 규율 없는 부도덕한 자기가책에 의하여 높여질 때에는 끝없는 오류의 무진장한 원천이 된다. 진지한 사색가가 철학 이론을 구성할 적에 이 마술에 빠져 불안을 인간의 순수한 것 · 본래적인 것에 대한 자기성찰의 출발점으로 삼는 것을 보게 됨은 참으로 이상한 일이다. 불안이야말로 순수한 것 · 본래적인 것에 대한 생각될 수 있는 가장 부적당한 지도자이다. 불안이야말로 전통이건 스스로 그려낸 환상이건 원칙적으로 온갖 기만에 빠지고 만다. 불안에 찬 사람은 처음부터 있는 그대로의 인간과 존재자를 냉정하게 바라볼 수 없는 사람이다.[35)]

셋째로, 인간이 총체적 (허)무를 느끼게 하는 것은 세계초월적 불안 때문이 아니라 (그런 불안이란 것은 애초에 말이 안 되는 것으로서 불가능하다), 니체가 『권력에의 의지』에서 말했듯이 추구하던 최고의 가치와 의미가 붕괴될 때라는 것이다. 어떤 사람이 내세와 영혼과 신과 세계심판이 있을 것으로 확신하고 모든 것을 그 신앙에 초점을 맞추어 살았는데, 갑자기 그런 것은 없다는 생각에 사로잡히면, 그는 그때까지의 자신의 삶이 총체적으로 부정되고 무의미의 수렁에 빠지는 느낌을 강하게 받을 것이다. 누군가가 인생에서 돈이면 다 되는 줄 알고, 모든 노력과 시간과 열정을 돈을 벌고 모으는 데 쏟아부었는데, 막상 인생은 돈으로 해결 안 되는 것이 너무나 많다는 것을 깨우칠 때, 그는 그때까지의 자신의 삶을 허무하게 느낄 것이다.[36)] 그런 무의미와 허무의 체험은 세계내적 불안이건 세계초월적 불안이건, 불안 때문에 생겨나는 것이 아니다. 나는 하이데거보다 니체가 허무의 상태에 대한 더 설득적인 설명을 하고 있다고 생각한다.

---

35) 니콜라이 하르트만, 『존재학원론』, 261쪽.

36) 니체, 『권력에의 의지』(강수남 옮김, 서울: 청하, 1988), 34-35쪽 참조.

4장

하이데거의 현상학적 의미 존재론과 칸트의 선험적 사물 존재론의 구조적 동일성

1.
칸트의 '인식론적 선험'에서 하이데거의 '존재론적 초월'로

나는 앞에서, 물자체는 인식주관인 인간의 감관을 촉발하여 선험적 주관에게 직관의 무규정적 질료인 선험적 대상을 주며, 선험적 주관과 선험적 대상의 상호작용을 통해 인식될 수 있는 존재자의 존재지평이 만들어진다고 했다. 하이데거는 이렇게 만들어진 인식의 지평을 존재의 지평으로 바꾸어 해석한다. 그렇게 함에 있어서 결정적인 것은 칸트가 말하는 선험적 대상을 물자체와 동일시한 뒤에 '단적인 무'로 해석하는 것이다. 그러나 선험적 대상은 '인식될 수 없음'이지 단적인 없음이 아니다. 하이데거는 칸트의 선험적 대상을 다음처럼 풀이한다.

> 이 X는 우리가 그것에 관해서 전혀 아무것도 알 수 없는 '어떤 것'이다. 그러나 그것을 알 수 없는 이유는 이 X가 하나의 존재자로서 현상이라는 층(Schicht)의 '배후에' 숨겨져 있기 때문이 아니고, 그것이 단적으로 인식 가능한 대상 즉 존재자에 대한 인식의 소유대상이 될 수 없기

> 때문이다. 그것은 결코 그러한 것이 될 수 없다. 왜냐하면 그것은 무이기 때문이다. 무는 존재자를 의미하지 않지만, 그럼에도 불구하고 '어떤 것'이다. 무는 단지 상관자로서만 유용하다. 즉 그것은 본질상 순수 지평이다. 칸트는 이 X를 '선험적 대상'(transzendentalen Gegenstand)으로 즉 초월(Transzendenz) 안에서 초월을 통하여 초월의 지평으로 식별할 수 있게 만드는 저항자로 본다.[1)]

이 인용문은 하이데거가 칸트의 『순수이성비판』 전반부인 '선험철학'을 '초월철학'으로 변경시키기 위해 어떤 언어적 트릭을 사용하는지를 보여주는 대단히 중요한 구절이며, 또한 그가 「형이상학이란 무엇인가」라는 강연에서 개진하는 입장을 이해함에 있어서 의미심장한 시사점을 주고 있는 구절이다. 칸트는 분명히 트랜스젠덴탈(transzendental)과 트랜스젠덴트(transzendent)를 구분하여 사용하기를 요구하고 있다. 칸트는 "따라서 선험적과 초험적은 같은 것이 아니다"라고 단호하게 말한다.[2)] 하이데거는 그 요구를 묵살하면서 트랜스젠덴탈(선험적)을 트랜스젠덴트(초험적)로 바꿔버린다. 그 두 용어는 같은 어원을 공유하기에 독일인들에게는 그러한 바꿔

---

1) M. Heidegger, *Kant und das Problem der Metaphysik*, Vittorio Klosterman, Frankfurt, 1951, p. 114. 『칸트와 형이상학의 문제』, 196쪽 참조. 이선일은 transzendentalen Gegenstand를 필자가 반대하는 번역어인 '초월적 대상'으로 번역하고 있기에 이 구절은 나의 번역을 이용했다. 마지막 구절은 이해하기 어려운데, '저항자'로 번역된 Dawider를 영역본에서는 Being-in-opposition으로 번역했다(Martin Heidegger, *Kant and the Problem of Metaphysics*, trans. Richart Taft, Indiana University Press, 1991, p. 84). 영어 번역은 저항자인 선험적 대상이 '존재'에 저항하고 있음을 보다 분명하게 보여주는데, 그것은 곧 무가 될 것이다. 하이데거는 현존재가 끊임없이 초월하면서 '존재'를 드러내는(現) 중에 부단히 만들어낼 수밖에 없는 존재의 테두리(무) — 이 테두리는 존재의 상관개념으로서 존재에 저항한다 — 를 언급하고 싶어하는 것으로 보인다.

2) 칸트, 『순수이성비판』(최재희 옮김, 서울: 박영사, 1974), B 352. Daher sind transzendental und transzendent nicht einerlei.

치기가 눈에 띄지 않을 수가 있다. 그러나 '선험적'과 '초월적'을 구분하는 한국인에게 그 바꿔치기는 너무 분명하게 보인다. 하여간 **선험적 대상은 하이데거가 말하고 있듯이 본질상 지평인 것은 사실이다. 그러나 하이데거의 결정적 과오는 그것을 인식의 지평이 아닌 존재의 지평으로 보았다는 데 있다. 그렇게 보기 때문에 그 지평 바깥은 곧 '존재'의 상관자로서만 그 '어떤 것'인 것, 즉 세계 초월적 공무(空無)가 있는 것이 되어버린다.** 그러나 무가 존재자도 아니면서 그 어떤 것이되 그것은 존재의 상관자로서 그 어떤 것이라고 말하며 종국에는 존재는 무라고 주장하는 것은 언어에 대한 폭력이요 철학자로서 사용하는 언어에 대한 책임을 포기하는 것이 될 것이다. 하이데거는 칸트의 선험적 대상을 존재의 지평으로 간주했지만, 칸트의 견해는 그렇지 않다. 인식의 지평은 현상계의 지평이요 현상계의 지평선 너머에는 인식의 관점에서는 아무것도 없지만, 존재론의 관점에는 여전히 물자체가 있다. 하이데거처럼 물자체와 선험적 대상이 둘 다 규정될 수 없는 것(무규정자), 제한될 수 없는 것(무제한자), 인식될 수 없는 것(불가인식자)이란 점에서 공통적이란 사실에 착안하여, 그 양자를 동일시하고 '무'로 간주하는 것은 잘못이다. 물자체와 선험적 대상은 둘 다 무한이지만, 전자는 현실적 무한이고 후자는 가능적 무한이다. 인식의 관점에서 보면, 물자체는 적극적으로 인정될 수 없다. 그러나 칸트가 선험적 대상을 비록 미지의 X라고 말하지만 그것을 인식의 관점에서 적극적으로 인정하고 있다. 선험적 주관이 인정된 이상 그 상관자인 선험적 대상이 인정되는 것은 필연적이기 때문이다. **선험적 대상은 선험적 주관의 대응개념이다. 그러나 물자체는 선험적 주관의 대응개념이 아니다.** 그러니 그것은 인식론의 맥락을 벗어나 있다. 오히려 그것은 칸트의 인식론을 성립시키시 위해 전제되어야 하는 절대적 긍정이다. 물론 물자체에 대해 그것이 '있다'거나, '절대적 긍정'이라거나 하면서 언급하는 순간에 우리는 인식론상으로는 모순에 빠지게 된다. 인식의 지평 — 선험적 자아와 선험적 대상의 상호작용이 만들어내는 장(場) — 을 떠받쳐주는 터전을 인식의 지평 안으로 데려오는 것처럼 되어버리기 때문이다. 하이데거가 선험적 대상을 무로 간주했다는 것은 그 대응개념인 선험적 주관도 무로 간주했다는 것이기도 하다. 이런 이유로 하이데거의 현존재는 존재의 의미가 물어지는 터이기도 하지만, 무가 거주하는 터 즉 '무의 자리지기'이기도 하다.

2.
하이데거의 무를 해석하는 두 가지 방식

하이데거의 언어는 매우 동어반복적이고 애매하며, 부자연스럽게 조어된 전문용어를 사용하면서 이해하기가 어렵게 되어버렸다. 이 점을 하이데거의 『존재와 시간』을 번역한 이기상 교수도 이렇게 지적하고 있다.

> 하이데거의 수용을 대단히 어렵게 만드는 것 중 다음의 사실도 그 하나다. 즉 그 자체 충분히 분명하고 논증적으로 기술될 수 있는 많은 것을 하이데거 자신이 너무나 거창한 낱말이나 또는 단순한 암시로써 불투명하게 말하고 있다는 사실 말이다.[3)]

허버트 스피겔버그(H. Spiegelberg, 1904-1990)도 이렇게 말한다.

> 하이데거, 그중에서도 특히 그의 사상의 결정적인 시기인 중기의 하이

3) 『현상학의 근본문제들』(서울: 문예출판사, 1994, '부록' 「하이데거의 생애와 사상: 존재의 의미와 역운」), 493쪽.

데거를 이해하려는 시도를 가로막는 가장 커다란 장애물은 의심할 여지 없이 언어이다. (…) 심지어 독일인 자신도 하이데거의 문체로 인하여 너무 자주 곤란한 상태에 빠지게 되어 독일어의 일상언어로 번역을 요구하기까지 되었다.[4]

그럼에도 불구하고 나는 그 애매성과 모호함의 숲을 투시해서 볼 수 있도록 만들어주는 것이 가능적 무한자라는 개념이라고 생각한다. 물론 가능적 무한의 개념으로 하이데거 철학을 살펴본다 하더라도, 우리는 하이데거가 자신의 저술들에서 쏟아내는 수많은 애매한 문장들 하나하나의 의미까지 명료하게 이해할 수 있게 되는 것은 아니다. 단지 하이데거 철학의 근본 윤곽 정도를 파악하게 해줄 것이다. 멀리서 바라보는 산의 형세 정도를 알아보는 수준이지, 그 산에서 자라고 있는 나무들의 수종까지 알 수 있는 것은 아니란 말이다. 나는 그 개념으로써 칸트철학의 난해함을 투시해보는 작업을 이미 한 바 있다. 그 작업을 통해 확보된 전망대 위에서 하이데거를 바라볼 수 있는 사람에게는 하이데거의 철학의 구조와 뼈대가 비교적 선명하게 보일 것이다. 가능적 무한의 개념은 칸트와 하이데거 철학의 문을 여는 열쇠다. 내가 보기에 **하이데거의 현상존재론과 불안의 형이상학은 그 뼈대와 구조에 있어서 칸트가 『순수이성비판』 전반부에서 보여주고 있는 선험철학적 인식존재론의 뼈대와 구조가 완전히 동일하다.**

하이데거와 칸트의 차이점은, 칸트는 물자체를 인정하고 있고, 하이데거는 부정하고 있다는 점이다. 시간을 시간화하는 현존재의 시간성에서

4) 허버트 스피겔버그, 『현상학적 운동 1』(최경호 · 박인철 옮김, 서울: 이론과 실천, 1991), 368쪽. 스피겔버그는 하이데거의 사상 발전단계를 『존재와 시간』을 중심으로 그 이전은 초기, 『존재와 시간』은 중기, 『존재와 시간』 이후는 후기로 본다.

존재자의 존재를 탐구하려는 하이데거의 입장에서는 시간의 지평에 들어오지 않는 물자체를 인정할 수는 없기 때문이다.

하이데거는 칸트에 있어서 '인식될 수 있음' 과 '인식될 수 없음'의 대립에서 '인식될 수'라는 말을 제거하여 단적인 '있음'과 '없음'의 대립으로 만들어버림으로써 칸트철학을 비칸트적으로 만들어버리고 있다. 하이데거는 또한 "무로부터 모든 존재자로서의 존재자가 생긴다"고 말한다. 우리가 이 말을 인식존재론적 문맥에서 청취하는 한, 이 말은 이해 가능하다. 즉 이 말은 '인식될 수 **없음**에서 부터 인식될 수 **있음**이 생겨난다'는 것이 되기 때문이다. 선험적 대상은 '인식될 수 없음'이지만, 우리는 그것에다가 오성의 범주를 적용함으로써 '인식될 수 있음'을 획득하기 때문이다. 칸트에 있어서 물자체가 인식주관(선험적 주관)과 접촉하면서 만들어지는 것이 선험적 대상으로, 이것은 인식주관에 최초로 주어지는 것이다. 칸트는 그것을 '선험적 감성론'에서는 '현상'(Erscheinung)으로 부른다. 그리고 현상을 '경험적 직관의 무규정적 대상'으로 정의한다. 다시 말해서 사물들에서 범주적 규정들을 제거해버릴 때 남는 어떤 것을 의미한다. 그것은 감각자료(sense data)다. 그것은 어떤 사물이 아니다. 존재자(현상체)가 아니다. 그래서 칸트는 선험적 대상을 '미규정의 X'라고 했다. 존재자가 아니란 점에서 그것은 비존재자요, 무다. 그렇지만 그것은 인식주관의 범주적 규정작용을 통해 언제든지 이런저런 현상체가 될 수 있는 근본 재료다. 그것은 신이 세계건축가라면, 그 신이 세계를 자신의 아이디어대로 만들려 할 때, 신 앞에 놓여 있는 재료들이나 마찬가지다. 그러니 그것은 비존재요 없는 것이지만 단적인 무는 아니다. 그것은 빵틀(범주적 규정작용)에 통과하여 만들어지는 구체적인 빵(붕어빵, 국화빵 등등)은 아니지만 그것은 글자 그대로 아무것도 아닌 것은 아니다. 그것은 빵들의 근본재료인 밀가루 반죽이다. 밀가루 반죽을 무로 본다면, 빵들은 존재자들이다. 그러므로 무로부터 존재자가 생겨난다는 말이 이해가 된다.

그러나 우리가 그 말을 순전히 존재론의 관점에서 청취한다면, 즉 '인식될 수 **없음**에서 부터 인식될 수 **있음**이 생겨난다'는 문장에서 '인식될 수'를 제거하고 그 문장을 읽는다면, 그 문장은 '없음에서부터 있음이 생겨난다'가 되는데, 이 말은 "무로부터 모든 존재자로서의 존재자가 생긴다"는 말과 같은 말이다. 하이데거의 그 말은 사유가 파탄 지경에 이르렀을 때 생겨나는 언어에 대한 폭력으로밖에는 달리 해석할 수가 없다. 왜냐하면 무로부터는 아무것도 생겨날 수가 없기 때문이다.

혹자는 하이데거가 「형이상학이란 무엇인가」에서 다루고 있는 '무'는 '세계초월적 무' 혹은 '절대적 공무' 혹은 '순수 무' 혹은 '단적인 무'가 아니라고 말하면서, 내가 하이데거의 '무'를 잘못 이해하고 있다고 말할지도 모른다. 그러나 하이데거가 말하는 무가 존재의 상관자인 한에서 그것은 '순수 무'일 수밖에 없다. 뮐러(M. Müller, 1906-1994)는 나의 이런 해석에 반대하는 듯한 견해를 제출하고 있다.

> 무와 존재, 이것들은 비록 '주어지고 있지만' 또한 동시에 '없는 것'이다. 다시 말해서 **존재자로서는 없는 것이지만 존재자가 아닌 것으로는 있다는** 말이다.[5]

뮐러의 말은 하이데거가 말하는 무가 '단적인 무'가 아님을 말하는 듯이 보인다. 이 인용문에서 강조된 구절은 두 가지 방식으로 해석될 수 있다. 첫

5) M. 뮐러, 「오늘날 형이상학이란 무엇인가? 형이상학의 자기 이해에 대한 세 가지 고찰」(이기상 편저, 『하이데거 철학에의 안내』, 서울: 서광사, 1993), 325쪽. 강조는 필자.

째로 우리가 조금 전에 그렇게 했듯이, 하이데거의 무를 칸트의 선험적 대상과 같은 것으로 해석하는 방식이다. 선험적 대상은 경험적 대상 즉 현상체가 아니다. 하이데거식으로 말한다면 존재자가 아니다. 그러니 그것은 무다. 그러나 그것은 모든 경험적 대상의 무규정적 질료로서 '존재자가 아닌 것으로 있다.' 이렇게 해석되면, 하이데거가 말하는 무는 순수한 무 혹은 절대적 공무는 아니게 된다. 그러나 나는 이런 식으로 해석된 뮐러의 견해는 유지되기 힘들 것이라고 생각한다. 뮐러의 입장은 내가 바로 위에서 존재와 무의 관계를 인식존재론적인 차원에서 '인식될 수 **없음**에서부터 인식될 수 **있음**이 생겨난다'고 말할 때의 입장과 유사하다. 그러나 하이데거가 「형이상학이란 무엇인가?」에서 과연 존재와 무의 관계를 그런 식으로 이해했는지는 매우 의심스럽다. 하이데거가 불안 가운데서 우리가 만나게 된다고 말하는 무는, '언제가는 인식대상(규정된 것)이 될 수 있는 인식초월자(무규정자)'가 아니다. 뮐러식으로 해석하면, 하이데거는 칸트의 '인식될 수 없음'을 존재이면서 동시에 무로 간주했다는 것이다. 그런데 '인식될 수 없음'이 존재이고, 이것이 규정되면서 '존재자'가 생긴다면, '인식될 수 없음'을 '무'라고 해서는 안 되고 그냥 '범주적으로 규정되지 않는 것'으로 말해야 한다. 그래야만 '존재자가 아닌 것으로서 있는 것'임을 알게 된다. 뮐러처럼 하이데거의 '무'를 이해하면, 하이데거가 「형이상학이 무엇인가?」에서 던졌던 물음, "도대체 왜 존재자이고, 오히려 무가 아닌가?"[6)] 라는 물음은, 무나 존재나 '규정되지 않은 것이란 점에서는 같은 것이므로, "왜 존재가 아니고 존재자인가?" 혹은 "왜 '규정되지 않는 것'이 아니고 '규정된 것'인가?"라는 질문이 된다. 그러나 하이데거가 「형이상학이란 무엇

6) Warum ist überhaupt Seiendes und nicht vielmehr Nichts?

인가?」에서 던진 물음은 결코 그런 밋밋한 물음이 아니다. 그런 물음을 두고 하이데거가 철학이 던질 수 있는 최고의 난해한 물음 혹은 등급상 첫째가는 물음으로 생각하지는 않았을 것이다.[7)]

'무가 존재자로서는 없는 것이지만 존재자가 아닌 것으로는 있다'는 뮐러의 말을 해석하는 두 번째 방식은 무를 그 바깥에는 아무것도 없는 지평의 한계선으로 보는 것이다. 우리가 바다를 바라보면 수평선이 생긴다. 그 수평선은 구체적 사물이 아니다. 그럼에도 불구하고 그것은 있는 것이다. 나는 하이데거의 무를 이렇게 해석하는 것이 옳다고 생각한다. 앞에서 인용했지만 또 인용한다.

> 무는 존재자를 의미하진 않지만, 그럼에도 불구하고 '어떤 것'을 의미한다. 그것은 '단지 상관자로서만 기여한다.' 즉 그것은 본질상 순수지평이다.[8)]

그러나 무가 지평이라면, 존재는 무엇인가? 존재도 존재자들이 드러나는 지평이다. 그러니 무는 존재의 상관자로서 존재하는 '어떤 것'이다. 그렇다면 존재의 상관자인 '무'는 결국 존재가 부정되면서 성립하는 '무'요, 이는 결국 '세계초월적 무'요, '단적인 무'가 될 수밖에 없을 것이다. 물론 하이데거는 이 '단적인 무'를 뒤집으면 단적인 초월인 '존재'가 된다고 말할 것이다. 이렇게 해석되면 존재는 무에 속하고 무는 존재에 속한다. 존재와 무는 상호 공속적이다.

---

7) 『형이상학입문』(박휘근 옮김, 서울: 문예출판사, 1997), 23-24쪽 참조.

8) M. Heidegger, *Kant und das Problem der Metaphysik*, p. 114.

3.
칸트에 있어서 존재와 무의 관계

칸트철학에 있어서 존재와 무의 대립은 순전히 인식 존재론적인 대립 즉 '인식될 수 있음'과 '인식될 수 없음'의 대립 이외의 다른 것이 아니다. 만약에 우리가 인식 존재론적인 문맥을 떠나서 단적으로 존재와 무의 대립 관계에 대해서 물음을 던질 때 그 물음은 사이비 물음이 된다. 그렇게 물음으로써 우리는 존재와 무 중에 어느 것이 어느 것에 기생하는지를 알 수 없게 만들어버리기 때문이다. 그러나 칸트의 생각으로는 무는 항상 어떤 존재자에 기생한다. 그러므로 존재자가 무에 선행한다. 그런데 우리가 유념해야 할 사실은 칸트에 있어서 무의 개념은 그 자체의 힘으로써 존재자에 기생하는 것이 아니라, 항상 유한한 인식주체로서의 인간의 인식 활동에서 야기되는 부정 작용의 힘에 의존하여 존재자에 기생한다는 것이다. 그러므로 무의 개념은 항상 인식 주체로서의 인간의 인식 활동과의 불가분리적 연관성 속에서만 유의미하게 사용될 수 있을 뿐이다. 만약 이 연관성을 단절하여 무를 단적으로 존재와 상관시키면 즉 인간의 인식 작용을 통로로 하여 존재와 상관시키지 않을 때, 무는 그 자신과 모순을 일으키게 된다. 그리하여 하이데거처럼 "무의 본질은 무화다"라는 주장을 하기에 이른다. 이 말은 결국 '무의 본질은 자기모순이다'라고 말하는 것이나 마찬가지다. 그러나 원래 절대적 공무 혹은 순수 무, 혹은 세계초월적 무라는 것은 아무런 본질도 없는 것이다. **세계초월적 무로서의 절대적 공무는 단지 인식주체인 인간이 세계내적인 무들을 고도로 추상화하여 잘못 만들어낸 가상의 순수 개념일 뿐이다.** 나의 이런 주장에 대해 하이데거는 이렇게 말할 것이다.

> 나는 누차 강조했듯이 '존재'를 최고유개념이라는 추상개념으로 보지 않는다고 말했다. 추상개념으로서의 존재에는 존재자들의 온갖 다양성과 구체성과 차이성은 사상(捨象)되고 그냥 '있다는 것'만이 남는다. 내가 현상학적으로 해명하려는 존재는 그런 것이 아니다. 사람들은 비존재(무, 없음)도 비존재자들의 온갖 다양성과 구체성이 사상된 그런 추상개념으로 보는 경향이 있는데, 내가 말하는 비존재 역시 그런 것이 아니다. 논리학은 존재라는 말 속에 있는, 수많은 존재자의 구체성과 다양성을 죽이지만 현상학은 그것들을 살린다. 마찬가지로 무라는 말 속에도 수많은 비존재자들의 구체성과 다양성이 살아 있다. '이 방 안에는 코끼리가 없다'거나, '이 방 안에는 사자가 없다'고 할 경우, '코끼리의 없음'과 '휴대폰의 없음'은 같은 '없음'이 아니다. 내가 휴대폰을 애타게 찾고 있다면, '코끼리의 없음'은 나를 실망시키지 않지만 '휴대폰의 없음'은 나를 크게 실망시킨다는 사실이 그 두 가지 없음이 다른 '없음'임을 말해준다. '없음'(비존재, 무)은 또한 '코끼리의 없음'과 '휴대폰의 없음'의 상위 개념도 아니며, '코끼리의 없음'과 '사자의 없음'과 독립적으로 존재하는 '없는 것'도 아니다. 존재는 항상 어떤 '존재자의 존재'로서 존재하듯이, 비존재도 항상 어떤 '비존재자의 비존재'로서만 생각될 수 있다. 나는 존재자와 존재를 구별하고 있는데, 같은 논

리의 연장선에서, 비존재자(무인 것)와 비존재(무)를 구분해야 한다. 그 양자 사이에는 존재자와 존재 사이에 있는 '존재론적 차이'(ontologische Differenz)와 유사한 차이가 있다. 비존재에는 모든 비존재자의 구체성과 다양성이 내장되어 있으며, 비존재는 비존재자의 비존재를 성립시킨다. 존재자에 비존재자가 짝을 이루듯이, 존재에는 비존재가 짝을 이룬다.

하이데거는 논리학에서 말하는 부정(否定)이 무의 근거가 아니고 거꾸로 무가 부정의 근거라고 생각한다. 하이데거식으로 생각한다면 논리학이 무를 다루지 못하는 무능을 보여주는 것은 너무나 당연하다. 논리학이 무를 사유하려는 것은 달이 태양을 비추어 밝히려는 것이나 마찬가지다. 그러나 칸트는 부정성이 무의 근거이지, 무가 부정성의 근거라고 생각하지 않는다. 그런데 부정성은 인간의 인식작용에서 생겨나는 것이기에, 무의 고향은 인식주관인 인간이다.[9] 나는 '존재'나 세계초월적 '무'가 최고 추상개념이 아니라는 하이데거의 주장에 동의하지 않는다. 물론 하이데거는 존재를 그런 식으로 사유하는 것은 '존재'에 대한 논리적 사유로서 현상학

9) 하이데거도 인간 현존재는 무의 자리지킴이라고 말한다. 그런데 그는 무는 존재라고 말하기도 하니, 현존재는 존재의 자리지킴이가 되기도 한다. 그래서 그는 인간을 존재의 목자라고 부른다. 그러나 무의 고향이 인간이라면 존재의 고향도 인간이 되는데, 인간을 단순히 존재의 목자라고 말하는 것은 어색한 일이 될 것이다. 존재의 고향이 인간이라는 말은, 인간이 없으면 존재도 없다는 것이 된다. 그런데 이는 칸트가 『순수이성비판』에서 현상체와 그 총체로서의 세계에 대해서 하는 주장과 똑같은 것이 된다는 것을 주목할 필요가 있다. 칸트는 인간이 없으면 세계(현상계)도 없다고 한다. 이것이 소위 그의 '선험적 관념론'이다. 엄밀하게 말하면, 칸트의 선험적 관념론은 '선험적 사물관념론'이다. 그러면 하이데거가 '현존재가 없으면 존재도 없다'고 생각할 때, 그 '존재'에는 의미존재만 들어가는가 아니면 사물존재도 포함되는가? 의미존재만 들어간다면 하이데거는 현상학적 의미관념론자가 될 것이다. 그런데 사물존재도 포함된다면 그는 현상학적 의미관념론자이면서 동시에 현상학적 사물관념론자도 될 것이다. 우리는 이 문제를 뒤에서 자세히 다루게 될 것이다.

적 사유는 아니라고 배격한다. 그러면 존재는, 칸트가 시간과 공간을 개념이 아니고 '직관' — 직관 형식이면서 동시에 직관내용 — 이라고 했듯이, 직관으로 볼 수 있는가? 그러나 우리는 존재나 무를 직관할 수가 없다. 우리는 항상 개별적인 사물들만을 직관할 수 있을 뿐이다. 마지막으로 존재는 전통철학에서 말하는 '실체'인가? 아리스토텔레스(Aristoteles, B.C. 384 - B.C. 322)가 말하는 제2실체나 스피노자가 말하는 신과 동일시되는 실체 혹은 데카르트가 말하는 무한실체나, 칸트가 말하는 그런 '하나인 물자체'로서의 실체인가? 하이데거는 존재는 실체가 아니라고 말한다. 존재와 무를 동일시하는 하이데거가 존재를 실체로 간주할 수 없음은 너무나 당연하다. 그러면 '존재'나 '무'는 무엇인가? 하이데거에게 어울리는 대답은 '체험'의 대상인 것 같다. 하이데거의 관점으로 말한다면 존재는 개념적 인식의 대상도 아니고, 감각적 직관의 대상도 아니고, 실체적인 것도 아니고, 실존적 체험의 대상이다. 하이데거는 체험된 무에 대해 「형이상학이란 무엇인가」에서 문학적으로 묘사하고 현상학적으로 기술한다. 그러나 나는 그런 체험이 불가능한 것임을 이하에서 밝혀볼 것이다. 내 논의의 요점은 '존재'나 세계초월적 '무'를 논하는 네 가지 방식 즉 개념적 방식, 직관적 방식, 존재를 실체로 보는 전통형이상학적 방식, 체험적 방식이 있는데, 그중에 뒤의 세 가지 방식은 불가능하기에, 결국은 개념적 방식만이 남는다는 것이다. 그리고 **세계초월적 무인 순수 무라는 개념은 인식주체인 인간이 세계내적인 무들 — 이 무들은 '존재하는 것'이요, '개념적으로 파악될 수 있는 것'이요, '체험 가능한 것'이다 — 을 고도로 추상화하여 잘못 만들어낸 허구의 개념**이라는 것이다. 그것은 세계내부적인 무들과 달리 '존재하지 않는 것'이요, '개념적으로 파악될 수 없는 것'이요, '체험할 수 없는 것'이다.

지금까지 우리는 하이데거의 무 개념을, 그것이 물리적 존재자들의 존재와 상관개념으로서의 무로 간주되는 한에서 생각해볼 수 있는 두 가지 해석방식에 대해 설명했다. 그러나 다음 장에서는 하이데거가 키르케고르가 『불안의 개념』에서 논의했던 심리적 (허)무를 현상학의 방법론을 동원하여 존재론적 무로 만드는 것에 대해 알아볼 것이다.[10)]

---

10) 나는 하이데거의 존재론적 무가 현존재의 근본정서(Grundstimmung)에 영향을 주는 한, 심리적인 색채를 여전히 가지고 있다고 생각한다. 나는 하이데거가 물리적 무와 심리적 (허)무와 의미론적 무(의미)와 뒤섞은 뒤에 그것을 존재론적 무로 만든 것은 잘못된 것이라고 생각한다.

신내림의
철학자
하이데거

5장

세계내적 무와 세계초월적 무, 세계내적 불안과 세계초월적 불안

1. '세상은 왜 무가 아니고 존재자인가?'라는 질문은 가장 철학적인 질문인가 잘못된 질문인가?
2. 무가 논리학의 무능을 폭로한다면, 논리학은 하이데거의 무논리를 고발한다

1.
'세상은 왜 무가 아니고 존재자인가?'라는 질문은 가장 철학적인 질문인가, 잘못된 질문인가?

"왜 무가 아니고 오히려 존재자인가?"라는 물음은 라이프니츠(G. W. von Leibniz, 1646-1716)가 최초로 제기했고, 라이프니츠에게 그 물음은 '왜 세계는 물질이 없는 상태가 아니고 물질적인 뭔가가 존재하는가?'라는 의미의 물음이었다. 라이프니츠가 거론한 '무'는 전체로서의 세계와 그 세계 속에 존재하는 신체적인 존재로서의 나를 포함한 모든 인간들의 부재상태로서의 '무'이지만, 신과 영혼으로서의 나의 존재는 전제되어 있는 상태일 것이다. 그렇지 않다면, '왜 무가 아니고 존재자인가'라는 물음 자체가 만들어질 수 없을 것이다. 왜냐하면 설령 세계의 물질적 차원이 완벽하게 사라진다 하더라도, 그 물음을 던질 수 있는 영적인 사유주체는 존재해야 할 것이기 때문이다. 라이프니츠는 그 물음에 답하기 위해 기독교적인 신의 존재를 끌어들였다. 철학자들은 그 물음에 대한 라이프니츠의 해결책을 매력적이지 못한 것으로 간주했으며, 흄(D. Hume, 1711-1776)과 칸트는 하이데거와는 달리, 그 물음을 심각하게 받아들이지 않았다. 칸트 이후의 철학자들도 그 물음과 거리를 두었다. 쇼펜하우어(A. Schopenhauer, 1788-1860)는 그 문제를 해결하려는 사람들을 '과대망상에 빠진 허풍쟁이'나 '사기꾼'으로 취급했다. 프리드리히 셸링(F. W. J. von Schelling, 1775-1854)도 세상이 왜 존재하는지에 대한 해답을 제출하는 것이 철학의 중요한 숙제 중에 하나라고 생각했지만, 그 물음의 무게에 짓눌려 주저앉는다. 20세기에 들어와서 그 물음에 대한 관심이 조심스럽게 되살아났고, 그 선두에 앙리 베르그송(H. Bergson, 1859-1941)이 서 있었다. 그가 내린 결론은 철학적인 무에 대한 개념은 둥근 사각형처럼 자기모순에 빠지고, 무가 가짜 개념이라는 것이었다. 따라서 "세상은 왜 무가 아니고 존재자인가?"라는 질문 자체가 잘못된 질문이라는 것이다.[1)] 나는 베르그송의 입장에 전적으로 동의한다. 우리는 앞에서 불안에는 대상이 없다는 하이데거의 주장에 의문을 표시했다. 우리는 베르그송의 입장이 설득적임을 보이기 위해 불안을 두 종류로 즉 세계내적 불안과 세계초월적 불안으로 나누어 하이데거의 주장을 살펴볼 것이다.

과연 세계초월적 불안이란 것이 가능한 것인지 의문이다. 시험에 낙방할까 불안해하는 그런 불안은, 그것을 통해서 순수 무가 드러나고 동시에 무와 동전의 앞뒷면을 형성하는 '존재'를 드러내 보이는 그런 불안은 아니다. 그러나 하이데거의 불안은 그런 '존재'를 드러내 보이는 불안이라고 주장된다. 우리는 이 두 종류의 불안을 두 가지 무와 연결시켜 비판적으로 분석해볼 수 있다. 여기 방 안에 코끼리가 없을 때, 방 안에는 '코끼리의 없음'이 '있다'. 이런 무는 '세계내적 무'다. 세계내적 무는 세계 안에서 존재자들을 구별시켜준다. 그런 무는 존재하는 것이다. 이런 관점에서 보면 내

---

1) 짐 홀트, 『세상은 왜 존재하는가』(우진하 옮김, 파주: 21세기북스, 2013), 48-51쪽 참조.

가 지금 이 원고를 작성하고 있는 이 방 안에는 무수하게 많은 비존재자들이 **있다**. 방 안에 있는 존재자들보다 비존재자들이 비교할 수 없을 정도로 훨씬 더 많이 있다. 나는 그 비존재들을 심각하게 체험할 수도 있고 그야말로 별것 **아닌 것**으로 체험할 수도 있다. 내 방 안에는 희토류라는 물질은 없다. 그것의 없음은 내게 하찮은 것 혹은 아무것도 아닌 것으로 '있는 것'이다. 그러나 방 안 옷걸이에 걸려 있는 내 외투 호주머니에 자동차 열쇠가 없는 것은 심각한 것으로 체험될 것이다. 내가 자동차 열쇠를 분실했는데, 그것을 분실한 장소가 아무래도 어떤 커피숍이라고 추측된다. 나는 그것을 찾으러 그 커피숍에 간다. 가는 중에 나는 그 커피숍에도 자동차 키가 없을지 모른다는 불안감에 사로잡힌다. 나는 이런 무를 **체험**할 수 있다. 내가 커피숍에서 키를 발견하지 못했을 때, 나는 상실감과 걱정을 체험한다. 이런 상실감과 걱정을 통해 내가 체험하는 무는 '있는 것'이며, 나는 그것을 내가 대상적 사물을 바라보는 것과는 다른 방식으로, 즉 충전적으로 경험한다. 그러나 이런 세계내부적 불안은 하이데거가 말하는 불안은 아니다. 그 불안에는 대상이 있다. '자동차 열쇠가 없음'이 그 대상이다. 이런 불안은 세계내적 무와 연결된 불안이다. 그래서 이런 불안을 우리는 '세계내적 불안'으로 명명할 수도 있겠다. 그런데 하이데거가 「형이상학이란 무엇인가」의 초두에서 '왜 존재자가 있고 오히려 무가 아닌가'라며 던지는 물음에서 문제가 되는 무는 존재자 전체가 부정되면서 등장하는 무다. 이 무는 '세계초월적 무'로서, 하이데거가 말하는 불안은 세계 전체가 부정되고 사라지면서 체험하게 되는 불안으로, 이 불안은 '세계초월적 불안'으로 명명될 수 있을 것이다.[2)]

2) 사람들은 현존재의 죽음이 전체로서의 세계의 존재를 무화시키는 체험을 하는 것을 가능하게

> 불안은 두려움(Furcht)과 구분되어야 한다. 두려움은 특정한 것에 향한다. 그것은 세밀한 어떤 것과 관계한다. 그러나 불안은 규정되어 있지 않으며 세계와 마찬가지로 경계가 없다. 무엇에 대한 불안인가를 묻는다면, 그 무엇은 바로 '**세계 자체**'다. 불안 앞에서 모든 것은 벌거벗겨진 채 바닥에 떨어지며, 모든 의미가 탈각된다. 불안은 절대적이다. 불안은 아무런 동기도 없이 우리 내부에서 강력해질 수 있다.[3]

이 인용문에서 자프란스키(R. Safranski, 1945-)는 불안의 대상을 '세계 자체'라고 말한다. 그러면 이는 불안이 대상을 가진다는 것이 아닌가? 그러나 자프란스키가 불안의 대상이 세계 자체라고 말했을 때, 그가 말하고자 했던 것은 하이데거의 불안은 세계내적 불안이 아니라, 세계초월적 불안이라는 것이다. 하이데거는 현존재를 세계-내-존재로 규정하는데, 이때 '현'은 '세계-내'다. 그러니 '현존재는 세계-내-존재다'라는 말은, '현존재가 세계 안에서 세계의 일부로 존재하는 어떤 부분적 존재다'라는 말이 아니라, 현존재가 곧 세계라는 말이다. 하이데거의 이런 생각은 인간이 유한자도 아니고 무한자도 아니기에 세계의 공간적 총량은 유한도 아니고 무한도 아니라고 하면서, 인간과 세계를 동일시한 칸트의 생각과 유사하다. 각각의 현존재는 각각의 세계다. 따라서 '현존재가 불안 가운에서 무를 조우한다'는 말은 현존재와 함께 세계가 사라진다는 말이다. 현존재와 세계는 상호 공속적이기에 현존재가 무의 체험을 하게 되면 그 지향적 상관자인 세계도

한다고 생각할지 모르겠다. 그러나 현존재는 죽음과 더불어 그런 체험의 주체가 되지 못한다. 죽음은 절대로 체험의 대상이 아니다.

3) 뤼디거 자프란스키, 『하이데거, 독일의 철학거장과 그의 시대』(박민수 옮김, 서울: 북캠퍼스, 2017), 263쪽. 강조는 자프란스키.

사라지게 되고, 세계가 사라진다는 말은 그 지향적 상관자인 현존재도 사라진다는 말이다. 그러므로 하이데거의 논리를 따라가면 세계초월적 불안은 대상을 가지지 않는다고 말하는 것은 당연한 일인데, 하이데거는 그 불안을 세계 전체가 사라지는 체험으로 설정해두었기 때문이다. 나는 이런 설정 자체를 거부하지만, 하이데거는 이 불안을 통해 드러난다고 말해지는 무를 존재의 한계, 혹은 '존재의 테두리'로 이해한 것으로 보인다. 우리는 항상 전체로서의 존재 안에 있는 세계-내-존재일 뿐이기에 전체로서의 존재를, 마치 사물들을 대상화시켜보듯이 그렇게 볼 수 없지만[4] **세계초**

4) 그렇게 할 수 있으려면 우리는 세계 바깥으로 나가서 세계의 한계 혹은 테두리를 대상화시켜 바라보아야 하는데 그렇게 하는 것은 불가능하다. 불가능한 이유는 두 경우로 나누어 생각해 볼 수 있다. 세계가 현실적 무한이라면, '세계의 테두리'라는 것 자체가 있을 수 없기 때문에, 당연히 물리적인 방법으로 세계 바깥으로 나가는 것도 불가능하고, 세계의 테두리를 그려본 뒤에 세계 밖으로 나가는 것을 상상해보는 것도 불가능하다. 만약 세계가 가능적으로 무한하다면, 우리는 세계의 테두리를 상상할 수 있다. 그러나 그 테두리 밖은 아무것도 없다. 그런데 우리는 가능적으로 무한한 세계의 테두리를 물리적으로 볼 수는 없다. 그것을 보려면 세계 바깥으로 나가야 하는데, 그것은 불가능하다. 왜냐하면 세계 바깥에는 아무것도 없는데, 내가 아무것도 없는 곳으로 나간다는 말은 말이 안 되기 때문이다. 이 말은 현존재는 자신의 세계를 초월하더라도, 세계와 자신이 하나이기 때문에, 단지 세계를 넓혀갈 뿐이지, 세계 바깥으로 나가지는 못한다는 말이다. 이런 논리는 현대의 팽창우주론과 흡사하며, 칸트가 세계의 공간적 양의 무한성을 증명하는 논리와 유사하다. 이에 대한 자세한 논의는 나의 책, 『인식과 존재』(서울: 서광사, 1991), 51-52쪽을 보라. 우리는 물리적인 방법으로는 세계가 현실적 무한자이든 가능적 무한자이든 세계를 대상화해서 보는 것은 불가능하다. 어느 경우든 우리는 세계 바깥으로 나갈 수 없기 때문이다. 그러나 현실적 무한으로서의 세계는 테두리 자체를 인정하지 않고, 가능적 무한으로서의 세계는 테두리를 인정한다. 하이데거는 세계를 가능적 무한자로 보았는데, 비록 우리가 그 세계의 테두리를 물리적인 방식으로 보는 것은 불가능하다 하더라도, 실존적 방식으로 그 테두리를 체험하는 것은 가능하다고 생각한다. 그 체험의 방식을 기술한 것이 「형이상학이란 무엇인가?」라는 강연이다. 그러나 나는 가능적 무한의 존재근거로서 현실적 무한을 인정하기 때문에 하이데거가 불안을 통해 체험한다고 생각하는 무와 그것에 동전의 앞뒷면처럼 붙어서 체험되는 존재는 허상이라고 생각한다. 그것은 '존재론적 가상'일 뿐이다. 너무 과도하게 신비주의적인 발언으로 들릴까 봐 걱정되는데, 나는 인간이 무한과의 합일하는 그런 신비적 체험이 가능한지 모르겠지만, 설령 그것이 가능하다 하더라도 불안이 그 통로라고 생각하지는 않는다. 나는 철학은 가능한 한 신비주의로부터 멀어지는 것이 좋다고 생각한다. 그리고 너무 엉뚱한 소리로 들릴까 봐 걱정되긴 하지만, 나는 현대 물리학의 팽창

월적 불안을 통해 현존재는 존재의 한계(테두리)를, 즉 세계초월적 무를 체험하게 되고, 그 체험 중에서 전체로서의 존재도 동시에 체험되는 것이다. 그것은 세계초월적 무가 주관-객관 분열 이전에 체험되는 것과 마찬가지다. 이 체험을 통해 체험하게 되는 '존재'는 주관-객관 분열 위에서 성립하는 대상적 인식경험 — 이런 경험에서는 대상은 항상 나에게 부분적으로 나타난다 — 과는 전적으로 무관하고, 그 분열 이전에 충전적(adäquate, 充全的)으로 체험되는 것이다. 충전적 체험의 경우에 나는 체험되는 것의 모든 측면을 체험하게 된다. 예컨대 내가 치통을 느낀다고 하자. 그 경우 나는 치통의 한 부분을 보고 느끼는 것이 아니라, 치통의 모든 것을 느끼는 것이다. 하이데거는 현존재가 불안 가운데서 만나게 되는 무의 체험도 이와 비슷한 것으로 생각한다. 그러나 나는 이런 불안의 체험은 불가능하다고 생각한다. 아무리 전체로서의 세계가 나로부터 미끄러져 사라지는 무의 경험을 한다 하더라도, 그런 체험을 하는 '나' — 이 '나'는 신체를 가진 의식이요 의식을 가진 신체다 — 는 있어야 할 것이기 때문이다. 데카르트도 필자와 유사하게 다음처럼 말한다. 그는 방법적 회의의 과정에서 사유하는 주체인 나를 속일 수 있는 악마를 가정한다. 나의 모든 판단은 나를 언제나 기만하는 그 악마의 지배 하에서 일어난다고 가장한다. 그럼에도 불구하고 악마는 나로 하여금 '나는 존재하지 않는다'는 생각을 하게 할 수는 없다.

> 누구든지 나를 속일 수 있거든 속여보라. 그리고 내가 어떤 것으로서

우주론은 '가능적 무한의 우주론'이라고 생각하며, 그래서 빅뱅 이전에는 아무것도 없었다는 주장에 반대하는 입장이다. 빅뱅 이전과 팽창의 한계 너머의 세계가 현실적 무한의 세계이며 물자체의 세계가 아닌가 추측한다. 물론 이 물자체는 물리학적으로 말해서 '관찰될 수 있음'과 '관찰될 수 없음'의 피안적 개념이긴 하지만, 그것을 '단적인 무'라고 말해서는 안 된다.

존재하고 있다고 생각하고 있는 동안에는 결코 나를 무(無)이게 할 수는 없을 것이다.[5]

베르그송도 이런 생각을 갖고 있었다. 인용문이 꽤 길지만 베르그송의 생생한 묘사를 그대로 전달하기 위해 생략 없이 인용한다.

나는 지금 눈을 감고 귀를 막고 외계에서 들어오는 모든 감각을 차례로 꺼버린다. 이렇게 되면, 나의 모든 지각은 사라지고, 나에게 있어서 물질세계는 침묵과 어둠 속으로 빠져든다. 그러나 나는 존속한다. 나는 존속하지 않을 수 없다. 내 육체의 내부와 외부로부터 감각기관을 통해 나에게 이르는 감각과 또 나의 과거의 지각이 남겨준 추억을 가지고, 심지어는 내가 방금 이룩한, 주위의 공백의 지극히 긍정적이고도 지극히 충만한 인상과 함께 나는 여전히 거기에 존재한다. 이것들을 어떻게 없앨 수 있겠는가? 어떻게 자신을 제거할 수 있겠는가? 극단적인 경우 나는 내 추억을 제거하고, 나의 직전의 과거까지도 망각할 수 있겠다. 그러나 극도의 빈곤에 처한 나의 현재에 대하여, 즉 내 육체의 현상태에 대하여 내가 가지고 있는 의식은 적어도 버리지 못하고 있다. 그러나 나는 이 의식 자체와도 결별하려고 노력해 본다. 나는 나의 육체가 보내는 모든 감각들의 감도를 차츰 약화시켜갈 것이다. 그리하여 이것들은 꺼져버리는 상태에 이른다. 드디어 이것들은 꺼져서 이미 모든 사물들이 사라져간 그 밤 속으로 사라진다. 그러나 나의 의식이 꺼지는 바로 그 순간에 또 다른 의식이 불붙는다.[6]

---

5) 데카르트, 『방법서설/성찰/정념론 외』(김형효 옮김, 서울: 삼성출판사, 1992), 158쪽.

6) 앙 리 베르그송, 『창조적 진화』(서정철 옮김, 서울: 을유문화사, 1974), 223쪽.

세계 전체를 무화시키는 그런 세계초월적 무의 체험은 불가능하다는 것이 나의 생각이다.

하이데거는 「형이상학이란 무엇인가」에서 현존재는 존재자 전체가 자신으로부터 미끌어져 나가는 체험을 한 뒤에, 그 체험을 회상하면서 '그것은 원래 아무것도 아닌 것이었어!'라고 말하면서 추후적으로 '무'의 체험을 확인하게 된다고 한다.

> 불안이 무를 드러내고 있다는 사실은 그 불안이 물러갔을 때, 비로소 인간 자신이 직접 확인하게 된다. 생생한 기억을 간직하고 있는 선명한 통찰 속에서 우리는 다음과 같이 말하지 않을 수 없다. 우리가 그것에 대해, 그것 때문에 불안해한 바로 그것은 '본래' 아무것도 아니었다고 말이다. 그렇다 무 자체가 그 자체로서 거기에 있었던 것이다.[7]

나는 '그것은 원래 아무것도 아니었어'라는 말은 하이데거식으로 '무 그 자체'에 대한 체험으로 해석되어야 할 것이 아니라, '그런 세계초월적 무라는 것은 상상할 수 없는 것이야' 혹은 '세계초월적 무란 애초에 말이 안 되는 것이고 없는 것이야'로 해석하는 것이 옳다고 생각한다.

하이데거의 천재성은 두 개의 완전히 이질적인 무, 즉 기분언어인 '불안'을 통해 인간이 느끼는 (허)무감과 물리언어인 '무'를 무(의미)의 기분으로 결합하여 존재론적인 무의 개념으로 만들어낸 것이지만, 나에게는 이 연결도 그렇게 튼실해보이지 않는다. '불안 가운데서 무를 만난다'는 식의 표현은 매우 문학적이기도 하지만, 이런 식으로 무를 만난다면 우리는 얼마든

7) 『이정표 1』, 161쪽.

지 불안을 통하지 않고 다른 방식으로도 무를 경험할 수 있을 것이다. 예컨대 "네가 나중에 어른이 되어서 이 일을 회고해보면, 이것이 '아무것도 아닌 것'이었음을 알게 될 거야"라든지, "이제 와서 생각해보니 나는 너에게 '아무것도 아니었어'"라든지, "뭔가 이상한 낌새가 느껴졌는데, 알고 보니 '아무것도 아니었어'"라든지 '지나고 보면 사랑의 기쁨도 슬픔도 아무것도 아니었음을 알게 될 것이야' 하는 방식으로 무를 만나게 된다. 그러나 그렇게 만나는 무는 불안과는 아무 관계가 없다. 하이데거는 '불안을 통해 만나는 무와, 네(필자)가 말하는 무는 다르다'고 말할 것이다. 그는 자신의 무는 형이상학적인 것이고, 내가 말하는 무는 '중요하지 않음' 혹은 '하찮음'이란 단어로 대체될 수 있는 '무'에 불과하다고 말할 것이다. 그러나 나는 그런 식으로 말한다면, 그가 말하는 '무'도 '별거 아닌 것이었음'으로 대체될 수 있다고 생각한다.

우리가 인정할 수 있는 무는 세계내적 무밖에 없다. 나의 이런 입장에 대해 하이데거는 이렇게 말할 것으로 예상된다.

> "아무리 전체로서의 세계가 나로부터 미끄러져 사라지는 무의 경험을 한다 하더라도, 그런 체험의 주체인 '나'는 있어야 할 것"이라고 너는 말한다. 그렇게 말하면서 '너는 내가 말하는, 전체로서의 세계 존재가 부정되면서 말해지는 '무'를 물리적인 개념으로 생각하고 있다. 그래서 너는 이런 논리를 펼친다.「세계 안에 내가 있는데, 세계가 사라지면 나도 사라져야 한다. 그러나 내가 사라지면 세계가 사라지는 경험을 할 수가 없다. 따라서 세계 총체적 부정으로서의 무의 체험은 불가능하다.」[그러나 나는 그 개념을 의미의 차원에서 말하고 있음을 너는 망각하고 있다. 존재자들의 세계 전체가 의미를 상실할 때, 나도 무

의미의 심연에 빠진다. '세계'와 '내'가 '동시에' 존재 의미를 상실하여 무(의미)의 포로가 된다는 것이 내 주장이다. 그런데 나는 '세계와 내가 동시에 무의 포로가 된다고 하더라도 물리적인 차원에서 세계와 내가 사라진다'는 것을 말하는 것은 아니다.][8]

---

8) 하이데거는 세계 개념을 네 가지로 나누어 설명하고 있다. 첫째로, 사물적인 존재자들의 총체로서의 세계. 둘째로, 다양한 존재자를 포섭하는 영역의 명칭으로서의 세계. 예컨대 수학의 세계, 체육계, 언론계 종교계 등등의 세계. 셋째로, 현사실적인 현존재가 현존재로서 '그 안에서' '살고 있는' 그런 세계. 이런 세계는 전(前) 존재론적이고 실존적인 의미를 지닌다. 이런 세계는 다양할 수 있는데, '우리'의 '공적인' 세계 혹은 '자기만의' 세계 등이 있을 수 있다. 넷째로, 세계성이라는 존재론적 · 실존론적 개념으로서의 세계. 세계성은 그 자체가 다양하고 특수한 '세계' 각각의 구조 전체로 변화될 수 있다. 하이데거는 자신이 '세계-내-존재'를 말할 때 염두에 두고 있는 세계는 세 번째 의미의 세계라고 한다(『존재와 시간』, 이기상 옮김, 서울: 까치, 1998, 96쪽 참조). 나는 세 번째 의미의 세계를 논하려면 첫 번째 의미의 세계가 전제되어야 한다고 생각한다. 최소한 세계의 의미 문제를 제기하는, 물리적 실재이면서 동물적 존재이면서 정신적 존재이기도 한 '나'의 존재는 전제되어야 한다. 하이데거를 더 과격하게 해석하는 또 다른 길이 있을 수 있다. [ ] 부분 대신에, "그러나 불가능한 것이 아니다. 세계와 내가 동시에 무의 포로가 되면, 시간-공간적 사물들의 세계와 피와 살을 가진 생물체인 나도 사라진다. 무가 된다. 그러나 그 무는 곧 존재다"는 말로 대체하는 것이다. 나는 하이데거가 이렇게까지 강변하리라 생각하지 않는다. 만약 삶의 무의미가 세계와 나의 물리적 실재성마저 앗아가지만, — 수많은 사람들이 사람의 불안 속에서 무의미의 심연에 빠졌었지만 한 번도 세계와 그 사람의 물리적 실재성까지 사라지게 만든 마술은 일어나지 않았다 — 무는 곧 존재이기에, 그 세계와 나는 여전히 존재한다고 말한다면, 하이데거는 "왜 무가 아니고 오히려 존재자인가"라는 질문 자체를 던질 필요가 없다. 그 물음을 '뒤집으면 왜 존재자가 아니고 무인가'라고 될 것이기 때문이다. 세상은 존재자의 존재로 가득 차 있지만, 존재가 무이고 무가 존재라는 등식으로 본다면, 세상은 다른 한편 비존재자들의 비존재로 가득하기도 하다. 즉 세상은 없는 것이다. 이렇게 된 마당에, '왜 무가 아닌가'라고 물을 필요가 없다. 왜냐하면 비존재만 있고 존재자는 없기 때문이다. 이런 상황에서는 정반대로 다음처럼 질문해야 한다. '왜 세상은 존재자가 아니고 무인가?' 그러나 이런 질문이 가능하기 위해서라도 질문자의 존재는 전제되어야 할 것이다. '왜 무가 아니고 존재자인가?'라는 질문은 '질문하는 자'의 존재로 인하여 무의미하게 된다. 다시 그 질문에서 언급되는 무가 물리적 세계 전체의 부재를 의미하는 것이라면, 질문을 수행하는 자는 그런 질문을 던질 수가 없다는 것이다. 그리고 '왜 존재자가 아니고 무인가?'라는 질문도 질문이 될 수 없는 이유는 그 질문이 질문하는 자를 전제하지 않기 때문이다. 나는 하이데거가 이런 곤경에 빠지게 된다고 생각하는데, 그 근본 이유는 그가 의미존재와 사물존재를 구분하지 않고 사용하거나, 설령 구분했다 하더라도, 사물의 있음도 현존재와의 관계 속에서만 '존재의미'를 가지기에 결국 의미존재의 차원으로 환원되어 이해되어야 한다는 차원에서 궁극적으로는 사물존재를 의미존재로 만들어 녹여 없애려 했기 때문이라고 생각한다.

하이데거가 필자의 비판에 응수하여 이렇게 말했다면, 그는 자신이 말하는 '무'의 개념이 물리적 무의 개념이 아님을 말하는 것이 될 것이다. 사실 하이데거는 『존재와 시간』에서 이렇게 말하기도 한다.

> 불안의 '그것 앞에서'에서 '그것은 아무것도 아니고 아무 데에도 없다'는 것이 드러나게 된다. 세계내부적으로는 '아무것도 아니고 아무 데에도 없다'는 이 적대성은 현상적으로, **불안의 '그것 앞에서'가 세계 그 자체임**을 말한다. 이 '아무것도 아님과 아무것도 없음' 속에서 고시되는 *전적인 무의미성은 세계부재를 의미하지 않고*, 세계내부적인 존재자가 그 자체에 있어서 아무런 의미가 없다는 것, 세계내부적인 것의 이러한 **무의미성** 때문에 세계가 그 세계성에서 유일하게 부각되어 나온다는 것을 말한다.[9]

현존재가 불안을 통해 느끼는 전적인 무의미성은 세계의 '부재'를 말하는 것이 아니라, 세계의 '무의미성'을 말할 뿐이라는 것이다. 그렇다면 나도 이렇게 말해주고 싶다.

> 하이데거가 '왜 무가 아니고 오히려 존재자인가?'라는 질문으로 '형이상학이란 무엇인가'라는 제목의 강연을 시작했을 때, 그가 문제 삼은 존재자는 물리적인 것인가 아니면 의미적인 것인가? 하이데거가 '도구존재'(Zuhandensein)나 '현전존재'(Vorhandensein)의 이름으로 사물들을 분석할 때, 그런 존재자들의 의미를 묻고 있는 것은 맞다.[10] 그러나 그

---

9) 『존재와 시간』, 255쪽. 고딕 강조는 하이데거에 의한 것이며, 궁서체 강조는 필자.

10) 하이데거는 세상의 모든 존재자들을 두 종류로 나눈다. 현존재로서의 인간과, 비현존재적인

는 동시에 그런 존재자들의 물리적 존재를 문제 삼고 있는 것도 부정할 수 없는 사실이다.[11] 라이프니츠가 '왜 무가 아니고 존재자인가'라고 물었을 때, 그의 물음에서 언급되는 '존재'는 물리적 차원의 존재이다.[12] 만약 그 물음에 의미적 차원만이 있고 물리적 차원이 존재하지 않는다면, 하이데거가 라이프니츠의 그 물음을 그대로 인용해서 사용하는 것은 그 물음에 물리적 차원이 있다는 오해를 유발시킬 것이다. 하이데거가 그런 오해를 피하려 했다면, 그는 그 물음을 '왜 삶과 세계는 무의미가 아니고 모종의 의미를 가지는가?'로 바꾸어 물었어야 한다. 그렇게 물었더라면, 카르납(R. Carnap, 1891-1970)과 같은 논리실증주의자들이 하이데거의 '무는 스스로 무화한다'든지 '무의 본질은 무화이다'라든지 '무의 밝음'이나 '무는 존재의 면사포'라는 그런 표현들에 대해 그렇게 비난을 퍼붓지 않았을 것이다. 요컨대 하이데거의 그 물음에서 언급되는 '존재'에는 의미적 차원과 물리적 차원이 뒤섞여 있으며, 그런 한, '세계와 내가 동시에 무의 포로가 된다고 하더라도 물리적인 차원에서 세계와 내가 사라진다는 것을 말하는 것은 아니다'라는

존재자로서의 사물이다. 그리고 그는 이 사물을 다시금 도구존재와 현전존재로 나누고 있다. 요컨대 인간과 사물로 나눈다. 그는 자기 이전에는 사물존재에게도 적용하여 사용하던 Dasein이란 용어를 인간에게만 국한시켜 사용하면서, 사물존재들의 Dasein(현존, 거기 있음, existentia)을 표시할 대체용어로 Vorhandensein(현전존재)과 Zuhandensein(도구존재)을 만들어내었다.

11) 실상은 어떤 도구존재의 존재의미를 물어보려면, 먼저 그 도구존재의 물리적 실재성을 먼저 인정하지 않으면 안 된다. 우리는 종종 아주 기묘하게 생긴 어떤 인공물을 우연히 보게 될 수가 있다. 그 경우, 우리는 '이 물건은 도대체 어디에 쓰는 물건일까?'라고 묻는다. 그 경우 우리는 그 도구존재의 물리적 실재를 먼저 확인한 후에, 그 의미를 묻는 것이다. 도구적 존재의 물리적 실재성에 의존하지 않는 도구존재의 도구적 의미는 불가능하다.

12) 라이프니츠는 신이 무한한 선의를 갖고 자신의 자유의지로 세상을 창조했기에 세상이 존재하게 되었다고 생각했다(짐 홀트, 『세상은 왜 존재하는가』, 우진하 옮김, 파주: 21세기북스, 2013, 48쪽 참조).

하이데거의 해명은 설득력이 없다.

나는 하이데거가 말하는 '존재'는 의미적 차원과 물리적 차원이 뒤섞여 있는데, 그것이 그의 존재론의 치명적 문제점이라고 생각한다. 그는 존재의미를 묻는데, '존재의미'를 묻는다는 것은 우리가 일상에서 '~이 있다'거나 '~이다'라는 표현을 사용할 때, 언급되는 '있다' 혹은 '이다'가 무엇을 의미하는가 하는 물음을 묻는다는 것이다. 이 물음에서 물어지는 '존재의미'의 '존재'에는 분명히 물리적 사물들의 존재도 포함되어 있다. 왜냐하면 물리적 사물들, 예컨대 한 자루의 연필도 '존재한다'는 술어를 가질 수 있는 주어가 될 수 있기 때문이다. 그러나 그가 「형이상학이란 무엇인가?」에서 문제 삼고 있는 존재의미는 세계의 의미성 혹은 세계의 무의미성과 연관되어 있다. 그래서 그곳에서는 현존재가 불안 가운데서 삶의 의미를 통째로 상실하면서 무를 체험하게 된다고 말할 수 있었던 것이다. 그러나 삶이 전적으로 허무하게 되면, 온 세계와 세계 속의 모든 사물적 존재들이 내게 아무런 의미를 갖지 못하게 될 수는 있지만, 물리적 존재로서 그것들이 내게서 물리적으로 사라지는 것은 아니다. **만약 하이데거가 탐구의 주제로 삼고 있는 '존재의미'의 '존재'에 물리적 실재물들이 포함된다면**[13] **「형이상학이란 무엇인가?」에**

---

13) 나는 포함된다고 생각하는데, 그가 「형이상학이란 무엇인가?」에서 자신의 논의를 전개시키면서 다루고 있는 유명한 명제들, 예컨대 '무로부터는 아무것도 생겨나지 않는다'라든지, '무로부터 생긴 것이 곧 피조물이다'라든지, '무로부터 존재자로서의 존재자 전체가 생긴다'는 명제들에서 언급되는 존재에는 물리적 존재자들의 존재도 포함되어 있으며, 그 명제들에서 언급되고 있는 '무'는 단순히 삶의 무의미로서의 '무'가 아니라, 물리적 존재자들의 부재로서의 무이기 때문이다. 그뿐만 아니라 하이데거가 '존재역운'에 대해서 언급할 때, 그 말은 '존재의 의미'의 역사적 운명을 말하는 것은 아니다. 그것은 물리적 존재자들을 포함한 모든 존재자들의 존재의 역사적 운명을 말하고 있는 것으로 보아야 한다. 그리고 하이데거는 칸트가 "철학이 외부세계가 존재함을 입증하지 못한 것은 철학의 스캔들이다"라고 한 것에 대해, "철학의 스캔들은 철학이 외부세계를 증명하려 했다는 것이다"라고 말한다. 그는 인간 현존재가 세계 안에

서 현존재가 불안 중에 무를 체험한다 하더라도, 그 무는 '무를 체험하는 물리생물학적 존재로서의 나'의 존재를 전제해야 하고, 따라서 그 무는 모든 존재자의 부재상태에서 성립하는 세계초월적 무가 될 수 없다.[14] 만약 하이데거가 탐구주제로 삼고 있는 '존재의미'의 '존재'에 물리적 실재로서의 존재자들이 포함되어 있는 것이 아니라, 삶의 허무성을 극복하고 우리로 하여금 삶을 이어가게 해주는 근원적 동력으로서의 삶의 의미존재들만을 포함하고 있다면,[15] 하이데거의 '존재의미의 물음'(왜 무가 아니고 오히려 존재자인가?)은 '의미존재의 물음'(왜 삶은 허무가 아니고 의미를 가지는가?)으로 바뀌어야 할 것으로 보인다.

하이데거에 대한 피브체비치(Edo Pivčević, 1931-)의 설명에 따르면, "인간은 존재와 동시에 비존재를 위한 열쇠를 소유하고 있는 존재자다."[16] 하이데거가 보기에 인간은 '존재'의 의미를 어렴풋이나마 이해하고 있는 유

있다는 것을 자명한 대전제로 받아들인다(이기상, 『존재의 바람, 사람의 길』, 서울: 철학과 현실사, 1999, 220쪽 참조). 칸트가 언급한 세계는 물리적 실재계로서의 세계이기에, 하이데거가 칸트에게 '세계의 존재를 증명할 필요는 없다. 세계는 여기에 있고, 우리는 그 안에서 우리의 실존적 삶을 영위한다'고 말한다면, 우리는 하이데거의 '세계'를 단순히 현존재가 자신의 삶을 영위하면서 구축한 의미연관의 전체로만 간주할 수는 없다. 하이데거는 '존재'에 의미존재만 포함시킬 것인가 사물존재도 포함시킬 것인가 하는 문제로 혼란스러운 모습을 보여주고 있다. 우리는 이 문제에 대해 다음 장에서 좀 더 자세하게 다룰 것이다.

14) 현존재가 삶의 (허)무에 직면하여 자살을 택한다면, 그 무는 현존재도 무로 만들며, 현존재로부터 물리적 존재로서의 세계 전체를 앗아가버리며 무화시킨다. 나에게 이 세계와 그 속에서의 삶은 아무런 의미도 없게 되며, 그 무의미로 말미암아 나에게서 물리적 세계도 종말을 고한다. 이럴 경우 현존재가 경험한 무는 세계초월적 무 즉 '나도 없고 세계도 없는' 무가 될 수 있다. 이런 세계초월적 무를 고집하는 한, 하이데거는 자살예찬론자가 된다. 그리고 더 큰 문제는 그런 자살을 통해서 우리는 '존재'의 밝은 빛을 체험하지 못한다는 것이다. 왜냐하면 그 빛을 체험할 '나'가 없기 때문이다.

15) 나는 이런 측면도 있다고 생각한다. 하이데거가 현존재를 실존적으로 해석하고 있기에, 그리고 실존적 존재로서 인간에게는 자신의 삶을 지탱시켜주는 '의미'들은 각자 다르기 때문이다. 그리고 『존재와 시간』(225쪽)에서도 불안이 보여주는 "전적인 무의미성은 세계 부재를 의미하지 않는다"고 말하기도 한다.

16) 에도 피브체비치, 『훗설에서 사르트르에로』(이영호 옮김, 서울: 지학사, 1975), 147쪽.

일한 존재자이면서 동시에 무(비존재)의 의미를 이해하고 있는 유일한 존재자이기도 하다. 그래서 하이데거는 인간이 "왜 무가 아니고 존재자인가?"라는 질문도 던질 수 있다고 생각한다. 그런데 나는 전기 하이데거가 말하는 '존재'는 칸트식으로 말해서 선험적 가상이라고 생각한다. 하이데거 식으로 말하면 초월적 가상이 되겠다. 그런데 '존재'가 가상의 개념에 불과하다면, 그것과 상관적으로만 이해되는 '비존재'도 선험적 가상이 될 것이다. 그렇다면 우리는 "왜 무가 아니고 존재자인가?"라는 물음 자체가 공허한 물음이 된다는 것을 알 수 있다. 왜냐하면 그 물음은 비존재(무)의 존재를 전제한 위에서 성립하는 물음이기 때문이다. 라이프니츠가 그 물음을 던졌을 때, 그 물음에서 그는 존재에 대립되어 이해되는 비존재를 전제하지 않았다. 그 비존재는 일체가 부정되는 그런 비존재는 아니었다. 그는 그 물음 배후에서 세계를 창조한 신의 존재를 전제했기 때문이다. "세상의 존재 이유에 대해 그(라이프니츠)는 그 해답이 신이며, 신이 무한한 선의를 동기 삼아 자신의 자유의지를 통해 세상을 창조했다고 주장했다."[17] 신은 무에서 유를 창조했는데, 이때 거론되는 무는 신의 존재를 전제한 위에서 거론되는 무일 뿐이다. 그러나 하이데거는 라이프니츠의 그 물음에서 전제된 신을 제거한 상태로 물음을 던진다. 하이데거는 칸트가 말하는 선험적 허구의 늪에 빠지게 된다. 하이데거는 칸트의 '선험적'을 '초월적'으로 바꾸어 읽으니, 칸트의 '선험적 허구'는 '초월적 허구'가 될 것이다.

사람들은 도(道)나 신을 이름 붙일 수 없는 어떤 것, 파악할 수 없는 것, 규정할 수 없는 것으로 이름 붙이고 파악하고 규정하는 자가당착에 봉착한다. 어거스틴도 『설교집』에서 "네가 신을 파악하지 못하다는 것이 뭐 그

17) 짐 홀트, 『세상은 왜 존재하는가』, 48쪽.

리 놀라운 일인가? 만일 네가 그분을 파악한다면, 그분은 신이 아니다"라고 했다.[18] 중세 부정신학도 이런 흐름 위에 있다. 그런데 사람들은 도나 신이나 존재를 파악할 수 없고 규정할 수 없는 것이라고 생각했을 때, 그것이 가능적 무한자이기에 규정할 수 없는 것인지 아니면 현실적 무한자이기에 규정할 수 없는 것인지를 구분하지 않았다. 그러나 칸트는 그 양자를 분명히 구분하고 있다. 도나 신이나 존재를 '가능적 무한으로서 규정할 수 없는 것'으로 이해할 경우와, 그런 것들을 '현실적 무한으로서 규정할 수 없는 것'으로 이해할 경우, 어느 방식으로 이해하느냐에 따라 존재와 무의 관계를 이해하는 방식이 확연히 달라진다. 전자의 이해방식에서는 존재자들의 전체로서의 존재에 대립하는 무, 세계초월적 무가 성립하며, 무는 사물적 존재자들의 실재성과는 차원을 달리하는 실재성을 갖는 것처럼 보이게 될 것이다. 그리하여 노자처럼 '무로부터 유가 생겨난다'(有生於無)고 말하게 된다.[19] 그러나 후자의 이해방식에서 무는 인식주체의 부정작용에 기생하는 것에 불과하게 되며, 따라서 인식주체가 없으면 같이 없어진다. 그 결과 존재자들의 전체로서의 존재에 대립하는 무라는 것은 성립할 수가 없

18) 김용규, 『서양 문명을 읽는 코드, 신』(서울: 휴머니스트, 2010), 85-86쪽에서 재인용.

19) 감산, 『감산의 노자풀이』(오진탁 옮김, 서울: 서광사, 1990), 136쪽. "무로부터 유가 생겨난다"는 말로만 판단하면 노자가 말하는 도는 가능적 무한자처럼 보이는 측면이 있지만, 중국학자 유소감은 노자 철학을 "초이원적 일원론"(超二元的 一元論)으로 규정한다(유소감, 『노자철학』, 김용섭 옮김, 수원: 청계, 2000, 309쪽 참조). 만약 노자가 말하는 도가 일체의 이원적 대립을 넘어선 어떤 것을 의미한다면, 그래서 유와 무의 대립을 넘어선 것이라면, 도는 가능적 무한자가 아니라 현실적 무한자로 읽힐 수 있는 여지가 있다고 생각한다. 특히 노자의 다음과 같은 구절은 그런 분위기를 강하게 풍긴다. "도는 하나를 낳고, 하나는 둘을 낳고, 둘은 셋을 낳고, 셋은 만물을 낳는다. 만물은 음을 지니고 양을 안아 충기(沖氣)로서 조화를 이룬다." 노자의 도는 가능적 무한으로 읽힐 수도 있고 현실적 무한으로 읽힐 수도 있는 것으로 보인다. 그런데 유소감은 "서양철학의 일원론은 이원적 대립을 전제로 하지만 노자가 말하는 도의 일원론은 서양의 일원론과 다르다"고 하면서, 이를 부각시키기 위해 '초이원론적'이란 말을 사용했다고 하는데, 이는 잘못된 주장으로 보인다(유소감, 『노자철학』, 309쪽 참조).

게 된다. 그런 무가 가지는 '있음', 즉 '무는 아무것도 아닌 것이다'라고 할 때의 '이다', 달리 말해서 '사물적 존재자들의 실재성과는 차원을 달리하는 실재성'은 가상에 불과하다. 이런 관점에서 무를 보면, "무는 스스로 무화한다"는 하이데거의 말은 '무는 스스로 끊임없이 가상을 만들어낸다'는 말이 되며, 그런 '무라는 가상'의 대립자로 설정되는 '존재'도 가상이 된다.

다시 물리적 세계와 의미의 문제로 돌아가보자. 예컨대 어떤 선사가 깨우침과 득도의 경지에서 우주와 자신이 하나가 되거나, 우주와 자신이 무가 되는 내적 체험을 했다고 하자. 그러면 그 체험은 그에게 엄청난 의미를 가질 것이다. 그럼에도 불구하고 그가 무를 체험했다고 해서 자신이 앉아서 수행하는 물리적 실재로서의 방과 들판의 나비와 꽃들이 사라지는 것은 아니다. 이는 한 사람이 허무를 체험하고 자살을 한다고 하더라도 세상은 여전히 돌아가는 것이나 마찬가지다. 의미 차원의 무는 존재하는 물리적 실재를 비존재로 만들지는 못한다. 그렇게 만든다면 어떤 사람이 의미 차원에서 허무를 느껴서 자살할 때마다 물리적 실재로서의 세계가 사라져야 할 것이다. 그러나 사라지는 것은 세계가 아니라, 자살자 자신과 그에게 의미지평으로 존재했던 그의 세계다. 그러나 나머지 75억 명의 세계는 여전히 거기에 있다. 그러면 인간이 모두 사라지면 세계도 사라지는가? 아마 '의미연관으로서의 세계' — 하이데거가 말하는 '세계-내-존재'의 '세계' — 는 사라질 것이다. 그래도 물리적 세계는, 인간이 의미를 부여하건 하지 않건 간에, 그것에 무관하게 그냥 거기에 있다. 만약 인간이 모두 사라지면 물리적 세계조차 없어진다고 말한다면, 그것은 허황한 관념론일 뿐이다. 의미의 관점에서 보면 한 사람에게 하나의 세계가 대응한다. 그래서 『성경』에서도 '사람이 온 천하를 얻더라도 자기 생명을 잃어버리면 무슨 의미가 있겠는가?'라고 말하는 것이다. 어떤 선사가 자신의 자아와 외물이 일체가 되는 물아일체(物我一體)의 신비체험을 했다 하더라도, 이에 대해서도 비슷한 말을 할 수가 있다. 물아일체의 신비체험을 하는 그 수행자가 아무리 그런 신비체험을 해도, 그의 뒤에서 그를 험담하는 사람도 여전히 존재하고, 세상에서는 여전히 다툼과 전쟁이 일어난다. 그가 자기의식의 내면에서 우주와 하나됨을 체험했다 한들, 그 하나됨이 세상의 분열을 봉합해주지는 못한다는 한계를 갖는다. 물론 그 체험이 세상을 대하는 그 사람의 태도를 바꿀 것이다. 그리고 타인들도 그 체험을 하면 태도 변경이 일어날 것이다. 그러나 의미 체험은, 그것이 허무의 체험이건 충만의 체험이건 체험자의 태도를 변화시킬 뿐이지, 물리적 세계를 변화시키지는 못한다. 바로 이런 이유로 나는 '의미의 존재'와 '물리적 존재'가 구분되지 않는 상태에서 '왜 무가 아니고 오히려 존재자인가'라는 식으로 물어져서는 안 된다고 생각한다. 무는 존재의 블랙홀이라 하더라도, 그 블랙홀은 의미존재의 블랙홀이지 사물존재의 블랙홀은 아니다. 우리가 허무에 빠져 자살하게 되면, 내가 세계 안에서 삶을 영위하면서 부여했던 모든 의미들이 회수된다. 그렇다 하더라도 물리적 실재로서의 세계는 여전히 존재한다. 단지 사라지는 세계는 의미집합체로서의 '나의 세계'일 뿐이다. 하르트만은 이런 사정을 다음처럼 정확하게 지적한다.

> 여기에서 자아중심주의와 세계상대주의의 모든 철학은 소여현상의 큰 오해라는 것이 증명된다. 세계는 **누구인가**의 세계는 아니다. 세계를 아무리 좁게 왜곡시켜보더라도, 세계는 어떤 개인을 **위해서** 있는 것은 아니다. 왜 그럴 수 없는가 하면, 어느 **누구나** 다 사실적으로 이 하나의 세계 내에 있고, 그리고 모든 차이는 세계에 있어서의 그 이해의 한계에 관한 것이기에 말이다. 세계는 무엇인지의 상관물이 아니

다. 세계는 오히려 공통한 존재지평이고 일체의 가능한 상관의 활동무대다. **나와 세계**, 심지어는 **나와 나의 세계**, 이것은 **신과 세계**라 말하는 것과 똑같이 존재학적으로 왜곡된 것이다.[20]

하르트만은 이 인용문에서 명백히 하이데거의 세계 개념을 비판하고 있다. "세계는 무엇인지의 상관물이 아니다"라고 말함으로써 하르트만은 각자의 세계를 말하는 하이데거의 세계 개념을 비판하고 있다. 하르트만이 시간-공간적 실재로서의 세계 개념으로써 하이데거의 실존론적 세계 개념을 비판한 것이다. 하르트만은 시간-공간적 실재로서의 세계의 일부인 나의 물리-생물학적 실재성을 전제하지 않으면, 하이데거식으로 '나와 세계'니, '나의 세계'니 하는 말을 사용할 수 없다는 것을 말하고 있다. 하르트만의 세계를 전제하지 않고 하이데거의 세계를 거론하는 것은 불가능하다는 것이 나의 생각이다. 하이데거는 "인간이 존재하는 한에서만 시간이 시간화한다"고 말하는데, 우리는 세계에 대해서도 '인간이 존재하는 한에서만 세계는 세계화한다'고 말할 수 있을 것이다. 하르트만이 말하는 세계는 인간에 의해 세계화되기 이전의 그런 세계다. '세계화되는 세계'가 가능하려면, '세계화되기 이전의 세계'가 전제되어야 한다. 하르트만은 나의 세계, 너의 세계 등등이 거론되기 이전의 그 모든 각자성의 세계의 공통의 터전인 하나의 물리적 세계가 인식주관이 그것을 대상으로 삼는 것과 무관하게 존재하며, 이 세계 안에서 사람들은 각자의 세계를 구축하며 살아간다고 생각한다.

칼 뢰비트(Karl Löwith, 1897-1973)도 하르트만과 유사한 견해를 표명하고

---

20) 니콜라이 하르트만, 『존재학원론』(하기락 옮김, 서울: 형설출판사, 1983), 313쪽. 강조는 하르트만.

있다. 칼 뢰비트는 『세계와 인간세계』(Welt und Menschenwelt)에서 칸트, 후설(E. Husserl, 1895-1938), 하이데거 이 삼자의 세계 개념이 모두 공통적으로 '인간의 세계'임을 주장하면서 다음처럼 말한다.

> 세계와 인간세계는 동등하지 않다. 세계는 단순하게 우주론적 '관념'(칸트) 혹은 한낱 '총체적 지평'(후설) 혹은 '세계-기투'(하이데거)가 아니라 그 자체로 완전하게 독립적인 실체이다. 오직 다양한 세계상들만이 기투될 수 있으며 **세계 자체**는 결코 다른 대상들과 같이 하나의 대상으로 나타나지 않는다. 세계는 자신에 대한 이해가능성을 동반하지 않고, 모든 것을 포괄한다. 세계는 가장 위대하고 풍요로운 것이며, 동시에 그림이 없는 액자와 같이 공허한 것이다.[21]

---

21) 리처드 월린, 『하이데거, 제자들 그리고 나치』, 184쪽에서 재인용. 강조는 뢰비트. 내가 보기에 뢰비트가 말하는 세계는 '대상의 초대상성'을 주장하는 니콜라이 하르트만의 세계와 매우 흡사하다. 하르트만은 칸트가 말하는 물자체를 대상의 초대상성을 의미하는 것으로 해석하면서 다음처럼 말한다. "인식이 그것으로 향하고, 그것을 파악하고, 나아가 구명해내려고 하는 것은 초대상적인 존재를 가지고 있다. 그것은 인식이 그것을 대상으로 삼든 그렇지 않든 상관없이 존재하는 바의 것이다. 그중의 얼마만큼이 대상으로 되었느냐에도 상관이 없다. 도대체 그것이 대상으로 된다고 하는 것은 그것에 있어서 이차적인 일이다. 일체의 존재자는 그것이 대상으로 되는 때에는 추가적으로 대상이 되는 것이다. 인식의 대상이 된다는 것을 그 본질로 하는 그러한 존재자는 없다."(니콜라이 하르트만, 『존재학원론』, 33쪽) 하르트만은 이렇게 말함으로써 칸트가 인식될 수 없지만 사유될 수는 있다고 하면서 애매한 태도를 취한 물자체를 실재성의 영역 안으로 과감하게 옮겨버린다. 뢰비트가 칸트의 현상계, 하이데거의 세계, 후설의 세계 개념이 모두 '인간의 세계'라고 한 것은 정당하다. 그 세계들은 모두 가능적 무한의 세계라는 점에서 공통적이다. 그러나 뢰비트가 칸트의 세계 개념을 언급하면서 물자체의 세계를 고려하지 않은 것은 유감스럽다. 우리가 『존재학원론』 313쪽(본서 173쪽, 각주 20)에서 인용한 글에서, 확인할 수 있듯이 하르트만은 세계상대주의를 비판하면서 모든 인간이 거주하는 사실적으로 존재하는 하나의 세계는 공통한 존재지평이며, 그 바탕 위에서 사람들의 세계에 대한 이해의 차이가 발생할 수 있음을 분명히 말하고 있다. 뢰비트도 "오직 다양한 세계상들만이 기투될 수 있으며 **세계 자체**는 결코 다른 대상들과 같이 하나의 대상으로 나타나지 않는다"고 말한다.

세계의 물리적 차원과 의미적 차원은 다른 차원이며, 어느 한쪽을 다른 쪽으로 환원시켜서는 안 되고 환원되지도 않는다.

그리고 사람들은 물리적 실재로서의 세계에 대해 던질 수 있는 두 가지 물음을 혼동하는 경우가 있다. 하나는 물리적 실재로서의 세계는 **어떻게 해서 존재하게 되었는가** 하는 물음이고, 다른 하나는 물리적 세계는 **왜 존재하는가** 하는 물음이다. '왜 물리적 세계가 존재하는가?' 하는 물음은 '물리적 세계가 존재하는 의미가 무엇인가?' 하는 물음으로 이해되는 것이 올바르다. 예컨대 '도서관은 왜 존재하는가?'라는 물음에 대해 '도서관은 사람들에게 정보를 제공하고 공부하는 공간이 되어주기 위해 존재한다'라고 말하면 물음에 대한 제대로 된 답이 될 것이다. '식물은 왜 존재하는가?'라는 물음에는 '초식동물들에게 먹이를 제공하기 위해 존재한다'고 말한다면, 그 대답이 옳든 그르든 그 물음에 답을 한 것이 된다. 왜-물음에 답하려면 어떤 목적연관성이 제시되어야 한다. '물리적 세계는 왜 존재하는가?' 하는 물음에 대해서도 사람들은 다양한 목적연관성을 제시할 수 있다. 기독교식으로 '하나님의 영광을 드러내기 위해서 존재한다'고 할 수도 있을 것이고, 헤겔식으로 '절대정신이 자신을 실현해가기 위해 존재한다'고 할 수도 있을 것이다. 혹은 인간존재를 출현시키기 위해서 존재한다고 말할 수도 있다. 그런데 사람들은 '물리적 세계가 왜 존재하는가?'라는 물음을 복합적 물음으로 이해하기도 한다. 즉 물리적 세계의 '존재의미'를 묻는 물음이면서 동시에 '어떻게 물리적 세계가 존재하게 되었는가?' 하는 물음 즉 '존재경위'를 묻는 물음으로 이해하기도 했다. 두 물음은 구분되는 것이 당연한데, 그 구분이 이루어지지 않는 경우가 있었다는 말이다. 전자의 질문에는 종교나 철학이 답할 수 있다. 후자의 질문에는 과학이 답할 수 있다. 하이데거는 이 두 가지 물음을 혼동한 상태에서 '왜 무가 아니고 오히려 존재자인가?'라는 질문을 다루고 있다.[22] 이 점에서 하이데거 철학은 기독교의 창조과학을 떠올리게 한다. 창조과학도 『성경』의 「창세기」를 물리적 세계의 의미를 해명하는 종교적 진술임과 동시에 물리적 세계의 발생과정을 해명하는 과학적 진술이라고 주장하고 있기 때문이다. 뒤에서 보게 되겠지만, 칸트는 현명하게도 물리적 세계의 사실의 문제와 삶의 의미의 문제를 명확하게 구분하고 있다. 창조과학은 삶의 의미 문제를 해명하기 위해 만든 창세기 설화를 과학으로 둔갑시켜버렸으며, 하이데거는 삶의 의미 문제를 해명한다는 명분으로 과학(물리적 세계의 문제에 대한 탐구)을 무시하고 있다.

---

22) 앞서 언급했듯이, 하이데거가 '왜 무가 아니고 오히려 존재자인가' 하는 물음을 던질 때, 그 '존재'에는 사물존재와 의미존재가 다 포함되어 있음을 기억하기 바란다.

2.
무가 논리학의 무능을 폭로한다면, 논리학은 하이데거의 무논리를 고발한다

무에 대한 하이데거의 이론에 대해 분석철학자 진영에서는 비판적이다.[23] 이 문제를 좀 더 살펴보자. 하이데거에 의하면, 논리학은 무와 존재의 문제, 혹은 무와 존재의 관계 문제를 다루지 못하는 무능을 여지없이 드러낸다. 무는 '아무것도 아닌 것**이다**'라고 규정되면서, 존재의 영역 안으로 발을 들여놓는다. 무를 존재의 영역에서 대문을 통해 추방하면 다시금 창문을 통해 들어온다. 그래서 하이데거는 말한다.

---

23) 대표자로 루돌프 카르납(R. Carnap)은 「형이상학의 제거」(The Elimination of Metaphysics)에서 "무는 스스로 무화한다"든지, "불안은 무를 드러낸다"는 등의 문장들은 논리적 구문법(logical syntax)을 명백하게 위반하고 있으며, 하이데거가 말하는 '무'는 그 단어의 일상적인 의미와 전적으로 다르게 사용되고 있다고 말한다[A. J. Ayer (ed.), *Logical Positivism*, New York: Free Press, 1959, pp. 69, 70 참조]. 존 슈튜어트 밀(J. S. Mill, 1806-1873)은 1867년에 베인에게 보낸 편지에서 헤겔의 책을 읽는 일이 머리가 빠개지는 고통을 초래한다고 말하면서, 헤겔의 책을 폄훼하는데, 영미권 학자들의 하이데거에 대한 평가는 헤겔에 대한 밀의 평가와 별반 다르지 않다. 에이어(A. J. Ayer, 1910-1989)나 콰인(W. Quine, 1908-2000) 같은 영어권 학자들은 하이데거를 가볍게 처리한다(엘런 메길, 『극단의 예언자들: 니체, 하이데거, 푸코, 데리다』, 정일준, 조형준 옮김, 서울: 새물결, 1996, 193쪽 참조).

> 지성(Verstand)의 위력이 무와 존재의 물음에 대한 영역에서 분쇄된다면, 이로써 또한 철학 내에서 논리학이 차지했던 지배권의 운명도 결정나게 된다. '논리학' 자체의 이념은 하나의 더욱 근원적인 물음의 소용돌이 속에서 스스로 해체되고 만다.[24]

논리학 자체의 이념은 무모순성인데, '근원적인 물음'인 존재와 무의 문제가 일으키는 소용돌이 속에서 논리학의 그 이념은 해체되어버린다는 것이다. 하이데거는 논리학에 대해 이렇게 말하기도 한다.

> 우리가 그렇게 마치 하늘의 선물인 양 신주 모시듯 중요하게 여기는 모든 논리학이 그 지반을 있는 것에 대한 질문의 어떤 한 특정한 답 속에 두고 있음으로써, 이로부터 전통적인 논리학에 따르는 모든 사고방식은, 이 질문의 전개 또는 이 질문에 대한 어떤 답을 이끌어주기는커녕, 그 스스로서는 이 있는 것에 대한 질문을 도무지 이해조차도 할 수 없는 그런 상황에 놓여 있을 수도 있는 것이다.[25]

논리학이 무와 존재의 문제를 다루면서 그 무능을 여지없이 보여주었다는 하이데거의 주장을 받아들인다 하더라도, 나는 존재와 무의 관계에 대한 하이데거의 진술들 간의 무모순성과 정합성을 따지는 데는 여전히 논리학의 유용성이 인정되어야 한다고 생각한다. 그것마저 인정하지 않는다면, 우리는 좁게는 하이데거의 『존재와 시간』을, 넓게는 하이데거의 철학 전체를 『성경』처럼 대하겠다는 것이 된다. 하이데거가 무에 대해 핵심적으로

---

24) 『이정표 1』, 167쪽.

25) 『형이상학입문』, 56쪽.

내세우는 명제들에는 이런 것들이 있다.

① 존재는 곧 무다.

② 무는 존재의 본질에 속해 있다.

③ 무의 본질은 무화다.(무는 스스로 무화한다.)

④ 무는 존재의 면사포다.

⑤ 무로부터 존재자로서의 존재자가 생겨난다.

⑥ 무는 불안 속에서 드러난다.

⑦ 죽음은 무의 관이다.

그렇다면 ①과 ③을 결합하면 '존재는 스스로 무화한다'는 명제도 성립할 것이고, '존재는 스스로 존재화한다'는 명제도 성립할 것이다. 또한 '존재의 본질은 존재화다'라는 명제도 만들어 진다. ①과 ②를 결합하면 '존재는 무의 본질 속에 숨어 있다'는, 그 뜻을 알 수 없는 명제가 만들어질 것이다. 그리고 ①과 ④를 결합하면 '존재는 존재의 면사포다'라는 말도 성립한다. 또한 '무는 무의 면사포다'라는 명제도 만들어진다. ①과 ⑥을 결합하면, '존재는 불안 속에서 드러난다'는 명제도 가능하게 된다. ①과 ②와 ④를 결합하면 '존재의 면사포는 존재의 면사포 본질 안에 숨어 있다'가 된다. ①과 ④와 ⑦을 결합하면, '죽음은 무의 면사포다'가 될 수도 있다. ①과 ⑦을 결합하면, '죽음은 존재의 관'이 된다. 기타 등등. 사정이 이러하니, 분석철학 진영에서 하이데거 철학을 헛소리로 간주하는 것도 무리는 아닌 듯하다.[26] **하이데거의 주장들의 '이해의 난해함'과 '언어적 현란함'**

26) 박이문은 하이데거 철학에 대한 사람들의 양면적 평가를 이렇게 소개하고 있다. "그의 첫 저서 『존재와 시간』(*Sein und Zeit*)이 발표되면서부터 하이데거는 서로 극단적으로 상반된 반응을

은, 언어가 존재의 마주(魔酒)를 마시고 논리의 궤도를 이탈한 상태에서 취중보행(醉中步行)할 때 나타나는 현상처럼 보인다. 그리고 적지 않은 사상가들이 하이데거가 제공하는 존재의 마주를 같이 마시고 하이데거의 영향권하에서 취중보행의 즐거움을 같이 경험했다.[27] 나는 그 취중보행의 역사가 하이데거 이후 유럽철학의 자기 파괴의 역사였다고 생각한다. 회슬레(V. Hösle, 1960-)는 현대에서 철학이란 학문이 노정하고 있는 문제점을 네 가지 지적하고 있는데, 그중에 가장 심각한 문제점은, 철학이 자신의 존립 기반인 이성의 파괴에 앞장선 것으로 진단하고 있다. 독일관념론 이후 가치 합리적인 이성의 자기 해체 과정이 줄기차게 진행되어왔으며, 최종적 가치와 규범에 대해 합리적으로 근거 짓는 일이 불가능하다는 것이 19세기 후반과 20세기 주류 철학의 공통된 주장이었다. 그런 주장은 전염병처럼 퍼져나갔으며, 일반인들의 사고방식에도 커다란 영향을 미쳤다.[28] 아도르노(T. W. Adorno, 1903-1969)도 하이데거의 '존재'이론에 대해 다음처럼 혹평한다.

일으켰고, 그런 반응은 수많은 저서를 낸 그의 평생을 통해서 그리고 그가 사망한 오늘날까지도 지속되고 있다. 그의 텍스트가 완전히 난센스라고 웃어넘기는 시각이 있는가 하면 가장 심오한 사상을 담고 있다고 믿는 쪽도 있다. 하이데거를 철학을 가장한 사기꾼이라고 규탄하는가 하면, 그를 마치 일종의 종교적 교주처럼 경외심과 찬미로 우러러본다. (…) 하이데거의 텍스트, 그에 관한 수없이 많은 글을 접하고 그에 대한 강의에 귀를 기울여보기 시작한 지 벌써 30년 이상을 보낸 필자도 그의 철학에 대해 강력한 반발을 느끼다가는 어떤 마술에라도 걸린 듯 그에게 다시 끌리곤 하는 과정을 반복해왔다."(박이문, 「시와 사유, 하이데거는 어째서 중요한가?」, 한국하이데거학회 편, 『하이데거의 존재사유』, 서울: 철학과 현실사, 1995, 205쪽)

27) 하이데거가 33세일 때, 학생들을 사로잡는 강의를 통해, 그는 학생들로부터 "메스키르히에서 온 작은 마법사"라는 별명을 얻었다. 하이데거의 제자였으며, 옹호자이기도 했던 가다머(H. G. Gadamer, 1900-2002)는 "칠흑 같은 문장의 구름들이 함께 몰려와서 그 구름 사이로 번개가 번쩍이면, 이 번개는 우리를 혼수상태로 만들어버렸다"고 회상했다(최상욱, 『니체, 횔더린, 하이데거, 그리고 게르만 신화』, 26쪽 참조).

28) 비토리오 회슬레, 『현대의 위기와 철학의 책임』(이신철 옮김, 서울: 도서출판 b, 2014), 17-33쪽 참조.

> 존재는 그것이 요구하는 비규정성으로 인해 전혀 사유될 수 없으므로 사유되지 않은 것이다. 그러나 존재철학은 이 충족 불가능성을 공격불가능성으로, 또 합리적 과정으로부터의 면제를 반성적 오성에 대한 초월성으로 만드는데, 이는 영리하기도 하지만, 절망적이기도 한 폭력행위이다.[29)]

나는 앞에서 설령 논리학의 무능을 받아들인다 하더라도, 하이데거의 말들 상호 간의 정합성을 따질 때에는 논리학이 필요하다고 말했다. 그러나 나는 논리학의 무능함이 하이데거식으로 입증되는 것은 아니라고 생각한다. 논리학이 무능하다면 세상의 모든 컴퓨터를 내다버려야 할 것이다. 컴퓨터에 존재와 무의 관계를 계산시키면, 컴퓨터는 그 문제를 사이비 문제로 처리하여 거부할 것이다. 나의 이런 입장에 대해 혹자는 '그렇다면 컴퓨터가 철학적 사유를 할 수 있다고 생각하느냐?'면서 질문할지도 모르겠다. 물론 컴퓨터는 철학을 하지 못한다. 그러나 나는 '존재의 본질에 무가 들어있다'거나 '무는 스스로 무화한다'거나, '현존재는 존재가 문제시되는 장소이면서 무가 머무는 장소다'라거나 '무는 존재의 면사포다'라는 주장들 — 하이데거의 이런 명제들은 그의 존재사유의 결과물들이다 — 은 철학적 사유라기보다는 문학적 표현처럼 보인다. 말하자면 그런 문장들은 '글자상의 의미'(literal meaning)를 가지는 것이 아니라, '정의적 의미'(emotive meaning)를 가지고 있으며, 어떤 정서(느낌)를 표현하는 것에 불과해보인다. 그런 표현들은 철학의 외양을 한 시적 언어일 것이다. 하이데거는 "죽음은 무의 관이다"고 말하는데, 이 문장을 글자상의 의미를 가진 철학적 진술로 보면

29) 아도르노, 『부정변증법』(홍승용 옮김, 서울: 한실사, 1999), 150쪽.

해명하기 곤란한 황당한 문장이지만, 문학적 표현으로 보면 모종의 정서를 전달하는 멋진 시 구절이다. 하이데거는 횔더린(J. C. F. Hölderlin, 1770-1843)의 시를 존재사유의 관점에서 높이 평가했지만, 그 자신이 시를 쓰기도 했다.[30] 게르투르트 본 르 포어(Gerturd von le Fort, 1876-1971)는 1957년 베를린의 예술아카데미가 하이데거의 가입 문제로 논의하게 되었을 때, 하이데거의 저작이 '위대한 문학'으로 읽혀야 한다고 말했고, 대다수 사람들이 그녀의 말에 동의했다.[31]

대체로 하이데거에 대해 비판적인 입장을 견지했던 칼 뢰비트는 『마르틴 하이데거와 유럽 니힐리즘』에서 하이데거의 후기 사유방법이 불평을 자아내는 이유를 그것이 "'논증과 논리적 전개'를 근본적으로 부정하기 때문이다. 증거에 기초해 증명하는 대신, 오직 수수께끼 같은 '표현들과 암시들'만이 있을 뿐"이라는 사실에서 찾고 있다.[32]

30) '새벽의 여명이 산 너머 고요히 밝아오는 시간'에 그는 이런 시를 썼다. 「세상의 짙은 어둠은 도저히 존재의 빛에 / 이르지 못하리. / 신에게 우리는 너무 늦게 왔고 / 존재에게는 너무 일찍 왔네. / **존재에 사로잡혀 씌어지기 시작한 존재의 시가 인간이거늘.** / 사유는 마치 하나의 별처럼 / 한때 세상의 하늘에 걸려 있는 / 사상을 제한하는 것이라네.」(하이데거, 「사유의 경험으로부터」, 『동일성과 차이』, 신상희 옮김, 서울: 민음사, 2000, 106쪽에 수록되어 있음) 내가 강조한 그 구절은 문학적으로 멋진 구절로 보인다.

31) 뤼디거 자프란스키, 『하이데거: 독일의 철학 거장과 그의 시대』(박민수 옮김, 서울: 북캠퍼스, 2017), 678쪽 참조. 철학은 그 사유가 체계성과 논리성을 가져야 한다는 점에서 과학과 유사하고, 그 사유에 철학자의 개성이 강하게 묻어난다는 점에서 예술과 유사하며, 그 사유를 표현함에 있어서 언어적 수사에 의지한다는 점에서 문학과 유사하다. 하이데거의 철학은 특히 예술성과 문학성이 과학성을 압도하고 있는 철학으로 보인다. 칸트와 하르트만의 철학에서는 과학성이 예술성과 문학성보다 더 강하게 표현되고 있다.

32) 리처드 월린, 『하이데거, 제자들 그리고 나치』, 212쪽에서 재인용.

6장

하이데거는 의미관념론자임을 넘어서 사물관념론자인가?

1.
인간이 사라지면 세계도 사라지는가?

칸트는 『순수이성비판』의 〈선험적 감성론〉에서 시간-공간이 인간이 가지고 있는 수용성의 능력인 감성의 순수직관 형식일 뿐이라고 말한다. 달리 말해서 현상적 사물들이 시간-공간적으로 보이는 이유는 인간이 생래적으로 구비해있는 시간-공간이라는 안경을 쓰고 있기 때문이라는 말이다. 그러니 인간이 사라지면, 세계의 시간-공간적 차원은 사라진다. 사물들이 시간-공간적으로 보이는 것은 모든 인간이 공통으로 갖고 있는 현상이다. 현상적 사물들은 선험적 차원에서 보면, 인식주관의 관념물에 불과하다. 물론 그렇게 말하면서도 물자체의 실재성을 부정하지 않았다. 하르트만은 인식대상의 초대상성을 인정하는데, 이는 칸트의 물자체의 실재성을 인정한다는 말이다. 그러나 하이데거는 인정하지 않는다. 이 점에서 그는 하이데거와 칸트해석을 결정적으로 달리하고 있다. 하이데거는 현존재의 존재지평 안에 놓일 수 없는 물자체를 부정한다. 이는 신칸트학파의 인식론적 칸트 해석이 인식의 지평 안에 놓이지 않는 물자체를 부정하여 인식론의 정합성을 확보하려는 것과 마찬가지다. 어떤 경우에도 현상하지 않는 물자체를 인정하는 것은 현상학적 존재론의 정합성을 위협한다. 하이데거는, 현존재(Dasein)는 그것에서 '존재 물음'(Seinsfrage)이 발생하는 '시간과 장소'(Da)라고 말한다.[1] 현존재는 항상 자신에게 주어진 유한한 시간 속에서, 즉 죽음 앞에서 그 물음을 던지는데, 이리하여 하이데거의 존재는 항상 현존재와의 관계 속에서 이해되고 언급되고 탐구된다. 현존재를 떠나서 즉 현존재가 있는 특정한 시간과 공간을 떠나서 존재는 존재할 수 없다. 현존재는 존재의 담지자다. 여기서 중요한 문제가 발생한다. 과연 존재는 현존재 없이 존재할 수 없는가 하는 것이다. 이 물음에 대해 고명섭은 다음처럼 말한다. 그는 "인간이 존재하는 한에서만 존재는 존재함"이라는 소절하에서 다음처럼 말한다.

> 그런데 이 '존재이해'라는 것은 인간 쪽에서 존재를 이해하는 것을 뜻한다. 반대로 존재 쪽에서 존재 자신을 인간에게 내보인다면 그것은 '존재의 열림'이 될 것이다. 존재이해가 없다면 우리가 인간일 수 없듯이, 마찬가지로 존재의 열림이 없다면 우리는 인간일 수 없다. (…) 그렇다면 다음과 같은 물음엔 어떻게 답해야 하는가. 다시 말해서 인간이 존재하지 않는다면 그때도 존재자는 존재할 것인가? 인간이 존재하지 않았던 때에도 이 세계와 우주는 있었지 않은가? (…) 그러나 여기서 하이데거는 단호하게 말한다.[2]

고명섭은 이렇게 말한 뒤에 하이데거의 다음 말을 인용한다.

---

1) Da에는 지금-여기(now-here)의 뜻도 있다.

2) 고명섭, 『하이데거 극장 2』(파주: 한길사, 2022), 207-208쪽.

> 그 자체로서 볼 때, 도무지 인간이라는 것이 존재하지 않을 수도 있는 가능성은 주어져 있는 것이다. 그 언젠가 인간이 존재하지 않았던 때가 있었던 것이다. 엄격하게 따져서 말한다면, 우리는 인간이 존재하지 않았던 때가 있었다고 말할 수는 없다. 왜냐하면 인간이 존재하는 한에서만 시간이 시간화하기 때문이다. 인간이 존재하지 않았던 때는 없다. 그것은 인간이 영원으로부터 영원으로 존재하기 때문이 아니라 시간이라는 것이 영원이 아니기 때문이며, 시간은 단지 인간적 · 역사적 현존재(Dasein)로서만 스스로 시간화하기 때문이다.[3]

내가 보기에 하이데거의 이 말에는 그의 물리적 시간 개념을 거부하는 반과학주의적 사고의 정수가 숨어 있다. 하이데거는 인간이 과거 언젠가 존재하지 않았던 때가 있었다는 사실과 언젠가 존재하지 않게 될 것이라는 사실, 즉 인류의 멸종 가능성을 인정한다. 이때 그는 물리적 시간을 염두에 두고 있다. 그러면서도 그는 '인간이 존재하지 않았던 때가 있었다고 말할 수 없다'고 한다. 뭔가 모순적인 진술 같은데, 억지로라도 이해하려면, 이 말은 물리적 시간이 아니라 실존적 시간의 차원에서 한 말로 받아들여야 할 것이다. 시간을 시간화하는 현존재가 없으면, 시간을 시간으로 의미부여해서 받아들이는 존재자가 없다는 것이며, 따라서 세계에서 실존적 차원의 시간이 사라지면, 물리적 차원의 시간은 아무런 의미가 없게 된다는 말일 것이다. 나는 하이데거가 혼란된 모습을 보여준다고 생각한다. ① 물리적 시간이 실존적 시간과 무관하게, 그러니까 현존재의 의미지평을 떠나 그 자체로 있다는 말인지, 아니면 ② 현존재가 없으면 물리적 시간도 사

---

3) 『형이상학입문』(서울: 문예출판사, 1997), 141-142쪽.

라진다는 말인지 모르겠다. 전자는 하이데거를 의미관념론자로만 보는 것이다. 후자는 그를 의미관념론을 넘어서 사물관념론자로 보는 것이 될 것이다. 고명섭은 이 구절에 대해 다음처럼 설명한다.

> 하이데거의 이 문장은 정곡을 찌른다. 우리가 천체물리학적 관점에서 인류의 탄생 이전에도 장구한 세월 동안 우주가 존재했다고 말하는 것은 당연히 타당하다. 그러나 인간이 빠진 그런 있음은 근원적으로는 아무런 의미가 없다. 의미가 결여된 존재는 존재라고 할 수 없다. 그리고 의미는 오직 인간과 존재자 사이에서만 성립한다. 인간 현존재가 존재하지 않을 때는 아무리 거대한 존재자도 근본적으로는 존재 의미를 지닌 채 존재한다고 할 수 없다. 인간이 탄생하기 이전의 우주 역사가 의미 있게 다가오는 것은 우리 인간의 존재를 전제로 할 때뿐이다. (…) 인간이 존재하지 않았던, 빅뱅 이후 138억 년의 우주론적 시간이라는 것은 어떤 관점에서 보면 눈 깜빡할 순간보다도 짧은 것일 수 있다. 오직 인간 현존재를 전제했을 경우에만 138억 년이라는 세월이 아득히 긴 시간으로 다가올 뿐이다. 인간 존재가 없다면 우주의 탄생과 진화의 138억 년 세월이든 원자 속 전자의 회전 속도든 근원적으로 아무런 차이가 없는 것이다.[4]

하이데거를 고명섭처럼 해석할 수 있는 여지가 있다고 생각하는데, **하이데거의 이런 주장은 '인간이 사라지면 우주의 시공간적 차원과 그 안의 모든 사물들이 사라진다'는 칸트의 '선험철학적 사물존재론'의 주장을 '현상학적 의미존재론'으로 변경시킨 것에 불과하다. 나는 칸트의 선험철학적 존재론**

4) 고명섭, 『하이데거 극장 2』, 209쪽.

을 그것이 가지고 있는 관념론적 성격으로 인해 거부하는데, 하이데거는 그 관념론을 '의미관념론'으로 변경시켜 받아들이고 있다. 하이데거는 이렇게 물을 것이다.

> 모든 의미는 인간에 의해 부여되고 향유되고 회수되고 파괴되며 거부된다. 인간을 떠나 의미는 없다. 인간이 없는 세계가 무슨 의미가 있는가? 138억년 전에 우주가 빅뱅으로부터 시작하였다고 주장하는 것은 침팬지도 아니고 비둘기도 아니고 인간이다. 인간을 떠나 138억 년이 무슨 의미가 있는가?

이수정과 박찬국도 이렇게 말한다.

> 만일 이 세상에 현존재가 전혀 존재하지 않더라도 **사물적 존재자는 있을 수 있을 것이다.** 그러나 그 경우 의미라고 하는 것은 원칙적으로 있을 수가 없다. 의미는 현존재에 있어서만 발견되는 현상이기 때문이다. 선풍기 자체에 시원함이 있는 것이 아니다. 시원한 것은 어디까지나 현존재인 것이다. 이와 같이 하이데거는 '의미'의 개념에 대해 원칙적으로 존재론적-실존론적 해석을 견지하고 있기 때문에, 비현존재적인 존재양식을 가진 모든 존재자는 무의미한 것, 의미 일반을 본질적으로 결여한 것으로 파악되지 않으면 안 된다고 말한다.[5]

이기상도 이와 유사한 방식으로 말한다.

---

5) 이수정 · 박찬국, 『하이데거: 그의 생애와 사상』(서울: 서울대학교 출판부, 1996), 107쪽. 강조는 원저자.

하이데거의 현존재분석의 결과만 간추려 본다면, 우선 '세계'란 흔히 생각해 왔듯이 존재자의 총체(집합체)가 아니다. 인간 현존재의 삶이 전개되는 그-안(das Worin)으로서 세계를 이해해야 한다. 인간 없이는 세계도 없다는 말이다. **물론 인간이 없이도 '자연'은 존재할 것이다.**[6]

그러나 이기상은 인간이 없는 상태의 그런 자연은 의미가 없음을 만년필의 예로 설명한다.

우리가 책상 위에 놓여 있는 '만년필을 만년필로서' 지각하는 것은 우리가 세계-내-존재이기 때문에 가능하다. 만년필이 무엇인지 눈이 빠지게 관찰하는 것도, 열어보고 망치로 깨보아 그것이 무엇으로 되었는지를 알아보는 것도, 화학기구의 도움으로 그 재료가 무엇인지를 밝혀내는 것도 그 만년필에 의미를 주는 세계를 도외시한다면 모두가 다 쓸데없는 노력에 불과하다.[7]

이기상의 이 말 역시 이수정, 박찬국과 본질적으로 같은 주장을 펴고 있다. 그들이 공통적으로 펼치는 주장은 이렇게 정리될 수 있다.

만년필을 만년필로서 의미 있게 만들어주는 것은 그 만년필의 수단-목적 연관성을 지시하는 세계가 있어야 하고, 그 지시연관을 이해하는 인간이 있어야 한다. 만약 이 지구상에 인간이 없어진다면, 만년필이라 불리는 **물리적 실재는 남겠지만**, 그것은 아무런 의미가 없는 것으로

---

6) 이기상, 『존재의 바람, 사람의 길』(서울: 철학과 현실사, 1999), 199쪽. 강조는 이기상.

7) 이기상, 『존재의 바람, 사람의 길』, 199쪽.

되어버린다.

인간이 없어진 세상에서 다이아몬드가 무슨 의미가 있겠는가? 사자나 호랑이나 개에게 그것은 하나의 돌멩이일 것이다. 맞는 말이다. 그러나 그들의 주장대로라면 의미를 상실한 다이아몬드의 물리적 실재는 여전히 존재한다는 사실은 인정된다는 말이다.[8)]

8) 스피겔버그는 『존재와 시간』에서의 하이데거는 전통적인 실재론을 거부한 것으로 해석한다 (『현상학적 운동 1』, 최경호 · 박인철 옮김, 서울: 이론과 실천, 437쪽 참조).

2.
하이데거의 혼란

우리는 지금까지의 논의에서 하이데거의 혼란을 감지할 수 있다. 의미연관으로서의 세계-내-존재에서 그 다이아몬드는 추방되었음에도 불구하고 여전히 그 물리적 실재로서의 다이아몬드는 실재한다면, 그 다이아몬드가 공간과 시간을 점유하면서 머무는 그 세계는 무슨 세계인가? 만약 그것이 세계에서 시공간적 위치를 가진다면 그 세계는 물리적 세계일 수밖에 없을 것이다. 그리고 그 물리적 세계의 다이아몬드도 '존재하는 사물'임에 분명하다면, 비록 그것이 의미연관의 총체로서의 세계 내에서 가지는 의미는 없다 하더라도, 그것도 존재하는 것으로 인정되는 한, 하이데거는 존재의미를 갖지 못하는 존재자를 인정해야 한다. 이 존재자는 의미-무의미 구분 이전의 어떤 것일 것이다. 그러면 존재의미를 탐구하는 하이데거 철학에서 그런 존재자는 어떻게 이해되어야 하는가? 하이데거는 갈림길에 들어서게 된다. 첫째로, 그런 존재자는 자신의 존재의미 탐구에서 추방당한 존재자이지만 그래도 하이데거 자신의 현상학적 의미관념론을 벗어나 있는 모종의 의미를 가진 것으로 인정하는 길이 있다. 이 길은 하이데거의 탐구주제인 '존재의미'에 포섭되지 않는 어떤 존재의미가 — 설령 그 의미가 현상학적 존재론의 관점에서 무의미라 하더라도 — 있음을 인정하는 길이다. 이는 하이데거로서는 가고 싶지 않은 길일 것이다. 둘째로, 모든 의미의 창조자이고 부여자인 인간 현존재가 없으면, 다이아몬드라 불리는 물리적 존재 그 자체도 사라진다고 생각하는 것이다. 이 길은 이기상, 박찬국, 이수정 같은 하이데거 연구자들이 선호했던 첫 번째 길의 문제점을 보완해주는 길이다. 이런 해결책은 하이데거가 말하는 '존재의미'에 포섭되지 않는 존재의미란 없다는 것으로 귀결되며, 하이데거의 의미관념론을 사물관념론과 일치시키는 것이 될 것이다. 이는 하이데거 존재론의 일관성을 보장해주지만, 상식적인 호소력이 떨어진다.

하이데거의 이런 딜레마는 칸트의 물자체 문제를 두고 학자들이 벌인 해석상의 논쟁을 생각나게 한다. 물자체를 인정하여 가상과 현상의 구분을 위한, 인식초월적이고 존재론적인 지반을 구축할 것인가, 아니면 『순수이성비판』에서 물자체를 제거해버리고 칸트 인식론의 일관성을 확립할 것인가 하는 논쟁을 닮았다.[9] 나는 물자체를 인정하는 칸트해석이 올바르다

9) 이런 논쟁은 동양에서도 발견되는데, "마음 바깥에는 사물이 없다"(心外無物)를 설파한 왕수인과 그의 친구 사이에 오고 간 대화에서 볼 수 있다. 한 친구가 왕수인에게 바위틈에 자라고 있는 꽃을 가리키며 물었다. "천하에는 마음 바깥에 사물이 없다고 했습니다. 그런데 가령 이 꽃은 깊은 산속에서 절로 피어나 절로 지는데, 그것이 내 마음과 무슨 상관이 있겠습니까?" 그러자 선생이 말했다. "그대가 꽃을 보기 전에 이 꽃은 그대의 마음과 함께 적막 속에 있었지만, 그대가 와서 이 꽃을 보자 이 꽃의 모습은 일순간에 명백해진 것이네. 이로부터 이 꽃이 그대 마음을 벗어나 있지 않음을 알 수 있네."(풍우란, 『중국철학사』(하), 박성규 옮김, 서울: 까치, 1999, 606쪽) 왕수인의 『전습록』에 나오는 말인데, 왕수인이 말하는 '마음'이 버클리가 말하는 지각의 주체라면, 왕수인의 이론은 버클리의 주관적 관념론으로 해석될 여지도 있고, 그 마음이 '선험적 주관'이라면 왕수인의 주장은 칸트가 『순수이성비판』 전반부에서 보여주는 선험적 사물관념론의 입장으로 해석될 수 있는 여지도 있다. 그리고 『존재와 시간』에서 하이데거가 보여주고 있는 현상학적 의미관념론의 입장으로 해석될 여지도 있는 것 같다. 그런데 친구는 인식대상의 초대상성을 주장하는 니콜라이 하르트만의 입장이다. 왕수인이 '마음 바깥에 사

고 생각하듯이, 하이데거의 '존재의미'에 포섭되지 않는 어떤 존재자의 '존재의미'가 있다고 생각하는 것이 하이데거에 대한 올바른 해석이라고 생각한다. 다시 말해서 앞의 세 사람(이기상, 박찬국, 이수정)처럼 하이데거를 해석하는 것이 옳다고 생각한다. 그렇게 되면, 하이데거의 '존재의미'에 포섭되지 않는 어떤 물리적 존재자의 존재가 있음을 인정하게 되며, 결국 하이데거의 존재사유의 불충분성을 인정하게 된다. 왜 이런 일이 발생하는가? 그 이유는 앞서 말했듯이 **하이데거가 '존재'의 의미적 차원(의미존재)과 물리적 차원(사물존재)을 구분하지 않고 자신의 존재론을 전개했기 때문이다.**

우리는 앞에서 "인간이 존재하는 한에서만 시간이 시간화한다"는 하이데거의 말을 세계에 대해서도 "인간이 존재하는 한에서만 세계는 세계화한다"로 바꿀 수 있다고 했다. 그렇다면, 우리는 이것을 세계 속에 존재하는 모든 것에 대해서도 그렇게 말할 수 있음을 알게 된다. 산(山)에 대해서도 '인간이 존재하는 한에서만 산이 산화(山化)한다.' 구름, 개천, 강, 바다, 번개 등등 모든 것에 대해서 그렇게 말할 수 있다. 인간이 강을 '강'으로 부르고 의미부여하기 전에는 '강'은 없다는 말이다.[10] 하이데거는 이런 사

물이 없다'고 했을 때, 그는 칸트의 선험적 사물관념론인지 하이데거의 현상학적 의미관념론인지는 불분명해보인다. 꽃이라 불리는 어떤 물체의 물리적 속성까지 마음에 의존하는 것이라고 생각했다면, 그는 칸트적인 현상적 사물관념론자가 될 것이다. 그러나 인간이 '꽃'이라고 부르는 사물의 의미, '핀다'는 말의 의미, '바위틈'이라는 말의 의미 등등만이 마음에 의존하는 것이라고 생각했다면, 그는 하이데거식의 의미관념론자가 될 것이다. 아니면 또 다른 하이데거처럼 의미관념론을 끝까지 일관되게 밀어붙여서 사물관념론까지 받아들인 것인지는 알 수가 없다.

10) 나는 앞에서 존재의 의미를 묻는 물음이 삶의 의미를 묻는 물음과 유사하면서도 다른 것임을 말했다. 하이데거는 존재의 의미를 해명하는 작업을 하면서 모든 인공적 사물은 말할 것도 없고 자연적 사물들도 인간에 의해 존재자로서 그 의미를 부여받는다고 생각한다. 그런데 그 의미가 그 존재자들에게 부여된 명칭의 개념적 의미인지, 개개의 현존재에 부여된 생활세계적 차원의 주관적 의미인지 구분이 안 되고 있다. 존재의 의미를 묻는 것이 삶의 의미를 묻는 것이라면, 인공적이거나 자연적인 사물들에 대해 부여된 의미는 생활세계적 차원의 주관적 의미

고방식을 진리에도 적용한다. 인간이 존재하지 않으면 진리라는 것도 존재하지 않는다. 진리라는 것이 탐구되고 물어지는 장소는 인간 현존재다. 그러니 인간은 '진리를 진리화하는' 존재다.

일 것이다. 그렇다면, 삶의 의미를 찾지 못하고 허무의 수렁에서 자살하는 사람이 거두어가는 의미도 그런 의미에 제한되어야지 세계 안의 존재자들에게 부여된 개념적 의미조차 거두어가는 것은 아니다. 다시 말해서 누군가가 세상을 하직하여 '그의 세상'이 사라지더라도, 그와 함께 사라지는 의미의 세계에는 그가 세상과 세상 안의 존재자들에게 부여한 주관적-개인적 의미만 들어 있어야 하지 개념적 의미들은 제외되어야 한다는 말이다. 그래야만 살아 있는 나머지 사람들이 그 존재자들의 개념적 의미에 의지하여 의사소통할 수 있을 것이기 때문이다. 물론 죽은 자도 살아 있을 때에 그 존재자에 대한 개념적 의미에 의지하여 친구들과 의사소통을 했을 것이다. 그렇다고 그 개념적 의미가 온전히 자기만의 것은 아니다. 그는 죽음으로써 그 개념적 의미의 사용자들 집단에서 빠졌을 뿐이며, 그 개념적 의미는 다른 사용자 집단에서 여전히 남아 있게 된다. 내가 말하고자 하는 바는, **내가 삶의 총체적 무의미를 체험하여 세상을 하직하더라도, 현존재로서 '나의 죽음'이 세상의 모든 존재자들의 개념적 의미들까지 무의미로 만들지는 못한다는 것이다.** 흔히 말하듯이 '죽으면 끝이다.' 그래서 하나의 세계가 사라진다. 그러나 세계는 여전히 거기에 있다. 개별 현존재에 의해 세계화되면서 세계는 각자의 세계가 되며 그리하여 각각의 현존재에게 모든 존재자들이 각각의 의미를 부여받으며, 그런 각자성의 의미들의 집합체로서의 각자의 세계가 만들어지며, 그런 '각자성의 세계', '나만의 세계'를 만들어낸 각각의 개인들이 사라지면서 그 세계도 사라지지만, 세계는 여전히 거기에 있다. 이런 일이 어떻게 가능한가? 세계는 물리적 차원과 의미적 차원으로 되어 있으며, 이 의미적 차원도 다시금 공통적 의미 차원(개념적 의미 차원)과 주관성-각자성-개별성-일회성-유일성의 의미 차원이 있는데, 한 사람이 세계로부터 사라지더라도 세계의 물리적 차원과 공통적 의미 차원은 여전히 남아 있기 때문이다. 누군가는 이렇게 말할지도 모르겠다. 공통적 의미 차원조차도 모든 인간이 사라지면 사라진다고. 우리가 책이니 연필이니 하는 것들의 개념적 의미도 인간이 사라지면 사라지는 것이라고. 이렇게 말하는 순간, 그들은 개인적 차원의 의미관념론을 유적 차원의 의미 관념론으로 변경시키는 것이 된다. 사람마다 세계살이로서의 인생의 의미는 각기 다르다. 75억 명의 인간들은 75억 개의 인생의 의미를 만들어 간다. 누군가가 죽으면, 그가 인생에 부여했던 그만의 의미는 사라진다. 그 의미는 전적으로 그에게 의존해서 존재했기 때문이다. 이것은 개인적 의미관념론이다. 그런데 그가 세상으로부터 사라져도, 세상은 공통의 의미지반을 깔고 그 위에서 자기만의 삶에서 자기만의 삶의 의미를 구축해가는 나머지 사람들에 의해 돌아가는데, 이 세계조차도 인간 전제가 사라지면, 사라진다고 주장하는 것은 유적 의미관념론일 것이다. 하이데거 철학의 또 다른 치명적 결함은 그가 『존재와 시간』에서 이 두 가지 의미관념론을 뒤섞어 논의를 전개하고 있다는 것이다. 그의 용어로 말한다면 그의 논의는 어떨 때는 실존적 차원에서 전개되다가, 어떨 때는 실존론적 차원에서 전개되고 있다. 예컨대 그가 실존적 존재로서의 인간이 자기만의 세계를 가진다고 말할 때, 실존적 차원에서 언급되는 자기만의 세계는 개별성과 구체성을 가진 세계이지만, 실존론적 차원에서 언급될 때는 '자기만의 세계' 일반에 대해 말하고 있다.

> 진리는 오직 현존재가 있는 한에서만 그리고 있는 동안에만 '[주어져] 있다.' 존재자는 도대체 현존재가 있는 그때에만 발견되어 있고 그동안에만 열어 밝혀져 있다. 뉴턴의 법칙, 모순율, 진리일반은 현존재가 있는 동안에만 참이다. 현존재가 도대체 있지 않았던 그전과, 현존재가 도대체 더 이상 있지 않을 그 후에는, 진리란 없었고 없게 될 것이다. 왜냐하면 그때에는 열어 밝혀져 있음, 발견, 발견되어 있음으로서의 진리가 있을 수 없기 때문이다. 뉴턴의 법칙이 발견되기 이전에, 그 법칙들은 '참'이 아니었다. (…) 뉴턴의 법칙이 참도 거짓도 아니었다고 함은 그 법칙이 발견하면서 제시한 존재자가 그전에는 없었다는 것을 의미하지 않는다. (…) '영원한 진리'가 있다는 것은, 현존재가 영원으로부터 있었고 영원히 있게 되리라는 데에 대한 증명이 성공했을 때, 비로소 충분하게 입증될 것이다. (…) 모든 진리는 그것이 지니고 있는 본질적인 현존재적 존재양식에 따라서 현존재의 존재와 상관적이다.[11)]

하이데거에 따르면, 인간은 존재의 의미가 물어지는 유일한 장소다. 그러니 '인간이 존재하는 한에서 존재는 존재화한다'고 말할 수 있다. 그런데 인간은 존재의 의미를 물으면서 무를 사고하게 되니, '인간이 존재하는 한에서만 무가 무화한다'는 말이 성립한다. 사실, '아무것도 아닌 것'으로 규정되는 무를 '아무것도 아닌 것**이다**'로 규정하면, 무가 존재의 영역으로 들어오게 되는데, 그 무를 다시금 존재의 영역에서 추방하는 무화작업을 하는 것은 인간이지 다른 짐승은 아니다. 인간이 없다면 그런 '무의 무화'도

---

11) 『존재와 시간』(이기상 옮김, 서울: 까치, 1998), 305쪽. 강조는 하이데거. 파스칼도 『팡세』에서 인간을 '진리의 위탁자'로 부른다. 그는 동시에 인간은 우주의 쓰레기라고 말하기도 한다. 어쨌건 이 지구상에서 진리를 문제 삼고 탐구하는 존재는 인간밖에 없다는 것, 인간을 통해 진리가 진리로 드러난다는 것은 심오한 철학적 통찰은 아니다.

없다. 더 나아가서 인간은 존재의미를 묻는 방식으로 자신에게서 존재가 머물게 하면서 동시에 무의 의미도 고찰하게 되므로, 현존재는 무가 머무는 터이기도 하다. 현존재-존재-무-시간, 이 넷이 불가분리적으로 얽혀 있는 구조를 통해 하이데거는 하나의 의미관념론의 체계를 만들어낸다.

3.
사물존재와 의미존재의 관계

인간이 존재하지 않아도 여전히 풀과 나무와 공룡과 삼엽충과 원숭이의 조상들이 존재했다. 물론 그것들은 인간이 지구상 등장하기 이전의 존재들이기에, '원숭이'니 '나무'니 하는 이름으로 불리지도 않았을 것이다. 그러나 그것들이 뭐라고 불리든 그것들이 있었다는 것은 의미와 무의미를 논하기 이전의 존재적 사물이다. **의미를 논하려면 사물이 먼저 있어야 한다. 사물존재는 의미존재에 선행한다.** 인간은 원숭이와 오랑우탄과 고릴라와 침팬지의 공동 조상으로부터 갈라져 나왔다는 현대 진화생물학의 주장이 사실이라면, 의미부여자인 인간이 존재하기 위해서 의미부여자가 아닌 생명체들의 존재가 인정되어야 한다. 그런 것들이 '아무것도 아닌 것'(무의미한 것)이라고 말하는 것은 철저하게 반과학적이다. 하이데거는 인간이 존재하기 전에도 공룡이 존재했다는 사실을 인정할 것이다. 그러나 그는 그 사실은 인간이 존재하기에 인정되는 사실이며, 바로 그러함으로써 인간에게 의미를 갖게 된다고 말할 것이다. 하이데거는 '현존재가 없을 경우 물리적 차원에서 존재자가 있다는 것이 무슨 **의미**가 있는가?'라고 반문할지도 모르겠다. 이렇게 물음으로써 그는 존재의 물리적 차원도 의미적 차원으로 환원시키려는 것이다. 그러나 존재의 물리적 차원과 의미적 차원은 서로 다른 차원이며, 어느 한 차원을 다른 차원으로 환원시키는 것은 잘못이다. 설령 인간 현존재가 없으면 강이 강으로 불리지 않고, 강이 강화(江化)되지 않는다고 하자. 그렇다고 정말로 강이 없는가? 단지 인간에 의해 강이 불리는 의미작용이 없어질 뿐이지, '인간에 의해 강으로 불려지는 것을 그만두게 된 무엇인가'는 여전히 거기에 있다. 그 '무엇' 안에서 인간에 의해 물고기로 불리는 뭔가가 먹이 활동도 하고 수영도 할 것이다. 극단적인 하이데거 추종자들은 이렇게 물을 것이다.

> 인간이 없으면, 즉 강으로 불리던 사물이 강으로 불리는 의미부여 작업이 사라지지만, 그 의미부여 이전의 무엇인가가 존재한다는 것은 부정할 수 없는 사실이라고 말하는데, 그렇게 인간이 없는 상황을 가정하면서 그렇게 추리하는 것도 인간이 아닌가? 그 추리를 삼엽충이 하는 것은 아니지 않은가?

이렇게 반문하면서 하이데거주의자들은 다음처럼 끝까지 사물조차도 의미관념론 안에서 녹여 없애려 하고 있다.

> '의미부여 이전에 사물이 있다'고 말하면서 사물의 의미초월성을 주장하는 것 자체가 인간이 부여하는 의미일 뿐이다. 인간이 없다면 그런 주장도 없다.

논의가 이 지경에 이르면 남는 것은 선택의 문제다. 그러나 건전한 상식은 사실의 세계와 의미의 세계를 구분한다. 물리적 차원을 전제하지 않는 의미적 차원은 있을 수가 없다. 인간이라는 물리-생물학적 실재가 있기에 존재의 의미를 묻는 것도 가능한 것이 아니겠는가? 명백히 그 반대는 아니다. 존재의 의미를 묻는 사유행위가 가능하려면, 그 사유행위를 하는 물리-생물학적 실재로서의 '나'의 존재가 전제되어야 한다. 하이데거 식으로 '나의 나화'를 말하려면 '나'가 전제되어야 한다.

도구적 존재의 의미에 대해서도 같은 말을 할 수 있다. 하이데거는 세계내부적 존재인 도구존재의 의미에 대해 현상학적으로 섬세하게 분석하고 있다.

> '망치가 무겁다'라는 '물리학적' 발언에서는 만나게 되는 존재자의 도구성격이 간과될 뿐만 아니라, 또한 그와 함께 모든 손안의 도구에 속하는 그것, 즉 그의 자리도 간과된다. 그의 자리는 아무 상관이 없는 것이 된다. 눈앞의 것 일반이 그것의 '장소'를 잃어버렸다는 말이 아니다. 자리는 시공상의 한 위치로, 다른 것에 비해서 아무런 특징도 가지지 않는 '세계의 점'이 된다.[12)]

하이데거의 이 말은 망치라는 도구의 도구성을 고려하지 않고, 즉 그것이 놓여 있는 생활세계적 시공간으로부터 이탈시켜 단지 그것을 하나의 물리적 시공간으로 옮긴 뒤에, 도구가 가진 생활세계적 의미를 탈색시켜 고찰하는 것은 잘못이라는 것이다. "하이데거가 말하고자 하는 바는 도구와 같은 유용한 사물을 다루는 경험은 대상을 단지 사물로서 개념화하는 것에

---

12) 『존재와 시간』, 475쪽.

앞선다는 것이다. 대상을 개념화하는 것은 과학적이거나 객관화하는 태도를 말한다."[13] 그러나 나는 이 대목에서 물리학을 편들어 한마디하지 않을 수 없다. 사람들이 망치에 대해 부여하는 의미는 망치가 생활세계 속에서 수행해내는 역할에 따라 다를 것이다. 누구는 못을 박는 데, 누구는 벽돌을 깨는 데, 누구는 쐐기를 박는 데 사용할 것이다. 망치가 그 모든 도구적 의미를 수행하기에 적합한 도구로서의 기능을 가지려면 **먼저** '망치는 무겁고 단단한 물질로 만들어져야 한다'는 물리학적 판단을 해야 한다. 우리는 스펀지로 망치를 만들 수는 없다. 도구적 존재가 생활세계 속에서 그 기능을 수행하여 도구로서의 의미를 갖게 하려면, 우리는 우리가 만들려는 그 도구적 존재의 **물리적 성질**부터 파악해야 한다. 그런 물리적 성질에 기초해서 도구의 도구성이 만들어질 수 있다. 망치만 그런 것이 아니다. 낚싯대라는 도구존재의 의미는 낚시하는 행위와의 연관성 속에서 의미를 가진다. 하이데거는 그 연관성을 떠나 낚싯대라는 도구의 의미를 논하는 것은 무의미하다고 말한다. 이는 도구존재에 대한 현상학적 분석을 하지 않고 살아가는 일반인들도 알고 있는 말이다. 낚시의 세계에도 수많은 도구들, 예컨대 낚시가방, 낚싯대, 낚시바늘, 낚싯줄, 찌 등등이 있으며, 이 모든 것들은 도구 연관성 중에서 도구로서의 의미를 가진다. 그러나 우리가 도구들의 의미를 파악해서 도구를 제작하려고 할 때, 우리들은 도구를 만드는 데 사용되는 물질들의 물리적 성질을 먼저 파악해야 한다. 그렇게 하려면 우리는 자연과학에 의존하지 않을 수가 없다. 낚싯대를 납덩어리로 만든다든지, 낚시바늘을 고무줄로 만드는 것은 잘못된 일이 될 것이다. 우리는 고대 이집트에서 공간과 도형에 대한 추상적 연구인 기하학이 발전하

---

13) 리처드 월린, 『하이데거, 제자들 그리고 나치』(서울: 경희대학교 출판부, 2021), 373쪽.

게 된 생활세계적 요구 내지는 이유를 알고 있다. 홍수의 범람으로 인해 토지의 경계가 지워지면서 토지 소유주들 간에 분쟁이 발생했고, 그 분쟁을 해결하려는 생활세계적 요구를 충족시키기 위해 기하학이 발전하게 되었다. 기학학(geometry)이라는 말의 어원이 땅(geo)과 측량(metry)의 결합이기에, 우리는 기하학이라는 추상적 학문의 생활세계적 뿌리를 분명히 알게 된다. 과학의 추상성은 생활세계의 구체성의 문제를 해결하기 위해 필수불가결하다. 망치나 낚싯대 같은 생활세계적 도구들의 도구성이라는 구체성의 문제를 해결하기 위해서 우리는 물질들을 물리적 성질들을 추상적으로 연구하는 과학의 도움을 필요로 한다.

우리는 하이데거가 의미관념론자임을 넘어서 사물관념론자이도 한 것인가 하는 문제를 논하다가, 잠시 그의 도구존재에 대한 분석을 비판적으로 다루었다. 이제 다시 원래 문제로 돌아가보겠다. 우리가 앞서 선풍기의 예로 살펴보았듯이, 의미라는 것이 현존재와의 관계에서만 거론될 수 있는 것이라면, 이는 인식대상이란 것이 인식주관과의 관계에서만 대상이 될 수 있다는 것과 유사한 주장이 되는데, 이렇게 되면, 그가 주관-객관 분열적 사유를 벗어났다고 주장함에도 불구하고, 여전히 그는 변형된 형태의 이원성을 받아들이고 있는 듯이 보인다.[14)] 선풍기와 시원함은 선풍기 자체가 가지는 것도 아니고, 현존재가 선풍기라는 도구존재와의 관계에서 가지게 되는 느낌이다. 이렇게 보면 하이데거가 말하는 '의미'는 로크(J. Locke, 1632-1704)가 말하는 사물의 이차 성질과 유사해보인다. 로크의 이차 성질 예컨대 꽃의 향기라는 것은 꽃 자체가 가지고 있는 것이 아니라,

---

14) 나는 앞에서('칸트, 헤겔, 하이데거의 무 개념') 하이데거의 현존재는 칸트의 선험적 주관과, 하이데거의 존재는 칸트의 선험적 대상과 구조적 유사성을 가지고 있음을 설명했다.

그 꽃과 인간의 관계에서 인간이 가지는 감각적 느낌이다. 그렇다면 하이데거의 의미나 로크의 이차 성질이나 한결같이 주관-객관의 관계지평을 전제해야 한다. 하이데거의 존재가 '존재 의미'를 의미하는 한, 그 '존재'는 현존재 없이 존재할 수 없다. 그러나 그 존재에 의미존재 이외에 사물존재도 포함된다면, 그 존재 중의 의미존재는 현존재 없이는 존재할 수 없지만, 그 존재 중의 사물존재는 현존재 없이도 존재할 수 있다. 그러나 우리가 앞에서도 다루었듯이, 하이데거 추종자들은 다시금 '그런 사물존재가 인간이 없이 존재할 수 있다 하더라도 그게 무슨 의미가 있는가'라고 반문할 것이다. 이 반문을 칸트철학의 문맥에서 파악하면, 그 반문은 '원칙적으로 인식의 대상이 될 수 없는 물자체라는 것이 있다는 것이 무슨 의미를 가지는가?'라는 물음으로 바뀔 것이다. 신칸트학파는 물자체를 무의미로 간주하여 칸트철학에서 제거했고, 하이데거도 그 길을 답습하고 있다. 그러나 칸트는 인식의 지평이 성립하여 그 안에서 인식 가능과 인식 불가능을 구분하는 것이 의미 있는 구분이 되려면, 물자체를 설정해야 한다고 판단했다. 그리고 이것이 **물자체가 갖는 '메타(超) 인식존재적' 존재**가 된다. 여기서 '메타 인식 존재적'이란 '인식지평에서 인정되는 존재와는 다른 차원의'의 의미다. 하이데거에 있어서 현존재는 세계 안에서 의미를 부여하거나 철수시키며 의미의 지평을 형성하며 살아가는 유일한 존재다. 하이데거는 사물적 존재자들은 현존재의 실존적 의미존재의 지평 바깥에 놓여 있기에, 그것들의 존재가 인정된다 하더라도, 그 존재는 실존적 의미존재는 아니며 따라서 무의미하다고 한다. 그러나 하이데거는 칸트철학에서 물자체가 갖는 '메타 인식존재적' 존재를 간과하고 있듯이, **사물적 존재가 갖고 있**

는 **'메타 의미존재적'** 존재를 간과하고 있다.[15] 물자체의 메타 인식존재적 의미는 물자체가 '인식 가능-인식 불가능'의 지평의 존재론적 토대이듯이, 사물적 존재들의 메타 의미존재적 존재는 사물적 존재들의 '의미존재-무의미존재'라는 지평의 물리적 토대라는 것이다. 망치나 선풍기는 생활세계 속에서 그 사용자로부터 의미존재를 부여받는다. 그런데 망치와 달리 선풍기는 자식이 부모님에게 선물한 것이라면 그 의미는 단순히 시원한 바람을 일으킨다는 도구적 의미 이상의 의미를 갖게 된다. 그러다가 세월이 흘러 고장이 나면 사용자는 그것들로부터 의미를 거두어들인다. 망치가 의미 없게 되면 즉 도구로서의 기능을 제대로 수행하지 못하게 되면 버린다. 그러나 선풍기는 고장이 나도 한동안 더 가지고 있다. 그것은 도구적 기능을 다했지만, 자식이 준 선물로서의 의미존재는 여전히 가지고 있기 때문이다. 그러나 이처럼 의미존재를 부여하고 향유하고 회수하는 것이 가능하기 위해서 도구로서의 망치나 선풍기의 물리적 성질과 기능에 대한 판단이 전제되지 않으면 안 된다. 물자체는 선험적 인식론의 존재근거이고, 선험적 인식론은 물자체의 생각근거 혹은 요청근거다. 물자체와 선험적 인식론의 관계에 빗대어, 물리적 사물존재와 실존적 의미존재의 관계에 대해서도 이렇게 말할 수 있다. '물리적 사물존재는 실존적 의미존재의 존재근거이고, 실존적 의미존재는 사물존재의 생각근거다.' 실존적 의미를 논하려면, 그 의미를 논하는, 피와 살을 가진 인간 '현존재' — 이 '현존재'는 하이데거식으로 이해되어서는 안 되고 현존(existentia)과 본질(essentia)의 대립구도에서 언급되는 현존으로 이해되어야 한다 — 가 전제되어야 한

15) 하이데거에 있어서는 '의미'도 존재이고 '물리적 사물'도 존재이기에, 이를 구분하기 위해 일반적으로 '의미'라고 표현하는 것을 여기서는 '의미존재'로 표기한다.

다. 그것 없이는 실존적 의미를 논하는 것은 불가능하다. 실존적 의미가 논해진다는 것은 사물적 존재들이 존재한다고 생각될 수 있는 근거가 된다.

하이데거가 '현존재가 없이는 존재의미를 논하는 것은 무의미하다'는 주장을 한다면, 이는 의미관념론(모든 의미는 주관의 관념내용이라는 것)이 될 것이요, 이 말은 초견적(初見的) 진리다. 첫눈에 보기에는 진리처럼 보인다는 말이다. 내가 죽으면 나의 세상과 그 안에서 내가 의미를 부여했던 모든 의미 존재들이 사라지기 때문이다. 물리학적 진리들도, 수학적 진리들도 내가 죽으면 적어도 나에 대해서는 아무것도 아니다. 물론 내가 죽더라도, 너의 세상과 네가 그 안에서 의미를 부여하고 있는 모든 의미 존재들은 여전히 존속한다. 그런데 우리는 이 대목에서 한 가지 중요한 질문을 던지지 않을 수 없다. 하이데거가 의지하고 있는 의미관념론 그 자체는, 우리가 첫눈에는 진리라고 생각했지만, 과연 진리인가라는 것이다. 의미집합체로서의 '나의 세계'를 구성하는 의미들도 다양한 종류가 있다. 논리학에서 우리는 개념들의 의미에 대해 세 가지 종류를 구분한다. 개념의 주관적 내포(의미), 객관적 내포, 관례적 내포가 있다.[16] 설령 무(죽음)가 의미존재의 블랙홀이라 하더라도 이 모든 종류의 의미들을 무화시키는 블랙홀인지는 세심하게 따져보아야 할 것이다. 예컨대 어떤 사람은 '고층건물'의 기준을 60층 이상의 건물이라야 한다고 생각한다. 그것은 '고층건물'에 대한 그 사람만의 주관적 의미다. 그러나 3+3=6이라는 수식의 의미는 모든 사람이 인정하는 객관적 의미다. 그리고 부자의 기준을 우리나라에서 50억 이상의 재산을 가진 사람으로 기준을 정한 뒤에 사람들이 그 기준을 받아들인다면, 그런 부자의 의미는 관례적 의미다. 내가 (허)무의 블랙홀에 빠져 들어가면

16) I. M. Copi, *Introduction to Logic* (Macmillan Publishing Co., 1982), p. 155 참조.

서 동시에 무화되는 의미들은 이 세 가지 의미들 모두인가? 내가 죽으면 내가 사물들에 부여했던 주관적 의미들은 나와 같이 사라지는 것은 분명하다. 그러면 물리법칙의 의미체계나 수학적 의미체계, 혹은 도덕적 의미체계들도 사라지는가? 그러나 내가 죽어도 사람들은 그 의미체계들에 의지하여 살아간다. 그런 의미들마저 무의 블랙홀이 빨아들이면서 무화시키지 못한다는 것이다. 그러면 지구상의 모든 인간들이 사라지면 그런 수학법칙이나 물리법칙이 그때에도 여전히 어떤 의미를 가지는가 하는 문제가 제기될 수 있을 것이다. 만약 그 모든 의미체계들이 인간의 존재에 의존한다면, 다시 말해서 인간이 없이는 그런 의미체계도 존속할 수 없다면, 이는 명백히 의미관념론이다. 그러나 인간이 존재하지 않아도 그런 의미체계가 존재한다고 생각할 수도 있다. 이는 의미실재론이다. 플라톤은 의미실재론자였다. 하이데거는 의미실재론을 거부하지만, 그 이유는 그런 의미들이 시간적인 존재가 아니기 때문이라는 이유 말고 다른 어떤 이유를 제시하고 있는지 나는 모른다.

하이데거의 의미관념론은 그 기반이 튼튼해 보이지 않는다. 그리고 하이데거가 '현존재 없이는 물리적 차원에서도 존재는 없다'고 말한다면, 이는 사물관념론(모든 사물은 주관의 관념내용이라는 설)이 되는 것이며, 잘못된 것이다. 이수정과 박찬국은 하이데거가 사물관념론을 주장하는 것은 아니라고 말하지만, 나는 앞에서 하이데거의 '존재'에는 의미적 차원과 사물적(물리적) 차원이 뒤섞여 있다는 것이 하이데거 존재론의 치명적인 결함이라고 말했었다.

7장

'거기 있음'과 '그리 있음'에 대한 하르트만과 하이데거의 입장 차이

1. 사물범주와 실존범주
2. 하이데거 이전의 서양철학은 인간을 사물범주로 파악했는가?

1.
사물범주와 실존범주

하이데거는 인간을 이성적 동물로 정의하는 전통적 인간관을 배격한다. 그리스인들은 인간을 '말하는 생명체'(초온 로곤 에콘)로 생각했는데, 후세 사람들은 그 말을 '이성적 동물'로 해석했다. "이 해석이 '틀린' 것은 아니지만 현존재에 대한 이 정의가 취해져나온 그 현상적 기반을 은폐하고 있다"[1]고 한다. 그는 인간에 대한 그러한 정의는, 인간의 본질은 이성이요 정신이며, 감정과 몸은 비본질적인 것이라는 식으로 양자를 대립시켜놓고 본질에다 우위를 주는 '본질철학'의 정의라고 생각한다. 그런데 하이데거는 본질보다 실존이 더 중요하다고 본다. 하이데거 철학에서 비록 몸이 개체의 독자성과 특수성을 극대화하는 하나의 축으로 이해되지만, 그가 말하는 실존에는 정신의 요소가 빠져 있는 것은 아니다. 그가 말하는 현존재(실존)는 몸과 정신의 통일체로서 자신의 삶을 영위하는 인간이다. 전쟁터에서 수많은 사람들이 죽어 나가는데, 그 많은 사람들이 본질이 같은 인간으로 대체

1) 『존재와 시간』(이기상 옮김), 227쪽.

될 수는 없다. 각각의 인간은 대체 불가능한 실존이다. 그런데 하이데거의 주장에 의하면 전통철학에서 인간이 동물과 다른 점은 이성을 소유했다는 것인데, 실존적 존재로서 인간이 동물과 다른 점은, 죽을 수밖에 없는 인간이 우연히 세상에 던져진 상태에서 — 이 점은 인간이나 동물이나 마찬가지다 — 그 사실을 주체적으로 인식하면서, 존재이해를 갖고 존재의미를 찾으며 기투적으로 살아가는 존재라는 사실이다. 현존재는 불안이나 권태와 같은 기분의 주체인 몸을 갖고 살아가는 실존이기에 당연히 죽음 앞에 몰아세워지며, 죽음을 염두에 두면서, 세계 내에서 자신의 삶의 의미를 고민하면서 살아간다. 현존재는 자신의 삶의 의미를 실현하기 위해 미래의 가능성을 향해 결단하면서 살아가는 존재이다. 하이데거는 이 사실을 '현사실성'(Faktizität)으로 부른다.[2)]

> '현존재가 존재하고 있다는 사실'이 내보여지지만 그가 어디에서 와서 어디로 가는지는 어둠 속에서 남아 있다. (…) 그의 '어디에서'와 '어디로'는 은폐되어 있지만 그럴수록 더욱더 그것 자체에 있어서는 은폐

---

2) 이기상과 김재철은 현사실성을 다음처럼 설명한다. "사전적 의미에서 '현사실성'은 '필연적이지 않고 단순히 주어진 것으로서의 사실성(Tatsächlichkeit)'을 일컫는다. 이 개념은 당시 신칸트주의의 문맥에서 나오는 논리성(Logizität)에 상반되는 개념으로 사용된다. 논리적인 것이 항상적, 필연적, 일반적, 보편적, 초시간적인 것에 관계한다면, 현사실성은 일회적, 우연적, 상대적, 시간적, 개인적, 반복할 수 없는 역사적인 것이다."(『존재론』, 이기상 · 김재철 옮김, 서울: 서광사, 2002, 26쪽) 하이데거가 말하는 현사실성은, 모든 인간들이 **내용적**으로는 각기 다른 삶을 살아감에도 불구하고, 그들은 '각자 다른 방식으로 세계 내에 피투(被投)되어서 각자 다른 방식으로 자신들의 삶의 의미를 구축하면서 살아간다는 점에서는 부정할 수 없는 **형식적 공통성**을 갖고 있다는 바로 그 사실'을 의미하고 있다. 현사실성은 그러므로 실존범주가 된다. 하이데거의 '현사실성'은, 칸트가 '이성의 사실'이라는 개념을 사용한 것에서 아이디어를 얻은 것으로 보인다. 칸트의 모든 선험철학적 논의는 바로 이 이성의 사실에서 출발하듯이, 하이데거의 모든 실존철학적 논의도 이 현사실성에서 시작한다. 이성의 사실이건 현사실성이건 그것은 어떠한 회의론자도 의심할 수 없는 사실이라는 의미를 담고 있다.

> 되어 있지 않고 열어 밝혀진 현존재의 존재성격을, 즉 이러한 '현존재가 존재하고 있다는 사실'을 우리는 이 존재자가 그의 '거기에'로 내던져져 있음이라고 칭한다. (…) 현존재의 처해 있음 속에서 열어 밝혀진 '현존재는 존재하고 있으며 존재해야 한다는 사실'은 존재론적-범주적으로 눈앞에 있음에 귀속하는 사실성을 표현하는 그러한 '있음의 사실'이 아니다. (…) **현사실성은 어떤 한 눈앞에 있는 것의 거부될 수 없는 사실의 사실성이 아니라 오히려 처음에는 밀쳐내지기는 하지만 실존 속으로 받아들여진 현존내의 존재성격이다.**[3]

동물과 구별되는 인간의 바로 이 점을 부각시키기 위해 하이데거는 인간 존재를 특별히 Dasein(현존재)으로 불렀다는 것은 하이데거 철학의 상식이다. 이기상과 김재철은 인간을 '현존재'로 바꾸어 표기하는 하이데거의 의도를 다음처럼 잘 설명해주고 있다.

> '현존재'라는 존재론적 의미가 함축되어 있는 용어 선택을 통해 하이데거는 자연주의적-형이상학적-인문주의적으로 인간 본질을 파악하려는 모든 규정들, 즉 이성적 동물, 신체-영혼-정신적 통일체, 신의 피조물, 주체, 의식 또는 인격 등으로부터 거리를 두려고 한다. 그러나 주목해야 할 것은 하이데거가 이 규정들을 결코 거짓된 것으로 설명하거나 비난하지 않고 있다는 것이다. 문제는 이 규정들이 결정적으로 존재론적 기초에서 규정되지 않고 있다는 것이다. 즉 그것들의 존재에 대한 어떤 물음도 제기되지 않고 있다는 것이 하이데거의 지적이다.[4]

---

3) 『존재와 시간』, 188쪽. 강조는 하이데거.

4) 『존재론』, 66쪽. 번역자 역주.

여기에서 하이데거와 하르트만의 결정적인 차이가 발생한다. 독일어 '다자인'(Dasein)이란 말의 본래적 의미는 '거기 있음'이다. 이 말은 정재(定在)로 번역되기도 한다. 그 단어의 내포적 의미를 하이데거식으로 설명하는 것에 동의한다고 하자.[5] 그래서 그것의 외연적 범위를 인간존재로만 제한한다고 하자. 다시 말해서 인간 존재만이 다자인으로 불릴 수 있는 유일한 존재자라고 하자. 그럼에도 불구하고, 내가 보기에 하이데거는 인간적 '현존재'의 조자인(Sosein, 그리 있음, 相在)적 측면을 무시해버리는 과오를 범하고 있다. 그가 조자인적 측면을 무시하는 이유는 그것이 다시금 인간의 '본질' 문제를 불러일으키기 때문이다. 이 점을 하이데거 자신이 이렇게 확인시켜주고 있다.

> 현존재(Dasein)의 **본질**은 자신의 실존(Existenz)이다. 그러나 여기서는 현존과 본질(existentia und essentia)의 대립이 문제되지 않는다. 왜냐하면 여기에서는 이 두 형이상학적 존재 규정들의 관계는 물론이려니와, 이 두 형이상학적 존재 규정들 자체조차 물어지지 않기 때문이다. 더욱이 이 명제는 Dasein(거기에 있음)이라는 이 명칭이 18세기에 **대상**이란 낱

5) Dasein에 대비되는 독일어는 Sosein인데, 상재(相在) 혹은 '그리 있음'으로 번역되기도 한다. "모든 존재자에게는 거기 있음의 요소가 있다. 이것은 단지 **대체로 그것이 있다는 것**을 뜻한다. 그리고 모든 존재자에는 그리 있음의 요소가 있다. 존재자의 규정내용 또는 특수성질을 형성하는 모든 것은 그것에 속한다. 그것이 다른 것과 공통으로 가지는 모든 것, 또는 그것이 다른 것과 그것으로써 구별되는 바의 모든 것, 요컨대 **그것인 바의**(was es ist) **무엇임**(was)의 모든 것은 그리 있음에 속한다."(니콜라이 하르트만, 『존재학원론』, 127-128쪽) 하르트만은 모든 사물은 설령 그것이 인간이라 하더라도, Dasein과 Sosein의 측면이 있다고 생각한다. 그러니 Dasein에 인간만 포함시키자는 하이데거의 제안을 하르트만은 당연히 거부한다. 하르트만은 Dasein에 사물들도 포함시키고 있다. 그러나 하이데거식의 의미를 담아 Dasein을 인간존재에 국한시켜 사용하자고 한다면, 그것은 Dasein에 대한 약정적 정의를 제안하는 것인데, 어떤 개념을 만들어 자기식으로 사용하는 것은 학자로서의 하이데거의 권한이 있을 수 있으므로, 우리는 그것을 받아들여야 한다.

말을 특징짓기 위해 생겨난 명칭으로서 현실적인 것의 현실성이란 형이상학적 개념을 표현하고자 하는 한, [그런 의미에서의] Dasein(거기에 있음)에 관한 어떤 일반적인 진술도 포함하지 않는다. 오히려 이 명제가 의미하는 바는 이렇다. '인간은 **현**(Da)으로, 다시 말해 존재의 밝음(die Lichtung des Seins)으로 있는 그런 방식으로 현성한다.'[6]

인간은 의미 추구적 존재로서 **각자의 실존적 삶**을 영위한다는 하이데거의 관찰은 올바르다. 이런 관점에서 본다면, 모든 인간에게 통용되는 공통된 삶의 의미 같은 것은 없다.[7] 그러나 인간이 아무리 실존적 각자성을 추구한다 하더라도, 인간은 하나의 생물학적 존재로서 그 Sosein의 측면에서는 공통된 동일성을 갖고 있다. 일단 모든 인간은 먹어야 살 수 있다. 이 점에서 인간은 다른 동물들과 마찬가지다. 그 외에 우리는 인간들에게 공통된 생물학적 사실들을 수없이 나열할 수 있다.[8]

'인간은 이성적 동물이다'라는 인간에 대한 고대철학의 규정은, 고대철

---

6) 『이정표 2』(이선일 옮김, 파주: 한길사, 2005), 137쪽. 강조는 하이데거. 현성은 독일어 Wesung을 번역한 말이다. 현성(現成)은 독일어 west를 번역한 말이다. 하이데거는 그 용어를 ist와 구별해서 사용하는데, 존재자의 있음을 표현할 때는 Seiendes ist라고 하고, 존재의 있음일 경우에는 Sein west라고 한다. ist는 주관에 대해 표상적 대상으로 대립하여 존재하는 사물의 있음을 말한다면, west는 an-wesen(現前)의 wesen으로서 존재이해의 가능성 지평으로서의 시간에서 지금 여기에 현전함을 말한다(존 스태프니, 『서양철학과 선』, 김종욱 편역, 서울: 민족사, 1993, 135쪽 참조).

7) 하이데거의 영향을 받은 사르트르가 '실존은 본질에 선행한다'는 유명한 말을 한 것은 알려진 사실이다. 인간을 실존의 관점에서 보면 인간은 각자성이 중요하게 되고, 동일성은 뒷전이다. 하이데거가 말하는 실존범주는 현존재(실존)의 본질이 없다는 바로 그 본질을 설명하기 위해 도입된 개념이다. 그것은 실존자로서 인간이 추구하는 자기 삶의 고유한 의미가 각자성을 가지게 되는 근본이유를 설명하기 위한 것이다.

8) 물론 하이데거는 인간을 동물의 일종으로 보는 입장에 대해 비판적이지만, 나는 이 문제를 다음 장 제2절, '막스 셸러의 철학적 인간학에 대한 하이데거의 비판'에서 다룰 것이다.

학이 지금의 시각에서 볼 때는 과학과 철학의 혼합물이었듯이, 인간에 대한 과학적 규정과 철학적 규정의 혼합이었다. 그 규정을 우리가 이성에 방점이 찍힌 것으로 읽는다면, 그 규정은 인간에 대한 철학적 규정이 될 것이고, 그 규정이 동물에 방점을 찍는 것으로 읽는다면 그 규정은 인간에 대한 과학적 규정이 될 것이다. 우리들의 이런 입장에 대해 하이데거는 다음처럼 반박한다.

> 생리학과 생화학이 유기체로서의 인간을 자연과학적으로 연구할 수 있다고 해서, 이 유기체적인 것 안에, 즉 과학적으로 설명된 육체 안에 인간의 본질이 기인한다고 할 수는 없다. 이런 식의 사고는 원자 에너지 안에 자연의 본질이 포함되어 있을 것이라는 견해만큼 타당하지 않다.[9]

흔히 사람들은 눈물의 구성 성분을 아무리 과학적으로 분석하더라도 거기에서 '슬픔'은 발견되지 않는다고 말한다. 눈물의 본질은 슬픔이지 히알루론산 등등의 물질들이 아니라는 것이다. 하이데거가 바로 이런 생각을 하고 있다. 맞는 말이다.[10] 그러나 눈물의 구성 성분을 모르면 안구건조증에 도움이 될 인공눈물을 만들지 못할 것이다. 우리는 눈물을 과학적으로 분석한 것이 눈물의 본질이라고 생각해서는 안 되지만, 눈물을 의미의 관점

---

9) 『이정표 2』, 136쪽. 강조는 하이데거.

10) 이와 관련하여 백승균 교수는 이렇게 말한다. "눈물이란 그 자체로 보면 물이다. 99%가 물이니 물이라 해도 과언은 아니다. 그러나 과학자가 실험하여 객관적으로 얻은 데이터가 그 전부일까? 결코 그렇지는 않을 것이다. 우리의 눈물은 그냥 눈물이 아니다. 눈물에는 의미가 있고, 그 의미는 그 어떤 무엇으로도 대신할 수 없는 사람의 마음을 담고 있다. 그래서 눈물을 피눈물이라고 하기도 하고, 혹은 슬픔이고 기쁨이라고도 한다."(백승균, 『삶의 철학으로서의 인문학』, 서울: 세창출판사, 2014, 22-23쪽)

에서만 바라보아서도 안 된다. 방광에 소변이 가득 차면 요의를 느끼게 된다. 하이데거는 방광에 가득 찬 소변을 아무리 분석해도 거기에서 '요의'라는 느낌은 발견되지 않는다고 말할 것이다. 맞는 말이다. 그러나 요의는 방광이라는 물리적 실재에 소변이 가득 차면서 생기는 압력과 관계 있기에, '요의'라는 느낌이 본질이요, 방광압(膀胱壓)은 무시해도 된다고 말해서는 안 된다. 눈물이라는 물체의 물리화학적 성분(실재적 사물존재)이 눈물의 본질이냐, 아니면 눈물이라는 물체가 눈이라 불리는 신체기관 바깥으로 흘러내릴 때 인간이 느끼는 느낌(실존적 의미존재)이 눈물의 본질이냐 하는 문제에 관한 한, 하이데거는 단호하게 '느낌'이 본질이라고 말하는 셈이다. 나는 이것은 일면적이라고 생각하며, 이하에서 하이데거 사유의 일면성에 대해 말해보고자 한다.

우리는 인간과 사물을 바라보는 두 가지 방식을 생각해볼 수 있다. 첫째로 산과 들꽃을 있는 그대로 바라보면서 그것들의 있음(존재)에 경이로움을 느끼는 것이다. 세상에 존재하는 모든 존재자들을, 그것을 존재하게 만들어준 '존재'와 연결시켜 존재의 신비라는 측면에서 느낄 수 있다. 가브리엘 마르셀(Gabriel Marcel, 1889-1973)이 말했듯이, "존재는 신비(mystére)다". 이런 관점에서 보면 존재하는 모든 것은 신비롭다. 그래서 '왜 무가 아니고 오히려 존재자인가?'라는 신비-물음을 던지게 된다. 둘째로 사물의 존재경위를 파악하고 발견한 지식을 인간이 어떻게 활용하고 이용할 것인가 하는 관점에서 볼 수 있다. 이 관점은 우리로 하여금 사물에 대한 과학적 탐구를 하도록 한다. 천문학자들이 우주의 기원에 대한 탐구를 하는 것은 순수한 지적 갈증과 호기심 때문일 수도 있지만, 지질학자가 산을 보면서 산의 형태에 기초하여 산속에 들어 있는 광물의 종류를 짐작할 때, 그 지질학자는 산과 인간을 가용한 자원으로 보는 것이다. 어떤 약리학자는 우연히 발견한 이름 없는 들꽃을 실험실로 가져와 분석하면서 그 들꽃의 약리적 성분을 조사할 수가 있다. 그리고 모든 존재자들을 그 존재의 신비감으로부터 분리시켜, 즉 존재자를 '존재'와 연결시키지 않고 오로지 존재자로 고찰하는 것도 가능하다. 즉 존재자를 과학적 탐구의 대상으로 바라보는 것이다. 플라톤이 철학의 기원을 '경이로움'(thaumazine, wonder)이라고 했을 때도, 거기에도 두 가지 측면이 있는 것 같다. 첫째는 자연현상의 신비적-미적 측면에 대한 경이가 있다. 둘째는 자연현상에 대한 지적인 궁금증이 들어 있다. 이 궁금증은 결국 근세 자연과학으로 그 결실을 맺게 된다. 이 두 가지 방식에 대응해서 두 종류의 범주를 생각해볼 수 있을 것이다. 하나는 하이데거가 제시하는, 존재자의 존재의미를 해명하는 데 동원되는 배려, 기투성, 피투성 같은 '실존범주'(Existenzial)들이다. 다른 하나는 칸트가 『순수이성비판』에서 제시한 '사물범주'(Kategorie)들이다. 하이데거도 이 두 종류의 범주들을 구별한다.

> 현존재의 분석론에서 발원한 모든 설명 내용들은 그의 실존구조를 고려하여 획득된 것들이다. 그것들이 실존성에서부터 규정되고 있기에 우리는 현존재의 존재성격을 **실존범주**(Existenzialien)라고 이름한다. 이것을 우리는 현존재적이지 않은 존재자의 존재규정 — 이것을 우리는 **범주**(Kategorien)라고 이름한다 — 과는 날카롭게 구분해야 한다.[11)]

하이데거는 인간에 관해서는 실존범주만 인정했고, 인간을 다른 사물들처럼 본질(essentia, Sosein)과 실존(현존, existentia, Dasein)의 구분 구도에서 보는 것

11) 『존재와 시간』, 70쪽. 강조는 하이데거.

자체를 거부했다.

> 하이데거의 결정적인 통찰에 의하면, 형이상학의 이탈은 형이상학의 사유를 '봄'으로, 존재를 지속적인 눈앞의 있음으로, 지속적인 현존으로 생각하여 존재의 의미에 대한 물음을 애당초부터 제기하지 않았다는 데에 있다. 그리고 그러한 무차별한 존재의 지평 안에서 인간의 거기-있음(현존재)도 사물 존재와 똑같은 범주를 갖고 규정하려 했다는 데에 있다.[12)]

범주들은 인간과 사물들을 파악하는 과학적 범주들이다. 즉 삶의 과학적 사실을 해명하는 데 동원되는 범주들이다. 이 범주들은 사물들과 각각의 인간들을 그 공통성에서 규정하여, 사물들과 인간의 Sosein을 해명한다. 실존범주는 인간에 대한 '의미범주'이고, 각각의 개별적 인간들이 추구하는 '존재의 의미'의 차이성을 해명하는 범주들이다. 모든 인간들은 삶에서 죽음과 불안에 노출되지만, 그것들을 대하는 방식은 만인만색이다. **나는 사물범주를 통해 인간이 온전히 파악될 수 있다는 과학주의나, 인간은 오로지 의미범주 혹은 실존범주만을 통해 이해되어야 한다는 실존주의나, 둘 다 일면적이라고 생각한다. 삶의 의미 차원에서 보면, 실존은 본질에 선행한다. 그러나 삶의 사실의 차원에서 보면, 본질은 실존의 토대다.**

12) 이기상, 『존재와 시간: 인간은 죽음을 향한 존재』(파주: 살림출판사, 2007), 295쪽.

2.
하이데거 이전의 서양철학은 인간을 사물범주로 파악했는가?

나는 서양의 위대한 형이상학자들이 인간을 다른 사물들과 똑같은 사물적 범주로만 파악하려 했다는 하이데거의 진단에 동의하기 힘들다. 뒤에서 보다 자세하게 살펴보겠지만, 나는 서양의 전 형이상학의 역사가 존재 망각의 역사였다는 하이데거의 주장에도 동의하지 않는다.[13] 전통형이상학자들은 인간을 사물처럼 본질과 현존의 구분 구도에서 고찰하는데, 하이데거는 이것 자체가 인간과 사물을 같은 방식으로 취급하는 것이라고 생각한다. 그러나 **인간을 본질과 현존의 이분법 구도에서 본다는 것과 인간을 실존으로 본다는 것은 상호 배타적이지 않다.** 인간이 생물체라는 것은 부정될 수 없는 사실이고, 인간이 실존이라 하더라도 생물체인 인간을 연구하는 것은 얼마든지 가능한 일이고 필요한 일이다. 의학 연구는 대단히 중요하고도 필요하다. 인간을 의학적으로 연구한다는 것이 인간을 실존적 존재로 보는 것을 배제한다는 것을 의미하지 않는다. '인간은 사물이 아니

13) 이에 대해서는 제11장 "하이데거의 '형이상학 없는' 형이상학"에서도 간단히 언급한 바 있다.

고 실존이다'라는 주장은 일견 그럴듯하게 보이지만, '사물'의 외연에 '생명체'라든지 '동물'이 포함된다면, 이는 '인간은 생명체(동물)가 아니고 실존이다'라고 말하는 것이 되는데, 이는 잘못된 주장이다. 그리고 심지어 인간이 죽으면 그의 몸은 사물이 된다. 인간은 동물이면서 동시에 실존적 존재일 수가 있다.

엑시스텐티아와 에센티아(existentia und essentia)의 이분법적 틀로써 인간을 고찰하는 것은 인간을 사물 취급하는 것이 된다고 하이데거는 말하는데, 그렇게 말하는 근거는 인간은 즉자적 고정성의 유한자가 아니라는 것이다. 그런 유한자들은 고정된 본질을 가진다. 돌멩이는 돌멩이의 불변적 본질이 있다. 하이데거는 사물들에 대해서는 그런 이분법의 틀로 고찰하는 것이 가능하지만, 인간에 대해서 그렇게 보는 것은 허용될 수 없다고 생각한다. 인간 현존재는 즉자적 존재가 아니고 자신을 주체적으로 인식하는 대자적 존재이고, 따라서 자신의 고정성을 거부하는 방식으로 존재한다. 그러니 현존재는 고정된 본질을 거부하는 존재다.[14] 그리하여 그는 인간 현존재를 통째로 다자인(Dasein)으로 규정하며, 인간에 대해 조자인(Sosein)을 언급할 수 있는 가능성을 원천적으로 차단했다. 이는 결국 인간에 대한 과학적 탐구를 거부하는 것이 된다. 인간을 과학적 탐구의 대상으로 삼는 것은 인간을 사물로 보는 것이 될 것이기 때문이다. 그러나 현존재의 본질을 실존으로 보면서 삶의 의미 문제를 탐구하는 것과 인간을 하나의 생명체로 보아 과학적 탐구를 하는 것은 다른 차원의 문제다. 하이데거가 인간에 대한 과학적 연구를 거부하는 논리는 이렇다.

---

14) 사르트르도 실존을 '그것이 아닌 바의 것'으로 생각했다. 칸트도 인간을 이것, 저것, 그것으로 규정할 수 없다고 생각했다. 그래서 칸트는 인간을 사물이 아니라 '인격'으로 규정했다.

1. 삶의 의미 차원에서 보면 삶의 의미는 각인각색으로 이해될 수 있다.
2. 그러니 인간 삶의 의미에 대한 공통된 본질은 없다.
3. 따라서 인간을 사물처럼 고정시켜놓고 현존(엑시스텐티아)과 본질(에센티아)로 구분한 뒤에, 그 공통된 본질을 탐구하는 과학은 거부되어야 한다.

그러나 2에서 언급되는 본질은 삶의 의미 차원에서 말하는 본질이고, 3에서 언급되는 본질은 사실의 차원에서 언급되는 본질이다. 우리는 하이데거가 삶의 의미 차원과 사실의 차원을 혼동하고 있음을 알 수 있다. 인간은 삶의 의미 차원에서 보면 실존적인 존재이지만, 삶의 사실의 차원에서 보면, 생명체요 동물이다. 그러므로 **'인간은 실존적 동물'이라는 말은 아무런 형용모순도 포함하지 않는다.** 만약 하이데거 이전의 형이상학자들이 인간을 사물 취급했다면, 인간을 소우주로 본다든지, 혹은 데카르트처럼 자신의 존재를 자신의 사유에 의해 확보하는 존재로 본다든지, 스피노자처럼 인간을 신적인 자유(=필연)에 동참할 수 있는 존재로 본다든지 혹은 칸트처럼 자기 속에 내장된 사물범주들을 갖고서 사물들과 사물들의 수학적 총체인 세계와 역학적 총체인 자연을 구성해내는 존재로 본다든지 하는 것은 불가능할 것이다. 그리고 칸트는 인간을 사물들과 달리 인격으로 보며, 사물들은 유한한 시장 가격만 가지지만, 인격인 인간은 무한한 가격을 가지며, 따라서 존엄한 존재로 본다.[15] 하이데거는 자기 철학의 철학사적 특

15) 칸트는 이렇게 말한다. "인간의 일반적인 애착과 욕구에 관계하는 것은 시장가격을 가진다. 어떤 욕구를 전제하지 않고, 어떤 기호에 적합하는 것, 즉 우리의 정의(情意)능력의 단순한 무목적적인 유희에 있어서 생기는 만족에 적합하는 것은 애호가격을 갖는다. 그러나 무엇이든지 그것을 목적 자체가 될 수 있도록 하는 유일의 조건인 것은 단순히 상대적인 가치 즉 가격만을 갖는 것이 아니라 내적인 가치 즉 존엄을 갖는다."(칸트, 『도덕형이상학정초』, 최재희 옮김, 서

출성을 부각시키려 과장된 억지 주장을 하고 있는데, 설득적이지 않다.

어쨌건 하이데거는 인간에 관해서는 본질(essentia)과 실존(현존, existentia)의 구분 구도에서 보는 것 자체를 거부하면서, 그는 인간의 경우에 실존과 본질을 일치시켜버린다. '존재를 향한 탈자적 초월'이 현존재의 본질이고 실존이다. 물론 '존재'는 공간적 사물들이 아니라 의미적 차원에서 존재하는 존재자들의 '존재'를 말한다. "현존재의 '본질'은 그의 실존에 있다."[16] 하이데거에 따르면, 현존재로서 인간의 본질은 실존적으로 삶을 살아간다는 것이며, 실존적으로 삶을 살아간다는 것이 현존재의 본질이다. 인간의 실존은 인간의 본질이고, 인간의 본질은 인간의 실존이다. 실존과 본질의 이원적 구분은 인간에게는 적용되지 않는다. 그러나 인간도 생물체로서 공통의 본질을 가지고 있을 것이기에, 모든 사물들에게 적용되는 그 구분이 인간에게 적용되지 않는다고 말하는 것이 얼마나 설득적인지는 의문이다. 어쨌건 실존철학에서 인간을 설명하면서 인간은 본질이 없는 존재요, 자신의 본질을 만들어가는 존재라고 설명하는데, 이는 전통철학의 '본질과 실존의 구분'에서 말하는 그런 구분의 관점에서 언급되는 그런 본질은 인간에게 없다는 것이다.

그런데 하이데거는 실존이 자신의 본질 즉 자기만의 본질을 만들어가는 바로 그러한 특징이 실존의 본질이라고 말함으로써, 현존재에게 있어서는 전통철학에서 말하는 실존과 본질의 구분을 없애버렸다. 현존재에게는 '전통철학에서 말하는 그런 본질이라는 것은 없다는 것', 바로 이것이 현존재의 본질이라고 말하는 셈이다. 이는 '무본질의 본질'에 대해 말하

울: 박영사, 1975, 228쪽. 『실천이성비판』과 합본되어 있음.)

16) 『존재와 시간』, 67쪽.

는 것이다. 이는 '어떤 것이 아무런 쓸모가 없다는 것이 곧 그것의 쓸모다' 라고 말하는 '무용지용'(無用之用)과 유사하다. 무용지용에서 뒤의 '용'은 앞의 '용'이 발현되는 차원과는 다른 차원의 '용' 즉 메타적 '용'을 말하고 있듯이, 하이데거는 메타적 차원에서 실존의 본질에 대해 말하고 있는 셈이다. 그러나 인간도 '본질 없음의 본질'이 아니라 전통철학이 말하는 본질이 받쳐주지 않으면, 실존적으로 사유할 수가 없을 것이다. 공통성이 토대에 전제되어 있지 않으면, 차이는 차이 나는 것으로 사유되지 않는다. 하이데거에 의하면 근세에 들어서면 사물 범주의 관점에서 사물들을 바라보면서 존재사유가 아니라 존재자 사유가 득세하게 된다고 판단한다. 그리고 그것이 인류의 불행으로 이어질 것으로 본다.[17]

하이데거는 현존재에 관한 한 어떤 형태로든 본질 문제를 거론하기를 원하지 않지만, 그의 고민은 그가 인간을 이성적 동물로 보는 규정을 거부하면서 이성을 무시하고 싶어도, 자신의 철학을 구축함에 있어서 이성에 의지하지 않을 수가 없다는 것이다. 그런데 이성에 의지한다는 것은 현존재에 대한 개념적 논의를 한다는 것이 되며, 개념적 논의를 한다는 것은 각각의 현존재들의 공통성을 밝혀낸다는 것이 된다. 결국 그는 새로운 종류의 본질에 대해 언급하게 된다. 나는 이 점을 좀 더 자세하게 검토해보고자 한다. 하이데거는 철학함을 '지금과 여기'(Da)의 우리 현존재 안에서 일어

17) 하이데거의 존재사유는 현대의 기술적 사유의 대척점에 서 있다. 하이데거식의 존재사유는 인간들에게 목가적 행복을 줄지 모르지만, 과학발전에 도움이 안 될 것이다. 후기 하이데거가 예찬해 마지않는 횔더린의 시가 과학의 발전에 무슨 도움이 되겠는가? 그러나 현대과학의 존재자 사유는 인류를 편하게 만들어주겠지만, 그 발전의 끝이 어떤 것일지에 대한 불안을 던져주는 것도 부정할 수 없는 사실이다. 하이데거의 형이상학이 '불안한 형이상학'이라면, 현대의 과학기술 문명도 불안한 문명이다. 인류 역사의 미래에 대한 불안은 하이데거식으로 말한다면, 존재가 인간 현존재를 통해 기술문명을 자유롭게 선택했기 때문일 것이다. 불안은 자유의 그림자요, 키르케고르식으로 말해서 자유의 현기증이다.

나는 사건으로 이해한다.

> 현존재에서 철학함이 일어나야 한다. 그러나 인간 현존재는 결코 일반적으로 실존하는 자가 아니다. 오히려 현존재가 실존할 때, 각각의 현존재가 그 자체로서 실존하는 것이다. 철학함은 우리의 현존재 자체에서 사건으로 되어야 한다. 우리 현존재에서 — **일반적인 현존재**에서가 아니라, **지금과 여기의 우리 현존재에서** 이 순간, 그리고 우리가 철학과 담판하려는 그 순간의 관점 안에서 — 사건으로 되어야 한다.[18)]

이 인용문에서 '일반적인 현존재'라는 표현을 주목할 필요가 있다. 하이데거는 실존은 본질이 없다고 말한다. 그럼에도 불구하고 그는 실존자로 불릴 수 있는 모든 실존자들에게 통용되는 **일반적인 실존이론**을 펼친다. 그 실존이론의 탐구 대상이 '일반적인 현존재'요, 이 현존재 일반에 대한 일반적인 이론이 '실존론적'으로 명명된다. 실존적 존재자인 개개 인간을 실존론적으로 해명함으로써 얻어낸 것은 결국 실존의 '본질'에 대한 이론이 될 것이다. 설령 본질이 없는 것이라고 주장되는 실존에 대한 논의라 하더라도, 일단 그것에 대한 **개념적 논의를 하게 되면**, 우리는 그것에 대한 본질을 말하는 것이 된다. 이러한 사정은 하이데거에게 하나의 고민거리가 될 수밖에 없다. 그래서 그는 실존적 존재인 인간에 대해 메타적 논의를 하는 작업을 '실존론적'으로 명명한 뒤에, 그것을 실존의 본질로 받아들이게 된다. 물론 이 본질은 전통철학에서 '현존과 본질'의 구분을 논하면서 언급하는 그런 '본질'은 아니다. 그것은 '본질 없음의 본질'이요 메타 본질이다. 이

18) 『철학입문』(이기상 · 김재철 옮김, 서울: 까치, 2006), 17쪽 참조. 강조는 필자.

'본질 없음의 본질'이란 문구에서 '본질 없음'은 **실존적** 차원에서 말해지는 것이며, 그에 뒤따르는 '본질'은 **실존론적** 차원에서 말해지는 본질이다. 하이데거의 철학에서 '실존적'은 칸트철학의 '아 프리오리'(선천적)에 해당한다면, 실존의 구조를 해명하는 '실존론적'은 칸트철학에서는 아 프리오리의 가능성 조건을 해명하는 '선험적'에 해당할 것이다. 여기서 우리가 알게 되는 것은 비록 하이데거가 인간을 현존재로 규정한 뒤에 인간에게서 Sosein(그리 있음, essentia)의 문제 즉 본질의 문제를 제거하려 했지만, 결국 어떤 형태로든 본질의 문제에 봉착하게 된다는 것이다.

하이데거는 인간에 대해서는 전통철학에서 말하는 본질을 말할 수가 없다고 생각한다면, 칸트는 인간에 대해서도 사물범주와 실존범주의 관점에서 볼 수 있다고 생각한다. 인간도 하나의 생명체로서 이용가치의 측면에서 고찰될 수 있는데, 칸트는 살아있는 인격체인 한에서는 인간을 그렇게 고찰할 수 없다고 말한다. 살아있는 인간의 장기를 이용가치를 노려 적출하는 것은 범죄행위다. 단 인간이 생명을 거두게 되면, 그 장기들이 생물학과 의학적으로 타인에게 이용될 수 있으며, 또한 그렇게 사용하라는 유언을 남길 수도 있다. 그리고 실존범주의 관점, 즉 의미의 관점(칸트적인 실천이성의 관점)에서 보면, 인간은 어떤 경우에도 이용가치의 관점에서 파악되어서는 안 된다고 생각했다. 인간은 가격을 초월한 존엄성을 가진 존재이며, 따라서 가격의 등가성 원리에 따라 대체 가능한 그런 존재가 아니다. 등가성의 원리는 유한한 것들에 대해서는 통용될 수 있지만 무한한 것들에 대해서는 통용될 수가 없다. 그래서 칸트는 『도덕형이상학정초』의 그 유명한 '인간성의 정식(formula of humanity)에서 "너는 너 자신이나 타인에 있어서 인간성을 한갓 수단으로 사용하지 말고 동시에 목적으로 대하라"라고 했다.

우리는 앞에서 하이데거의 존재론의 치명적인 문제점은 그가 사용하는 '존재'라는 말에 사물적 차원과 의미적 차원이 섞여 있는 것이라고 했다. 사물범주로 파악하게 되는 '존재'와 의미범주로 파악하는 '존재'는 구분되어야 한다. 사물범주의 관점에서 언급되는 존재자는 그것에 내가 의미를 부여하건 부여하지 않건 내 바깥에서 나와 무관하게 실재하는 것이다. 그러나 실존적 차원에서 언급되는 존재, 즉 의미존재는 내가 의미를 부여하면 생겨나는 것이고 내가 의미를 부여하지 않으면 사라지는 것이다. 하이데거가 말하는 세계는 '의미연관의 총체로서의 세계'이기 때문에,[19] 내가 허무에 빠져 그것에서 아무런 의미를 느끼지 못해 자살하게 되면, 그 세계는 나와 동시에 사라진다. 그런 세계의 담지자인, 물리-생물적 존재인 내가 사라졌기 때문이다. 『성경』에서 사람이 온 천하를 얻고도 자기 생명을 잃어버리면 무슨 소용이 있겠는가 하고 말할 때, 그 세계는 의미론적으로 파악된 세계다. 그러나 내가 사라지고 따라서 내가 의미를 부여하며 그 안에서 삶을 영위해왔던 '나의 세계'가 사라진다 하더라도, 물리적 실재로서의 '세계 그 자체'는 여전히 거기에 있다. 우리가 사물들을 실존범주가 아니라 사물범주들로 바라보게 되면, 사물의 존재는 인간이 그것에 의미를 부여하는 것과 무관하게 그 자체로 거기에 있다. 그것은 의미와 무의미의 대립 저편에 그냥 '거기에 있는 것'이다. 그런 사물들이 인간의 과학적 탐구에 의해 파악되면서 인간의 실존적 의미지평 안으로 편입될 준비를 하게 된다. 그리하여 누구는 칼로 요리를 하고, 누구는 강도짓을 하는 도구로 사용하고, 누구는 살인을 한다. 그리고 누구는 올무에 묶인 바다 생명체의 몸

---

19) 그럼에도 불구하고 그가 말하는 존재에는 물리적 실재로서의 존재자도 들어 있다는 것이 문제요, 혼란을 일으킨다.

에서 올무를 잘라내는 도구로 사용한다. 사물은 인간이 의미 부여하는 것과 무관하게 그냥 거기에 있는데, 그 사태를 하르트만은 '인식대상의 초대상성'(Übergegenstädlichkeit des Erkenntnisgegenständes)이라고 말한다. 세계는 인간이 의미를 부여하는 것과 무관하게 그냥 거기에 있다. 인간이 세계로부터 모든 의미를 거두어들인다 하더라도 혹은 인간이 멸종하더라도, 세계는 여전히 거기에 있을 것이다. 그것이 '의미대상의 초의미성'일 것이다. 나는 사물존재에 관한 한, 현존(Dasein)을 하이데거식으로 사용하는 것보다 하르트만식으로 사용하는 것이 더 올바르다고 생각한다. 이 말은 현존과 본질(Sosein)을 한 쌍의 개념짝으로 사용해야 한다는 것이다. 물론 하이데거식으로 현존재(Dasein)를 인간존재에 국한해서 사용하는 것도 가능할 것이다. 문제는 하이데거가 그렇게 하면서 인간의 본질의 측면을 없애버렸다는 것이다. 그렇게 되면 인간의 현존재에 대한 그 어떤 과학적 탐구의 가능성도 원천적으로 부정된다. 그러나 살아있는 인간의 뇌를 실시간으로 관찰하면서 인간의 뇌를 연구하는 현대의 뇌과학은 하이데거의 입장을 원천적으로 거부할 것이다. 하르트만은 하이데거의 과학비판을 염두에 둔 듯이 이렇게 말한다.

> 과학은 비판이 말하는 것처럼 분리도, 해체도, 추상도 아니고, 하물며 세계상의 빈궁화나 위조도 아니며 과학은 근본적으로 개관이요, 전체 모습의 종합이다. (…) 비록 치우친 진행을 하고 있을 때조차도 그렇다. 왜냐하면 과학은 원칙적으로는 그 여하한 편파에도 결부되어 있는 것이 아니라 그것을 다시 딛고 넘어갈 수 있는 가졌기 때문이다.[20)]

---

20) 니콜라이 하르트만, 『존재학원론』, 310쪽.

8장

전통적 인간 규정에 대한 하이데거의 비판과 그 문제점

1. 하이데거의 사르트르 비판
2. 막스 셸러의 철학적 인간학에 대한 하이데거의 비판
3. 인간에 대한 실증과학적 연구는 무의미한가?

1.
하이데거의 사르트르 비판

우리는 하이데거가 현존재의 본질을 그의 실존에 있다고 함으로써, 인간을 전통철학처럼 현존과 본질로 나누어 고찰하는 것에 반대했음을 앞에서 살펴보았다. 나는 이하에서 그 문제점을 살펴볼 것이다.

나는 하이데거를 위시한 실존주의 철학자들이 실존의 각자성, 유일성, 차별성, 일회성, 특수성, 우연성에만 관심을 기울인 나머지 이런 인류 공통의 의미에 대해 무관심했다는 것이 결정적인 문제점이라고 생각한다. 공통성과 차별성은 논리적 상관개념이기에, 공통성에 비추어보지 않는 차별성이 있을 수 없듯이, 차별성에 비추어보지 않는 공통성도 생각할 수 없다.[1] 왜 실존철학자들은 이처럼 뻔한 사실을 망각했는가? 이는 그들의 지

---

1) 그래서 나는 김석수 교수의 다음과 같은 주장을 과학이 아니라 정치 · 사회철학이나 윤리학의 영역에 국한시켜 적용한다면, 그 주장에 전적으로 공감한다. "이렇게 차이와 분쟁을 활성화시키는 사건의 철학, 되기의 철학, 생성의 철학, 무위(無爲)의 철학이 오늘을 살아가는 우리의 현실에서 얼마나 실현 가능한 전망이 될 수 있는가? (…) 우리들이 지닌 욕망과 차이가 반드시 개성을 가진 공명으로만 이어지는 것이 아니라 차이들의 난립으로 무한 투쟁과 차별, 그리고 혼란으로 이어질 수 있다. (…) 물론 기존의 이성철학, 주체철학, 의식철학, 반성철학, 표상철

독한 편견에서 비롯된다. 하이데거는 인간을 본질-현존이라는 개념짝으로 규정하려 드는 것은 인간을 사물적인 존재로 보는 것이라고 생각했다. 인간 현존재를 사물로 보지 않는 방식을 고민하다가 그는 결국 인간을 실존(차별적인 것)으로 규정한 뒤에, 실존의 본질(공통성)은 본질이 없는 것이라고 말한다. 차별적인 것들의 공통성은 '그것들 간에는 공통성이 없다'는 바로 그것이다. 이렇게 됨으로써 인간은 그 어떤 공통성의 관점에 기초해서 차별성이 거론될 근거를 가지지 못하게 된다. 사르트르처럼 인간의 경우에도 본질-현존의 개념짝으로 본다 하더라도, 인간의 경우는 사물과 달리 '실존이 본질에 선행한다'.[2] 그러므로 차이성이 공통성에 우선하게 되며, 공통성은 무시되어버린다. 모든 관심의 초점은 차이성이다. 공통성은 우리 몸의 충수돌기처럼 있으나마나한 존재가 된다. 사르트르가 인간의 공통성을 형식적으로 인정하지만, 실질적으로는 무시하기에, 결과적으로 사르트르도 하이데거와 다를 바가 없다.

하이데거의 관점에서 보면 사르트르가 '실존은 본질에 선행한다'고 말한 것은 잘못 말한 것이 될 것이다. 사르트르가 그 명제에서 언급하고 있는 '실존'과 '본질'이 전통철학의 용어라면, 그는 인간에게서도 실존과 본질의 구분이 성립함을 받아들이는 것이다. 사르트르가 예로 드는 칼과 같은 도구적 사물존재에 대해서는 본질이 실존에 선행한다. 그러나 사르트르는 인간의 경우에는 그렇지 않고 정반대로 실존이 본질에 선행함을 주

학이 범해온 보편주의의 폭력은 이들의 주장처럼 비판받아 마땅하며, 이들이 중시하는 욕망과 차이의 긍정성에 대해서도 충분히 주목해야 한다. 그렇지만 무한 차이와 욕망의 길로 나아가는 것은 비현실적이다. (…) 칸트의 요청철학과 헤겔의 지양철학이 보편주의의 폭력을 낳을 수 있다는 해체철학의 비판은 그 비판이 강해질수록 반대로 상대주의의 폭력을 낳을 수 있다는 혐의로부터 자유로울 수 없다."(김석수, 『요청과 지양』, 서울: 울력, 2015, 553쪽)

2) J. P. Sartre, *Existentialism*(trans. B. Frechtman, New York: Philosophical Library, 1947), p. 18.

장하고 있다. 그러나 하이데거는 현존재인 인간에게서는 그런 구분 자체를 폐기하기에, 실존에 선행할 본질을 말할 수가 없다. 이런 이유에서 하이데거는 사르트르의 명제를 염두에 두고 다음처럼 말한다.

> 사르트르는 실존주의의 근본 명제를 다음처럼 진술한다. '실존이 본질에 앞선다.' 이 명제에서 그는 현존[실존]과 본질을, 플라톤 이래 '본질이 실존에 선행한다'라고 말하는 형이상학의 의미에서 수용한다. 사르트르는 형이상학적 명제에서 주어와 술어를 뒤바꿔놓은 것이다. 그러나 형이상학적 명제의 주어와 술어를 뒤바꿔놓은 이 명제 역시 형이상학적 명제로서, 형이상학과 더불어 존재진리의 망각 안에 머물러 있다.[3]

3) 『이정표 2』(이선일 옮김, 파주: 한길사, 2005), 140-141쪽.

2.
막스 셸러의 철학적 인간학에 대한 하이데거의 비판

하이데거가 인간을 '현존재'로 표기하고 그렇게 표기된 현존재를 '본질'과 '현존'의 언어로 규정하기를 거부한다면, 그리하여 현존재를 이성적 동물로 규정하는 전통적 인간 규정을 거부한다면, 현존재가 인간을 달리 표시하는 말인 한에서 그러한 거부는 정당하지 않다고 생각한다. 왜냐하면, 현존재가 아무리 '존재의 목자'이면서 동시에 '무의 자리지기'라 하더라도 하나의 생물체인 것은 부정할 수 없는 사실이기 때문이다. 그러니 인간의 본질도 충분히 고찰되어야 한다. 그리고 본질의 측면도 우리는 두 가지 측면에서 고찰할 수 있다. 첫째로 '인간은 **이성적** 동물이다'라고 규정하면서 인간의 '이성'을 본질로 간주하여 철학적으로 고찰하는 방식이 있다. 두 번째로 '인간은 이성적 **동물**이다'라고 규정하면서 인간의 동물성을 과학적으로 고찰하는 방식이다. 하이데거는 인간을 이성적 동물로 규정하는 고대의 규정에 대해 다음처럼 말한다.

> 비록 사람들이 인간을 동물과 동일시하지 않고 오히려 인간에게 하나

의 종적인 차이를 인정한다 하더라도, 궁극적으로 인간은 동물성의 본질영역 속으로 내버려진다는 사실이다. [생명의 원리인] 영혼(anima)이 [사고의 원리인] 영 또는 마음(animus sive mens)으로 이것들이 이후에 주체, 인격, 정신으로 정립될 때조차, 사람들은 원칙적으로는 항상 동물적 인간(homo animalis)만을 사유한다. **그러한 정립이 형이상학의 양식인 것이다.**[4]

하이데거가 인간을 현존재로 규정하는 두 가지 중요한 이유가 있다. 첫째로, 인간을 '이성적 동물'로 보는 전통적 인간규정은 비록 이성을 종차(種差)로 인정함에도 불구하고 근본적으로 인간을 동물로 보는 것이 되는데, 이것이 마음에 들지 않았기 때문이다. 인간을 이성적 동물로 보는 것을 동물에는 무이성적 동물과 이성적 동물이 있는데, 인간은 후자의 동물이라는 것이다. 하이데거는 인간을 동물의 일종으로 이해하려는 진화론에 대해 셸러와 마찬가지로 부정적이었다. 그런데 셸러는 그 진화론을 최근의 이론으로 보지만, 하이데거는 그 뿌리가 그리스 형이상학에까지 뻗어 있다고 주장한다.

그리스 철학에 따르면 인간은 본질적으로 동물성에 기초해 있으며, 이성은 동물성에서 유래된 이차적인 속성이다. 이렇게 볼 때, 인간이 동물에서 유래됐다는 주장은 다윈의 진화론에 의해 최초로 확립된 것이 아니라 사실 그리스 철학까지 거슬러 올라간다. 이러한 관점에서 하이데거는 진화론을 논박하기 위해서는 셸러가 생각한 것처럼 다윈의 생물학과 대결하는 것이 아니라, 그리스 형이상학과 대결해야 한다고 믿

4) 『이정표 2』, 135쪽. 강조는 필자.

는다.[5)]

둘째로, 하이데거가 인간을 이성적 동물로 규정하는 대신에 현존재로 바꾸어 부르는 것은, 이성적 동물로 규정하는 방식으로는 기초존재론적 기획을 출발시킬 수가 없기 때문이다.

인간을 이성적 동물로 보는 것은 인간도 동물성을 갖고 있는 존재로 보는 것이 된다는 하이데거의 지적은 올바르다.[6)] 그렇다고 그것이 진화론의 그리스적 버전이라고 보는 하이데거의 말은 과도한 주장일 것이다. 진화론은 어디까지나 기독교의 창조론과의 대립에서 만들어진 것이기에 셸러가 주장하듯이 최근의 이론이다. 어쨌건 아리스토텔레스의 유와 종차에 의한 인간에 대한 규정 대신에 현존재로 바꾸어 이해한다 하더라도, 그래서 인간과 동물이 차원을 달리하는 존재임을 주장한다 하더라도, 인간이 시간-공간 속에 존재하는 생물체임을 부정할 수는 없을 것이다. 인간이 현존재로 규정되는 순간에 인간의 신체성이 사라지는가? 오히려 현존재의 본질인 실존의 실존성은 인간의 신체성에 기초하고 있으며, 하이데거 철학에서 그토록 중요한 의미를 가지는 죽음도 인간의 신체성을 전제하고 있다. 인간이 신체성의 존재요 동물임을 어떻게 부정할 수 있는가?

나는 '인간은 이성적 동물이다'라는 아리스토텔레스의 정의에 대한 하이데거의 설명에 동의하지 않는다. 인간이 이성적 동물이라는 말은 인간이 다른 동물들이 가지고 있지 못한 이성을 갖고 있지만, 그럼에도 불구하고 인간은 동물성도 갖고 있다는 것인데, 이것이 전통 **형이상학**의 방식

---

5) 하피터, 『하이데거의 사회존재론』(서울: 그린비, 2022), 667쪽.

6) 물론 중세에 이르러 인간은 단순히 동물적이기만 한 것이 아니라 신이 부여한 영혼도 가진 존재로 영과 육의 결합체로 이해되었다.

이라고 말하는 하이데거의 주장은 납득이 안 된다. '인간은 이성적 동물이다'라는 규정에는 인간이 두 가지 측면에서 고찰되고 있다. 그 두 가지 측면은 내가 앞에서 암시했듯이 아리스토텔레스가 철학자이면서 동시에 과학자이기도 했다는 사실에 뿌리를 두고 있다. 철학자로서 아리스토텔레스는 인간을 이성적 존재로 간주했다. 과학자로서 아리스토텔레스는 인간을 동물로 보았다. 아리스토텔레스가 인간을 동물로 간주할 때, 그는 '형이상학의 양식' 같은 것을 염두에 두고 있지 않은 듯이 보인다. 그리고 그가 인간을 이성적 존재로 볼 때에는 인간을 '동물적 인간'의 측면을 괄호 안에 집어넣고 고찰한다.

이기상의 설명에 따르면, 하이데거가 보기에 '인간'이라는 용어 속에는 두 개의 선입견이 달라붙어 있는데, 하나는 '인간은 이성적 동물이다'라는 정의에서 표현되는 생물학적인 선입견이고, 다른 하나는 '인간은 신의 피조물이다'라는 명제에서 표현되고 있는 신학적인 선입견이다.[7] 나는 인간을 이성적 동물로 보는 것은 생물학적 정의이면서 동시에 철학적 정의라고 생각한다. 이기상은 하이데거의 입장을 이렇게 설명한다.

> 하이데거는 우리가 인간에 관해 가지고 있었던 잘못된 선입견을 해체시켜서 이제라도 새롭게 인간을 보는 법을 제시해 주고자 한다. 인간을 새롭게 보기 위해서 우리는 무엇보다도 먼저 이제까지 가지고 있었던 잘못된 개념의 틀에서 벗어나야 한다. 더구나 우리의 모든 개념의 틀을 지배하고 있던 것이 과학주의적 시각, 그것도 실증주의적 시각인 데야 더 말할 것이 없다. 이제 이렇게 잘못되었던 시각을 해체해야 하며, 그

7) 이기상, 『존재의 바람, 사람의 길』, 153-154쪽 참조.

> 다음에 우리에게 요청되는 과제는 인간을 한 번 '있는 그대로' 보는 것이다. 그것이 바로 '현상을 있는 그대로' 보자는 현상학적 방법이다.[8)]

하이데거는 막스 셸러의 철학적 인간학의 근본착상을 오류로 본다.

> 최근에 막스 셸러는, 이렇게 물질적 존재자로부터 시작하여 생명과 정신에 이르는 단계들을 통일적으로 다뤄보려는 작업을 일종의 인간학이라는 맥락 내에서 시도한 적이 있는데, 그때 그의 이러한 시도는 다음과 같은 확신에 바탕을 두고 있었다. 즉 인간이란 자기 자신 안에 물리적 존재, 식물과 동물의 존재 그리고 특수한 정신적인 존재 등 존재자의 모든 단계들을 그 자체로 통일시키고 있는 그런 존재이다. 나는 이 논제를 셸러 입장의 근본 오류라고 여기는데, 그것이 셸러에게 형이상학에 이르는 길을 필연적으로 못 보게 막아버리고 있음에 틀림이 없다.[9)]

셸러의 근본 착상이 오류를 범하고 있다는 하이데거의 주장이 옳은가, 아니면 하이데거의 주장이 오류인가? 인간이 진화의 산물이며, 현대의 뇌과학은 인간의 뇌는 파충류의 뇌와 포유류의 뇌와 호모사피엔스의 뇌라는 삼겹의 뇌가 통일체를 이루고 있는 것임을 밝히고 있다. 현대과학은 당연히 인간에 대한 셸러의 견해가 옳다고 말할 것이다. 하이데거가 맹목적으로 보일 정도로 과학을 무시하는 태도는 철학이 소크라테스 시대 이전과 이후에 누렸던 만학의 여왕으로서의 지위를 위협하는 과학에 대한 적개심

---

8) 이기상, 『존재의 바람, 사람의 길』(서울: 철학과 현실사, 1999), 155쪽.

9) 『형이상학의 근본개념들』(이기상 · 강태성 옮김, 서울: 까치, 2001), 319쪽.

으로밖에는 달리 설명할 길이 없어보인다. 인간을 셸러처럼 설명하는 방식은 이미 아리스토텔레스부터 시작된 것으로, 아리스토텔레스가 인간을 식물적인 부분과 동물적인 부분과 이성적인 부분으로 나누어 설명했다는 것은 철학적 상식이다. 하이데거는 셸러식으로 인간을 고찰하면 형이상학으로 나가는 길이 막힐 것을 걱정하는 듯한데, 아리스토텔레스는 그런 식으로 인간을 고찰하면서도 형이상학을 건설하는 데 어떤 장애를 느낀 것 같지는 않아 보인다. 인간을 아리스토텔레스나 셸러식으로 설명하지 않고, '실존'이나 '현존재'로만 규정하는 하는 것이야말로 뜬금없는 규정일 것이다. 인간을 그렇게 규정하는 것 자체 안에 과학에 대한 거부의 의도가 들어 있다.

3.
인간에 대한 실증과학적 연구는 무의미한가?

나는 인간을 실증과학적으로 고찰하는 것이 잘못된 것이라는 하이데거의 주장에 반대한다.[10] 그리고 그가 인간에 대한 실증과학적 고찰과 현상학적 고찰을 이분법적으로 대립시키는 것은 잘못이다. 전자의 고찰은 인간에 대한 과학적 사실의 문제를 다룰 뿐이다. 의학은 인간을 연구해서 인간의 삶의 의미를 해명할 수 있다고 말하지 않는다. 인간에 대한 하이데거식의 현상학적 고찰은 삶의 의미에 대한 고찰이기에, 이런 연구로는 인간이라는 생명체를 지배하는 간단한 생물학적 메커니즘조차도 알아낼 수가 없다. 물론 하이데거의 실존분석론이 정신치료에 도움을 준다고 말하

---

10) 하이데거 연구자들은 과학적 사고를 자연을 지배하려는 권력의지의 발로이며, 종국에는 자연을 파괴하는 파국적 사고라고 가차 없이 비판하면서도, 그들은 "계산적 사고를 전면적으로 부정하거나 비판하는 것은 아니다. 다만 계산적 사고의 독단과 월권을 비판하고자 한다"고 말한다(강학순, 『하이데거의 숙고적 사유』, 파주: 아카넷, 2021, 39쪽). 우리는 이 지점에서 과학기술 문명에 대한 하이데거주의자들의 참다운 입장이 무엇인지 헷갈린다. 그들의 입장에서 보면, 계산적 사고는 근본적으로 바람직하지 못한 사고다. 그렇다면 무엇 때문에 그들은 그 사고를 전면적으로 거부하지 못하는가? 말로는 존재사유를 외치지만 과학기술이 지배하는 현실을 부정하기 힘들기 때문인가? 우리는 다음 장에서 이 문제를 더 자세하게 다룰 것이다.

는 사람이 있을 것이다. 그러나 그런 것은 예전부터 모든 종교들이 해왔던 것이다. 심지어는 미신도 그런 치료적 효과를 가지고 있다. 그것은 과학이 아니다.[11)]

우리가 인간이 피와 살을 가진 신체적인 존재라는 사실을 인정하는 한, 인간의 그러한 신체적인 것의 본질에 대해서 과학적으로 연구하는 것은 대단히 중요한 일이다. 그러한 연구 덕택에 우리는 한 알의 알약으로 고혈압을 치료할 수 있고, 인간을 허무의 늪으로 빠트리는 심각한 우울증도 치료할 수 있다. 깨우침을 얻은 선사도 늙으면 치매에 걸리는 경우가 있는데, 그 치매를 치료해주는 것은 명상이 아니라 알약이다. 존재사유가 아니라 한 알의 알약이 (허)무를 치료하고 선사의 치매를 치료할 수 있다는 것이 의미하는 바를 가볍게 생각해서는 안 될 것이다. 그런데 하이데거는 인간학이나 심리학이나 생물학은 그 나름의 긍적적 작업을 하는 학문들이기는 하지만, "인간학, 심리학, 생물학은 우리들 자신이 그것인 그 존재자의 존재양식에 대한 물음에 명확하고 존재론적으로 충분히 근거 제시된 답을 못하고 있다"[12)]고 평가한다. 더 나아가서 그는 전통철학이 인간을 '이성적 동물'로 규정한 뒤에, 인간의 본질을 '이성'으로 보는 것에 반대할 뿐만 아니라, 인간을 '동물'로 보는 것도 반대하며, 인간을 '이성'과 '동물'의 결합체인 '이성적 동물'로 보는 것도 반대한다. 그는 '이성적 동물'의 자리에

---

11) 물론 나는 정신의학이 과학이 아니라고 말하는 것은 아니다. 그리고 불교적 참선 수행이나 종교적 명상이 과학에 근거한 행위가 아니라고 해서 그런 행위들이 전적으로 무의미하다고 말하는 것도 아니다. 마음 다스림은 여러모로 좋은 것임을 기꺼이 인정한다. 그러나 나는 심각한 갱년기 증상을 겪는 여성이 종교적 참선 수행을 하는 것보다는 호르몬 치료를 받는 것이 더 효율적이라고 생각한다. 그리고 심각한 우울증을 앓는 사람의 경우도 종교적 명상보다 한 알의 알약으로부터 더 많은 도움을 받을 수 있다고 생각한다.

12) 『존재와 시간』(이기상 옮김, 서울: 까치, 1998), 77쪽.

'실존'을 넣는다. 그는 '인간은 실존적 존재다'로 규정한다. 그리고는 하이데거는 '실존'을 그 규정의 술어인 '이다(존재)'와 연관지어 현상학적-해석학적으로 분석하고 해석한다. 하이데거의 이런 접근법의 가장 큰 문제점은, 이 접근법이 동물적 존재로서의 인간의 본질에 대한 과학적 탐구를 거부해버리는 것이다. '인간은 이성적 동물이다'라는 규정은, 앞서 말했듯이, 그것이 이성을 강조할 때는 인간에 대한 철학적 규정이지만, 그것이 동물을 강조할 때는 인간에 대한 생물학적 규정이다. 그런데 '인간은 실존이다'라는 하이데거의 인간규정은 인간에 대한 철학적 규정으로서, '인간은 이성적 동물이다'라는 규정이 갖고 있는 두 측면 중에서 하나의 측면만을 대체할 수 있을 뿐이다. 하이데거의 규정은 인간의 동물성에 대한 규정 즉 인간에 대한 과학적 규정까지 대신할 수는 없다. 그럼에도 불구하고 하이데거의 규정은 '인간은 이성적 동물이다'라는 규정에서 '이성적 동물'을 통째로 '실존'으로 대체시켜버렸기에, 인간에 대한 과학적 규정까지 대신하는 꼴이 되어버렸다. 그러나 이는 잘못이다. 하이데거는 '인간은 실존이다'라고 말할 것이 아니라, '인간은 **실존적 동물이다**'라고 규정했어야 했다. 인간은 '세계 안에서 각자의 삶의 의미를 추구하면서 각자의 세계를 구축하고 살아가는 동물'이라는 것이다. 이 규정에서 '실존적'은, 실존자의 각자성과 차별성을 말해준다. 이렇게 살아가는 인간에게 삶의 공통된 본질이나 가치라는 것은 있을 수가 없다. 그러나 '동물'은 인간들의 실존적 차이를 차이로 만들어주는 공통성이 될 것이다.

하이데거는 인간을 자기 초월의 관점에서만 보면서 시간성을 중시하는데, 그리하여 현존재의 존재의 의미는 시간성으로 파악되어야 한다고 생각한다. 현존재의 존재의미를 밝히는 데 동원되는 염려, 권태, 불안의 정조들은 다 시간적 흐름을 전제로 한다. 이런 이유에서 그는 인간을 공간 속의 생물체로 보면서 그 생물체의 공통된 본질을 탐구하는 과학적 관점을 거부하고 있다. 하기락 교수는 하이데거가 인간 실존의 실존성을 규정하는 두 축인 시간과 공간 중에서 시간 편향적인 사유의 문제점을 다음처럼 날카롭게 지적하고 있다.

> 현존재의 전체적 존재가능성은 어째서 한갓 '죽음에로의 존재'로서 파악되고, 도리어 시간성의 측면만이 강조되고 공간성의 측면은 경시되는가? 따라서 그 역사성만이 강조되고 사회성이 경시되는가?[13)]

하이데거는 인간 실존의 공간성을 경시하면서 인간의 사회성을 진지하게 다루지 않을 뿐만 아니라, 인간에 대한 과학적 탐구도 경시하게 되었다.

'인간은 이성적 동물이다'라는 규정을 따르는 전통철학에서는 인간의 정신적 삶의 측면에서만 공통성이 지배한다고 생각했다. 그래서 전통철학은 인간을 **이성적** 존재로 본 것이다. 전통철학은 오히려 인간의 감각과 관계된 동물성이 인간들이 보여주는 차이성의 원천이라고 생각했다. 같은 기온에서 어떤 사람은 춥다고 느끼고 어떤 사람은 덥다고 느낀다. 그러나 신체에도 공통성이 있다. 예컨대 독사나 살모사 같은 독뱀에게 물리면 사람은 죽는다. 현대의학은 인간 신체의 공통성의 기초 위에서 수많은 의학 지식을 만들어내고 있다.

실증주의적 과학은 과학의 가능근거인 이 의식조차도 실증적 방법을 통해 그 비밀을 밝혀낼 수 있을 것이라는 희망을 갖고 연구한다. 그런데 현상학적 기반에서 철학하는 실존철학자들은 인간의 본질은 인간의 의식인

---

13) 하기락, 「하이데거에 있어서의 공간성과 시간성의 문제」(『하기락논문집』 제4권, 자유인연맹 발행, 1987), 77쪽.

데, 이 의식이 모든 과학적 탐구의 가능근거라고 생각한다. 이런 이유에서 실존철학자들은 의식은 절대로 과학적 탐구의 대상이 될 수 없다고 말한다. 사실 이런 생각은 칸트의 입장이기도 했다. 칸트에 의하면 선험적 주관은 모든 과학적 인식의 가능성 근거이지만, 그 선험적 주관 그 자신은 결코 인식의 대상이 될 수 없다고 생각했다. 그렇다고 칸트는 생명체로서 인간의 몸을 의학적으로 연구하는 것이 무의미한 일이라고 생각하지 않았다. 경험적 주관으로서의 인간은 얼마든지 과학적 탐구의 대상일 수 있다고 생각했다.

칸트는 인간은 이성적 동물이라는 전통철학의 인간 규정을 하이데거와는 다르게 풀이했다. 그는 그 규정에서 등장하는 '이성'을 넓은 의미로 이해했다. 그 광의의 이성에는 직관능력인 감성, 개념능력인 지성, 이념능력인 협의의 이성이 다 들어 있다. 그래서 그는 『순수이성비판』에서 인간의 감성능력에 대응하는 「선험적 감성론」, 지성능력에 대응하는 「선험적 분석론」, 이성능력에 대응하는 「선험적 변증론」을 썼다. 그는 '인간은 이성적 동물이다'라는 규정에서 이성을 그렇게 넓은 의미로 사용하면서, 과학적 탐구의 대상으로만 인식되었던 인간의 동물성을 철학적으로 고찰하는 길을 열어보였다. 칸트는 '순수직관 형식'이란 말을 사용하면서 인간의 신체를 지배하는 철학적인 공통성의 원리에 대해 최초로 인식했다. 인간은 이성적 동물이라는 고전적 규정에 대한 하이데거적 변경 즉 '인간은 실존이다'라는 것과 칸트적 변경 중에 나는 인간의 동물성(신체성)을 모든 인간에게 공통되는 '감성의 순수직관 형식'으로 만들어 고찰하는 칸트적 변경이 더 설득적이라고 생각한다.

9장 하이데거의 과학비판과 그 문제점

1. 과학이 사유하지 않는다면, 존재사유는 계산하지 않는다
2. 과학에 대한 하이데거의 이중적 평가
3. 과학시대의 도래는 존재의 역사적 운명인가?
4. 과학에 대한 하이데거의 혼란된 평가의 근본원인

1. 과학이 사유하지 않는다면, 존재사유는 계산하지 않는다

주지하다시피 서양철학의 주류적 전통은 인식문제이든 존재문제이든 도덕문제이든, 이들 문제를 해결하려 할 때 이성을 중시했다. 그러나 하이데거는 그 전통을 과감하게 버리고 '우연성', '죽음', '염려', '불안', '시간성'을, 한마디로 말해서 감성적 주체로서의 현존재를 중심에 두고 존재문제를 해결하려 했다.[1] 그의 이런 태도는 『칸트와 형이상학의 문제』에서

1) 하이데거의 이런 태도는 당연히 죽을 수밖에 없는 인간 존재를 철학적 고찰의 대상으로 삼게 되는데, 죽음 앞에서 각각의 인간 현존재는 자신의 삶의 유한성을 직시하고, 어떻게 사는 것이 의미 있고 가치 있는 삶인가 하는 문제로 고민하게 된다. 만약 인간의 삶이 무한하다면, 인간은 어떻게 살 것인가 하는 문제로 고민하지 않을 것이다. 그것은 무한한 재산을 가진 사람은 자신의 돈을 어떻게 써야 효율적으로 쓰는 것이 될까 하는 문제로 고민할 필요가 없는 것과 마찬가지다. 삶의 유한성에 대한 인식은 인간으로 하여금 삶의 의미를 묻게 만든다. 그리하여 인간에게 삶의 의미지평으로서의 세계가 열리게 된다. 의미지평으로서의 세계는 '각자 나의 세계'일 수밖에 없으며, 그 세계는 내가 죽으면 따라서 소멸한다. 그러나 물리적 실재로서의 세계는 그대로 있다. 하이데거에게 있어서 그의 실존철학의 알파와 오메가는 죽음이다. 하이데거에서는 죽음은 최종적으로 존재의 문을 열어주는 열쇠의 역할을 한다. 죽음 앞에서 느끼는 불안, 불안을 통해 만나게 되는 무, 무를 통해 드러나는 존재로 이어지는 하이데거적 사유의 출발점에 죽음이 놓여 있다. 그리고 하이데거 철학의 끝에도 죽음이 놓여 있다. 그래서 그는 '존재는 유한하다'고 한다. **존재를 향한 현존재의 여정을 출발시키는 것도, 그 여정을 마치게 만드는 것도**

칸트에 있어서 직관과 개념의 우열을 논하면서도 직관 우위의 해석을 하는 것으로 이어진다.[2] 그리고 그는 인간을 '죽음에의 존재'(Sein zum Tode)로 보는 입장의 연장선에서 즉 삶의 끝(죽음)에 의해 유한성에 갇혀서 삶을 살아가는 현존재(실존)라는 관점에서 칸트철학을 '유한성의 철학'으로 규정한다. 이리하여 인간의 감성과 이성 중에서 감성 편향적인 하이데거의 현상 존재론에는 처음부터 객관적 과학의 세계가 들어설 여지가 배제되어 버렸다.

특히 과학에게 '무'의 문제를 다뤄보라고 요구하는 것은 과학에게 독극물을 마시라고 요구하는 것이나 마찬가지다. 그러나 철학이나 시는 무의 문제를 다루며, 무의 문제를 다루는 철학이나 시는 원천적으로 비과학적일 수밖에 없다. 그런데 과학이 무의 문제를 다룰 수 없다고 말할 때의

죽음이다. 하이데거는 죽음을 실존적 차원에서 바라본다면, 하르트만은 죽음을 과학적 초연함을 갖고 바라본다. "물론 죽음은 오로지 자기만의 관심에서만 삶을 영위한 사람에게는 그리고 세계는 단지 자기의 것이라고 생각하는 사람에 대해서는 두려움을 주는 것임에 틀림이 없다. 자기중심적인 인간의 뒤에서 자존심의 거꾸러짐이 불의의 일격을 가한다. 그러나 순수 존재적인 태도에서 자신을 수많은 개인 중의 하찮은 하나로 보는 인간에게 죽음은 역사적인, 더 크게는 우주적인 세계생기의 흐름 속의 하나의 물방울이며, 그리고 전체 앞에서 경건하게 물러날 줄 아는 자에게 죽음은 상대적으로 중요한 것이 아니다. 이것이 생에 뿌리를 확고하게 내린 자의 자연스러운 태도이다."(니콜라이 하르트만, 『존재학원론』, 하기락 옮김, 서울: 형설출판사, 1983, 261쪽. N. Hartmann, *Zur Grundlegung der Ontologie*, Berlin: Walter de Gruyter & Co. 1965, p. 182. 번역문은 필자.) 나는 죽음을 하이데거식으로 보는 것도 가능하고 하르트만식으로 보는 것도 가능하다고 생각한다. 하이데거식의 죽음은 나의 죽음과 더불어 나의 세계가 함께 사라지게 만드는 죽음이라면, 하르트만식의 죽음은 내가 죽어도 세계는 여전히 존속하고 이어져 간다. 하이데거가 실존철학적 차원에서 말하는 세계는 나에 의해 의미가 부여된 나만의 세계이기에, 그 세계는 내가 죽으면 나와 함께 사라지는 세계다. 그러나 하르트만이 말하는 세계는 내가 그것에 의미부여하는 것과 무관하게 그 자체로 존재하는 세계다. 그러므로 나의 죽음은 세계에 별다른 타격을 주지 못한다.

2) 칸트는 인식이 성립하려면 감성(직관)과 오성(개념)의 결합이 필수적임을 말하면서, 그 양자 중에 어느 것이 더 중요한지 우열을 논할 수가 없다고 말한다.(『순수이성비판』, 최재희 옮김, 서울: 박영사, 1974, B75 참조) 그러나 하이데거는 감성이 더 중요하다고 해석한다(『칸트와 형이상학의 문제』, 이선일 옮김, 서울: 한길사, 2001, 88, 92, 94쪽 참조).

'무'는 물리적 비존재로서의 무이지만, 철학이나 시가 무를 다룰 수 있다고 말할 때의 '무'는 무의미로서의 '무'다. 우리는 앞에서 하이데거의 존재론은 사물존재와 의미존재의 구분 없이 전개되는 것이 결정적인 문제라고 말했는데, 그런 문제점은 고스란히 '무'의 문제를 다룰 때도 발견된다.

> 사실에 있어서 우리들은 아무것도 아닌 것에 대해서, 마치 이것이 어떤 사물, 창 밖에 내리는 비, 또는 산, 또는 도대체 어떤 대상물인 것처럼 이야기하거나 논쟁할 수 없는 것이다. 아무것도 아닌 것은 모든 과학(Wissenschaft)에 대해서 근본적으로 접근할 수 없는 것으로 머무른다. 누가 만일 아무것도 아닌 것, 무(無/das Nichts)에 관해서 진정으로 이야기하고자 한다면, 그는 필연적으로 비과학적이 되지 않을 수 없는 것이다.[3)]

이상의 인용문에서 하이데거는 과학이 '무'의 문제를 다룰 수 없음을 예증하기 위해서 물리적 사물의 비존재를 언급하고 있다. 그럴 수밖에 없는 것이 그는 과학의 무능을 폭로하기 위해 과학이 삶의 무의미로서의 '무'(허무)를 다룰 수 없다는 주장을 펼치는 것은 설득력이 떨어진다는 것을 알기 때문이다. 그러나 그가 불안 가운데서 드러난다고 말하는 무는 물리적 무가 아니라 심리적 허무이다. 하이데거는 철학이 비과학적임을 걱정할 것이 아니라, 과학이 비철학적임을 고민해야 한다고 생각한다. 나는 하이데거가 이렇게 철학과 과학을 대립시키는 것은 잘못이라고 생각하는데, 그 이유에 대한 논의는 뒤에서 하겠지만, 분명한 것은 하이데거와 키르케고르

---

3) 『형이상학입문』(박휘근 옮김, 서울: 문예출판사, 1997), 56쪽.

는 둘 다 의미 — 사실과 대비되는 — 편향적이라는 것이다. 그 두 사람은 모두 과학에 대해 부정적이었다. 하이데거는 말한다.

> 과학이 사유하지 않고 또 사유할 수 없다는 것이 도리어 과학으로서는 다행인바, 그래서 과학이 고유하게 확정된 자신의 절차를 확실히 지킬 수 있게 된 데에 있다. 과학은 사유하지 않는다. 이것은 불행한 문장이다.[4]

과학은 존재사유를 하지 않는다고 하이데거는 비난한다. 그러나 과학자들은 '과학은 존재사유를 할 필요가 없으며 존재사유로는 과학을 발전시킬 수 없다'고 말할 것이다. 과학자들은 하이데거의 '불안의 형이상학', '무의 형이상학', '죽음의 형이상학'은 존재자를 사유하지 않고 존재사유라는 이름으로 뜬구름 잡는 소리만 한다고 말할지도 모른다. 개별과학은 각자가 정한 탐구의 범위 내에 존재하는 존재자들을 그 존재자들의 특수성에서 연구하면서 과학의 진보를 이루어내고 있다. 곤충학은 다른 동물들과 비교해서 곤충들에만 통용되는 곤충들의 특수한 본질을 탐구한다. 그 탐구내용은 당연한 말이지만 식물들에게는 적용되지 않는다. 존재의 영역을 구분하여 탐구하는 것은 과학의 발전을 위해 필수적이고 불가피한 것이다. 산을 산으로 보고 물을 물로 보는 분별적 사유를 한 뒤에, 산을 다른 존재자와 구별되는 그 특수성에서 연구하는 것이 과학인데, 과학이 존재사유를 하지 않는다고 말하는 것은 산을 보고 산이라고 말하는 것을 문제 삼는 것이 될 것이다. 이를 두고 존재 망각의 사유라고 비난하는 것은 과학의

---

4) 하이데거, 『사유란 무엇인가』(권순홍 옮김, 서울: 고려원, 1993), 17쪽.

본질적 특징을 인정하지 않겠다는 것이다. 가브리엘 마르셀은 과학은 문제(probleme)를 다루고 철학은 존재의 신비를 다루는 학문이라고 한다.[5] 그러니 철학 쪽에서 과학이 '존재'를 다루지 않는다고 비난하는 것은, 과학 쪽에서 철학이 '문제'를 다루지 않는다고 비난하는 것이나 마찬가지로 억지스럽다. 과학은 그 본질적 특성으로 인해 삶의 의미에 대해 사유하지 않는다. 그것은 근세 이후 과학을 분가시킨 철학이 그 본질적 특성에 의해 존재의 사실에 대해 계산하지 않는 것이나 마찬가지다. 그럼에도 불구하고 인간은 과학적 계산(인과적 기계론)의 주체이면서 철학적 사유(자유의 목적론)의 주체이기에 즉 두 세계의 시민이기에 그 양자의 균형을 어떻게 잡을 것인가 하는 문제는 전적으로 인간의 몫이다.

하이데거는 근대과학의 주객분리적, 표상적, 분석적, 조작적, 분별적, 계량적 사고를 존재 망각의 사고로 간주한다. 그가 보기에, 과학적 사고는 존재자를 그것이 '존재'와 연결된 탯줄을 잘라내는 방식으로 사고하는 것이다. 그러나 '탯줄 자르기'는 과학의 운명이다. 과학은 철학과의 연결고리를 잘라버림으로써 과학으로 될 수 있었기 때문이다. 하이데거는 이 탯줄 자르기 사건이 플라톤 이래 서구 형이상학의 본질 안에 배태되어 있었다고 생각하는데, 나도 하이데거의 그런 주장에 어느 정도 동의한다. 그렇지만 그 사건에 대한 평가에 관한 한, 나는 하이데거와 정반대다. 하이데거는 소크라테스-플라톤 이전의 자연철학자들을 높이 평가하는데, 그들은 여전히 신화적 세계관에 머무르고 있었다. 그들의 마법적 세계관으로부터 탈마법적 세계로의 진정한 큰 걸음을 위대한 기계론적 사상가인 데모크리토스(Democritus, B.C. 460? - B.C. 380?)가 내디뎠으나, 그의 발걸음은 2천 년이

5) 안병욱, 『현대사상』(안병욱 전집 12, 서울: 삼육출판사, 1985), 257-258쪽 참조.

지나서야 근대과학자들에 의해 간신히 이어졌다. 보기에 따라 플라톤의 목적론적 사유체계는 세계관의 탈마법화를 지연시킨 사상이었다. 하이데거는 자연의 탈마법화가 이루어지기 전의 세계관을 그리워하는 사상가로 보인다. 그리고 그는 과학이 과학이라는 이유로 본질상 할 수 없는 것을 하지 않는다는 핑계로 과학을 비난하고 있다. 하이데거는 과학이 존재의 의미를 사유할 능력이 없다고 말하지만, 과학은 그런 것을 사유할 필요가 없다. 과학이 계산적 사유를 하면서 그 계산의 객관성과 공정성을 위해 과학은 일체의 감정언어를 배격한다. 과학은 언어의 정의적-표현적 기능을 극소화하고 언어의 지식전달적 기능을 극대화한다. 그러므로 하이데거가 과학이 불안과 불안이 드러내 보이는 무를 사유하지 않는다고 비난하는 것은 잘못된 것이다. 과학은 불안에 사로잡히는 것을 경계한다. 과학은 하이데거의 존재사유와 달리 사고의 냉정함과 객관성을 중시한다.[6] 칸트는 계량적-표상적-분석적-실증적 사고로 자연을 탐구함으로써 학문의 안전한

6) 통상 사람들은 계산적 사유의 전형인 과학이나 수학이 객관적 진리를 추구하고 가치중립적이라고 생각한다. 이에 대해 한상연은 이렇게 비판한다. "'1+1=2'라는 수학적 진실이나 이런 저런 자연과학적 법칙들은 초역사적이고 가치중립적이라는 식의 주장은 철부지 어린아이의 잠꼬대만큼이나 순진하고 터무니없다. 그렇게 믿고 싶거든 계속 그렇게 믿으라. 구체적인 삶의 맥락으로부터 유리된 소위 학문적 진술들을 늘어놓으며 자신이 평범한 사람들과 달리 공평무사한 진리의 사도라고 믿는 자만큼 역겨운 속물도 찾기 어렵다. 이러한 자는 다만 구체적 삶의 맥락으로부터 유리된 추상적 관념들의 체계 안으로 삶을 가두고 통제하려는 위선자이거나, 폭압적 권력의 부역자일 뿐이다."(『존재의 순간』, 서울: 세창출판사, 2022, 25쪽) 한상연은 수학자와 과학자들에 대해 통제할 수 없는 적개심을 표출하고 있는 듯이 보이는데, 이렇게 말함으로써 한상연은 수많은 수학자와 과학자들을, 그리고 객관적인 진리, 절대적인 진리를 추구한 소크라테스, 플라톤, 아리스토텔레스, 데카르트, 칸트를 포함한 수많은 서양철학자들을 '순진한 인간', '역겨운 속물', '폭압적 권력의 부역자'로 만들었다. 그러나 객관적 진리를 추구하는 것에서 폭압적 권력의 부역자가 되는 것을 끄집어내는 것은 비논리적인지 초논리적인지 모를 사고의 비약처럼 보인다. 정작 삶의 구체성을 그렇게나 중시했던 하이데거가 폭압적 권력의 부역자였다는 것을 어떻게 해명하려는지 궁금하다. '객관적 진리'와 '폭압적 권력의 부역자', 이 양자는 아무런 논리적 연관성이 없다. 굳이 따져본다면, 오히려 진리를 주관성, 진정성, 구체성에서 파악하려는 철학이 폭력에 더 가까이 가 있는 것일 수 있다.

길에 들어서게 된 과학을 예찬했다. 그런데 하이데거는 칸트와는 정반대로 과학을 부정적으로 평가한다. 그러나 과학은 '존재의 의미'를 탐구하는 학문이 아니며 '존재자의 사실'을 탐구하는 학문이다. 그러므로 과학은 존재사유를 할 필요가 없다. 하이데거는 존재사유와 과학 사이에 있는 제거될 수 없는 괴리를 선불리 연결하려는 일체의 시도에 대해 부정적인 태도를 취하고 있다. 그는 "사유와 과학 사이에 거래가 가능하도록 속 편하게 시장을 개장해놓고자 하는 모든 가교(假橋)와 보조수단은 전적으로 화를 불러오고 있다"고 한다.[7)]

하이데거에 의하면 과학과 기술은 존재-신-론적 사고의 필연적 귀결이다. 레비나스는 이 점을 이렇게 설명한다.

> 존재의 사유를 존재-신-론으로 대체하는 동일한 운동은 연속적인 일련의 망각을 통해 과학에 귀착한다. 과학은 존재자에게만 관심을 가지며, 존재자들을 자신에 종속시킨다. 과학은 존재자들을 정복하고 마음대로 하고자 하며, 존재자들에게 행사되는 권력을 추구한다. 따라서 이러한 운동은 권력의 의지로 귀착한다. (…) 이러한 운동은 기술에 다다른다. 형이상학의 종말, 기술세계의 위기는 신의 죽음에 이르지만, 이것은 사실상 존재-신-론의 연장이다.[8)]

과학기술에 대한 하이데거의 비판논조를 끝까지 밀고 가면, 그가 과학을 포기해야 한다는 주장을 하는 것에 귀착하는가? 여기에서 우리는 두 가지

7) 『사유란 무엇인가』, 17쪽.

8) 에마뉘엘 레비나스, 『신, 죽음 그리고 시간』(김도형 · 문성원 · 손영창 옮김, 서울: 그린비, 2022), 183쪽.

해석 가능성 앞에 선다. 첫째로, '그렇다'는 것이다. 하이데거에게 있어서 그 가치가 인정되는 사유는 존재사유다. 그런데 과학은 그런 사유와는 거리가 멀다. 과학은 인간의 삶을 황폐하게 만들 것이기에 과학기술 문명은 사라져야 한다. 아무리 존재사유를 강조하는 하이데거이지만, 이런 극단적인 주장을 펼쳤다고 보기는 힘들 것이다. 사실 하이데거도 그런 극단적인 입장을 배격한다.

> 오늘날 우리 모두에게 기술세계의 각종 설비와 장치 그리고 기계들은 없어서는 안 될 것들입니다. (…) 기술 세계를 악마의 작품으로 간주하여 저주하려 한다면, 그것은 아마도 근시안적인 태도일 것입니다.[9)]

둘째로 하이데거는 과학기술 문명의 고도화도 존재역운의 일부라고 생각했기에, 그가 과학기술 문명이 사라지기를 원한 것은 아니라고 해석하는 것이다. 이렇게 해석하면, 우리는 하이데거가 과학기술 문명의 긍정적-부정적 의미에 대해 존재사유의 관점에서 철학적-문명사적 검토를 한 것으로 보는 것이 된다. 하이데거의 다음 말은 이 해석의 가능성을 지지한다. 하이데거는 『사유란 무엇인가』에서 기술문명이 급속도로 발달한 시대에 인간이 기술의 노예가 되어가고 있는 걱정스러운 현실을 염두에 두고 이렇게 말한다.

> 우리가 아직도 사유하고 있지 않다는 사실이야말로, 그것도 세계의 상

---

9) 『동일성과 차이』(신상희 옮김, 서울: 민음사, 2000), 132쪽.

태가 갈수록 더욱더 사려를 요구하게끔 됨에도 불구하고 변함없이 줄곧 **사유하고 있지 않다는 사실이야말로 가장 깊이 사려를 요구하는 것이다.**[10]

10) 『사유란 무엇인가』, 13쪽. 강조는 하이데거.

2.
과학에 대한 하이데거의 이중적 평가

과학의 맹목성과 무사유를 걱정하는 하이데거가 다음처럼 과학에다가 응분의 자리를 만들어준다.

> 사유에는 '계산적인 사유'와 '숙고적인 사유'라는 두 종류의 사유가 있으며, 이 둘은 각각 저 나름의 방식으로 정당한 권리를 지니고 있고 또 그때마다 필요하기도 합니다.[11]

하이데거의 이 말은 그가 『사유란 무엇인가』에서 '과학은 사유하지 않는

11) 『동일성과 차이』, 123쪽. 강학순은 계산적 사고를 형이상학적 사고, 이성적 사고, 과학기술적 사고의 전제조건, 양적인 사고, 표상적 사고, 기술적 사고, 단선적 사고, 일면적 사고로 설명한다(『하이데거의 숙고적 사유』, 파주: 아카넷, 2021, 281-282쪽 참조). 그리고 그는 숙고적 사유를 의식철학의 틀에 얽매이지 않는 '전-반성적'(pre-reflective)이고 '비-전유적'(non-appropriative)인 사유, 존재자의 진리가 아니라 존재의 진리를 사유하는 시원적-근원적 사유, 계산적 사고의 근원인 사유, 의식철학의 주체중심적 사고가 아닌 탈-존적인 존재사유, 존재역사적 사유, 근본기분을 전제하는 유정한 사유로 설명한다(『하이데거의 숙고적 사유』, 457-562쪽 참조).

다'고 한 말에서 많이 후퇴한 것으로 보인다.

> 기술적인 대상들의 필요불가결한 이용에 대해서 '긍정'할 수도 있으며, 그런 대상들이 (…) 우리의 본질을 비틀고 혼란스럽게 하고 마침내 황폐하게 하는 것을 우리가 단호하게 거부하는 한, 우리는 그런 이용에 대해서 '부정'할 수도 있습니다.[12)]

과학에 대한 하이데거의 평가가 이렇게 변화하고 후퇴하는 것은 그가 그토록 비난했던 과학의 존재자 사유와 계산적 사유를 받아들인다는 것인가? 그는 이에 대해 아무런 해명도 하지 않고 있다. 하이데거는 자신의 존재사유적 관점에서 '과학은 사유하지 않는다'고 말하지만, 그렇다고 자신이 과학의 발전을 거부하는 것도 아님을 말하고 싶을 것이다. 그런데 이 두 번째 해석 가능성은 우리가 하이데거를 철학의 존재사유뿐만이 아니라, 과학의 존재자 사유도 의미 있는 사유임을 인정하는 것으로 해석하는 것이 된다. 나는 두 번째 해석 가능성이 옳다고 생각한다. 그러나 이런 해석은 '과학기술에 대한 하이데거의 입장이 착종된 것 아닌가'라는 의문을 낳는다. 이를 의식하고 하이데거는 이렇게 말한다.

> 그러나 우리가 이런 식으로 기술적인 대상들에 대해서 동시에 '긍정'하기도 하고 '부정'하기도 한다면, 그때 기술세계에 대한 우리의 태도는 분열되고 불확실해지는 것은 아닐까요? 전혀 그렇지 않습니다. 오히려 그와는 정반대이지요. 기술세계에 대한 우리의 관계는 놀라우리

---

12) 『동일성과 차이』, 133쪽.

만큼 단순하고도 고요합니다.[13]

하이데거가 과학기술에 대한 자신의 입장이 분열되지 않았다고 말하는 것은 설득력이 있는가? 이를 판단하려면 그렇게 말하는 근거를 살펴보아야 할 것이다. 그는 그 이유를 이렇게 설명한다.

우리는 기술적인 대상들을 우리의 일상적인 세계 속으로 들어와 머물러 있게도 하고, 동시에 그것들을 절대적인 것으로 존재하는 그런 사물들로서가 아니라 그 스스로 좀 더 드높은 것을 향해 지시된 채로 머무르는 그런 사물들로서 [일상적인] 세계 바깥에 가만히 머무르게 하기도 합니다. 저는 기술세계에 대해 긍정하면서도 동시에 부정하는 이러한 태도를 옛날 말로 '사물들에 이르는 초연한 내맡김(die Gelassenheit zu den Dingen)이라고 부르고 싶습니다."[14]

그러나 나에게는 하이데거의 말이 설득력 있게 다가오지 않는다. 꽤 난해하게 쓰여진 말의 뜻은 이렇다.

우리는 자신도 모르는 사이에 기술적인 대상들에게 단단히 얽매임으로써, 결국 우리는 그것들의 노예로 전락하고 말지요. 그러나 우리는 달리 생각해볼 수도 있습니다. 물론 우리가 기술적인 대상들을 이용하기는 하지만, 동시에 그것들을 올바로 이용할 경우 우리는 그것들로부터 아무런 구속도 받지 않을 수 있으며, 그리하여 우리는 언제나 그것

---

13) 『동일성과 차이』, 133쪽.

14) 『동일성과 차이』, 133-134쪽.

들을 [자유롭게] 풀어-놓게(loslassen) 되지요.[15]

우리는 과연 기술로부터 자유로운 상태를 유지하는 것이 가능한가? 자동차는 어떤가? 컴퓨터는 어떤가? 휴대폰은 어떤가? 안경은? 우리 몸 속에서 막힌 혈관을 넓혀주는 스탠트는? 기술은 우리 삶의 깊은 곳에 침투해 들어왔고, 우리는 기술을 선택하면서, 문명의 이기에 묶여버렸다. 그 결박을 우리 마음대로 풀 수 없는 지경에 와 있다. 이런 상황을 두고 하이데거도 '기술이 우리의 운명이다'라고 말하기도 한다.[16] 그렇다면 이런 상황에서 '초연한 내맡김'이 가능하겠는가? 하이데거가 문명비평가적 시각에서 기술에 대해 긍정도 하고 부정도 하는 것이라면, 그의 입장은 이해가 된다. 그리고 과학기술이 지구를 파괴한다고 울분을 토하는 하이데거도 이해가 된다.

만일 지구의 마지막 남은 한 구석이 기계문명에 의해서 정복되고 경제적 수익을 짜낼 수 있게 되었다 할지라도, 만일 모든 것이, 언제나, 임의로, 어느 곳에서 일어난 어떤 일이라도 마음먹은 대로 신속하게 수중에 넣을 수 있게 되었다 할지라도, 만일 불란서에서 일어난 왕의 살해 음모와 동경의 어떤 교향곡 연주를 동시에 '체험'할 수 있게 되었다 할지라도, 만일 시간이 다만 속도와 순간과 동시성이 되어버리고, 모든 민족들의 현존재로부터의 역사라는 의미의 시간이 사라져 없어져 버린다 할지라도, 만일 권투선수가 한 민족의 영웅으로 추대된다 할지라도, 만일 수백만의 군중을 한자리에 모으는 것이 하나의 승리가 된

15) 『동일성과 차이』, 133쪽.

16) 이기상, 『쉽게 풀어쓴 하이데거의 생애와 사상 그리고 그 영향』(서울: 누멘, 2010), 14쪽 참조.

다 할지라도, 만일 그렇게 된다면, 만일 그것이 정말 그렇게 된다면, 이 모든 도깨비 장난을 덮치는 유령처럼, 다음 질문을 토해낼 것이다. 무엇을 위해서? 어디를 향해서? 그리고 결국에 가서는?[17)]

이 인용문에서 우리는 기술문명에 대한 하이데거의 깊은 불만을 실감나게 느낄 수 있다. 그는 과학 일변도로 달리는 현대문명이 궤도 수정을 해야 함을 외치고 있다. 우리는 과학기술문명에 대해 이중적인 모습을 보이는 하이데거의 입장을 더 깊이 고찰할 필요가 있다.

17) 『형이상학입문』, 74쪽.

3.
과학시대의 도래는 존재의 역사적 운명인가?

우리는 존재역운이 되어버린 기술문명의 궤도를 바꾸어야 한다는 강력한 메시지를 던지고 있는 하이데거를 발견한다. 과학기술 시대의 도래는 인류의 운명이어서 받아들일 수밖에 없는 것인가 아니면 인간의 자유로운 결단으로 그 진행 방향을 바꿀 수 있는가? 박찬국은 존재역운을 이렇게 설명한다.

> 하이데거는 형이상학의 역사를 규정하는 존재 망각은 인간 자신의 오류에 의해서 일어나는 것이 아니라 존재가 자신을 드러내면서도 은폐하는 것이라는 데서 비롯된다고 말하고 있다. (…) 따라서 존재 망각의 역사란 인간이 임의로 조성하는 역사과정이 아니라 인간이 이미 편입되어 있는 존재의 역사 자체의 논리에 의해서 진행되는 역사다. 서구의 역사는 존재가 망각되고 존재의 흔적만이 갈수록 흐릿하고 왜곡된 형태로 나타나면서 존재자 전체를 보는 인간의 시각이 왜곡되어가는

과정이다. (…) 서구의 역사는 인간의 역사가 아니라 존재의 역사다.[18)]

존재역운을 이렇게 이해하게 되면, 역사 앞에서 인간은 책임질 일이 아무것도 없다. 인간은 그냥 존재의 꼭두각시에 불과하다. 마치 기독교의 신의 섭리가 절대적인 지배권을 가지면, 인간의 자유의지는 증발해버리고 덩달아 인간의 책임도 증발하게 되는 것과 마찬가지다. 박찬국의 이런 해석은 존재가 역사를 결정하는 역사숙명론으로 귀결될 것이다. 그렇다면 이런 해석은 필경 기술문명이 지배하는 현대세계에 대한 하이데거의 걱정을 쓸모없는 걱정으로 만들게 된다. 박찬국은 "서구의 역사는 인간의 역사가 아니라 존재의 역사다"라고 말한다. 그는 왜 존재의 역사에서 동양의 역사를 제외시켰는가? 그가 동양은 존재하지 않는다고 생각해서 그렇게 말한 것이 아님은 분명하다. 그가 그렇게 말한 것은 서구를 이끌어간 존재의 역사와 동양을 이끌어간 존재의 역사가 다르다고 생각했기 때문일 것이다. 그러면 그는 무슨 근거에서 존재가 동양과 서양에서 다르게 역사를 써내려갔다고 생각하는가? 이 물음에 대한 해답은 "서구의 역사는 존재가 망각되고 존재의 흔적만이 갈수록 흐릿하고 왜곡된 형태로 나타나면서 존재자 전체를 보는 인간의 시각이 왜곡되어가는 과정이다"라고 한 그의 말에 숨어 있다. 그는 그 과정이 서구에서만 있었고 동양에서는 없었다고 생각했기 때문에, 존재의 역사를 서양에만 국한시켰다. 그러면 그 과정은 무엇인가? 그것은 서양에서 특히 눈에 띄게 발달하게 된 과학기술 문명이다. 그렇다면 서구의 역사가 인간의 역사가 아니라 존재의 역사라면, 존재가 서양에서는 과학기술 문명을 발전시켰고 동양에서는 발전시키지 않았다는

18) 박찬국, 『하이데거와 윤리학』(서울: 철학과 현실사, 2002), 262쪽.

말이 된다. 그러나 과학기술 문명을 발전시킨 주체는 인간이 아니라 존재라는 박찬국의 주장은 납득하기 힘들어보인다. 존재는 동양과 서양을 차별하는가? 나는 존재역운에 대한 박찬국의 해석보다 이선일의 해석이 더 타당하다고 생각한다. 그는 하이데거가 말하는 존재역운에 대해 이렇게 풀이하고 있다.

> 존재의 역운을 통해 인간과 존재는 서로 공속한다. 고로 인간 때문에 존재가 위험에 빠지는 것도, 또 역으로 존재 때문에 아무런 책임도 없는 인간이 위험에 빠지는 것도 아니다. 오히려 몰아세움의 위험은 스스로를 위협하는 존재 그 자체와 이러한 존재의 비밀을 철저히 망각하고 있는 인간의 존재론적 틀에 그 근원을 두고 있다. 따라서 기술시대의 위험을 이겨낼 가능성은 그 존재가 자신의 고유함을 다시 획득하는 존재의 전향과 그 전향을 맞이할 수 있는 인간의 고유한 태도에 있다. 따라서 하이데거는 존재의 새로운 도래를 기다리며 준비하는 숙고적 사유를 인간에게 요구한다.[19)]

이선일은 존재역운에 대한 하이데거의 생각을 잘 요약한 것으로 보인다. 그는 "인간 때문에 존재가 위험에 빠지는 것도, 또 역으로 존재 때문에 아무런 책임도 없는 인간이 위험에 빠지는 것도 아니다"라고 한다. 그렇다면 같은 논법으로 이렇게 말할 수도 있겠다.

> 인간 때문에 존재가 위험으로부터 벗어나는 것도 아니고, 거꾸로 존재

---

19) 이선일, 「기술의 본질과 극복」(한국하이데거학회 편, 『하이데거의 존재사유』, 서울: 철학과 현실사, 1995), 323쪽.

때문에 인간이 위험으로부터 벗어나는 것도 아니다.

위험에 빠지건 위험에서 벗어나건 인간과 존재는 협력해야 한다. 이선일은 존재와 인간의 책임이 같이 가는 것임을 말하면서, "기술시대의 위험을 이겨낼 가능성은 그 존재가 자신의 고유함을 다시 획득하는 존재의 전향과 그 전향을 맞이할 수 있는 인간의 고유한 태도에 있다"고 한다. 존재가 자신의 운명을 개척하는 것은 인간이 자신의 운명을 개척하는 것과 같은 것이다. 그럼에도 불구하고 나는 하이데거의 과학비판에는 두 가지 문제점이 있다고 생각한다.

첫째로, 존재역운이 윤리적 평가의 대상이 될 수 없으면 존재역운을 걱정하는 것은 부질없는 짓이고, 존재역운을 걱정하는 것이 부질없는 짓이 아니려면, 존재역운도 윤리적 평가의 대상이 되어야 한다. 과거의 역사에 관한 한, 존재역운이 어떻게 전개되었든 존재의 역사는 정당화되며, 동시에 인간도 정당화되어야 할 것이다. 만약 히틀러의 등장이 잘못된 것이고 히틀러에 동조한 것이 잘못된 것이라면, 이는 '존재가 잘못되었다'는 것이 되는데, 하이데거의 논리에서는 받아들일 수 없는 말이 될 것이다. 존재는 잘못을 범할 수 없다. 만약 그렇다면 이번에는 존재의 역운이 미래에 어떻게 펼쳐지더라도 그것이 나쁜 방향으로 갈까 봐 걱정할 필요도 없을 것이다. 그럼에도 불구하고 우리가 앞서 인용한 글에서 확인할 수 있었듯이, 하이데거는 과학기술 문명이 인류를 존재자에 얽어매고 존재로부터 멀어지게 만들며, 결국 인류는 '존재사유'를 하지 않고 '존재자 계산'[20]만 하게

20) 내가 여기서 '존재자 계산'이란 용어를 사용했는데, 하이데거는 근대 이후 과학은 그 바탕에 수학이 있고, 그런 이유에서 과학은 계산적 사유, 수적 사유에 기초하여 대상을 철저하게 양화 가능한 것으로 만들고 있다고 생각한다는 것을 염두에 두었기 때문이다.

만든다고 걱정한다. 그러나 존재역운이라는 것이 존재가 자신의 역사를 스스로 만들어가는 것으로 이해되는 한, 그리고 존재가 만들어가는 역사에 대해 기존의 윤리학으로 옳고 그름을 판정할 수 없는 것인 한, 그런 걱정은 쓸모없는 걱정이 된다. 하이데거의 그런 걱정이 쓸모 있는 걱정이 되려면, 하이데거의 존재 사유는 존재의 역사적 운명이 어떤 방향으로 흘러가는 것이 바람직한지에 대한 기준을 가지고 있어야 할 것이다. 아마도 그 기준은 '존재자로부터 존재가 떠나가지 않도록 하는 사유인 존재사유를 하는 것은 바람직한 것(좋음)이고, 존재자를 존재로부터 분리시켜 오로지 존재자로서만 고찰하는 과학적인 존재자 계산은 바람직하지 않은 것(나쁨)'이 될 것이다. 이 기준의 관점에서 보면, 인류는 이러한 나쁨에서 연유한 자연에 대한 닦달(Gestell)과 이 닦달의 필연적 동반현상인 환경파괴를 그치기 위해 숙고적 사유(존재사유)를 통해 존재의 전회를 마련해야 한다는 주장이 가능하게 된다. 그렇게 되면, 과거의 존재역운도 이 기준에서 심판받을 수가 있게 된다.

둘째로 하이데거가 주장하는 실존적 삶의 자세가 봉착하는 아이러니가 있다. 하이데거 철학에서는 기존의 선악 이분법적 윤리는 성립할 수가 없다. 하이데거는 모든 인간들에게 공통적으로 적용되는 도덕규범이 있다는 생각을 거부한다. 현존재의 본질은 그 실존에 있는데, 실존은 자신만의 삶의 의미를 확인시켜주는 자기만의 삶의 규칙을 존재사유의 빛 아래에서 스스로 만들어가는 존재다. 흔히 '인간은 자신을 창조해가는 존재'라고 말하는데, 좀 과장된 표현이 될 수 있겠지만, 인간은 삶의 매 순간 죽음 앞에 자신을 세워두고 자신의 미래를 결단하는 카이로스의 삶을 살면서, 자신을 만들어간다.[21] 인간은 자신만의 결단의 칼로써 자신의 인생을 타인과 다르게 빚어 만든다. 하이데거에 있어서 각각의 인간들에게 자기 삶의 의미를 비추어주는 존재의 밝음(Lichtung)은 각기 다른 방식으로 비춘다. 그렇다면 누군가는 순교자의 길을 갈 수도 있고 누군가는 스포츠 선수의 길을 갈 수도 있고 누군가는 과학자의 길을 갈 수가 있고, 누군가는 수도승의 길을 갈 수가 있을 것이다. 그런데 누군가가 아인슈타인과 같은 과학자의 길을 가는 것에 자신의 삶의 모든 것을 걸었다고 해보자. 그가 표상적 사유, 주객분리적 사유, 계량적 사유, 실증적 사유, 대상적 사유, 객관적 사유로 특징지어지는 과학의 길을 가는 것에서만 자신의 삶의 의미를 확인할 수 있기에, 법학자가 되기를 강권하는 부모의 반대를 무릅쓰고 확고한 의지와 결단력을 발휘하여 과학자의 길을 간다면, 그는 누가 보더라도 실존적인 삶의 자세를 보여주고 있다. 그는 실존적 사유와는 가장 거리가 먼 과학자의 길을 가장 실존적인 방식으로 인생을 영위하고 있는 셈이다. 이는 마치 언론의 자유를 인정하다 보니 언론의 자유를 거부하는 언론의 자유까지 인정해

---

21) 내가 과장된 측면이 있다고 한 이유는 "삶의 매 순간 죽음 앞에 자신을 세워두고 자신의 미래를 결단하는 카이로스의 삶"은 습관적 삶과는 거리를 두는 삶이어야 하는데, 인간 삶의 적지 않은 부분은 습관에 의해 지배되기 때문이다. 물론 결단의 삶과 습관의 삶을 예리하게 나누어 그 둘의 관계를 모순대당의 관계로 볼 필요는 없다고 생각한다. 예컨대 내가 축구선수가 되기로 실존적 결심을 하면 나는 그 결심을 실현하기 위해 노력하게 되고, 그 노력이 반복되면서 습관이 형성된다. 이런 경우 결단과 습관은 대립하지 않는다. 그런데 내가 축구선수가 되기로 결심했음에도 불구하고 그 결심을 실현하는 데 필요한 운동량을 충족시키기를 방해하는 게으름의 습관을 가졌다면, 그 습관은 결심과 대립하게 된다. 어쨌건 이 경우건 저 경우건 인간의 삶은 결단의 연속으로 이루어지는 것은 아니다. 사실 하이데거도 현존재의 삶은 많은 경우 비본래적 삶의 모습을 보여준다고 말한다. "현존재는 나름대로 자기 자신을 선택할 수 있으며, 또한 여기에서부터 일차적으로 자기의 실존을 규정할 수 있다. 다시말해 그는 본래적으로 실존할 수 있다. 그러나 현존재는 또한 그의 존재를 타자에 의해 규정되도록 내버려두어, 일차적으로 자기 자신에 대한 망각 속에서 비본래적으로 실존할 수도 있다."(『현상학의 근본문제들』, 이기상 옮김, 서울: 문예출판사, 1994, 250쪽)

야 하는 역설적 상황과 유사하다.

앞서 말했듯이 우리 인간은 기술에 묶여 있는 상태이고, 기술문명시대의 도래는 하이데거식으로 말해서 존재역운이다. **하이데거는 존재사유의 철학자로서 자신의 논리와 주장을 일관성 있게 밀어붙여서 과학의 주객분리적이고 표상적 사유를 전면적으로 거부하든지, 아니면 문명비평가적 입장에서 과학의 역할을 인정해주고, 그 장단점을 검토하는 자세를 취하든지 둘 중에 하나를 택해야 할 것이다.** 존재사유를 하지 않는 과학기술 문명에 대해 존재사유의 관점에서 부정적으로 평가할 수밖에 없다면, 논리학의 동일률을 위반하지 않는 한, 과학기술문명을 긍정적으로 평가하는 것이 불가능할 것이다. 하이데거가 존재역운을 강조한다면, 현대의 기술문명의 흐름을 운명으로 받아들여야 할 것이고, 그렇게 되면 히틀러의 등장과 흥망도 존재역운으로 받아들여야 한다.[22] 이렇게 되면 그는 역사숙명론자가 될 수밖에 없다. 그러나 기술문명의 흐름은 바뀌어야 하며, 그 변경을 위해 애쓰는 문명 비판가의 길을 가려면, 그는 역사숙명론자가 되어서는 안 될 것이다. **그는 기술문제를 두고 기술문명은 존재역운으로서 불가피하다는 결정론과, 기술문명의 폐해를 방치해서는 안 되고 고쳐야만 하며 인간의 자유로운 결단과 행동으로 고칠 수 있다는 비결정론(자유론) 사이에서 혼란된 모습을 보여주고 있다.** 하이데거는 자신이 말하는 존재역운은 비결정론과 결정론의 이분법으로 이해하려 들어서는 안 된다고 말할 것이다. 그는 존재역운을 다음처럼 설명할 것으로 예상된다.

---

22) 그렇지만 그는 히틀러의 국가사회주의가 자기가 기대했던 것과는 다른 방향, 잘못된 방향으로 흘러갔다고 평가하면서 지나간 존재의 역사를 평가의 대상으로 삼기도 한다.

존재역운은 필연이면서 자유이다. 나의 논리를 제대로 이해하려면, '현존재의 존재는 존재의 현존재이다'는 공식을 동원해야 한다. 이 공식의 앞부분은 자유론을 지지한다. '존재'는 어떤 경우에도 현존재와 분리되어 그 자체로 존재하는 것이 아니다. 그러니 존재역운 역시 현존재와 분리되어 이해되어서는 안 된다. 그런 한에서 존재역운은 현존재의 선택에 의해 방향이 달라질 수 있으며, 그런 한에서 현대 기술문명의 탈주와 폭주를 막아보려는 노력은 의미가 있다. 그러나 앞서 말한 공식의 뒷부분은 숙명론을 지지한다. 현존재는 항상 존재의 현존재이다. 존재 없는 현존재란 있을 수 없다. 그러므로 현존재의 선택을 주도하는 것은 존재이다. 현존재는 자신의 자유로움으로 존재를 향해 나아간다고 생각하지만, 그것은 뒤집어 말한다면, 현존재의 자유로움은 존재의 '이끌어감'이다. 존재역운은 자유이면서 동시에 필연이요, 또한 자유 아닌 자유요, 필연 아닌 필연이다.

혹자는 내가 하이데거가 말하지 않은 것을 마치 말한 것처럼 말한다고 비판할지도 모르겠다. 그러나 하이데거도 이와 유사하게 말한다.

존재하는 것의 비은폐성은 언제나 탈은폐의 어느 한 길을 가고 있다. **탈은폐의 역운은 인간을 언제나 완전히 장악하고 있다.** 그러나 이 역운은 결코 어떤 강제적인 숙명은 아니다. 그 이유는 인간이 역운의 영역에 속하며, 그 역운을 듣는 자가 될 때에 — 그렇다고 맹종자가 되라는 것은 아니다 — **비로소 그는 자유로워지기 때문이다.**[23)]

---

23) 『강연과 논문』(이기상 · 신상희 · 박찬국 옮김, 서울: 이학사, 2008), 34쪽. 강조는 필자.

이 인용문에서 앞의 강조는 숙명론이요, 뒤의 강조는 자유론이다. 그러나 이런 설명은 선승들의 선문답처럼 매우 신비롭게 들릴 수 있지만, 무의미한 소리일 수도 있다. 내가 보기에 하이데거가 존재의 역운과 인간의 자유가 양립할 수 있다고 말하는 것은 하르트만이 말하는 신적인 섭리와 인간 자유의 이율배반에 빠지게 되는 듯이 보인다. 하르트만에 의하면 종교적 섭리는 일종의 신적인 결정론이며 인간의 자유가 진정으로 자유이려면 결정론을 깨트려야 하고, 신적인 결정론이 진정으로 결정론이 되려면, 인간의 자유는 부정되어야 한다.[24)]

24) N. Hartmann, *Ethik* (Berlin: Walter de Gruyter & Co., 1962), p. 814 참조.

4.
과학에 대한 하이데거의 혼란된 평가의 근본원인

나는 하이데거의 혼란은 그가 존재의미에 대한 연구와 존재사실에 대한 연구를 구분하지 않은 것에 근본적인 이유가 있다고 생각한다. 칸트는 존재사실의 영역에서는 인과적 필연이 지배한다고 생각했고, 존재의미의 문제에 관해서는 자유가 가능하다고 믿었다. 그는 자유와 필연을 구분하여 그 적용 영역을 나누었다. 그래서 그는 그 영역을 뒤섞지 않았으며 그의 언어는 혼란스럽지 않다. 그러나 하이데거는 사실의 문제와 의미의 문제를 섞어놓고, 모든 것을 '존재'라는 여행용 가방 안에 쑤셔 넣었다. 그러니 가방 안은 혼란스럽게 될 수밖에 없다. 이리하여 사실과 의미가 섞이면서 덩달아 자유와 필연도 섞여 뒤죽박죽이 되어버렸다.

스피노자의 경우도 신은 자유이면서 동시에 필연으로 간주되며, 인간의 자유는 신적인 필연(동시에 자유)을 인식하는 데서 성립한다고 말한다. '자유는 필연에 대한 인식을 통해 획득되는, 격정으로부터의 해방이다.' 스피노자에 있어서 신은 곧 자연이며, 이 자연은 '작용하는 자연'(natura naturans, 능산적 자연)과 '작용의 결과로서의 자연'(natura naturata, 소산적 자연)으로 나누어 고찰되는데, 능산적 자연으로서의 신은 자유이고, 소산적 자연으로서의 신은 필연이다. 인간의 임무는 이 신과의 일치인데, 이 일치가 가능하려면, 신적인 필연을 철저하게 영원의 상 아래에서 파악하여 일체의 수동적 감정 혹은 격정으로부터 해방되어야 한다. 그렇게 함으로써 인간은 필연이면서 동시에 자유인 신의 자유를 누릴 수 있다. 스피노자의 자유인은 "거의 영혼이 흔들리지 않고 자신과 신과 사물을 어떤 영원한 필연성에 의해서 인식하며, 존재하는 것을 결코 멈추지 않고 언제나 영혼의 참다운 만족을 소유한다."[25] 스피노자 역시 자유의 영역(도덕의 영역)과 필연의 영역(과학의 영역)을 나누어 고찰하지 않았기에, 자유와 필연이 섞이게 된다. 인간이 자유를 얻는다는 것은 필연의 흐름으로부터 자신을 분리시킨다는 것이 아니라 — 그렇게 하는 것은 원천적으로 불가능하니까 — 단지 그 흐름으로부터 한걸음 물러나서 흐름을 '영원의 상'하에서 관찰한 뒤에 그 흐름의 불가피성(필연성)을 인식한 뒤에 그 불가피성에다가 자신의 마음을 일치시키는 것이다. 마치 라디오 주파수를 방송국에서 송출하는 주파수에 일치시키면 소리가 잘 들리지만, 일치시키지 못하는 소리가 안 들리는 것과 같다. 그의 철학의 최고의 문제점은 인간들 중에는 우주적 필연의 흐름에 자신의 마음을 잘 일치시키는 사람이나 일치시키지 못하는 사람이나, 모두 다 '영원의 상'하에서 보면 불가피한 일이었다는 데서 생겨난다. 필연의 인식을 통해 확보되는 자유의 사건도 결국 필연의 사건이 되어버린다는 것이다. 이리하여 스피노자의 자유도 자유 없는 자유가 되며, 이 점에서 그의 자유론이 하이데거의 자유론과 유사하다고 말할 수 있다. 스피노자의 사유체계에서와 마찬가지로 하이데거의 사유체계에서도 일어나는 모

25) 스피노자, 『윤리학』(강영계 옮김, 서울: 서광사, 1990), 321쪽.

든 사건은 자유이면서 동시에 필연이다. 자유이면서 동시에 필연인 사건들의 흐름은 스피노자에게서는 물리적 차원에서 인과적으로 발생하고, 하이데거에게서는 존재역운의 역사적 차원에서 발생한다는 것이 다르다. 스피노자는 세계의 변화와 운동을 철저하게 결정론의 관점에서 바라보았기에 가치 문제를 해명함에 있어서 필수적인 목적론적 운동을 인정하지 않았다. 그러면 스피노자에게서 가치문제 혹은 의지자유의 문제는 증발해버렸는가? 스피노자는 앞서 말한 그런 방식, 즉 주파수를 일치시키는 방식으로 바람직한 삶에 대해 말한다. 이런 이유에서 그의 주저인 『에티카』도 '윤리 없는 윤리학'이 되며, 자유를 '필연에 대한 인식'이라고 말하면서 '자유 없는 자유'를 말하게 된다. 바로 위에서 나는 "스피노자 철학의 최고의 문제점은 인간들 중에는 우주적 필연의 흐름에 자신의 마음을 잘 일치시키는 사람이나 일치시키지 못하는 사람이나, 모두 다 '영원의 상하에서' 보면 불가피한 일이었다는 데서 생겨난다"고 말했다. 왜 그런 문제가 발생하는가? 스피노자는 목적론적 운동을 거부했다. 그럼에도 불구하고 그는 바람직한 삶의 자세에 대해서 모종의 기준을 제시하려 한다. 그러나 그런 기준을 말하려면 목적론적 운동을 인정해야 한다. 그런데 목적론적 운동 즉 '신적인 필연(혹은 자유)에 자신을 일치시키는 행위' 역시 필연의 흐름에 맡겨져 있기에, 인간이 그런 일치에 도달하게 되느냐 못하게 되느냐 하는 것은 인간의 노력 — 이 노력은 자유에 근거한 목적론적 운동을 전제로 한다 — 에 의해 일어나는 일이 아니라는 것이다. 왜 스피노자의 철학 체계에서는 참다운 목적론적 운동의 영역(자유의 영역)이 확보되지 않는가? 기껏 '자유 없는 자유'에 대해서만 말할 수밖에 없는가? 이 문제에 대한 답은 바로 이것이다. 그는 출발에서는 인과적 결정론만 인정하면서 목적론적 운동을 거부하지만, 『에티카』의 후반부에 가서는 목적론적 운동을 인정할 경우에만 가능한, 바람직한 삶의 모습을 그려내려 했기 때문이다. 그런데 비록 스피노자나 하이데거에서 자유가 필연이고 필연이 자유라는 점에서 양자의 입장이 흡사해보인다 하더라도, 차이가 없는 것은 아니다. 스피노자가 말하는 필연의 인식으로서의 자유는 이성적으로 이해가능하지만, 하이데거가 말하는 존재의 음성에 따름으로서의 자유는 이성적으로 이해가 안 된다는 점이다.[26)]

하이데거는 과학이 사유하지 않음을 비난하지만, 과학은 그런 비난을 하는 철학을 보고 의아해할 것이다. 만약 과학이 철학을 향해, 철학은 존재자의 사실을 탐구하지 않는 학문이라고 비난한다면, 이번에는 철학이 그 비난을 황당하게 생각할 것이다. 왜 상호간에 이런 황당함을 느끼게 되는가? 과학은 사실을 탐구하며 철학은 의미를 탐구하기 때문이며, 탐구 영역이 다르기 때문이다. 플라톤은 존재의 의미 문제와 존재의 사실 문제를 구분하지 않았다. 이데아는 참다운 사물이며, 이것을 인식하는 것은 불변의 진리이고, 그런 진리를 추구하는 것이 삶의 의미다. 그러나 우리가 앞에서 고찰했듯이 칸트는 진리의 주소지를 현상계로 옮겼으며, 이데아계에는 선만 남겨두게 된다. 그는 사물의 진리와 의미의 진리를 나누었던 것이다. 이런 나눔의 출발은 데카르트였다. 데카르트는 수학적 진리의 거주지를 이데아계가 아니라 현상계라고 생각했다. 근세철학의 아버지로서 데카르트

---

26) 힐쉬베르그(J. Hirschberger)도 스피노자의 철학에서 결정론과 목적론의 양립 문제가 있음을 이렇게 지적한다. "그렇다면 스피노자에게 있어서도, 도대체 윤리학이 뜻이 있는 것일까? 당위(Sollen)의 학문은 가능성(Können)을 전제로 삼는다. 그런데 스피노자에게도 자유가 있는가? 다시 말해서 필연성과 일치하는 그런 자유는 인간의 자유가 아니다. 인간은 삼각형이 아니다. 스피노자는 존재론에서 인과적인 결정을 존재의 유일한 규정으로 삼고, 목적을 배제해 버린 후, 당위의 요구를 지니는 윤리학에서는 '목적'을 다시 끌어들이고, 이렇게 함으로써 자기의 체계 안에서는 발 붙일 곳이 없는 자유를 전제하고 있다."(힐쉬베르거, 『서양철학사 하권: 근세와 현대』, 강성위 옮김, 대구: 이문출판사, 1987, 235쪽)

의 커다란 역할은 그가 진리의 주소지를 옮겼다는 것이다.

> 데카르트에게 있어서 진리는 플라톤처럼 땅 위를 넘어선 곳에 자리하고 있는, 또는 아우구스티누스처럼 신의 오성 안에 살고 있는 이념적 존재가 아니다. 진리가 있는 자리는 데카르트에게는 과학, 곧 보편적 지식이다.[27)]

칸트도 이 점에서는 데카르트를 추종하고 있다. 데카르트로부터 철학은 사실**과학**과 의미**학문**으로 분화하게 된다. 근세 이후 서양철학은 실증적-경험과학적 분과학문이 된 자식들을 출가시키면서 끊임없이 빈곤화, 동공화(洞空化) 되어가는 부모 같은 처지에 놓이게 된다. 이러면서 플라톤 시절에 철학이 가지고 있었던 '사물의 진리'에 대한 소유권을 개별과학에게 빼앗기게 된다. 철학에게 남아 있는 것은 '의미의 진리'에 대한 소유권이다. 칸트는 『순수이성비판』에서 사실의 진리에 대한 소유권은 자연과학의 것임을 분명히 했다. 그리고 『실천이성비판』에서 의미의 진리에 대한 소유권을 인정하면서 철학의 활로를 모색했다. 그는 이론이성에 대한 '순수 실천이성의 우위'(Primat der reinen praktischen Vernunft)를 선언하면서 쇠락해가는 형이상학을 회복시키기 위해 링거 주사를 놓았다. 칸트는 분가한 자식들(과학)과 부모(철학) 간의 소유권 분쟁을 그런 방식으로 조정했다. '사실의 문제는 과학에게, 의미의 문제는 철학에게'라는 것이 그가 부모-자식 간에 진리의 소유권을 두고 벌어진 분쟁을 조정하는 원칙이었다. 그런데 하이데거는 부모와 자식의 갈등을 칸트처럼 조화롭게 해결하는 것이 아니라, 그

27) W. 슐츠, 『달라진 세계와 철학: 제2권 내면화의 동향』(송기득 옮김, 서울: 현대사상사, 1984), 22쪽.

갈등을 더 키워버린다. 박찬국은 하이데거 과학관과 포퍼의 과학관을 비교하는 글에서 하이데거가 일으킨 갈등을 다음처럼 누그러트리려 한다.

> 포퍼는 (…) 서양 자연과학의 역사를 (…) 진보의 역사로 본다. 포퍼와 달리 하이데거는 (…) 진보로 보지 않고, 오히려 고대 그리스인들의 근원적인 존재이해가 망각되어가는 과정으로 이해한다. 그렇다고 해서 하이데거가 이러한 전개과정을 퇴보라고 보는 것은 아니다. 하이데거는 고대과학과 근대과학은 자연에 대한 근본적으로 다른 존재이해의 지평에 서 있기 때문에, 양자는 근본적으로 성격을 달리한다고 보는 것이며, 따라서 양자의 관계를 진보나 퇴보라는 범주에 의해서 규정할 수는 없다고 본다. 고대과학은 자연에 대한 근원적인 이해라는 면에서는 근대과학보다 우월하다고 할 수는 있지만, 정밀한 계산과 예측이라는 측면에서는 근대과학이 고대과학보다 우월한 것이다. 이러한 차이에도 불구하고 근대과학의 성격을 파악하는 것에 관한 한, 포퍼와 후기의 하이데거는 서로 보완할 수 있는 측면이 있다고 생각된다.[28)]

그러나 내가 보기에 근대과학과 하이데거의 존재사유의 갈등에 대한 박찬국의 조정안은 기이하게 느껴진다. 우선 하이데거가 그리스 고대 자연철학을 자연**과학**으로 보았는지가 의문이며, 설령 그렇게 보았다 하더라도 그 자연과학이 현대의 자연과학에 무슨 보완적 기능을 할 수 있는지도 의문이다. **자연을 현대과학처럼 나누고 분해해서 연구하지 말고 고대과학처럼 존재사유의 관점에서 보자는 것은, 현대과학의 문제점을 보완하는 말이**

28) 박찬국, 「후기 하이데거 사상과 포퍼 사상의 비교연구: 양자의 과학관을 중심으로」, 『하이데거연구』 제15집, 2000, 597쪽.

아니라, 현대과학을 포기하자는 말이 될 것이기 때문이다. 왜 이런 오류에 빠지는가? 그것은 과학이 고대철학이 갖고 있었던 사실의 진리와 의미의 진리에 대한 소유권 중에서 사실의 진리에 대한 소유권을 빼앗아버렸다는 역사적 사실을 고려하지 않고 있기 때문이다. 박찬국은 두 과학 간의 보완을 말하는데, 그것은 잘 생각해보면 두 과학 간의 보완이 아니라, 사실의 문제를 다루는 현대과학과 의미의 문제만 다루게 된 철학 간의 보완이 될 것이다.

하이데거가 사실의 진리를 중시하는 과학에게 호의적이지 않다는 것은 분명해 보인다. 그는 나이가 들수록 과학의 위력을 실감하고 기술문명이 지배적인 시대가 된 것도 존재역운이라고 말하며, 체념적인 자세로 과학을 악마화해서는 안 된다고 말하지만, 그는 내심으로는 인간이 느끼는 기분과 감정과 차이성을 고려하지 않고, 일체를 수량화 · 계량화하는 과학을 인정할 수가 없었을 것이다. 왜냐하면 과학적 사유는 인간 현존재의 실존성과 실존의 차별성을 부정하는 학문이기 때문이다. 과학에는 슬픔이 없고 눈물의 성분만이 있다. 과학에는 따뜻함과 차가움은 없고 온도계의 숫자만 있다. 과학에는 인간의 눈에 비치는 색의 다양성은 없고 파장만이 있다. 과학에는 불안의 감정은 없고 뇌파의 색이 주는 파장만이 있다. 심지어 과학은 하이데거의 존재사유에서 결정적인 역할을 하는 불안의 심리조차도 계산적 사유의 대상으로 다룬다. 이 모든 것은 하이데거가 과학에 대해 불만하는 이유다. 과학적 사유는 하이데거의 존재사유에 독극물이나 마찬가지다. 그것은 하이데거 철학의 불안이기를 넘어 공포다.[29] 그는 과학

29) 이 점에서 하르트만의 과학관은 하이데거와 정반대의 입장에 서 있다. 이 책의 제7장 2절을 보라.

이라는 자식들이 중시하는 사실의 진리라는 것은 철학이라는 부모가 중시하는 의미의 진리라는 관점에서 보면 아무런 의미가 없는 것이라고 비난한다. 그러자 자식들은 부모가 중시하는 실존적 의미의 창고에는 객관적 사실은 하나도 없다고 맞비난을 하고 있다. 특히 하이데거는 점점 텅텅 비어가는 철학의 곳간을 의미로 가득 채우기 위해, 분가한 자식들이 하는 작업이 무의미하다고 비난한다. 그는 그 곳간을 횔더린의 시집으로 가득 채우고 있다. 나는 인간이 시만 읊조리면서 살 수 있다고 생각하지 않는다. 하이데거는 세계-내-존재라는 개념으로써 데카르트적인 물리적 공간세계를 실존적 의미세계로 바꾸어버리고, 시간도 물리적 시간을 실존적으로 체험된 시간개념으로 바꾸어버린다.[30] 그의 시간개념의 관점에서 보면

---

30) 그는 시간을 '지금이라는 순간의 무한한 이어짐'이라는 식으로 보는 물리적 시간개념을 거부한다. "시간이 일단 시계적 시간(Uhzeit)으로 정의되면 그때마다의 (시간의) 근원적인 의미에 이르는 것은 거의 불가능에 가깝다고 할 수 있다."(『시간의 개념』, 서동은 옮김, 서울: 누멘, 2009, 40쪽) 하이데거는, 죽음을 직시하는 중에 자신의 가능성으로서의 미래를 만들어가기 위해 결단하면서 현재를 살아가는 인간의 실존적 시간, 체험된 시간만을 의미 있는 시간으로 본다. 이런 관점에서 그는 현존재를 통해 물리적 시간이 실존적 시간으로 시간화한다고 말한다. 이런 실존적 시간에서는 현재의 순간은 과거의 '이어짐의 순간'이 아니라, 미래의 가능성을 향한 '결단의 순간'이다. 현존재에 있어서 현재는 이미 그 안에 미래가 들어와 있는 현재다. 왜냐하면 현존재에게 있어서 순간은 '항상 그리고 대체로' 결단의 순간이기 때문이며, 현존재는 항상 미래를 향해 결단하기 때문이다. 그래서 하이데거는 이렇게 말하기도 한다. "시간은 현존재다. 현존재는 나의 일회성이다. 그리고 시간은 확실하면서도 규정되지 않는 앞서감(Vorbei)에로의 미리 달려감에서의 미래적인 것 안에서의 일회성이다. 현존재는 언제나 그의 가능적인 시간의 존재방식 안에서 존재한다. 현존재는 시간이고, 시간은 시간적이다."(『시간의 개념』, 44쪽) 그러나 사람마다 각기 다른 템포로 흘러가는 체험적 시간의 바탕에 균질적으로 흘러가는 물리적 시간이 있지 않으면 안 된다. 왜냐하면 물리적 시간이 없다면, 우리는 시간 약속을 할 수가 없을 것이기 때문이다. 바로 이런 이유에서 물리적 시간의 생활세계적 의미가 인정되어야 할 것이다. 그러나 하이데거는 "현존재는 자신의 외적인 존재 가능 가운데서 파악되며 **시간 자체**다. 현존재는 결코 시간 안에 있는 것이 아니다"라고 말하면서(『시간의 개념』, 30쪽. 강조는 하이데거) 현존재의 실존적 시간이 물리적인 균질적 시간보다 더 근원적인 시간이라고 생각한다. 그러나 나는 하이데거와 정반대로 생각한다. 물리적 시간이 근원적이고 실존적 시간은 그 근원적 시간 위에서 각자 다르게 체험하는 시간이다. 이는 마치 물리적 실재로서의 세계가 먼저 근원적 세계로 있고, 그 세계 위에서 사람들은 각자의 세계를 만들어가는 것이나 마

아인슈타인의 상대성 이론은 우리 삶과 직접적으로 큰 연관성이 없는 물리적 시간이론에 불과하다. 상대성 시간론이 내가 나의 삶의 의미를 만들어가는 데 무슨 의미가 있는가 하는 것이다. 하이데거는 급기야 실존범주의 관점에서 사물범주들의 무의미를 주장하기에 이른다. 이런 점에서 그는 키르케고르의 노선을 따르고 있다. 키르케고르는 1835년 그의 나이가 22세일 때에 자신의 실존적 자각을 일기에 이렇게 썼다.

> 어린애가 주위에서 자기를 구별하여 (…) 자아에 각성하게 되려면 상당한 햇수가 필요하다. 고급의 정신 생활에 있어서도 사정은 마찬가지다. 나는 이제야말로 진정한 의미에서 자아에 각성하고, 깊은 의미에서 '나'라고 부를 수가 있다. 여태까지 나에게 부족했던 것은 나는 무엇을 인식해야 하느냐가 아니고 **나는 무엇을 해야 하는가**를 분명하게 자각하지 못한 점이었다. (…) **나에게 있어서** 진리인 그러한 진리를 발견하는 것이 중요하다. **그 이념을 위해서 내가 살고 또 죽을 수** 있는 그러한 이념을 발견하는 것이 중요하다. 소위 객관적 진리를 발견했댔자. 그것이 무슨 소용이 있단 말인가? (…) 기독교의 의미를 해명할 수 있다손 치더라도 그것이 **나에 대해서 또 내 생활에 대해서** 깊은 의미를 갖지 않는다면, 그것이 무슨 소용이 있단 말인가?[31]

찬가지다. 인류는 근대의 과학혁명이 일어나기 전부터도 모든 사람에게 일양적(一樣的)으로 흐르는 물리적 시간을 찾기 위해 혼신의 노력을 경주해왔었다는 사실이 함축하는 의미를 하이데거는 과소평가하고 있는 것으로 보인다. 하이데거가 '현존재는 시간이다'라고 말할 때, 이 말은 '시간은 인간의 직관형식이다'라고 말한 것을 연상시키는데, 칸트에게서도 인간이 없다면, 시간도 없기에, 인간은 시간 자체다. 그런데 칸트에서 시간 자체인 인간은 물리적 시간의 보증인이어서 여기서는 균질적인 시간의 흐름이 발생하지만, 하이데거에서 시간 자체인 현존재는 체험적 시간의 보증인이어서 여기에서는 각자의 시간 흐름이 발생한다.

31) 안병욱, 『키에르케고르 사상』(서울: 삼육출판사, 1988), 89쪽에서 재인용. 강조는 키르케고르.

존재의 의미를 묻는 현존재가 없다면, 객관적으로 파악되는 물리적 시공간 안에서 사물적 연장체가 존재한다는 것이 무슨 의미가 있는가? 이런 사고의 연장선에서 그는 '과학은 사유하지 않는다'고 말하는 것이다. 이 말은 '과학은 존재자의 존재자만 계산하지, 존재자의 존재는 사유하지 않는다'는 말이지만, 또한 '과학은 삶의 의미를 사유하지 않는다'는 말이기도 하다. 그러나 하이데거는 철학으로부터 분과과학들이 분리되어 나가면서 그것들이 의미 문제는 다루지 않겠다는 서약서를 쓰고 분가(分家)한 것을 기억하지 못하고 있다. 과학은 의미 문제를 다루는 일에 대해서는 무관심하고 무능하고 무지하고 필요성도 못 느낀다. 과학은 하이데거 자신이 잘 알고 있듯이 실증할 수 있고 계량화 가능한 것들만 다룬다. 삶의 의미라는 것은 실증하거나 계량화할 수 있는 것이 아니다. 이런 과학에게 존재사유(의미사유)를 하라고 요구하는 것은 사실 문제를 의미 문제로 풀어보라는 불합리한 요구가 된다. 그리고 과학이 철학에게 사실에 대해 탐구하라고 요구한다면, 이 역시 의미 문제를 사실 문제로 바꾸어 해결하라는 불합리한 요구가 된다. 그리고 그런 요구들은 이미 부모-자식으로 분리된 철학을 분리 이전의 그리스 시대로 되돌리자는 말이나 마찬가지다. 앞서 언급했듯이 플라톤은 사실의 문제와 의미의 문제를 구분함이 없이 취급했다. 흔히 과학에서는 엄격의 정신이 요구되고, 철학은 엄숙의 정신을 요구한다고 한다. 엄격의 정신은 과학자가 사실의 문제를 해결함에 있어서 객관적 정확성을 추구하는 정신이고, 엄격의 정신은 철학자가 삶의 의미 문제를 탐구함에 있어서 주체적 진실성과 진정성을 추구하는 정신이다. 엄격의 정신의 대표자는 재판정에서 지동설을 포기한 뒤에 재판정을 나오면서 '그래도 지구는 돈다'고 말한 갈릴레이(G. Galilei, 1564-1642)이고, 엄숙의 정신의 대표자는 지동설을 포기하지 않고 목숨을 포기한 부르노(G. Bruno, 1548-1600)

다.[32] 플라톤 시대에 철학은 그 두 가지 정신을 미분화된 상태로 구분 없이 다 가지고 있었다. 그러나 근대 이후 철학으로부터 과학의 분가가 일어나면서 과학이 엄격의 정신을 데리고 분가했다. 이제 철학에는 엄숙의 정신만이 남아 있다. 하이데거가 "과학은 사유하지 않는다"고 말했을 때, 그는 '과학은 엄숙하지 않다'고 비난조로 말한 것이다. 그러나 과학은 철학에게, '철학은 엄격하지 않다'고 말할 것이 뻔하다. 칸트는 삶의 사실 문제에 관해서는 과학의 편을 들어주었고, 삶의 의미 문제에 관해서는 철학의 편을 들어주었다. 혹자는 이렇게 말할지도 모르겠다.

> '과학은 사유하지 않는다'는 말을 '과학 자체는 의미 문제를 다루지 않는다'는 의미로 풀이하는데, 과학적 탐구의 주체인 과학자는 인간이 아닌가? 과학자도 결국 자신의 탐구에 의미를 부여해야만 탐구작업을 시작할 수 있을 것이다.

맞는 말이다. 우리는 칸트가 인간을 이 우주에서 기계론적 운동(이 운동을 파악하려면 객관적 엄밀성이 요구된다)과 목적론적 운동(이 운동을 파악하려면 주체적 엄숙성이 요구된다)[33]이 만나는 유일한 장소로 이해했음을 기억할 필요가 있다. 칸

---

32) 문성학, 『철학의 기초』(대구: 배영출판사, 1989), 45쪽 이하 참조.

33) 그런 엄숙성이 요구되는 이유는 그 운동이 (도덕)**신앙의 운동**이기 때문이다. 칸트에게서 '주체성'은 '주관성'과는 달리 이해되어야 할 것이다. 그가 신과 영혼의 불멸을 요청적으로 증명했다 하더라도, 그 증명은 인식적 증명이 아니라 도덕적 증명에 불과하기에, 그 증명을 받아들임에 있어서 '불안'이 작용할 수 있다. 그런데 사람들이 칸트의 도덕신앙에 대해 느끼는 불안은 사람마다 다를 것이다. 그래서 그의 신앙은 주체성의 요소를 가진다. 그러나 그에게 있어서 신앙은 주체성의 문제이지만, 동시에 실천이성의 문제다. 그래서 그 주체성은 불안한 객관성으로 이해될 수 있겠다. 그 불안을 극복하려면, 우리는 실천적 신앙대상을 향해 나아가는 노력을 해야 한다. 바로 이런 맥락에서 칸트는 『판단력비판』에서 사실의 세계와 의미의 세계를 연결시키는 목적론적 운동이 필요함을 말하고 있다. 그의 『영구평화론』은 그의 형이상학체계와 무

트는 그 장소에 대한 논의를 『판단력비판』에서 제시하고 있다. 과학자도 인간이기에 과학적 탐구의 주제를 정할 때, 그는 그 탐구의 의미를 묻게 되어 있다. 이때 그는 엄숙해야 한다. 그러나 일단 탐구를 시작하게 되면, 그는 엄격해야 한다. 과학자 집단에서 보편적으로 받아들이는 과학적 탐구의 전형적인 방법론에 따라 정직한 연구를 해야 한다.

근세 이후 과학은 존재의 사실과 삶의 사실을 탐구하는 학문이 되고, 철학은 삶의 의미를 탐구하는 학문이 된다. 어떻게 하면 우주선을 우주로 쏘아 올릴 수 있는가, 어떻게 코로나 바이러스를 극복할 수 있는가, 어떻게 하면 핵탄두를 소량화할 수 있는가에 대한 탐구를 하는 것은 사실과학이다. 과학은 '어떻게'를 묻는다. '왜'를 묻지 않는다. 물론 우리는 그런 탐구를 모종의 의도하에 — (철학은 의도가 만들어지는 바로 이 순간에 탐구에 개입할 수 있다. 의도는 삶의 의미지평 안에서만 의미를 가지기 때문이다) — 수행하지만, 일단 과학은 그러한 연구 그 자체에 집중한다. 그런 연구들의 결과가 인류의 미래에 어떤 긍정적-부정적 영향을 줄지는 암흑 속에 있다. 과학이 가지는 '긍정적 측면과 부정적 측면' — 이 측면은 평가의 영역에 속하며 이것은 철학의 영역이다 — 은 과학적 사유방식 그 자체 안에 존재하는 것이 아니라, 과학이 밝혀낸 사실들의 가치를 인간이 평가하면서 발생하는 것이다.[34]

관한 단순한 정치사회철학 서적이 아니라, 앞서 말한 목적론적 운동의 일환으로 구상된 것이다. 칸트가 제시하는 도덕신앙의 이상을 실현하기 위해 모든 인간은 **함께** 노력해야 한다. 이런 의미에서 칸트의 주체성은 **'함께 주체성'**으로 명명될 수 있겠다. 칸트의 주체성과 달리 키르케고르의 신앙적 주체성에도 불안이 수반되기에 주체적인 신앙이지만, 그 주체성이 모든 인간들이 함께 추구해야 할 이상을 제시하지 않는다는 점에서, **'각자 주체성'**이라 할 수 있을 것이다. 이런 이유로 키르케고르의 실존철학에는 대화가 들어설 여지가 없고, 사회철학과 역사철학이 논의될 여지가 없게 된다.

34) 나는 철학이 두 가지 의무를 갖고 있다고 생각한다. 첫 번째 의무는 과학이 가지는 긍정적 측면을 극대화하고 부정적 측면을 극소화하는 것이며, 두 번째 의무는 종교가 가지는 긍정적 측면을 극대화하고 부정적 측면을 극소화하는 것이라고 생각한다. 전자의 의무를 잘 수행하려

과학기술 그 자체는 존재사유를 할 필요도 없고 해서도 안 된다. 과학은 존재사유를 하지 않는다는 이유로 부정적으로 평가받아야 하는 것이 아니다. 과학이 존재자 사유를 한다고 비난하는 것은 보는 기능만 한다고 눈을 비난하는 것이나 마찬가지다. 눈은 책도 보고 영화도 보고 축구 경기도 보고 교통사고도 보고 살인행위도 본다. 눈이 그런 것들을 보는 것을 이유로 눈을 비난하는 것은 잘못이다. 눈의 작동 메커니즘은 칭찬의 대상도 비난의 대상도 아니다. 눈이 보는 그런 것들 중에 긍정적인 기능과 부정적인 기능을 한다고 생각하는 것은 눈의 기능을 의미 차원에서 파악한다는 것이다. 그것은 철학의 역할이 된다. 하이데거는 존재사유를 하지 않는 눈(과학)을 비난할 것이 아니라, 무의미하고 유해한 것을 보려고 의도한, 그 눈의 주인을 비난해야 한다. 과학의 탐구방법을 비난할 것이 아니라, 그것을 악용하는 인간(과학자)들을 비난해야 한다는 말이다. 과학은 사실의 문제를 탐구하고 철학은 의미의 문제를 탐구하기에, 과학은 본질적으로 분과학문이 될 수밖에 없다. 우리는 과학기술 문명에 대해 말할 때, 우리는 과학기술 그 자체와 그 과학기술의 탐구를 수행하는 과학기술자를 구분해서 고찰해야 한다. 과학기술은 존재자의 사실을 탐구하고 밝혀내는 그 자체의 탐구방법론을 갖고 있는데, 그 탐구방법론은 조작적 사유, 분석적 사유, 표상적 사유, 주객분리적 사유, 계량적 사유에 기초해 있다. 이런 사유방법

면 철학자들은 과학에 정통해야 한다. 하이데거처럼 과학을 비방하기만 하는 것은 철학의 첫 번째 의무를 제대로 수행하는 것이 아닐 것이다. 하이데거의 과학 비방에는 과학의 부정적 측면을 극소화하려는 노력만이 들어있지, 과학의 긍정적 측면을 극대화하려는 노력은 보이지 않는다. 철학이 두 번째 의무를 잘 수행하려면, 사이비 선지자, 사이비 깨우침, 사이비 도사들이 활보하는 것을 비판적으로 검토하는 작업을 해주어야 할 것이다. 그리고 인류에게 평화, 기쁨, 용서, 화해, 사랑과 정의를 주는 종교를 응원해주는 역할도 해야 할 것이다. 나는 하이데거의 철학이 철학의 두 가지 의무를 잘 수행해내고 있는지 의문이다.

에 의거해서는 존재자 사유를 할 수 있을 뿐, 존재사유를 하지 못한다는 이유로 이런 사유방법을 비난해서는 안 된다.

하이데거가 보기에 현대의 과학기술 문명은 결과적으로 자연(고향)파괴를 부추기고 있는데, 이 파괴가 과학기술적 사고 그 자체 안에 그리고 그런 식으로 과학적 탐구를 수행하는 과학자의 의도 안에 다 들어 있다고 생각하는 듯하다. 만약 하이데거가 과학기술적 사유 안에 자연파괴의 결과가 들어 있다고 생각한다면, 그는 과학기술에 대한 어떠한 긍정적 평가도 할 수 없을 것이다. 만약 자연파괴가 과학기술자들의 잘못된 가치관에만 그 원인이 있다고 생각했다면 — 그렇게 생각할 때에만 하이데거는 과학기술의 긍정적 측면을 인정할 수 있을 것이다 — 하이데거가 비난해야 할 것은 과학기술 자체가 아니라 잘못된 가치관을 가진 과학기술자여야 할 것이다. 어떻게 해석되든 과학기술 문명에 대한 하이데거의 비판은 혼란스러워 보인다.

우리는 이제 하이데거가 '과학은 사유하지 않는다'고 말했지만, 그 명제가 이중성 속에서 흔들리고 있음을 알게 되었다. 그 명제는 두 가지로 구분되어 읽혀야 한다. 첫째로 '과학은 사유하지 않는다'로 읽힐 경우, 이는 존재사유의 관점에서 과학 자체에 대해 평가한 말이다. 이렇게 읽히게 되면, 과학의 긍정적 기능을 언급하는 길은 막혀버린다. 두 번째로 '과학자는 사유하지 않는다'로 읽히며, 과학자들이 과학의 가치문제를 존재사유적 관점에서 깊이 숙고하기를 바라는 말로 해석될 수 있고, 이렇게 해석될 수 있는 한, 과학의 긍정적 기능에 대해 말할 수 있는 여지가 생긴다. 그러나 하이데거의 그 명제 속에는 그 명제가 이 두 가지 방식으로 읽힐 수 있는 가능성이 다 들어 있다. 이것이 그 명제를 둘러싸고 보여주는 하이데거의 혼란의 본질이다.

하이데거는 과학의 긍정적 기능과 부정적 기능을 구분하지 않고 오로지 존재사유의 관점에서 과학기술의 결과물을 뭉뚱그려 비판한다. 1949년 브레멘 강연에서 하이데거는 다음처럼 즉흥적으로 말하면서 많은 사람들을 분노시켰다.

> 이제 농업은 상업적인 식품 산업이며, 본질적으로 가스실과 몰살 수용소에 있는 시체들의 제조와 같다. 마찬가지로, 국가의 봉쇄나 굶주림과 같고 수소폭탄 제조와 같다.[35)]

그는 나중에 『기술에 관한 문제』에서 그 강연 내용을 글자화하면서 이 구절을 빼버린다.[36)] 그러나 그의 즉흥적인 발언은 그가 계산적 사유에 기초한 과학의 긍정적 측면과 부정작 측면을 구분하지 않고 있음을 보여준다. 그의 발언은 현대식 농업, 수소폭탄, 대량 살상용 가스실이 과학기술의 계산적 사유의 결과물이라는 점에서 본질적으로 동일하다는 것을 말하고 있다. 그러나 하이데거의 주장대로 현대식 농업의 본질이 대량 살상용 가스실과 같은 것이라면, 수많은 의약품들과 컴퓨터나 세탁기나 비행기와 자동차들도 본질적으로 대량 살상용 가스실과 같은 것이 될 것이다.

하이데거는 존재자를 존재자로 제한시켜 사유하면서 과학적 탐구의 대상으로 만드는 것은, 모든 존재자로 하여금 존재하게 만들어주는 바로 그 '존재' — 모든 존재자를 둘러싸고 있는 아우라 같은 것 — 를 제거하는 것으로 본다. 이 아우라를 제거한 상태로 존재자를 이성적-인식적 사유

---

35) 티머시 클라크, 『마르틴 하이데거, 너무나 근본적인』(김동규 옮김, 서울: 도서출판 엘피, 2012), 220쪽에서 재인용.

36) 티머시 클라크, 『마르틴 하이데거, 너무나 근본적인』, 220쪽.

의 대상으로 만드는 것은 존재자를 그 고향 즉 존재로부터 분리시키는 고향 망각의 사고요, 존재 망각의 사고다. 존재자들을 존재의 아우라 속에서, 아우라를 통해, 아우라와 관련지어 사유하자! 이것이 하이데거 철학의 모토다. 하이데거에 의하면 철학은 단적으로 존재를 향한, 존재에 의한, 존재의 드러남을 밝히고 해석하는 존재의 철학이어야 한다. 산속 오솔길에 피어있는 한 송이 들풀을 보면서, 그것을 잘라서 실험실에 가져가 성분을 분석하며 어떤 질병에 도움이 될 것인가 하는 생각을 하면, 그 들풀의 주위를 둘러싸고 있는 '존재라는 신비한 아우라'는 사라져버린다. 그 들풀은 존재의 신비감을 상실한다. 그러나 유감스럽게도 우리가 아무리 존재사유를 하더라도 아우라는 언제나 아우라에 그칠 뿐이다. 하이데거는 '존재'는 존재자들을 에워싸고 있는 신비한 아우라라고 생각하고 있으며, 존재의 빛 속에서 존재자가 존재자로서 드러난다고 생각하고 있는데, 나는 그런 생각에 의문을 갖고 있다. 비유적으로 말해서 존재자가 생선이라면, 존재는 생선 냄새라고 생각하고 싶다. 나는 생선이 있기에 생선 냄새가 나는 것이지, 생선 냄새가 있기에 생선이 존재하게 되는 것은 아니라고 생각한다. 다시 말해서, 생선 냄새의 빛 아래서 생선이 생선으로 드러나는 것이 아니라 오히려 정반대로 생선이 있기에 생선 냄새가 그 주위를 둘러싸게 되는 것이다. 하이데거가 평생에 걸쳐 '존재'를 사유하고 탐구했지만, 속 시원한 해답을 얻어내지 못한 이유는 무엇인가? 하르트만의 주장대로 그가 처음부터 길을 잘못 찾아들었기 때문이다. 각기 냄새를 달리하는 생선들(주어들, 존재자들)을 탐구하는 대신에 온갖 생선 냄새들이 섞여 있는 생선 냄새(술어, '있다' 혹은 '이다') 즉 칸트식으로 말해서 '경험적 직관의 무규정적 대상'을 규정하려 했기 때문이라는 말이다. '경험적 직관의 무규정적 대상'은 그 본질이 규정될 수 없는 것이요, 인식될 수 없는 것이요, 파악될 수 없는 것이다.

그것을 파악하겠다는 것은 애초에 마음먹지 말아야 할 욕망이다. 우리는 앞에서 하이데거가 말하는 존재자의 '존재'가 칸트가 말하는 '대상의 대상성'인 선험적 대상과 유사하다고 했다. 그렇다면 존재자의 '존재'도 가상이 되어야 한다. 그 이유는 '존재자의 존재'는 이해되지만, 특정 존재자의 존재가 아닌, 존재자로부터 분리된 '존재'는 이해가 안 되기 때문이다. 책상이라는 존재자의 존재, 연필이라는 존재자의 존재는 이해가 된다. 그러나 특정 존재자로부터 분리된 '존재'는 그 의미를 이해할 수가 없다. 특정 존재자의 '존재'는 그 특정 존재자를 감싸고 있는 아우라 같은 것일 뿐이다. 그래서 '책의 존재'는 책이라는 존재자의 분위기 속에서 만들어진 아우라이며, '컴퓨터의 존재'는 컴퓨터로부터 만들어지는 아우라 같은 것이다. 그 아우라는 컴퓨터가 사라지면 따라서 사라진다. 존재자들의 존재는 그 존재가 연원하고 있는 존재자들에 따라 자아내는 아우라가 달라진다. 그런데 『존재와 시간』에서처럼 존재를 존재자로부터 분리시키면, 이렇게 분리된 '존재'에는 온갖 존재자들의 존재가 뒤섞이게 될 것이다.

10장

하이데거에서 존재담론의 풍요 속 빈곤

1. 존재 물음의 애매성

하이데거에 의하면 사람들은 '존재란 무엇인가?'라는 물음에 대해 세 가지 선입견을 갖고 있다. 첫 번째 선입견은 존재를 가장 보편적인 개념으로 간주하는 것이다. 사람들은 '존재'가 가장 보편적인 개념이라고 말하면서 그 개념은 가장 명확한 개념이어서 그 개념에 대해 더 이 이상의 어떤 논의가 불필요함을 주장한다면, 이는 잘못이다. 왜냐하면 '존재'는 가장 어두운 개념이기 때문이다. 두 번째 선입견은 존재를 정의할 수 없는 것으로 간주하는 것이다. 이 두 번째 선입견은 첫 번째 선입견과 연결되어 있다. 존재가 정의될 수 없다는 것은 '존재의 의미'에 대한 물음을 던지지 않아도 된다는 것을 말해주는 것이 아니라 오히려 그 물음을 던질 것을 촉구하고 있다.[1] 세 번째 선입견은 '존재'를 자명한 개념으로 간주하는 것이다. 비

---

1) 하이데거는 존재는 정의될 수 없다는 생각을 선입견이라고 말하면서도, 그 선입견이 어떤 점에서 잘못된 선입견인지를 밝히지는 못하고 있다. 그는 '존재는 정의될 수 없는 개념인 듯이 보이기는 하지만 그래도 우리는 여전히 존재의 의미에 대한 물음을 던져야 한다'는 식으로 말하고 있을 뿐이다. 그러나 우리가 알고 있다시피 그 역시 존재를 정의하지는 못했다. 사실 존재를 '정의'한다는 것은 존재를 논리학의 언어로 다루겠다는 것인데, 그렇게 다루는 한 정의하

록 우리가 '~이 있다'거나 '~이다'라는 술어를 자유자재로 사용하긴 하지만, 그 사실이 존재가 자명한 개념임을 말해주는 것은 아니다. 단지 자명해 보일 뿐이다. 그 개념은 어두움에 싸여 있다. 이는 우리가 '존재'의 의미에 대한 물음을 물어야 할 근본적인 필연성을 입증해주고 있다.[2] 나는 존재물음을 던져야 할 필연성을 입증해가는 하이데거의 논증이 그렇게 미덥게 여겨지지는 않는데, 어쨌건 그는 자기 이전의 서양철학이 '존재란 무엇인가?'라는 문제를 다뤄오면서 형성한 세 가지 선입견 — 내가 보기에는 한 가지 선입견으로 요약될 수 있을 것 같다 — 을 소개한 뒤에 최종적으로 이렇게 말한다.

> 이런 선입견들에 대한 고찰은 동시에 다음의 사실을 분명하게 해주었다. 즉 존재에 대한 물음에는 대답만이 결여되어 있는 것이 아니라 심지어 그 물음 자체가 어둡고 갈피를 못 찾고 있다는 것이다.[3]

그러면 하이데거가 던지는 물음은 '존재란 무엇인가?'인가 아니면 '존재의 의미란 무엇인가?'인가? 전자의 물음은 '존재'라는 낱말을 개념의 하나로 간주하여, 그 개념의 사전적 의미 즉 개념의 본질을 묻는 것이다. 이렇게 물으면 존재는 결코 정의될 수 없는 것으로 드러난다. 왜냐하면 우리는 '존재'를 정의하면서 '존재'를 사용해야 하기 때문이다. 하이데거는 아마 존재를 하나의 개념으로 간주하는 것을 거부했을 것이다. 존재가 개념이라면, 존재는 이런저런 '존재들'의 공통성을 추상하여 하나의 공통된 '존

는 것은 불가능하다. 하이데거도 단지 존재를 묘사하고 있을 뿐이다.

2) 『존재와 시간』(이기상 옮김, 서울: 까치, 1998), 16-18쪽 참조.

3) 『존재와 시간』, 18쪽.

재'를 만들어내는 방식으로 '존재'를 설명해야 하는데, '존재'가 최고 유 개념이며 유일한 개념임을 염두에 둔다면 이런 설명은 이치에 닿지 않는 설명방식이다. 그렇다면 하이데거가 던진 물음은 '존재의 의미'에 대한 물음일 것이다. 그렇다 하더라도 하이데거의 물음에는 혼란이 있다는 것이 내 생각이다.

우리가 '삶의 의미'를 묻는다는 것은 두 가지로 해석될 수 있다. 첫째로 '삶'(인생)이란 단어의 사전적 정의를 묻는 것일 수도 있다. 이 의미를 알아내기 위한다면, 사전을 펼치면 된다. 둘째로, '삶'이란 단어에 대한 철학적 이해를 탐구하겠다는 뜻일 수가 있다. 삶에 대한 이해는, '철학'에 대한 이해가 철학자마다 다르듯이, 철학자마다 다르다. 삶은 허무하다는 사람이 있고, 삶은 축복이라는 사람도 있고, 삶은 내세를 위한 준비라는 사람도 있다. 전통적으로 철학자들은 삶에 대한 객관적-이론적 정의를 내리려는 목표를 갖고 있었는데, 실존철학자들은 삶의 의미를 객관적인 것으로 보는 입장에 반대했다. 어쨌건 전통 철학자들이나 실존주의 철학자들은 삶의 의미를 삶의 목표 혹은 살아가는 이유와 연관지어 파악하려는 태도를 가졌다는 점에서는 같은 입장이다. 그들은 '왜 사는가?'라는 질문에 답을 하려 할 때, 우리가 제시하는 것이 바로 삶의 의미라고 생각한다. 두 번째 방식으로 삶의 의미를 문제 삼을 때 우리는 사전에 등장하는 무수한 단어들의 사전적-개념적 의미에 대해서는 관심을 두지 않는다.

그러면 하이데거가 '존재의 의미'를 탐구한다고 했을 때, 이 말은 명백히 앞서 말했던 첫 번째 방식으로 '존재'라는 말의 사전적 의미를 탐구하겠다는 것은 아니다. 두 번째 방식으로 '존재'의 의미를 탐구하겠다는 것이다. 문제는 '존재의 의미'를 탐구하는 것이 '삶의 의미'를 철학적으로 탐구하는 것과 유사한 작업이라면, 하이데거의 '존재의미'에는 무수하게 많은 개념들의 사전적 의미들은 담기지 말아야 할 것이다. 그럼에도 불구하고 하이데거의 '존재'에는 모든 것이 담긴다. 사전에 등재되어 있는 수많은 개념들도 사전적 의미를 가지며, 존재의 집합에 들어간다. '존재'라는 용어는 인간이 사용하는 모든 언어들과 그 언어들에 대응하는 모든 실재물들, 대응물이 없는 개념들, 수학적 개념들과 대상들, 윤리적 개념들, 예술적 상상물들, 심지어는 '무'마저 담아내는 여행용 가방처럼 보인다. 나는 하이데거가 이렇게 다양하고 다의적으로 사용되는 용어인 '존재'를 뭉뚱그려 그 의미를 탐구하겠다는 것 자체가 과연 가능한 시도인지 의문스럽다. 자프란스키도 하이데거의 존재 물음이 갖는 이중성과 애매성을 다음처럼 지적한다.

> 존재의 물음. 정확히 말하면 하이데거는 두 가지 물음을 제기한다. 그 하나는 이렇다. 우리가 '존재한다'라는 표현을 쓸 때, 우리가 본래 뜻하려는 것은 무엇인가? 이는 표현의 의미를 묻는 물음이다. 이 물음에 하이데거는 존재 자체의 의미에 대한 다른 모든 물음을 결부시킨다. 이중적 의미를 지닌 이런 물음과 관련해서 하이데거가 주장하는 바에 따르면, 이 물음의 의미에 대한 이해는 아직까지 한 번도 있어 본 적이 없다. 상당히 기이한 주장이다. [표현의 의미가 아니라] 존재의 의미에 대한 물음에 주목해 본다면, 이는 역사적 시원들에서 오늘날에 이르기까지 인간의 성찰을 지속적으로 사로잡아온 물음이라 할 수 있다. 그것은 인간의 삶과 자연의 의미와 목표와 의의에 대한 물음이다. 생을 위한 가치와 방향에 관한 물음이자 세계, 우주, 만유의 이유와 목적에 관한 물음인 것이다.[4)]

4) 뤼디거 자프란스키, 『하이데거, 독일의 철학 거장과 그의 시대』(박민수 옮김, 서울: 북캠퍼스, 2017), 258쪽.

자프란스키는 하이데거의 존재 물음에는 ① 인간의 삶의 의미 ② 자연의 존재 의미 ③ 생을 위한 가치와 방향 ④ 우주의 존재 이유와 목적에 대한 물음이 혼재되어 있다고 말하고 있다. 하르트만은 하이데거의 존재 물음이 가진 애매성을 더 상세하게 다음처럼 정리하고 있다.

> 현존재의 형이상학은 그만두더라도, 존재학적 근본문제를 **존재의 의미** 문제로 이해하고 그리하여 존재문제를 의미 문제로 왜곡한 것은 오해의 근본이다. **의미**란 말에는 여러 가지 뜻이 있다. ① **존재**의 **의미**는 **존재**란 말의 뜻으로 해석할 수 있다. 그럴 적에는 의미의 문제는 형식적인 것으로 되고 명목상의 정의가 구해지게 되는 것이다. 그것으로써 얻어질 것은 아무것도 없다. ② 다음으로 존재란 개념의 논리적 의미라고 볼 수도 있다. 그럴 적에는 의미의 문제는 본질적 정의를 구하게 된다. 그러나 이러한 정의는 가장 보편성이 있는 개념에서는 불가능하다. (…) ③ 끝으로 의미는 형이상학적 의의를 가지고, 어떤 것의 숨은 내적 규정 — 그것으로써 그 어떤 것이 의미를 주는 바의 심판정(예컨대 가치)에 관계시켜지고 또는 그 심판정을 목표로 계획되고 있는 — 이라고 볼 수도 있다. 그러나 그렇게 되면 존재의 의미란 정식에 의해서 존재학적 문제는 전혀 버려지게 될 것이다.[5]

하르트만에 따르면, 처음 두 가지는 존재 자체의 의미는 물어지지 않고 단지 언어 또는 개념의 뜻이 물어지고 있을 뿐이다. 셋째의 경우에는 형이상학적 의미에서의 의미담지자(규정담지자)의 존재를 문제 삼는데, 그것은 전

---

5) 니콜라이 하르트만, 『존재학원론』(하기락 옮김, 서울: 형설출판사, 1983), 69쪽. 강조는 하르트만. ①②③은 내가 삽입한 것임.

제될 수 있는 것이 아니라 존재문제가 연구된 후에 밝혀져야 할 문제다. 존재의 의미를 묻는 것은 일견 의미를 밝히는 것 같으나 실은 그 다의성 탓으로 의미를 혼동시키고 있다고 말하면서,[6] 하르트만은 하이데거의 현상학적 존재론에 대해 최종적으로 다음처럼 판결한다.

> 1. 존재의 의미를 물을 필요가 있다면, 그것보다도 의미의 의미(Sinn von Sinn)를 물을 필요가 있다. 왜냐하면 의미가 무엇인지는 존재가 무엇인지와 마찬가지로 알려지지 않은 것이기 때문이다. (…) 2. 다른 편으로 어떤 것의 의미는 그 자체 존재하는 것이 아니면 안 된다. 의미에 그 어떤 존재방식이 있지 않으면 안 된다. 만약 그것이 없다면, 의미는 아무것도 아닌 것이다. 그러므로 적어도 우리는 존재의 의미와 똑같이 의미의 존재를 문제 삼지 않으면 안 될 것이다. (…) 3. 의미는 여하한 사정에서도 우리에게 대해 존립하는 어떤 것이다. (…) 여기서 하이데거의 세계가 개인 개인에 의존하는(각자 자기의 것) 이유가 있다."[7]

존재문제에 접근하는 하르트만의 방식은 무미건조해보이지만 내게는 훨씬 학문적이고 생산적이라고 생각된다.

> 하르트만은 정초론에서 '존재자로서의 존재자'(Seiendes als Seiendes)로서의 소여분석에 의하여 거기 있음, 그리 있음, 실재적으로 있음, 이념적으로 있음(Dasein, Sosein, reales Sein, ideales Sein)이란 네 가지 존재규

---

6) 니콜라이 하르트만, 『존재학원론』, 70쪽.

7) 니콜라이 하르트만, 『존재학원론』, 70쪽. 강조는 하르트만. '의미'라는 말이 얼마나 다양한 방식으로 사용되는지를 살펴보려면, I. A. 리처드와 C. K. 오그든의 공동저서인 『의미의 의미』(김영수 옮김, 서울: 현암사, 1987)를 보라.

정(Seinsbestimmung)을 해명한다. 그것은 '있음'(Sein)에 대한 가장 일반적인 존재규정이다.[8)]

하이데거는 '존재'를 분석하는 대신에 그것을 미분화된 직관으로 느끼고, 그 느낌을 기술하려 한다. 존재를 오로지 '존재'로서 단일하게 느끼려는 하이데거에 비해, 하르트만은 '존재'를 분석한다. 하르트만이 보기에 '존재'는 거기 있음과 그리 있음의 존재 계기, 실사성(實事性)과 이법성(理法性)의 존재권역, 현실성과 가능성의 존재양상으로 분석되어 탐구되어야 한다.[9)] 존재탐구에 있어서 하이데거의 길과 하르트만의 길 중에서 어느 것이 더 신빙성이 있는가? 당연히 하르트만의 길이 더 신빙성이 있다. 그러면 어느 길이 더 재미있는 길인가? 하이데거의 길이 더 재미있는 길처럼 보인다. 이런 차이는 하르트만의 길은 과학친화적 길이고 하이데거의 길은 문학친화적 길이기 때문이다. 비록 물자체의 실재성을 인정하는 하르트만의 비판적 존재론이 그것을 부인하는 하이데거의 현상학적 존재론보다 더 딱딱하고 무미건조해보이는 철학이라 하더라도, 분과학문들의 위세에 주눅 들어 있는 **철학이 미래에 적극적으로 참고해야 할 철학의 패러다임은 하이데거 철학이 아니라 하르트만 철학이라고 생각한다. 그 중요한 이유는 하이데**

---

8) 하기락, 『하르트만 연구』(서울: 형설출판사, 1982), 14쪽.

9) 니콜라이 하르트만, 『존재학원론』, 159쪽 참조. 그러나 하이데거에게는 이런 구분과 무관하게, 존재는 하나의 전체로서 다루어진다. "우리가 지금부터 존재자를 **전체**에서 사유해 본다면, 그러니까 우리가 존재자의 존재를 빈틈없이 온전하게 사유해 본다면, 현실적인 것의 현실성이 존재에 포함되어 있기는 하지만, 가능적인 것의 가능성과 필연적인 것의 필연성도 존재에 포함되어 있는 것이다. 그런데 바로 이 세 가지(가능성, 현실성, 필연성)가 왜 존재에 속하는지, 그리고 그것들만으로 존재의 본질이 전부 다 다루어지는 것인지는 의문으로 남는다."(『근본개념들』, 박찬국 · 설민 옮김, 서울: 도서출판 길, 2012, 51쪽. 강조는 하이데거) 물론 하이데거는 존재를 가능성, 현실성, 필연성으로만 설명되지 않는 존재의 '의미'에 대해 말하고 싶어하며, 그가 존재의 의미를 탐구할 때에 이런 구분들은 뒷전으로 밀려난다.

거의 철학에는 과학의 발전에 따르는 교정의 여지가 없으며 그래서 철학과 과학이 따로 각자의 길을 가지만, 하르트만의 철학은 과학의 발전에 따르는 교정의 여지를 둠으로써 과학과 철학이 서로 보완적인 길을 개척해갈 수 있기 때문이다.[10] 근세 이후 과학(자식)은 철학(부모)로부터 분가했는데, 하이데거 철학은 부모-자식 간에 앙숙이 되어 인연을 끊고 서로 비난하는 관계를 보여준다면, 하르트만 철학은 부모-자식 간에 인연을 이어가며 서로 왕래하며 보완하는 모습을 보여주고 있다.

나는 위에서 다양하고 다의적으로 사용되는 용어인 '존재'를 하이데거처럼 통째로 다루는 것 자체가 과연 가능한 시도인지 의문스럽다고 했다. 이 비판은 이런 불만을 내포하고 있다.

> 그 안에 모든 다양한 존재자들이 들어가는 무한대의 여행용 가방처럼 보이며 그래서 막연하고 텅 빈, '존재'라는 말마디, 칸트식으로 말한다면, 보편개념도 아니고 직관도 아닌 이 말마디의 단일한 의미를 탐구하는 것은 손바닥으로 공기를 붙잡으려는 시도처럼 보인다.

'존재'를 하르트만처럼 존재 계기와 존재권역과 존재양상으로 구분하면서 탐구하는 것이 올바른 접근법이라고 생각하는 우리들의 이런 비판을 염두에 두고 하이데거는 "이런 비판은 우리로 하여금 하나의 질문을 하게 만든다"고 하면서 다음처럼 말한다.

---

10) 하르트만은 하이데거의 현상학적 존재론과 달리 비판적 존재론의 길을 개척했는데, 그는 존재론은 과학과 손잡아야 하고, 그리고 위로부터가 아니라 아래로부터 시작해야 한다고 힘주어 강조하고 있다(허버트 스피겔버그, 『현상학적 운동 1』, 최경호 · 박인철 옮김, 서울: 이론과 실천, 341쪽 참조).

> (그 질문은: 필자가 집어넣음) '있다(이다)'라는 것은, 이것이 말해지고 있는 개개 문장의 내용에 따라서, 즉 이 문장이 무엇에 대해서 말하고 있는, 그 무엇의 영역에 근거해서 이와 같은 다양성에 이르는 것인지, 아니면 '있다(이다)' 다시 말해서 있음 자신 안에 이와 같은 다양성을 숨기고 있어, 그래서 이 다양성이 우리들로 하여금 개개의 있는 것들이 그렇게 있는 그대로 그 다양성 안에 만날 수 있도록 해주는 것인지 하는 질문이다.[11]

그리고 하이데거는 다음의 말을 덧붙인다.

> '있다(이다)'는 말해지는 속에서 의미의 풍성한 다양성을 보여주고 있다. 우리는 이것을 말하기 전에 또는 그 후에 '있다(이다)'에 대한 아무런 특별한 설명을 붙임이 없이, 더군더나 있음에 대해 사색함이 없이, 각각의 경우 거기에 알맞은 그러나 동일한 하나의 '있다(이다)'를 말하고 있는 것이다. 이 '있다(이다)'는 우리가 이러이러하게 의미하고자 할 때, 우리의 말함 속에 즉시 그리고 그냥 단순하게 뛰쳐나오는 것이다. 그럼에도 불구하고 그 의미의 다양성은 결코 임의적인 것은 아닌 것이다.[12]

하이데거에 의하면 우리는 '있다(이다)'라는 말을 아주 자연스럽게 사용한다. 그런데 '있다(이다)'라는 말이 다양한 의미를 갖는 말이라는 것은 하이데거도 동의한다. 그리고 그 다양성은 임의적인 것이 아니라고 한다. 하이데

---

11) 『형이상학입문』(박휘근 옮김, 서울: 문예출판사, 1997), 151쪽.

12) 『형이상학입문』, 152쪽.

거로서는 '존재'를 최고의 보편자 혹은 최고 유 개념으로 이해하려 하지 않으며(논리학은 최고 유 개념으로 본다), 그런 한에서 존재는 '있다(이다)'는 술어의 주어가 될 수 있는 모든 것들과 다 관계해야 하며, 따라서 존재 안에는 최고의 다양성이 들어 있어야 한다.

> 하이데거의 경우 '존재'는 '존재자'에 대한 상위 개념이 아니다. 왜냐하면 '존재'는 항상 '존재자의 존재'이기 때문이다, 예를 들면 연필과 잉크 모두에게 관계하지만, 연필의 존재와 잉크의 존재는 동일하지 않다. 존재는 연필의 상위 개념도 아니고 잉크의 상위 개념도 아니다. 동시에 존재는 연필이나 잉크 같은 구체적인 존재를 떠나 홀로 존재하는 보편적, 추상적 개념도 아니다. 그럼에도 연필의 존재는 연필이라는 존재자도 아니다.[13]

하이데거는 '존재'란 용어를 논리적-문법적으로 접근하면 공허성만을 확인하게 되지만, 그 용어를 현상학적으로 고찰하면 우리는 그 안에서 놀라운 풍요로움을 발견하게 된다고 말하면서, 이를 괴테(J. W. von Goethe, 1749-1832)의 시로 예증하려 한다.

> '있다'(이다)라는 단어의 단조로움과 공허함 뒤에는 거의 숙고되지 않은 풍부함이 은닉되어 있다. '그 사람은 슈바벤 출신이다', '이 책은 네 것이다' (…) '모든 봉우리에 / 고요가 있다…'라고 우리는 말한다. 각각의 경우 '있다'(이다)는 서로 다른 발화의미와 의의를 지닌다. (…) '그 사람은 슈바벤 출신이다'는 그가 거기 출신임을 말해준다. '이 책은 네

13) 최상욱, 『니체, 횔더린, 하이데거, 그리고 게르만 신화』(파주: 서광사, 2010), 202쪽.

것이다'는 그것이 너에게 속함을 말해준다. (…) 그런데 '모든 봉우리 위에 / 고요가 있다…'(Über allen Gipfeln / Ist Ruh…), 이것은 정녕 무엇을 뜻하는가? 모든 봉우리 위가 '고요한 상태라는 것을?' 혹은 '[고요가] 발생한다는 것을?', '[고요가] 실존한다는 것을?', '[고요가] 널리 퍼져 있다는 것을?' ― '모든 봉우리 위에 / 고요가 있다' ― 여기에는 앞서 언급한 '있다'에 대한 어떠한 해명도 제대로 들어맞지 않으며 우리가 위에서 인용한 것들을 죄다 모아다가 합산하더라도 충분할 수가 없다. 그것은 실로 도대체 무엇으로 바꿔 쓰더라도 들어맞지 않을 것이다. (…) 우리에게 익숙한 '있다'라는 표현을 해명하려는 시도에서 '모든 봉우리 위에 / 고요가 있다'라는 표현을 해명하려는 시도에서 '모든 봉우리 위에 / 고요가 있다'라는 괴테의 시구에 대해서는 우리가 동요하고 도무지 해명하기를 망설이게 되어 결국 해명을 전적으로 포기하고는 '모든 봉우리 위에 / 고요가 있다'는 동일한 표현만 재차 반복해서 이야기한다는 것은 얼마나 진기한 일인가.[14]

'이다/있다'라는 연결사(혹은 동사)의 명사형인 '존재'가 단지 문법적 계사로 이해되어서는 안 되고 존재론적으로 이해되어야 함을 하이데거가 예증하고 있는 중요한 구절이라 생각되어 비교적 긴 인용을 했다. 하이데거는 이렇게 말한 뒤에 이렇게 최종적으로 정리한다.

'모든 봉우리 위에 / 고요가 있다'의 이 '있다'에서는 접수된 풍부함을 지닌 유일무이한 것(das Einzige eines gesammelten Reichtums)을 말하고 있다. 여기에서는 무규정적인 공허함이 아니라 초(超)규정적인 충만함에 의

14) 『근본개념들』, 58-60쪽.

해서 '있다'에 대한 직접적인 한정과 해석이 거부되고 있는 것이다. 볼품없는 단어인 '있다'가 밝은 광휘 속에서 그와 같이 빛을 발하기 시작한다.[15)]

나는 하이데거가 괴테의 시를 예로 들어 '존재'의 풍요로움을 설명하는 방식이 가슴에 와닿지 않음을 고백하지 않을 수가 없다. 그의 이야기는 '존재'를 논리언어로 이해하지 말고 시어로 이해하자는 제안으로 들린다. 언어의 기능에는 크게 정보전달적 기능(informative function), 지식적 기능(directive function), 표현적 기능(expressive function)이 있는데, 언어가 시에 사용되면, 그 언어는 표현적 기능을 갖게 된다.[16)] 그런데 표현적 기능으로 사용되는 언어는 다의성을 그 본질적 특징으로 한다. 바로 그런 이유로 시는 그것을 읽는 사람의 정조에 따라 다양하게 감상되면서 다양한 감정적 파문을 일으킨다. 하이데거가 예로 들고 있는 괴테의 그 시구절도 이런 사례들 중의 하나일 것이다.

우리는 앞에서 언어의 세 가지 기능과 세 가지 의미에 대해 말했다. 그러면 '존재'라는 말도 세 가지 기능을 가질 것이며, 세 가지 의미를 가질 것이다. '존재'의 지시적 의미는 성경의 「창세기」에서 찾을 수 있다. 신은 "빛이 있으라"라고 명령했다. 우리들도 '너는 거기에 있어라'라고 말할 때, 존재의 지시적 의미를 사용하고 있다. 그 다음에 존재의 정보전달적 의미가 있다. '3과 5의 합은 8이다'라고 할 때, '이다'는 정보전달적 기능으로 사용되고 있다. '지구는 태양의 위성이다'라는 문장에서 사용된 '이다' 역시

15) 『근본개념들』, 61쪽.

16) I. M. Copi, *Introduction to Logic* (New York: Macmillan Publishing Co.), p. 69 이하 참조.

정보전달적 기능으로 사용되고 있다. 물론 그러한 과학적 진술조차도 어떤 시의 한 구절로 사용되면, 표현적 기능을 갖게 된다. 다음에 표현적 기능으로 사용된 '존재'의 사례는 하이데거가 언급한 괴테의 시에 등장하는 것이다. 나에게는 하이데거가 언어의 표현적 기능에 대해 존재론의 이름으로 너무 과도한 의미부여를 하는 것으로 보인다. 하이데거가 '언어는 존재의 집'이라고 말할 때, 존재의 집이 되는 언어는 표현적 기능으로 사용되는 언어이지, 정보전달적 기능으로 사용되는 언어는 아니다. 하이데거의 존재론은 '존재'라는 용어의 표현적 기능을 중시하고 있다면, 하르트만의 존재론은 '존재'라는 용어의 정보전달적 가능을 중시한다. 정보전달적 기능으로 사용되는 언어는 존재자의 집일 뿐이다. 예컨대 '팔공산은 대구에 있다'라는 문장은 하나의 지리적 사실에 대한 정보를 제공하고 있다. 정보적인 의미가 중요하다. 정보 의미를 만들 경우, 우리는 언어의 애매성과 모호성을 최대한 제거해야 한다. '팔공산은 대구에 있다'는 문장에서 '있다'의 경우 팔공산과 대구의 공간적-지리적 포함관계를 말할 뿐이다. 이 문장에서는 팔공산이라는 존재자의 '존재'나, 대구라는 존재자의 '존재(있다)' 의미는 누구나 파악할 수 있다. 그런데 '팔공산은 사람들의 마음의 길 위에 있다. 기쁨과 슬픔을 품고 거기에 서 있다'는 문장을 생각해보자. 이 문장에서 사용된 모든 단어들은 아무런 정보를 전달하지 않는다. 따라서 이 문장에서 사용된 '있다'는 애매성이 배제된 단일한 정보전달적 의미를 가지는 '있음'이 아니라, 풍요롭고 다양한 표현적 의미를 가진 '있음'이 된다. 하이데거는 '존재'를 이런 표현적 기능을 가진 언어로 바라보고 있는 것이다.[17)]

17) 하이데거는 아마도 이렇게 말할 것이다. "'존재의미'를 묻는 존재 물음에서 '의미'에는 단지 언어의 표현적 기능과 관계되는 정의적 의미만 포함되는 것이 아니고, 정보전달적 의미와 지시적 의미도 포함하고 있다." 그렇다면 언어의 정보전달적 기능을 중시하는 과학을 계산적 사유

언어가 표현적 기능으로 사용될 때, 언어의 정의적 의미와 그로부터 생기는 애매성과 모호성은 제거되어야 할 악덕이 아니라, 권장되어야 할 미덕이다. 하이데거가 후기에 커다란 관심을 가졌던 노자의 '도'란 개념도 일의적으로 규정하기 힘든 다의성을 가지고 있기에, 내가 보기에는 그 낱말은 철학용어이기도 하지만, 시어처럼 보이기도 한다.[18] 하이데거의 주장대로 '존재'라는 말에 그토록 풍요로운 다양성이 담겨 있다면, 결국 존재는 어떻게 규정될 수 없는 것일 것이고, 그것을 '초규정적인 충만'으로 표현하건 '무규정적인 공허함'으로 표현하건 '존재'는 규정될 수 없는 것이라는 점에서 마찬가지일 것이다. '존재'가 무규정적인 공허함을 가질 때에만 우리는 그 '존재'라는 말에 모든 것을 다 담을 수 있을 것이다. 비어 있어야 담는 것이 가능하기 때문이다. 물론 '존재'가 초규정적인 충만함을 가지고 있을 때에는 그 충만함으로부터 모든 것을 다 길러낼 수 있기도 하다. 그러나 '존

라고 비난할 이유가 없을 것이다. 언어를 시적-표현적 기능으로만 사용해야 한다는 법은 없기 때문이다.

18) 하이데거의 존재와 노자의 도의 유사성에 주목하여 양자를 비교하는 문헌들이 다수 있다. 그런데 나는 양자를 비교하는 몇몇 논문들과 책을 살펴보았지만, 양자의 상이한 언어관을 다룬 글은 보지 못했다. 그런 비교철학적 연구들이 보다 생산적인 연구가 되려면, 노자와 하이데거 사이에 가로놓여 있는 언어관의 차이부터 해명되어야 할 것으로 보인다. 노자는 언어를 신뢰하지 않는다. 이는 『도덕경』이라는 책의 첫머리에 나오는 말을 보면 당장 알 수 있다. "도라고 이름 붙일 수 있는 도는 참다운 도가 아니며, 이름 붙일 수 있는 이름은 참다운 이름이 아니다"라고 말한다. 그리고 "참으로 알고 있는 자는 말이 없다"고 하기도 한다("知者不言, 言者不知", 감산, 『감산의 노자풀이』, 오진탁 옮김, 서울: 서광사, 1990, 179쪽 참조). 그래서 노자의 『도덕경』은 아주 함축적이고 얇은 책이다. 노자는 그렇게 언어와 이름으로 포착되지 않는 어떤 것을 문제 삼는데, 그렇게 문제 삼으면서 그 역시 이름과 언어를 이용해야 하는 역리적 상황에 빠진다. 그러나 하이데거는 "언어는 존재의 집이다"라고 말한다. 그는 존재가 시인의 언어에 깃든다고 생각한다. 논리는 존재자의 집이고 언어는 존재가 거주하는 곳이다. 시를 짓는다는 것은 존재의 집을 건축하는 것이다. 그래서 하이데거는 철학의 역사상 가장 많은 저술을 남겼다. 하이데거는 언어를 신뢰하지만, 노자는 언어를 신뢰하지 않는다. 하이데거는 말이 많지만, 노자는 말이 적다.

재'가 모든 것을 담을 수 있는 빈 그릇처럼 이해되건, 언제든지 우리가 필요로 하는 것을 꺼내 쓸 수 있는 보물창고로 이해되건 '존재'를 규정할 수 없다는 점에서는 마찬가지이다.

하이데거 존재론의 문제점은 '존재'(이다/있다)의 정보전달적 기능과 표현적 기능의 구분을 통해서도 지적할 수 있다. 예컨대 '둥근 사각형은 불가능한 것이다'라는 문장에서, '이다'는 정보전달적 기능으로서의 '이다'이다. 그런 존재자는 있을 수 없다는 정보를 전달한다. 이 경우 '둥근 사각형'에다 우리가 존재의 빛을 아무리 내리쬐어도 그것은 존재하게 되지는 않는다. 단지 '둥근 사각형'이라는, 논리적으로 불가능한 단어만 존재할 뿐이다. 그러나 우리가 '둥근 사각형'이란 단어를 표현적 기능으로 사용한다면, 그 단어는 모종의 '의미'를 갖게 되며, 바로 그 의미는 표현적 의미다. 예컨대 '허무는 둥근 사각형을 먹고 존재를 토해내는 중이다'라는 구절은 모종의 느낌을 표현하고 있다. 이 경우 '이다'는 둥근 사각형의 실재함을 보증해주지는 못하지만, 모종의 느낌의 존재는 보증해준다. 하이데거의 존재론에서 존재자는 존재의 빛 아래에서 그 존재 의미를 갖게 된다고 말하는데, 우리가 앞서 살펴보았듯이, 그 주장은 '존재'(이다/있다)의 정보전달적 기능에 대해서는 타당하지 않고, 표현적 기능에 대해서만 타당하다. 이것이 하이데거 존재론의 문제점이다.

우리가 '인생이란 무엇인가?'라고 물을 때, '인생'에는 무궁무진한 다양성이 포함된다고 말할 수 있을 것이다. 이 지구상에서 생을 영위하다가 죽은 사람의 숫자가 1,000억 명 정도 된다는 계산이 있는데, 실존철학자들이 말하듯이 1,000억 명의 인간들 중에서 인생에 대해 똑같은 삶을 살면서 똑같은 감정과 의미를 부여하며 살아간 사람은 아무도 없을 것이다. '인생은 이것이다'라고 한마디로 규정할 수 있는 사람은 없다. 인생이란 주어에는 그 어떤 술어가 사용되어도 그럴듯하게 들린다. 인생은 '오징어 게임'이다, 인생은 항해다, 인생은 기다림이다, 인생은 문제의 연속이다, 인생은 달리기다, 인생은 바둑이다, 인생은 탁구다, 인생은 사기다, 인생은 상(賞)이다, 인생은 벌(罰)이다, 인생은 준비하는 것이다, 어떤 재치꾼이 말했듯이 인생은 출생(Birth)과 죽음(Death) 사이에의 선택(Choice)이다, 인생은 인내다, 인생은 돈이다, 인생은 여행이다, 인생은 공부다, 인생은 사랑이다, 인생은 "엘리베이터 안의 20초"다,[19] 인생은 일장춘몽이다, 인생은 소풍이다, 인생은 골프다, 인생은 유격훈련(遊擊訓練)이다, 인생은 걷기다, 인생은 전쟁이다, 인생은 용서하는 것이다, 인생은 역설이다, 인생은 고통이다, 인생은 선물이다, 인생은 염려다, 인생은 소설이다, 인생은 순간이다 등등. 우리는 인생에 대해 온갖 묘사를 만들어낼 수 있다. 이는 인생이란 말이, 마치 존재가 초규정적인 충만함으로 말미암아 규정될 수 없듯이, 초규정적인 충만함을 가졌기에 규정될 수 없는 것일까? 인생이란 단어가 '밝은 광휘 속에서 그와 같이 빛을 발하기' 때문일까? 나는 그렇게 생각하지 않는다. 그냥 인생이란 말의 애매성과 다의성으로 인해 인생에 대한 그 많은 규정들이 그럴듯하게 보일 뿐이다. 인도에서는 인도 인구의 숫자만큼 신이 있다는 과장된 말이 있는데, 인생의 의미는 인간의 숫자만큼 될 것이다. 인생이란 말이 내뿜는 다양한 의미의 와류 속에서 인생을 하나의 규정으로 정의하려는 모든 시도는 실패하게 된다. 인생은 규정될 수 있는 것이 아니라 묘사될 수 있을 뿐이다. 마찬가지로 **존재의 의미를 해명하려는 하이데거의 작업은 존재라는 말의 의미 안에 들어 있는 그 무한한 다양성이 일으키는 거대한 와류에 빠져들어 침몰할 수밖에 없어보인다.** 수많은 존재자들에게

19) 김주완 시인의 시집의 제명이다.

서 다양한 존재의 냄새는[20] 맡을 수 있지만, 존재 그 자체는 결코 우리 앞에 나타나지 않는다. 그것은 사무엘 베케트(Samuel Beckett, 1906-1989)의 『고도를 기다리며』의 '고도'다. 그는 끝내 나타나지 않는다. 하이데거의 현존재는 고도를 찾아 길을 떠나지만, 결코 그를 만나지 못한다. 왜냐하면 가능적 무한자인 현존재의 본질은 '길을 가는 것' 그 자체이기 때문이다. 현존재는 도상(途上)의 존재다. 길 위에서 길을 가면서 길을 숙고한다. 현존재는 길을 가다가 길이 막히면 길을 만들어서라도 길을 이어가야만 하는 존재다. 그러니 그 길은 끝나지 않는 길이며, 끝날 수도 없는 길이다. 길이 끝나는 유일한 방법은 현존재의 죽음이다.

현존재가 존재 자체를 끝내 만나지 못하는 이유는 무엇인가? 전기의 하이데거가 말하는 '존재 자체'라는 것은 가상이기 때문이다. 그것은 길의 소실점에 있는 것처럼 보이지만, 소실점은 시각상의 착각일 뿐이다. 현존재의 눈을 통해 보는 존재는 길의 소실점이요, 바다의 수평선이요, 평원의 지평선이다. 그것은 칸트가 말하는 선험적 가상이다. 하이데거는 존재자의 '존재'를 탐구하는데, 존재자의 '존재'가 '존재자'와의 관계를 끊어버리고, '존재' 그 자체로 탐구되는 것은, 칸트식으로 표현해서, 직관 없는 개념으로서의 '존재'를 탐구하는 것이 된다. 그 존재는 사르트르의 홍당무처럼, 사막의 신기루처럼, 바다의 수평선처럼 우리 눈앞에서 아른거리지만, 그것은 가상일 뿐이다. 바로 이런 이유로 칸트는 "존재는 참된 술어가 아니다"라고 말했다.[21] 칸트는 직관의 대상이 될 수 있는 '존재자의 나라'(진리의

---

20) 예컨대 우리는 우리 머릿속에서 관념으로 만나는 수적 존재, 나의 신체 바깥에서 시간-공간적 사물존재, 생각하면 두뇌에 이상증상을 발생시키는 둥근 삼각형 같은 허구적 존재를 모두 존재라는 그릇에 담지만, 그 존재들이 풍기는 느낌과 분위기는 모두 다르다.

21) 칸트, 『순수이성비판』(최재희 옮김, 서울: 박영사, 1974), B626.

나라)와 그 개념에 대응하는 직관이 주어질 수가 없는 '존재의 나라'(가상의 나라)를 다음처럼 문학적으로 대비시킨다.

> 우리는 이제 순수지성의 육지를 두루 돌아다녀 그 각 지방을 세심하게 시찰했을 뿐만 아니라, 그 국토를 측량하여 거기에 있는 온갖 사물의 위치를 정하기도 했다. 그러나 이 육지는 섬과도 같아서 자연 자신이 그것을 한정해서 불변의 경계를 긋고 있다. 그것은 (참으로 매력 있는 이름)인 '진리의 육지'요, 이 육지를 둘러싼 것은 광막하고도 파도치는 대양(大洋)이다. 이 대양이야말로 참으로 가상(假象)이 있는 곳이다. 여기서는 많은 안개 봉우리와 즉시 녹는 많은 빙산이 사람을 속여서 새로운 육지인 줄로 잘못 생각하도록 한다. 그것은 발견에 열중해서 돌아다니는 항해자를 헛된 희망에서 부단히 속이면서도 모험하도록 한다. 항해자는 이 모험을 중지할 수 없으나, 그렇다고 해서 모험을 성취할 수도 없다.[22]

칸트에 있어서 '육지'는 '감각적 직관의 대상이 될 수 있는 존재자의 세계'다. '존재'는 바다를 육지로 착각하게 만드는 안개다.

존재의 의미를 형식논리적으로 해명하게 되면, 그 작업은 그 추상성 속에서 공허한 소리만 낼 것이다. 만약 후기 하이데거처럼 존재 쪽에서 보내주는 소리를 듣는 방식으로 존재의 의미를 이해해야 한다고 하지만, 우리는 우리가 존재의 소리라고 확신하는 그 소리가 존재가 보내주는 소리인지 우리가 망상 속에서 만들어낸 소리인지 구분할 수가 없다. 사막에서 만나는 신기루일 수가 있다. 하이데거는 그 많은 책에서 그토록 풍부하게 존

22) 칸트, 『순수이성비판』, B294-295.

재에 대해 언급하고 해명하고 설명하지만, 정작 존재의 의미는 이것이다라고 하면서 일목요연하게 알아들을 수 있게 말해주는 것은 하나도 없다.

2.
존재에 대한 풍부한 묘사, 빈곤한 정의

존재란 무엇인가? 하이데거는 존재에 대해 수많은 전문용어들을 동원하여 그렇게나 많이 언급하고 풀이했음에도 불구하고 우리가 그 질문을 던졌을 때 우리가 갖고 있었던 막연한 존재이해보다 일보도 진전된 것이 없어보인다. 하이데거 자신도 이 점을 의식했는지 이렇게 말한다.

> 존재는 가장 공허한 것이면서 가장 풍요로운 것이고, 가장 일반적인 것이면서 유일무이한 것이며, 가장 이해하기 쉬운 것이면서 모든 개념 파악에 저항하는 것이다.[23]

하이데거는 8개의 문장으로 존재의 특징적인 면을 **묘사**한다.

> 1. 존재는 가장 공허한 것이면서도 가장 충일한 것이다.

---

23) 『니체 II』(박찬국 옮김, 서울: 도서출판 길, 2012) 230쪽.

2. 존재는 가장 일반적인 것이면서 유일무이한 것이다.
3. 존재는 가장 많이 소모되는 것이면서 모든 것이 비롯되는 근원이다.
4. 존재는 가장 강요하는 것이면서 동시에 해방하는 것이다.
5. 존재는 가장 망각된 것이면서 가장 상기시키는 것이다.
6. 존재는 가장 이해하기 쉬운 것이면서도 모든 개념 파악에 저항하는 것이다.
7. 존재는 가장 믿을 수 있는 것이면서 가장 심연적인 것(Abgründigste)이다.
8. 존재는 가장 자주 말해지는 것이면서 가장 깊이 침묵하는 것이다.[24)]

얼핏 보면 스무고개 게임을 연상시키는 문장들처럼 보인다. 하이데거는 존재가 갖는 양면성을 말하고 있는데, 존재에 대한 이런 묘사가 존재의 의미를 분명하게 드러내주는가? 일견 이런 묘사는 '존재는 존재다'라고 말하는 것보다는 존재에 대해 많은 '정보'를 주는 것처럼 보인다. 그러나 이 문장들은 '시간'에 대해서도 타당한 묘사가 되지 않을까? 혹 '의식' 혹은 '마음'에 대해서도 타당한 것처럼 보이지 않는가? '의미'란 말은 어떤가? '나'는 어떤가? '사랑'이나 '진리'는 어떤가? '공간'은 어떤가? 노자가 말하는 도(道)는 어떤가? 노자도 도를 이렇게 묘사한다.

도라는 것은 아련하고 어렴풋하다.
어렴풋하고 아련하지만, 그 가운데 형상이 존재하고,
아련하고 어렴풋하지만, 그 가운데에 실체가 존재하고,
그윽하고 아득하지만, 그 가운데 정기가 서려 있고,

24) 『근본개념들』, 198쪽. 번역자 '해제'.

그 정기가 너무나도 진실하여, 그 가운데에 증표가 있도다![25]

존재에 대한 하이데거의 묘사에서 우리는 '존재' 대신에 '의식', '시간', '도', '사랑', '공간' 등등을 집어 넣어도 이상할 것이 없다. '존재' 대신에 이 모든 단어들을 대입시켜 그 뜻을 음미해보면 매우 그럴듯하지 않는가? 찾아보면 더 많이 발견할 수 있을 것이다. 하이데거는 계속 존재에 대해 언급하지만, 존재를 다양하게 묘사할 뿐이며, 그 묘사하는 문장들도 존재가 아닌 다른 것들에 대해서도 적용될 수 있다. 그는 존재를 규정하거나 정의하지 않는다. 그러니 이 문장들이 '존재란 무엇인가?'에 대한 답이 될 수 없을 것이다. 하이데거는 이렇게 말할지도 모르겠다.

> '나는 존재를 최고 유개념으로 간주하지 않는다'고 했으니, 나에게 '존재란 무엇인가' 라는 물음에 답해보라고 요구하지 말라. 그 물음은 '존재'를 하나의 개념으로 보았을 때, 던질 수 있는 질문이다. 존재의 의미는 묘사될 수 있을 뿐이지 정의될 수 있는 것은 아니다.

그렇다면 하이데거의 철학은 철학이 아니라 문학이 될 것이다. 우리는 하이데거를 철학자로도 보기 때문에 여전히 '존재란 무엇인가'라는 질문에 대한 개념적 답을 요구한다. 하버마스(J. Habermmas, 1929-)는 "존재의 사건은 오로지 묵상하듯이 경험되고 서사적으로 제시될 수 있을 뿐이지, 논증적으로 파악되거나 설명되지는 않는다"고 말한다.[26]

---

25) 풍우란, 『중국철학사』(박성규 옮김, 서울: 까치, 1999), 287쪽. 노자의 이 말은 그냥 한 편의 철학적인 시(詩) 이상도 이하도 아닐 것이다. 하이데거도 후기에 다수의 철학적인 시를 지었다.

26) Jürgen Habermas, *Der philosophische Diskurs der Moderne* (Suhrkamp Verlag. Frankfurt am Main,

우리는 존재에 대한 풍요로운 묘사 속에서 빈곤한 논증을 경험한다. 하이데거가 존재사유라는 타이틀을 걸고 우리에게 보여주는 것은 어떤 측면에서는 '존재묘사'처럼 보이기도 한다.

하이데거가 비판받는 이유 중 하나는 그가 수없이 자주 '존재'라는 단어를 사용하고 주장함에도 불구하고, 그 '존재'가 '무엇'인지 불분명하다는 점일 것이다. 따라서 많은 하이데거 비판자들이, '당신이 말하는 존재가 도대체 무엇인가'라고 묻고자 한다. 그런데 이에 대해 하이데거가 주는 대답은 분명하다. '존재는 존재다'라는 대답이다. 이러한 진술을 통해 하이데거는 비판자들에게 대답을 한 것인가? 혹은 대답을 피한 것인가? 분명한 것은 하이데거의 진술을 통해 그는 일단 '대답'을 한 것이다. 그러나 그 대답은 아무런 '내용'도 전달하지 않고 있는 것처럼 보인다. 그렇다면 그는 결국 아무런 '대답'도 주지 않은 것이다.[27)]

1986), p. 181. 하버마스의 이런 불만에 대해, 하이데거는 자신의 사유가 연역적 · 논증적 사유가 아니라 해석학적 순환의 사유라고 하면서 방어할 것이다. 존재사유에 있어서 "순환적 사유는 오류가 아니라 필연적인 것이다. 왜냐하면 존재자들 사이의 관련성을 묻는 것이 아니라 '존재'의 의미를 묻는 이러한 사유에 있어서는 하나의 연역이 문제되는 것이 아니라 명시화(明示化)가 문제되고, '증명'이 문제되는 것이 아니라 지시와 이해와 추적하는 기술(記述)이 문제되기 때문이다." (하인리히 오트, 『사유와 존재』, 김광식 옮김, 서울: 연세대학교 출판부, 1985, 56쪽) 그러나 나는 하이데거를 이렇게 변호하는 것은 문제가 있다고 생각한다. 하이데거가 자신의 사유는 해석학적-순환적 사유이며, 그러한 해석학적 순환을 통해 순환이 시작되기 이전보다 순환 이후에 사유 주제에 대해 더 나은 이해에 도달하게 된다고 하는 방식으로 자신의 순환적 사유를 정당화한다면, 우리에게는 하이데거를 논증적으로 검토하고 비판하는 길이 원천적으로 봉쇄되어버린다는 것이 문제가 된다. 하이데거의 잘못을 지적할 길이 없어진다. 우리에게 남아 있는 의무는 하이데거의 순환적 사유가 기술하고 묘사하는 문장들을 최대한 잘 이해하기 위해 노력하는 것 밖에 없다. 이는 마치 선승들의 선문답은 논증적으로 검토되는 것이 불가능하기에, 우리들은 선승들이 자신들의 깨우침의 경지에 대해 이리저리 기술하고 묘사한 것을 어쨌건 이해하려는 자세를 가질 수밖에 없는 것과 유사해보인다.

27) 최상욱, 「하이데거의 언어론」(한국해석학회 엮음, 『후기 하이데거와 자유현상학』, 서울: 지평문화사, 1997), 117쪽. 하이데거와 생전에 인간적인 교류가 있었던 야스퍼스는 비망록에서 하

하이데거가 말하고 있듯이 우리는 존재에 대해 논하는 하이데거의 수많은 책들을 읽기 전에도 '존재'에 대한 선존재론적인 막연한 이해를 하면서 그 용어를 모든 문장과 말에서 아주 자연스럽게 사용하고 있다. 하이데거는 이것을 부정할 수 없는 현사실(Faktum)으로 받아들인다.[28] 그러나 누가 나에게 '존재'가 무엇인지 물어오면 나는 말문이 막히는 경험을 한다. '존재'는 마치 어거스틴의 '시간'과 비슷하다. 우리는 일상에서 시간이란 말을 거리낌 없이 사용하지만, 막상 시간이 무엇인지 질문받으면, 시간에 대한 무지를 고백하게 된다. 존재도 그와 비슷하다. 하이데거는 『존재와 시간』의 초두에서 플라톤의 저서 『소피스트』(244a)의 다음 말을 인용한다.

> [왜냐하면] 당신들은 분명히 이미 오래전부터, 당신들이 '존재하는'이라는 표현을 사용할 때, 그 표현이 본디 무엇을 의미하는지를 잘 알고 있다. 우리도 전에는 이해하는 것으로 믿었는데 지금은 당혹스러움에 빠져 있다.[29]

우리는 하이데거로부터 '존재'에 대해 그토록 많은 설명을 들었음에도 불구하고, 여전히 '존재'에 대한 우리의 이해는 설명을 듣기 이전보다 크게 개선된 것이 없어보인다. 여전히 '존재'는 막연하면서도 명료하고, 명료한 듯하면서도 막연하게 느껴진다. 그렇지만 어거스틴(A. Augustine, 353-430)은 '시간이란 무엇인가?'라는 물음에 한마디로 정리하여 답을 제시한다. 시간

이데거에 대해 이렇게 적고 있다. "동시대인들 중에서 가장 큰 자극을 주는 사상가, 거만하고 저항하기 어려우며 신비스러운, 그러나 늘 우리를 빈손으로 남게 하는 사상가."(뤼디거 자프란스키, 『하이데거: 독일의 철학 거장과 그의 시대』, 178쪽에서 재인용)

28) 『존재와 시간』, 20쪽 참조.

29) 『존재와 시간』, 13쪽 참조.

은 '영혼(의식)의 확장'(distentio anima)이라고 한다.[30] 그런데 하이데거는 평생에 걸쳐 존재사유를 했음에도 불구하고 그는 '존재는 존재다'라는 식으로 형식논리학의 동일률을 못 벗어나는 허망한 동어반복적 답을 제출하거나, '존재는 무다'라는 반논리적인지 초논리적인지 모를 모순발언을 한다. 「형이상학이란 무엇인가」에서 하이데거는 존재의 높은 산이 만들어내는 계곡인 무를 탐사할 때에 논리학이라는 차는 무용하다고 말한다. 그러나 하이데거는 '존재사유의 길'의 종착점에서 계면쩍게도 '존재는 존재다'라는 논리학의 동일률을 외치면서 논리학에 탑승하고 있는 듯이 보인다. 하이데거는 말할 것이다.

> 나는 한 번도 '존재'를 논리학에서 말하는, 최고의 추상성과 공허성을 가진 최고 유개념으로 간주해본 적이 없다. 내가 말하는 '존재'에는 온갖 풍요로움이 가득한 다양성이 간직되어 있으며, 무한한 의미로 가득하기에, 내가 '존재는 존재다'라고 말할 때, 나는 단순한 동어반복을 말하고 있는 것이 아니다. 존재는 존재자를 존재하게 해주는, 다시 말해서 존재자의 존재를 드러내는 빛이며, 무궁한 의미이며, 온갖 구체성의 보고다. 존재사유는 존재의 그러함을 체험하는 것이다. 내가 '존재는 존재다'라고 말할 때, 나는 그러한 체험의 자기 동일성을 언표한 것이다.

---

30) 어거스틴은 이렇게 말한다. "이제 나에게 명확히 드러나 밝혀진 것은 미래의 시간이나 과거의 시간은 없다는 것입니다. 그러므로 우리가 과거, 현재, 미래라는 세 가지의 시간이 있다고 말하는 것은 적당치 않습니다. 아마 '과거 일의 현재', '현재 일의 현재', '미래 일의 현재'라는 세 가지 시간이 있다고 말하는 것이 옳을 것입니다. 이 세 가지의 시간이 우리의 영혼(마음) 안에 존재하고 있습니다. 그렇지 않다면 나는 그 밖의 다른 곳에서 그것을 알 수가 없습니다. 즉 과거 일의 현재는 기억이요, 현재 일의 현재는 직관이며, 미래 일의 현재는 기대입니다."(어거스틴, 『고백록』, 선한용 옮김, 서울: 대한기독교서회, 1994, 403-404쪽)

물론 나는 '존재는 존재다'라고 말하면서 온갖 다양한 의미를 상상할 수 있다. 그러나 그 문장을 그렇게 해석하고 받아들이는 태도는 시적인 태도이지 논리적인 태도는 아니다. 시적 언어의 본질은 애매성과 상징성에 있고, 논리적 언어의 본질은 명료성과 계산 가능성에 있다. '존재'라는 말을 시어로 사용할 것인가, 논리적 언어로 사용할 것인가 하는 문제가 제기된다. 하이데거는 그 말의 풍부한 의미를 살리기 위해 시어로 사용하자고 제안한 것이다. 그 제안을 받아들이면, '저기 길가에 이름 모를 들꽃이 한 송이 피어 있구나!' 하는 문장은 그 문장을 접하는 사람의 직업, 관심, 처지에 따라 다양한 방식으로 받아들여지고 다양한 의미를 가진 문장이 될 것이다.[31)] 하이데거에 의하면 인간은 이 세계 안에서 시적으로 거주한다고 한다.

> '인간은 시적으로 거주한다'라는 말은 시 지음이 거주함을 하나의 거주함으로 존재하게 한다는 것을 말하고 있다. 시 지음이란 본래적으로 거주하게 함이다. 그러나 우리는 무엇을 통해 우리는 거주함에 이르는가? 건축함(das Bauen [짓기, 지음])을 통해서다. 시 지음은 거주하게 함으로써, 일종의 건축함이다.[32)]

인간은 시를 지으면서, 시 안에 '존재'가 깃들게 할 수 있다. 시를 짓는다는 것은 존재의 집을 짓는 것이다. 인간이 시적으로 거주한다는 것은 존재 물음을 묻는 현존재의 본질적 모습이다. 존재 물음을 묻는 것이 곧 시를 짓는

---

31) '존재'를 시어로 보면, 그 의미 안에 무궁무진한 다양성이 포함되는 것은 분명하다. 그런데 '존재' 라는 단어만이 아니라 모든 단어는 시어가 되면 다중적 의미를 갖게 된다. '그는 나에게 가방이었다'라는 문장에서 '가방'은 짐일 수도 있고, 편리한 도구일 수도 있고 또 다른 의미를 가질 수가 있을 것이다.

32) 『강연과 논문』(이기상 · 신상희 · 박찬국 옮김, 서울: 이학사, 2008), 246쪽.

것의 출발점이다. 그러니 하이데거의 관점에서 보면, 인간만이 이 지구 위에서 시적으로 거주할 수 있는 자다. 동물들은 시적으로 거주하지 않는다. 동물들은 자신의 죽음을 죽음으로 인수하여 앞당겨 경험할 수 있는 존재가 아니기에 '죽음에의 존재'가 아니기 때문이다.

> 아집에 사로잡혀 있는 사람(den Eigensinnigen)에게 있어서는 삶이라는 것은 단지 삶일 뿐이요, 죽음이라는 것은 그들에게는 죽음, 바로 그것일 뿐이다. 그러나 삶의 있음(das Sein des Leben)은 동시에 죽음인 것이다. 삶 안으로 들어오는 모든 것은 그 순간부터 벌써 죽기 시작하는 것이며, 자신의 죽음을 향해가는 것이며, 그래서 죽음은 동시에 삶인 것이다.[33)]

삶이 죽음이요 죽음이 삶인 것을 이해하고 있는 현존재만이 시적으로 거주할 수 있다.[34)] 아니, 인간이란 현존재 자체가 '존재의 시'다. 우리는 앞에서 하이데거가 **"존재에 사로잡혀 쓰이기 시작한 존재의 시가 인간이거늘"**이라고 말하고 있음을 보았다. 인간은 본질적으로 시적인 존재다. 존재사유와 시작(詩作)을 연결시키는 하이데거의 의도가 이해되지 않는 바는 아니다. 하이데거식으로 표현한다면, 무는 존재의 울림통이며, 시란 현존재가 언어로 포착한 존재의 울림이다. 그래서 하이데거는 "언어는 존재의 집이다"라고 말했다. 이때 그 '언어'는 '존재'를 자신 안에서 표현해내는 언어,

---

33) 『형이상학입문』, 215쪽.

34) 하이데거는 '삶이 곧 죽음이요, 죽음이 곧 삶'이라고 생각한다. 그리고 그는 '존재는 곧 무요, 무는 곧 존재'라고 생각한다. 이 두 명제를 따로따로 볼 것이 아니라, 한꺼번에 보는 것이 하이데거의 철학을 이해하는 데 도움이 될 것이다.

즉 시적인 언어다. 존재에서 현존재로 나아가는 하이데거 후기 사유의 방향에서는, 현존재 자체가 존재가 만든 시라는 말이다. 현존재는 존재가 불러 주고 들려주는 시를 받아 적을 자세로 살아가야 한다. 다시 말하면, 존재가 현존재를 통해 존재 자신을 드러내는 시를 쓴다는 것이다. 하이데거의 이런 생각은 기독교에서 신이 인간을 통해 신 자신을 드러낸다는 것과 구조상 유사하다. 하여간 '존재는 존재다'라는 명제를 논리적으로 읽으면 공허한 동어반복이지만, 시로 읽으면 무궁무진한 의미가 있는 듯이 보일 수 있다. 존재를 최고 유 개념으로 보는 논리적 접근방식을 포기하고, 체험의 의미지평에서 파악하려는 하이데거로서는 '존재'를 다양한 시적 체험의 입장에서 파악하려는 것은 불가피한 일처럼 보인다. 나는 인간이 시적으로 거주할 수 있다고 생각한다. 그러나 인간이 시작 행위를 통해 존재를 그렇게나 다양한 방식으로 체험하고 표현한다 하더라도, 우리에게 여전히 '존재'는 오리무중이며, 여전히 '존재는 무엇인가?'라고 물을 수밖에 없다. 그리고 인간은 시적이지 않은 다양한 방식으로도 이 세계 안에서 거주한다. 인간은 전사로서, 학자로서, 기술자로서, 탐험가로서, 사기꾼으로서, 온갖 방식으로 거주한다. 시인이 아닌 다양한 방식으로 거주할 때, 인간은 공통적으로 논리적으로 거주한다. 시인도 일상에서는 논리적으로 거주한다. 하이데거는 '존재'를 시적 언어로 보자고 말하는데, 그가 그런 제안을 하는 것을 넘어서서 그 말을 논리 언어로 사용하는 사유의 길을 부정해서는 안 된다. 그가 아무리 풍부한 의미를 담아서 '존재는 존재다'라고 했다 하더라도, 그 문장은 논리학의 엑스레이로 찍어보면, 그 형식은 동일률이요 동어반복이다. '존재는 존재다'라는 자명한 명제로부터 시작한 하이데거의 존재 사유의 여정은 결국 '존재는 존재다'라는 것으로 마감한다. 그 사이에 '존재'를 설명하는 수많은 언어들이 동원되었지만, 그 많은 설명들은 무수한 철썩

거림에도 불구하고 끝내 해안선을 넘어 육지에 도달하지 못하는 파도들의 몸부림처럼 보인다. 전기 하이데거의 존재는, 터질 듯 말 듯 하면서 우리를 애태우지만, 끝끝내 터지지 않는 재채기 같은 것이었다.[35] 그는 끝내 '존재'를 '존재'가 아닌 다른 언어로 규정하지 못했다. 단지 '존재'를 묘사할 뿐이다. 이런 점에서 리처드 월린(R. wolin, 1952-)의 말은 공감을 일으킨다.

> 하이데거의 근본적인 물음은 그가 브렌타노에 관한 논문에서 최초로 제시했던 존재에 관한 물음이라는 점은 틀림없다. 그러므로 그가 즐겨 좋아했던 횔더린의 구절은 그의 인생에 걸친 작업의 추진력을 특징짓는 데 특히 적절한 경구가 될 것이다. "당신이 시작했던 대로, 그렇게 당신은 남을 것이다."[36]

야스퍼스(K. Jaspers, 1883-1969)는 칼 뢰비트의 다음 문장을 옮겨 적으면서 찬동을 표시했다.

> 하이데거가 말하는 존재, 이 비밀이 대체 무엇인지 학문적으로 이해했다고 주장할 수 있는 사람은 사실 전혀 없다.[37]

하이데거 자신도 이렇게 말한다.

---

35) 하이데거는 후기에 가서 그 재채기를 터트리기 위해 콧구멍으로 햇빛이 들어가 자극하도록 하려고 애쓰면서 횔더린의 시를 동원한다.

36) 리처드 월린, 『하이데거, 제자들 그리고 나치』(서울: 경희대학교 출판부, 2021), 422쪽.

37) 뤼디거 자프란스키, 『하이데거, 독일의 철학거장과 그의 시대』, 641쪽.

하지만 존재, 존재는 무엇인가? **그것은 그것 자체이다.** 이 점을 경험하고 말할 것을 '다가올 사유'는 배워야 한다. **존재**, 그것은 신도 아니고 세계의 근거도 아니다. 존재는 본질적으로 모든 존재자보다 더 떨어져 있는데, 그럼에도 불구하고 인간에게는 그 어느 존재자보다, 즉 바위, 동물, 예술작품, 기계, 또는 천사나 신보다 더 가까이 있다. 존재는 가장 가까운 것이다. 하지만 가까움이 인간에게는 가장 멀리 남아 있다. 인간은 우선 언제나 단지 존재자만을 고집한다. 그러나 사유가 존재자를 존재자로 표상할 때, 사유는 확실히 존재와 관련을 맺는다. 하지만 사유는 진실로 항상 존재자 그 자체만을 사유할 뿐, 실로 존재 그 자체는 결코 사유하지 않는다.[38)]

38) 『이정표 2』(신상희 옮김, 파주: 한길사, 2005), 144쪽. 이 인용문에서 존재는 신도 근거도 아니라고 말해질 때, 그 신은 존재자로 이해된 전통 형이상학의 신이다. 그는 후기에 슈피겔지와의 대담에서 인간을 구원할 '하나의 신'에 대해 언급한다.

3. 존재사유와 기존 형이상학의 해체

하이데거는 자기 이전의 서양의 형이상학을 해체했다고 말한다. 그가 보기에, 서양 형이상학은 플라톤의 선의 이데아이든, 아리스토텔레스의 부동의 원동자이든,[39] 기독교의 신이든, 데카르트의 영혼이든, 스피노자의 실체이든, 라이프니츠의 모나드이든, 서양 형이상학은 존재가 아닌 존재자를 탐구의 대상으로 삼았다. 그러나 그런 '존재자 형이상학'은 존재사유를 하는 '현상학적 형이상학'의 관점에서 보면 다 폐기처분되어야 한다. 그런데 문제는 기존 형이상학의 해체 후에 하이데거가 제시하는 형이상학은 어떤 것인가 하는 것이다. 그는 내세나 영혼불멸이나 신의 존재에 대해 말해주는 것은 아무것도 없다. 우리가 하이데거에게 이 점을 불만하면, 하이데거는 '그런 것들은 하나같이 존재자들에 불과하다'고 말할 것이다. 나는 하이데거의 이런 예상되는 답변에 대해, 이렇게 말하고 싶다.

---

39) 아리스토텔레스는 현실적 무한의 개념을 거부했고 오로지 가능적 무한의 개념만 인정했지만, 그가 부동의 원동자를 도입했을 때, 그는 자기도 모르게 현실적 무한자를 받아들인 셈이다.

> 당신이 존재자라고 생각하는 플라톤의 선의 이데아나, 아리스토텔레스가 말하는 부동의 원동자나 스피노자의 실체는 현실적 무한자의 다양한 이름이다. 그것들은 존재자, 즉 유한자가 아니다. 당신이 서양 형이상학을 해체한다고 하면서 실제로 한 일은 현실적 무한을 부정하는 일이었다. 그러니 가능적 무한의 입장에서는 기존의 서양 형이상학자들이 주장할 수 있는 '진정한' 형이상학적 주장을 하는 것이 불가능하게 된다. 그러니 당신이 말하는 형이상학의 해체와 재건은 기실은 형이상학의 제거이다. 형이상학이 제거된 뒤에 남는 형이상학은 어떤 모습일까? 호랑이 떠난 굴에서 '여우'가 호랑이 행세한다는 말이 생각난다.

하이데거는 현존재는 시간 안에 있는 것이 아니라 시간 자체이고, 형이상학이란 학문은 철학의 한 분과가 아니라, 현존재 자체가 형이상학이며, 존재는 역사적 운명, 즉 존재역운을 가진다고 말한다. 그리고 하이데거에게 있어서 현존재는 자신의 존재를 자기 스스로 만들어가기에, 현존재의 근거는 자기 자신이다. 현존재는 존재자의 한복판에서 자기 자신을 근거 지음으로써 세계를 창립한다. 현존재의 자기정립은 곧 세계의 정립이다. 이리하여 하이데거는 '세계-내-존재'가 곧 현존재라고 주장하기에 이른다. 현존재는 그 자체로 세계요, 형이상학이요, 시간이요, 존재역운의 파트너다. 이 모든 말들은 듣기에 따라서 괴상하게 들릴 수도 있고, 심오하게 들릴 수도 있다. 그러나 현존재가 가능적 무한자라는 관점에서 보면, 그 말들이 이해될 수가 있다. 현존재는 가능적 무한자인데, 그렇다면 현존재는 부단한 자기 초월이다. 초월행위 그 자체는 시간 안에서 가능한데, 현존재의 초월이 존재사건으로서 발생하는 시간지평은 물리적 시간이 아니라 실존적 시간이기에 현존재의 초월 그 자체가 시간 그 자체다. 그러므로 현존재가 시간을 시간화하며, 시간화된 시간의 창조자다. 그리고 현존재와 상호 공속적인 세계도 가능적 무한자이며, 현존재의 탈자적 초월은 결국 세계를 부단히 초월하는 것이 된다. 그러므로 형이상학이 초월의 문제를 다루는 것인 한, 현존재 자체가 형이상학이다. 이렇게 현존재가 세계와 함께 시간을 시간화하면서 초월의 궤적을 그리는 것이 존재의 역사적 운명이 된다. 그러나 현존재의 이런 초월은 가능적 무한이 현실적 무한으로 초월하는 것과는 완전히 다른 것이다. **하이데거는 가능적 무한에서 현실적 무한으로의 초월, 즉 전통적 형이상학자들이 말하는 초월은 인정하지 않으면서 형이상학이 가능함을 주장하는데, 결국 그가 인정할 수 있는 초월은 가능적 무한의 자기 초월밖에 없게 되며, 그런 이유로 그는 현존재 자체를 형이상학으로 간주하게 된다.** 하이데거의 형이상학에서는 '세계가 유한한가 무한한가', '내세가 있는가 없는가'라는 문제들이 다루어질 여지는 없다. 그런 문제에 대한 관심을 끊어버리는 것이 하이데거가 말하는 '형이상학 해체' 작업의 핵심이다.

어떤 점에서 하이데거는 초기 불교와 유사하다. 제자들은 부처가 '세상이 영원한가 영원하지 않은가?', '영혼이 존재하는 사후 세계가 있는가 없는가?' 하는 형이상학적 문제들에 대해 가르침을 주지 않는 것에 대해 불만스럽게 생각했다.[40] 그러나 부처는 제자들이 그런 형이상학적 문제를 붙잡고 고민하면서 쓸데없는 사변에 빠져드는 것을 경계했다. 그런 사변에 골몰하는 것은, 화살을 맞아 고통 중에 있는 자가 화살을 뽑지는 않고 화살을 누가 쏘았으며, 화살의 제작자는 누구이며, 재질은 무엇인가 하는 문제로 고민하는 것이나 마찬가지라고 생각했다. 먼저 화살을 뽑고 지혈

---

40) 김진, 『칸트와 불교』(서울: 철학과 현실사, 2000), 77쪽 참조.

을 하는 것이 급선무라는 말이다.[41] 그러나 부처의 비유는 그럴듯하지만, 허점을 가지고 있다. 우리의 인생살이가 항상 하나의 화살을 뽑고 나면 숨 돌릴 틈도 없이 다음 화살을 맞고, 이것을 뽑고 나면 곧 이어서 다음 화살을 맞고 하는 정도로 연속적으로 화살을 맞는 것은 아니다. 화살을 뽑고 치료한 뒤에 우리는 화살을 누가 쏘았는지 연구하게 된다. 부처 자신이 한 것이 바로 그 작업이었다. 그는 중생들이 겪는 고통(화살에 맞음)의 원인(누군가의 쏨)을 연구했고, 중생들에게 어떤 화살도 뚫고 들어갈 수 없는 방패 옷을 만들어주기를 원했던 것이다. 나는 불교가 제시하는 치료법에 내세에 대한 형이상학적 논의가 완전히 배격되었는지 확신하지 못하겠다. 무아와 참나 논쟁은 불교가 풀지 못한 거대한 형이상학적 논쟁이니까 말이다.[42] 불교에는 무간지옥과 극락정토에 대한 논의도 있다.[43] 내 주장의 요점은 하이데거나 부처가 형이상학적 사변을 멀리하라고 권유해도 인간은 형이상학적 문제로부터 전적으로 무관심할 수는 없다는 것이다. 다시 말해서 현실적 무한의 문제에 대해 관심을 끊는 것은 불가능하다는 말이다. 왜냐하면 인간 그 자체가 가능적 무한자이기 때문이다. 그래서 칸트는 소질로서의 형이상학에 대해서 말했다. 인간은 형이상학적 동물이다. 칸트는 하이데거가 관심을 끊어버리기를 요구하는 문제들에 대한 관심을 끊는 것은 불가능하다고 말한다.

---

41) 김진, 『칸트와 불교』, 81쪽 참조.

42) 무아와 윤회, 그리고 참나의 문제에 대해서는 임승택의 「무아에 대한 형이상학적 해석의 양상들: 니까야에 나타나는 '실천적 무아'와의 비교를 위한 시론」(『인도철학』 제51집, 2017)을 참조하기 바란다.

43) 부처가 제자들의 형이상학적 물음에 입을 다물고 적극적인 해결책을 제시하지 않은 것을 '무기'(無記)라고 하는데, 부처의 무기에 대한 다양한 해석에 대해서는 김진 교수의 『칸트와 불교』 75쪽 이하에서 잘 정리되어 있다.

4.
하이데거에서
철학의 문학화

당대에 하이데거와 쌍벽을 이루었던 하르트만은 급격히 사람들의 관심에서 멀어졌고, 하이데거는 유럽철학계에 커다란 영향을 끼친다. 그 이유는 무엇인가? 하이데거가 하르트만보다 더 많은 인기를 얻게 된 이유를 간략하게 살펴보고자 한다. 하이데거는 자신에게 비판적인 하르트만을 염두에 두고 이렇게 말한다.

> 만약 모든 존재론들이 먼저 존재의 의미를 충분히 설명하지 못하고 또한 그러한 해명을 자신의 기초적인 과제로서 개념파악하고 있지 못하다면, 그것들이 아무리 풍부하고 꽉 짜인 범주체계를 구사하고 있다고 해도 그 근거에서 맹목적이고, 자신의 고유한 의도가 전도된 채로 남아 있다.[44)]

---

44) 『존재와 시간』, 27쪽. 우리는 '존재'라는 낱말을 삶의 모든 국면과 상황에서 아주 자연스럽게 잘 사용하고 있는 데, 하이데거에서 존재의 의미에 대한 물음은 바로 우리의 존재이해의 근원을 묻는 물음이다. 결국 그 근원은 인간이기에 하이데거는 존재이해의 비밀을 파악하려면 현

하이데거는 하르트만의 존재론이 처음부터 잘못된 길을 가고 있다고 말한다. "그(하이데거)의 눈에 비친 하르트만 역시 존재하는 사물들의 일반적인 구조와 기초적인 범주들을 연결하는 존재론을 추구하면서 똑같은 근본적인 실수(존재 망각의 실수)를 저지르고 있는 것이다."[45] 하이데거는 존재를 '존재로서', 즉 '존재자들에다 다양한 의미를 주는 근원적 전체로서' 간주한 뒤, 그것을 '미분화된 직관'으로써 파악하자는 주장을 한다면, 하르트만은 그렇게 해서는 존재를 절대로 파악할 수가 없으며, 따라서 존재를 존재양상, 존재권역, 존재 계기로 나누어 '분석적 이성'으로 탐구해야 한다고 주장한다. 하이데거는 사슴을 잡아서 한입에 통째로 삼키려는 비단뱀의 입장이라면, 하르트만은 사슴을 사냥해서 잘라 먹는 표범처럼 보인다. 나는 그 뱀이 자신의 역량에 넘치는 일을 한 것으로 판단한다. 하르트만은 하이데거가 존재론적 탐구의 착수점부터 잘못 잡고 있다고 말한다. 누구 말이 설득적인가? 하르트만이 지적했듯이, 하이데거는 '존재의 의미'에 대해 말하기 전에 '의미의 의미'부터 해명해야 할 것이다.

나는 이미 앞에서 하이데거의 존재론은 첫출발부터 수습하기 힘든 개념적 혼란에 빠져 있음을 지적했다. 그럼에도 불구하고 그의 철학이 유럽 철학계에 큰 영향을 끼칠 수 있었던 이유는 세 가지가 있는 것 같다. 첫째로, 불안, 죽음, 공포, 염려 등과 같은 감정언어로 무장한 그의 철학이 전하는 메시지가 양차 세계대전을 겪은 유럽인들에게 어필하기가 쉬웠다는 것. 둘째로, 하이데거의 철학이 그 출발에서부터 보여주고 있는 애매성이 그의 철학의 매력 포인트가 되었다는 점이다. 이는 칸트의 물자체가 갖

존재를 분석해야 한다고 생각한다(에도 피브체비치, 『훗설에서 사르트르에로』, 이영호 옮김, 서울: 지학사, 1975, 147쪽 참조).

45) 허버트 스피겔버그, 『현상학적 운동 1』, 341쪽.

는 애매성이 칸트 철학에 대한 다양한 해석을 가능하게 해준 매력 포인트가 된 것과 마찬가지다. 그가 말하는 '존재'는 사물존재도 의미존재도 관념존재도 다 아우르는 말이다. 그리고 그는 자신이 '존재의 의미'를 탐구한다고 하지만, 그 말도 그가 존재라는 단어의 의미를 탐구한다는 말인지, 아니면 '존재'라는 말에 의해 지시되는 모든 존재하는 것들을 존재하게 만들어주는 존재의 원리를 탐구하겠다는 것인지, 아니면 존재하는 모든 것들을 우리 실존적 존재인 인간에게 '실존적으로 의미 있는 것'으로 다가오게 만드는 어떤 그 무엇을 탐구하겠다는 것인지 헷갈린다. 그가 구사하는 언어적 능수능란함과 현혹성은 그가 '존재의 의미'라는 말의 의미를 애매하게 사용한 것에서 길러내어졌다고 생각한다. '존재'라는 말 자체가 최고 유 개념으로 간주되면 그 말은 극단적인 공허성을 가지지만, 그 단어가 논리학의 최고 유 개념으로 간주되지 않고 현상학적으로 이해되면 그 말은 극단적인 애매성을 가진 말이 된다. '의미'도 '존재' 못지않은 애매성을 가진 말이다. 이 두 단어의 조합인 '존재의 의미'라는 말은 칸트철학에서 물자체란 용어가 갖는 애매성과 모호성을 훨씬 뛰어넘는다. 루소의 사상이 '자연'이란 말의 애매성 위에 세워져 있고, 칸트철학이 물자체 개념의 애매성 위에 세워져 있듯이, 하이데거의 철학은 '존재의 의미'의 애매성 위에 세워져 있다. 셋째로, 철학의 고전에 대한 그의 박식도 큰 몫을 했을 것이다. 넷째로, 그럼에도 불구하고 전통철학에서 완전히 무시되던 감정적 언어들을 그가 현상학적으로 철학 안으로 끌어들임에 있어서 천재적인 재능을 보여주었다는 것이다. 그의 후기 철학은 탈철학이요, 철학으로부터의 탈출이다. 마음껏 문학적으로 되었다. 아니 그 어떤 문학보다도 더 문학적이다. 더 이상 그를 구심적으로 해석하려 하는 것은 무의미한 일이다. 하이데거의 후기 철학은 읽는 사람 마음대로 읽는 원심적 감상이 허용되는 시가 되어버린 느낌을 주는 지경이다.

우리는 앞에서 하르트만과 하이데거가 서로의 존재론을 가차 없이 비난하는 것을 보았다. 나는 철학의 존재이유와 관련하여 하이데거의 현상학적 존재론과 하르트만의 비판적 존재론에 각자의 자리를 만들어주는 중재안을 제안해보고자 한다. 앞서 말했듯이 플라톤 시대에 철학은 삶의 사실에 대한 진리와 삶의 의미에 대한 진리가 이데아라는 초월적 실재에 동시에 매달려 있었다. 그것이 근대에 와서 삶의 사실에 대한 진리를 탐구하는 일은 철학의 자식인 과학에게 넘겨진다. 과학은 삶의 의미와 방향을 고민하지 않는다. 하이데거식으로 표현해서 과학은 숙고하지 않고 사유하지 않는다. 오로지 계산만 한다. 이런 상황에서 칸트는 삶의 사실에 대한 진리와 삶의 의미에 대한 진리에다 각자의 자리에 어울리는 각자의 자리를 마련해주려고 했다. 인과적 기계론에 의지해 있는 사실의 진리는 『순수이성비판』에서 다루었지만, 순수이론이성은 의미의 진리에 맹목임을 간파하고, 그는 물자체는 과학적 인식의 대상이 아님을 선언했다. 그리고 윤리적 목적론에 의지해 있는 의미의 진리는 『실천이성비판』에서 다루었다. 그는 그 책에서 인간이 예지계의 문을 열고 들어갈 수 있는 '열려라 참깨'를 보여주었다. 그러나 실천이성은 세상에 단 하나의 과학적 지식도 보태지 못한다. 하르트만과 하이데거는 칸트가 조정해놓은 이 '사실과 의미의 이분법'을 각기 자기들 방식으로 재해석한다. 하르트만은 칸트가 『순수이성비판』에서 다룬 사실과 사물의 문제를 자신의 존재론의 근본 테마로 다룬다. 그의 존재론은 물자체의 실재성을 인정하는 위에서 전개된다. 그러나 하이데거는 칸트가 다룬 의미의 문제를 자신의 존재론의 근본테마로 다루면서 '존재의 의미' 문제를 자기철학의 전면에 부각시킨다. 그는 『순수이성비판』의 사물존재론을 의미존재론으로 개석(改釋, Umdeutung)한다. 그가 삶의 의미의 문제를 다루는 것을 자기 철학의 중심 테마로 생각했다면, 『실천이성비판』을 중시하는 것이 자연스러워 보이는데, 그는 그렇게 하지 않았다. 『순수이성비판』을 의미존재론으로 읽어낸 마당에, 의미문제를 다루는 『실천이성비판』은 소용이 없어진 것이다. 나는 그 결정적인 이유가 하이데거가 칸트의 물자체를 부정하는 후설의 현상학의 영향을 받았기 때문이라고 생각한다. 이리하여 하이데거의 의미존재론은 칸트의 물자체를 거부하는 위에서 전개된다. 하이데거는 유럽철학계에 커다란 영향을 끼치면서, 철학을 삶의 의미 문제에 치중하는 학문으로 만들었다. 사르트르, 라캉(J. Lacan, 1901-1981) 메를로 퐁티(M. M. Ponty, 1908-1961) 등등 많은 철학자들이 하이데거의 영향하에서 서양철학의 기초인 이성을 파괴하는 방향으로 흘러갔다. 실존철학의 영향을 강하게 받은 철학은 각자성과 차별성을 부르짖으며 문학화된다. 인간의 각자성의 이야기를 문학보다 더 잘할 수 있는 것이 무엇이 있겠는가? 철학이 보편성의 문제로부터 각자성의 문제로 기울어버리는 순간, 철학의 문학화는 불가피한 일이었다. 사실 저명한 실존주의 철학자들 중에 다수는 동시에 저명한 문학자다. 사르트르, 가브리엘 마르셀, 니체, 까뮈(A. Camus, 1913-1960) 등이 그러하다. 현대 유럽철학은 철학이 그 시원에서 갖고 있었던 과학과의 연결을 완전히 단절해버렸다. 철학이 삶의 의미 문제를 다루는 것은 지극히 당연한 것이다. 그것은 철학의 본질적 과업이다. 그러나 철학이 하이데거의 경우에 극명하게 볼 수 있듯이 삶의 사실의 문제에 대해 눈감아버리면, 과학의 시대에 철학의 입지는 좁아지다가 결국은 없어질 것이다. 철학은 그 출발에서부터 삶의 사실의 문제에 관심을 기울였다. 물론 삶의 사실의 문제는 이제 철학으로부터 분가해버린 과학이 더 잘 다루게 된 마당에, '철학이 발견해낼 사실의 진리라는 것이 남아 있기나 한가'라는 의문이 들 수 있다. 그러나 이 지점에서 우리는 칸트와 그의 정신을 이어받은 하르트만에게 도움을 청하지 않으면 안 된다. 철학은 여전히 보편성의 문제를 다루어야 하고, 따라서 존재하는 것들의 보편적 구조와 존재해야 할 것들의 보편적 구조를 탐구해야 한다. 철학은 자신의 생존을 위해서라도 칸트와 하르트만으로부터 그 탐구방법을 배워야 한다. 철학은 삶의 사실에 대한 존재론이 되어야 한다는 하르트만의 말은 옳다. 이것을 등한시하고, 철학을 인간들이 각각 자신의 삶을 주체적으로 살아가는 삶의 의미 문제에 대한 해명작업으로 국한시키면, 철학은 '문학의 시녀'가 될 것이다. 문학을 이데아의 모방인 현실을 또다시 모방한 것으로 본 플라톤의 입장에서 본다면, 하이데거의 철학은 철학으로부터 분가하여 자신의 살길을 찾아 나간 과학이 밉다고 문학과의 동맹을 통해 과학을 공격하는 철학처럼 보인다. 철학은 더 이상 문학의 시녀가 되기를 그치고 과학의 감시자로서의 역할을 해야 한다. 하이데거도 기술문명을 비판적으로 고찰하지만, 그는 과학의 건설적 감시자가 아니라 대체로 악의적 비방자였다. 과학을 감시한다는 것은 문학을 동원하여 과학을 비방하는 것과는 다른 것이다. 과학을 감시하기 위해 철학은 과학 곁에 있어야 한다. 철학은 과학이 무엇을 하는지 모르면, 과학을 감시할 수가 없다. 그것이 칸트가 "나의 형이상학은 경험이라는 비옥한 지반을 떠나본 적이 없다"고 말하는 이유다.

> 이래서 우리는 드디어 확정적인 것을 얻었고, 사람은 모든 형이상학적인 기도에 있어 이 확정적인 것에 의거할 수 있다. 전래의 형이상학적 기도는 지극히 대담했으나 항상 맹목적으로 모든 일에 대해 무분별하게 행해져 왔다. 독단적 사상가들은 그들의 노력의 목표가 이처럼 가

까이 세워질 것(경험 일반을 가능하게 하는 것)을 착상하지 못했다.[46]

그 확정적인 것이 바로 칸트의 선험적 형이상학이다. 하이데거는 과학의 의미와 한계를 해명한 칸트의 선험적 형이상학 — 이것은 동시에 수리철학이면서 과학철학이기도 하다 — 을 의미에 맹목인 채로 계산만 하는 기계라고 과학을 비방하는 현상학적 존재론으로 바꾸어버린다. 『존재와 시간』은 '미래에 나타날 모든 문학적인 철학의 프로레고메나(Prolegomena)'가 되었던 것이다. 칸트는 그 자신이 철학자이면서 동시에 훌륭한 과학자이기도 했다. 하기야 위대한 철학자들은 적지 않은 경우 과학이나 수학에 조예가 깊었다. 플라톤, 아리스토텔레스는 말할 것고 없고, 데카르트, 스피노자, 라이프니츠, 러셀, 화이트헤드, 카르납, 베르그송 등이 그러했다.

인간은 이 세계에서 사실의 문제와 연관된 자연의 기계론적 흐름과 의미의 문제와 연관된 인간 자신의 목적론적 흐름이 만나는 유일한 곳이다. 그러므로 하이데거처럼 모든 것을 의미의 문제로 환원하는 실존주의나, 모든 것을 사실의 문제로 환원하려는 과학주의는 다 문제다. 나는 앞으로 과학적 지식을 갖춘 철학자가 많이 나오기를 기대한다. 철학을 문학의 시녀로 만드는 것은 철학을 반신불수로 만드는 자해행위가 될 것이다.

46) 칸트, 『철학서론』(최재희 옮김, 『실천이성비판』과 합본, 서울: 박영사, 1975), 310쪽.

11장

하이데거의 '형이상학 없는' 형이상학

1. 서양 형이상학은 존재 망각의 형이상학인가?
2. 하이데거의 가능적 무한의 형이상학
3. 존재와 가상
4. 사이비 깨우침

1.

서양 형이상학은 존재 망각의 형이상학인가?

나는 누차 자기 이전의 모든 서양철학사가 존재망각의 역사였다는 하이데거의 주장이 잘못임을 주장하였다. 나는 이제 이점을 본격적으로 다루어보고자 한다. 하이데거는 존재와 존재자의 차이를 '존재론적 차이'로 명명한 뒤에, 서양철학은 신조차도 하나의 존재자로 이해했으며, 신이 하나의 존재자에 불과하다는 점에서 그것은 한 마리의 새와 마찬가지라고 한다. 왜냐하면 한 마리의 새도 존재자이기 때문이다. 그러나 한 마리의 새와 동일하게 존재자의 반열에서 다루어지는 신은 아마 그리스 신화에 나오는 제우스나 포세이돈 같은 신일 수는 있다. 그러나 당장 기독교의 유일신을 하나의 존재자로 보기에는 문제가 있는 것 같다. 기독교에서 신은 무한자이며, 모든 유한한 피조물들의 존재근거다. 그러므로 신을 그에 의해 피조된 것들과 나란히 존재자의 반열에 올리는 것은 납득하기 힘든 일이 된다. 무한한 것을 유한한 것과 같은 것이라고 말하는 꼴이 되기 때문이다. 야스퍼스에 의하면 어거스틴도 이런 사정을 누구보다도 잘 알고 있었다.

신과 세계, 신과 인간은 서로 유사하지 않은 것으로 남아 있다. 어떠한 사유라도 신을 대상화하게 될 때, 신 자체는 그러한 사유에 대해 사라져 버린다. (…) 아우구스티누스, 이 위대한 기독교 사상가는 원칙적으로 그것을 파악하고 있었다. "신에 대하여 모든 것을 말할 수 있지만, 어떤 것도 신에 대하여 적절하게 말하는 것은 아니다."[1]

하이데거 연구자들이 그의 후기 사유를 이해하기 위해 읽어야 할 책으로 간주하는 『철학에의 기여』에서 하이데거는 다음처럼 말한다.

일찍이 존재자성은 가장 존재하는 존재자(최고의 존재)가 되었다. 이러한 의견에 따라 **존재**는 신의 본질 자체가 되고 이때 신은 모든 존재자의 제작원인, 즉 '존재'의 원천 또한 따라서 필연적으로 그 자체로 최고의 '존재', 즉 가장 존재하는 존재로 파악되었다. 이것은 마치 이로써 존재가 (이러한 가장 존재하는 존재자에게로 이전되었기에) 최고로 평가받으며 따라서 그것의 본질에서도 마주친다는 인상을 불러일으킨다. 그럼에도 불구하고 이러한 인상은 **존재**에 대한 오인이자, '존재'에 관한 물음 앞에서의 회피이다.[2]

하이데거가 지적하고 있듯이 안셀무스는 신의 본질을 존재로 보았다. 그리고 토마스 아퀴나스도 신을 필연적인 존재로, 신에 의해 만들어진 피조물은 우연적인 존재로 보았다. 그러나 그들이 신을 그렇게 생각하면서 신

1) 카를 야스퍼스, 『계시에 직면한 철학적 신앙』(신옥희 · 변선환 옮김, 서울: 분도출판사, 1989), 395쪽.

2) 『철학에의 기여』(이선일 옮김, 서울: 새물결, 2015), 349-350쪽.

이 다른 사물들과 동렬에 놓이는 존재자의 하나로 보았겠는가, 아니면 신은 다른 존재자들과 차원을 달리하는 어떤 것으로 보았겠는가? 당연히 그들은 신을 후자의 어떤 것으로 보았다. 그렇다면 그들은 신과 사물들 간의 존재론적 차이를 잘 인식하고 있었다는 것이며, 하이데거가 말하는 존재 망각의 사유자들이 아니라는 것이다. 내가 보기에 중세 신학자들이나 철학자들이 신을 '모든 존재자의 제작원인' 혹은 '가장 존재하는 존재자'로 묘사한 표현이 풍기는 인상에 오도되어 그들의 '존재사유'를 '존재자 사유'로 오해한 것은 하이데거 자신이라고 생각한다. 나의 이런 비판에 대해 하이데거는 말할 것이다.

> 중세 철학자들이 신을 '세계 그 자체와 세계 내 사물들의 제작원인'으로, '전능하고 전지한 존재'로, '스스로 존재하는 자'로, '영원불변인 자', '필연적인 존재'로 설명할 때, 그들은 신을 사물들의 인과적 계열을 소급해갈 때 만나게 되는 최초항으로 설명하는 셈이며, 그렇게 설명하는 것은 신을 존재자로 간주했다는 증거이다.

그러나 과연 중세철학자들과 신에 대한 그들의 설명을 받아들이는 현대인들이 신을 '가장 존재하는 자'로 생각했을까? '가장 존재하는 자'는 '가장 많이 알고 있는 자', '가장 힘이 센 자'가 되어야 할 것이다. 신이 '가장 힘이 센 자'라면, 우리가 이 세계 내에 있는 존재자들은 힘이 센 순서대로 나열하면서 상상하게 되는 어떤 계열의 최상위 끝점에 존재하는 '어떤 것'이 된다. 신이 '가장 많이 알고 있는 자'라면, 우리는 이 세계 내에 존재하는 존재자들을 많이 알고 있는 순서대로 나열하면서 상상하게 되는 계열의 끝점에 있는 '어떤 것'이 된다. 그렇다면 그것은 명백히 하나의 존재자다. 하이데거의 해석대로라면, 중세신학자들이 말하는 신은 사물들과 그 사물들을 담고 있는 시간과 공간까지 만들어낼 수 있는 전지전능한 제우스 같은 존재자다. 그렇게 되면 이런 제우스와 인간은 동일한 반열에 놓이게 되며, 그 둘 사이에는 동일한 존재자로서의 '존재적 차이'만 있지, 차원을 달리하는 '존재론적 차이'는 없게 된다. 그렇다면 지렁이와 침팬지 사이에 존재적 차이만이 있듯이, 신과 인간 사이에도 존재적 차이만이 인정된다. 그러나 나는 중세철학자들이 말하는 신에 대한 하이데거의 해석은 전혀 설득력이 없다고 생각한다. 에띠엔느 질송은 토마스 아퀴나스가 신을 결코 하나의 존재자로 생각하지 않았고 존재로 생각했다는 것을 보여주고 있다. 이런 이유에서 질송은 하이데거가 서양 형이상학의 역사가 존재 망각의 역사였다는 주장에 동의하지 않는다. 질송에 의하면, 토마스 아퀴나스에 있어서 신은 엄밀한 의미에서 하나의 존재자(ens)가 전혀 아니고, '존속적 존재 자체'(ipsum esse subsistens) 곧 순수 지속적인 있음의 현실이다.[3)]

중세 스콜라 철학자들은 신을 신에 의해 피조된 사물들과 마찬가지로 '존재한다'는 술어로 설명하는 것에 존재론적 불편함을 느꼈다. 그렇게 표현함으로써 신과 피조물이 같이 존재적으로 취급되며 따라서 같은 존재자의 반열에 엮히게 된다는 것을 알았기 때문이다. 기이한 점은 이 점을 『존재와 시간』에서 하이데거도 언급하고 있다는 사실이다.

> '신은 존재한다'와 '세계는 존재한다'라는 발언에서 우리는 존재를 밖으로 말하고 있다. 그러나 이 '존재한다'라는 낱말은 그때마다의 존재

---

3) 존 카푸토, 『마르틴 하이데거와 토마스 아퀴나스』(정은혜 옮김, 서울: 시간과공간사, 1993), 151쪽 참조.

자를 동일한 의미에서[하나의 일관된 의미부여에서](시노니모스, όυνωνύμως, 일의적으로) 의미할 수는 없다. 왜냐하면 그 두 존재자 사이에는 일종의 무한한 차이가 존립하고 있기 때문이다. 만일 '존재한다'의 뜻이 일의적이라면, 창조된 것이 창조되지 않은 것으로서 의미되거나 창조되지 않은 것이 창조된 것으로 격하될 것이다. 그렇지만 또한 '존재'는 단순히 같은 이름으로 기능하는 것이 아니라, 그 두 경우 '존재'는 [유비적으로] 이해되고 있다. 스콜라 철학은 '존재'라는 낱말의 긍정적 의미를 '유비적' 의미로 파악하여 일의적 의미 또는 단지 이름만 같은 의미와 구별하고 있다.[4)]

하이데거는 데카르트를 비판하기 위해 스콜라 철학에서 신과 그 피조물인 세계를 똑같이 '존재한다'라고 부르는 것에 '불편함'을 느꼈음을 언급하고 있다. 그런데 우리는 이 지점에서 하이데거에게 이렇게 물어보아야 한다. 스콜라 철학자들이 '존재한다'라는 술어를 신과 그 피조물인 세계에다 똑같이 사용하는 것에서 불편을 느꼈다는 것이 의미하는 것은 무엇인가? 그것은 그들이 신과 세계의 존재론적 차이를 알고 있었다는 것을 의미하는 것이 아닐까? 그렇다. 그들은 존재 망각의 사유를 한 것이 아니다. 데카르트도 하이데거가 비판하듯이 존재 망각의 사유를 한 것이 아니다. 그 역시 스콜라 철학자들의 그 '불편함'이 정당한 것임을 인정하기 때문이다. 데카르트의 말이다.

우리가 실체를 상상할 때, 현존하기 위해서 오직 자신만을 필요로 하

4) 『존재와 시간』(이기상 옮김, 서울: 까치, 1998), 133쪽.

> 는 방식으로 현존하는 물(物)을 단지 상상할 뿐이다. 여기서 '오직 자신만을 필요로 한다'는 말의 설명에 관해서는 모호성이 있을 수 있다. 왜냐하면 정확하게 말해서, 그런 존재는 신뿐일 따름이기 때문이다. 그의 권능에 의해서 지탱되고 보존되지 않고서는 단 한순간도 현존할 수 있는 피조물은 하나도 없기 때문이다. 이 점이, 스콜라 철학에서 실체라는 이름은 신과 피조물에 '일의적(一義的)'으로 해당되지 않는다고, 즉 그 말 속에 **신과 피조물들에서 적용되면서 판명하게 이해될 수 있는 의미는 없다**고 말할 근거를 가지는 까닭이다.[5]

하이데거는 이 인용문에서 강조된 데카르트의 말을 다음처럼 해석한다.

> 데카르트는 이 문제를 존재론적으로 충분히 연구하는 데에서 스콜라 철학에 훨씬 못 미치고 있다. 아니 도대체 이 물음을 회피하고 있다. '**신과 피조물에 공통적이라고 할 이름**(실체)**의 의미는 명확하게 이해할 수 없다**.' 이러한 회피가 말하고 있는 것은 데카르트가 실체성의 이념에 함축되어 있는 존재의 의미와 이러한 의미부여의 '보편성'의 성격을 논의하지 않은 채 놔두고 있다는 사실이다.[6]

우리는 하이데거가 데카르트의 말을 곡해하여 아주 기이하게 이용하고 있음을 보게 된다. 데카르트는 스콜라 철학자들의 앞서 언급한 그 '불편함'에 공감한다는 뜻으로, '스콜라 철학자들이 신과 피조물들에서 적용되면서 판

5) 데카르트, 『방법서설/성찰/정념론 외』(김형효 옮김, 서울: 삼성출판사, 1992), 336쪽. 강조는 필자.

6) 『존재와 시간』, 133쪽. 강조는 필자.

명하게 이해될 수 있는 의미는 없다고 말할 근거를 가지는 까닭이다'라고 말하고 있는데, 하이데거는 데카르트가 스콜라 철학자들이 느꼈던 문제의 그 '불편함'을 '회피'하고 있다고 말한다. 전형적인 견강부회다. 그리고는 이렇게 결론 내린다.

> 존재 자체가 무엇을 말하는가 하는 물음은 중세 존재론도 고대 존재론과 마찬가지로 거의 캐물어가지 않았다. 그렇기에 존재에 관한 의미부여의 방식에 대한 물음과 같은 물음이 한 걸음도 앞으로 더 나아가지 못한 것은 놀랄 만한 일이 아니다.[7)]

그러나 우리가 스콜라 철학자들이나 데카르트에게서 확인했듯이 그들은 유한자와 무한자의 존재론적 차이를 잘 알고 있었으며, 그래서 '신'과 그 피조물인 '세계'를 같이 '존재한다'로 표현하는 것에서 '불편함'을 느꼈다. 그런 이유에서 그들은 '신'을 단지 하나의 존재자로 보지 않았다. 데카르트도 "신의 권능에 의해서 지탱되고 보존되지 않고서는 단 한순간도 현존할 수 있는 피조물은 하나도 없다"고 말한다. 그렇다면 한 마리 나비나 하나의 사과나 혹은 태양이나 혹은 이 모든 것의 창조자(혹은 포괄자)인 신을 같이 '존재'라는 말에 포함시켜, '존재란 무엇인가?'라는 물음을 묻는 것은 바로 그들이 느꼈던 그 정당한 불편함을 무시하는 것이 될 것이고, 그렇게 묻는 것이야말로, 하이데거식으로 말해서 존재론적 차이를 무시하는 질문이 될 것이다. 무한자(신)와 유한자(사물)의 존재론적 차이를 인정한다면, 우리는 '존재란 무엇인가?'라는 질문을 — 이 질문에서 언급되는 '존재'라는 말

---

7) 『존재와 시간』, 133-134쪽.

에 유한자나 무한자나 다 포함된다면 — 던질 수가 없게 된다.

서양의 기독교적 전통에서 무한자로 규정된 신은 전지전능한 자, 거룩한 자, 무소부재, 유일자 등의 속성으로 설명되기도 한다. 그리고 눈에 보이는 것들은 신의 피조물이며 유한자로 설명된다. 그런데 하이데거는 '그런 식으로 이해된 신은 하나의 존재자에 불과하다'고 주장했으며, 그런 한에서 그런 신이 갖는 존재론적 위상은 한 마리 나비가 갖는 위상과 다를 바가 없다고 말함을 앞에서 살펴보았다. 이러한 생각의 연장선 상에서 그는 서양 형이상학이 존재자와 존재 사이에 있는 '존재론적 차이'를 전혀 고려하지 않고 사유했다고, 달리 말해서 서양 형이상학의 역사는 존재 망각의 역사였다고 주장한다.

적지 않은 연구자들이 하이데거의 이런 주장을 무비판적으로 받아들이는 모습을 보여주고 있다. 그러나 하이데거의 이런 주장이 얼마나 잘못된 것인가는 우리가 '무한'과 '유한'의 차이를 집중해서 생각해보면 즉각 알 수 있다. 자연수의 계열은 하나의 가능적 무한의 계열을 형성한다. 이 계열에서 모든 유한수는 짝수 아니면 홀수다. 그러면 그 가능적 무한은 짝수인가 홀수인가? 무한은 짝수도 아니고 홀수도 아니다. 그러므로 유한과 무한 사이에는 하이데거가 말하는 존재와 존재자 사이에 있는 '존재론적 차이'와 유사한, '수론적인 차이'가 있다. 그런데 하이데거가 서양 형이상학이 무한자와 유한자의 존재론적 차이를 무시하고 망각하는 사유를 2,500년 동안 전개해왔다고 말하는 것은, 자기 이전의 형이상학자들이 무한과 유한 사이에 있는 그 '수론적인 차이'를 무시하고 무한을 유한처럼 다루어왔다고 주장하는 것이나 마찬가지이다. 그러나 과연 그런가? 서양 형이상학자들은 무한을 하나의 짝수 혹은 홀수로 다루어왔는가? 그러나 내가 아는 범위 내에서 무한을 그렇게 다룬 서양 형이상학자는 단 한 사람도 없다. 어떤 자연수 계열에서 만약 우리들이 무한을 언급할 때, 무한히 증가해가는 그 계열의 끝점에서 우리가 만나게 되는 어떤 하나의 항(項)을 생각한다면, 그 항은 짝수이거나 홀수이거나를 번갈아 가며 만들어지는 항이 될 것이다. 그러나 짝수이거나 홀수가 되는 바로 그 순간에 그 수는 무한이 아니라 하나의 유한수로 확정된다. 무한이란 바로 그 끝점에서 만나게 되는 하나의 항이 아니다. 우리는 머릿속에서 번갈아 가면서 홀수와 짝수가 되어가는 어떤 운동과정 그 자체를 상상해 본다면, 그 무한은 가능적 무한이 되는데, 그 가능적 무한계열의 끝을 무한 그 자체와 동일시하는 것이야말로 무한을 하나의 존재자로 취급하는 셈이다. 무한은 무한한 자연수의 계열의 극점에 존재하는 어떤 하나의 극한점이면서 동시에 계열 전체이기도 하다. 왜냐하면 계열을 이루는 자연수 전체의 합이 동시에 자연수 계열의 극점에 존재하는 무한과 같은 것이기 때문이다. 무한과 유한의 '수론적인 차이'가 바로 여기에 있다. 자연수의 계열에서 우리가 만나게 되는 하나의 유한수는 결코 자신이 속한 계열 전체와 같은 것이 될 수 없지만, 무한수는 곧 자신이 곧 계열 전체가 되는 그런 수이다. **서양 형이상학자들이 신을 무한자로 규정했을 때, 그들은 신을 하나의 존재자(유한자)로 이해해서는 안 된다는 분명한 메시지를 던진 것이다. 이는 하이데거의 주장과는 정반대이다. 하이데거는 서양철학에 대한 하나의 거대한 오해 위에 자신의 철학을 세웠다.**[8)]

---

8) 힐쉬베르그 역시 필자와 같은 입장을 표명하고 있다. 하이데거는 서양 형이상학이 존재자의 형이상학으로 전락한 결정적 계기는 플라톤이 만들었으며, 그 영향 하에 존재 망각의 역사는 심지어 플라톤철학을 비판한 니체까지 어어져왔다고 주장하지만, 힐쉬베르그가 보기에, 형이상학에 대한 하이데거의 해석은 잘못된 것이다. 어거스틴과 에크하르트(M. Eckhart, 1260?-1328) 같은 사상가들은 하이데거가 말하는 존재자와 존재의 존재론적 차이를 알고 있었다(힐쉬베르거, 『서양철학사 하권: 근세와 현대』, 강성위 옮김, 대구: 이문출판사, 1987, 907-908쪽

그는 이런 오해 위에서 “신학은 실증적 학문이며, 따라서 이런 것으로서의 신학은 철학과 절대적으로 구별된다”[9]고 한다. 신학이 실증적이고, 신이 실증의 대상이라고? 이해할 수 없는 주장이다. 하이데거가 존재자를 연구하는 모든 학문들을 실증과학으로 보며, 그런 한, 신을 존재자의 하나로 이해하는 기존의 신학도 실증과학이 된다고 생각했음에 분명하다.

> 우리는 [구체적으로] 앞에 놓여 있는 존재자(das vorliegende Seiende), 즉 실제로 존립하는 것(positum, 실증적인 것)에 관한 학문을 실증적 학문(positive Wissenschaft)이라고 말한다. 이런 학문의 특징은 다음과 같은 사실에 놓여 있다. 이 학문이 주제로 삼고 있는 그것을 대상화하는 그 방향은 언제나 **곧바로 존재자를 향하고 있으며**, 이러한 존재자에 대한 이미 실존적으로 취하고 있는 선학문적인 태도를 그대로 유지하고 있다.[10]

하이데거는 실증학문을 그 개념에 대한 통상적인 이해와는 아주 다른 방식으로 규정하고 있는데, 왜 그렇게 하는가? 우리는 통상 근대과학은 분명히 실증학문이라고 생각한다. 그렇지만 신학을 실증학문이라고 말하지는 않는다. 그런데 하이데거는 근대과학과 신학을 포괄하는 실증학문의 개념을 만들 필요가 있음을 알았다. 왜냐하면 그는 근대과학뿐만이 아니라 전통형이상학도 존재 망각 상태에서 존재자만 탐구한다고 주장했는데, 그렇게 주장한 마당에 근대과학만 실증과학이고 신학은 실증학문이 아니라고 말할 수 없는 처지에 놓이게 되기 때문이다. 이런 이유에서 그는 실증학

참조).

9) 『이정표 1』(신상희 옮김, 파주: 한길사, 2005), 89쪽.

10) 『이정표 1』, 88쪽. 강조는 필자.

문이란 개념을 기존의 방식과는 아주 다르게 규정하면서 신학조차도 실증학문이라고 말한다. 그의 논리대로라면 기존의 모든 '존재자의 형이상학'은 모두 그가 정의하는 방식의 실증학문으로 분류되어야 할 것이다. 하이데거의 이런 논리는 설득적이지 못한데, 이는 그가 기존 형이상학을 존재자(유한자)의 형이상학, 존재 망각의 형이상학으로 보는 잘못된 전제로부터 불가피하게 따라 나오는 귀결이다.

기독교 신학에서는 신을 자존자로 간주한다. 세상에 존재하는 것은 모두 원인이 있다. 그리고 그 원인은 그보다 앞선 원인을 가진다. 이렇게 생각하면 결과-원인의 무한 소급계열은 끝없이 이어진다. 현재로부터 과거로 소급하는 하나의 가능적 무한 계열이 만들어진다. 이렇게 진행해가면 우리는 그 계열을 소급하는 과정을 절대로 끝낼 수가 없다. 그래서 그 계열의 최초를 원인 없이 존재하는 어떤 존재, 즉 자존자로 규정한 뒤에, 그것을 신으로 부른다. 그렇다면 '신'의 개념은 **가능적으로 무한**한 인과계열의 흐름 **바깥**에 있는 '존재'로 이해되는 것이 되는데, 바로 그렇게 이해된 신은 '현실적 무한자'인 것이다. 누군가가 신을 자존자로 간주하는 것은 원인-결과의 법칙을 무시하는 것이기에 받아들일 수 없다고 한다면, 그는 또다시 신의 존재 원인을 설정하겠다는 말인데, 그렇게 주장하는 것은 가능적 무한만 인정하고 현실적 무한은 인정하지 않겠다는 말이 된다. 원인-결과의 역학적 계열은 짝수-홀수의 수학적 계열과 유사한데, 신을 자존자로 간주한다는 말은 신이 원인과 결과의 연결고리를 초월해 있다는 것이고, 신을 짝수-홀수의 이분법을 초월한 존재로 본다는 말이다. 현실적 무한이 가능적 무한과 다른 점은 가능적 무한이 짝수와 홀수의 무한한 교체의 극한 반복 위에서 성립하는 무한이라면, 현실적 무한은 그런 교체를 초월한 무한이다.

수학에서는 현실적 무한의 문제를 두고 갑론을박이 있었으나, 칸토어 이후 현실적 무한은 확고한 수학적 개념으로 자리 잡았다. 현실적 무한의 경우, 우리는 그것을 어떤 계열의 끝에 있는 하나의 존재자를 생각해서는 안 된다. 그렇게 생각하는 한, 우리는 그것을 다시금 하나의 가능적 무한 계열로 만들어버리는 것이 되기 때문이다. 현실적 무한에서는 시작과 끝을 생각할 수가 없다. 시작은 생각할 수 있으나 끝을 생각할 수 없는 무한은 가능적 무한이다. 그러므로 기독교가 신을 하나의 존재자로 취급했다는 하이데거의 주장은 얼토당토않은 주장이다. 하이데거가 스피노자의 실체도 하나의 존재자에 불과하다고 생각했다면, 이것 역시 잘못된 것이다.

하이데거가 현실적 무한자로서 신을 사유하는 것을 한 마리의 나비를 사유하는 것과 같은 차원에서 존재 망각적 사유라고 말한 것은 납득하기 힘든 주장인데, 하이데거식으로 말한다면 하이데거도 '존재'라는 '단어인 존재자'를 사유했기에, 그 역시 존재 망각 사유를 하는 것이 된다. 모든 개념은 존재자이기에 우리가 '현실적 무한'이라는 개념을 사유하건, '가능적 무한'이라는 개념을 사유하건, 아니면 '유한'이라는 개념을 사유하건 모두 존재자에 대한 사유이지 존재사유는 아니게 된다. 그러나 그 개념이 지시하는 어떤 것을 사유하게 되면, 나비에 대한 사유는 존재자 사유이지만, 가능적 무한자에 대한 사유는 나비에 대한 사유와는 다른 방식으로 사유하게 되며, 현실적 무한자인 신에 대한 사유는 앞의 두 사유와도 다른 사유가 될 것이다. 칸트는 뒤의 두 개념이 지시하는 것에 대해서는 '인식'이 불가능하다고 했다. 이런 이유에서 스피노자는 신을 '실체'로 말하지만, 그가 존재자 사유를 했다고 말하는 것은 납득하기 힘들다. 스피노자는 비록 신과 피조물을 구분하지는 않는다는 점에서 기독교와 다른 길을 가지만, 그 역시 신을 무한자로 생각했다는 점에서는 기독교와 같다. 기독교도 피조물(유한자)에서 신(무한자)의 위대함을 감지하며, 이 점에서는 스피노자도 마찬가지다. 스피노자의 철학은 신과 자연(세계)을 구분한 양 세계론적인 기독교와 달리 자연(=세계=신=실체)일원론이기에, 스피노자가 말하는 자연은 기독교의 신보다 하이데거가 말하는 '존재'와 더욱 유사해보인다. 그는 만물 속에서 신을 보았다. 하이데거식으로 표현하자면, 스피노자도 세상의 모든 존재자들 속에서 존재를 보았던 것이다. 칸트도 '하나인 물자체'를 '선험적 의미의 신'으로 표현하면서 그것을 세상 모든 만물의 질료적 기체로 풀이할 때, 그 신을 하이데거가 말하는 하나의 존재자로 간주한 것은 아니다. 나는 무한자, 절대자를 사유한 일체의 철학은 존재사유이지 존재자에 대한 사유는 아니라고 생각한다.

아리스토텔레스는 제1철학으로서의 존재론을 '존재자로서의 존재자'를 연구하는 학문으로 정의했는데, 이 정의에서 '존재'가 아니라, '존재자'로 향해 있는 것이 의아하게 생각될 수 있다. 이에 대해 하르트만은 다음처럼 해명한다.

> 여기서는 물론 존재자가 물어져 있고 존재가 물어져 있지 않다. 그러나 여기서 존재자는 그것이 존재자인 한에서, 가장 보편적인 의미에서 물어지고 있으므로 그 물음은 — 존재자를 넘어가서 — 똑같이 존재에 들어맞는다. 왜냐하면 존재만이 일체의 특수한 내용을 초월하여 일체의 존재자에 공통하기 때문이다.[11)]

하르트만에 의하면 아리스토텔레스는 존재자의 존재를 탐구했으며, 따라

11) 니콜라이 하르트만, 『존재학원론』(하기락 옮김, 서울: 형설출판사, 1983), 65쪽.

서 하이데거가 말하는 존재 망각의 사유를 한 것이 아니게 된다. 그런데 하이데거는 아리스토텔레스를 하르트만과 다르게 이해한다.

> 형이상학은 존재자로서의 존재자를 문제 삼는 까닭에, 그것은 존재자에 머물러 있으며 존재로서의 존재로는 향하지 않는다.[12)]

나는 아리스토텔레스의 그 말에 대한 하르트만의 해석이 타당하다고 생각한다. 아리스토텔레스가 존재자의 '존재'에 대해 사유하지 않았다면, 그는 범주론을 개진하지 않았을 것이다. 왜냐하면, 범주는 모든 존재자들의 '존재'를 규정하는 공통된 개념이기 때문이다. 헤겔도 '존재'를 사유했고 아리스토텔레스도 '존재'를 사유했다. 하이데거는 현상학적 지평에서 사유했다면, 헤겔은 변증법적으로, 아리스토텔레스는 논리적으로 사유했으며, 스피노자는 범신론적으로, 칸트는 선험철학적으로 사유했다. 칸트는 『순수이성비판』에서 인식될 수 있는 존재자들의 '존재'에 대해 선험철학적으로 사유했다. 이런 이유에서 나는 『순수이성비판』을 인식존재론으로 규정했다.[13)] 하이데거는 우리들의 이런 비판을 염두에 두고, 이렇게 말한다.

> 존재 망각이란 존재자에 대한 존재의 차의의 망각이다.[14)]

하이데거가 존재 망각을 새삼스럽게 정의하는 이유는 무엇인가? 비록 기존의 형이상학자들도 '존재'에 대해 사유했다는 것은 인정하지만, 그들은

---

12) 『이정표 1』, 127쪽.

13) 문성학, 『인식과 존재』(서울: 서광사, 1991), '머리말' 참조.

14) 『숲길』(신상희 옮김, 파주: 나남출판, 2020), 492쪽. 강조는 하이데거.

존재와 존재자의 존재론적 차이를 모르고 사유했다는 것이다. 이것은 결국 하이데거가 기존 형이상학의 대가들도 '존재'를 그들 방식으로 사유했음을 인정한다는 것이다. 그러나 '존재'를 하이데거식으로만 사유해야 한다는 법은 없다. 하이데거가 서양철학의 전 역사를 '존재 망각의 역사'라고 한 것은 하이데거의 망각증(건망증)으로 보인다. **2,500년 서양철학의 역사에서 어느 누구도 '존재'사유를 하지 않았다고 말해서는 안 된다. 하이데거가 말할 수 있는 것은 어느 누구도 하이데거의 방식으로 존재사유를 하지 않았다는 것일 뿐이다.**

하이데거는 자기 이전의 서양 형이상학을 '존재-신-론'(Onto-Theo-Logie)으로 규정한다.

> 아리스토텔레스는 그에 의해 특징지어진 학문, 즉 존재자를 존재자로서 주시하는 학문을 제1철학(die erste Philosophie)이라고 부른다. 그러나 이 제1철학은 존재자를 자신의 존재자성에서 고찰할 뿐만 아니라, 동시에 존재자성에 순수하게 상응하는 그 존재자, 즉 최고의 존재자를 고찰한다. 이러한 존재자, 즉 토 테이온, 다시 말해 신적인 것(das Göttliche)은 매우 드문 양의성 속에서 또한 '존재'라고도 불린다. 제1철학은 존재론으로 존재하는 동시에 참된 존재자의 신학이다. 좀 더 정확하게 제1철학은 신론(Theologie)이라고 불릴 수도 있을 것이다. 존재자 그 자체의 학문은 그 자체로 '존재-신-론적'(onto-theo-logisch)이다.[15]

하이데거는 자기 이전의 형이상학자들이 하나의 탁월한 존재자인 신에서

15) 『숲길』, 286-287쪽.

부터 모든 존재자를 끄집어내어 설명하려 했다고 말하면서, 서양 형이상학을 '존재-신-론'으로 규정한다. 하나의 탁월한 존재자는 감각초월적이기에 이것에 대한 탐구는 제1철학으로서 형이상학이요 신학이다. 그리고 하나의 탁월한 존재자를 근거로 해서, 그 근거로부터 모든 존재자들이 끄집어내지기에 그 신론은 일종의 존재론이기도 하다. 존재-신-론적인 관점에서는 형이상학은 동시에 신에 관한 이론 즉 신학이 되며, 신학은 존재론이 된다. 그런데 하이데거가 보기에 이 '존재-신-론적'인 존재론은 존재자와 존재의 차이, 즉 존재론적 차이를 망각한 존재론이다. 그러나 아리스토텔레스의 관점에서 말한다면, 존재사유를 하지 않은 사람은 하이데거가 될 것이고, 더 나아가서 '존재가 무'라고 말하는 하이데거를 보고 형이상학적 허깨비 놀음을 하고 있다고 말할지도 모른다. 레비나스는 서양의 모든 형이상학을 '존재-신-론'적으로 읽어내려는 하이데거에 대해 이렇게 정곡을 찌르는 평가를 한다. "모든 철학적 노력을 존재-신-론의 잘못이나 방황으로 돌리는 것은 철학사를 읽는 단지 하나의 해석일 뿐이다."[16)]

서양 형이상학이 존재 망각의 역사였다는 하이데거의 주장에 대해 가톨릭 철학자 로츠(J. B. Lotz, 1903-1992)는 정작 존재 망각의 사유를 하는 사람은 하이데거라고 비판한다. 로츠의 견해에 따르면, 하이데거는 시간을 통해서 존재를 이해함으로써 초시간적이고 형이상학적인 것을 배제하게 되며, 존재론을 기초존재론으로 협소화시킴으로써 '무(無)의 형이상학'에 귀착하고 말았다. 하이데거의 존재론은 형이상학과 분리되어 존재가 나타나는 현상학적 기술만을 하고 있지, 존재의 초월성을 논의하고 있지 못하다

16) 에마뉘엘, 레비나스, 『신, 죽음 그리고 시간』(김도형 · 문성원 · 손영창 옮김, 서울: 그린비, 2022), 90쪽.

는 것이다. 로츠가 볼 때, 하이데거는 존재자의 존재를 논의함으로써 존재론의 새로운 길을 열어놓았지만, 그 역시 시간적인 존재자들을 넘어 초시간적이고 영원한 존재로 나아가지 못한 한계를 지니고 있다. 즉 하이데거는 존재자의 존재를 논하면서 언제나 존재자를 통해서 만나는 존재를 언급함으로써 존재자를 내재적으로 초월하는 수준에 머물러 있지, 존재자를 초월해 있는 존재 자체로 이행하지 못했다는 것이다. 그의 존재 사유는 유한한 존재자들에 관련된 존재 수준만을 다룸으로써 다시 한번 존재를 망각하는 결과에 이르고 말았다는 것이다.[17] 하이데거의 형이상학에 대한 로츠의 비판은 보기에 따라서는 하이데거에 의해 자신의 비판적 형이상학의 체계에서 『실천이성비판』을 절단당한 칸트의 비판처럼 들린다. 로츠가 칸트의 대변인처럼 보인다는 말이다.

역시 토미즘 철학자인 파브로(C. Fabro, 1911-1995) 역시 하이데거가 단지 하나의 유한한 현실에만 도달하고, 무한하게 창조적인 현실에는 도달하지 못했기 때문에, 그 자신도 그가 말하는 바의 바로 그 존재 망각에 머물러 있다고 말한다.[18] 파브로의 이런 의견에 대해 카푸토(J. D. Caputo, 1940-)는 이렇게 말한다.

> 그러나 하이데거에 있어서 존재는 분명 현실이 아니다. 즉 순수현실도 창조된 현실도 아니고, 그 자신을 내보이는 것의 조용한 광휘와 순전한 빛남이며, 이것은 인과성과 현실성의 모든 범주에서 전적으로 떨어

---

17) 김석수, 「로츠의 '형이상학적 존재론'-'존재론적 형이상학」(『가톨릭 철학』 제11호, 2008), 83-84쪽 참조.

18) 존 카푸토, 『마르틴 하이데거와 토마스 아퀴나스』, 276쪽 참조.

져 있는 것이다.[19]

하이데거 자신이야말로 존재 망각의 사유를 하고 있다는 파브로의 주장에 대한 카푸토의 평가를 어떻게 평가할 것인가 하는 문제는, 내 생각에 조금은 복잡한 문제로 보인다. 첫째로, 하이데거의 존재가 현실인가 아닌가 하는 문제다. 하이데거의 존재가 가능적 무한자로 이해되는 한, 존재가 현실이 아니라는 카푸토의 말이 옳은 것 같다. 하이데거의 존재는 칸트의 선험적 대상과 비교될 수 있다고 했는데, 선험적 대상은 어떤 객관적 실재성을 가지는 것 즉 현실이 아니다. 그것은 현상적 사물들이 갖고 있는 객관적 실재성의 인식론적 토대일 뿐이다. 그러나 하이데거가 칸트를 그렇게 해석하듯이 선험적 대상이 물자체라는 존재론적인 토대 없이 존립한다고 생각하면, 선험적 대상(가능적 무한자로서의 존재) 이 자체는 토대 없이 존립한다. 그렇게 되면 "하이데거의 존재는 현실이 아니다"라는 카푸토의 말이 옳다. 둘째로, 하이데거는 유한성의 철학자이지 무한성의 철학자가 아니라는 파브로의 주장은 옳은가 하는 문제다. "하이데거가 유한한 현실만 사유하고 무한한 현실은 사유하지 않고 있다"는 파브로의 주장에서 방점을 현실에 찍지 않고 유한과 무한에 찍으면 파브로의 주장은 정당성을 가지게 된다. 하이데거는 적어도 전기 사유에 국한해서 말한다면, 가능적 무한(=현실적 유한)의 철학자이지 결코 현실적 무한의 철학자는 아니었다. 셋째로 존재 망각의 사유를 한 것은 정작 하이데거 자신이라는 주장의 정당성이다. 우리가 존재를 현실적 무한으로 생각하면 하이데거는 파브로의 주장대로 존재 망각의 사유를 한 것이 맞다. 이 점에서 파브로는 로츠의 입장과 같다. 우

19) 존 카푸토, 『마르틴 하이데거와 토마스 아퀴나스』, 276쪽.

리가 뒤에서 살펴보겠지만 후기에 가서 하이데거는 존재를 현실적 존재로 이해하는 듯한 모습을 보인다. 기독교 철학자들은 하이데거가 현실적 무한을 사유하지 않았다고 비판하면, 하이데거는 기독교 형이상학은 존재자의 형이상학에 불과하다고 응수한다. 물론 하이데거가 관찰하고 있듯이 신이 하나의 존재자처럼 취급되는 듯이 보이는 경우가 있다. 그러나 나는 최종적인 승리는 기독교와 형이상학자들의 것이라고 생각한다. 기독교 신학자들이 창조자인 신을 피조물인 한 마리 나비와 같은 차원에서 보면서 존재 망각의 사유를 했다는 것은 그들을 멍청이 취급하는 것이 될 것이다. 신을 존재자로 다룬다는 것은 무한자인 신을 유한자로 다룬다는 것인데, 그 주장은 너무 멀리 나간 주장이다.

현실적 무한을 사유하는 것이야말로 진정한 형이상학이라고 생각하는 전통 형이상학의 관점에서 보면 가능적 무한의 관점에서 현실적 무한의 형이상학을 해체하고 새로운 형이상학을 만들었다고 주장하는 하이데거의 가능적 무한의 형이상학은 참다운 형이상학이 아니고, 그가 초월로 간주하는 트랜스젠덴탈(transzendental, 선험적)은 참다운 초월(transzdenent)이 아니다. 바로 이런 이유로 칸트는 '선험적'(transzendental)을 '초험적'(transzendent)과 구별했다. 칸트는 『순수이성비판』의 전반부를 '자연의 형이상학' — 우리는 이것을 '선험적 형이상학'이라 부른다 — 이라 말하지만, 그 형이상학은 물자체에 대한 인식 불가능설을 선언하고 있다. 이론이성의 능력의 한계를 고백하는 형이상학이다. 참다운 형이상학적 탐구의 대상인 초험적 실재인 자유와 영혼과 신은 『실천이성비판』에서 다루어지고 있다. 하이데거는 『존재와 시간』에서, 그리고 칸트는 『순수이성비판』의 전반부에서 가능적 무한의 형이상학을 제시하고 있다.[20] 통상 무한은 초월자로 이해되지만, 칸트는 가능적 무한을 경험의 가능성 근거를 해명하는 방식으로 고찰하면서 그것을 특별히 '선험적 무한'으로 이해했다.[21] 그리고 그는 참다운 초월의 자리를 남겨두었는데, 그것은 그가 '그것을 위해 지식을 제한하게 되었다'고 한 도덕신앙이었다. 칸트는 『실천이성비판』에서 형이상학의 진정한 대상인 현실적 무한 즉 '초월적 무한'을 다루고 있다.

---

20) 하이데거는 현상학적 형이상학을, 칸트는 자연의 형이상학을 제시한다. 그러나 통상 절대로 현상할 수 없는 초감각적 실재를 다루는 학문으로 간주되는 형이상학을 현상학적으로 다룬다는 하이데거나, 눈에 보이는 자연을 형이상학적으로 고찰한다는 칸트의 주장은 모두 납득하기 힘든 주장처럼 보일 수가 있다. 이에 대해서 필자는 이 책의 제1장 1절에서 이미 다룬 바가 있다.

21) 칸트는 무한성의 참된 선험적 개념 즉 선험적 무한은 어떤 양을 다 측정해버리더라도 단위의 계속적 종합이 완료될 수 없다는 데 있다고 말한 뒤에, 그런 이유로 어떠한 수보다도 더 큰 수를 생각할 수 있으며, 이것이 수학상의 무한이라고 설명한다(B460 참조).

2.
하이데거의 가능적 무한의 형이상학

하이데거의 형이상학이 가능적 무한의 형이상학임을 알기 위해서 그의 형이상학의 개념부터 살펴볼 필요가 있다. 하이데거는 대체로 자신의 철학적 논의를 문제가 되는 개념의 어원적 의미를 검토하는 것에서 시작한다. '형이상학'에 대해서도 마찬가지다.[22] '형이상학'(Metaphysica)이란 용어는 아리스토텔레스의 유고를 기원전 1세기경에 활약했던 안드로니코스(Andronicos)가 아리스토텔레스의 저작들을 편찬하면서 아리스토텔레스의 제1철학을 자연학 뒤에 배치하면서 생겨난 말이다. 처음에는 '자연학 뒤의 것'(ta meta ta physica)이란 의미를 가졌었으나, 나중에 '뒤'(meta)란 말의

22) 나는 하이데거가 습관적으로 어원에 호소하는 방식으로 자신의 논의를 정당화하는 것에 대해 비판적인 입장을 갖고 있다. 예컨대 우리가 '상추'라고 부르는 채소의 어원은 '생채'라고 한다. 사람들이 그 채소는 익혀 먹지 않고 생으로 먹었다고 생채로 불렀다가, 그것이 나중에 '상추'가 되었다는 것이다. 그런데 누군가가 상추를 익혀서 먹는 요리법을 개발해 먹는데, 그렇게 먹으면 안 된다고 말하는 근거로 그 어원을 이야기하는 것이 설득력이 있는 것인가? 이런 사례는 얼마든지 찾아볼 수가 있다. '부부'라는 말의 어원에 호소해서 미국에서는 인정되고 있는 동성부부를 반대하는 것이 설득적일까? 그런 논법은 '어원에 호소하는 오류'가 될 것이다.

의미가 자연적이고 감각적인 것을 '넘어서'(trans) 있는 것들에 대한 탐구를 하는 학문의 의미로 변경되었다. 이리하여 '형이상학'은 '감각계가 아닌 초감각계를 탐구하는 학문'의 의미로 굳어지게 된다. 하이데거는 형이상학이란 말이 생겨난 우연적인 정황과 그 용어가 처음에 가졌던 의미에서 뒤에 변경된 의미를 가지게 된 경위를 지적한 뒤에, 아리스토텔레스의 형이상학이 사실은 감각계를 초월해 있는 어떤 세계를 탐구하는 학문이 아니라, 존재자의 존재를 탐구하는 학문임을 주장한다. 하이데거의 형이상학 개념에 대해 김종욱은 다음처럼 잘 정리해주고 있다.

> 제일철학을 근원적으로 이해해볼 경우, 제일철학이란 이중적인 의미의 퓌지스(Φυσις)[존재자 전체, 존재자의 존재]에 관한 물음에 대해 보편적[존재론적]이고도 최종적[신론적]으로 답하는 것이라 할 수 있다. 그렇다면 이런 제1철학에 의거해 정당화된 형이상학 개념 역시 퓌지스를 떠난 초자연적인 것이라기보다는 오히려 퓌지스에 관한 것이라고 볼 수 있겠다. (…) 이제 메타(μετὰ)의 의미도 달리 해석되어야 한다. 메타는 '존재자'와 '존재' 간의 관계개념이라고 할 수 있다. 따라서 메타는 '다음에'라는 뜻이 아니다. 왜냐하면 존재자를 존재자이게 하는 것인 '존재자의 존재'가 그 해당 존재자보다 앞선(a priori) 것이겠기 때문이다. 이렇게 앞선 '존재자의 존재'는 존재자 측에서 보자면 당연히 자신들을 '넘어선' 것이지만, 이때의 넘어섬이나 초월은 단순히 존재자와의 단절로서의 초자연이라기보다는, 어디까지나 존재자와의 관련하에 있는 '존재자의 존재'를 향해 존재자를 딛고 나아감이라 할 수 있다.[23]

---

23) 김종욱, 『하이데거와 형이상학 그리고 불교』(서울: 철학과 현실사, 2003), 121-122쪽.

'형이상학'이 이렇게 이해되면서, 하이데거의 형이상학은 플라톤의 이데아계나 기독교의 '신의 나라'나 칸트의 예지계를 원천적으로 거부한다. 그러나 나는 형이상학이란 개념에 대한 하이데거의 설명에서 두 가지가 주목되어야 한다고 생각한다. 첫째로 비록 형이상학이란 말이 아리스토텔레스 저작들의 편찬자에 의해 우연한 방식으로 만들어졌지만, 우리는 그 우연한 사건 이전에 이미 아리스토텔레스보다 앞선 플라톤 철학에서 우리가 철학적 상식으로 받아들이는 '메타피지카'의 영역(이데아의 세계) — 이 영역을 하이데거는 거부하지만 — 을 발견할 수 있으며, 그 '메타'는 자연학 '뒤에'가 아니라 '넘어서서'의 의미를 가지고 있다는 사실이다. 안드로니코스도 이 점을 의식하고서 아리스토텔레스의 제일철학을 자연학 뒤에 배치했을 것이며, 후세인들은 그런 배치를 플라톤 철학의 관점에서 적절하고 타당한 것으로 받아들였을 것이다. 플라톤에 있어서 현상계와 이데아계의 관계는 단순히 이데아계가 현상계 '뒤에' 있는 관계가 아니라, 현상계를 초월해 있는 관계다. 형이상학이란 용어가 만들어지기 전에 플라톤 철학에서 우리는 형이상학의 가장 원형적인 모습을 이미 보고 있다. 이런 관점에서 본다면, 형이상학이란 용어가 우연히 만들어지게 된 어원적인 과정을 소상히 설명하는 방식으로 '메타'에서 '넘어서'란 의미를 뽑아내려는 것은 설득적이지 않다.

하이데거가 제시하는 형이상학의 개념에서 두 번째로 우리가 주목해야 할 사실은 그 개념이 칸트가 『순수이성비판』 '전반부'에서 말하는 '자연의 형이상학'(Metaphysik der Natur) — 나는 이것을 '선험적 형이상학'이라 부른다 — 과 놀랍도록 유사하다는 사실이다.[24] 칸트가 말하는 '자연의 형이

24) 그렇지만, 칸트의 '선험적 형이상학'(구성주의적 인식론)은 선험적 대상과 구별되는 물자체를

상학'은 가능한 경험의 세계인 자연을 위로 '넘어서는' 형이상학이 아니라, 자연의 가능성 근거를 자연에 앞서서 검토하는 형이상학이어서 자연의 근거로 파고 들어가는 형이상학이다. 이는 메타윤리학(meta-ethics)이 윤리학의 가능성 근거를 탐색하는 윤리학인 것과 마찬가지다. 자연의 형이상학은 일종의 메타과학(meta-science)이다. 이 경우 '메타'는 '경험을 넘어섬'(초험, transzendent)이 아니라 '경험에 앞서서'(선험, transzendental)다. 칸트의 선험적 형이상학은 내가 다른 책에서 밝혔듯이 "인식될 수 있는 존재자의 존재에 대한 이론"이며, 가능적 무한의 형이상학이다. 칸트가 자연의 형이상학(선험적 형이상학)을 '형이상학'이라고 한 것은, 그 형이상학이 초감각적 실재인 영혼과 신에 대한 지식을 우리에게 주기 때문이 아니라, 그가 구상한 비판적 형이상학의 지하층이었기 때문이다. 칸트는 비판적 형이상학의 지하층은 자연의 형이상학이고 지상층은 도덕의 형이상학이며, 그 이음부는 『판단력비판』이라고 생각했다. 칸트는 이 삼자가 한 덩어리가 되어 구축된 사유체계 전체를 형이상학이라고 생각했으며, 우리는 그 형이상학을 비판적 형이상학으로 부른다. 칸트의 새로운 비판적 형이상학은 『순수이성비판』의 '선험적 형이상학'과 『실천이성비판』의 '초험적 형이상학'이 상호 보완하면서 만들어낸 전체 체계를 말한다. 그런데 칸트로서는 이 비판적 형이상학에서 신과 영혼불멸에 대한 도덕적 증명을 시도하는 도덕의 형이상학만이 참다운 형이상학이고, 그 도덕의 형이상학의 터를 놓아주는 역할을 하는 자연의 형이상학은 형이상학이 아니라고 말할 수가 없는 입장에 놓이게 된다. 한 덩어리인 비판적 형이상학의 건물에 형이상학이 아닌 것

전제하지만, 하이데거의 형이상학은 칸트의 물자체에 해당하는 근거를 갖지 않고 있는 탈근거의 형이상학이란 점에서 칸트와 결정적으로 다른 길을 간다.

이 들어올 수는 없기 때문이다. 그래서 칸트는 비록 경험의 아래로 넘어서는 '자연의 형이상학'도 형이상학의 냄새를 풍기기 위해 transzendental(선험적)이란 용어를 만들어 사용했던 것이다. 그러나 칸트는 그것을 초험적(transzendent)으로 읽어내지 않기를 신신당부하고 있다.

칸트는 '메타'라는 말을 두 가지 용법으로 사용한 최초의 서양철학자다. 그는 『순수이성비판』에서는 '선험'의 의미로, 『실천이성비판』에서는 '초험'의 의미로 사용했다. 전자의 의미로 사용할 때 그는 플라톤의 형이상학을 해체했다. 후자의 의미로 사용할 때, 그는 플라톤의 수호자였다. 그런데 하이데거는 칸트가 '메타'라는 말에 남겨둔 '현상초월'의 의미를 제거했기 때문에, 그는 칸트의 '선험'을 '초험'(초월)로 바꾸어 읽는다.[25)]

만약 칸트가 『순수이성비판』에서 제시하고 있는 선험적 형이상학으로 서구 형이상학의 모든 문제를 해결했다고 주장한다면, 이는 황당한 주장일 것이다. 그런데 이와 유사한 주장을 하이데거가 하고 있다. 플라톤 이래로 형이상학적 탐구에서 인간의 이성만 중시되고 감성은 배격되었다. 플라톤은 우리가 진리에 이르기 위해 감성의 거처인 육신이라는 감옥으로부터 풀려나야 한다고 생각했다. 그러나 칸트는 『순수이성비판』의 전반부에서 자연의 형이상학 체계를 건설하면서 플라톤과 달리 인간의 순수감성을 그 재료로 사용해야 한다고 생각했다. 바로 이런 이유에서 칸트는 진리의 주소지를 이데아의 세계에서 현상계로 옮길 수가 있었다. 하이데거도 형이상학의 건설에 인간의 감성적 요소(몸)를 재료로 사용해야 한다고 생각한다. 그러나 그는 그렇게 생각하면서 키르케고르의 영향을 받아 칸

---

25) 국내 칸트 연구자들 중에 일부는 하이데거를 따라 칸트의 '선험철학'을 '초월철학'으로 번역하자는 주장을 하고 있다. 이런 번역이 잘못된 것임에 대해서 나는 『칸트 윤리학의 균열』(성남: 북코리아, 2022)의 부록, '칸트철학의 핵심어 번역문제'에서 소상히 다루었다.

트의 순수감성 대신에 불안, 권태, 공포, 경이 같은 것들을 재료로 사용한다.[26] 순수감성의 담지자인 칸트적 주체는 '선험적 주관'으로 불리지만, 하이데거는 우연히 어떤 시대와 장소에 태어남(피투성)과 동시에 죽음의 숙명을 받아들인 중에, 불안과 공포와 권태를 느끼며 자신의 삶을 앞으로 내던지며(기투하며) 결단하는 삶을 영위하는 구체적인 낱낱의 개인들을 현존재로 불렀다. 칸트의 선험적 주관이 하이데거의 현존재로 바뀐 것이다. 그럼에도 불구하고 그 양자의 공통점은 '그 자신에게서 존재자의 존재'가 물어지는 그런 존재로서, 가능적 무한자라는 것이다. 칸트는 '선험적 주관'을 통해 이데아의 세계에 있던 진리만을 현상계로 옮기고 선은 이데아계에 남겨두었으며, 미는 진과 선의 이음부로 간주했다. 그러나 하이데거는 플라톤이 이데아의 세계에 두었던 진선미를 모두 현상계로 옮겨버렸다. 그리고 현상학의 이름으로 이데아의 세계는 지워버린다.[27] 그는 칸트와 달리 진선미의 주소지가 각기 다르다고 생각한 것이 아니라, 동일하게 현상계라고 생각했다. 존재가 진리이고 미이고 선이다. 존재사유의 삶을 살아가는 것이 진리이고 아름다움이고 선함이다. 물론 이 진리는 기존의 표상적 사유에서 얻게 되는 진리도 아니고, 그 선 또한 기존의 윤리학에서 말하는 선도 아니다. 나는 하이데거의 이런 형이상학이 참다운 형이상학이 아

26) 하이데거가 현존재를 세계-내-존재로 규정하면서 현존재를 불안, 권태, 가능성, 결단, 반복 등의 개념들과 연관시켜 다룰 때, 그는 키르케고르로부터 결정적인 영향을 받았지만, 그는 키르케고르가 실존적 체험의 차원에서 다루었던 그 개념들을 존재론적이고 초월론적인 차원으로 끌어올려 다룬다(피에르 테브나즈, 『현상학이란 무엇인가』, 심민화 옮김, 서울: 문학과 지성사, 1983, 44쪽 참조).

27) 하이데거는 위대한 철학자들의 사상을 그들이 주장하고자 하는 것이 무엇이었는가에 초점을 맞추어 해석하는 구심적 해석보다는 자신의 현상학적 존재론에 우겨넣는 아전인수식 방식으로 해석하는 것으로 유명한데, 플라톤의 이데아에 대해서도 그런 방식으로 해석한다. 그는 이데아를 초감각적인 실재로 보는 표준적인 해석을 거부하고, 이데아를 알레테이아(비은폐)로 해석한다(『이정표 1』, 310쪽 참조).

니라는 로츠의 견해에 동의하는데, 하이데거의 형이상학이 가능적 무한의 형이상학이고 현실적 무한의 형이상학이 아니라면, 가혹한 평가로 들릴지 모르겠지만, 그것은 사이비 형이상학에 불과하다. **하이데거의 형이상학에서는 현존재로서 인간이 아무리 초월에 초월을 거듭해서 존재의 밝은 빛 아래에 선다 하더라도, 현존재가 결국 '죽음에의 존재'로서 죽음의 벽을 넘어서지 못한다면, 그런 초월은 사이비 초월일 것이다.**

하이데거가 서양 형이상학을 존재 망각의 역사로 규정하면서 「형이상학이란 무엇인가」에서 현상학에 입각한 새로운 형이상학을 보여주지만, 그가 거기에서 보여준 불안의 형이상학은 칸트가 형이상학의 3대 주제라고 말한 자유와 영혼과 신의 존재에 대해 말해주는 것은 아무것도 없다. 그는 현존재 자체가 형이상학이라고 말한다. 현존재는 탈자적 자기 초월을 그 본질로 하는바, 그 초월은 항상 '단적인 초월'인 존재에로 향하기에, 초월하는 현존재는 근본적으로 형이상학적이라는 것이다. 칸트도 인간을 형이상학적 존재로 생각했으며, 그런 인간이 갖는 형이상학적 성향을 자연적 소질로서의 형이상학이라고 불렀다.

> **어떻게 해서 자연소질로서의(als Naturanlage) 형이상학이 가능한가?** 다시 말해서 순수이성이 스스로 제기하고 될 수 있는 대로 잘 대답하도록 제 자신의 요구에 의해서 독촉되고 있는 문제가 어떻게 보편적인 인간 이성의 본성에서 발현하는가?[28)]

그런데 하이데거가 말하고 있듯이, 인간 그 자체가 형이상학적 존재라는

---

28) 칸트, 『순수이성비판』(최재희 옮김, 서울: 박영사, 1974), B22 참조. 강조는 칸트.

것이 사실이라 하더라도, 그 사실이 인간이 품고 있는 모든 형이상학적 물음에 대한 해답은 아니다. 그래서 칸트는 이렇게 말한다.

> 우리는 다만 형이상학의 자연소질, 즉 그 어떤 형이상학(그것이 어떤 것이든지)의 출처가 되는 순수이성 능력 그 자체를 그대로 보고만 있을 수 없다. 도리어 형이상학에 관해서 대상인식의 가능과 불가능, 다시 말해서 그 문제의 대상에 대한 결정 또는 이 대상에 관해 어떤 판단을 내리기 위한, 이성의 능력의 유무, 따라서 우리의 순수이성을 마음놓고 확장할 것인가, 아니면 이에 일정한 그리고 확실한 한계를 설정할 것인가를 확정하기가 가능하지 않으면 안 된다. 앞에서 말한 일반적 과제에서 나오는 최후의 문제는 당연히, '어떻게 해서 학으로서의 형이상학이 가능한가?' 하는 문제일 것이다.[29)]

하이데거가 현존재 자체를 형이상학적 존재로 보았고, 그 현존재를 분석하는 형이상학적 작업을 했지만, 그의 형이상학은 칸트가 형이상학의 3대 주제라고 말했고 지금도 사람들이 궁금해 하는 자유와 영혼과 신에 대해서 애초부터 아무런 관심도 없었다. 인간은 형이상학적 동물이지만, 인간은 또한 이 우주에서 가장 신비한 존재이기도 하다. 광대무변한 우주에 비하면 인간은 점보다도 작은 점이지만, 그런 점에 불과한 인간이 온 우주를 자기 머릿속에 담아놓고, 이런 우주의 존재경위와 존재이유를 묻는다. 존재도 신비이지만, 인간도 신비다. 현존재가 형이상학적이라 하더라도 현존재의 형이상학적 문제가 해결되는 것이 하나도 없듯이, 인간 그 자체가

---

29) 칸트, 『순수이성비판』, B22. 강조는 칸트.

신비한 존재라 하더라도 인간이 신비하게 생각하는 것들의 비밀이 밝혀지는 것은 아니다. 이 점을 칸트는 『순수이성비판』 첫 문장에서 이렇게 말한다.

> 인간의 이성은 어떤 종류의 인식에 있어서는 특수한 운명을 지니고 있다. 즉 이성은 자신이 거부할 수도 없고, 그렇다고 해서 대답할 수도 없는 문제로 괴로워하는 운명이다. 거부할 수 없음은 문제가 이성 자체의 본성에 의해서 이성에 부과되어 있기 때문이요, 대답할 수 없음은 그 문제가 이성의 모든 능력 바깥에 있기 때문이다.[30)]

하이데거의 새로운 형이상학은 이성의 바깥에 있는 전통형이상학의 그 물음들, 그래서 대답할 수 없는 그 물음들에 대한 답을 얻는 것을 포기하는 데서 성립하는, 참다운 형이상학을 부정하는 데서 성립하는 형이상학이다. 바로 그 형이상학은 물자체 불가지론을 주장하면서 기존의 사변적 형이상학을 거부하는 것 그 자체를 '자연의 형이상학'이라고 말하는 칸트의 선험적 형이상학과 똑같다. 그런 형이상학은 현실적 무한자를 사유하는 서양 형이상학의 관점에서 보면 형이상학이 아니다. 그가 말하는 것은 그냥 인간은 형이상학적 동물이라는 오래된 상식을 말하고 있는 것에 불과해보인다.[31)]

---

30) 칸트, 『순수이성비판』, A VII. 칸트가 말하는 '어떤 종류의 인식'은 자유, 영혼, 신의 문제다. 인간은 이런 문제에 대해 관심을 갖고 살아가도록 되어 있는 존재라는 것이다. 이 문제들은 칸트가 『순수이성비판』 변증론에서 '순수이성의 이념' 혹은 '순수이성의 이상'으로 부르는 문제로, 결국 무한성의 문제다. 인간은 본성상 무한을 묻고 또 추구하도록 되어 있는 존재이지만, 그 물음에 대한 결정적인 해답을 얻지 못한다. 여기에서 무한을 하이데거의 존재로 바꿔보자. 그러면 인간은 본성상 존재 물음을 묻게 되어 있지만, 존재가 무엇인지에 대한 답을 얻을 수는 없다.

31) 이 점에서 이기상은 나와 전혀 다른 의견을 내놓고 있다. "하이데거의 사상은 형이상학을 떠나

물론 하이데거는 신과 자유에 대해 언급하기도 한다. 그러나 그가 말하는 신은 '존재'로서 항상 세계에 붙어 있는 신이지, 세계초월적 신은 아니다. **하이데거의 신은, 칸트가 자신의 선험철학이 세계를 초월한 것에 대한 이론이 아니라 가능한 경험의 지반 곧 세계를 떠나지 않고 있다고 말할 때의 바로 그 단적인 선험성**(단적인 초월로서의 '존재') **— 이 선험성을 하이데거는 '초월성'으로 풀이하고 있다 — 이다.**[32] 하이데거는 이 단적인 초월로서의 신을 묻는 것이 형이상학이라고 생각했기에, 형이상학을 '존재자를 그 자체로서 그리고 존재에서 파악하기 위해 존재자를 넘어서 묻는 것' 혹은 '존재자를 그 자체로서 표상함으로써 존재자의 존재를 사유하는 것'으로 이해한다.[33]

칸트의 경우에 자연의 형이상학은 기존의 독단적 사변 형이상학의 횡

서 생각할 수 없을 정도로 형이상학과 밀접하게 연관돼 있다. (…) 하이데거의 철학은 끊임없이 형이상학과 더불어 형이상학을 거슬러, 새로운 형이상학의 이해를 마련하기 위해 형이상학과 벌이는 싸움의 연속이다. (…) 형이상학이 강단철학의 한 분과가 아니라 현존재에서 일어나는 근본사건이라고 외친 그의 주장은 너무 시대를 앞서가는 발언이었기에 그 당시 많은 사람의 공감을 얻지는 못했다."(이기상, 『쉽게 풀어쓴 하이데거의 생애와 사상 그리고 그 영향』, 서울: 누멘, 2010, 271-271쪽)

32) 하이데거의 형이상학은 칸트가 형이상학의 3대 주제라고 말했고 지금도 사람들이 관심을 갖고 있는 자유와 영혼불멸과 신에 대해서는 애초부터 무관심했다. 하이데거가 언급하는 자유는 칸트의 자유와는 다르다. 칸트의 자유는 영혼불멸에 이르는 도약대이지만, 하이데거에서는 이 단적인 선험성이 인간의 자유의 근원이다. 현존재로서 인간에게 있어서 자유는 "존재자를 존재-하게 함(das Sein-lassen von Seienden)으로 개현된다."(『이정표 2』, 신상희 옮김, 파주: 한길사, 2005, 106쪽) 신상희는 하이데거의 자유를 이렇게 풀이한다. "인간의 참다운 자유는 스스로를 근거 짓는 자유가 아니라, 존재 자체의 불러-들임에 의해 생기되는 자유다. 이런 점에서 인간은 자기 자신의 주인이 아니라, 존재 자체의 불러-들임에 자기 자신을 '결속하는' 결단자(Ent-schließender)다. 여기서 '결단자'의 의미는 단순히 판단과 의지의 주체를 가리키는 것이 아니라 막힌 것과 망각된 것으로부터 풀려나와 존재의 훤한-밝힘의 열린 장 안에 들어섬을 뜻하며, 이러한 들어섬은 그 근저에서 '들어서게 하는' 존재 자체의 불러-들임에 대한 자유로운 응답이다."(신상희, 『시간과 존재의 빛』, 서울: 한길사, 2000, 294쪽)

33) 김종욱, 『하이데거와 형이상학 그리고 불교』, 122쪽 참조.

포를 저지하기 위한 기능만 수행하지, 형이상학의 3대 주제를 해결하는 것은 도덕의 형이상학에 남겨둔다. 영혼불멸이나 기독교적 신을 거부했던 하이데거가 자신의 장례식을 가톨릭 사제에게 맡겼다.[34] 이것이 시사하는 바가 무엇인가?

그가 전기 사상에서 말하는 '존재'는 항상 존재자의 존재였으며, 어떤 의미에서는 '존재자'에 기생하는 방식으로만 존재할 수 있는 존재이다. 하이데거는 존재의 빛 속에서 존재자의 존재가 드러난다고 말하지만 그 반대일 수 있다는 것이다. 존재가 존재자에 의존하는 한,[35] 존재는 존재자의 현상적 성질에 묶여 있다. 그것은 칸트의 선험적 대상이 현상적 사물 일반인 한에서 현상적 사물들에 결박되어 있는 것과 마찬가지다. 그렇다면 존재는 그것이 하이데거에 의해 아무리 '단적인 초월'로 규정된다 하더라도, 그것은 결코 감각초월적인 것, 칸트의 용어로 물자체는 될 수가 없다. 칸트의 선험적 대상이 '감각 일반'(경험적 직관의 무규정적 대상, 대상 일반)이듯이 하이데거의 존재는 존재자 일반이다. 존재자 일반은 그것에서부터 모든 존재자가 나오게 되는 것이지만, — 그래서 하이데거는 그것을 존재자를 드러나게 만드는 빛에 비유한다 — 특정한 존재자는 아니기에 그것은 '아무것도 아닌 것' 즉 '무'다.

하이데거는 자신의 철학을 전통 형이상학과 달리 근거(토대)를 갖고 있지 않기에, 예컨대 플라톤의 이데아나 중세 기독교의 신이나 근세 합리주의 철학자들의 실체 같은 것을 현상학적 차원에 인정하지 않기에 '탈근

34) 뤼디거 자프란스키, 『하이데거: 독일의 철학 거장과 그의 시대』(박민수 옮김, 서울: 북캠퍼스, 2017), 714쪽 참조.

35) 기독교에서 말하는 전지전능한 신도 인간을 통치하려면 제사장의 손을 빌려야 하고, 신이 정의를 실현하려면 사형집행관의 손을 빌려야 하는 것과 마찬가지다.

거의 형이상학'(Metaphysik des Abgrund)으로 이해했다. 이는 하이데거가 현존재 자체를 형이상학적인 것으로 이해했고, 이 현존재가 가능적 무한자인 한, 현존재의 형이상학이 근거를 가지지 않은 형이상학일 수밖에 없는 이유가 설명된다. 인간 현존재는 탄생의 순간부터 이유도 모른 채 세상에 던져져서 이유도 모른 채 죽음을 맞이한다. 그는 탄생 이전과 죽음 이후에는 현'존재'가 아니며', 탄생 이전과 죽음 이후에 대해 아는 것은 '아무것도 없다'. 그의 삶은 무에 포위되어 있다. 그는 탄생과 죽음 사이에서 자기 삶의 의미를 만들어가며 살아가기 위해, 끊임없이 자신의 '존재'를 향한 탈자적 초월을 감행한다. 그렇게 함으로써 그는 자신의 존재를 자신의 힘으로 구축한다. 그는 자신을 자기 존재의 토대로 삼는다. 현존재는 돌아가는 동안에만 서 있는 팽이요, 굴러가는 동안에만 서 있을 수 있는 굴렁쇠다. 팽이와 굴렁쇠를 존립시키는 것이 움직임이듯이, 현존재를 존립시키는 것은 그의 초월운동이다. 현존재의 본질이 초월인 한, 현존재의 본질구조 속에 형이상학이 각인되어 있다. 그러므로 그 자체 형이상학인 현존재가 무의 심연에 둘러싸여 있으니, 현존재의 형이상학은 탈근거의 형이상학이요, 이 형이상학은 토대 없는 형이상학이요, 자기 자신이 자신의 토대가 되는 것이다. 하이데거는 이를 다음처럼 표현하고 있다.

> 근거와 존재(는) 동일한 것(das Selbe)(으로 "있다"). 그것들은 똑같은 것(das Gleiche)이 아니다. 이는 이미 "존재"와 "근거"라는 이름의 차이에서 드러난다. 존재는 '본질:근거' 속에 "있다(Sein "ist" im Wesen : Grund)." 그러므로 존재는 처음부터 자신을 정립해야 할 근거를 결코 가질 수 없다. 따라서 근거는 존재로부터 벗어나 있다(wegbleiben). 근거는 존재로부터 떨어져 있다(ab-bleiben). 이처럼 존재로부터 근거의 떨어져-있음의 의

미에서 존재는 탈-근거(Ab-grund)로 "있다". **존재 자체가 자기 안에 근거를 놓으며 있는 한, 존재 자체는 근거 없이 있다.** 근거율이 작용하는 힘의 영역 안에 속하는 것은 "존재"가 아니라 존재자일 뿐이다.[36]

현존재는 유한한 존재이지만, 살아 있는 한, 자신의 유한성을 매 순간 벗어 던지기 때문에 가능적 무한자다. **가능적 무한은 무에 둘러싸여 있다.** 그렇지 않다면 가능적 무한의 탈자적 초월은 불가능하다. 현존재의 **존재는 무의 공명상자 속에서** 소리를 내기 때문에 무의 심연(Abgrund)에 걸려 있을 수밖에 없다.[37] 바로 이런 이유로 하이데거의 '불안이 형이상학'은 본질적으로 '불안한 형이상학'이 된다. 나는 하이데거가 후기에도 자신의 형이상학을 탈근거의 형이상학으로 간주한다면, 그의 사상은 전기와 후기에 변화가 없다고 생각한다. 비록 그가 후기에는 '존재가 보내는 소리를 듣는 것'을 강조하면서, 다른 모습을 보이고 있기는 하다. 이는 전기에는 존재를 '존재자의 존재'로만 보면서 존재를 존재자의 그림자처럼 보이게 만드는 것과는 다르다. 우리는 이 지점에서 하이데거에게 하나의 딜레마를 걸 수 있겠다. 그가 후기에 존재로부터 현존재를 사유하면서 현실적 무한을 인정한다면, 그는 전기와 후기 사유의 전회를 인정해야 하고, 따라서 자신의

---

36) 『근거율』(김재철 옮김, 서울: 파라아카데미, 2020), 133-134쪽. 강조는 내가 함.

37) 존재가 무라는 공명상자 속에서 내는 소리가 신성한 소리인지 타락한 소리인지 알 수가 없다. 신을 절대 선으로 보는 기독교는 악을 비존재로 보았으며 그리하여 신의 소리는 항상 선한 소리일 수밖에 없다. 하이데거에 의하면 존재자 사유는 퇴락한 사유이고 비본래적 사유이며, 존재사유는 양심의 사유이고 본래적 사유라고 한다. 그러나 '존재'가 최고 유 개념이 아니며, 그 존재가 모든 다양성을 포지(包持)하고 있다면, 그것에는 온갖 좋은 것들과 선한 것들이 들어 있겠지만, 온갖 나쁜 것과 악한 것들도 들어 있어야 한다. 하이데거의 존재의 소리는 선악 구분 이전의 소리요, 바로 이런 이유로 하이데거의 철학에는 전통적인 의미에서의 선악 구분의 윤리학이 존재할 수 없는 것이다. 이 점에서 하이데거는 스피노자와 연결된다. 스피노자에 있어서도 통상의 윤리학에서 구분하는 선과 악의 구분은 없다.

형이상학이 탈근거의 형이상학이라고 말해서는 안 될 것이다. 그런데 그가 탈근거의 형이상학임을 고집한다면, 전기와 후기의 연속성은 인정될 수 있겠지만, 존재로부터 현존재로 나아가려는 시도를 포기해야 할 것이다. 『존재와 시간』에서 미완으로 남겨둔 작업을 후기에 와서 완성하려 했던 하이데거의 시도는 실패할 수밖에 없을 것이다. 가능적 무한은 인간적 무한인데, 인간은 무한의 그림자만 갖고 있을 뿐이기 때문이다. 그것은 현실적 무한 즉 신적 무한 혹은 무한 그 자체와 무한한 거리가 있다. 가능적 무한은 결코 무한 그 자체에 도달하지 못한다. 인간이 자신의 존재근거를 자신의 무한 가능성 안에서 찾으려는 시도는 사르트르의 당나귀가 홍당무를 먹는 것이 불가능하듯이 불가능한 일이요, 따라서 헛된 것이다. 가능적 무한은 무에 둘러싸여 있다고 했는데, 가능적 무한을 현실적 무한과 연관 짓지 않고 그 자체로만 고찰하면, 무에 둘러싸여 있다. 그러나 가능적 무한이 가능적 무한일 수 있는 이유는 그것이 이념으로 삼고 운동하는 것인 '무한' 그 자체가 있기 때문이다. 그러나 무한 자체는 결코 현상학적 탐구의 대상이 될 수가 없다. 그것은 시간 속에 있는 것이 아니며, 시간 자체도 아니기 때문이다.

3.
존재와 가상

만약 무한 자체가 없다면, 가능적 무한자인 인간이 무한을 찾는 것은 '없는 것'(가상)을 찾는 것이 될 것이다. 가능적 무한의 무한, 즉 존재자의 '존재'는 존재자의 그림자일 뿐이다. 하이데거의 존재는 칸트가 선험적 인식론의 문맥에서 말하는 선험적 가상에 불과하다.[38] 선험적 가상은 인간이 범주를 가능한 경험의 한계 안에서, 즉 대상에 대한 직관이 주어지는 범위 안에서 사용하지 않고, 직관의 도움을 구할 수 없는 경험의 한계 바깥 세계에서 사용하려는, 인간의 천성적인 기질이 만들어내는 불가피한 가상이다. 그런데 존재를 존재자 — 존재자는 직관의 대상이다 — 로부터 분리시켜서 그것만을 고찰한다면, 이는 마치, 어디까지나 '~에 대한 의식'(Bewüßtsein von Etwas)으로서만 존재하는 '의식'을 대상과 분리시켜 그 자체로만 고찰하

38) 물론 칸트는 무한 자체(물자체, 예지계)가 없다고 생각하지 않았으며, 그것을 비록 인식의 한계로 설정하긴 했지만, 『실천이성비판』에서는 인간이 무한을 찾아가는 것이 가상을 쫓는 일이 아니 되는 길을 보여준다. 무한 그 자체를 쫓는 일이 가상을 쫓는 일이 되는 것은 무한을 인식의 대상으로 볼 때다.

는 것처럼 될 것이다.[39] 그러나 칸트가 보기에 데카르트의 사유하는 자아가 가상이듯이, 대상과 단절된 그런 의식은 가상이다. 마찬가지로 존재자와 분리된 존재도 가상이다. 칸트는 이런 생각을 좀 색다르게 표현했다.

> 존재는 분명히 참된 술어가 아니다. 다시 말하면, 한 사물의 개념에 종합적으로 보태질 수 있는 어떤 것의 개념이 아니다. '있다'고 함은 사물의 정립일 뿐이요, 혹은 사물의 어떤 규정 자체의 정립일 뿐이다. 논리학의 사용에 있어서는 '이다' 함은 판단의 연결사에 불과하다.[40]

존재가 직관의 요소로부터 분리되어 그 자체로 지식을 확장하는 데 사용되기를 기도한다면, 그것은 가상을 만들어낸다. 예컨대 누군가가 '신은 절대필연적 존재이고, 절대필연적 존재라는 개념은 그 안에 존재를 가지고 있다. 따라서 절대필연적 존재는 존재한다'고 말한다면, 그는 우리에게 신

---

39) 현상학에서는 의식의 본질을 지향성이라고 하는데, 의식은 항상 '~에 대한 의식'으로서 존재한다. '의식의 대상은 대상의 의식이다.' 이는 의식과 대상의 불가분리성을 말하고 있는데, 칸트도 "'가능한 경험 일반'의 선천적 조건이 동시에 경험의 대상 가능의 조건이다"(『순수이성비판』, A111)라고 말하면서 의식과 대상의 불가분리성을 주장한다. 칸트에 있어서 '가능한 경험 일반의 선천적 조건'은 선험적 주관이고, '경험의 대상 가능의 조건'은 선험적 대상이기에, 칸트의 이 말은 선험적 주관과 선험적 객관의 공속성을 천명하고 있다. 칸트는 이것을 "지성의 종합에 앞서서 또 이 종합에서 독립하여, 다양이 주어져서는 안 된다"(『순수이성비판』, B145)고 표현하기도 한다. 이런 것을 종합해볼 때, 칸트 역시 '의식의 대상은 대상의 의식이다'라는 공식을 받아들이는 것으로 보인다. 그런데 우리는 하이데거가 말하는 '존재'가 지향성을 그 본질로 하는 의식과 유사함을 주목할 필요가 있다. 존재는 항상 '어떤 존재자의 존재'로서만 사유되기 때문이다. 의식이 가는 곳에 대상이 있으며, 대상이 있는 곳에 의식이 있으니, 대상은 의식의 그림자이고, 의식은 대상의 그림자다. 마찬가지로 '존재자의 존재는, 존재의 존재자다.' 존재자가 있는 곳에 존재가 있고, 존재가 있는 곳에 존재자가 있다. 전기의 하이데거에서 존재는 **존재자의 아우라**로서만 존재하고, 후기의 하이데거에서는 존재는 **존재자를 드러내는 빛**으로 존재한다.

40) 칸트, 『순수이성비판』, B626.

의 존재에 대한 지식을 제공한 것인가? 칸트는 그의 말은 우리에게 아무런 지식도 준 것이 없다고 생각한다. 칸트가 보기에, 그는 '절대필연적 존재는 존재한다'는 논리적 동어반복을 말한 것에 불과하다. 우리는 그의 주장에서 언급되는 신에 대한 직관을 가질 수 없기 때문에, 그 말은 논리적 동어반복(분석판단)이 되어버린 것이다. 칸트가 분명하게 말했듯이, 존재는 참된 술어가 아니다. 예컨대 '이 장미는 붉다'(This rose is red)고 말한다면 우리는 그 장미의 붉음에 대한 직관을 가질 수가 있다. 그런데 '신은 있다'(The God is)고 말할 경우, 우리는 '있다'에 대한 직관을 가질 수가 없다. 그것은 '피아노가 있다'고 할 때의 '있다'와는 다른 방식으로 사용되고 있다. 우리는 피아노에 대한 직관을 가짐으로써 그 '있음'을 확인하게 된다. **'있음'은 항상 "어떤 존재자의 '있음'"일 때에만 언어규칙에 부합하는 방식으로 사용하는 것이 될 것이다. 그러나 '있음' 자체를 말하는 것은 언어사용 규칙에 어긋난다.** 칸트는 선험적 반성을 통해 이 사실을 알아내었으며, 칸트가 '존재는 참다운 술어가 아니다'라고 말했을 때, 그가 말하고자 했던 것이 바로 이것이다. 하이데거의 현상학적 존재론은 단순히 문장의 연결사에 불과한 것을 과도하게 거창하게 만들어 다루고 있는 느낌을 주고 있다. 아도르노도 필자와 유사한 의견을 피력하고 있다. 그는 하이데거를 염두에 두고 다음처럼 말한다.

> 존재에 대한 숭배는 케케묵은 이데올로기인 시장의 우상(idola fori) 덕분에 살아간다. 즉 존재라는 말과 그로부터 추론된 형식들의 어둠 속에서 번성하는 것 덕분에 살아간다. '이다'(ist)는 문법적 주어와 술어 사이에 실존판단(Existentialurteil)의 연관관계를 만들어내며, 이로써 존재적인 것을 암시한다. 그러나 그것은 동시에 순수하게 그 자체로 보

면, 계사(Coupla)로서 한 종합(Synthesis)의 보편적 · 범주적 사태를 의미하면서, 스스로 어떤 존재적인 것을 나타내지 않는다. (…) 계사는 그 자체의 의미로 보아 단지 주어와 술어 사이의 관계를 통해서만 실현된다. 그것은 자립적이지 않다. 하이데거는 계사를 의미 있게 하는 유일한 것인 그런 관계를 계사가 초월한다고 오해한다.[41]

하이데거는 "존재는 참다운 술어가 아니다"라는 칸트의 명제가 데카르트의 사유를 답습한 것에 불과함을 말하기 위해 데카르트의 『철학원리』에서 다음의 말을 인용한다.

그러나 실체는 그것이 실재하는 것이라는 사실 하나만으로 즉시 인식되는 것은 아니다. 왜냐하면 이것 자체만으로는 우리를 촉발하지 못하기 때문이다.[42]

이어서 하이데거는 칸트를 언급한다.

'존재' 자체는 우리를 '촉발하지' 못하며 그래서 그것은 인식되지 못한다. **칸트**는 **데카르트**의 문장을 반복하여 "존재는 참다운 술어가 아니다"라고 말한다. 이로써 원칙적으로 존재를 순수하게 문제 삼을 수 있

41) 아도르노, 『부정변증법』(홍승용 옮김, 서울: 한길사, 1999), 169-170쪽.

42) 이기상 번역본에 의하면, 하이데거는 『존재와 시간』에서 겹따옴표를 사용하여 데카르트를 인용하고 있는데, 내가 확인한 바에 의하면 『철학의 원리』 제1부 '원리 52'에서 그 인용문을 확인할 수가 없었다. 『철학의 원리』(김형효 옮김, 『방법서설/성찰/정념론 외』), 237쪽 참조. 하이데거는 원본에서는 라틴어로 인용하고 있다.

는 가능성이 포기되고 (…)[43)]

나는 이 책의 제1장, '예비적 고찰: 칸트와 하이데거'에서 하이데거가 칸트를 데카르트의 아류처럼 간주하는 것의 문제점을 지적했는데, 그런 하이데거의 모습을 여기서도 만나게 된다. 칸트가 "존재는 참다운 술어가 아니다"라고 말할 때, 그는 신 존재에 대한 존재론적 증명을 비판하는 맥락에서 그렇게 말하고 있다. 칸트는 당연히 데카르트의 존재론적 증명에 대해서도 비판적이다.[44)] 칸트는 "'있다'고 함은 사물의 정립일 뿐"이라고 말한다. '이 장미는 아름답다'(This rose is beautiful)는 문장은 '만약 장미라는 것이 있다면, 장미는 아름답다'는 뜻이다. This rose is beautiful은 문장에 'is'가 들어 있다고 해서, 그 'is'가 장미의 실재함을 보증해주지 않는다. 'is/ist'가 실재성의 보증이라면, '신은 전능하다'(God is omnipotent)는 문장에도 'is'가 있으니, '신은 존재한다'고 말해야 한다. 이런 식이면, '둥근 사각형은 모순적인 도형이다'(A rounded rectangle is a contradictory shape.)라는 문장에도 'is'가 들어 있으니, 둥근 사각형이 있어야 할 것이다. 그러나 둥근 사각형은 있을 수 없다. 우리의 언어생활에 '이다/있다'가 불가피하게 사용된다고 해서 '이다/있다'라는 동사를 명사인 '존재'로 만든 뒤에, 그 존재가 주어로 사용될 수 있다는 생각은, 우리가 바다에서 항해하면서 눈을 저 멀리로 향하면 인간의 시각구조상 불가피하게 수평선이 나타난다고 해서 수평선을 실물로 보는 것이나 마찬가지다. 만약 '이다/있다'가 문장이나 발언 속에 사용되더라도, 둥근 사각

---

43) 『존재와 시간』, 134쪽. 인용문의 "참다운"(reales)을 이기상은 "실제적"으로 번역했다. 강조는 하이데거.

44) 데카르트의 신존재 증명과 이에 대한 칸트의 비판에 대해서는 나의 책, 『칸트의 인간관과 인식존재론』(대구: 경북대학교 출판부, 2007), 326쪽 이하를 참조하라.

형의 예에서 보았듯이, '이다/있다'라는 계사 앞에 놓이는 주어가 실제로 있는 것이 아니라면, '이다/있다'의 명사형인 '존재'에는 '둥근 사각형'이 포함되어서는 안 될 것이다. 그뿐만 아니라, '존재'를 주어로 내세우는 것 자체가 이상한 일이 될 것이다. 왜냐하면, 그 '존재'의 집합에는 세상의 온갖 존재자들이 다 포함되어야 할 텐데, 그렇게 되면, '둥근 사각형', '세모난 동그라미', '네모난 육각형', '공중에 떠 있는 황금산', '신라의 대통령', '안드로메다 은하를 통치하는 프랑스 왕' 등등 도저히 있을 수 없는 수많은 존재자들이 그 '존재' 안에 들어가게 된다. 그리고 존재할 수 없는 그 수많은 존재자들도, 하이데거의 설명에 따르면, 존재의 빛 아래에서 존재자로서 그 모습을 드러내게 된다. 즉 그 존재자들의 존재가 드러나게 된다. 그러나 그렇게 되지는 않을 것이다. 이것이 말해주는 것은 '존재'는 단지 그 동사형인 '이다/있다'로서 문장의 계사로만 사용되어야 하며, 문장의 주어로 사용되어서는 안 된다는 것이다. 칸트는 이런 이유로 "절대적인 필연존재라는 개념은 '이성의 순수한 개념'이다. 즉 한갓 이념이다. 이 이념의 객관적 실재성은 이성이 이념을 필요로 한다는 것만으로써는 도저히 증명되지 않는다"고 말한다.[45] 이성의 이념은 이성이 자신의 인식영역을 부단히 확장시켜가면서 보게 되는 인식의 수평선일 뿐이다. 칸트가 데카르트를 비판하는데 사용한 명제를 데카르트로부터 받아들였다는 하이데거의 해석은 잘못된 것이다.

하이데거의 '존재'는 칸트의 선험적 대상, 즉 경험적 직관의 무규정적 대상과 유사한데, 존재는 모든 존재자의 존재가 될 수 있는 한, 그 존재는 어떤 의미에서 존재자 일반과 흡사하다. 존재자 일반은 존재자들의 구체성과 차별성이 그 안에 다 들어 있는 어떤 것이다. 그런 이유에서 그것은

45) 칸트, 『순수이성비판』, B620.

모든 다양한 존재자들의 '존재'일 수가 있다. 칸트의 선험적 대상도 모든 현상체(페노메나)들의 구체성과 차별성들이 그것에서 걸러지는 어떤 것이다. 그것은 현상체 일반이다. 그것은 현상체들의 현상성이다. 그런데 칸트는 선험적 대상에 대해, 하이데거의 존재 물음과 연관시켜보면 대단히 의미심장한 말을 다음처럼 한다.

> 선험적 대상이 어떤 성질의 것인가, 즉 **선험적 대상이 무엇인가** 하는 물음에 답할 수는 없으나, 그러나 이러한 물음이 **무의미하다**는 대답은 십분 할 수 있다. 왜냐하면 이 물음에는 대상이 주어질 수 없기 때문이다. 이런 관점에서 선험적 [이성적] 심리학의 모든 문제에 [무의미하다는] 답이 주어질 수 있고 또 사실 그러한 답이 주어져 있다. 원래 그 모든 문제는 모든 내적 현상의 선험적 주관에 관계한 것이요, 이 선험적 주관 자신은 현상이 아니요, 따라서 대상으로서 **주어져 있지** 않으며, 이런 대상에는 어느 범주라도 적용하는 조건을 발견함이 없다. (…) 명확한 술어에 의해서 생각될 수 없는 '어떤 것'의 성질을 묻는다는 것은, 전혀 허무하고 공허하다. 왜냐하면 그런 어떤 것은 전혀, 우리에게 주어질 수 있는 대상의 범위 바깥에 설정되어 있기 때문이다.[46]

칸트는 선험적 대상과 선험적 주관 둘 다를 명확한 술어에 의해 규정할 수 없는 것으로 보고, 그것이 무엇인가를 묻는 것은 헛된 일임을 말하고 있다. 말하자면 특정한 '존재자란 무엇인가?'라고 묻는 것은 의미 있는 일이지만, 대뜸 '존재란 무엇인가?'라고 묻는 것은 무의미하다는 것이다.

---

46) 칸트, 『순수이성비판』, B507. 강조는 칸트.

칸트는 선험적 가상의 특징으로 우리가 그것의 가상성을 파악했다 하더라도 그 가상의 유혹을 절대로 떨쳐버릴 수가 없다는 사실에 있다고 한다. 현존재는 '존재'를 찾아 평생을 헤매고, 대를 이어 헤매어도 절대 나타나지 않는다. 그것은 사르트르가 말하는 당나귀를 움직이게 만드는 홍당무에 불과하다. 그것은 환영이다. 가능적 무한은 그것 앞으로 뒤로 옆으로 모두 무에 의해 포위당하고 있다. 그것은 무의 심연에 걸려 있다. 그것은 점점 커지면서 허공을 날아다니는 비누 거품 같다. 그러나 그것을 현실적 무한과의 관계에서 사유하면, 가능적 무한(인간적 무한)은 신적인 무한(현실적 무한)의 한복판에 있는 것으로 드러난다. 신적인 무한, 칸트가 '하나인 물자체'라고 말했던 것은 인간의 사유로 포착되지도 않고, 인식될 수도 없고, 이해 불가능하다. 그러나 그것은 '없는 것'(무)은 아니다. 왜냐하면 현실적 무한은 가능적 무한의 존재근거이고, 가능적 무한은 현실적 무한의 추정근거요 사유근거요 요청근거이기 때문이다. 칸트는 자신의 선험적 형이상학에 존재론적 정박지를 만들어주었다. 그것은 물자체다. 그러나 하이데거는 칸트의 선험적 형이상학으로부터 존재론적 정박지를 제거한 현상학적 존재론을 만들었다. 그러나 생텍쥐페리(A. de Saint-Exupéry, 1900-1944)가 『어린왕자』에서 말했듯이 '중요한 것은 눈에 보이지 않는 것이다'. 현상학의 눈으로는, 눈에는 보이지 않는다는 이유로 가장 중요한 것인 물자체를 받아들일 수가 없으며, 그리하여 정박지를 상실한 현상학적 존재론은 무의 심연에 매달린, 불안한 형이상학이 될 수밖에 없으며, 가능적 무한의 한계 내에서 한 발짝도 외출할 수 없다. 그것은 부처님 손바닥 안의 손오공이요, 하이데거의 형이상학은 끝끝내 육지로 올라오지 못하는 파도다.

하이데거의 형이상학이 사이비 형이상학인 이유는 그가 현존재를 세계-내-존재와 동일시하는 것으로부터도 설명할 수 있다.

> 현존재는 세계-내-존재 이외에 다른 것을 뜻하지 않는다. (…) 그러므로 그 자체가 세계-내-존재로서 있는 현존재가 세계와 관계를 가지는지, 그리고 어떻게 가지는지를 묻는다는 것은 무의미한 일이다.[47]

하이데거가 현존재를 세계-내-존재와 동일시할 때, 사람들은 이런 동일시를 의아하게 생각할 수 있다. 현존재가 세계 안에 있으면서 동시에 세계라고 말하는 것처럼 보이기 때문이다. 그러나 알고 보면 이해하기 어려운 말이 아니다. 현존재(Dasein)의 '현'(Da)이 그대로 '세계-내'(In-der-Welt)로 바뀐 것에 불과하다. 하이데거에서 존재가 존재자의 존재를 통해 '현'하는 사건은 '세계 내'에서 일어나면서 동시에 현존재 내에서 일어난다. 세계와 현존재는 상호 공속적이다. 이러한 동일시도 칸트의 선험철학의 관점에서 보면 이해될 수 있다. **칸트에 있어서 선험적 대상과 선험적 자아의 상호 공속성이 만들어내는 세계는 가능적 무한의 세계다.**[48] 이 삼자는 다 가능적 무한이다. 칸트가 제1이율배반론에서 세계가 공간상 무한한가 유한한가 하는 문제를 해결하면서 정립과 반정립이 다 틀렸다고 결론 내릴 때 사용했던 것이 가능적 무한이었다. 세계는 유한도 아니고 무한도 아니라는 것이다. 이런 관점에서 보면, '나의 한계는 세계의 한계이고, 세계의 한계는 나의 한계다.' 이 경우 '나'는 칸트에게서는 유적 존재로서의 인간 즉 선험적 자아이지만, 하이데거에서는 낱낱의 실존자다.[49] 칸트에 있어서는 선험적

---

47) 『철학입문』(이기상 · 김재철 옮김, 서울: 까치, 2006), 305쪽.

48) 나의 책 『칸트철학과 물자체』(울산: 울산대학교 출판부, 1995), 26-27쪽을 보라.

49) 칸트의 선험적 자아는 순수인간이며, 보편적 인간 즉 이성으로서의 인간, 죽음 앞에 놓이지 않는 인간이며 이것이 구성해낸 물리-공간적 세계는 만인에게 공통된 물리법칙이 지배하는 세계이다. 그러나 하이데거는 칸트의 순수인간(보편적 인간)을 현존재로 부르는 낱낱의 실존적 인간, 죽음 앞에 놓이는 인간으로 만드는데, 이렇게 되면서 그는 보편적 인간을 실존적 인간으

자아가 없으면 물리적-공간적 실재로서의 세계가 사라진다. 선험적 자아와 선험적 대상은 상호 공속적이기에, 선험적 자아 없는 선험적 대상 없고, 선험적 대상 없는 선험적 자아 없다. '의식의 대상은 대상의 의식이다.' 그래서 그의 철학은 선험적 관념론이 된다. 그런데 하이데거의 세계는 낱낱의 실존자와 상호 공속적인 세계다. 그러니 그 세계는 각자의 세계일 수밖에 없다. 현존재 없이는 세계도 없고, 세계 없이는 현존재도 없다. 그러니 현존재로서 나의 죽음은 필연적으로 나의 세계의 소멸이 된다. 그러니 현존재가 세계를 세계화하는 주체다. 그런데 현존재의 죽음은 필연적이기에 세계의 소멸도 필연적이다. 현존재가 죽음의 포로이듯이 세계는 무의 포로다. 세계나 현존재는 둘 다 근거 없음(무) 위에 놓이게 된다. 무에 둘러싸이게 된다.

우리는 현존재가 세계-내-존재와 같은 것이라는 하이데거의 말을 살펴보았다. 이 설명이 옳다면, 하이데거의 형이상학은 현상세계의 한계에 갇혀서 세계 밖으로 나가지 못하는 형이상학이며, 이런 형이상학은 적어도 전통적 형이상학의 관점에서 보면 형이상학이 아니다. 하이데거는 정반대로 말할 것이다. 자신의 형이상학은 단적인 초월인 '존재'를 사유하는 진짜 형이상학이고, 전통적으로 형이상학으로 불리던 형이상학은 형이상학이 아니라고. 그러나 사람들은 초감각계를 형이상학의 탐구대상으로 보

로 만들어주는 불안, 공포, 권태, 경외감 같은 기분들을 끌어들이게 된다. 이런 기분들은 각각의 인간들 안에서 작용하는 방식은 만인만색이다. 그래서 실존은 본질(공통성)이 없는 각자성이고 개별성이고 차이성이다. 그리고 실존으로서 한 인간이 죽으면, 그 인간이 구축하고 그 안에서 살아왔던 의미의 총체로서의 세계도 사라진다. 개개 인간은 실존적 삶을 살다가 죽는다. 그리고 이런 개개 인간들의 실존적 모습을 한 걸음 물러서서 이론화시키면서 만들어지는 것이 실존에 대한 메타이론이며, 하이데거는 그것을 '실존론적'이라 명명했다. '실존론적'인 것은 '실존적인 것들'(개별적인 것들)의 본질(공통성)에 대한 이론이다. 하이데거의 '실존적'과 '실존론적'의 구분은 칸트의 '선천적'(아 프리오리)와 '선험적'의 구분을 연상시킨다.

는 전통적 형이상학의 입장을 지지할 것이다. 아무리 형이상학이 종말을 고한 현대라 하지만, 사람들은 여전히 죽으면 영혼이란 것이 있는지, 내세라는 것도 있는지 궁금해 한다. 하이데거의 형이상학은 현존재의 세계 내 초월행위를 형이상학으로 분식(扮飾)한 형이상학적 발버둥이요 몸부림이다. 현존재가 자기 초월을 무수히 반복해도, 그것은 끝끝내 육지에 오르지 못하는 파도의 무수한 출렁거림일 뿐이다.

나는 칸트가 선험적 자아를 가능적 무한자로 간주한다고 말했는데, 이런 칸트의 인간관의 관점에서 하이데거가 『존재와 시간』에서 개진한 전기 사상을 포기하고 '전회'를 통해 후기 사상으로 나아갈 수밖에 없음을 간단히 언급하고 지나가고자 한다. 자세한 논의는 이 책의 제15장에서 다룰 것이다. 칸트에게 있어서 현상세계를 구성해내는 선험적 자아는 가능적 무한자다. 그런데 이 현상세계는 가능한 경험의 세계이며, 이 세계는 가능적 무한자로서의 선험적 자아의 자기 초월작용에 대응하여 그때그때 가능한 경험의 영역을 더 넓혀 보이는 세계다. 그러므로 이 세계는 철저하게 시간의 지평 안에 놓여 있는 세계다. 하이데거가 현존재의 초월행위를 통해 드러난다고 생각하는 세계도 칸트가 말하는 가능한 경험의 세계와 마찬가지로 시간의 지평에서 드러나는 세계다. 그런 한, 우리는 선험적 자아를 통해서는 시공을 초월해 있는 물자체의 세계에 도달할 수 없듯이, 현존재를 통해 '존재'에 도달하는 것은 불가능하다. 이 경우 '존재'는 손에 잡힐 듯 말 듯 하면서 우리로부터 영원히 빠져 달아나는 무한자 즉 단적인 초월로서의 가능적 무한(칸트의 용어로 선험적 대상)일 수도 있고, 현실적 무한(물자체)일 수도 있다. 하이데거는 이 양자를 구분하지 않고 동일시하기에, '존재'가 어떻게 이해되든, 현존재는 존재를 포촉(抱觸)할 수가 없다. 즉 하이데거의 기초존재론적 구상은 포기될 수밖에 없다는 것이다. 왜냐하면 선험적 자아이건 현존재이건 하이데거의 세계이건 모두 가능적 무한자에 불과하며, 가능적 무한자는 절대로 현실적 무한자 — 그것이 '물자체'로 불리건 '이데아'로 불리건 상관없다 — 에 도달하는 것은 불가능하기 때문이다. 하이데거는 존재를 '단적인 초월'로 규정하는데, 시간성 안에 놓여 있는 현존재의 자기 초월을 통해서는 그 '단적인 초월'에 도달하는 것은 불가능하다. 단적인 초월로서의 '존재'는 항상 시간적인 것 즉 존재자임을 거부하는 방식으로 존재하기 때문이다. 간단히 말하자면, 시간성을 그 본질로 하는 현존재를 통해서는 탈시간적인 '존재'에는 이를 수 없다는 것이다. 이는 칸트가 선험적 자아 — 그 상관개념은 선험적 대상이며 양자의 상호성 안에 현상적 존재자의 존재가 있다 — 와 선험적 대상에 대해 그것들을 인식될 수 없고(따라서 인식론적으로는 '무'다) 우리는 항상 그것들 주위를 헛되이 빙빙 돌고 있을 뿐이다라고 말한 것과 맥이 통한다. 마치 바다가 아무리 해안 쪽으로 파도를 보내도 해안선을 못 넘기듯이, 초월이 그 본질인 현존재가 '존재' 쪽으로 부단히 초월해도 현존재는 존재자들 속에서 '존재'의 그림자만 볼 수 있을 뿐, 존재 그 자체를 보지는 못한다.

후기의 하이데거는 전기에서와는 달리, 존재로부터 시작하여 현존재로 다가가는 길을 모색하면서 존재의 음성을 거론한다. 그렇게 하면서 하이데거는 자신의 존재사유를 신비주의와 결합시킨다. 그러나 칸트는 그런 신비주의를 거부했고 그 연장선 상에서 『실천이성비판』과 『이성의 한계 안에서의 종교』를 집필했다. 칸트는 가능적 무한자로서의 선험적 자아가 현실적 무한에 도달하는 길을 도덕적 결단에서 찾았으며, 그래서 그는 그 책들에서 인간에게 허용된 진정한 초월의 길을 '도덕신앙'의 형태로 보여주려 하고 있다. 하이데거는 후기에 '존재역운'에 대해 언급하는데, '존재'도 역사를 가지는 것처럼 말하고 있기는 하다. 하이데거의 '존재역운'은 존재가 역사의 시간 '속에' 있는 어떤 존재자임을 말하는 것이 아니라, 존재가 스스로 자신의 '역사를 만들어감' 그 자체로 이해되어야 할 것이다. 이리하여 하이데거는 진정한 비합리주의적 신비주의자이면서 동시에 신비주의적 상대주의자가 된다. 박찬국은 하이데거가 상대주의자가 아니라고 말한다.

> 그런데 이렇게 초역사적이고 보편적인 가치를 부정하면서 그때그때마다의 존재의 역운이 역사를 지배한다는 하이데거의 사상은 하이데거가 역사적 숙명주의를 주장한다는 비판뿐 아니라 각각의 역사적 시대를 존재의 역운으로 보면서 각 시대를 정당화하려는 역사적 상대주의를 주창하고 있다는 비판을 불러일으켰다. 이러한 역사적 상대주의는 (…) 니힐리즘과 통한다. 그러나 하이데거는 역사적 상대주의를 주창하려는 것이 아니라 오히려 그것을 극복하려고 한다.[50]

형식논리학의 관점에서 보면, 상대주의와 절대주의의 대립은 그것이 어떤 유형의 대립이든 모순대립이기에, 상대주의가 아니면 절대주의 중에 하나만 인정될 수 있을 것이다. 상대주의를 극복한다는 것은 절대주의가 된다는 뜻이고, 절대주의를 거부하겠다는 것은 상대주의를 받아들인다는 것이 될 것이다. 그렇다면 박찬국은 하이데거가 상대주의를 극복하려 한 인물로 본다면, 하이데거를 역사 절대주의자로 본다는 말인가? 이를 판정하기 위해서는 박찬국의 다음 말을 살펴볼 필요가 있다. 그는 우리가 방금 위에서 인용한 말에 이어서 다음처럼 말한다.

---

50) 박찬국, 『하이데거와 윤리학』(서울: 철학과 현실사), 264쪽.

> 다만 그는 역사적 상대주의가 이른바 역사적이고 보편적인 가치를 내세우는 철학에 대해서 갖는 강점을 수용하면서 그것을 극복하려 한다. 그는 역사적 상대주의가 인간의 역사성을 인정하고 있다는 점에서 가치철학보다는 더 인간의 현실에 가깝다고 보는 것이다. **다만 역사적 상대주의는 초역사적인 가치를 설정하는 것을 통해서 니힐리즘을 벗어나려는 시도와 마찬가지로 절대적이고 무조건적인 규범은 초역사적으로 불변적인 성격을 갖는다고 전제하고 있다는 점에서 한계를 갖는다.**[51]

나는 하이데거가 역사 상대주의를 극복하려 했다고 하면서 박찬국이 근거로 제시하는 이 말을 이해하기가 힘들었음을 고백하지 않을 수가 없다. 강조되지 않은 부분의 말은 이해 가능하다. 역사 상대주의는 인간 삶의 현실을 설명함에 있어서 절대주의보다 더 유용하고 현실적합성이 있다는 말이며, 하이데거의 역사 상대주의는 상대주의의 그런 장점을 받아들인다는 것이다. 그러나 내가 강조한 부분은 무슨 뜻인지 파악하기가 어렵다. 인용문의 앞부분은 역사적 상대주의가 절대주의에 비해 가지고 있는 강점을 설명하고 있다면, 강조된 부분은 역사 상대주의의 한계점을 설명하고 있다. 그런데 그 한계점은 역사 상대주의가 "초역사적인 가치를 설정하는 것을 통해서 니힐리즘을 벗어나려는 시도와 마찬가지로 절대적이고 무조건적인 규범은 초역사적으로 불변적인 성격을 갖는다고 전제하고 있다는 점"이라고 한다. 그런데 역사 상대주의가 초역사적인 가치를 설정하거나 절대적이고 불변적인 초역사적 규범을 전제한다는 주장은 참으로 이해하

---

51) 박찬국, 『하이데거와 윤리학』, 264쪽. 강조는 내가 함. 이 인용문에서 등장하는 '가치철학'은 보편적 가치를 인정하는 가치철학을 말하는 것으로 보인다.

기 힘든 말이다. 박찬국이 말하는 역사 상대주의는 절대주의이며, 역사 상대주의는 그와 정반대의 주장을 하기 때문이다. 그뿐만 아니라 이 인용문은 하이데거가 역사 상대주의자가 아님을 보여주는 근거가 되지 못한다.

하이데거가 역사 상대주의자냐 아니면 역사 절대주의자냐 하는 문제를 해결함에 있어서, 박찬국이 보여주는 혼란은 어디에 그 뿌리가 있는가? 나는 그가 **하이데거가 역사를 상호 공속적인 현존재와 존재가 공동으로 만들어가는 가능적 무한의 부단한 초월의 궤적으로 이해했음**을 몰랐기 때문이라고 생각한다. 나는 앞에서 가능적 무한은 유한과 무한의 결합체라고 말했다. 다시 말해서 하이데거는 칸트와 마찬가지로 유한과 무한의 대립을 모순대당으로 보지 않고 변증적 대당으로 이해했다는 것이다. 모든 유한한 것들은 서로가 서로에 대해 상대적이다. 그리고 무한은 하나의 절대다. 그러나 가능적 무한자는 유한이면서 무한이기에, 가능적 무한은 상대적이면서 동시에 절대적이다. 한마디로 요약해서 '상대적인 절대'요, '절대적인 상대'다. 이런 표현들은 형식논리학의 관점에서 보면 형용모순이다. 그러나 유한과 무한의 대립을 변증적 대당으로 보는 입장에서는 얼마든지 가능한 표현이다. '상대적인 절대'는 '현존재의 존재'이고, '절대적인 상대'는 '존재의 현존재'다. 이렇게 되면 상대주의가 옳으냐 절대주의가 옳으냐 하는 문제에 대해 둘 다를 거부할 수 있는 입장에 설 수가 있다. 칸트도 이런 논리로 세계는 유한도 아니고 무한도 아니라고 했다. 하이데거는 이런 이유에서 자신은 전통적인 '상대주의-절대주의 논쟁'을 해체해버렸다고 생각했을 것이다. 그러나 내가 보기에 하이데거의 절대론은, 그의 존재론이 기초존재론에 불과하듯이, 기초절대론에 불과하고 참다운 절대는 아니다. 그것은 '절대 없는 절대'이며 결국은 변형된 상대주의다.

4.
사이비 깨우침

현대에 이르러 학문으로서의 형이상학은 궤멸상태에 처해 있는 듯이 보이며, 형이상학의 세계에서는 그냥 몇몇 수행자들이 자신들이 수행 중에 경험한 것을 설파하기 위해 문을 열어둔 형이상학의 구멍가게들만이 무허가로 영업활동을 하고 있다. 하나의 사례를 소개하겠다.[52] 1982년 봄 파리에서 27세의 임신 4개월의 미국인 여성 수잔 시걸(Suzanne Segal)이 버스를 기다리던 중 신기한 체험을 한다. 그녀는 나중에 그 신비한 경험의 순간을 이렇게 회상한다.

> 일순간 지금까지 나의 자아라고 생각했던 모든 것이 완전히 사라졌다. 그냥 사라졌다. 다가오는 버스를 기다리는데 의식 속에서 뭔가가 느슨해지고 있었다. 버스에 오르자 기준점인 '나', 모든 것의 중심이고 삶에서 일어나는 모든 일의 주축이 되는 누군가가 사라졌다. 마치 스위치

52) 이하는 줄리안 바지니의 『에고 트릭』(강혜정 옮김, 서울: 미래인, 2012), 42-44쪽의 내용을 요약한 것이다.

> 가 꺼져버린 것 같았다. 그리고 다시는 켜지지 않을 성 싶었다. 하지만 아무것도 멈추지 않았다. (신체와 정신의) 기능들은 이전과 똑같이 작동했다. 사실 이전보다 나았다. 나는 전과 마찬가지로 말하고, 걷고, 움직였다.[53)]

시걸은 10년 동안 고장 난 것으로 생각한 자아의 부재를 바로잡을 방법을 찾았지만 허사였다. 시걸은 시간이 흐르면서 자신이 어떤 깨달음의 경지에 있는 것으로 해석하기 시작했다. 그녀는 자아 의식의 부재를 문제로 보기보다 통찰로 생각했다. 수많은 수행자들이 오랜 기간 명상하면서 추구하는 심오한 영적 체험의 상태에 자신은 한순간에 도달한 것으로 생각했다. 그녀는 자신의 영적 체험을 『무한과의 충돌』(*Collision with the Infinite*)이란 책으로 집필했고, 영성계의 새로운 스타가 되어 사람들에게 '광대함'(the Vastness)에 대해 가르쳤다. 그 책에서 그녀는 이렇게 말하기도 했다.

> 내가 누구인지 묻는다면, 가능한 유일한 답은 다음과 같다. 나는 만물의 실체인 무한자요, 광대한 자다. 나는 아무도 아니며 모두이고, 아무것도 아니며 모든 것이다. 바로 당신이 그런 것처럼.[54)]

그런데 시걸은 1996년에 파리의 버스에서 겪었던 그런 경험과 비슷한 경험을 한 번 더 하게 된다. 이번에 그녀는 점점 기운이 빠지고 내성적으로 되어갔다. 그녀는 펜을 쥐는 것은 물론 이름을 기억하는 것조차 힘들어했

53) Interview with Suzanne Segal, 줄리안 바지니의 『에고 트릭』, 42쪽에서 재인용.

54) Suzanne Segal, *Collision with the Infinite*, p. 156, 줄리안 바지니의 『에고 트릭』, 43쪽에서 재인용. 번역은 원본과의 대조를 통해 약간 변경했다.

고 일어서기만 해도 현기증을 느꼈다. 결국 그녀의 뇌 속에 큰 종양이 있는 것이 밝혀졌고 그녀는 42세의 나이로 세상을 하직했다. 영적인 각성자로 찬양받았던 시걸이 알고 보니 뇌 손상자였던 것이다.

윌리엄 제임스는 시먼즈(J. A Symonds)의 신비체험에 대해 소개해주고 있다. 시먼즈는 다음처럼 자신의 경험을 묘사한다.

> 교회에서, 회사에서 또는 책을 읽다가, 그리고 내가 생각하기에 근육이 휴식상태에 있을 때는 갑자기 그런 기분이 접근해 오는 것을 느꼈다. 저항할 수도 없이 그 기분은 나의 마음과 의지를 사로잡았고 영원할 것처럼 지속되다가 마취상태에서 깨어날 때처럼 일련의 빠른 감각들 속으로 빠르게 사라졌다. 내가 이러한 종류의 몽환상태를 싫어하는 이유는 나 스스로에게 그것을 설명할 수가 없기 때문이었다. (…) 마침내 순수하고 절대적이며 추상적인 자아 외에는 어떤 것도 남아 있지 않는다. 그 우주는 모양과 내용이 없는 상태였다.[55)]

수잔 시걸과 시먼즈의 경우 그들의 신비체험이 병적인 것이었음을 무엇에 의해 증명할 수 있을까? 그들이 자신들의 체험을 신비화시키고 미화시켜서 영적인 스승으로서 군림하려 할 때, 그들이 신비한 체험을 한 것이 아니라 신기한 병에 걸렸음을 판정할 기준은 어디에 있는가? 나는 하이데거가 극도로 싫어할 뇌과학이 그 기준을 줄 것이라고 생각한다.

55) 윌리엄 제임스, 『종교적 경험의 다양성』(김재영 옮김, 서울: 한길사, 2000), 408쪽.

12장
하이데거에서 '무용지용'의 사유와 가능적 무한

1.
하이데거의
'무용지용' 논법의 사례들

우리는 앞에서 하이데거가 내세운 명제, '현존재의 본질은 바로 그의 실존에 있다'의 의미에 대해 살펴보았다. 그런데 자세히 뜯어보면, 이 문장은 논리적으로 설명이 안 되는 측면이 있다. 그 문장에서 언급되는 바로 그 '실존'은 전통 형이상학에서 말하는 그런 본질을 가지고 있지 않은 것이기 때문이다. 그러니 글자 그대로 풀이하면, 그 문장은 '현존재의 본질은 바로 그가 본질을 가지고 있지 않다는 것'이 된다. 이 문장에서 앞의 '본질'과 뒤의 '본질'이 같은 의미를 갖는다면, 이 문장은 자기모순적인 문장이다. 그래서 우리는 앞에서 전자의 본질은 현존재의 '실존론적' 본질로, 후자의 본질은 전통철학에서 현존과 본질을 구분할 때의 본질로 해석해야 함을 밝혔다. '무본질의 본질'이 되는 것이다.

하이데거의 이런 사유는 '무용지용'(無用之用)의 사유와 유사하다. 그의 이런 사유방식은 현존재를 '무본질의 본질'로 이해할 때뿐만 아니라, 자신의 형이상학을 탈근거의 형이상학으로 이해할 때도 드러난다. 하이데거는 현존재가 자신의 인생 내에서 인생의 의미를 만들어가는 실존철학을 형이상학으로 이해했다. 그 형이상학은 전통철학에서 말하는 초월적 근거를 가지고 있지 않은 형이상학이며, 근거(토대) 없는 형이상학이다. 그는 자신의 형이상학을 현상학적으로 받아들이기 힘든 토대(근거) 위에서 시작하는 전통 형이상학과 구분하기를 원한다. 전통적으로 철학자들은 자신의 사유체계를 선의 이데아, 부동의 원동자, 신, 실체, 물자체 같은 근거 위에 세웠다. 그러나 하이데거 자신은 자신의 형이상학을 오로지 그 자신이 형이상학인 현존재에 위에 세웠다. 하이데거에 의하면 인생의 의미는 초월적 신이 정해주는 것도 아니고, 플라톤의 선의 이데아가 말해주는 것도 아니라고 생각한다. 인생의 의미는 어떤 초월적 토대의 관점에서 설명될 수 있는 것이 아니라 자신이 스스로 만들어가는 것이다. 그런데 현존재는 죽음에의 존재이며, 죽음 이전과 죽음 이후는 무의 영역이기에 현존재의 형이상학은 무의 심연 위에 걸려 있는 것이 된다. 이런 이유에서 하이데거는 자신의 철학을 탈근거의 철학으로 이해하며, 자신의 형이상학을 결국 '무근거라는 근거'(Ab-grund)를 가진 형이상학으로 규정한다. 그런데 그는 '근거 없음 그 자체'를 다른 차원의 근거로 이해한다. 이 메타(Meta)적 근거를 그는 '무근거의 근거'로 표현했다. 현존재와 세계의 근거는 무다. 이는 '무가 근거다'라는 말이며, 결국 '무근거의 근거'다. 매우 심오한 지혜가 깃들어 있는 것 같기도 하고 말장난 같아 보이기도 하는 논리인데, 나는 '존재는 무다'는 하이데거의 명제를 받아들이는 한, 이런 모든 논의는 말장난이라는 후자에 한 표를 던진다.

그런데 하이데거의 그 말이 말장난이 안 되게 하는 해석방식이 있다. 프로이드가 '의식 없음의 의식' 즉 '무의식'을 말했는데, 무의식은 '의식이 없음', '정신을 잃음', '혼절 상태임'을 말하는 것이 아니라, '의식적으로 인지하지 못하는 어떤 마음의 상태'이지만, '표층의식'에 영향을 주는 모종의 심층의식을 말한다. 의식은 무의식에 둘러싸여 있다. 만약 하이데거의 '무근거의 근거'가 '무의식의 의식'과 같은 것이라면, 의식이 무의식의 바다 위에 떠 있는 빙산의 일각이듯이, 존재는 비존재(무)의 바다 위에 떠 있는 어떤 것이 될 것이다. 이 경우 존재는 토대 없는 것이 아니라, 그 토대가 무엇인지 모르는 것일 뿐이다. 물론 현존재에게 나타나지 않는 것이니 비존재(무)처럼 보이지만, 그것은 전적인 공무는 아니게 된다. 이런 관점에서 보면, 인생은 하이데거가 말하듯이 허공에 매달린 것이 아니라, 어떤 토대(근거) 위에 있는데, 우리는 그 근거가 무엇인지 전혀 모를 뿐이다. 우리가 그것이 무엇인지 모른다고 그것을 무로 간주해서는 안 된다. 우리 인생은 그 미지의 근거로부터 와서 그 미지의 근거로 돌아간다. 그것이 무엇인지 모르고 나에게 나타나 보이지 않으며, 그것은 우리가 볼 수 있는 존재자가 아니기에 우리는 그것을 부득불 '무'라고 부르기도 하지만, 그것으로부터 인생이 연유하며 그곳으로 돌아가는 곳이다. 그것은 인간의 언어로 가장 오해받지 않을 방식으로 표현한다면 현실적 무한자다. 인간은 무로 돌아가는 것이 아니라, 무로 오해된 현실적 무한자에게로 돌아가는 것이다.

하이데거가 자신의 윤리를 전통적인 윤리와 구분 짓기 위해, 현존재의 본래적 실존의 윤리를 '윤리 없음의 윤리'로 이해할 때도 무용지용의 사고가 드러난다. 하이데거에 있어서 죽음은 현존재를 의미의 지평 위에 올려놓는다. 자신의 유한성을 자각함으로써만 인간은 진정한 의미에서 '죽음에로의 존재'가 되며, 그리하여 인간은 '왜 사는가', '무엇을 위해 사는가'라는 문제, 즉 삶의 의미 문제를 묻게 된다. 이 물음이야말로 하이데거가 보기에 모든 윤리학적 물음의 터전이요, 근거다.

에토스의 근본적 낱말 의미에 맞게 윤리학(Ethik)이란 명칭이 인간의 체류지를 숙고한다는 의미를 지닌다면, 존재의 진리를 '탈존하는 자로서의 인간의 시원적 본령'으로서 사유하는 그러한 사유는 이미 그 자체가 근원적 윤리학이다.[1)]

하이데거의 기초존재론 그 자체가 근원적으로 윤리학이라는 주장인데, 하이데거가 말하는 근원적 윤리학에 의하면, 곧 존재의 의미를 묻는 방식으로 삶의 의미를 묻는 행위 자체가 윤리학이다. 하이데거식으로 표현한다면 삶의 의미를 묻는 물음은 윤리학적 근원물음(Urfrage)이다. 그러므로 하이데거 철학에는 윤리가 있다. 그러나 그 물음에 근거하여 현존재는 각자의 삶의 규칙을 만들어간다. 그러므로 하이데거가 말하는 각자성의 세계와 각자성의 윤리라는 관점에서 보면, 모든 현존재에게 공통으로 적용되는 삶의 규칙에 대해 말하는 전통적인 윤리학은 존재할 수가 없다. 존재사유의 빛으로 드러나는 '인간의 체류지'(에토스, 윤리학)는 사람마다 천차만별이다. 이런 관점에서 하이데거의 윤리는 '윤리 없는 윤리'가 된다.[2)]

---

1) 『이정표 2』(이선일 옮김, 파주: 한길사, 2005), 173쪽. 강조는 하이데거.

2) 박찬국은 하이데거 철학에서 윤리학의 가능성을 대강 이런 식으로 설명한다. "존재자들은 모종의 전체적인 관계 질서 안에서 존재하는데, 그 관계 질서 안에서 동물은 동물로서, 식물은 식물로서 존재하게 되면서 서로 간에 조화와 통일을 유지하는데, 그것을 가능하게 하는 것이 바로 하이데거가 말하는 존재다. 존재자들을 그 고유성에서 존재자답도록 해주는 것, 예컨대 닭을 닭답게 만들어주면서 닭이 그 닭다움이라는 본질을 실현하게 도와주는 것이 올바른 것임을 알게 해주는 것이 바로 이 존재이다.그러므로 존재사유는 윤리학적 사유이다."(『하이데거와 윤리학』, 서울: 철학과 현실사, 2002, 28-32쪽 참조) 그러나 인간이 존재사유의 관점에서 닭의 닭다움을 사유하고, 그 닭다움의 실현을 도모해야 한다는 것이 각자성의 의미세계를 추구하는 실존적 존재인 인간에게 해당되는 말인지는 심히 의심스럽다. 물론 박찬국은 닭의 닭다움이라는 닭의 본질을 과학적으로 찾으려 하거나 상호주관적 탐구로 찾아내려 해서는 안 된다고 말한다. 그러면 존재사유의 빛으로 해명된 닭의 닭다운 본질은 무엇인가? 하이데거의 존재사유로부터 윤리학의 가능성을 타진하려는 그의 설명에서는 이 점이 분명하게 설명되어 있지 않아 보인다.

하이데거는 플라톤의 동굴의 비유도 자기 철학의 결에 일치시키는 해석을 하면서 플라톤도 자신과 마찬가지로 윤리 없는 윤리를 주장했다고 말한다. 하이데거는 동굴 바깥의 세계 즉 이데아의 세계를 부정하면서 그 세계에서 최고의 위계에 놓여 있는 선의 이데아도 부정한다. 하이데거가 플라톤의 동굴 바깥의 세계를 부정했다는 것은 곧 플라톤의 윤리학을 거부했다는 것이다. 그렇게 하면서 그는 통상적인 플라톤에 대한 표준적인 해석을 거부한다. 그가 보기에 플라톤의 윤리학은 선-악 대립의 이분법적 윤리학이 아니라는 것이다.

> 우리는 애초부터 좋음[선]의 이데아에 대한 그 모든 감상적인 생각부터 던져버려야 한다. 또한 그리스도교의 도덕 또는 그것의 세속화된 아류들(또는 그 밖의 그 어떤 윤리)이 그것에 대해서 제공하는 그 모든 관점들, 견해들, 규정들을 — 거기에서는 선이 악에 대한 대립명제로 그리고 악은 죄로 파악된다 — 버려야 한다. 여기에서는 도대체 윤리나 도덕이 다루어지고 있는 것은 아니다.[3)]

하이데거는 플라톤이 이데아론을 창안해낸 이유가, 객관적이고 절대적인 도덕이론을 확립하기 위한 것이었다는 철학사적 상식을 가차 없이 거부한다. 그는 선악의 구분이 없는 윤리, 윤리 없는 윤리를 주장하고 있다. 흔히 실존철학자들은 인간의 실존적 결단을 강조하는데, 정작 무엇을 향해 결단해야 하는가에 대해서는 말해주지 않는다는 비판을 받는다. 바로 그런 비판을 받는 이유도 그들이 말하는 결단이 각자의 결단이며, 인간들이 보

---

3) 『진리의 본질에 관하여』(이기상 옮김, 서울: 까치, 2004), 109쪽.

편적으로 받아들이는 방향을 지시해주는 '결단의 방향'이 없는 '결단'이기 때문이다. 박찬국은 우리들의 이런 의견과 다른 의견을 내놓고 있다.

> 하이데거는 '전통적인 형이상학과 아울러 그러한 형이상학에 입각한 윤리학에 대한 파괴를 주장하면서 어떠한 규범도 제시하지 않는 니힐리스트'라는 비판이 있어왔다. 이러한 비판은 무엇보다도 하이데거가 『존재와 시간』에서 결단에 대해 말하면서도 결단의 내용에 대해서는 어떤 구체적인 언급도 하지 않고 있다는 지적과 함께 제기된다. 『존재와 시간』에서 고찰되고 있는 결단이란 '나는 결단한다. 그러나 무엇을 향해 결단해야 할지 모른다'는 식의 결단에 불과하다는 것이다.[4)]

박찬국은 이렇게 보충해서 설명하고 있다.

> 그는 전통적인 윤리학이 내세우는 가치들인 신에 대한 신앙이나 인간애, 자유와 평등, 정의와 같은 가치들을 부정하지 않는다. 오히려 하이데거는 이러한 가치들이 근원적으로 지향하는 사태와 그러한 가치들을 진정으로 구현할 수 있는 조건을 드러낸다고 볼 수 있다. (…) 하이데거가 『존재와 시간』에서 말하는 '본래적인 자기'만 해도 전통적으로 진정한 의미의 이성적인 주체가 가져야 할 특징들을 드러내고 있다. 즉 그것은 자율성, 책임감, 동일성과 실체성과 인격성, 타인들에 대한 헌신을 특징으로 갖는다.[5)]

---

4) 박찬국, 『하이데거와 윤리학』, 301쪽.

5) 박찬국, 『하이데거와 윤리학』, 302쪽.

그러나 박찬국의 이런 주장은 플라톤의 이데아론에서 최고의 이데아인 선의 이데아를 윤리학과 무관하게 해석하는 하이데거의 입장과 결이 달라 보인다. 하이데거는 전통적인 존재자의 형이상학에 기초를 두고 있는 윤리학을 모두 존재자의 윤리학으로 간주하여 배격했다고 보는 것이 합당할 것이다. 물론 박찬국이 주장하듯이 하이데거도 정의, 자유, 평등, 인간애, 자율성의 덕목들을 인정했을 수가 있다. 그러나 파스칼이 관찰했듯이 피레네 산맥 이쪽에서 정의인 것이 저쪽에서는 정의가 아니게 된다. 마찬가지로 여기에서는 인간애인 것이 저기에서는 인간애가 아닌 것이 된다. 여기에서는 정직인 것이 저기에서는 고지식함이 된다. 그리고 하이데거는 이런 덕목들이 인간들의 삶의 현장에서 기계적으로 적용될 수 있는 계산적이고 형식적인 보편성과 객관성을 가진 것으로 생각하지 않았을 것이다. 그렇게 생각하는 것은 현존재의 본질인 실존을 부정하는 것이 되기 때문이다. 천차만별의 상황에 처해 있는 실존자가 어떻게 행동해야 하는가 하는 문제를 앞에 두고 계산적 사유를 통해 모든 사람에게 적용될 수 있는 어떤 행위공식을 만들 수 있다고 생각하는 것은 전적으로 반실존적 사유다. 이런 이유에서 하이데거는 만인에게 타당한 행위의 법칙인 정언명령의 가능성 조건을 검토하는 칸트의 『실천이성비판』을 중시하지 못하게 된다. 굳이 하이데거에게 윤리학이 있다고 한다면, 하이데거의 윤리학은 상황윤리일 것이다.[6] 현존재의 실존이 처해 있는 상황은 천차만별이며, 실존

---

6) 조셉 플레처(J. Fletcher, 1905-1991)는 상황윤리를 위한 6가지 기본 명제를 제시한다. ① 사랑만이 항상 선한 것이다. ② 사랑만이 유일한 규범이다. ③ 사랑과 정의는 동일한 것이다. ④ 사랑은 좋아하는 것과 다르다. ⑤ 사랑은 그 수단을 정당화한다. ⑥ 사랑은 구체적인 결단을 한다.(『상황윤리』, 이희숙 옮김, 서울: 종로서적, 1989 참조) 하이데거에 있어서 실존을 그 본질로 하는 현존재에게 부과되는 가장 근원적인 도덕적 명령은 '숙고적 사유를 통해 너는 너답게 되라'는 것이다. 이 명령은 '실존론적 정언명령'으로 명명될 수 있을 것이다. 그러나 이 정언명

을 실존답게 만들어주는 것이 바로 그 다양성이므로, 하이데거의 실존사상에서는 이 다양성을 억압하는 모든 계산적 윤리학은 필연적으로 배척될 수밖에 없다. 그는 상황을 무시하고 모든 인간에게 타당한 행위지침을 발견하려는 계산적인 존재자의 윤리학을 거부하고, 세계-내-존재인 현존재가 각자의 상황 속에서 가장 자기답게 되는 길을 찾아가는 숙고적인 존재의 윤리학을 주장하고 있다. 이 숙고의 윤리학은 인간들에게 공통된 결단의 공식을 제공하지 않는다. 그냥 모든 인간들에게 각자의 자리에서 가장 자신을 자기답게 만드는 방식으로 결단하라고 촉구할 뿐이다. '죽음 앞에서 가장 너답게 되는 숙고적 결단의 삶을 살아라!' 이것이 하이데거 윤리학의 정언명법이다. 결단의 방향이 없는 결단이다.

그가 전통적인 진리관 — 주객분리에 근거한 표상적 진리관 — 을 거부하고, 드러남과 감춤으로서의 '진리 없는 진리론'을 말할 때에도 무용지용의 사고방식은 분명하게 드러난다. 하이데거는 대상과 사유의 일치로서의 진리라는 표상적 진리를 거부한다. 하이데거에 있어서 진리는 감춰진 것을 드러내는 것인데, 그것은 존재라는 빛이다. 존재자의 진리는 존재의 빛을 받아서 드러나는 것이다. 그런데 그가 "인간은 현(Da)으로, 다시 말해

령은 칸트의 정언명령과는 정반대의 명령을 내린다. 칸트의 정언명령은 "네 의지의 준칙이 언제나 동시에 보편적 입법의 원리가 될 수 있도록 행위하라"고 한다. 이 명령은 행위자가 자신의 개인적 특수사정과 기분과 차별성을 극복하고, 자신을 보편자의 요구에 복종시키기를 명령한다. 그러나 하이데거의 실존론적 정언명법은 행위자가 자기의 자기성을 가장 명료하게 표현하기를 요구한다. 플레처에게 있어서는 사랑의 정언명령은 모든 행위자에게 공통적으로 부과되는 무조건적 명령이지만, 이 명령의 수행은 상황에 따라 천차만별의 모습을 보인다. 마찬가지로 하이데거의 실존론적 정언명법은 모든 행위자에게 공통으로 부과되는 명령이지만, 개별 실존자들이 그 명령을 수행하는 모습은 사람에 따라 각기 다르다. 플레처의 '사랑' 대신에 '숙고적 사유를 통해 네가 가장 너답게 되는 것'을 집어넣으면 하이데거식 상황윤리가 될 것 같아 보인다.

존재의 밝음(die Lichtung des Seins)으로 있는 그런 방식으로 현성한다"[7]고 말할 때, Lichtung은 울창한 숲에서 나무들 사이를 뚫고 들어와 숲의 바닥을 밝히는 빛을 의미한다.[8] 어두운 숲을 뚫고 한줄기 광선이 통과하면 그 빛이 닿는 곳은 훤하게 드러나지만, 나머지 부분은 더 깊은 암흑 속에 빠져든다.[9] 그것은 무대장치에서 일종의 집중 조명 비슷한 것인데, 무대 조명은 비추고자 하는 주인공은 밝음 속에서 드러나게 만들지만, 나머지를 오히려 더 진한 어둠으로 가려버리는 역할을 한다. 이렇게 생각하면, 밝음의 반대는 어둠이지만, 밝힘의 반대는 어둠이 아니다. 밝힘은 동시에 가림이 된다. 이런 진리관에 의하면 진리는 자신을 드러내면서 숨기는 것이며, 이는 달리 표현하면, '진리 없는 진리론'이다.

---

7) 『이정표 2』, 137쪽.

8) 최상욱, 『니체, 횔더린, 하이데거, 그리고 게르만 신화』(파주: 서광사, 2010), 223쪽 참조.

9) 매우 그럴듯한 비유로 보이지만, 나는 이 비유를 거부한다. 태양이 떠오르면 태양은 모든 것을 밝히지만, 어떤 것을 가리지는 않는다. 그림자가 생긴다느니, 지구의 뒷면은 태양 빛이 도달하지 못해 어둡다느니 하는 말은 시비를 걸기 위한 억지가 될 것이다. 깜깜한 방 안에서 천장에 매달린 전등에 불이 켜지는 상황을 생각해보라. 이 경우 밝힘은 동시에 어둠이 되지는 않는다. 누군가가 나의 이런 반론에 대해, '전등이 켜지면 방 전체가 밝혀진다는 것은 사실이지만 그렇다 하더라도 전등은 방 안만 밝혀줄 뿐이지 방 바깥은 밝혀주지 못한다'고 말할 수도 있다. 그러나 내가 방의 비유를 들 때에, 나는 여러분이 그 방을 세계 전체로 받아들여주기를 바란다. 하이데거가 스스로를 드러내면서 숨기는 진리의 양면성을 Lichtung이란 독일어로 설명하면서 드는 비유는 존재를 가능적 무한자로 보는 경우에 적절한 비유라고 생각한다. 가능적 무한자로서 현존재는 존재의 빛이 통과하는 통로다. 그러니 그 통로 바깥에는 아무것도 보이지 않는다. 오로지 어둠(무)만이 있다. 그러나 깜깜한 방에 전등불이 켜지는 비유는 우리가 존재를 현실적 무한자로 보게 되면, 어울리는 비유가 된다. 현실적 무한자에게 무의 어둠은 없다. 단지 가능적 무한자인 인간에게는 존재의 빛 — 이 빛은 현존재를 통해서만 비추이게 된다 — 이 도달할 수 없는 영역이 무의 어둠으로 다가올 뿐이다. 진리가 우리에게 자신을 드러내기도 하면서 감추는 것이 아니라, 인간이 진리를 티끌만큼의 어둠도 없는 온전히 훤한 것으로 체험하지 못할 뿐이다. 『성경』에서 사도 바울이 인간이 지금은 신을 거울을 통해 흐릿하게 보지만, 신의 나라에 가서는 온전히 선명하게 보게 될 것을 기대하는 것도 같은 맥락이다.

> 사람들이 전승된 자연스러운 의미에서 진리를 존재자에게서 증명되는 인식과 존재자의 일치(Übereinstimmung)로서 이해하는 한, 그러나 또한 진리가 존재에 관한 앎의 확실성으로서 해석되는 한, 알레테이아, 즉 환한 밝힘(환히 트인 터)이라는 의미에서의 비은폐성은 진리와 동일시될 필요가 없다. 오히려 비은폐성이 환한 밝힘(환히 트인 터)으로서 사유될 경우에 비로소 알레테이아는 진리의 가능성을 보증해준다.[10]

이 인용문에서 전통적 형이상학의 표상적 진리는 비은폐로서의 진리와 동일시될 수 없다고 말한다. 비은폐로서의 진리관에서 진리는 고정된 어떤 것이 아니다. 존재가 현존재를 통해 밝혀 보여주는 바로 그것이 진리다. 존재의 음성이 아브라함의 경우처럼 아들을 신의 번제로 바치라고 하고 그 소리를 듣고 결행한다면 그것이 진리다. '살인은 죄다'라는 고정된 진리가 있는 것은 아니다. 하이데거 철학에서는 '이것이 진리다'라고 말할 수 있는 것은 아무것도 없다. 플라톤에게서는 이데아에 대한 앎이 참다운 진리이고, 칸트에게서는 뉴턴의 물리학은 인식적 진리다. 그리고 신와 영혼이 존재한다는 것은 도덕적-형이상학적 진리다. 그러나 하이데거의 진리론에서는 바로 이 '그 무엇'이 없다. 전통적 진리론에서는 진리와 오류의 구분이 있다. 그러나 하이데거에서는 그러한 구분이 없다. 그 대신 존재의 빛이 현존재를 통해 비출 때, 조명을 받는 것은 그것이 무엇이든 진리(비은폐, 알레테이아)가 되고, 그 조명으로부터 비껴 있는 것은 비진리다. **진리와 비진리를 결정하는 것은 현존재라는 통로를 통해서만 비추어지는 존재의 조명이 향하는 방향이다. 조명의 방향과 무관하게 그 자체로 있다고 생각되는 어떤**

10) 『사유의 사태로』(문동규 · 신상희 옮김, 서울, 도서출판 길, 2008), 179쪽.

것 안에 진리가 있는 것은 아니다. 조명받음으로써만 어떤 것은 현존재의 의미 지평 안에서 현존재에 의해 부여되는 자기만의 존재의미를 갖게 된다. 이런 의미에서 하이데거는 이렇게 말한다.

> 존재 — 존재자가 아니다 — 는 오직 진리가 있는 한에서만 '[주어져]있다'. 그리고 진리는 오직 현존재가 있는 한에서만 그리고 있는 동안에만 있다. 존재와 진리는 똑같이 근원적으로 '있다'.[11)]

존재는 진리이고, 진리는 현존재가 현존하는 동안에만 있으니, 현존재는 진리(존재라는 빛)가 통과하는 길이다. 전기가 전선을 통과하여 끝에 달린 전구에 도달하면 빛이 나서 사방을 밝히듯이, 존재라는 전기가 현존재를 통과해서 빛을 발하면, 그 빛에 노출된 존재자들의 '존재'가 드러난다. 즉 존재자들의 '진리'가 드러난다.[12)] 자프란스키는 하이데거의 이런 진리론의 귀결을 이렇게 정리한다.

> 진리의 메타 역사적 기준이란 있을 수 없다는 결론에 이른다. 어떤 진리로 접근하기 위한 무한한 역사는 더 이상 없으며, 이념의 천상으로

---

11) 『존재와 시간』(이기상 옮김, 서울: 까치, 1998), 309쪽.

12) 이 비유는 결국 전기를 보내주는 근원(발전소)을 상정해야 합당한 비유가 되는데, 그렇다면 그 비유가 말하는 발전소는 존재 자체가 되어야 할 것이다. 이렇게 되면 존재는 현실적 무한자로 이해되어야 하는 문제점이 발생한다. 하이데거가 전기(前期)에서처럼 현존재(전등)를 통해 존재 자체(발전소의 전기)로 나아가려는 것은 '존재자의 존재'(전등불의 비추임에서 보여지는 전기의 흔적)를 보고 존재 자체(발전소)에로 나아가려는 것이 된다. 그러나 이런 시도가 의미를 가지려면 역시 발전소를 전제해야 한다. 다시 말해서 필자가 말하는 현실적 무한자가 전제되어야 한다. 그런데 하이데거는 『존재와 시간』에서는 현실적 무한(발전소)을 거부하기에 전기의 존재사유는 소기의 의도를 달성하지 못한다.

> 플라톤적 영혼의 고양이란 것도 없다. 오로지 진리의 사건이 있을 뿐이다.[13)]

그는 이렇게도 말한다.

> 이처럼 진리의 절대적 기준은 없고 어떠한 역동적 진리 사건이 있을 뿐이다.[14)]

하이데거의 진리론에서 확인할 수 있듯이, 그는 진리를 어떤 역동성의 지평에서 해명하려 하는데, 그 지평이 바로 가능적 무한의 지평이다. 이런 진리관에 근거해서 하이데거는 수학적, 과학적 진리를 다루지 않는다. 그런 진리는 삶의 의미 문제에 입을 닫고 있기 때문이다. 그러나 진리에는 삶의 의미의 진리도 있고 삶의 사실의 진리도 있다. 의미의 진리만을 다루는 것은 진리론의 반쪽에 불과하다. 그는 삶의 사실의 진리를 다루는 과학을 표상적 사유, 계산적 사유로 간주하여 무시한다.

하이데거의 무용지용식의 사고는, 본질, 윤리, 근거, 진리에 대해서뿐만 아니라, 신, 구원, 휴머니즘에 대해서도 사용되고 있다. 하이데거가 무신론자인가 아닌가 하는 문제를 다룰 때, 우리는 그 물음의 의미부터 먼저 밝혀야 한다. '무신론'이란 말은 무엇이며 그가 말하는 신은 무엇인가? 하이데거는 전통적인 기독교의 신을 받아들이지 않는다는 점에서 무신론자임에 분명하다. 이런 의미에서 사르트르는 하이데거를 무신론자로 간주했

---

13) 뤼디거 자프란스키, 『하이데거: 독일의 철학 거장과 그의 시대』(박민수 옮김, 서울: 북캠퍼스, 2017), 372쪽.

14) 뤼디거 자프란스키, 『하이데거: 독일의 철학 거장과 그의 시대』, 373쪽.

던 것이다. 모든 것이 신이라고 주장했던 범신론자인 스피노자도 기독교적 관점에서는 무신론자였다. 그래서 사람들은 그를 '신에 취한 무신론자'로 불렀다. 하이데거는 전통적인 신을 존재자의 하나로 간주하여 그런 신을 배격한다. 존재는 존재자가 아니며, 따라서 하이데거의 신은 그런 존재자적인 신이 아니다. 규정될 수 있는 그런 가짜 신은 참다운 신이 아니다. 그는 그런 신을 거부하기에, 전통적인 유신론-무신론의 구분에서 말한다면, 그는 무신론자임이 분명하다. 그는 신을 "아직 규정되지 않았고, 아직 규정되지 않은 것"이 아니라, "본질적으로 도무지 무규정적인 것 그 자체"라고 한다.[15] 그는 생애의 말년에 슈피겔지와의 인터뷰에서는 "한 신만이 우리를 구원할 것이다"라고 말하기도 했다.[16] 그러나 '무규정적인 것 그 자체'를 무슨 근거에서 '**한**' 신이라고 규정할 수 있는가? 그리고 그런 신이 인간의 구원에 관심을 갖는지도 의문이다. '구원받음' 혹은 '버림받음'은 인간의 언어이지 그런 신의 언어는 아닐 것이기 때문이다. 이 물음은 칸트가 물자체를 모든 규정성을 넘어있는 것이라고 말하면서, 그것의 실재성을 인정하는 듯이 말했을 때 직면하게 된 물음과 유사한 물음이다. '무슨 근거에서 인식초월적이고 모든 범주적 규정을 거부하는 하나의 물자체가 선험적 의미의 신이 되며, 사유될 수 있으며, 그것이 감관을 촉발한다고 말하는가?' 하이데거 역시 칸트와 마찬가지로 이런 물음에 답하기 어려울 것이다. 그리고 『철학에의 기여』에서는 이렇게 말하고 있기도 하다.

> 마지막 신은 가장 유일한 유일성을 갖고 있기도 하다. 마지막 신은

---

15) 이수정, 『하이데거, 그의 물음을 묻는다』(서울: 생각의 나무, 2010), 451쪽 참조.

16) 박찬국, 『하이데거와 나치즘』(서울: 문예출판사, 2001), 442쪽 참조. Nur noch ein Gott kann uns retten.

'일-신론', '범-신론', '무-신론' 따위의 칭호가 의미하는 저 산술적 규정 밖에 서 있다.[17)]

그가 말하는 신은 '하나'(일신론), '모두'(범신론), 없음(무신론)의 구별을 넘어서 있는 신이라는 것이다. 그럼에도 불구하고 그도 우리를 구원해줄 '한 신'에 대해 말한다. 그러면 하이데거가 말하는 신은 무엇인가? 그는 결국 기독교나 철학자들이 존재자적으로 사유하는 그런 '신이 아닌' 신을 말하는 듯이 보인다. 내가 보기에, 그런 신은 필연적으로 무와 관계하는 신이 되지 않으면 안 된다. 왜냐하면 '존재자'가 아니라 '존재'에 대한 사유가 가능하려면, 존재를 불안 가운데서 드러내 보여주는 무는 필연적인 것이기 때문이다. 그는 '무-신론'의 신을 말하고 있는 셈이다. 신이 '아직 규정치 않은 것'이 아니라, '본질적으로 무규정적인 것 자체'는 결국 무이고 동시에 존재다. 말하자면 그는 무를 신으로 보기에 '무가 신인 그러한 신론'을 펼치고 있는 셈이다. 간단히 '무-신론'인 셈이다. 무가 존재와 동일한 것이라는 하이데거식의 초논리적 사유에 따르면, '무-신론'은 곧 '존재-신론'이다. '무=신'이라는 말은 신은 없다는 것인데, 존재자 신론을 거부하는 하이데거 신론의 이런 측면은 그의 신론의 소극적인 면이다. 그러나 하이데거에서 '무=신=존재'이니, 그 말은 곧 존재자 신이 아닌 그런 신은 있다는 것이 된다. 이는 하이데거 신론의 적극적인 면이다. 결국 하이데거는 전통적인 존재자적 '신'이 아닌 신을 말하는데, **그의 신론은 '무에 취한 존재'의 '신론'이요 동시에 '존재에 취한 무'-'신론'이기도 하다.** 하이데거가 자신이 무신론자인가 아닌가 하는 문제를 크게 중시하지 않는 이유는, 그의 입장이 그런 전

17) 『철학에의 기여』(이선일 옮김, 서울: 새물결 출판사, 2015), 579쪽.

통적인 무신론-유신론의 이분법으로 파악될 수 없다고 생각했기 때문인데, 그렇게 생각할 수밖에 없는 이유는 우리가 조금 전에 살펴보았듯이, 그의 입장이 매우 초논리적인지 비논리적인지 모를 그런 방식으로 개진되기 때문이다. 하이데거는 사르트르가 자신을 무신론자로 규정한 것을 염두에 두고 다음처럼 말한다.

> 인간의 본질이 세계-내-존재에 기인한다는 명제는, 과연 인간이 신학적-형이상학적 의미에서 단지 차안적 존재자에 불과한지 아니면 피안적 존재자인지의 여부에 관한 어떤 결정도 함축하지 않는다. 따라서 인간의 본질에 관한 실존론적 규정을 가지고서, **신의 현존**이나 신의 **비-존재**에 대한, 또한 마찬가지로 신들의 가능성이나 비가능성에 대한 어떤 결정도 아직은 내린 바가 없다. 그러므로 만약 사람들이 존재와의 관련에 입각한 인간 본질의 해석을 무신론이라고 주장한다면, 그러한 주장은 성급할뿐더러 이미 진행과정에서 잘못된 것이다.[18]

그러면 하이데거는 유신론자인가? 통상적 의미의 유신론자가 아닌 것도 분명하다. 통상 유일신론자들은 신을 무한자로 본다. 그런데 무한에는 현실적 무한도 있고 가능적 무한도 있다. 전통적인 기독교 일신론자들은 현실적 무한자인 신을 인정한다. 기독교적 일신론자들이 신을 지선(至善), 성스러움, 무소부재 등등으로 규정하고 있으며, 그런 규정들이 하이데거로 하여금 기독교적 신을 하나의 존재자로 간주하게 하는 빌미를 제공했지만, 기독교 일신론의 핵심은, '신은 현실적 무한자'라는 것이다. 그 점에서

---

18) 『이정표 2』, 166쪽.

스피노자의 신도 마찬가지다. 하이데거와 마찬가지로 존재와 무의 동일성 위에서 거론되는 헤겔의 신은 그가 직선적 무한이 아닌 원환적 무한만을 인정했기에 가능적 무한-현실적 무한의 개념으로 규정하기는 힘들어 보인다.[19] 어쨌건 하이데거는 현실적 무한을 인정하지 않기에 전통적인 의미에서 보면 무신론자다. 그는 마찬가지 이유로 전통적 무신론자도 아니다. 왜냐하면 전통적 무신론자는 어떤 종류의 무한도 인정하지 않는데, 그는 가능적 무한자를 인정하기 때문이다. 하이데거의 신은 우리가 신을 대망하고, 신에 대해 숙고하고 갈망하는 동안에만 존재하는 신이다. 신은 있기도 하고 없기도 하다. 그 신은 **현존재와 함께 존재 역운을 만들어가는 신**이지, 인간을 자신의 계획대로 끌고 가는 기독교적 신은 아니다. 가능적 무한자에게 있어서, '무한'은 그것이 무한을 향한 무한한 행진을 하는 동안에만 존재한다. 그 행진을 그만두는 순간에 '무한'은 없는 것이다. 그가 전통적인 유신론-무신론의 구분을 거부하는 이유, 그리고 그의 신론이 혼란스럽게 들리는 이유는 여기에 있다. 그는 기독교적 신의 현존이나 비존재에 대해 "어떤 결정도 아직은 내린 바가 없다"고 말하고 있지만, 그는 그와 관련된 어떠한 결정도 내리지 않고 타계했다. 그 이유는 그가 염두에 둔 신은 가능적 무한 그 자체이기에, 신이라고 말할 수도 없고, 신이 아니라고 말할 수도 없었기 때문이다. 그래서 하이데거 자신은 이렇게 말한다. "이러한 사유는 무신론적일 수가 없듯이, 마찬가지로 유신론적일 수도 없다."[20]

---

19) 헤겔은 직선적 무한개념을 악무한(das Schlecht Unendlichkeit)이라 부르며 거부했으며, 원환적 무한을 진무한(wahre Unendlichkeit)으로 인정했다(헤겔, 『대논리학』 251, 254쪽 참조). 그러나 러셀(B. Russell, 1872-1970)은 헤겔이 말하는 진무한은 수학적으로 받아들일 수 없는 개념으로 간주한다.

20) 『이정표 2』, 168쪽.

그런데 하이데거는 후기에 가서는, 현존재로부터 존재로 나아가려던 전기의 기초존재론적 계획을 포기하고, 존재로부터 현존재의 존재사색의 근거를 마련하려 하는 듯이 보인다. 이런 입장에 서면서 그는 현실적 무한을 인정하는 듯한 모습을 보인다. 그리고 이런 분위기에 근거하려 일부 연구자들은 하이데거의 신론을 범재신론(panentheism)으로 보기도 한다.[21] 그러나 그가 범재신론자가 되려면 현실적 무한을 인정했다는 것이 먼저 밝혀져야 한다.[22]

하이데거의 구원관도 구원 없는 구원으로 풀이할 수 있다. 그는 천당이니 지옥이니 하는 것들을 거부하기에 전통적인 의미에서의 기독교적 심판과 구원을 거부한다. 인간은 본질적으로 죽음에의 존재다. 인간이 그렇게 규정된 이상, 하이데거가 말하는 구원은 기독교적 구원이 될 수는 없다. 그러면 '한 신만이 우리를 구원할 수 있다'고 할 때의 '구원'은 어떤 구원인가? 이 역시 '구원 없는 구원'으로 설명할 수 있다. 구원은 '죽어야 할 자'로서 현존재가 자신의 죽음을 극복하여 영생을 실현하는 데 있는 것이 아니다. 구원은 현존재가 ① 죽음을 나만의 삶의 의미를 실현하게 만드는 선구적 결단의 도약대로 받아들이며 ② 그 죽음을 내 삶의 의미를 완성시키는 방식으로 받아들이는 데 있다. 이것이 진정한 의미에서 죽음의 극복이다.

---

21) 존 맥쿼리, 『하이데거와 기독교』(강학순 옮김, 서울: 한들출판사, 2006), 183쪽 참조.

22) 범재신론(panentheism)은 범신론(pantheism)과는 구분된다. 범심론은 '모든 것이 신'이라는 입장이라면, 범재신론은 '모든 것(pan)이 신(theos) 안(en)에 있다'는 사상(ism)이다. 따라서 신은 만물에 내재하면서 넘어선다. 범재신론은 무신론에 대립하는 유신론이 아니다. 범재신론은 신이 있다든지 없다든지 하는 이분법적 대립을 넘어선다(이찬수, 「오늘 우리에게 신이란 - 범재신론 이해하기: 지금 여기로 걸어나온 십계1, 2계명」, 우리신학연구소, 『갈라진 시대의 기쁜 소식』 제1042호, 2013: 60-73쪽 참조). 범재신론은 현실적 무한으로 해석된 칸트의 물자체론과 유사해보인다. 물자체는 이성의 범주적 규정 이전의 존재요, 규정을 초월해 있고, 주관과 객관의 마주봄을 가능하게 해주는 터전이며, 세계를 감싸면서 세계를 넘어서 있는 것으로 설명될 수 있기 때문이다.

이렇게 되면 우리는 삶이 곧 죽음이고 죽음이 곧 삶인 경지에 도달하게 된다.[23] 이것이야말로 '구원 없는 구원'이다. 에드가 모랭(E. Morin, 1921-)은 죽음에 관한 하이데거의 논의가 갖는 철학사적 의의를 높이 평가하면서, 하이데거의 '구원 없는 구원'을 이렇게 설명한다.

> 허무의 경험으로서의 불안은 인간의 실존 안에서 죽음의 기본구조를 드러내준다. 죽음은 과일을 갉아먹는 벌레가 아니다. 죽음은 릴케에서처럼 생의 핵심 그 자체다. (…) 불안과 결과적으로 죽음 그 자체는 개체성의 가장 확실한 근거다. 자신의 죽음을 나누고 공유한다는 것이 불가능하므로 더더욱 그렇다. 죽음은 홀로 하는 것이고 유일한 것이다. 어떤 철학도 이때까지는 이렇게 직접적으로 죽음이 중심되었던 적은 없었고, 그 정도로 죽음을 '존재'의 중심, '시간'의 움직임, 인간 개체성의 뼈대 속에서 드러내주었던 적은 없었다. (…) 하이데거의 불안은 우리가 인류학적 부적응이라고 불렀던 것을 부분적으로 포함한다고 우리는 말할 수 있다. 그리고 하이데거는 그가 '죽음을 위한 존재'라고 부르는 것인 이 부적응, 그리고 유일하게 '진정성'을 주는 것인 이 부적응을 수용하라고 우리에게 요구한다. 진정한 생은 매 순간 그 생이 죽음에 예속되어 있음을 알고 그 죽음을 용감하고 깨끗하게 받아들이는 그런 생이다.[24]

그러나 현존재가 자신의 삶의 고유성과 각자성을 위해 추구한 그만의 삶의 의미들과, 그 의미들의 집합체인 그의 세계가 그의 죽음과 함께 사라진

---

23) 『형이상학입문』(박휘근 옮김, 서울: 문예출판사, 1997), 215쪽 참조.

24) 에드가 모랭, 『인간과 죽음』(김명숙 옮김, 서울: 동문선, 2000), 334쪽.

다면, 그것은 변형된 허무주의가 아닐까? 하이데거의 철학에서 자기만의 삶의 의미를 실현해가면서 본래적 삶의 자세를 일관되게 유지하는 현존재도 죽음 너머로 자신의 삶의 의미를 넘겨주지는 못하기 때문이다. 왜냐하면, 그 의미는 바로 그 사람만의 것이기 때문이다. 그렇다면 살아가는 동안에 자기 삶의 의미를 만들고 그 의미를 확인하면서 살아가는 인간이라도, 죽음과 더불어 그 모든 의미는 끝장나게 되니, 그는 결국 허무의 수렁에 빠지게 될 것이다. 그는 살아있는 동안에는 자신의 삶이 의미 있다고 생각했기에 자신은 허무주의가 아니라고 말하겠지만, 사실은 숨겨진 허무주의자일 수밖에 없다. **죽음은 현존재가 평생에 걸쳐 구축해온 의미를 무의 관 속으로 옮기는 사건이다. 무는 의미의 관이요, 살아서 초월하기를 그친 존재, 동사적인 존재이기를 그친 존재, 존재화하는 존재이기를 그친 존재의 관이다. 모든 의미는 무의 관 속으로 들어가면서 '무의미'가 되며, 존재도 무의 관 속으로 들어가면서 비존재가 된다. 의미와 존재의 관이 매장됨과 함께 현존재의 세계도 매장된다.** 이것이 허무주의가 아니면 무엇이 허무주의인가? 현존재가 자신의 삶을 죽음과 더불어 허무로 마감하지 않으려면, 그가 평생에 걸쳐 구축해온 의미의 성(城)에는 자기를 남과 구별시켜주는 자기만의 삶의 의미가 아닌, 모든 사람들에게도 의미 있는 일이 될 수 있는 그런 인류 공동의 의미가 들어 있어야 할 것이다.[25] 하이데거의 철학이 가능

25) 하이데거의 실존론적 죽음이론이 다루는 죽음은 아마도 삶의 비상한 상황 예컨대 전쟁이나 살인 혹은 고문과 같은 것으로 말미암아 일어나는 비정상적이고 예외적인 죽음을 염두에 둔 것은 아닐 것이다. 그럼에도 불구하고, 우리가 죽을 수밖에 없는 존재임을 인식하고, 우리가 죽음 앞에서 자신의 미래 가능성을 현실화시켜나가는 결단의 삶을 살 때에만 본래적 실존의 삶을 사는 것이라고 하이데거가 말할 때에 그의 실존론적 죽음의 이론은 앞서 말한 예외적인 죽음들을 충분히 고려하지 못한 느낌을 주는 것을 부정하기도 힘들다. 인간은 무자비한 정치권력에 의해 강요당하는 죽음에 직면하여 자신의 본래적 실존을 선택할 수가 없을 것이다. 이런 이유에서 다음과 같은 비판도 경청할 만하다. "히틀러의 명령으로 독가스실에서 죽음을 당한

적 무한의 철학인 한에 있어서 그의 철학이 결국은 허무주의 철학이 될 수밖에 없음을 가장 날카롭게 포착한 사람은 사르트르일 것이다.

하이데거는 초월의 문제에 대해서도 전통 형이상학과 완전히 다른 소리를 내는데, 그는 칸트가 말하는 '선험적'을 '초월적'으로 바꾸어 읽으면서, 그것이 참다운 초월이라고 강변한다. 칸트철학의 '선험적'을 '초월적'으로 바꾸어 읽게 되면, 칸트는 인정했던 현상계와 예지계의 구분이 사라지게 된다. 그리하여 감성계에서 초감성계로의 초월이라는 본래적 의미의 초월은 원천적으로 제거된다. 그리하여 그는 전통 형이상학에서 말하는 초월이 아닌 내재적 초월에 대해 이야기한다. 이는 결국 '초월 없는 초월'이다. 이는 결국 '구원 없는 구원'이나 같은 말이다. 나는 하이데거의 초월과 구원은 사이비 초월이요, 사이비 구원이라고 생각한다. 심지어 장 발(J. Wahl, 1888-1974)은 하이데거의 존재론을 '비존재의 존재학' 혹은 비존재학으로 표현하기도 한다.[26)]

600만 명의 유대인들은 그들의 죽음을 그들의 삶에 속한 존재론적인 구조라고 말할 것인가? 만일 그들의 죽음을 그들의 삶에 속한 존재론적인 구조라고 말한다면, 그것은 그들의 죽음을 일으키는 원인자와 사회체제, 정치체제를 간접적으로 방조하는 것이며, 억울한 죽음을 당하는 사람들에게 치가 떨리는 모욕으로 들릴 것이다."(김균진, 『죽음의 신학』, 서울: 기독교서회, 2002, 32쪽; 정기철, 「하이데거가 말한 죽음에 대한 비판적 고찰」, 『범한철학』 47집, 2007, 222쪽에서 재인용)

26) 피에르 테브나즈, 『현상학이란 무엇인가』(심민화 옮김, 서울: 문학과 지성사, 1983), 42쪽 참조. 나는 하이데거의 형이상학을 '불안의 형이상학'이나 '무의 형이상학'으로 표현하는 것이 가능하다고 생각하며, 그런 한에서 하이데거의 존재론을 '무의 존재론'으로 규정하는 것도 가능하다고 생각한다. '비존재의 존재학'이란 표현이 '초월 없는 초월', 혹은 '구원 없는 구원'이란 표현과 갖고 있는 표현상의 공통성을 주목하기 바란다.

2.
하이데거의 '무용지용'과 가능적 무한

우리는 하이데거의 철학을 그가 말하는 현존재, 존재, 세계를 가능적 무한이라는 관점에서 해석하고 있는데, 우리는 하이데거의 무용지용의 사고를 가능적 무한의 개념으로 설명할 수 있다고 생각한다. 하이데거는 "존재는 유한하다"고 말했다. 그러면 사물적 존재자는 유한한 것이 아닌가? 맞다. 존재자도 유한하다. 그러나 존재자의 유한성은 자기동일성 안에 응고되어 있는 유한성, 고정된 유한성, 무변화의 즉자적 유한성이다. 이런 사물적 유한성에 대해서만 우리는 현존(Dasein)과 본질(Sosein)을 나누어 고찰할 수 있다. 이런 사물적 유한성의 존재자들에게 있어서는 모든 차이점은 중요한 것이 아니라 그 공통성 즉 본질이 중요하다. 그것들 사이의 차이를 만들어내는 현존은 무시된다. 그것은 하이데거의 용어로 '세계내부적 존재자'의 유한성이다. 그러나 현존재의 유한성은 그런 유한성이 아니다. 그렇다고 현존재가 신적인 무한자도 아니다. 그렇다면 현존재의 유한성은 자신의 고정성을 부단히 벗어던지는 유한성이지 않으면 안 됨을 앞에서 설명했다. 이 유한성은 유한성(사물적 유한성)이기를 거부하는 유한성이다.

간단히 '유한이 아닌 유한성'이다.[27] 하이데거는 이런 유한성에 대해서는 현존과 본질을 나누어 고찰하는 것은 잘못이라고 생각한다. 이런 유한성의 존재는 끊임없는 자기 초월을 통해 절대로 동일성으로 환원될 수 없는 차이를 끊임없이 생산해내며, 자신의 삶을 타자와 차별나게 구축해 간다. 그렇게 하면서 그는 실존적 존재로서 그 안에서 '자기만의 의미호흡'을 할 수 있는 '자기만의 세계'를 만들어 간다. 이리하여 어떤 사람에게는 세상의 모든 높은 산을 정복하는 것은 엄청난 의미 있는 일이지만, 누군가에게는 아무런 의미가 없는 일이다. 누구가에게는 평생의 대작이지만, 누군가에게는 왜 그런 책을 쓰는지 그 이유를 모를 일이 된다. 그러나 잊지 말아야 할 것은, **현존재가 실존적 존재로서 인간이 의미호흡을 할 때는 각자의 의미를 호흡하지만, 생물학적 생명체로서 산소호흡 할 때는 동일한 성분의 산소호흡을 한다는 사실**이다. 이런 이유에서 나는 하이데거의 실존철학에 반대한다. 어쨌건 하이데거는 이런 자기 초월적 유한성을 현존재라고 불렀다. 그것은 가능성으로서는 무한자이고 현실성으로서는 유한자다. 하이데거 철학은 '무한이 아닌 무한의 철학'이다. 현존재는 가능적 무한자라고 했다. 이 가능적 무한의 관점에서 보면 이 무한은 신적인 무한성과 같은 자기동일적 무한성이 아니다. 하이데거는 적어도 전기 사상에서는 현상학자로서 그런 무한성의 개념을 거부한다. 칸트는 선험철학의 입장, 즉 인식의 가능성 근거를 인식에 앞서서 검토해보는 입장에서 인정할 수 있는 무한은, 우리가 단위를 계속 보태어가면서 **그 양이 증가하는 것을 직관할 수 있는 무한**이라고 생각했는데, 현상학자인 하이데거는 그것을 받아들인다. 신

27) 사르트르는 이런 인간 실존을 '그것이 아닌 바의 것'이라고 표현했다(J. P. Sartre, *Being and Nothingness*, trans. Hazel E. Barnes, Philosophical Library, New York, 1956, p. 168 참조).

적인 무한성을 거부하고, 그가 받아들인 무한은 가능적 무한이다. 『존재와 시간』의 하이데거 철학은 '무한(신적인 무한)이 아닌 무한(인간적 무한)'의 철학이다. **하이데거는 때로는 가능적 무한자인 현존재의 유한성에 초점을 맞춘 사유를 하기도 하고, 때로는 현존재의 무한성에 초점을 맞춘 것으로 보이기도 한다.** 어디에 초점을 맞추든 하이데거가 말하는 현존재는 결국 자신의 실존적 삶에 의해 구축된 자기만의 의미의 세계에 갇혀서 그곳으로부터 벗어나지 못한다. 이런 점에서는 칸트의 선험적 주관도 비슷하다. 『순수이성비판』에서 다루어지는 선험적 자아 역시 가능한 경험의 세계를 벗어나지 못한다. 그러나 그 한계를 벗어나는 길을 『실천이성비판』에서 보여준다. 칸트나 하이데거는 주관과 객관의 상호 공속성을 처음부터 인정하고 들어가면서 현존재(자아)가 세계이고 세계가 현존재이기에, 자아가 세계로 나아갈 이유가 없으니 신의 도움을 청할 일은 없었지만, 데카르트의 코기토는 자기 의식 내부에 갇혀버리며, 그 의식 내부에 머무는 한, '방법적 회의'의 과정에서 의식에 친 괄호를 스스로의 힘으로는 벗길 수 없게 되어 절대로 사물존재에로 다가갈 수가 없었다. 그리하여 그는 선량한 신의 도움으로 의식에 쳐진 괄호를 벗기면서 의식 바깥으로 외출하게 된다. 이 점에서 그 두 사람은 데카르트와 다르다. 그런데 칸트와 하이데거도 차이가 있다. 칸트가 주관과 객관의 상호 공속성을 인정할 때, 그 주관은 선험적 주관이어서 세계도 선험적으로 구성된 세계였으며, 따라서 만인에게 동일한 세계였다. 그러나 하이데거가 주관과 객관의 상호 공속성을 말할 때의 주관은 실존을 그 본질로 하는 현존재였기에, 그 현존재에 의해 구축된 세계는 각자성의 세계다. 이 점이 칸트와 하이데거의 다른 점이다. 이런 의문이 들 수가 있다.

칸트나 하이데거 두 사람 모두 주관을 가능적 무한자로 보았다면, 왜 칸트에게서는 선험적 주관의 대응자가 되는 세계가 만인에게 동일한 세계가 되고, 왜 하이데거에서는 현존재의 대응자가 되는 세계가 각자의 세계가 되는가?

그 차이는 어떻게 설명될 수 있는가? 이 질문은 다음처럼 해결될 수 있다. 칸트의 가능적 무한은 선험적 주관인데, 이것은 만인에게 동일한 주관이며, 이 주관은 국적도 나이도 태어난 시기도 없다. 칸트는 유로서의 인간을 자기 사색의 중심에 두었다. 그는 인간을 그 일반성에서 고찰한다. 그렇게 고찰될 때, 인간은 가능적 무한자이지만, 이런 식으로 고찰된 가능적 무한자가 서 있는 헤아림의 출발점이 추상성 속에서 모든 사람에게 똑같다. 그러나 하이데거의 가능적 무한은 현존재인데, 태어난 장소와 시기와 그가 처한 역사 문화적 상황이 현존재마다 모두 다르다. 이런 현존재는 헤아림의 출발점이 구체적이며 사람마다 다르다. 비유적으로 말해서 어떤 사람은 헤아림의 출발점이 1일 수도 있고, 어떤 사람은 100일 수도 있고 어떤 사람은 250일 수도 있다. 그리고 각자는 자신의 출발점에서 헤아림(탈자적 초월)을 해나간다. 그런 이유로 그들이 만들어가는 헤아림의 세계는 사람마다 다를 수밖에 없다. 그렇다면 이런 질문이 이어질 것이다.

하이데거가 실존의 본질을 실존론적으로 해명하는데, 실존론적 차원에서 본다면, 실존적 차원에서 출발점이 각기 다른 실존자들의 공통성이 말해져야 할 것이고, 결국 현존재일반은 가능적 무한자로 규정되어야 할 것이 아닌가? 그렇게 되면 현존재일반에 대응하는 세계는 공통적인 세계가 되어야 할 것이 아닌가?

그렇다. 그 세계의 구조는 칸트가 그려내는 세계 — 이 세계는 수학적 · 물리적 세계다 — 와는 다른 방식으로 모든 인간에게 동일한 세계다. 이 세계는 불안과 권태와 잡담과 경외의 감정이 지배하는 세계이며, 유한성, 일회성, 각자성, 우연성이 지배하는 세계다. 모든 현존재에게 이 사실은 공통적으로 타당하다는 점에서 모든 현존재에게 즉 현존재 일반에게 적용되는 세계다. 이 세계를 지배하는 범주적 공통성을 하이데거는 '실존범주'로 명명했다. 사물범주는 그 현존(Dasein, 차이성)을 본질(Sosein, 공통성)의 이름으로 화형시킬 때 사용하는 범주라면, 실존범주는 현존재에게서 본질을 빼내는 데 사용되는 범주다.

13장

하이데거 존재사유의 유용성과 무용성

1. 존재사유와 과학의 발전
2. 존재사유와 나치 참여
3. 존재사유와 한나 아렌트
4. 존재사유와 사이비 선지자

1.
존재사유와 과학의 발전

나는 존재사유가 우리로 하여금 삶의 의미 문제에 대해 깊이 생각해 보게 함으로써 나를 가장 근원적인 의미에서 나답게 만들어준다는 것 말고, '존재사유의 효용성'이 무엇인지 모르겠다. 첫째로, 위에서 말했듯이 존재사유는 과학의 발전에 도움이 안 된다. 우리가 알고 있듯이 과학은 존재하는 것들의 전 영역을 나누어 영역별로 탐구한다. 그러므로 천문학의 원리는 생물학에 사용될 수 없고, 생물학의 원리는 물리학에 사용될 수 없다. 각각의 학문들의 원리는 제한적인 타당성을 가진다. 그러면 하이데거의 '존재'는 모든 영역별 존재자들을 넘어서서 두루 적용되므로, 그 '존재'의 의미를 깨우치게 되면, 그 의미는 모든 영역별 존재자의 탐구에 도움을 주는가? 그러나 유감스럽게도 불안을 통해 드러나는 하이데거식의 '존재' 해명은 과학적 탐구에 아무런 도움도 제공하지 못한다. 이는 성철 스님이 돈오돈수의 우주적 깨우침을 얻었어도 과학의 발전에 아무런 도움을 줄 수 없는 것과 마찬가지다. 하이데거는 자신은 존재자의 존재의 '원리'를 밝히려 한 것이 아니라, 존재의 '의미'를 해명하는 것을 목표로 삼았다고 말할 것이다. 그렇다면, 존재의 의미가 아니라 존재의 원리를 영역별로 나누어 과학적으로 탐구하려는 과학에 대해 '과학은 사유하지 않는다'고 몰아붙이면서 과학을 비난할 이유는 없다. 하이데거는 과학이 존재의 의미를 사유하지 않는다고 비판하지만, 과학은 철학이 존재자의 사실을 탐구하지 않는다고 비판할 것이다. 하이데거는 이런 비판을 이미 예상하고 이렇게 말한다.

> 1. 사유는 과학들이 그러한 것처럼 어떤 지식에 결코 이르지 못한다. 2. 사유는 유용한 삶의 지혜를 결코 가져다주지 못한다. 3. 사유는 세계의 수수께끼를 결코 풀지 못한다. 4. 사유는 행동할 수 있는 힘을 직접적으로 제공해주지 못한다. 우리가 사유를 이러한 요구 밑에 종속시키는 한, 우리는 사유를 지나치게 높이 평가하고 사유에게 지나친 것을 요구하게 되는 것이다.[1]

그렇다면 과학자도 하이데거에게 과학에 너무 많은 것을 기대지 말라고 할 것이다. 하이데거는 근대과학의 기초가 된 수학에 대해서도 호의적이지 않은 태도를 보인다. 하이데거가 보기에 수학적-기하학적 공간은 현존재가 생활세계 속에서 느끼고 부여하는 의미 공간을 추상화해버린 계산적 공간이다. 그것은 과학자들이 만들어낸 공간인데, 그 공간에 선행해서 우리가 삶 속에서 부닥치며 만나는 생활세계적 공간과 시간이 더 근원적 공간이요 근원적 시간이라고 그는 생각한다. 그러나 플라톤은 하이데거의 이런 생각에 절대 동의하지 않을 것이다. 가령 우리가 들판에서 동네 사람

1) 『사유란 무엇인가』, 276쪽.

과 토지의 구획 문제로 다투면서 만나게 되는 구불구불한 모습의 육각형의 토지문제에는 우리들의 감정과 분노와 의미가 묻어있는 육각형 모양의 토지다. 그러나 그 토지의 육각형의 면적을 계산하여 토지분쟁을 정의롭게 조정하려면, 우리는 발전된 기하학의 지식을 이용해야 할 것이다. 우리가 한 변이 35.6미터가 되는 정삼각형을 너른 땅 위에 그려서, 그려진 만큼 자신의 소유로 삼는다고 해보자. 사람들은 각기 다른 면적의 삼각형을 그릴 것이다. 그들이 그린 삼각형은 그들에게 자신의 소유물의 면적을 눈으로 확인하게 해주는 의미가 있다. 그러나 그들의 진리 중에 어느 것이 진리인가를 결정할 기준을 그들 내부에서는 찾을 수가 없다. 플라톤이 지적하는 바가 바로 이것이다. 우리가 진리를 탐구함에 있어서 생활세계의 구체성과 감정을 개입시키면, 객관적인 진리에 도달하지 못한다는 것이다. 플라톤에 의하면 현상계는 각자에게 의미를 주는 세계이지만 객관적인 진리의 세계가 되지 못한다. 그런 이유로 플라톤은 수학과 기하학을 중시했다. 생활세계적 공간은 물리학적 공간에 비해 감각적으로는 우리에게 가깝지만, 이성의 눈으로 보면 우리로부터 물리학적 공간보다 더 멀리 있다.

강학순은 계산적 사고의 문제점을 몇 가지 지적한다. 그는 첫째로, 계산적 사고가 사유생태계의 다양성을 훼손하고 단일적 사고의 지배를 초래한다고 말한다. 둘째로, 계산적 사고는 이성의 본질적 능력을 배제하거나 다양한 능력을 축소시킨다. 셋째로, 계산적 사고는 인간의 사유능력을 무력화할 수 있다. 넷째로, 계산적 사고는 삶과 역사를 배제한다. 계산적 사고는 삶과 역사의 질적 차원(의미, 가치, 본질, 근원)을 파악할 수 없다.[2)] 그러나 사유생태계의 다양성을 훼손하는 것은 계산적 사고가 아니라, 계산적 사

---

2) 강학순, 『하이데거의 숙고적 사유』(파주: 아카넷, 2021), 282쪽 참조.

고의 결과물에 환호하는 인간들이 계산적 사고만 인정하기 때문이다. 하이데거식의 숙고적 사유가 계산적 사고의 부작용 — 그런 것이 있다면 — 으로 고통받는 인간들을 치유할 수 있음을 보여주는 것이 필요하다. 계산적 사고는 삶의 의미와 가치에 대해 말하지 않는다고 말한다. 그러나 이는 원래 계산적 사고의 능력 바깥에 있는 문제를 풀라고 요구하는 것이나 마찬가지다. 과학은 삶과 역사의 의미 문제를 다루지 않는다. 그리고 계산적 사고가 인간의 숙고적 사유능력을 무력화한다고 하는데, 그렇다면 숙고적 사유는 인간의 계산적 사고능력을 무디게 만들 것이다.

2.
존재사유와 나치 참여

발터 비멜(Walter Biemel, 1918-2015)은 하이데거의 나치 참여라는 정치적 과오에 대해 이렇게 하이데거를 변호한다.

> 1933년에 저지른 정치적 오류는 오래 지속되지 않았다. (…) 하이데거의 명성을 더럽히기 위해 그것을 맹렬히 비난하는 것은 천박한 짓이다. 그 오류가 그의 철학적 사유의 결과였다면, 그 사유 자체는 오류의 수정과 함께 종결된 것이다.[3]

하이데거가 프라이부르크 총장직에 임명되면서 나치에 동조하긴 했지만, 그는 1년 만에 총장직을 그만두면서 나치 지지를 철회했기에, 그것으로써 하이데거의 나치 참여는 잠시 동안의 탈선이요, 철학적으로 큰 의미를 갖

---

3) W. Biemel, *Martin Heidegger: an Illustrated Study* (1973), London: Routledge and Kegan Paul, 1977, p. xii; 제프 콜린스, 『하이데거와 나치』(이경현 옮김, 서울: 이제이북스, 2004), 19쪽에서 재인용.

는 사건이 아니라는 것이다. 물론 하이데거는 나치당의 요구에 대항하기도 했다는 것도 사실이다. 지젝(Slavoj Žižek, 1943-)도 하이데거를 우리가 쉽게 범죄화해서는 안 된다고 주장한다.

> 하이데거의 나치 가담이 단순히 일시적인 실수가 아니라 바로 그의 핵심사상과 일치함을 증명하려는 자유주의 비평가들의 강박에는 심히 증상적인 것이 있다.[4)]

> 하이데거의 사상을 직접적으로 범죄화하자는 요청, 그를 학술문헌 목록에서 완전히 배제하자는 끈질긴 요청에 맞서 우리는 그가 진정한 철학적 고전임을 주장해야 한다.[5)]

그러나 지젝의 글을 읽어보면, 그가 하이데거를 범죄화 하지 말자는 권유를 하는 것에 불과함을 알게 된다. 물론 우리는 하이데거를 마녀재판 하듯이 범죄화해서는 안 될 것이다. 그러나 하이데거의 나치 참여를 묻어버릴 수는 더더욱 없는 일이다. 비멜이나 지젝처럼 하이데거의 나치 행적을 옹호하는 것은 경박한 짓이다. 나는 하이데거가 20세기의 가장 영향력 있는 사상가 중의 한 사람이라는 주장에는 동의하지만, 그의 사상 자체가 대단하다는 생각에는 동의하지 않는데, 어쨌건 하이데거가 위대한 사상가라 하더라도 그의 나치 참여는 정당하게 역사적 심판을 받아야 한다. 유야무야하면서 덮고 넘어가기에 그의 과오는 크고도 깊다.

---

4) 슬라보예 지젝, 『왜 하이데거를 범죄화해서는 안되는가』(김영선 옮김, 파주: 글항아리, 2016), 29쪽.

5) 슬라보예 지젝, 『왜 하이데거를 범죄화해서는 안되는가』, 36쪽.

하이데거의 제자들은 나치에 가담한 그의 정치적 활동과 철학을 분리하려고 무단히 시도했지만, 그들의 시도는 정설로 쉽게 인정되지 않는다. 하이데거의 저서 곳곳에 국가사회주의에 대한 동경은 남아 있다. 그는 1966년 독일 시사잡지 『슈피겔』(*Der Spiegel*)과의 대담에서 국가사회주의의 이상을 그대로 간직하고 있음을 밝혔다. 지도자들의 근시안적 사고가 나치의 실패를 가져왔고, 그 당시가 진정한 국가사회주의가 싹틀 수 있는 시대적 전환기로 자신이 착각했다는 것이다.[6]

존재사유는 세계사의 흐름을 주도하는 존재역운에 대한 우리들의 판단력을 증진시키는 것 같지 않다. 20세기 유럽철학을 대표하는 사상가가 12년에 걸쳐 600만 명의 유대인을 학살한 정치집단의 선두에 섰었다는 사실 자체는 하이데거 철학의 본질에 찍혀있는 지워지지 않는 낙인이다.

히틀러(A. Hitler, 1889-1945)는 유럽문명의 위기에 대한 공포감을 갖고 있었다. 쇼펜하우어와 니체의 의지의 철학이 그에게 매력적으로 다가갔다. 그는 레닌의 방법론을 연구했고 스탈린의 강력한 실천력에 찬사를 보냈다. 히틀러는 유럽 문명의 위기와 쇠퇴 원인은 '금권적 자본주의'(plutocratic captalism)에 있으며, 금권적 자본주의는 유대 민족의 사상에 그 뿌리를 내리고 있다고 믿었다.[7] 하이데거도 히틀러와 마찬가지로 유럽 문명의 위기에 대한 걱정을 했다. 히틀러 시절의 독일인들은 히틀러의 대중 선동술에 냉철하게 대응하지 못했다. 그러나 하이데거는 대중이 아니다. 그는 시대의 지도적 철학자였다. 그는 시대의 흐름을 냉철하게 파악했어야 했다. 그랬더라면 하이데거가 나치에 동조하지 않았을 것이다. 하이데거는 1933년에

6) 이상하, 『상황윤리』(서울: 철학과 현실사, 2007), 287쪽.

7) 이상하, 『상황윤리』, 286쪽 참조.

히틀러 치하에서 프라이부르크 대학 총장이 되면서 「독일 대학의 자기 주장」이라는 강연을 한다. 그 강연을 통해 나치의 선봉장으로서의 본색을 드러낸다. 그는 나치의 정식 당원이었으며, 총장이 된 후 다른 교수들을 서슴없이 고발했을 정도로 열렬하게 나치에 헌신했다. 히틀러를 보는 하이데거의 안목은 형편없었다. "하이데거는 히틀러를 보면 생각이 멈춰버렸을 뿐만 아니라 — 1945년 프라이부르크 대학 정화위원회에서 진술했듯이 — 히틀러를 믿었다."[8] 하이데거는 회고담에서 자신을 현실정치에 대한 냉철한 성찰과 사회적 책임을 다한 사람으로 묘사한다. 그러나 그는 히틀러에 대해 맹목적인 지지를 보낸다. 1933년 6월에 야스퍼스는 하이데거에게 히틀러처럼 교양 없는 사람이 독일을 통치하는 현실을 개탄하는 불만을 토로한다. 이에 하이데거는 "교양 따위는 전혀 중요하지 않아요 (…) 그저 그 사람의 멋진 두 손을 보세요!"라고 말했다고 야스퍼스는 자신의 자서전에서 밝히고 있다.[9] 하이데거의 제자였던 요나스(H. Jonas, 1903-1993)는 하이데거의 존재사유가 그의 나치참여와 유관함을 이렇게 설명한다.

> 요나스는 하이데거를 대신해 서게 된 학회 연단에서 스승의 존재사유가 나치 정치 참여로 이끌 수밖에 없었음을 명시적으로 밝힌다. 요나스에 의하면 하이데거의 존재사유는 존재의 부름에 응할 것을 요구함에도 정작 그 부름에 어떻게 응답할지 그 규범을 제시하지 않는다. 종국에 그 응답을 제시하는 것은 그 시대의 주류 이데올로기, 총통의 법

---

8) 뤼디거 자프란스키, 『하이데거, 독일의 철학거장과 그의 시대』(박민수 옮김, 서울: 북캠퍼스, 2017), 393쪽.

9) 뤼디거 자프란스키, 『하이데거, 독일의 철학거장과 그의 시대』, 393-394쪽 참조.

일 수밖에 없다.[10]

박찬국에 의하면 하이데거는 죽기 10년 전에도, 나치 운동을 정화하기 위해서 당시의 모든 양심적인 세력이 일치단결했더라면 역사의 흐름을 뒤바꿔놓았을 것이라고 믿고 있었으며, 잘못은 나치 운동의 근본 대의를 더럽힌 히틀러와 그 추종세력에게 있는 것이지 자기처럼 순수한 마음으로 나치 운동에 헌신한 사람에게 있는 것은 아니라고 생각했다고 한다. 하이데거가 인정한 자신의 잘못은 히틀러라는 범죄자에 대해 허황한 기대를 걸었다는 것 정도다.[11]

하이데거는 자신의 과오에 대해서도 이런저런 변명으로 일관했으며, 솔직하게 인정하지도 않았다. 하버마스는 이 점을 통렬하게 비판하고 있다. 하이데거는 나치 정권이 종말을 맞이한 후에도 그렇게나 많은 글을 남긴 하이데거가 자신의 커다란 정치적 과오에 대해 단 한 줄의 문장으로도 고백하지 않았으며, 자신이 대학의 총장으로서 히틀러를 지지한 것을 대학의 사소한 음모들을 꾸며대는 하수인의 입장에서 자신에 대한 면죄부를 스스로 발급하면서 자신의 죄를 회피했다.[12] 하이데거의 제자였던 마르쿠제(H. Marcuse, 1898-1979) 역시 하이데거에게 보낸 편지에서 스승의 폐부를 찔러버리는 비판을 감행한다.

그러나 선생님께서는 1933년에서 1934년 사이에 나치 체제를 극렬하

10) 리처드 월린, 『하이데거, 제자들 그리고 나치』(서영화 옮김, 서울: 경희대학교 출판문화원, 2021), 432쪽.

11) 박찬국, 『하이데거와 나치즘』(서울: 문예출판사, 2001), 375쪽 참조.

12) Jürgen Habermas, *Der philosophische Diskurs der Moderne*, p. 181 참조.

게 지지했기 때문에 여전히 많은 사람들의 눈에는 나치 체제를 무조건 지지하는 사람으로 간주되고 있습니다. 선생님이 나치 체제를 얼마나 열렬하게 지지했는지에 대해서는 선생님의 연설과 글 그리고 행동이 증명하고 있습니다. 선생님은 그것들을 한 번도 취소한 적이 없었습니다. 1945년 이후에도 말입니다. 선생님은 '이제 나는 1933년에서 1934년에 가졌던 생각과 전적으로 다른 생각을 갖게 되었다'고 공식적으로 천명한 적이 없습니다. [⋯] 우리는 선생님으로부터 오랫동안 한마디 말씀을 기다려왔습니다. 그동안 일어난 사태에 대해서 선생님이 오늘날 가지고 있는 입장을 솔직하게 표명하는 한마디 말씀 말입니다. 그러나 선생님은 사적인 자리에서도 그러한 말씀을 하지 않았습니다.[13]

왜 하이데거는 나치를 지지했던 자신의 글과 행동들에 대해 취소하거나 사과하지 못했는가? 아니 사과하지 않았는가? 그 이유는 하이데거 철학의 본질 안에 나치즘이 각인되어 있기 때문이다. 마르쿠제는 1948년에 하이데거에게 또 다른 편지를 보낸다.

철학자는 정치적 문제에 관해 속을 수 있다. 이 경우 그는 자신의 실수를 공개적으로 인정할 것이다. 그러나 그는 단지 유대인이라는 이유만으로 수백만 명의 유대인을 죽인 정권, 테러를 일상적인 일로 만든 정권, 그리고 정신, 자유, 진리의 이념과 관련된 모든 것을 피비린내 나는 정반대의 것으로 바꿔버린 정권에 대해서는 속을 수가 없다. 다시 말해서 당신 자신이 그렇게 강력하게 해명하고 정당화했던 서구 전통을

---

13) 박찬국, 『하이데거와 나치즘』, 333쪽에서 재인용.

상상할 수 있는 모든 면에서 완전히 희화화한 정권에 의해서는 속을 수 없다.[14]

하이데거는 "나의 탐구 동반자는 젊은 루터(M. Luther, 1443-1546)였고, 모범은 그가 미워했던 아리스토텔레스였다. 동기는 키르케고르가 주었고, 나를 눈뜨게 한 것은 후설이었다"[15]고 말했다. 그러나 하이데거는 프라이부르크 대학 총장이 되면서 자신의 스승이었던 후설이 철학과의 도서관을 이용하는 것을 금지시켰다. 후설은 하이데거가 나치당에 입당하는 것을 보고 또 총장으로서 대학에 유대인들이 출입하지 못하게 하는 법령을 충실하게 시행하는 것을 목격하면서 "내 실존의 가장 깊은 뿌리를 뒤흔들었다"고 말했다.[16]

박찬국은 하이데거의 나치 참여를 "그의 사상과 무관한 일시적 오류가 아니라, 오히려 그의 사상의 본질적인 성격이 가장 구체적으로 노정된 사건"으로 본다.[17] 하이데거는 중요한 것은 자신의 삶이 아니라 자신의 작품이라고 했다.[18] 자신의 과오를 솔직하게 인정하지 않고 비겁한 방식으로 숨기는 것으로 보인다. 그렇지만, 실존철학자에게는 자신의 작품 못지않게 자신의 삶도 중요하다. 갈릴레이는 천동설을 주장했지만 교회의 압력을 받고 천동설을 철회한다. 갈리레이는 과학자다. 그래서 그의 처신은 비난으로부터 면제된다. 과학적 진리를 발견하기 위해 불철주야 연구하면서

14) 리처드 월린, 『하이데거, 제자들 그리고 나치』, 73쪽에서 재인용.

15) 『존재론』(이기상 · 김재철 옮김, 서울: 서광사, 2002), 22쪽.

16) 리처드 월린, 『하이데거, 제자들 그리고 나치』, 77쪽 참조.

17) 박찬국, 『하이데거와 나치즘』, 26쪽.

18) 박찬국, 『하이데거와 나치즘』, 27쪽 참조.

목숨을 거는 사람은 있을 수 있지만, 이미 발견된 과학적 진리를 위해 목숨을 걸 필요는 없다. 수산화나트륨(NaOH)과 염산(HCl)이 화학반응을 하면 물과 소금이 만들어진다는 화학의 진리를 고수하기 위해 과학자가 목숨을 거는 것은 어리석은 일이다. 그래서 갈릴레이는 자신의 목숨을 지킨다. 과학의 진리는 일단 발견된 이상 그 발견자와 무관하다. 그러나 조르다노 부르노(G. Bruno, 1548-1600)는 끝까지 천동설을 고수하다가 화형을 당한다. 그는 과학자가 아니었고 철학자였으며, 자신의 철학을 위해 목숨을 걸었다. 철학의 진리는 그 진리를 주장하는 철학자의 삶에 의해 드러나 보여야 한다. 더욱이 실존철학자의 경우라면 말할 필요도 없다. 부르노는 실존적 삶을 살았지만, 실존철학자는 아니었다. 그런데 실존적 삶을 강조하고 그러한 삶의 본질을 연구한 실존철학자이기도 한 하이데거가 나치를 지지했던 자신의 심대한 과오를 이렇게 부정한다는 것은 자신의 실존을 부정하는 것이나 다름없다. 자신의 실존을 부정하지 않고서야 어떻게 그런 태도를 보일 수 있겠는가? 하이데거의 존재사유는 세상이 어떻게 돌아가는지도 모른 채 세상에 대해 적실성 없는 충고를 하는 시대착오적 도인의 사유처럼 보인다. 나는 이런 점에서 리처드 월린의 다음과 같은 말에 유보 없이 동의한다.

> 하이데거는 이러한 터무니 없는 20세기의 산업화된 대량 살상이 된 죽음의 수용소를 결코 공개적으로 비판하지 않아, 그에 대한 신뢰를 떨어트렸다. 더욱이, 이 문제에 대한 그의 철학적 성찰은 근시안적이고 대체로 핵심을 벗어나 있었다. 그의 견해에 따르면, 나치의 대량학살 정치는 '기술'의 폐해, '근대 세계상'의 왜곡, 후기 데카르트의 '의지에의 의지', 또는 존재 망각에서 기인하는 것이었다. 따라서 그의 뒤틀

린 '메타 형이상학적' 설명은 명백한 것을 제외한 모든 것을 강조했다. 시작부터 독일 역사 발전의 특이성과 왜곡이 나치즘의 정치적 성공을 가능하게 했다는 명백한 점을 제외하고 말이다.[19]

한나 아렌트(H. Arendt, 1906-1975)는 홀로코스트의 가해자들이 행정적으로 대량 살육을 하는 거대한 기계의 톱니바퀴처럼 행동하는 것을 보면서 그들의 무사유와 악의 평범성과 관료적 순응주의를 문제 삼았다. 아렌트가 보기에 가해자들은 보헤미안도 모험가도 영웅도 아니었다. 그들은 단지 직업적인 안정과 승진을 추구하는 가정적인 남자들이었다. 아렌트는 그들이 보여주는 무사유와 악의 평범성을 설명하기 위해 하이데거의 비본래성을 꺼내 들었다.[20] 그러나 본래성의 삶을 그토록 강조했던 존재사유의 철학자 하이데거가 바로 나치 정권의 동조자가 되어 그런 비본래성의 삶을 살았다는 것은 아이러니다. 마르쿠제는 「전체주의적 국가관에서 자유주의에 대한 투쟁」(1934)에서 하이데거의 철학과 나치즘은 반자유주의적 세계관을 공유하고 있음을 지적했으며, 그는 하이데거가 고전 독일철학이 진척시킨 '이성의 자율성'이라는 칸트적 이념을 의식적으로 포기한 것이 결정적인 잘못이라고 평가한다.[21]

하이데거와 같이 존재론의 새로운 길을 모색했던 하르트만은 침착함과 냉정함으로 나치가 득세하던 시절의 사악한 정치와 거리를 두면서 철

---

19) 리처드 월린, 『하이데거, 제자들 그리고 나치』, 74쪽.

20) 리처드 월린, 『하이데거, 제자들 그리고 나치』, 155-156쪽 참조. 아렌트는 애증이 교차하는 평생의 연인이었던 하이데거가 나치 앞잡이 노릇을 한 것에 대해 그 의미를 최소화하고 정당화하기 위해 많은 노력을 기울였다(엘즈비에타 에팅거, 『한나 아렌트와 마틴 하이데거』, 황은덕 옮김, 부산: 산지니, 2013, 26쪽 참조).

21) 리처드 월린, 『하이데거, 제자들 그리고 나치』, 428쪽 참조.

학자로서의 모범을 보였다.

> 그(하르트만)의 기질은 아리스토텔레스보다야 못하지만 헤겔보다는 훨씬 더 침착했다. 이것이 왜 그가 30년대와 40년대에 베를린에서 그 시대의 폭풍의 중심지에서 살면서도 거기에 휘말리지 않고서 그 폭풍을 뚫고 자신의 길을 갈 수 있었던가 하는 이유를 설명해준다. 나치 정권 시대 동안 그는 정치적인 투쟁에 적극적으로 참여하지 않았다. 그는 새로운 정부를 위한 혹은 반대하는 어떤 윤리적인 원리라는 이름으로 공개적인 입장을 취한 점이 한 번도 없었으며 이것이 그가 상처 하나 입지 않고 살아 남을 수 있게 된 이유다.[22)]

나는 하르트만이 나치즘 운동에 휩쓸리지 않은 것은 그의 과학친화적 철학을 가능하게 했던 그의 냉정함 덕택이며, 하이데거가 나치 운동에 휩쓸려 철학자로서 씻을 수 없는 오명을 남기게 된 것은 그가 칸트적인 자기 통제로서의 자율성의 개념을 버리고, 그 대신 문학 친화적인 철학의 배양판이 되어주었던 그의 근본기분 때문이었을 것이라고 생각한다.[23)]

---

22) 리처드 스피겔버그, 『현상학적 운동 1』, 342쪽.

23) 하이데거에 의하면 현존재는 세계-내-존재로서 항상 어떤 기분상태에 놓여 있으며, 그 기분상태를 통해 자신의 고유한 세계를 열어간다. "기분 잡혀 있음 속에서 현존재는 언제나 이미 기분에 따라서 현존재가 그의 존재에서 그 자신이 실존하면서 존재해야 하는 그 존재로서 떠맡겨진 그런 존재자로서 열어 밝혀져 있다."(『존재와 시간』, 이기상 옮김, 서울: 까치, 1998, 187쪽) 하이데거의 이런 생각은 키르케고르가 인간이 실존적으로 살아가고 사유하기 위해서는 파토스에 빠져보아야 한다는 말을 연상시킨다. 키르케고르가 말하는 '파토스'는 열정, 감정, 기분을 아우르는 말이다.

3. 존재사유와 한나 아렌트

존재사유가 일종의 깨우침의 체험이라면,[24] 그런 사유는 현존재가 이런저런 권력욕이나 금전욕이나 애욕으로부터 흔들리는 것을 막아 주어야 할 것이다. 그러나 그렇지도 않은 것 같다. 그랬더라면 하이데거가 한나 아렌트와의 염문을 만들지 않았을 것이다. 오히려 하이데거는 나중에 한나 아렌트와의 밀애가 없었더라면 『존재와 시간』을 쓰지 못했을 것이라고 말한다.[25] 한나 아렌트는 1924년에 18세의 나이로 하이데거에게 철학을 배우러 마르부르크로 갔다. 그때 하이데거는 35세로 아내와 두 아들을 둔 가

---

24) 헴펠에 의하면 우리가 선적(禪的)인 깨우침을 얻게 되면, 기독교나 플라톤이 보여주는 세계상의 어리석음으로부터 해방된다고 한다. 신이 세계를 창조했기에 세계는 시작과 끝을 가진다든지, 차안이 아닌 피안이 있어서 인간들은 저세상에 이르기 위해 버둥거리며 삶을 영위한다든지 하는 어리석은 생각을 버리게 된다. 선의 명상 속에서 우리를 가상과 그릇된 욕망과 비진리의 세계에 묶어버리는 이원론이 폐기되고 '텅 비어 있음' 즉 무가 경험된다. 헴펠은 이런 점에서 하이데거의 사유가 선(禪)의 경험과 유사성을 갖는다고 생각한다(한스 페터 헴펠, 『하이데거와 선』, 이기상 · 추기연 옮김, 서울: 민음사, 1995, 227-228쪽 참조).

25) 뤼디거 자프란스키, 『하이데거: 독일의 철학 거장과 그의 시대』, 243쪽 참조. 하이데거가 아렌트와 밀애를 시작할 때는 『존재와 시간』을 마무리할 무렵이었다(엘즈비에타 에팅거, 『한나 아렌트와 마틴 하이데거』, 14쪽 참조).

장이었다. 하이데거와 아렌트의 밀애는 아렌트가 마르부르크로 온 바로 그 해부터 시작되었다.[26] 아무래도 선생이 어린 학생을 꼬드긴 것으로 보일 수밖에 없다. 리처드 월린은 단정적으로 말한다.

> 하이데거와 아렌트의 관계는 다정함이 없는 것은 아니었지만, 심하게 착취적이었던 것으로 보인다. 그들의 나이, 사회적 지위, 그리고 배경에 차이가 있었음을 감안할 때, 그렇지 않았을 가능성이 거의 없었을 것이다. 둘의 관계를 시작한 것은 하이데거였다. 감수성이 예민한 열여덟 살의 아렌트는 자신보다 거의 두 배나 나이가 많은 남자가 체현하고 있는 가공할 만한 정신을 경이로워했다.[27]

하이데거는 18세의 어린 소녀에게 완벽한 밀애의 지침까지 만들어 교육시켰다.

> 하이데거는 관계의 규칙을 제시하고 한나는 그것을 지켰다. 가장 중요한 것은 엄밀한 비밀유지였다. 그의 아내만이 아니라 대학과 소도시의 어느 누구도 이 관계를 알아서는 안 되었다. 하이데거는 한나에게 지극히 암시적인 편지를 보내 "다음번 만날 장소와 시간을 분 단위로 정확히 알려주었고 자신이 혼자 있는지 여부를 알리는 전등 점멸의 신호와 더불어 몇 가지 안전 수칙과 지침을 전달했다."(에팅어) 한나는 모든 지시에 순종했다.[28]

---

26) 뤼디거 자프란스키, 『하이데거: 독일의 철학 거장과 그의 시대』, 237, 788쪽 참조.

27) 리처드 월린, 『하이데거의 제자들 그리고 나치』, 119쪽.

28) 뤼디거 자프란스키, 『하이데거: 독일의 철학 거장과 그의 시대』, 240쪽, 인용문 안의 인용문은

하이데거는 노년에 한나 아렌트를 만나보기를 원했으며, 아내의 허락하에 그들 부부는 한나를 만난다. 하이데거가 아렌트를 만나기 원했는데, 그 만남을 우리는 세 가지 각도에서 볼 수 있을 것 같다. 첫째로 옛 연인에 대한 사랑의 감정이 남아 있었다고 보는 것이다. 하이데거가 늙어서도 한나 아렌트를 맘에 품고 있었다는 것으로 미루어볼 때, 한나 아렌트는 하이데거에게 지나가는 여자는 아니었던 것 같다. 하이데거는 한나 아렌트를 가볍게 대하지 않았다는 것이다. 비록 사제 간이었지만 그들은 서로를 진정으로 사랑했을 수가 있다. 그러나 하이데거는 세상의 윤리 · 도덕으로부터 벗어나지도 못했고, 자신의 실존적 결단에 충실하지도 못했던 것으로 보인다. 그뿐만 아니라, 생의 황혼기에 평생 자신에게 헌신한 아내와 함께 한나 아렌트를 만나는 행동은 존재를 화두로 붙잡고 평생 사색한 사상가의 행동으로서는 부적절한 것이다. 하이데거의 아내는 과연 그 자리가 편했을까? '몰래 만나는 것보다 낫지 않는가?'라고 생각할 수도 있다. 그러나 하이데거의 아내는 자신의 남편이 늙어서까지 제자였던 옛 연인을 잊지 못하고 평생 그 연인을 생각하며 — 그것이 연모의 감정이든 원망의 감정이든 오해의 감정이든 간에 — 살았다는 것을 확인했을 것이다. 그 만남의 자리는 하이데거에게는 자신의 옛 연인에 대해 가지고 있었던 아쉬움을 해결하는 자리가 되었을지 모르지만, 자신의 아내에게는 평생의 동반자였던 자신의 남편에 대한 감정이 뒤죽박죽이 되어버린 자리였을 것이다. 아렌트의 재등장은 하이데거에게도 혼란을 초래하게 된다.

하이데거의 삶에 있어서 아렌트의 재등장은 그가 아내 일프리데와 아

자프란스키가 에팅어의 글을 인용한 것이다.

렌트, 두 사람 모두를 달래야만 하는 상황을 초래했다. 그래서 하이데거는 한 편지에서 아내의 사랑과 한나의 사랑 모두가 필요하다고 설명한 바가 있다.[29)]

세상의 평판과 아렌트에 대한 사랑 사이에서 보여주는 하이데거의 이중플레이는 키르케고르와 대비된다. 키르케고르는 레기네 올센과의 약혼 후 1년 만에, 세상의 비난을 무릅쓰고 그 약혼을 파기한다. 그리고 평생 독신으로 살았다. 그는 자신의 실존적 결단에 충실했다. 키르케고르는 헤겔이 사상의 궁전을 지어놓고 정작 자신은 그 궁전 옆에 있는 쓰러져 가는 오두막 집에서 살고 있는 사람과 같다고 비난했다. 실존철학자는 아무리 초라한 집이라도 자신이 그 속에서 살아갈 집을 지어야 한다. 하이데거도 키르케고르의 주장에 동의했다. 현존재는 진정성과 진실성을 갖고 각자의 세계를 구축해야 한다고 주장했다. 그러나 그는 헤겔식의 거대한 변증법의 철학적 궁전도 거부하고, 세상의 도덕 눈치를 보면서 자신이 강조한 실존적 진정성과 진실성 안에도 거주하지 못하는 머뭇거림을 보여주었다. 둘째로 나치즘 운동에 앞장섰던 자신의 전력으로 말미암아 독일 내에서 코너에 몰려 있었던 자신의 처지에서 타개책을 만들기 위해 아렌트를 이용했을 수가 있다.

아렌트와 하이데거는 1950년 그녀가 독일로 돌아왔을 때 화해했다. 재회 이후 아렌트는 그의 가장 혹독한 비평가에서 그의 가장 충실한 옹호자로 변모했다. 당시 하이데거는 독일 대학에서 생활하는 것을 금지당

---

29) 엘즈비에타 에팅거, 『한나 아렌트와 마틴 하이데거』, 125쪽.

한 채였다. 그의 명성은 나치의 협력자로서 가졌던 지위로 인해서 돌이킬 수 없을 정도로 손상되었으며, 그는 믿을 만한 홍보업자와 친선대사를 절실히 필요로 하게 되었다. 아렌트는 이 목적에 딱 들어맞았다. 국제적 명성을 가진 유대인 지식인이자 전체주의에 대한 주요 비평가로서 그녀의 지지는 하이데거의 나치즘과 관련된 집요한 비판을 막아내는 데 도움을 줄 수 있었다.[30]

에팅거도 이렇게 말한다.

하이데거로서는 아렌트의 용서가 필요했다. 아렌트의 용서는 그에게 덧씌워진 반유대주의의 혐의를 무죄로 만들고, 스스로의 온전한 도덕원칙 속에서 자신감을 회복하게 할 것이었다. (…) 하이데거가 확실하게 인식했듯이, 미국의 지성계에서 아렌트가 누렸던 특권은 하이데거를 위한 소중한 자산이 되었다.[31]

이 두 번째 경우는 하이데거와 그의 아내가 합심해서 아렌트를 이용한 것이 될 것이다.[32] 하이데거는 독일 치하의 12년간의 자신의 삶을 재해석하고 재기록하고 재창조하려고 온갖 노력을 기울였다. 하이데거는 "자신에게 부과된 혐의를 스스로 생각하는 진실로 바꾸기 위해 하이데거 부부는 함께 노력했다. 즉 하이데거를 나치 정권의 반대자, 공산주의에 항거한 투

30) 리처드 월린, 『하이데거 제자들 그리고 나치』, 140쪽.

31) 엘즈비에타 에팅거, 『한나 아렌트와 마틴 하이데거』, 19쪽.

32) 하이데거의 아내 역시 1920년부터 열렬한 나치 당원이었으며, 모든 사람은 만사를 제쳐두고 히틀러의 『나의 투쟁』을 읽어보아야 한다고 생각했던 골수 나치당원이었다(엘즈비에타 에팅거, 『한나 아렌트와 마틴 하이데거』, 18, 26쪽 참조).

사, 서구문명의 구원자, 정신적 저항의 지도자 등의 모습으로 묘사하려고 애썼다."[33] 하이데거의 아내는 이런 공동 노력의 일환으로 아렌트를 이용했을 수가 있다. 셋째로, 앞의 두 가지 의도를 다 가진 것일 수가 있다. 그러나 이 세 가지 중 어느 것이든, 하이데거는 아렌트와의 관계를 정상적으로 만든 것도 아니고, 정상적으로 마무리한 것도 아닌 것으로 보인다. 아렌트를 사랑하기도 했고 이용하기도 했던 하이데거가 필남필부의 도덕성에도 못 미치는 모습을 보여준 것도 실망스럽지만, 현존재의 본질이 실존에 있다고 말한 하이데거 밑에서 공부했음에도 불구하고 평생 하이데거의 그늘에서 벗어나지 못하고, 자신의 실존의 독자성을 확립하지 못한 채 철저하게 하이데거에게 예속시킨 삶을 살아간 듯이 보이는 한나 아렌트도 우리의 기대를 저버리고 있다.

나는 이제 마지막으로 하이데거의 인간미에 대해 언급하는 것으로 이 절을 마무리하고자 한다. 하이데거가 과학자였다면, 우리는 그가 인간적으로 실망스러운 인격의 소유자였다는 것을 알았다 하더라도 그의 과학적 업적을 외면할 필요는 없을 것이다. 그의 학문적 발견과 그의 인격은 별개의 것이다. 과학자들이 발견한 진리는 하이데거의 말대로 계산적 진리이기 때문이다. 그런데 하이데거가 실존철학자로 분류될 수 있건 없건 관계없이, 그는 존재의 진리를 주장한 사상가이고, 일부 연구자들이 주장하듯이 '도 닦음의 사상가'요 '깨우침의 사상가'가 되기를 원했다. 그러므로 우리는 당연히 그의 삶과 학문과 인격이 삼위일체가 되어 있을 것으로 기대할 수 있다. 그런 기대를 유발시킨 장본인은 하이데거 자신이다. 유명한 사찰의 주지 스님이 신자들 앞에서 온갖 좋은 설법을 베풀었는데, 정작 그 스

---

33) 엘즈비에타 에팅거, 『한나 아렌트와 마틴 하이데거』, 100쪽 참조.

님이 비구니 스님과 몰래 욕정을 불태웠다는 것이 세상에 알려진다면, 사람들이 실망하는 것은 당연한 것이며, 사람들의 눈에는 그가 더 이상 득도한 도인처럼 보이지 않을 것이다. 과연 그 스님은 자신의 법문과 자신의 삶을 분리시킬 수 있을까? 그 스님이 '법문은 법문이고, 삶은 삶이다'라는 식으로 말하면서 자신을 정당화하려 한다면, 우리는 그에게 환멸을 느끼게 될 것이다. 그러면 하이데거의 경우는 어떤가? 그는 자신의 삶이 자신이 남긴 저작물들에 의해 평가되기를 바랐다. 그가 그려낸 삶의 궤적으로 평가받는 것을 거부했다. 나는 하이데거의 이런 태도는 바람난 주지의 태도와 별반 다르지 않다고 생각한다. 바람난 주지가 자신의 삶이 자신이 행한 법문에 의해 평가받아야 하며, 자신의 행위에 의해 평가되어서는 안 된다고 말한다면, 그 주지는 비정상이라고 말해야 한다. 적지 않은 사람들이 하이데거의 삶의 궤적에 아로새겨진 구체적인 처신들에서 그가 거짓말에 능하고 임기응변적이며, 배은망덕하고 이중적인 모습을 여지없이 보여주고 있음을 발견하고 있다. 물론 그의 실망스러운 처신이 그의 존재사유의 필연적 결과물이라고 말해서도 안 되겠지만, 전적으로 무관하다고 말할 수도 없을 것이다. 야스퍼스는 하이데거를 철학적 재능은 있으나 영혼이 순수하지도 못하고 정직하지도 않은 인물로 간주한다.[34] 1966년에 83세의 야스퍼스는 하이데거의 인간성을 보여주는 이야기를 털어놓는다. 그 이야기는 야스퍼스가 20년 동안 숨겨왔던 이야기였다. 야스퍼스는 하이데거가 1933년 5월에 야스퍼스의 집을 방문했을 때 하이데거가 자신의 아내에게 보여준 무례한 태도에 분개했으며, 하이데거가 골수 나치주의자였음을

34) 뤼디거 자프란스키, 『하이데거, 독일의 철학 거장과 그의 시대』, 620쪽 참조.

주장한다.[35] 후설의 조교로서 후설에게 학문적으로 큰 빚을 진 하이데거는 1923년에 야스퍼스에게 다음과 같은 편지를 보낸다.

> 후설이 베를린 대학의 직위에 임명되었다는 사실을 잘 알고 계실 겁니다. 그는 강사보다도 더 못한 행동을 하고 있습니다. … 그는 완전히 뒤죽박죽인 사람입니다. ― 그가 한 번이라도 그렇지 않았던 적이 있었나요 ― 최근 들어 그는 점점 더 이상한 사람이 되어가고 있습니다. 이랬다 저랬다 하는 일이 많고, 사소한 것들만을 발표해서 연민만을 불러일으키고 있습니다. 그는 '현상학의 창시자'라는 목표를 위해 살아가고 있지만, 실제로 그것이 무엇인지는 아무도 모릅니다.[36]

에팅거는 하이데거의 이런 배은망덕에 대해 야스퍼스가 입을 다문 이유와 그 후과를 다음처럼 기술한다.

> 야스퍼스는 막 교제를 시작한 후배 철학자 하이데거의 우정을 간절히 원했으므로, 너무나 무비판적이게도, 신의를 저버린 하이데거의 이 무례한 행위를 아무런 언급 없이 그대로 덮어버렸다. 10년 후, 하이데거는 후설에게 그랬던 것처럼 야스퍼스를 향해서도 신의를 저버린 행동을 하게 된다.[37]

---

35) 엘즈비에타 에팅거, 『한나 아렌트와 마틴 하이데거』, 178쪽 이하 참조.

36) Biemel and Saner, *Heidegger/Jaspers Beiefwechsel*, p. 42. 엘즈비에타 에팅거, 『한나 아렌트와 마틴 하이데거』, 79쪽에서 재인용.

37) 엘즈비에타 에팅거, 『한나 아렌트와 마틴 하이데거』, 79쪽.

하이데거는 재승박덕의 아이콘이었던 것이다. 나는 하이데거를 존재의 사상가이기 이전의 한 인간으로서 결격사유가 많은 인물로 본다. 한때 하이데거의 숨겨진 연인이었던 아렌트조차도 1950년에 하이데거를 "항상 그리고 어디서나, 할 수 있다면 언제든지 거짓말을 하는" 인간으로 묘사한다.[38] 그리고 아렌트는 자신의 박사논문 지도교수였던 야스퍼스에게 보낸 편지에서 이렇게 말하기도 한다. "하이데거… 야스퍼스 선생님은 그가 순수하지 않다고 하셨지만, 저는 인격이 부족한 사람이라고 부르겠어요."[39] 그럼에도 불구하고 끝까지 하이데거의 늪에서 빠져나오지 못했던 아렌트처럼 누군가가 하이데거 사상에서 구원의 진리를 발견했다고 믿는다면, 그것은 그의 자유다. 그러나 나는 하이데거 사상을 그의 삶이나 인격과 분리시켜보지 말기를 권유한다. 사이비 종교가 약속하는 사이비 구원의 늪에서 빠져나오지 못하는 사람들도 적지 않은 것이 현실이다.

---

38) 엘즈비에타 에팅거, 『한나 아렌트와 마틴 하이데거』, 52쪽.

39) 엘즈비에타 에팅거, 『한나 아렌트와 마틴 하이데거』, 105쪽.

4.
존재사유와 사이비 선지자

존재사유는 사이비 선지자들의 배양판 혹은 숙주가 될 수도 있다. 나는 과학이 나날이 발전해가고 있는 현대의 상황에서 하이데거식의 존재사유를 하는 것은, 모든 것이 바쁘게 돌아가는 건축 공사장에서 혼자서 고향을 연모하는 시를 낭송하는 것처럼 보인다. 하이데거 연구자인 박찬국도 이 점을 지적하고 있다.

> 하이데거는 현대 기술문명의 위기를 근본적으로 극복하기 위해서는 인간이 존재자들에 대한 지배를 추구하는 권력에의 의지의 담지자에서, '내맡김'이라는 정신적 태도를 자신의 본질로 갖는 현존재로 변화할 것을 촉구한다. 그러나 나는 그러한 정신 혁명에서만 사태의 해결을 기대하는 것은 무모하다고 생각한다. 모든 사람들이 항상 내맡김이란 정신상태를 유지할 수 있다는 생각 자체가 지극히 유토피아적이기 때문이다.[40]

---

40) 박찬국, 『하이데거와 나치즘』, 358-359쪽.

모든 사람이 내맡김의 상태에 항상 머물 수 있다 하더라도 그렇게 해서는 안 된다는 것이 나의 생각이다. 도가사상, 하이데거 철학, 불교철학, 이 삼자는 인간이 주객분리적 사유를 내려놓고 존재자의 분별 세계로부터 해방된 뒤에 주객 미분리 상태로 존재의 목장에서 휴식을 취해야 한다고 말한다. 내맡김(방하放下, Gelassenheit)을 중시한다. 모든 사람이 항상 내맡김의 상태에 몰입하는 사회는 내게 유토피아가 아니라 디스토피아로 보인다. 그런 사회는 모든 사람이 세속을 뒤로하고 깊은 산중에 들어가 수행자의 삶을 살아가는 사회일 것이다. 모든 사람이 성철 스님처럼 산다면 어떻게 되겠는가? 물론 깨달음의 체험이 그 당자에게는 의미 있는 일이고 소중할 것이다. 그런데 그 득도에 이르는 수도의 길이 하루이틀이나 일이년 만에 끝나는 것도 아닌데, 모든 사람이 그 수도의 길에 매진한다면, 사회는 어떻게 운영되겠는가? 사회는 열심히 일하는 개미들의 노동으로 돌아가지, 음유시인 같은 베짱이들의 기타 소리로 돌아가는 것은 아니다. 일개미들은 그들의 삶에서 지치고 고통받으면 마음의 평화와 휴식을 간절히 바란다. 이러한 그들의 소망을 성취시켜준다는 명분으로 등장하는 것이 승려개미다. 승려개미는 일개미의 노동조직에 기생하는 기생개미다. 일개미들이 없으면 승려개미도 존재할 수가 없다. 자본주의의 과도한 경쟁주의와 배금주의에 치여서 사람들은 피곤하다. 만약 불교가 진정으로 불국정토의 이상사회를 이 현실에서 실현하기를 원한다면, 승려들은 자본주의를 없애는데 앞장서야 할 것이다. 그러나 불교는 그렇게 하지 않는다. 불교는 자본주의와 공생관계를 유지하고 있다. 자본주의 체제에서 상처받은 일개미들이 많이 생겨나야 승려개미들이 더 존경받게 된다. '참선 체험'은 승려개미들이 일개미들을 위해 출시한 신상품이다. 승려개미가 일개미들의 기생개미이지만, 일개미들은 승려개미의 지도를 받는다. '존재'는 존재자에 기생하는 방식으로 존재하지만, '존재'는 일개미들에게 그들이 일하면서 살아가는 삶의 의미에 대한 빛을 비춰준다.

하이데거는 '존재'를 현존재의 고향으로 생각한다. 그리고 존재자 사유에 근거하는 기술문명의 지배를 받는 현대의 인간들은 고향을 떠나 방황하는 인간들이다. 그러나 사람들이 목가적인 생활을 하는 것에 맛들여 고향에 눌러앉아 도시로 되돌아가기를 거부한다면, 사회는 붕괴될 것이다. 우리는 존재사유가 사이비 도사나 사이비 선지자 같은 독버섯들이 자라나는 배양판이 될 가능성이 있다는 것을 염려한다.[41]

하이데거는 자신이 말하는 '존재'는 아리스토텔레스가 말하는 '최고로 순수하고 공허한 추상개념'으로서의 존재가 아니라, 일상적 삶의 구체성에서 체험되는 '존재'라고 말할 것이다. 그러면 하이데거의 그런 '존재'를 사유하게 되면, 존재에 대해 구체적으로 말할 수 있는가? 그러나 하이데거도 존재에 대해 기껏해야 '존재는 존재다'라고 말할 뿐. 그 이상 구체적으로 말하지 못한다. 인류가 하이데거가 말하는 존재사유에 공을 들여 매진한다고 하자. 그러면 인류의 미래가 존재의 빛 아래에서 환하게 밝아지겠는가? 하이데거는 인류의 미래를 위협하는 것은 계산적 사유에 기초하여 방향성도 파악하지 못하고 괴물처럼 커지는 과학기술이라고 말한다. 과학기술은 인류에게 재앙일 수도 있고 구원의 가능성일 수도 있으니, 일정 부분 맞는 말이다. 그러나 존재사유가 그 대안은 아니다. 나는 모든 사람들이 불교적인 깨우침을 얻었다 하더라도, 그들이 모여서 사회나 단체

---

41) 하이데거 철학의 묵시론적 경향성은 키르케고르가 신의 계시를 받고 자신의 아들을 신의 번제로 바치려 한 것을 연상시키는데, 그러한 상황에서는 일체의 대화가 무의미해진다. 그렇게 되면, 신의 음성을 들었다고 말하는 사이비 교주들의 주장을 논박할 수 있는 길이 원천적으로 닫혀버린다. 이런 이유에서 야스퍼스는 하이데거의 철학은 자라나는 세대에게 유해하다고 말했다(박찬국, 『하이데거와 나치즘』, 374쪽 참조).

를 만들어 살면, 그곳에서도 불가피하게 질시와 반목과 갈등과 불화가 필연적으로 생겨날 것으로 본다.

14장 하이데거의 철학적 마술의 한계

1. 3막으로 된 하이데거의 철학적 마술
2. 약속 파기가 약속된 『존재와 시간』

1.
3막으로 된 하이데거의 철학적 마술

하이데거 철학은 때로는 논리학을 조롱하듯이 논리학의 담장을 가볍게 뛰어넘고, 그의 문장은 같은 단어를 반복하면서 주문(呪文)을 걸듯이 독자들에게 다가간다. 하이데거는 철학의 역사에서 그 어떤 철학자도 보여주지 못했던 기묘한 철학적 마술을 보여주고 있다. 하이데거 철학은 이해하기도 쉽지 않고 따라서 비판하기도 쉽지 않음에도 불구하고 강한 중독성을 가지는 이유가 여기에 있다. 사람들은 마술이 마술에 불과함을 알고 보면서도, 어디에서 그 마술성(魔術性)이 발생하는지 도무지 이해하지 못하기에, 마술을 분석하지도 못하고 비판하지도 못한 채로 마술가의 마술에 환호한다.

> 하이데거 사상의 수용과 비판은 대단히 어려운 작업의 하나로, 매우 불안정한 토대 위에 놓여 있다. 그 까닭은 무엇보다도 하이데거가 언어로 표현하고자 하는 그것, 즉 존재자로서의 존재가 본질적으로 어떠한 언어적 고착도 벗어난다는 사실에 있다. 그러기 때문에 하이데거

자신도 명제로 잡을 수 있는 구속력 있는 주장들을 내세우고 있지 않다. 단지 배움 자체를 가르치고자 할 뿐이다.[1)]

나는 지금까지 하이데거의 철학적 마술을 다각도로 분석했는데, 이제 그가 보여준 철학적 마술을 좀 더 일목요연하게 정리하고자 한다. **하이데거가 시연해 보이는 철학적 마술공연은 3막으로 되어있다. 제1막은 '존재는 무이고 무는 존재'라는 마술이다.** 그는 아무것도 없는 것에서 존재를 끄집어낸다. 관객들은 환호한다. 그 순간에 존재하는 것들이 다시 무의 심연으로 사라진다. 이제 사람들은 하이데거의 마술을 보고 넋이 나가버린다. 칸트도 『순수이성비판』에서 실신시켰던 물자체를 『실천이성비판』에서 다시 살려내는 마술을 선보였지만, 그 마술은 마술사의 뒤편에서 보면 이해 가능한 마술이었다. 마술처럼 보였지만, 그것은 마술이 아니었다. 칸트의 물자체는 인식론이라는 독사에게 촉발이라는 것을 통해 독을 제공하고는 그 자신이 그 독에 물려 실신한다. 물자체는 선험적 인식론을 성립시키는 토대이지만 선험적 인식론에 의해 부정당한다. 인식불가능한 물자체를 인식론은 부정한다. 칸트는 그렇게 실신한 물자체를 살려낼 해독제를 남몰래 남겨 놓았는데, 그것은 윤리학이었다. 그러나 하이데거의 마술은 칸트의 마술과는 차원이 다른 마술이다. 그 마술은 마술사 뒤에서 보아도 어떻게 그런 마술이 가능한지 이해가 안 되는 마술이었다.[2)] 하이데거가 마술이 아니라 정말로 기적을 일으킨 것이 아닌가 하는 생각을 하게 할 정도다. 제

---

1) 이기상(편저), 『하이데거 철학에의 안내』(서울: 서광사, 1993), 91쪽.

2) 그러나 나는 칸트의 마술을 잘 이해한 사람은 하이데거의 마술 트릭이 어디에서 일어나는지 알 수 있다고 생각한다. 그것은 하이데거가 칸트의 '트랜스젠덴탈'(선험적)을 '트랜스젠덴트'(초험적)로 바꿔치기 할 때 발생한다. 이 바꿔치기는 순식간에 발생하기에 고도의 집중력을 가지고 살펴보아도 알아내기가 어려울 지경이다.

1막의 마술은 하이데거 철학 전체를 관통하는 마술이며, 하이데거의 철학적 마술의 근본이다. 하이데거는 칸트의 선험적 대상이 존재자가 아니란 점에서 무라고 생각한다. 그리고 그 선험적 대상에서 모든 '대상들의 대상성' — 이는 하이데거의 용어법으로는 '존재자의 존재'다 — 이 길러내어지기에 하이데거는 이것을 또한 존재라고 말하고 있다. 하이데거는 '존재'를 '단적인 초월'이라고 말하는데, 바로 가능적 무한 그 자체가 단적인 초월이다. 그것은 자기를 초월하는 방식으로만 자기자신의 동일성을 유지할 수 있기 때문이다. 하이데거는 이런 이유에서 현존재 그 자체가 초월의 형이상학이라고 말한다. 이것이 하이데거의 철학적 마술의 제1막이다. 이 마술을 통해 우리는 존재와 무의 경계를 자유롭게 넘나드는 사유를 감행할 수 있게 된다. 하이데거가 시연해 보이는 철학적 마술의 제1막에서 하이데거는 칸트를 비틀어 해석하면서 도움을 받는다.

하이데거의 철학적 마술의 제2막은 논리언어인 무를 감정언어인 불안으로 덧칠하는 것이다. 이제 논리개념 혹은 물리개념이었던 무가 불안과 결합하면서 허무라는 감정언어가 된다. 하이데거는 과감하게 불안과 무를 동일시한다. 불안은 무를 드러내 보이고, 무는 불안을 자아낸다. 그리하여 무는 이제 허무가 될 준비를 마치고 죽음과 결합하게 된다. **제2막에서 하이데거는 구분되어야 할 '물리적 무'와 '심리적 (허)무'를 섞어서 '존재론적 무'를 만들어버린다.** 이 작업을 하면서 키르케고르로부터 결정적 도움을 받는다. 이 경우에도 하이데거는, 불안을 신으로 가는 사다리로 간주하는 키르케고르와는 달리 세계의 허무를 드러내는 방편으로 뒤틀어버린다. 물론 보기에 따라서는 하이데거의 불안도 그가 후기에 말하는, 기독교 유신론적이지 않은 신과 연결시켜 말할 수는 있겠지만, 그 불안은 키르케고르처럼 기독교적인 신에 이르는 좁은 길을 가면서 종교적 실존이 느끼는 그런 불안은 아니다. 그의 불안은 키르케고르가 『공포와 전율』에서 묘사하고 있는 불안, 아들 이삭을 신의 번제로 바치기 위해서 모리아산으로 올라가는 아브라함의 불안과는 거리가 멀다.

하이데거의 철학적 마술의 제3막은 무와 불안을 죽음과 시간에 결합시키는 것이다. 인간 현존재는 죽음의 존재요, 그러하기에 근원적으로 불안과 무에 노출된 존재다. 물론 다른 동물도 죽는다. 그러나 인간만이 자신의 죽음을 인식하고 그 죽음과의 관계에서 자신의 삶을 부단히 조정해가는 존재다. 세 번째 단계에서 후설과 칸트의 도움이 결정적이다. 현상학적 존재론으로서 하이데거 철학은 죽음 이전과 죽음 이후에 대해서는 말하지 않는다. 인간은 시간적인 존재이고 시간-내-존재(In-der-Zeit-Sein)다. 이 세 번째 단계에서도 하이데거는 후설과 칸트를 자기 방식으로 이용한다. 후설의 현상학은 선험적 주관의 '의식의 장'에 드러나는 현상들의 현상학인데, 하이데거는 그것을 '현존재'를 통해 열어 보여지는 존재자의 존재의 현상학으로 바꾸었다.

이 세 단계 마술을 거치면서, 하이데거 철학에서는 존재, 무, 불안, 죽음, 시간이 현존재 안에서 한 덩어리가 된다. 그리고 이 개념들이 하이데거의 전기 사유 속에서 다양한 방식으로 서로 결합되면서 이해하기 힘든 다양한 표현과 문장들이 만들어진다. 그런데 하이데거의 존재사유의 여정에서 문장화된 다양한 표현들의 심저에 놓여 있는 개념이 가능적 무한의 개념이다. 칸트는 가능적 무한(선험적 대상이면서 동시에 선험적 주관)을 유한도 아니고 현실적 무한도 아닌 것이라고 했다. 하이데거는 그것이 규정될 수 있는 것 즉 존재자가 아니라는 점에서는 무이지만, 그것에서 '대상의 대상성'(존재자의 존재)이 길러내어진다는 점에서는 존재이기도 하다고 했다. 가능적 무한(현존재)은 언젠가 죽음(무)을 맞이해야 하며, 그런 한에서 불안의 포로가 된다. 현존재는 또한 부단히 미래를 향해 자신을 던지는데, 이는 죽음을 염두에 두면서 미래의 자기를 선택한다는 말이다. 그런데 미래는 가능성의 영역이므로, 현존재가 자신의 존재를 유지하기 위해 자신을 미래를 향해 기투할 때에 현존재는 가능성의 바다에 자신을 던지는 것이 된다. 현존재는 책상 같은 즉자적 사물존재가 아니기에 가능성 앞에서 불안을 느끼며, 미래적 기투는 가능성의 불안을 동반한다. 그래서 하이데거는 불안을 현존재의 근본기분이라고 말한다.

우리는 하이데거 철학의 기저를 관통하고 있는 개념이 가능적 무한이라고 했고, 이 관점에서 하이데거를 일관되게 해석해왔다. 그리고 우리는 앞에서 하이데거의 형이상학, 신, 구원, 윤리 등등을 이런 해석의 관점에서 '형이상학 없는 형이상학', '구원 없는 구원', '윤리 없는 윤리', '신 없는 신', '초월 없는 초월'로 설명했다. 이런 '무용지용'의 표현법은 하이데거 철학을 매우 신비스럽고 오묘한 철학처럼 보이게 만든다. 우리는 그의 현상학적 존재론을 심지어 '무의 존재론'으로 부를 수도 있을 것이다. 이쯤 되면 하이데거 철학은 오묘함의 극치를 달리게 된다. 그러나 가능적 무한이라는 개념을 통해 보면, 그다지 신비롭거나 오묘한 것이 아님을 알게 된다. 하이데거의 형이상학은 형이상학의 가능성만 가진 '가능적 형이상학'이요, 그래서 하이데거는 『존재와 시간』에서 자신의 존재론을 '기초 존재론'으로 불렀던 것이다. 하이데거의 초월은 초월의 가능성만 가진 '가능적 초월'일 뿐이다. 자신의 존재론을 기초 존재론으로 부른 하이데거의 표현법으로 말한다면, 하이데거의 초월론도 '기초 초월론'이다. 그리고 하이데거의 신은 신일 수 있는 가능성만 가진 '가능적 신'이기에, 그 신은 있다고 말할 수도 없다고 말할 수도 없다. 그 신은 현존재가 존재하는 한에서만 존재하는 신이다. 하이데거의 신론은 '기초 신론'이다. 그런데 우리가 알아두어야 할 것은 하이데거의 기초 초월론, 기초 신론, 기초 형이상학, 기초 윤리, 기초 구원론이 진정으로 '기초'적인 것이 되려면, 현실적 무한을 인정해야 한다는 것이다. 가능적 무한은 현실적 무한으로 가는 기초다. 그러나 현실적 무한이 인정되지 않으면, 다시 말해서 현실적 무한이 없다면, 그 '없는 것'을 추구하는 가능적 무한은 '현실적 무한'의 기초(예비학)가 아니라 가상을 쫓는 것이 될 것이다. 칸트는 『순수이성비판』에서 선험적 가상으로 불렀던 것들 즉 자유와 영혼과 신을 『실천이성비판』에서는 도덕적 차원에서 실재성을 회복시킨다. 인식의 가상은 도덕의 실재다. 그러나 하이데거의 경우에는 현실적 무한이 거부된 마당에 가능적 무한은 가상이 아니고, 오히려 그것이 실상으로 오해된다. 혹자는 하이데거를 옹호하여 이렇게 물을 수 있다.

> 하이데거의 전기 사유에서 추구되는 존재는 존재자의 존재이므로, 칸트가 말하는 대상의 대상성의 지평인 선험적 대상과 유사하며, 그 선험적 대상은 본질상 인식적 규정을 넘어서 있는 것이어서 그것을 인식하려는 것은 불가능한 일이듯이, 존재자의 존재의미를 파악하려는 것은 손으로 잡을 수 없는 가상을 쫓는 일이 된다는 것을 인정한다고 하자.[3)] 그렇다 하더라도 칸트가 이론이성의 입장에서 가상이라고 한 것

---

3) 칸트에서 현상적 존재자들의 '존재'는 범주능력으로서의 선험적 주관과, 그 주관과 상호 공속적인 선험적 대상이 만들어내는 존재자(현상체)들의 인식지평으로 규정될 수 있다. 비평가들은 칸트의 현상체들이 선험적 주관에 의해 구성되는 것인 한, 그것은 관념론의 일종이며, 칸트의 관념론은 버클리의 관념론과 다를 바가 없으며, 결국 사물들을 가상화한다고 비판했다. 칸트는 자신의 선험적 관념론은 존재론적 지반(물자체)을 갖고 있기에, 다시 말해서 현상체들의 배후에 물자체가 있기에, 현상체들은 결코 버클리에서처럼 가상화되고 있지 않다고 말한다. 흥미로운 사실은 칸트가 정작 '선험적 가상'으로 지목한 것은 현상체들(이것들은 선험적 차원에서 보면 관념물이지만 경험적 차원에서 보면 실재물이다)이 아니라, 이와는 정반대로 무(이 무는 경험적 차원에서 보면 '현상체인 어떤 것이 아닌 것'이지만 선험적 차원에서 보면 '어떤 것인'

을 실천이성의 입장에서 '실재'로 인정했듯이, 하이데거의 전기 사상의 존재가 가상이었지만 후기 사상에서는 그 존재가 가상이라는 오명을 벗어던지고 실재가 되는 것이 가능한 것이 아닌가? 다시 말해서 후기 하이데거의 존재사유의 '존재'는 현실적 무한으로서 '가상'이 아니라 '실재'라면, 전기 하이데거 사유가 가상을 쫓고 있다는 비난은 후기 하이데거에게는 타당하지 않은 비판이 되는 것이 아닌가?

것이다)다. 선험적 대상(무) — 무는 아무것도 아닌 것이다 — 을 실재물(있는 것)로 오해하여 인식하려고 하는 것은 가상을 쫓는 일이다. 그것은 바다에서 수평선을 실물로 착각하여 쫓는 것이나 마찬가지다. 칸트에 있어서는 현상적 사물들의 총체로서의 세계(선험적 대상)는 인식의 관점에서는 가상이지만, 그 가상은 현상적 사물들의 실재성의 지평이라는 역설적인 상황이 발생한다. 이는 현상적 사물들이 선험적 대상(무=인식대상의 지평)으로부터 실재성을 얻는다는 즉 존재하게 된다는 주장이 된다. 그런데 칸트는 선험적 대상과 물자체를 구분하며, 선험적 대상이 비록 인과법칙이 지배하는 인식의 차원에서는 규정될 수 없는 것(무), 다시 말해서 원인도 아니고 결과도 아니지만, 그것은 도덕의 차원에서는 인과법칙적으로 규정될 수 없는 것 즉 필연이 아닌 자유가 되어 물자체의 세계로 비약하는 도약대가 된다. 가능적 무한자인 선험적 대상(=선험적 주관)은 현실적 무한인 물자체(=예지적 자아)로의 도약대다. 칸트의 이런 입장을 하이데거는 물자체를 제거하는 방식으로 자기식으로 바꾼다. **하이데거에서도 '존재'는 실존범주의 규정하에 놓인 현존재가 자신과 상호 공속적인 세계와 같이 만들어내는 의미존재자들의 의미의 지평**으로 규정될 수 있을 것이다. 칸트의 경우에는 인식의 지평에서 도덕의 지평으로 비약하는 통로를 열어두었지만, 그래서 칸트는 이중세계론자요, 이중지평론자이지만, 하이데거의 경우에는 오로지 세계-내-존재의 현상학적 지평만이 인정된다. 하이데거는 단일세계론자요 단일지평론자다. 그래서 그 지평은 당연하게도 현존재에 의존적인 지평이요, 현존재가 사라지면 같이 사라지는 지평이 될 수밖에 없다. 이런 이유로 전기 하이데거 철학은 인간중심적 주관성의 철학으로 간주된다. 칸트는 세계 바깥을 물자체의 영역으로 인정했으며, 세계를 물자체와 연결시켜놓음으로써 세계가 가상이 되는 것을 방지했으나, 하이데거는 세계 바깥을 인정하지 않기에, 칸트의 관점에서 보면 가상인 가능적 무한의 세계를 실상인 현실적 무한의 세계로 착각하는 것이 된다. 현존재를 통해 존재의 의미를 해명하려는 하이데거의 모든 노력이 가상인 가능적 무한의 세계 내에서 일어나는 한, 그 모든 노력은 가상을 쫓는 허무한 일이 될 수밖에 없다. 나는 앞서서 '가능적 무한자인 선험적 대상(=선험적 주관)은 현실적 무한인 물자체(=예지적 자아)로의 도약대'라고 했다. 그러면 하이데거도 현존재를 가능적 무한으로 본다면 현존재도 현실적 무한을 향한 비약의 도약대가 될 수 있는 것이 아닌가라고 말할지 모르겠다. 그러나 하이데거는 적어도 『존재와 시간』에서는 현실적 무한을 인정하지 않으니, 비약해서 갈 곳이 없다.

이 물음에 답하려면, 먼저 선험적 대상을 인식의 대상으로 삼는 것이 가상을 쫓는 일이라고 생각했는지 살펴볼 필요가 있다. 경험적 인식의 관점에서 보면 선험적 대상은 존재하지 않는 것, '아무것도 아닌 것'(무)이며, 칸트는 그것을 인식의 대상으로 삼는 것은 가상을 쫓는 것이 된다고 생각했다. 그러나 선험적 대상은 선험적 주관과 마찬가지로 인식의 선험적 지평에 서는 자에게는 그것은 존재자들의 존재의 장(場)인 어떤 것이다. 구체적인 유한수(개별적 존재자)만을 수로 간주하는 입장(경험적 인식의 입장)에서는 가능적 무한은 수가 아니며, 그래서 존재자가 아니어서 무(규정할 수 없는 것)이지만, 가능적 무한은 모든 유한수들이 존재할 수 있는 존재의 장인 것이나 마찬가지다. 그런데 왜 칸트는 가능적 무한(세계와 영혼이라는 이념)을 인식하려는 것을 가상을 쫓는 일이라고 생각했는가? 어떤 수를 인식한다는 것은 그것을 유한수로 확정한다는 것이고, 그 수가 홀수인지 짝수인지를 확인할 수 있다는 것이다. 그러나 가능적 무한은 특정 유한수로 규정될 수 없고, 짝수나 홀수로 확인할 수가 없다. 그러니 바로 그 가능적 무한이 짝수인지 홀수인지 확인하겠다는 노력은 헛된 노력이며 가상을 쫓는 일이 된다.

그런데 전기의 하이데거가 가능적 무한만을 인정하고 그것을 존재와 동일시하면서 그 존재를 파악하려 했다면, 그가 가능적 무한만을 인정하는 한, 그 '존재'는 절대로 파악될 수 없는 것이 된다. '존재'는 현존재가 존재 물음을 묻는 동안에만 존재하지만, 바로 현존재가 존재 물음을 묻는다는 바로 그 이유로 말미암아 물음을 넘어선다. 현존재의 존재 물음은 결국 헛된 물음이 되며, 그 물음의 해답을 구하려는 모든 노력도 헛일이 된다. 그러나 후기 하이데거가 전기에서와는 달리 존재를 현실적 무한으로 간주하고, 그 존재가 무엇인가를 묻는다면, 그 물음은 가상을 쫓는 물음은 아니게 된다. 단지 우리가 문제 삼을 수 있는 것은, 그 물음에 대한 해답을 얻는 방식이라고 하면서 그가 제시하는 해결책이 설득적인가 아닌가 하는 것일 것이다.

내가 전기 하이데거의 '존재'가 가능적 무한으로 이해될 수 있는 한, 그 '존재'는 가상에 불과함을 지적할 때, 나는 하이데거가 그 '가능적 무한으로서의 세계'(플라톤식으로 말해서 현상계)를 참된 실재계(플라톤식으로 말해서 이데아계)로 착각했음을 지적한 것이기도 하다. 하이데거가 후기 사유에서 현실적 무한으로서의 '존재'를 인정했다면, 그것은 가상(플라톤식으로 말해서 그림자의 세계)이 아닌 것이 될 것이다. 이 경우에는 하이데거가 가상을 실상으로 착오하는 형이상학으로부터는 해방된다 하더라도, 그럼에도 불구하고 전기 사유에서 부정했던 것을 무슨 근거에서 끌어들일 수 있는지에 대해 하이데거는 아무런 해명도 하지 않고 있다는 것이 문제다.

칸트가 『순수이성비판』에서 보여주고 있는 선험적 형이상학은, 하이데거가 『존재와 시간』에서 보여주고 있는 기초존재론에 해당한다. 칸트의 선험적 형이상학은 『실천이성비판』의 초험적 형이상학을 위한 기초형이상학이요 기초존재론이다. 그래서 칸트는 『순수이성비판』을 달리 '예비학'으로 부르기도 했던 것이다. 『실천이성비판』의 초험적 형이상학은 『순수이성비판』의 선험적 형이상학이라는 기초형이상학 위에 세워진 본격적인 형이상학이다. 그러면 하이데거의 경우에는 기초 존재론의 기초 위에 세워진 본격적인 존재론은 무엇인가? 칸트의 선험적 형이상학의 기초 위에 세워진 '초험적 형이상학'에 비교될 만한, 하이데거의 본격 존재론은 무엇인가? 하이데거 철학에는 그런 것은 없다. 하이데거는 스스로 인정했듯이 3막으로 된 전기의 철학적 마술은 실패했다. 그는 마지막 힘을 다해 후기에 또 하나의 마술을 선보인다. 그 마술은 인간 현존재에서 존재를 끄집어내는 것이 아니라, 대뜸 존재에서 현존재를 끄집어내는 마술이다. 『존재와 시간』에서 보여준 마술과는 정반대의 마술이다. 전기에서 존재는 현존재가 들고 있는 깃발 끝에서 펄럭이고 있었다. 그런데 부지불식간에 현존재는 그렇게나 갈구하던 존재의 한복판에 놓여 있게 된다. 어떻게 그렇게 놓이게 된 것인지에 대해서는 아무런 설명도 없다. 그렇게나 찾아 해매던 소를 찾아버린 것이다. 소를 타고 있으면서 소를 찾았던 것인가? 기우멱우(騎牛覓牛)의 깨우침인지 마술인지? 과연 하이데거가 후기에 제시하는 존재사유는 칸트가 『실천이성비판』에서 제시하는 초험적 형이상학에 해당하는 것일까?

하이데거는 『존재와 시간』에서 제출한 자기 사상을 전면적으로 부정하지 않는 한, 그러한 본격적인 형이상학을 내세울 수가 없을 것이다. 칸트에게서는 가능했던 것이 왜 하이데거에게서는 불가능한가? 칸트의 선험적 형이상학의 결론은 물자체는 인식할 수 없다는 것이었다. 그래서 그는 『순수이성비판』의 후반부에서 영혼이 사유하는 실체로서 존재한다는 데카르트의 주장은 오류추리에 불과하고, 세계의 무한성이나 유한성을 주장하는 우주론적 주장들은 이성의 이율배반에 빠져버리며, 신의 개념으로부터 신의 존재를 끄집어내는 신존재 증명은 불가능함을 증명한다. 그럼에도 불구하고 칸트는 『실천이성비판』에서 자유와 영혼불멸과 신의 존재를 도덕적으로 증명한다. 칸트의 이런 모습은 연구자들을 혼란에 빠트렸다. 사람들은 선험적 형이상학이 초험적 형이상학의 기초형이상학임을 몰랐기에 그런 혼란을 느꼈던 것이다. 그는 신과 영혼과 자유에 대한 일체의 사변적 형이상학은 불가능하다고 판정한다. 물자체는 인식 불가능하기 때문이다. 그럼에도 불구하고 그는 형이상학의 3대 주제에 대한 도덕적 접근은 가능하다고 믿었으며, 이 접근을 위해 칸트는 물자체는 인식될 수 없지만, 사유될 수는 있다고 말한다. 그는 또한 신앙을 구하기 위해 지식을 제한한다고 말하면서, 현실적 무한을 긍정함으로써 초험적 형이상학의 탐구대상의 존립여지를 남겨두었다. 그런데 하이데거는 "존재는 유한하다"고 하면서 가능적 무한의 한계인 죽음 이전과 이후를 '무'로 보고, 현실적 무한을 인정할 수 있는 여지를 원천적으로 제거해버렸다. 바로 이것이 하이데거의 현상학적 존재론이 기초존재론으로 끝날 수밖에 없는 이유다. 이런 사정을 뢰비트(K. Löwith, 1897-1973)는 정확하게 지적한다. 하이데거가 『존재와 시간』에서는 존재를 현존재로부터 사유했으나, 후기에는 그 반대로 현존재를 존재로부터 사유하는데, 뢰비트는 이것이 화합할 수 없는 대립이라고 생각하는데, 하인리히 오트(H. Ott, 1929-2013)는 뢰비트의 입장을 다음처럼 정리해준다.

> 하이데거가 후기에 현존재의 유한성을 이제 공공연히 포기하고, 현존재를 존재 속에 근거 설정하게 만드는 것은 단지 하나의 일탈을 의미할 뿐이라고 한다. 그러한 존재는 현존재에 언제나 앞서 있고, 자신을 현존재에게 내맡긴다는 것이다. 도대체 유한한 현존재가 어떻게 하이데거에게 있어서는 한 영속적인 것 속에 근거설정할 수 있겠는가? 뢰비트는 그러한 관념을 애초부터 결국 바탕이 없기 때문에 희망 없는 것으로 판단할 수밖에 없었다. 그 까닭은 이러하다. 뢰비트에 의하면, 절대자 속에 기초를 두는 두 가지 유일한 근본적 가능성이나 유형은 기독교적 신학적 유형과 그리스적 우주론적 유형이다. 이것들은 『존재와 시간』의 실존론적 분석론을 통해 추월당하고 폐기되었고, 『존재와 시간』의 계속적 발전으로, 현존재가 자기 자신으로부터와 무로부터 이해되고 있는 「형이상학이란 무엇인가?」를 통해서도 추월당하고

폐기되었다.[4]

기초존재론의 길에서 하이데거는 기독교와 그리스 우주론을 폐기했다. 그런데 그는 후기에 가서는 그것들을 되살려야 할 입장에 처하게 된다. 다시 말해서 현실적 무한을 인정해야 할 처지에 놓이게 된다. 왜냐하면 기초존재론의 길에서는 결코 존재 그 자체를 만날 수가 없기 때문이다. 그럼에도 불구하고 『존재와 시간』에서의 학문적 성과를 포기하거나 부정하는 것은 하이데거로서는 상상할 수 없는 일이다. 그렇다고 길이 끊긴 존재사유의 길에 멈추어 서 있을 수도 없는 일이다. 하이데거는 진퇴양난의 곤경에 처하게 되는데, 그 상황에서 그는 존재가 현존재의 깃발 끝에 매달린 것이 아니라, 오히려 현존재가 존재의 대평원 한가운데에 놓여 있는 것으로 설정하고 사유를 전개한다. 더 이상 존재를 찾아 나설 필요가 없다. 인간은 자신도 모르게 존재의 한복판에 놓여 있다. 필요한 것은 이 사실을 알아차리고 존재가 주는 소리를 듣고 존재가 내리는 명령에 순응하면 된다. 존재에 대한 감수성을 높이는 일이 중요하다. 논리학은 존재가 보내는 소리를 청취하는 주파수를 인간에게 제공하지 못한다. 계산하기만 하는 과학도 마찬가지다. 존재자의 형이상학에 머물렀던 기존의 형이상학도 쓸모없기는 매한가지다. 존재가 현존재에게 보내는 눈짓에 대한 감수성을 높이는데 시와 그림과 음악이 중요한 역할을 한다. 뢰비트는 이것이 하이데거 현상학적 존재론의 일탈이라고 말한다.

4) 하인리히 오트, 『사유와 존재: 마르틴 하이데거의 길과 신학의 길』, 85쪽.

2. 약속 파기가 약속된 『존재와 시간』

하이데거가 처음에 미완의 책인 『존재와 시간』을 출간하면서 이 책은 자기가 구상한 존재론의 전반부이고 나중에 후반부를 출간하겠다고 했다. 그러나 그는 그 약속을 지키지 못한다. 사실 그 약속은 깨지기 위해 만들어진 약속이었다. 현존재를 통해 존재로 나아가는 것은 불가능하다는 사실을 알아차리고 하이데거는 후일을 기약했던 그 약속 자체를 책에서 지워 버렸다.

> 이 책의 초판에는 '처음의 반'이라는 말이 표제 페이지에 실려 있었다. 두 번째 반은 처음의 반의 논점을 확인하면서 철학사의 해체(Destruction)를 감행하려고 했었다. 그러나 그가 계획했던 첫 번째의 반도 완성하지 못했기에 다시금 우리는 운이 없는 셈이 되었다. (…) 1935년 제7판에서부터는 '첫 번째 반'이라는 말이 생략되었다.[5]

---

5) 존 맥쿼리, 『하이데거와 기독교』(강학순 옮김, 서울: 한들출판사, 2006), 54쪽.

하이데거의 약속파기에 대해 푀겔러(O. Pöggeler, 1928-2014)는 이렇게 말한다.

> 『존재와 시간』은 그 어떤 외적인 형편 때문에 끝을 내지 못한 것이 아니고, 이 저작의 단초가 자체 안에 실패의 필연성을 지니고 있다. 왜냐하면 『존재와 시간』의 사유는 한편으로는 존재의 진리에로 향하는 도상에 있었으나, 그럼에도 다른 한편으로는 형이상학적 방식으로 존재의 진리를 — 그것이 결코 그렇게 경험될 수 없는 — 최종적인 기초로서, 즉 존재론을 위한 제공 가능한 근거로서 찾고 있었기 때문이다.[6]

그리고 푀겔러는 다음처럼 의미심장한 의문을 던진다.

> 그러나 이 기초존재론은 그 자신이 이미 그 위에 서 있는 근거, 즉 존재의 의미로 오지 못한다. 그렇다면 그 결과 역시 형이상학의 존재 이론을 근거 지을 수 없는가? 하이데거는 나중에 회고적으로 다음과 같이, 즉 『존재와 시간』의 제2부 제3편의 정리작업을 하면서 사유가 '형이상학 언어의'의 도움으로는 목적을 이루기 어렵다는 것을 깨달았다(「진리에 대한 플라톤의 이론」, 62면)고 말한다. 그렇다면 도대체 「존재와 시간』은 어떠한 언어로 말하고 있는가? 그리고 그 언어는 어느 만큼 형이상학적인가?[7]

『존재와 시간』의 후속편을 내겠다고 말했던 하이데거의 약속은 취소되고,

---

6) 오토 푀겔러, 『하이데거 사유의 길』(이기상 · 이말숙 옮김, 서울: 문예출판사, 1993), 203쪽.

7) 오토 푀겔러, 「형이상학의 정초로서의 기초존재론」(이기상 편저, 『하이데거 철학의 안내』), 163쪽.

그렇게 됨으로써 기초존재론이 본격 존재론으로 되어버리고, 예비학이 본학문처럼 되어버린다. 하이데거가 후기에 가서 존재로부터 오는 소리를 청종하는 시적인 사유를 말하지만, 그가 존재를 현실적 무한으로 이해하지 않는 한, 존재로부터 오는 소리는 칸트식으로 말해서 선험적 가상의 음성일 뿐이다. 그것은 인간이 자신의 내부에서 만들어낸 소리를 자기 바깥의 허공에 투사하여 존재하지도 않는 가상이 말하는 소리로 착각한 것이다. 그래서 하이데거 후기 철학은 사이비 선지자들의 놀이터가 될 가능성이 농후하게 된다. 설령 하이데거가 현실적 무한을 인정했다 하더라도, 그것에 도달하는 하이데거식 방식, 예컨대 시나 그림이나 음악을 통하는 방식으로는 그 그림이나 시나 음악이 존재의 참모습을 전달하는 것인지 아닌지를 판별하기 힘들기에 그의 후기 사유는 여전히 거짓 선지자들의 서식처가 될 수 있다.

칸트는 우리가 절대로 인식할 수 없는 선험적 자아를 실체적인 영혼으로 규정하는 것은 오류추리의 결과에 불과하다고 말한다. 지성의 12범주를 경험의 한계 바깥으로 넘겨서 사용할 때 — 그렇게 사용하고 싶어하는 것은 인간의 타고난 본성이다 — 우리 눈앞에서 아롱거리는 신기루로 나타나는 것이 선험적 가상이요, 하이데거의 철학의 '존재'요 '초월'이요, 사르트르가 말하는 당나귀 앞의 홍당무이며, 현존재가 바다 한복판에서 만나게 되는 수평선이다. 수평선은 실재하는 사물이 아니다. 요컨대 그것은 칸트가 말하는 선험적 가상이다. 하이데거는 이 가상을 쫓는 것 즉 탈자적 초월을 감행하는 것이 현존재를 현존재답게 만들어준다고 생각한다. 그러나 사르트르는 그 짓이 무익한 일이라고 생각한다. 그는 『존재와 무』에서 "인간은 무익한 열정이다"라고 말한다.[8] 사르트르의 이 말은 당나귀(현존재) 앞의 홍당무(존재)가 선험적 가상임을 인정할 때에만 가능한 말이다.

나는 앞에서, 가능적 무한이 자신의 동일성을 유지하기 위해 자신을 초월하는 것이 끊임없이 가능해야 하며, 그것이 가능하기 위해서 현실적 무한이 인정되어야 한다고 말했다. 현실적 무한이 없다면 인간 자체가 사르트르 말대로 무익한 열정 혹은 수난에 불과하다. 결국 인생은 허무하다는 말이 된다. 그러나 나는 인간은 무익한 수난(가상 쫓기, 허무)이 아니라고 믿는다. 그 이유는 현상이 가상이 아닌 이유를 설명하는 칸트의 설명과 맥을 같이한다. 칸트식으로 말해서 현상의 배후에 물자체가 있기 때문에 현상은 가상이 아니다. 인간은 그가 현실적 무한의 한복판에 있지 않다면 인간 자체도 가상에 불과할 것이다.

우리는 하이데거를 철학적 사기꾼 취급하는 분석철학 진영의 비판이 터무니없는 것이라고 생각하지 않는다. 나는 하이데거 철학은 존재론으로서는 처참하게 실패한 것으로 본다. **하이데거의 근본적인 오류는 '삶의 의미' 문제를 '존재의 의미' 문제로 바꾸어 해결하려 한 것이다. 다른 방식으로 말한다면, 존재의 의미 문제를 해결한다고 하면서, 삶의 의미 문제와 삶의 사실의 문제를 뒤섞어버렸다는 것이다.** 비록 하이데거가 삶의 의미 문제를 다루는 철학의 오래된 전통의 매력적인 계승자라는 점에서는 커다란 의의가 있다 하더라도, '구원 없는 구원'을 설교하는 그는 변형된 허무주의자이다. 하이데거가 "존재는 유한하다"고 말했을 때, 그의 철학이 허무주의 철

8) J. P. Sartre, *Being and Nothingness*, (trans. Hazel E. Barnes, New York: Philosophical Library, 1956), p. 615. Man is a useless passion.

학이 되는 것은 결정된 일이다. 그가 현존재의 죽음을 아무리 성스럽고 아름다운 언어로 묘사해도, 인간이 죽음과 더불어 그가 구축했던 의미의 세계와 함께 무의 관 속에 집어넣어 장례 치러진다면, 그리해서 인간이 자신의 죽음 이후로 넘길 것이 아무것도 없다면, 그것은 정확하게 허무주의다. 그 허무의 관을 성스러운 보석으로 치장하여 허무가 아니라고 말하더라도, 허무는 허무다. 그것을 허무가 아니라고 말하는 것은 기만이다.

하이데거의 불안의 철학은 1920년대의 전반적인 위기의 분위기에서 생겨났다고 진단하고 있는 자프란스키는 그 시대의 암울한 상황에서 사람들이 느꼈던 불편함의 경험에 대한 다양한 치유책들이 제시되었지만, 하이데거는 『존재와 시간』에서 그 치료법을 제시하지는 않았다고 판단한다.

> 그(하이데거) 역시 불편함의 경험을 기초로 사유하지만, 예언자로 나서서 '위안을 주는 것'은 거부한다. 하지만 '존재의 의미'에 대한 하이데거의 강조된 물음은 그런 기대를 충분히 갖게 할 만한 것이었다. 실제로 그런 기대가 있었고 물론 충족되지 않았다. 이런 기대가 실망으로 끝날 수밖에 없다는 것은 『존재와 시간』이 전하는 메시지의 하나이다. '존재와 시간'이란 제목은 그 뒤에 아무것도 없음을 암시한다. 존재의 의미는 시간이다. 하지만 시간은 증여가 담기는 풍요의 뿔이 아니다. 시간은 우리에게 그 어떤 내용도 주지 않고, 그 어떤 방향도 제시하지 않는다. 의미는 시간이다. 하지만 시간은 의미를 제공하지 않는다.[9]

하이데거는 자신의 저서 이름에서 유달리 '길'(Weg)의 메타포를 많이 사용

9) 뤼디거 자프란스키, 『하이데거, 독일의 철학 거장과 그의 시대』(박민수 옮김, 서울: 북캠퍼스, 2017), 266쪽.

한다. 『숲길』(*Holzweg*), 『들길』(*Feldweg*), 『이정표』(*Wegmarken*), 『언어로의 도상에서』(*Unterwegs zur Sprache*)이 그 사례들이다. 하이데거는 자신의 전집들에 '저작집'(Werke) 대신에 '길들'(Wege)이라는 용어를 사용하기를 원했으나, 받아들여지지 않았다는 것은 알려진 사실이다.[10] 그는 자신의 사유가 존재를 찾아 떠나는 길 위의 사유라고 말한다.

> 사유함이란 기묘한 길-닦음(Wegbau)을 섬기는 행위라고 말하고 싶습니다.[11]

신상희는 "이런 점에서 하이데거의 사유는 **도(道) 닦는 사유다**"라고 주장한다.[12] 그러나 유감스럽게도 길 위에서 길을 걸어가면서 전개되는 하이데거의 수도(修道)는 득도(得道)에 이르지는 못한다. 왜냐하면 현존재가 가는 그 길은 가능적으로만 무한한 길이어서, 그 길에서 우리는 결코 무한 그 자체를 만날 수가 없기 때문이다. 가능적 무한의 자기 초월은 아무리 반복되어도 현실적 무한에는 이를 수가 없다. 그것이 가능적 무한의 한계이고 숙명이다.

칸트가 교단에서 강의하면서 학생들에게 입버릇처럼 강조한 말은 "여러분은 내게서 철학을 배우는 것이 아니라, 철학함(philosophieren)을 배우는 것이다. 사상을 흉내 내기 위해서 공부하는 것이 아니라 생각하는 방법을 공부하는 것이다"였다. 그런데 그렇게나 '철학함'을 강조한 칸트지만,

---

10) 뤼디거 자프란스키, 『하이데거, 독일의 철학 거장과 그의 시대』, 709쪽.

11) 『언어로의 도상에서』(신상희 옮김, 파주: 나남, 2012), 148쪽.

12) 『언어로의 도상에서』, 148쪽. 하이데거의 사유와 노자의 사유의 공통점에 대해서는 윤병렬의 「하이데거와 도가철학의 근친적 사유세계」(『정신문화연구』 제39권 제1호)를 보기 바란다.

그는 『순수이성비판』의 저자인 자신과 독자들이 공동의 노력으로 자신이 그 책에서 보여주고 있는 형이상학이 완성될 수 있을 것이라고 말하면서 다음처럼 말한다.

> 그러므로 후세인에게 남는 것은 교수상의 방법에 있어서 각자의 의도대로 일체 내용을 안배하는 일이요, 그것으로 인해서 내용을 더 많게 하는 수는 없다.[13]

칸트는 후대의 사람들은 자신이 건설한 비판적 형이상학의 체계를 '학습'하기만 하면 된다고 생각했다. 그러나 칸트 이후의 철학자들은 칸트를 '비판'하는 것에서 그들의 철학의 출발점을 삼았다. 하이데거는 칸트와는 다른 방식으로 수용된다. 칸트는 약속대로 우리에게 비판적 형이상학의 체계를 제시해보였지만,[14] 하이데거는 『존재와 시간』에서 했던 약속을 이행하지 못했다. 그럼에도 불구하고 그는 칸트보다 약속을 더 잘 이행해냈던 철학자로 대접받는 듯이 보인다. 누군가는 하이데거의 후기 사유는 존재의 의미에 대한 확정적인 해답을 제시했다고 말할지 모르겠다. 과연 그의 후기 작업들은 우리에게 '존재의 의미'의 비밀을 말해주는가? 그는 존재를 설명하기 위해 시와 그림과 문학을 동원한다. 그러나 그의 후기 작업들은 그의 존재사유가 얼마나 몸부림치는 사유인가를 보여줄 뿐이다. 그는 우리도 자신처럼 존재의 의미를 찾아 떠나는 순례자의 길을 가기를 독촉

---

13) 칸트, 『순수이성비판』(최재희 옮김, 서울: 박영사, 1974), AXX.

14) 칸트의 비판적 형이상학이 어떤 것인지에 대해 칸트 연구가들 사이에 합의된 이론은 없다. 그러나 나는 곧 출간할 예정인 『칸트와 떠나는 형이상학 여행』에서 그 전모를 보여줄 예정이다. 연구 결과를 간략히 소개하자면, 그 비판적 형이상학은 칸트가 삼 비판서를 통해 보여주고 있는, 유기적 통일체로서의 학적 건축물이다.

한다. 하이데거는 자신의 존재사유가 종결될 수 없는 사유의 길임을 감지하고 있었던 것으로 보인다. 그는 말한다. "별을 향해 나아가는 것, 오로지 이것뿐이다."[15] **존재의 의미를 밝히는 것은 하이데거의 필생의 꿈이었지만, 그는 결국 그 꿈을 이루지 못했다. 그의 죽음과 더불어 하이데거의 '존재'도 무의 밝음 속에서 폭죽처럼 사라진다.** 엘리자베스 퀴블러 로스(E. Kübler Ross, 1926-2004)는 하이데거를 이렇게 위로한다. "별에 이를 수 없는 것은 불행이 아니다. 불행한 것은 이를 수 없는 별을 가지고 있지 않은 것이다."

---

15) M. Heidegger, *Aus der Erfahrung des Denkens* (Günther Neske Pfullingen Verlag, 1977), p. 7. "Auf einen Sterne zu gegen, nur dieses."

15장

하이데거의 전기와 후기는 단절인가 연속인가?

1. 하이데거의 전회
2. 가능적 무한-현실적 무한의 관점에서 본 전회
3. 전회를 둘러싼 애매함
4. 전회가 단절로 해석되어야 할 네 가지 이유
5. 발터 슐츠의 연속성 주장의 문제점
6. 전회 문제와 하이데거의 딜레마
7. 하이데거 후기 사유의 문제점

1. 하이데거의 전회

우리는 이미 앞에서 전회와 관련된 논의를 단편적으로 했었다. 이제 이 문제를 집중적으로 다뤄보고자 한다. 하이데거는 전기에는 현존재를 통해 존재에로 나아가려 했으며, 후기에는 오히려 존재로부터 오는 소리를 현존재가 듣는 사유를 강조했다. 연구자들은 존재 물음을 다루는 하이데거의 이런 태도 변화를 '전회'(Kehre)라고 했다.

> 하이데거의 철학이 그의 저작 『진리의 본질에 관해서』를 기점으로 하여 전후기로 나누이고, 그 사이에 이른바 '전회'(die Kehre)가 있음은 주지의 사실이다. 하이데거 자신도 그의 저작의 여러 곳에서 이것을 시사하고 있을 뿐만 아니라 특히 〈휴머니즘에 관해서〉에서는 이 전회를 명백히 자인하고 있다. 그 요지를 들어보면, (i) 전회란 원래 『존재와 시간』의 제1부 제3편에서 일어났어야만 했고, 그 뜻은 '주관성을 포기하는 사고'이며, (ii) 또 『존재와 시간』으로부터 『시간과 존재』에로의

전회이나, (iii) 『존재와 시간』의 입장의 변경은 아니라는 것이다.[1]

윤병렬에 의하면 하이데거의 전회는, 객관 중심의 인식론을 주관 중심의 인식론으로 바꿔버린 칸트의 코페르니쿠스적 전회와, 전기의 논리언어에서 후기의 일상언어로 방향전환을 한 비트겐슈타인(L. Wittgenstein, 1889-1951)의 전환과 유사하다고 한다.[2] 그렇다면 하이데거의 전회는 전기 사유의 부정을 뜻하는 것이 될 것이다. 칸트는 코페르니쿠스적 전회를 통해 모사설적인 인식론을 부정했고, 비트겐슈타인도 자신의 전기 사유를 부정했기 때문이다. 칼 뢰비트나 허버트 스피겔버그 같은 연구자들은 하이데거의 전기와 후기 사이에 사유의 단절이 있음을 주장한다. 하인리히 오트(H. Ott)나 발터 슐츠(W. Schulz)는 전기와 후기 사이의 하이데거 사유에 전회는 있으나 사유의 단절은 없다고 생각한다. 하이데거 자신은 물론 전회를 『존재와 시간』에서의 사유의 포기가 아니라고 말한다.

> 전회의 사유는 나의 사유에 있어서 전환(Wendung)이다. 그러나 이 전환은 『존재와 시간』의 입장의 변경도 아니거니와 그 책에서의 문제제기를 포기한 것으로부터 생긴 결과도 아니다.[3]

---

1) 김기태, 「Heidegger에 있어서의 사고와 시작의 문제」[경북대학교 대학원 철학과 철학박사 학위논문, 「하이데거에 있어서의 역사의 문제」(1975)의 부논문으로 『경대논문집』 제7권에 수록되어 있음], 3쪽. 김기태 교수는 같은 곳에서 '주관성을 포기하는 사유'란 존재의 진리의 사고라고 풀이한다.

2) 윤병렬, 『하이데거와 도가의 철학』(파주: 서광사, 2021), 283쪽 참조.

3) Richardson W. *Heidegger: Trough Phenomenology to Thought* (Hague, Martinus Nijihoff, 1974), Vorwort XVII.

후기에 하이데거는 현상학이란 용어를 거의 사용하지 않는다. 리처드슨도 하이데거의 사유의 여정을 '현상학을 통해 사유에로' 나아간 것으로 생각하고, 자신의 책의 제목을 그렇게 붙였다. 하이데거 자신도 존재에 대한 '사유'를 언급한다.

> 하지만 존재, 그것은 무엇인가? **그것**은 **그것** 자체다. 이 점을 경험하고 말할 것을 '다가올 사유'는 배워야 한다.[4]

하이데거는 전회에도 불구하고, 『존재와 시간』을 자신의 가장 위대한 학문적 성취물로 계속 언급하면서 그 책과의 인연을 끊은 적이 없었다. 하이데거는 전회에 대한 리처드슨의 질문에 이렇게 답한다.

> 당신이 구분하는 하이데거 I과 II는 다음 조건에서만 인정될 수 있다. '하이데거 I'에서 사유된 것들은 '하이데거 II'에서 사유되어야 할 것(zu Denkende)으로 가는 유일한 길이다. 그러나 '하이데거 I'의 사유는 오로지 '하이데거 II'의 사유에 포함되어(enthalten) 있을 때만 가능하게 된다.[5]

'하이데거 I'은 전기의 하이데거이고, II는 후기의 하이데거인데, 이 인용문에서 하이데거는 가능한 한, 연구자들이 전기와 후기를 연결시켜 이해해

---

4) 『이정표 2』(이선일 옮김, 파주: 한길사, 2005), 144쪽. 강조는 하이데거.

5) M. Heidegger, *Identität und Differenz* (Frankfurt a.M: Klostermann, 2006), p. 152. 임익성의 논문 「하이데거의 사유에서 전회」(사회철학연구회 논문집, 『사회와 철학』 제40집, 2020), 13쪽에서 재인용.

주기를 바라는 의도를 강력하게 표출하고 있다. 그럼에도 불구하고 놀랍게도 하이데거는 『존재와 시간』 끝에서 자신이 가는 사유의 길이 올바른 길임을 확신하지 못하는 듯한 말을 한다.

> 우리는 존재 일반의 '이념'의 근원과 가능성에 대해서, 형식적-논리적 '추상'의 수단을 가지고서는, 다시 말해서 확실한 물음 및 대답의 지평이 없이는 결코 탐구할 수가 없다. 중요한 것은 존재론적 기초물음을 밝히기 위해서 하나의 길을 찾아 그 길을 가는 것이다. **그 길이 유일한 길인가 또는 도대체 올바른 길인가 하는 것은 길을 다 가본 뒤에야 결정될 수 있다.** 존재해석을 둘러싼 싸움은 중재될 수 없는데, 그 까닭은 그 싸움이 아직 한 번도 붙어본 적이 없기 때문이다. 그리고 결국 싸움이란 것이 '다짜고짜로 시작되는 것'이 아니기에, 싸움이 붙기 위해서도 준비는 필요한 것이다. 오직 그 준비를 위해서 여기의 이 탐구는 도상에 있는 것이다.[6]

하이데거는 현존재를 통한 존재 일반으로의 진행을 목표로 하는 자신의 기초존재론적 구상이 올바른 것인지 잘못된 것인지 확신하지 못하는 상태에서 『존재와 시간』이라는 저술을 통해 존재문제를 둘러싼 싸움에 불을

---

6) 『존재와 시간』(이기상 옮김, 서울: 까치, 1998), 567쪽. 강조는 필자. 하이데거는 자신이 걷는 존재사유의 길이 올바른 길인지에 대해 확신을 갖지 못한 듯이 보인다. 이를 암시하는 하이데거의 자작시를 한 편 소개한다. 이 시는 어느 더운 여름날, 한 마리 나비가 날개를 접고 살며시 내려앉아 미풍에 흔들리는 모습을 보면서 쓴 것이라 한다. "정서의 모든 기운은 / 우리의 사유를 세계의 놀이로 모아들이는 / 존재의 미묘한 기운에 대한 반향이다. / 사유 가운데 모든 사물은 서서히 고독해진다. / 오랜 기다림과 인내 속에서 관대한 마음이 자라난다. / **위대한 사상가는 실수도 크게 범하기 마련이다.**"(『동일성과 차이』, 신상희 옮김, 서울: 민음사, 2000, 111쪽. 강조는 필자)

지피기 위한 준비를 하고 있다고 생각하는 듯하다. 그의 의도대로 『존재와 시간』은 서양철학의 역사에서 존재문제를 둘러싼 커다란 논쟁의 불을 붙였다. 그와 동시에 그는 자신이 걸어가던, 현존재를 통한 존재사유의 길이 절벽 앞에서 멈추어 있음을 발견했다. 그 길로 계속 가는 것은 불가능하다. 그가 존재를 찾아 떠나면서 의지하던 기초존재론이라는 내비게이션은 하이데거를 절벽 앞으로 안내했다. 길은 끝났고 이제 그가 의지하던 내비게이션은 버려진다. 계속 전진하려면 새로운 방법이 동원되어야 한다. 이제 존재로부터 현존재로 존재의 음성을 내려보내는 헬리콥터가 필요하다. 하이데거의 사유의 여정에 '전회' 혹은 '전향'이 있다는 사실은 하이데거 본인이 확인해주고 있다.[7] 하이데거는 존재 물음이 발생하는 터인 현존재를 분석한 뒤에 그것을 기초로 해서 존재 자체로 나아가려 했다. 그러나 하이데거는 『존재와 시간』의 기초존재론에서 자신의 사유를 더 전진시키지 못했다. 왜 하이데거는 현존재 분석을 통해서 존재 자체에 대한 연구로 나아가지 못했는가? 우선 하이데거는 후기에도 전기의 『존재와 시간』에서의 자신의 탐구의 초점은 존재임을 환기시킨다.

> '존재와 시간'이라는 논구는 **존재자의 진리에 대한 물음**이 아니라 존재의 진리에 대한 물음을 근거로 하여 인간의 본질을 존재에 대한 그의 관계로부터, 그리고 오직 이러한 관계로부터만 규정하려는 시도였다. 거기서 인간의 본질은 명확히 확정된 의미에서 **현-존재**로서 지칭되고 있다.[8]

---

7) 『이정표 2』(이선일 옮김, 파주: 한길사, 2005), 140쪽 참조.

8) 『니체 II』(박찬국 옮김, 서울: 도서출판 길, 2012), 176쪽. 앞의 강조는 필자의 것이며, 뒤의 강조는 하이데거.

그런데 그는 이러한 기초존재론적인 문제설정에 대한 최소한의 이해를 불러일으키는 것마저도 실패했다고 자평한다. 그 실패의 원인이 "근대적 사유방식이 우리에게 근절할 수 없을 정도로 강하게 습관화되었고 완전히 고착화되고 있다는 사실"[9]에 있다고 생각한다. 일종의 상황 탓 논리다. 그 다음에 그가 문제설정에 대한 최소한의 이해를 불러일으키는 데 실패한 이유를 『존재와 시간』이라는 저작에서 시도된 기초존재론적인 접근방식 자체에도 있었음을 인정한다.

> 그러나 이러한 길은 하나의 결정적인 장소에서 중단되고 말았다. 이러한 중단은 모든 노력에도 불구하고 이렇게 접어들었던 길과 시도가 자신의 의지에 반해 주체성을 다시 강화하는 위험에 빠지며 그 시도 자체가 결정적인 행보를, 더 정확히 말하면 그러한 행보의 충분한 서술을 본질적으로 수행하는 것을 저해한다는 사실에 근거하고 있다.[10]

하이데거는 그가 처음에 『존재와 시간』을 쓰면서 설정했던 집필계획에 따라 길을 가면 갈수록 그가 빠져나오기를 원했던 주체성의 늪 즉 인간 중심주의의 늪에 점점 더 깊숙이 빠져들게 된다는 사실을 알게 되었다. 그렇게 주체성의 늪에 머무는 한, '주체-객체-관계 바깥에 서 있는 존재 자체'에 대한 물음은 다루어질 수가 없다. 하이데거는 전기 사유의 구조적 한계를 간파한 것이다. 전기적 사유방식으로는 절대로 존재 자체에 이를 수는 없다. 왜냐하면 현존재를 존재가 문제 삼아지는 근본 장소로 간주하는 한, 존재

9) 『니체 II』, 176쪽.

10) 『니체 II』, 177쪽.

는 항상 현존재의 그림자처럼 취급될 수밖에 없기 때문이다. 현존재가 가는 곳에 존재가 따라간다. 현존재가 사라지면 존재도 진리도 세계도 사라진다. 현존재가 주도적이다. 하이데거의 기초존재론적 시도에 의해서는, 세계-내-존재인 현존재는 세계 안에 있는 존재자들을 통해 존재의 냄새는 맡을 수 있지만, 결코 존재 자체를 만나지는 못한다. 현존재는 온 세상에 퍼져 있는 '존재의 냄새'(존재자들)를 맡으면서 '존재'를 찾아 나서지만, 존재 그 자체를 만나지는 못한다. 오직 냄새만 있을 뿐이다.

2.
가능적 무한-현실적 무한의 관점에서 본 전회

나는 이 절에서 하이데거 사유의 전회라는 것이 무엇인가 하는 문제를 가능적 무한-현실적 무한의 개념으로 분석해보고자 한다. 하이데거는 전회 이후 후기에는 현존재를 통해 존재로 나아가는 길을 포기하고, 현존재가 존재로부터 오는 목소리를 '듣는' 방식으로 존재의 의미를 파악해야 한다고 말하면서 '존재'를 실체화하는 듯한 발언을 하며, 매우 신비주의적인 냄새를 풍기게 된다. 스피겔버그의 말이다.

> 존재자와 무관하게 독립적인 존재를 연구하는 것이 얼마나 가능할까? 그의 출판된 저서 속에는 이 문제에 대한 명시적인 대답이 거의 없다. 『존재와 시간』 속에서의 접근방식은 본질적으로 존재의 이해를 갖고 있는 특수한 존재자 즉 현존재에 대한 분석으로써 진행하고 있다. (…) 그러나 하이데거는 특히 후기 철학에 가면 존재에다 상당히 높은 존엄성을 부여한 듯이 보인다. 왜냐하면 여기서 존재는 사유에서 스스로 드러나거나 사유로부터 스스로 숨거나 심지어 존재자의 운명을 결정

하는 등의 능동적인 역할을 취하고 있기 때문이다. 은유적으로 하이데거는 존재를 번개나 폭풍에다 비유하고 있다.[11]

리처드 월린은 하이데거의 '전회'는 흔히 말해지듯이 1930년대 후반이 아니라 『존재와 시간』이 출간된 직후부터 시작되었다고 주장한다.[12] 특히 1943년경의 「형이상학이란 무엇인가?」에서 강조점이 현존재로부터 존재에로 옮겨간다고 말한다.

『존재와 시간』에서 하이데거는 '현존재가 있는 한, 즉 존재 이해의 존재적 가능성이 있는 한에서만, 존재가 있다'고 주장한다. 이에 반해 1943년 후기에서, 하이데거는 존재와 존재자 사이의 관계를 특징짓기 위해 존재의 독립적인 우선성을 강조하는 것으로 완전히 180도 변화했다. 하이데거는 '존재는 존재자 없이 잘 현성하지만, 존재자는 결코 존재 없이 있지 않다'고 말한다.[13]

우리는 하이데거의 존재사유의 여정에 통상 전회라고 말해지는 것을 이렇게 이해할 수도 있다. 즉 그는 전기에는 동전의 앞면을 연구했다면, 후기에

---

11) 허버트 스피겔버그, 『현상학적 운동 1』(최경호 · 박인철 옮김, 서울: 이론과 실천, 1991), 380쪽.

12) 하이데거 자신이 1930년에 행해진 강연인 「진리의 본질에 관하여」를 전회의 출발을 알리는 신호탄으로 보고 있다(『이정표 2』, 140쪽 참조).

13) 리처드 월린, 『하이데거, 제자들, 그리고 나치』(서울: 경희대학교 출판부, 2021), 419쪽. 월린과 다른 의견도 있다. "하이데거에 있어서 '전회'란 그의 초기 저술들을 비롯하여, 특히 『존재와 시간』(1927)에서부터 『칸트와 형이상학의 문제』(1929), 『근거의 본질에 관하여』(1929) 등에 이르는 전기 저술들 속에서 나타나는 사상과, 『진리의 본질에 관하여』(1943)로부터 시작되는 후기 저술들 속에서 나타나는 사상 사이에서 확인되는, 하이데거 사유의 극적인 변화를 지칭하는 개념이다."(배상식, 『하이데거의 후기사유』, 대구: 형설출판사, 2002, 25-26쪽)

는 동전의 뒷면을 연구했다고 생각할 수 있다. 동전의 앞면을 보다가 뒷면을 보니 마치 다른 동전인 것처럼 착각하게 되지만, 사실은 하나의 같은 동전을 본 것이니, 전회라고 불리지만 그것은 전기와 후기의 단절을 의미하는 것은 아니라고 생각하는 것이다. 하이데거의 사유는 전기와 후기를 통틀어 '현존재의 존재는 존재의 현존재다'라는 근본원리에 의해 지배되는데, '현존재의 존재'를 중시하는 방식으로 존재 물음을 묻는 것이 전기 사유이고, '존재의 현존재'를 묻는 것이 후기 사유라고 말할 수가 있을 것이다. '현존재의 존재'를 다룰 때는 현상학이 동원되지만, '존재의 현존재'를 다룰 때는 현상학은 버려지고 시와 그림과 사유가 동원된다.

그런데 하이데거가 전기적 사유의 관점에서는 도저히 말할 수 없는 말을 하는 듯이 보이는 말을 한다는 것이 문제를 일으킨다. 「휴머니즘서간」에서 하이데거는 현존재로부터 존재로 나아가려는 『존재와 시간』에서의 존재사유의 방식으로는 생각하기 힘든 말을 한다.

> 오히려 인간은 존재 자신에 의해 존재의 진리 안에 **던져져** 있다. 인간은 그와 같은 형태로 탈-존하면서 존재의 진리를 수호하는데, 이로써 존재의 빛 안에서 존재자는 본연의 존재자로서 나타나는 것이다. 존재자의 나타남의 여부 및 그 방식, 그리고 신과 신들, 역사와 자연이 존재의 밝음 안으로 들어와서 [우리에게] 가까이 다가와 있다가 사라져 버림의 여부는 인간의 결정사항이 아니다. 존재자의 도래는 존재의 역사적 운명에 기인한다.[14]

---

14) 『이정표 2』, 143-144쪽. 강조는 하이데거. 그럼에도 불구하고 하이데거는 여전히 인간이 '존재의 목자'라고 말한다(『이정표 2』, 144쪽). 존재의 역사적 운명에 인간이 결정할 수 없는 상황에서 어떻게 인간이 존재의 목자가 될 수 있는가 하는 것은 의문이다. 『존재와 시간』에서 현존재를 통해 존재의미가 물어지는 그런 상황에서는 인간이 존재의 목자라고 한다면 설득력을

『존재와 시간』에서는 인간이 세계 안에 던져진 존재라는 것을 현사실성으로 받아들이지만, 인간이 그렇게 던져진 이유를 알 수가 없다. 인간은 탄생 전과 죽음 이후에 대해 아는 것이 아무것도 없다. **인간의 삶은 무에 의해 포위되어 있다**(전기). 하이데거가 현존재의 피투성을 말할 때, 그는 '던져짐'이라는 용어를 사용하는 한, 던지는 주체가 있음을 인정해야 한다. 전통적인 기독교 신학에서는 현존재를 세계 안에 던지는 존재는 자신의 섭리와 계획 하에서 세계 역사를 이끌어가는 신이다. 신이 인간을 세상에 태어나게 했을 때, 태어남은 우연이 아니고 섭리이며, 그렇게 태어난 인간은 실현해야 할 신의 계획이 있다. 그러나 하이데거는 전통적인 태어남에 대한 기독교적 설명을 거부한다. 그에게 있어서 태어남은 신의 섭리 하에서 일어난 일도 아니고 따라서 인간은 실현해야 할 신의 계획도 가지고 있지 않다. 이런 이유에서 하이데거는 세계 안에 인간이 던져진 것은 이유도 미리 정해진 목적이나 계획도 없다고 생각한다. 인간의 피투성에는 이유도 없고, 근거도 없고, 계획도 없고, 목표도 없다. 인간을 세계 안에 던진 것은 무다. 그러나 후기에 하이데거는 그 무가 곧 존재라고 한다. 그런데 이제 후기에 와서 인간을 그렇게 세계 안에 던진 주체는 '존재 그 자체'가 되며, 존재가 현존재를 세계 안에 던지는 이유도 인간으로 하여금 존재사유를 하게 하려는 것임이 주장된다. 이제 **인간의 삶은 존재에 의해 포위된다**(후기). 그뿐만 아니라, 존재의 역사적 운명에 인간이 결정할 수 있는 것은 아무것도 없다. 『존재와 시간』에서는 현존재와 존재의 관계에서 현존재가 주도권을 쥐고 있었다면, 「휴머니즘서간」에서는 존재가 주도권을 쥐고 있는 듯이 보인다.

가지는 주장이 될 것이다. 그러나 존재가 결정권을 쥐게 되는 후기에도 인간이 존재의 목자라는 말은 이해 불가다. 차라리 존재 그 자체가 현존재의 목자라고 하는 것이 옳을 것이다.

하이데거 자신이 전기 사유와 후기 사유의 단절을 암시하는 말을 하기도 한다.

> 저의 사유의 길에서는, '존재자의 존재'로서의 '존재'와 존재에 고유한 의미 — 즉 존재의 진리(환한 밝힘) — 와 관련된 그런 '존재'로서의 '존재'는 분명하게 서로 구분되어 있습니다.[15]

우리는 하이데거의 양 시기 사상의 관계를 해석하는 하나의 메타포로 줄탁동시(啐啄同時) 혹은 진인사청천명[16]을 생각해볼 수 있을 것이다. 전기 사상에 따라 존재의 의미를 간절하게 갈구하는 행위는 새가 알에서 깨어나기 위해 알 안에서 부리로 껍질을 쪼는 행위로 이해한다면(진인사), 그런 노력을 하는 자에게 단적인 초월자로서 존재는 자신의 목소리를 들려준다는 것이다(청천명). 이 경우 존재의 소리는 알껍데기를 깨트리려는 새끼에게 도움을 주기 위해 알을 밖에서 쪼는 어미 닭에 해당할 것이다.

과연 하이데거는 전기와 후기 사유에 연속성이 있는가, 단절이 있는가? 나는 하이데거가 전기에서나 후기에서나 존재를 가능적 무한으로 사유했다면 사유의 연속이라고 보며, 전기에서는 가능적 무한으로 사유했지만, 후기에 가서 존재를 현실적 무한으로 사유했다면, 전기와 후기 사이에는 엄청난 단절이 있다고 생각한다. 그것은 칸트의 『순수이성비판』과 『실

---

15) 『언어로의 도상에서』(신상희 옮김, 파주: 나남, 2021), 147쪽.

16) 盡人事聽天命, 인간이 존재를 향해 초월하려고 노력하면, 존재 쪽에서 보내주는 소리를 듣게 된다. 『중용』에서도 "성자는 천지도요, 성지자는 인지도이다"(誠者天之道也, 誠之者人之道也)라는 말이 있다. 하늘은 무한한 정성을 실현해 있고, 그것을 실현하려고 노력하는 것은 인간의 길이다라는 뜻인데, 인간이 지극한 정성을 보이면 하늘이 그 정성에 응한다는 의미가 함축되어 있는 것으로 보이며, '진인사청천명'과 유사한 것이 아닌가 한다.

천이성비판』 사이에 있는 단절 즉 지식과 신앙 사이의 단절과 같은 단절이라고 생각한다.

칸트는 가능적 무한과 현실적 무한 사이에 연속적인 방법으로는 건널 수 없는 심연이 있다는 것을 알고 있었다. 하이데거에서 만약 전기에서 후기로의 전회가 가능적 무한에서 현실적 무한으로의 비약이라면 그의 사유는 연속적으로 설명될 수가 없을 것이다. 칸트는 『순수이성비판』에서는 인식의 문제를 다루었다면, 『실천이성비판』에서는 도덕신앙의 문제를 다루는 방식으로 그 연속성을 부인한다. 두 세계는 차원이 다른 세계다. 전자의 세계는 삶의 사실의 문제를 다룬다면 후자의 세계는 삶의 의미의 문제를 다룬다. 하이데거의 존재사유는 전기에서나 후기에서나 존재를 가능적 무한자로 보고 있는가?

하이데거의 사유의 연속성을 인정하는 해석이 가능할 수 있다. 그것은 하이데거의 '존재'가, 전기의 『존재와 시간』에서 다루어지든, 후기의 『시간과 존재』에서 다루어지든, 시간과의 관계를 단절한 것이 아니라는 것을 그 이유로 제시한다. 그렇다면 그 존재는 현실적 무한자가 아닌 가능적 무한자일 수밖에 없고, 그런 한에서 하이데거의 전기 사유와 후기 사유에 단절이 있다고 말할 수는 없을 것이다. 현실적 무한은 시간초월적인 것이기 때문이다. 이런 관점에서 보면, 하이데거의 전기 사유와 후기 사유에는 본질적 단절이 있는 것이 아니라, 가능적 무한자인 '존재'를 보는 각도의 차이가 있을 뿐이다. 가능적 무한의 철학으로서 하이데거의 철학은 근본적으로 '(고정된) 유한이 아닌 (움직이는) 유한성의 철학'이요[동전의 앞면], '(현실적)무한이 아닌 (가능적) 무한성의 철학'[동전의 뒷면]이다. 전회 이전의 하이데거 철학은 '유한이 아닌 유한성의 철학'이고, 후기의 하이데거 철학은 '무한이 아닌 무한성의 철학'이 될 것이다. 하이데거 자신은 존재사유에 있어서 사유방식의 전회가 있음을 인정하면서도 동시에 전회 이전과 이후에 사유의 연속성이 있음을 주장한다.

> 만약 사람들이 『존재와 시간』에서 명명된 기투(Entwurf)를 '표상하는 정립'으로 이해한다면, 사람들은 기투를 주관성의 업적으로 받아들이며, 또한 기투를 **세계-내-존재**에 관한 **실존론적 분석론**의 영역에서 존재이해가 사유될 수 있는 그 유일한 방식으로는, 즉 존재의 밝음과의 탈자적 관련으로는 사유하지 않는다. 이러한 다른 사유를, 즉 주관성을 포기하는 사유를 충분히 뒤따라 이행하고 더불어 이행하는 작업이 한층 더 어렵게 되었던 까닭은, 『존재와 시간』을 발간할 당시 제1부의 3절인 『시간과 존재』가 보류되었기 때문이다. 여기에 전체가 방향을 전향한다. 문제의 3절이 보류되었던 까닭은, 사유가 이러한 전향(Kehre)을 충분히 말하기에는 턱없이 소용이 없었고 그로써 형이상학의 언어의 도움을 가지고는 이러한 과제를 꾸려나가지 못했기 때문이다. 「진리의 본질에 관하여」라는 강연은 — 1930년에 구상되어 공개된 바 있으나, 1943년에야 비로소 출판되었다 — 『존재와 시간』으로부터, 『시간과 존재』에로 전향한 사유를 확실히 통찰한다. 이러한 전향은 『존재와 시간』의 입각점의 변화가 아니다.[17)]

'전회'를 인정하면서 '입각점의 변화가 아니다'라고 말하는 것은 앞뒤가 안 맞는 말이 아닐까? 하이데거는 무슨 이유로 후기 사유가 전기 사유의 입각점을 포기하는 것이 아니라고 말하는가?

---

17) 『이정표 2』, 140쪽. 강조는 하이데거.

> 오히려 전향에 이르러서야 비로소 『존재와 시간』에서 시도되었던 사유는, 『존재와 시간』이 경험되었던, 즉 더 정확히 말하자면 『존재와 시간』이 존재망각이라는 근본 경험 안에서 경험되었던 그러한 차원의 장소성에 도달하게 된다.[18]

이선일은 하이데거의 전회를 이렇게 설명한다.

> 돌이켜 보건대, 『존재와 시간』에서는 세계-내-존재로서의 현존재가 사유의 중심이었으나, 전향 이후로는 존재 그 자체가 사유의 중심이 된다. 『존재와 시간』에서는 현존재의 존재이해를 실존론적으로 분석함으로써 존재를 향한 사유가 이루어졌다면, 전향 이후로는 존재로부터 존재를 향한 사유가 전개된다. 그러나 이렇다고 해서 전향이 하이데거 사상 자체의 전환을 의미하지는 않는다. 길은 하나의 목적지를 향해 나아갈 뿐이다. (…) 다만 전향을 통해 하이데거의 강조점은 "존재의 열려 있음에 직면해 있는 현존재의 열려 있음"에서 "존재 자체의 열려 있음"으로 옮겨질 뿐이다.[19]

'전회'란 것이 하이데거가 전기와 후기에서 사유의 대상을 바꾸는 것을 의미한다면, 그런 전회는 **표면적으로는** 없다고 말해야 할 것이다. 하이데거는 분명히 평생 '존재의 의미'를 사유했다고 말한다. 그러나 우리가 앞서 확인했듯이 "저의 사유의 길에서는, '존재자의 존재'로서의 '존재'와 존재에 고유한 의미 — 즉 존재의 진리(환한 밝힘) — 와 관련된 그런 '존재'로서

18) 『이정표 2』, 140쪽.

19) 『이정표 2』, 「존재의 이정표」(옮긴이 해설 글), 18쪽.

의 '존재'는 분명하게 서로 구분되어 있습니다"라고 말하기도 한다. 그러니 전기의 '존재'와 후기의 '존재'는 명칭만 같지, 실제로는 다른 대상이라는 것이다. 그렇다면 하이데거는 존재사유에서 사유의 대상인 '존재'가 달라졌다는 것이 되므로, 전기와 후기 사이에는 단절이 있는 것이 될 것이다. 그리고 '전회'가 사유 방법의 전회를 의미한다면, 그런 전회를 한 것은 분명한 일이다. 전기에서는 '현존재의 존재로서의 존재'를 사유대상으로 삼았고 그 사유대상을 현상학적으로 사유했다면, 후기에는 현존재를 통하지 않고 바로 존재 자체를 사유대상으로 삼았고, 현상학과 무관하게 시적으로 사유했기 때문이다. 이 점을 김기태 교수는 설득력 있게 다음처럼 지적하고 있다.

> 그러면 어찌하여 하이데거는 『존재와 시간』에서 모종의 변경을 (…) 겪어야만 했을까? 예고된 『존재와 시간』의 제1부 제3편이 미완으로 좌절되고, 그 단념을 선언해야만 했던 그 필연적 원인은 무엇일까? (…) 기간(旣刊)의 『존재와 시간』에 있어서 현존재는, 주제적 주제인 존재일반의 의미에로의 접근통로로서 방법적으로 주제화되어, 그 결과 현존재의 존재의 의미는 시간성으로 파악되었다. 이 시간성의 지평하에서 존재일반의 의미해명으로 옮겨가려는 것이 본래적 의도였으나, 좌절되고 말았다. 이것은 아마 방법론상 원리적으로 불가능하다는 것이 전망되었기 때문일 것이다.[20]

김기태 교수는 하이데거가 "방법론상 원리적으로 불가능함"을 알아차린

20) 김기태, 「Heidegger에 있어서의 사고와 시작의 문제」, 경북대학교 대학원 철학과 철학박사, 3-4쪽.

내용을 다음처럼 설명해주고 있다.

> 현존재의 실존론적 분석에서 존재일반의 의미해명을 꾀했을 때, 하이데거가 채택한 방법은, 말할 나위 없이, 현상학적 방법이었다. 그런데 현상학이란 (…) '스스로를 나타내 보이는 것을, 그것이 그것 자신으로부터 스스로를 나타내 보이는 그대로, 그것 자신으로부터 보이게 하는 것'의 의미이다. 이때 현상학이 보이게 해야 하는 것은 바로 '존재자의 존재이다. (…) 현상학은 본래, (…) 존재자의 뒤에 숨어 있는 궁극의 존재 그 자체를, 존재자를 단서로 하여 나타내게 하는 데에는 매우 적합한 것이다. (…) 그러나 적어도 하이데거의 상기의 현상의 규정에 따르는 한, 현상이란 본질적으로, 그 무엇에 덧붙어서 현상하는 것이기 때문에, 그것이 '존재자의 존재'를 나타내게 하는 데에는 적합하다 할지라도 '존재 그 자체'를 해명하는 데에는 부적합하다는 것이다. '존재자의 존재'는 '존재일반'이 그 존재자에 있어서, 혹은 덧붙어서, 현상하는 존재방식이니, 그것은 그 존재자에 덧붙어 있지 않고, 그 근본에 숨어 있는 '존재 그 자체'와는, 역시 다르다고 봐야 할 것이다. (…) 따라서 만일에 그 무엇에 덧붙는다면, 그것은 벌써 '존재자의 존재'이고 '존재 그 자체'는 아닌 것, 그러한 본질의 것이다.[21]

칼 뢰비트도 하이데거가 전기와 후기에 사유방법을 바꾸었다는 것을 다음처럼 지적하고 있다.

> 『존재와 시간』에서 기획적으로 제출된 '보편적인 현상학적 존재론'으

---

21) 김기태, 「Heidegger에 있어서의 사고와 시작의 문제」, 4쪽.

로서의 학문적 철학이란 이념이 다시는 주도적이 아니다. 문제가 되고 있는 사상(事象)이 다시는 현상학적으로 발전되지 않고 도리어 그냥 진술되고 언급되었다.[22]

그렇다면 하이데거의 전후기 사유에 '전회'(전향)는 있었지만 전환은 없었다는 이선일의 입장은 전회를 인정한다는 말인가, 인정하지 않는다는 말인가? 그가 말하는 '전환'은 무엇을 의미하는가? 이선일의 답변은, 하이데거가 전기에는 "존재의 열려 있음에 직면해 있는 현존재의 열려 있음"을 사유했고 후기에는 "존재 자체의 열려 있음"을 사유했다는 것이다. 이선일은 전기와 후기의 연속성을 주장하기 위해 전기 하이데거의 사유를 규정하면서 "현존재의 열려 있음" 앞에 "존재의 열려 있음에 직면해 있는"이라는 구절을 넣는 것을 잊지 않고 있다. 그러나 이 말은 전기에는 '존재를 바라보는 현존재'를 사유했지만 후기에는 '존재 자체'를 사유했다는 것인데, 이 두 개는 결코 같은 것이 아니다. '존재를 바라보는 현존재'는 말하자면 '무한을 바라보는 인간'인데, '인간이 바라보는 무한'은 가능적 무한이다. 그러나 '존재 자체'는 무한 그 자체다. 그러니 전기의 하이데거는 가능적 무한의 '무한성'을 사유했다면, 후기의 무한성은 현실적 무한의 '무한성'을 사유한 것으로 보인다. 얼핏 보면 같은 '무한성'을 사유한 것으로 보이지만, 전기의 무한성과 후기의 무한성은 다른 무한성이다. 결국 하이데거 전후기 사이에는 결정적인 단절이 생긴 셈이다.

하이데거는 전기에는 현존재의 개방성이 "가장 근원적인 진리"라고

---

22) K. Löwith, Heidegger, *Denker in dürftiger Zeit* (Frankfurt, 1953), S9f; 하인리히 오트, 『사유와 존재: 마르틴 하이데거의 길과 신학의 길』(김광식 옮김, 서울: 연세대학교 출판부, 1985), 79쪽에서 재인용.

말한다. "진리는 현존재의 열어 밝혀져 있음으로 존재하지 않으면 안 된다."[23] 또한 "진리는 현존재가 있는 한에서만 그리고 있는 동안에만 '[주어져] 있다'"[24]고 말하기도 한다. 그러나 박서현의 설명에 따르면, 하이데거는 『존재와 시간』에서의 진리론으로는 존재의 은폐를 설명할 수 없다.

> 「형이상학이란 무엇인가?」의 '서문'에서는 현존재 안에서 비은폐성을 의미하는 존재의 진리를 완전히 길어낼(erschöpfen) 수는 없으며, 존재의 진리와 현존재는 동일한 것이 될 수 없다고 말한다. 하이데거가 강조하고자 하는 것은, 전기의 형이상학적 사유는 이러한 존재자 안에서 이미 스스로를 은폐하고 있는 존재의 진리에 대해 전혀 주의를 기울이지 않는다는 점이다. 전회에 이르게 되는 하이데거의 문제의식은 존재자로서의 존재자에 대해 탐구하는 형이상학으로부터, 탈은폐하면서 은폐하는 존재의 진리에 대한 사유에로 이행해야 된다는 것이었다. 그것은 형이상학이 이미 탈은폐되어 있는 존재, 즉 존재진리의 영역 안에서 움직이고 있지만, 『존재와 시간』의 주체 형이상학의 관점에서는 존재의 비진리를 사유할 수 없다. 이것은 현존재 중심적 존재이해의 한계이다.[25]

만약 하이데거가 후기에 존재를 현존재로부터 분리시켜 그 자체로 다루는 것을 시도했다면, 다시 말해서 무한을 가능적 무한으로서가 아니라 현실

23) 『존재와 시간』, 307쪽.

24) 『존재와 시간』, 305쪽.

25) 박서현, 「하이데거에게서 시간성과 전회의 문제에 대한 고찰」(『철학연구』 제87집, 2009), 29-30쪽 참조.

적 무한으로 다루었다면, 즉 하이데거가 현실적 무한을 인정했다면, 그는 『존재와 시간』에서의 자신의 모든 사상은 물론이고 후기의 '존재역운'도 부정해야 할 것이다.

우리는 앞에서 하이데거의 전후기 사상의 관계를 줄탁동시로 혹은 '진인사청천명'으로 설명하는 것도 가능할 것이라고 말한 바 있다. 그러나 '줄탁동시'나 '진인사청천명'의 비유도 하이데거가 현실적 무한을 인정했을 때에만 가능하다. 새가 알에서 깨어나기 위해 알 안에서 부리로 알을 쪼아대는 행위는 가능적 무한의 탈자적 초월노력으로 보이지만, 그 쪼아댐으로는 알을 깨지 못한다. 그러나 그 소리를 감지한 어미 새가 밖에서 알을 깨트려준다. 알 껍질 속의 새끼 새(현존재)는 자신의 힘으로 알을 깨고 나와야 한다. 그런데 어미 새(존재 자체)의 도움을 받아서만 알껍질 밖으로 나올 수 있다면 휴머니즘은 포기되는 것이다.

3.
전회를 둘러싼 애매함

연구자들은 하이데거의 전기 사유와 후기 사유가 연속적이냐 단절이냐 하는 문제로 지루하게 다투고 있다. 단절파와 연속파 중에 어느 한쪽이 결정적으로 승리하기가 힘들어보이는 측면이 있는데, 그 이유는 하이데거가 후기에는 전기에서와 비교했을 때 비록 사유방식에 커다란 변화를 보이고 있음에도 불구하고, 그는 결코 『존재와 시간』에서 자신이 이룬 학문적 성과를 깡그리 부정하는 방식으로 자신의 존재사유를 마무리하고 싶지 않았기 때문으로 보인다. 연속파는 바로 그 점을 강조할 것이다.

전회의 문제를 해결하려 할 때, 우리가 분명히 하고 시작해야 할 사실은 전기의 하이데거는 '존재자의 형이상학'이 되어버린 서양의 전통적 형이상학을 현상학의 입장에서 거부했다는 것이다. 칸트도 『순수이성비판』 전반부의 '선험적 형이상학'의 관점(=현상의 관점)에서 독단적 형이상학의 주장들을 거부했다. 그런데 전통 형이상학에서 다루었던 기독교의 신이나, 플라톤의 선의 이데아나 스피노자의 실체는 모두 현실적 무한자들이라는 공통된 특징을 갖는다. 그러므로 하이데거가 『존재와 시간』에서는 현실적 무한을 부정했다는 것이다. 만약 후기의 하이데거 철학이 현실적 무한을 끌어들임이 없이도 성립할 수 있다면, 그의 사유는 연속성을 갖는다. 그러나 후기의 사유가 현실적 무한을 끌어들이지 않고서는 설명되기 힘들다면, 그의 사유는 단절이라고 보아야 할 것이다. 이 경우, 그가 후기에 현실적 무한을 받아들였다는 것은 그가 존재자의 형이상학을 받아들였다는 것을 의미하지는 않는다. 하이데거는 칸트가 『실천이성비판』에서 보여준 초험적 형이상학조차도 존재자의 형이상학으로 간주한다. 그런데 칸트의 초험적 형이상학은 존재자의 형이상학처럼 보이는 측면이 있지만, 그렇다고 그것이 가능적 무한의 형이상학은 아니다. 그것은 어디까지나 현실적 무한의 형이상학이다. 그런데 하이데거의 『존재와 시간』의 형이상학은 존재자의 형이상학은 아니지만, 그렇다고 현실적 무한의 형이상학도 아니다. 그것은 철저하게 가능적 무한의 형이상학이다. 이러한 비대칭이 우리를 혼란스럽게 만들고 있다.

나는 후기의 하이데거는 인간 현존재가 존재의 한복판에 던져져 있는 것으로 본다고 했다. 우리는 여기에서 하이데거 해석상의 가장 애매한 갈림길의 가능성에 대해 언급해보고자 한다. 첫째로, '인간은 존재 안에 던져져 있다'는 명제에서 '인간'을 가능적 무한자로 보고 '존재'를 현실적 무한자로 보는 방식으로 그 명제를 해석하는 것이 가능하다. 나는 기본적으로 이런 해석 가능성을 받아들인다. 이 해석은 전기와 후기의 단절에 무게를 두는 해석이다. "인간은 존재 자신에 의해 존재의 진리 안에 **던져져** 있다"[26]는 말에서 언급되는 '존재'는 『존재와 시간』에서 인간 현존재에 의존해서 간신히 목숨을 이어가던 그런 '존재'는 아니다. 후기의 하이데거는 존

---

26) 『휴머니즘 서간』, 143쪽.

재사유를 함에 있어서 전기의 하이데거와 달리 더 이상 현상학에 크게 의존하지 않는다. 전기의 하이데거는 가능적 무한의 형이상학자임은 분명한 사실이다. 그러나 만약 후기의 하이데거가 현실적 무한 즉 감각초월적 실재를 받아들였다면, 전기와 후기는 연속적으로 이해될 수는 없을 것이다.[27] 그 단절은 사유방법에서의 단절이기도 하고, 사유대상의 단절이기도 하다. 전기의 가능적 무한은 후기의 현실적 무한 사이에는 단절이 있다는 말이다. 둘째로, '인간'을 유한자로 보고, '존재'를 가능적 무한자로 보는

---

27) 칸트는 『순수이성비판』에서는 가능적 무한의 세계를, 『실천이성비판』에서는 현실적 무한의 세계를 논한다. 그런데 가능적 무한은 아무리 무한한 행진을 진행한다 하더라도 절대로 현실적 무한이 될 수 없다. 가능적 무한과 현실적 무한 사이에는 무한한 거리가 있다. 그런 한, 그 양자는 연속이 아니고 단절이다. 유한과 가능적 무한 사이에도 단절이 있다. 유한이 가능적 무한이 된다는 것은 하나의 초월이다. 마찬가지로 가능적 무한이 현실적 무한이 된다는 것도 하나의 초월이다. 칸트는 『순수이성비판』에서의 '가능적 무한의 인과법칙적 세계'와 『실천이성비판』의 '현실적 무한의 목적론적 세계' 사이에 있는 무한한 거리를 『판단력비판』에서 '목적 없는 합목적성'의 개념으로 이어보려고 했다. 그러한 시도가 가능한 근본적인 이유는 인간만이 이 세계에서 기계론적 흐름과 목적론적 흐름이 만나는 유일한 존재, 즉 두 세계의 시민이기 때문이다.

유한에서 현실적 무한에로 이어지는 길에는 두 개의 초월이 있다. 유한으로부터의 초월과 무한에로의 초월이 있다. 유한자(동물)와 인간(가능적 무한자) 사이에 하나의 초월이 있다. 이것을 제1초월이라 부르자. 그리고 가능적 무한과 현실적 무한(신) 사이에 또 하나의 초월이 있다. 이것을 제2초월이라 부르자. 이런 이중초월의 관점에서 보면 하이데거의 형이상학이 '형이상학 없는' 형이상학임을 더 분명하게 이해하게 된다. 통상 형이상학자들은 형이상학을 제2초월과 관계하여 연구하는 학문으로 생각한다. 전통적 형이상학은 지식을 통한 제2초월의 가능성을 인정했지만, 칸트는 인식의 길에서는 제2초월은 불가능하다고 생각했다. 그러나 도덕의 길에서는 제2초월이 가능하다고 생각했다. 그런데 하이데거는 인식에 의해서건 도덕에 의해서건 제2의 초월은 가능하지 않다고 생각했다. 그럼에도 불구하고 그는 자신이 서양의 전통적 형이상학을 해체하여 새로운 형이상학을 건설한 과업의 완수자로 자평한다. 그러니 그의 형이상학은 '형이상학 없는' 형이상학이 된다. 그는 인간을 동물들로부터 구별하여, 인간만이 존재 물음이 가능한 존재로 보았다는 점에서 인간은 제1초월은 실현한 것으로 본다. 유물론적 인간관을 가진 사람들은 인간이 제1초월조차도 완수한 존재로 보지 않는다. 내게 과감한 추측성 주장을 하는 것을 허용한다면, 내게는 서양의 위대한 형이상학자들에 대한 하이데거의 현상학적 해석들은 그들의 형이상학에서 현실적 무한의 요소를 제거하거나 그것을 가능적 무한으로 해석해내는 줄기찬 작업으로 보인다. 『칸트와 형이상학의 문제』에서 칸트를 그렇게 해석했다.

것이다. 나는 하이데거를 이렇게 해석할 수 있는 여지도 있다고 생각한다. 이 두 번째 해석은 전기와 후기의 연속성에 방점을 두는 해석이다. 하이데거는 후기에 "여하튼 존재는 '존재'하지 않고 오히려 현성한다"고 말하기도 한다.[28] 무가 무화하듯이 존재는 현성한다면, 그는 후기에도 여전히 존재를 가능적 무한자로 보는 듯이 보이는 강력한 분위기를 풍기고 있다. 셋째로, 하이데거 사유가 이 두 가지 가능성을 다 가진 것으로 해석하는 것이다. 하이데거는 칸트의 철학을 '유한성의 철학'으로 간주하면서, 선험적 대상(가능적 무한)과 물자체(현실적 무한)를 구분 없이 동일시했다. 이 세 번째 해석에서는 전기와 후기 사이에 연속적으로 보이는 측면도 있고 단절로 보이는 측면도 있게 된다.

그런데 두 번째 해석의 난점은 "존재는 유한한다"는 하이데거의 말이 만들어낸다. 우리는 이 말을 '죽음에의 존재'로서의 현존재의 유한성과 연결시켜 이해했었다. 즉 자신의 유한성을 부단히 넘어서는 유한성으로서의 현존재 일반은 가능적 무한자이지만, 개별적이고 구체적인 실존자이며 '죽음에의 존재'인 개별적 현존재는 유한한 존재로 해석했다. 그런데 "인간은 존재 자신에 의해 존재의 진리 안에 던져져 있다"고 할 때, '존재'를 우리가 가능적 무한자로 생각하고, 개별적 현존재를 유한자로 생각하게 되면, 우리는 현존재를 존재의 진리 안으로 던지는 '존재'를 가능적 무한자로 생각할 수 있게 된다. 그렇게 되면 하이데거의 전기 사상과 후기 사상은 연속성을 갖게 되는 듯이 보인다. 우리가 전후기 하이데거를 이런 식으로 해석하는 것은 결국 하이데거가 전기에는 구체적 · 개별적 현존재의 유한성에 대한 **실존적** 사유와 현존재 일반의 가능적 무한성에 대한 **실존론적** 사

28) 『철학에의 기여』(이선일 옮김, 서울: 새물결), 366쪽.

유를 동시에 개진하다가, 후기에는 오로지 가능적 무한성만을 사유했다는 식으로 해석하는 것이 될 것이다. 그럼에도 불구하고 '존재'가 가능적 무한으로 해석되는 한, 그 무한은, 인간 현존재가 '자신의 유한성을 넘어서는 유한성'으로 머무는 한에 있어서, 그 유한성이 추구해야 할 어떤 것이지, 그 안에서 몸을 담그고 살아갈 수 있는 그런 무한성은 아니게 된다. 왜냐하면 몸을 담그고 머무는 순간에 그것은 유한이 되기 때문이다. 만약 전기 하이데거가 '현존재의 존재'로서 사색했던 존재나 후기 하이데거가 '존재의 현존재'로 사색했던 존재가 다 같이 가능적 무한이라면, 그의 사유는 연속성을 갖는다. 그 대신 그는 허무주의로부터 탈출하는 것은 불가능하게 된다. 가능적 무한의 늪에 빠진 개별적 현존재는 절대로 가능적 무한으로부터 빠져나오지 못하고 그 늪에서 죽음을 맞이한다. 죽음은 무이고, 무는 현존재의 존재를 담는 관이며, 우리가 그 관을 아무리 아름다운 보석으로 치장하여 존재의 장례를 치르더라도 존재는 무의 관 속에서 사라진다. 분식된 허무도 허무임을 부정할 수가 없다. 하이데거가 후기에도 가능적 무한만을 인정하면서 삶의 무의미를 극복했다고 한다면, 내가 보기에 그것은 허무의 늪에 빠진 사람이 스스로 자신의 머리카락을 붙잡고 잡아당겨서 그 늪에서 빠져나오려 시도하다가 그것이 불가능함을 깨닫고서는, '무는 존재다'라는 명제를 갖고서 자신이 빠진 허무의 늪을 존재가 제공하는 지복의 안식처라고 망상해버린 경우로 보인다. 그러나 사르트르는 하이데거보다 훨씬 명쾌한 결론을 내린다. 그는 만약 인생이 가능적 무한의 운동에 불과하다면, 삶은 무익한 열정에 불과하다고 말한다.

나는 이런 이유에서 두 번째 해석 가능성보다 첫 번째 해석 가능성을 더 선호한다. 그리고 나는 두 번째 해석을 포기하기 때문에 세 번째 가능성도 따라서 포기한다. 그렇지만 하이데거의 존재가 '가능적 무한'으로 해석될 수 있는 여지는 여전히 남아 있다. 하이데거에서 존재는 전기에서나 후기에서나 한결같이 시간적이다. 그리고 존재는 역사를 갖는다. 존재역운이라는 후기의 용어는 존재를 현실적 무한으로 해석함에 장애물이 될 것이다. 존재역운이 비록 존재를 시간적인 것, 즉 시간 안에 있는 어떤 것으로 해석되지 않고, 존재 자체의 움직임이 만들어가는 궤적으로 설명된다 하더라도, 존재가 어떤 형태로든 시간과 관계 맺는 한에 있어서는 현실적 무한자로 간주되기는 힘들 것이다. 현실적 무한자는 시간 초월자이기 때문이다.

하이데거의 전후기 사유가 연속성을 가진다고 판정할 수 있으려면, 전기의 사유와 후기의 사유의 결론이 같아야 할 것이다. 칸트는 『순수이성비판』의 전반부와 후반부가 동일한 결론을 주장하고 있다고 말한다. 즉 물자체는 인식 불가능하다는 것이다. 그는 「분석론」의 진리를 「변증론」에서 간접 증명한다고 말하고 있다.[29] 이 경우 물자체는 인식 불가능하다는 명제를 증명하는 「분석론」과 「변증론」의 증명방식은 완전히 다르지만, 결론은 같다. 그렇다면 우리는 「분석론」과 「변증론」의 논의가 비록 논증방법은 완전히 다르다 하더라도, 사상에 일관성이 있으니 단절되어 있지 않고 연속적이라고 말할 수 있다. 그러나 하이데거의 경우 전기에서는 현존재에서 존재로 올라가려 하지만 그 상승의 가능성은 차단되어 있다. 그 이유는 하이데거가 '현존재의 존재'만 인정했지, 현존재로부터 분리된 '존재 그 자체'는 인정하지 않았기 때문이다. 후기에는 전기에는 인정하지 않았던 존재 그 자체를 인정하는 것에서 시작하며, 존재에서 현존재로 하강하는 길을 택한다. 전기에는 가능적 무한만 인정하고 현실적 무한을 부정했다. 그

29) 칸트, 『순수이성비판』(최재희 옮김, 서울: 박영사, 1974), B XX 참조.

러나 후기에는 현실적 무한을 인정하고 가능적 무한을 현실적 무한 안에서 고찰한다. 그렇다면 우리는 전기와 후기 사이에 단절이 있다고 결론 내릴 수밖에 없다. 칸트는 가능적 무한에서 현실적 무한으로 가는 연속적인 길은 없다고 생각했고, 가능적 무한에서 현실적 무한으로 가는 것은 무한자의 징표인 자유에 근거한 도덕이라는 도약대의 도움을 받아야 한다고 생각했다. 하이데거는 칸트가 마련한 도덕의 도약대는 버리고 그 대신 시인들의 시에 귀를 기울인다. 하이데거에게 있어서 칸트의 양심의 소리에 해당하는 것이 존재의 음성인데, 그 음성을 수신할 수 있는 능력의 소유자는 도덕가가 아니라 시인이다. 그의 후기 사유에서는 시인을 통한 존재에로의 비약의 길을 제시한다. "위기는 시작된 물음의 방향에서 단순한 계속된 사유를 통해서는 제어될 수는 없으며, 존재 자체의 본질에로의 다양한 비약이 과감히 행해져야 했다."[30]

30) 오토 푀겔러의 『하이데거 사유의 길』, 204쪽에서 재인용.

4.
전회가 단절로 해석되어야 할 네 가지 이유

하이데거의 후기 철학이 현실적 무한의 철학으로 보이게 만드는 네 가지 두드러진 측면 때문에, 나는 전기와 후기 사이에 연속성이 있다는 입장을 받아들이지 않는다.

첫째로, 하이데거는 존재를 주체-객체 관계 바깥에 서 있는 것으로 이해하는데,[31] 그렇다면 그 존재는 현존재에서 물어지는 존재가 아닌 것이 되며, 따라서 그 존재는 가능적 무한자가 아니고 현실적 무한자가 될 수밖에 없다. 칸트의 용어로 표현한다면 그 존재는 규정될 수 없는 것인데, 칸트철학에서 규정 불가능한 것에는 두 개가 있다. 물자체와 선험적 대상이다. 그중에 인식주관과 관계를 맺으면서 규정될 수 없는 것은 선험적 대상이고, 이것은 가능적 무한자다. 전기의 하이데거가 현존재의 초월작용 — 이 초월작용이 칸트의 인식작용과 유사한 것으로 이해될 수 있는 한 — 을 통해 찾아가려 했던 존재는 칸트의 선험적 대상과 마찬가지다. 그런데 후

31) 『니체 II』, 177쪽.

기의 하이데거가 문제 삼는 존재가 주체-객체 관계 바깥에 서 있는 존재라면, 그 존재는 칸트의 용어로는 선험적 대상이 아니고, 주체와 객체를 아우르는 물자체다. 즉 현실적 무한자다.

둘째로, 이미 우리가 앞에서 언급했던 것인데, 하이데거는 "인간은 존재 자신에 의해 존재의 진리 안에 **던져져** 있다"고 말한다. 하이데거의 우리는 이 말에서 등장하는 '존재'를 현실적 무한으로 이해하지 않을 수가 없을 것이다. 『존재와 시간』에서의 하이데거에 의하면 현존재는 피투적 존재로서 왜 그가 세계 안에 던져졌는지 알 수 없다. 그 던져짐을 설명할 하등의 종교적 이유, 철학적 이유, 과학적 이유도 없다. 현존재는 그 이유를 즉 삶의 의미를 스스로 찾아 만들어야 한다. 그런데 삶의 의미는, 전기의 하이데거에 의하면, 현존재가 죽음에 매달린 삶을 살아가면서 찾아 만들어야 하는 삶의 숙제다. 그런데 그 숙제로서의 삶의 의미는, 앞서 인용한 후기의 하이데거에 의하면, 현존재가 세계 안에 던져지기 이전에 이미 존재에 의해 주어져 있다. 현존재가 존재에 의해 세계 안에 던져진 이유가 현존재가 세계 안에 던져지기 이전부터 준비되어 있었다는 말이다. 그것은 존재의 의미를 물으면서 살아가는 것이 된다.[32] 여기에 묘한 순환이 발견된다. 현존재가 존재의 의미를 물으면서 살아가야 하는 이유는 존재가 현존재에게 그렇게 명령했기 때문이라는 것이다. 이리하여 현존재의 주도권을 허용하는 전기의 존재 사유는 존재가 주도권을 허용하는 후기의 존재사유의 도돌이표가 된다. 현존재의 존재사유도 실은 존재가 현존재로 하여금 존재사유를 하게 만든 결과다.

---

32) 분위기와 뉘앙스는 다르지만 하이데거의 이런 논리는 인간이 세상에 태어나는 이유가 신에 의해 영원 전부터 정해져 있었다는 기독교의 입장과 형식적인 유사성이 있어 보인다.

> 솔직히 말해 사유는 존재의 사유다. [여기에서] '의'라는 소유격은 이중적인 것을 의미한다. 사유가 존재로부터 생기되어 존재에게 귀속하는 한, 사유는 존재'의' 것이다. 동시에 사유는, 존재에게 귀속하면서 존재에 귀를 기울이는 한, 존재'의' 사유[즉 존재를 사유함]다.[33]

존재가 현존재를 세계 안에 던져넣은 뒤에 현존재로 하여금 존재를 사유하게 한다면, 현존재와 존재의 관계에서 주도권은 완전히 존재가 쥐게 되며, 전기에서는 현존재의 그림자처럼 취급되었던 존재가 이제는 현존재를 쥐락펴락하면서 꼭두각시처럼 다루고 있다. 현존재의 던져짐이란 것이 알고 보니 존재의 던짐이라면, 현존재가 탄생이라는 피투성의 사건 이전에 '무'가 있는 것이 아니라, 이미 '존재'가 있다는 것이 되고, 현존재가 죽음이라는 사건을 맞이한 이후에도 '무'가 아니라 '존재'가 있다는 것이 된다.[34] 전기에는 존재가 현존재의 그림자처럼 현존재를 따라다녔지만, 후기에는

---

33) 『이정표 2』, 127. '의'라는 소유격의 이중적 사용은 칸트가 『순수이성비판』(*Kritik der reinen Vernunft*)에서, 'der'의 이중적 사용과 흡사하다. 비판되는 대상은 순수이성이며, 동시에 비판하는 주체도 순수이성이다. 그러니 순수이성이 순수이성을 비판하는 책이 『순수이성비판』이다. 그런데 이성이 이성을 비판할 때 이성은 칸트라는 인간의 이성을 통해 그 비판작업을 한다. 하이데거에서도 '존재의 사유'는 사유의 대상도 존재이고 사유의 주체도 존재다. 존재가 하이데거라는 인간을 통해서 존재를 사유한다.

34) 이것은 명백히 하이데거의 존재사유가 사물관념론이 아님을 말해주는 것이다. 하이데거는 『존재와 시간』에서는 사물관념론의 입장이었다면 후기의 하이데거는 그것을 포기하는 듯이 보인다. 하이데거의 존재론이 사물관념론이 아니라면, 하이데거가 말하는 무는 절대적 공무로 이해되어서는 안 된다. 그것은 칸트의 선험적 대상과 비슷한 것이다. 무는 존재에 대립하면서 존재와 동일체인 단적인 무가 아니고 그냥 인간적 인식의 한계선일 뿐이며, 그 바깥에 존재의 은폐된 영역이 존재하게 된다. 그렇게 되면 '무'는 존재의 한계 혹은 테두리가 아니고, 그냥 '우리 인간에 대해서는 아무것도 아닌 것'이게 된다. 그리고 그 존재는 가능적 무한자가 아니고 현실적 무한자일 것이다. 현실적 무한이 받아들여질 때에만, 우리는 가능적 무한의 무한을 향한 행진이 현실적 무한에 의해 가능적 무한에게 부과된 것임을 알게 되듯이, 현존재의 존재사유가 존재가 현존재에게 부과한 명령임을 알게 된다. 나는 하이데거의 후기 사유는 전기 사유의 전복이라고 생각한다.

현존재가 존재의 그림자처럼 취급된다. 전기의 하이데거는 플라톤의 동굴 밖의 이데아의 세계를 현상학의 입장에서 거부하면서 플라톤이 말하는 현상계를 온전히 실재하는 세계로 보았다면, 후기 하이데거는 동굴 밖에서 들려오는 소리에 현존재가 귀를 기울여야 한다고 말한다. 현존재는 '존재의 목자'에서 '존재의 사역자'가 된다.

셋째로, 하이데거의 후기 사유를 특징짓는 용어 중의 하나인 밝힘(Lichtung)의 개념도 현실적 무한의 개념을 받아들인 위에서 설명 가능한 개념으로 보인다. 하이데거는 존재의 밝힘을 울창한 숲의 공터를 비추는 햇빛의 메타포로 설명한다. 존재의 빛이 들어가면서 빛의 영향권 안에 있는 존재자들의 경우는 그 존재자들의 존재가 드러난다. 그러나 빛의 영향권 바깥에 있는 부분은 오히려 존재의 빛으로 말미암아 가리어진다. 그 어두워지는 부분은 존재의 빛이 닿지 않고 있기에 '무'가 될 것이다. 그런데 이 무를 우리는 단적인 무로 볼 수도 있고, 그냥 '우리에 대해서는 없는 것'으로 볼 수도 있다. 만약 그 무를 단적인 무로 본다면, 존재의 빛이 향하는 쪽은 존재의 빛이 비치기 전에는 아무것도 없었던 상태에서 존재의 빛이 비친 후에는 무엇인가가 존재하게 되는 그런 마술 같은 일이 일어나는 장소가 될 것이다. 그런데 존재의 빛은 항상 현존재를 통해 비추기 때문에, 다시 말해서 현존재는 존재의 빛이 통과하는 통로(길)이기 때문에, 현존재가 시선을 어느 쪽으로 향하느냐에 따라 존재자들이 생겨났다 사라졌다 해야 할 것이다. 이것은 명백히 '존재는 지각됨이다'(Esse est percipi)라고 말한 버클리(G. Berkeley, 1685-1753)의 하이데거식 버전이 될 것이다. 버클리의 공식에 따르면, 지각의 주체가 특정한 인간일 경우 그 인간이 사물들을 보면 존재하고 보지 않으면 사라지게 되는 괴상한 결론이 생겨나는데, 버클리는 그런 결론에 도달하지 않기 위해 신의 도움을 받는다. 만물은 무한자인 신의 눈빛 속에서 그 존재가 보존된다고 했다. 그는 결국 만물은 신의 관념이라는 결론으로 나아간다. 그런데 하이데거가 전기에 '현존재의 존재'를 말할 때는, '존재는 지각됨이다'라고 말하는 버클리의 명제에서 '지각'의 주체를 인간 일반으로 볼 경우와 유사하게 된다. 이 경우 '존재는 지각됨이다'라는 버클리의 명제에 등장하는 '존재'나, 『존재와 시간』에서 하이데거가 문제 삼는 '존재'는 둘 다 가능적 무한자가 될 것이다. 그러나 하이데거가 후기에 '존재의 현존재'를 말할 때의 '존재'는 '존재'는 지각됨이다라는 명제에서 지각의 주체를 신으로 보는 버클리의 입장과 유사해보인다. 그 '존재'는 버클리나 하이데거에서 다 같이 현실적 무한자로 보인다.

넷째로 후기의 하이데거는 언어를 인간의 발명품이나 고안물로 보는 것이 아니라, 존재의 것으로 보고 있는데, 이 역시 전기의 현존재 중심적 사유가 아니라, 존재 중심적 사유로의 전회를 인정할 때만 이해 가능하다. 하이데거는 아예 인간을 "존재에 사로잡혀 쓰이기 시작한 존재의 시"로 간주하고 있으니, 인간의 언어는 더 근원적으로 사유해보면 곧 존재의 언어가 될 수밖에 없다. 전기의 기초존재론적 구상에서는 인간이 존재에게 말을 걸어보려 했지만, 존재가 아무런 응답을 하지 않았다. 그러나 후기에는 갑자기 관계가 뒤바뀐다. 말하는 주체는 존재가 되고 말을 듣는 객체는 인간이 된다. '존재에 의해 이야기 걸어짐', '존재의 부름', '존재에의 귀 기울임', '존재의 선물'이라고 하는 표현들이 그런 사정을 말해준다. "하이데거는 존재가 자기를 현현키 위해서, 즉 밝히기 위해서, 말하자면 인간을 시켜 언어로 자신을 밝힌다 했다."[35]

---

35) 박이문, 「시와 사유: 하이데거는 어째서 중요한가?」(한국하이데거학회 엮음, 『하이데거의 존재사유』, 서울: 철학과 현실사, 1995), 225쪽.

찰스 웨이 쉰 후우(Charles Wei-Hsun Fu, 傅偉勳)는 「하이데거와 선에서 존재와 무」에서 하이데거의 전회를 이렇게 설명한다.

> (후기: 필자 보충) 하이데거의 존재사유 속에서는 존재와 무 사이의 '공속성'이나 '동일성'이라고 할 만한 것이 실제로는 존재하지 않는다고 말할 수 있다. 왜냐하면 이제 존재가 스스로를 무로서 무화한다고 말해지고 있는데, 이러한 무는 불안이 드러내는 무나 불안을 통해 스스로를 무화하는 무가 아니라, 바로 존재의 현시로부터의 물러섬이기 때문이다. 이리하여 무의 실존론적 의미가 다루어진 전기 하이데거의 현존재 분석론은 결국 존재에 관한 사유 속으로 용해되어버리며, 무는 존재에 존재론적으로 기생하는 것으로 되고 만다. (…) 하이데거 사유의 전회 지점에서 가장 결정적인 역할을 수행하는 무가 불행하게도 후기 하이데거에 의해 거부되고 있는 것이다.[36]

나는 찰스 웨이 쉰 후우가 전회의 핵심을 잘 지적하고 있다고 생각한다. 다만 "전기 하이데거의 현존재 분석론은 결국 존재에 관한 사유 속으로 용해되어버린다"는 표현은 "전기 하이데거의 현존재 분석론은 결국 존재에 관한 사유에 의해 거부되거나 무용화되며"로 바꾸는 것이 좋을 것이다. 하이데거가 후기에 현실적 무한을 받아들였다면, 그는 존재와 무의 관계를 동일시하던 전기에서의 사고를 포기하지 않으면 안 될 것이다. 가능적 무한만 인정하는 전기의 사유에서는 존재는 무에 둘러싸여 있으며, 존재와 무가 대등하게 취급되지만, 현실적 무한을 받아들이게 되면, 칸트가 그렇게

36) 존 스태프니 외, 『서양철학과 선』(김종욱 편역, 서울: 민족사, 1993), 140-141쪽.

이해했듯이, 무는 존재에 기생하는 것으로 변한다.

스피겔버그도 하이데거의 전기 사상과 후기 사상의 결정적 차이를 이렇게 설명한다. 무척 길지만 인용해보겠다.

> 아마도 하이데거의 후기 사상의 특성에서 가장 놀라운 변화는 『존재와 시간』에서 **먼 곳에 놓여 있는 궁극적인 목적인 존재**가 이제는 우리가 만약에 존재로부터 달아나려 하지만 않는다면 존재를 드러내기 위해 어떤 특별한 방법도 요구되지 않는 가까이에 **손에 닿을 거리에 나타나 있다는 것**이다. 『존재와 시간』의 전 페이지에 걸쳐 존재를 단지 현존재를 통해 혹은 무의 경험을 통해 거의 접근한 후에야 드러날 수 있는 가능한 가장 어두운 신비로서 만듦으로써 존재의 의미에 대한 우리의 무지를 끊임없이 강조하고 있다. 이제 존재는 본질적으로 열려 있고 우리의 파악에 들어온 것으로서 그리고 우리가 더 이상 존재에 대해 망각하지만 않는다면 거기에 직접적으로 다가갈 수 있는 것으로서 나타난다. 그렇지만 이 단계에서 하이데거는 **우리는 존재 한가운데서 살고 있고** 그리고 우리는 단지 존재 한가운데서 '길을 트는(Lichtung)' — 이 '길을 틈' 주위에는 어둠의 정글로서의 존재가 깔려 있음을 함축하고 있다 — 존재자일 뿐이라고 말하고 있다. 게다가 존재는 이 존재에로의 길로 밀고 나아가려는 인간의 사유에 주어지는 것이 아니라 스스로 솔선수범하여 우리에게 말을 걸어옴에 의해 사유 속에서 드러나는 것이다. 인간은 단지 온화함의 침착(Gelassenheit der Milde) 속에서 존재를 거부하거나 받아들일 뿐이다.[37]

---

37) 허버트 스피겔버그, 『현상학적 운동 1』, 405-406쪽. 강조는 필자에 의함. 하이데거는 「진리의 본질에 관하여」에서 이 용어를 사용하고 있는데, 이선일은 Gelassenheit der Milde을 "부드러운 내맡김의 태도"로 번역하고 있다(『이정표 2』, 119쪽 참조).

전기에는 인간이 존재를 찾아 나섰는데, 후기에는 인간이 자신도 모르는 사이에 어느새 존재 안에 현실적으로 놓여 있다. 단지 존재가 보내주는 신호를 잘 청취할 수 있는 수신기(시인적인 감수성)를 구비하는 것이 요구된다. 문제는 '자신도 모르는 사이에 어느새' 현존재는 가능적 무한에서 현실적 무한으로 비약해버린 것인데, 하이데거는 그 비약의 과정과 계기를 전혀 설명하지 않고 있다는 것이다. 이는 명백히 칸트와 대비된다. 칸트는 『순수이성비판』에서는 가능적 무한자로서의 선험적 주관의 한계 안에 들어오는 유한자들을 인식의 대상으로 삼는다. 그러나 선험적 주관과 그 대응자인 세계는 유한자가 아니기에 인식의 대상이 될 수 없다. 그런데 선험적 주관과 세계는 가능적 무한자로서 영원히 가능적 무한의 한계 안에 갇힌다. 그리하여 그는 도덕적 결단을 통해 자신과 세계를 초월하여 현실적 무한에 도달하는 길을 모색하게 되는데, 그 길이 바로 『실천이성비판』의 길이다. 그는 분명히 가능적 무한이 현실적 무한으로 넘어서는 '초월의 방식'을 개념적으로 설명해보였다. 그래서 우리는 칸트가 보여주는 그 방식이 얼마나 타당성이 있는지 긍정적으로든 비판적으로든 논의해볼 수가 있다. 그러나 하이데거 철학에서는 그런 것을 찾을 수가 없다. '초월의 방식에 대한 개념적 설명' 대신에 '횔더린의 시 감상 시간'이 있을 뿐이다.

5.
발터 슐츠의 연속성 주장의 문제점

전기와 후기의 하이데거의 연속성을 지지하는 발터 슐츠는 「마르틴 하이데거의 철학사적 위치에 관하여」에서 전회를 자기 자신의 근거를 설정하려는 형이상학적 충동을 포기하는 것으로 설명한다.

> 이러한 포기가 이미 전회이다. 즉 실존의 자기 이행의 전환이다. 내가 다시는 나를 근거설정하려고 하지 않고 나를 존재에 의해 노출된 것으로 인수한다. 하이데거는 말하기를(*Der Feldweg 7*), '포기는 취하지 않고 준다'고 한다. 특별히 「휴머니즘서한」에 상술하기를, 단순자의 무진장한 능력은 실존으로서의 자기 자신을 존재로부터 이해하는 사유의 단순성으로서 있다고 한다.[38]

현존재가 존재를 찾아 부단히 행하는 초월의 충동을 포기하는 순간 홀연

---

38) 하인리히 오트, 『사유와 존재: 마르틴 하이데거의 길과 신학의 길』, 85쪽에서 재인용.

히 현존재가 존재의 품에 안기게 된다는 것은 흥미로운 주장이며, 나도 하이데거의 전회를 이렇게 이해하고 있다. 그런데 슐츠는 바로 그런 이유로 하이데거의 전기와 후기는 연속적이라고 주장하고 나는 단절이라고 주장하는 점에서 의견이 대립한다. 발터 슐츠가 하이데거의 전후기를 연속으로 보는 논리의 기초에는 하이데거의 형이상학을 유한성의 철학으로 보는 관점이 있다. 하이데거가 전통 형이상학을 부정하는 이유는 전통 형이상학이 인간을 본질적으로 무한자로 보기 때문이다.

> 형이상학이 부정되지 않으면 안 되는 것은 인간이란 본질적으로 무한한(unendliches) 존재자라고 선언하기 때문이다. 무한성에 대항해서 유한성을 내세우는 것, 그러나 현상학적인 묘사가 거의 뒤로 완전히 물러날 만큼 — 이것은 『존재와 시간』이 나온 직후에 간행된 여러 가지 저서들에 나타나 있다 — 아주 강렬하게 유한성을 내세우는 것이 중심적인 과제가 된다. 여기서부터 전기 하이데거를 규정하고 있는 기본자세의 특징이 내용적인 면에서나 형식적인 면에서 명확하게 나타난다. 곧 현존재는 자기 자신으로부터(aus sich selbst) 해석되어야 한다.[39]

이 인용문에서 알 수 있듯이 슐츠는 하이데거의 철학을 유한성-무한성의 이분법으로 해석하고 있다. 하이데거 자신도 자신의 철학을 그 이분법에 의거하여 전개하고 있으며, 우리가 앞에서 살펴보았듯이 칸트철학도 그 이분법으로 해석하고 있다. 그리고 나는 칸트를 그렇게 해석하는 것은 잘못임을 지적했다.[40] 그리고 이 책의 앞부분에서 현존재의 초월을 논하면서

39) W. 슐츠, 『달라진 세계와 철학: 제2권 내면화의 동향』, 94쪽.

40) 이에 대한 더 자세한 논의는 나의 책, 『칸트의 인간관과 인식존재론』(대구: 경북대학교 출판부,

현존재의 유한성을 강조하는 하이데거의 입장이 애매한 것임을, 그리고 그 애매성으로부터 하이데거 해석상의 애매성이 생겨남을 지적했다. 현존재의 초월행위는 현존재가 고정된 유한성의 존재가 아님을 말해준다. 그렇다면 현존재는 자신이 특정한 유한성의 존재자임을 부정하는 방식으로 자신을 만들어간다. 사르트르식으로 말한다면 '그것이 아닌 바의 것'이다. 슐츠의 표현대로 현존재는 '자신으로부터' 자신을 해석해가야 하는 존재다. 그렇다면 현존재는 유한성을 끊임없이 극복해가는 존재인데, 그것은 가능적 무한자다. 그런데 하이데거는 현존재를 죽음에의 존재, 다시 말하면 시간적인 존재라고 규정한다. 시간 속에 있지 않는 것은 탄생도 없고 죽음도 없다. 그는 이것이 현존재의 유한성의 결정적인 표식이라고 생각했다. 현존재는 이제 유한성으로 해석될 수도 있고 가능적 무한성으로 해석될 수도 있다. 전자의 입장이 발터 슐츠의 입장이고 나는 후자의 입장이다. 그런데 문제는 전자의 유한성이라는 것이 슐츠나 하이데거나 고정된 유한성으로 보지 않는다는 것이다. 그들도 움직이는 유한성으로 보고 있다. 그러면서 그 움직임도 죽음으로 끝나기에 유한하다는 것이다. 그러면 슐츠가 하이데거의 전후기가 연속임을 주장하는 논리는 어떤 것인가?

> 「형이상학이란 무엇인가?」라는 하이데거의 책은 전통적 형이상학의 형이상학적인 마지막 책이다. 형이상학적으로 질문하더라도, 다시 말하면 하이데거의 규정을 따라 초월하더라도 현존재는 어떤 존재하는 하느님에게 이르지 못하고 무 속에 걸린다. 모든 존재자는 — 그리고 이와 함께, 존재자의 최고의 가능성을 위하여 명성을 가지고 있는 형

2007), 제1장 4절 "감성, 오성, 구상력"을 참조하라.

이상학적 전통도 — 무를 통하여 무화하게 된다. 이 무는 '전통의 종지점'이다. 무는 하이데거가 반복해서 말하듯이 형이상학으로부터만 보인다. 그러나 무 '자신의 본질'은 형이상학적 관점을 떠날 때에만 비로소 '본질적'으로 된다. 그러니까 무가 '존재'이다.[41)]

슐츠의 하이데거 해석은 다음처럼 이해될 수 있을 것이다.

「형이상학이란 무엇인가?」는 하이데거 사상에서 전회가 일어나는 결정적인 문건이다. 전통 형이상학에서는 인간을 무한자로 보았는데, 인간이 자신의 무한성을 실현하기 위해 초월운동을 하지만 인간이 만나게 되는 것은 무(죽음)이다. 인간은 형이상학적 욕망도 실현하지 못하고(형이상학의 종말) 허무의 늪으로 빠져들게 된다. 모든 것이 무화된다. 그런데 깨우침을 얻은 자는 초월에의 욕망을 내려놓으면, 즉 탈형이상학적 자세인 방하(Gelassenheit)의 자세를 가지게 되면, 눈에 나타나는 것이 있음을 알고 있다. 그것은 바로 '존재'이다. 초월에의 욕망을 내려놓으면 무가 존재로 변신하는 경험을 하게 된다.

만약 하이데거의 전후기 사유의 관계에 대한 슐츠의 입장을 이렇게 이해할 수 있다면, 슐츠의 주장은 일견 설득력이 있어보인다. 그러나 그의 주장에는 적어도 다섯 가지 문제점이 있다. 첫째로 전통적 형이상학에서 인간을 무한자로 보았다는 주장은 납득하기 힘들다. 오히려 전통 형이상학자들은 인간의 유한성을 강조했고 신의 무한성을 강조했다. 중세 기독교 형이상학이 대표적이다. 데카르트도 인간의 유한성을 강조한다. 둘째

---

41) 하인리히 오트, 『사유와 존재: 마르틴 하이데거의 실과 신학의 길』, 86쪽에서 재인용.

로 슐츠의 주장대로 전통 형이상학이 인간의 무한성을 강조했으며 그들의 가르침에 따라 현존재가 초월운동을 한다고 했다면, 그 무한성은 기실은 가능적 무한성이 될 것이다. 그것은 인간적 무한성이요, 그 무한운동은 죽음 앞에서 멈추기에 유한성이 된다. 그렇게 되면 전통적 형이상학의 인간관이나 인간의 자기 초월을 주장하는 하이데거의 인간관은 다를 바가 없어진다. 셋째로 하이데거가 기존 형이상학의 해체를 주장하는 이유는 슐츠가 말하듯이 기존 형이상학이 초월을 추구하다가 무에 직면하여 난파하기 때문이 아니라, 하이데거의 진단에 따르면, 기존 형이상학이 존재 망각 상태에서 존재자의 형이상학이 되어버렸기 때문이다. 넷째로 만약 슐츠의 해석이 맞다면, 우리는 무를 경험하기 위해서라도 형이상학적 초월을 감행해야만 한다. 하이데거가 말하는 세계초월적 무의 경험은 아무나 할 수 있는 경험이 아니며, 그 경험은 엄청난 행운의 경험이 될 것이다. 왜냐하면 존재는 무라는 하이데거의 논리로라면 무와의 조우는 동시에 존재의 영접이 되기 때문이다. 그런데 현존재가 초월운동을 하지 않고 일상성 속에 퇴락해 있으면, 절대로 무를 만날 수도 없고 따라서 존재를 경험할 수도 없다. 이렇게 본다면 전통 형이상학의 초월에의 노력은 존재와의 만남을 위해 필수불가결하다. 그러니 슐츠의 주장은 무와의 충돌로 인해 전통 형이상학이 붕괴되는 것을 증명하는 것이 아니라 오히려 전통 형이상학의 존재 이유를 설명하는 것이 된다. 전통 형이상학에서 말하는 초월에의 노력은 존재라는 고층건물로 올라가기 위한 사다리다. 물론 올라간 뒤에는 사다리를 차버려도 무방하겠지만, 그것 없이는 존재를 만나지 못한다. 다섯째로, 전기의 '초월운동'을 하면서 현존재가 찾아 나서던 '존재'와 후기의 '방하운동'을 하는 현존재가 만나게 되는 '존재'가 같은 존재가 아니라는 것이 문제다. 전기의 존재는 내가 누차 말했듯이 가능적 무한자이고, 후기의 존재는 현실적 무한자다. 슐츠의 하이데거 해석은 허무의 늪에 빠진 사람이 그 늪에서 탈출하는 것이 불가능함을 알아차리고 그 '허무의 늪'을 '존재의 안식처'로 생각을 바꾸는 것으로 해석하면서 전기의 하이데거와 후기의 하이데거가 연속적이라고 말하는 것처럼 보인다. 나는 우리가 슐츠의 하이데거 해석을 하이데거 철학의 문제점을 보여주는 해석으로 받아들인다면, 아주 타당한 해석이라고 생각한다.[42] 그러나 그의 하이데거 해석이 전기와 후기의 하이데거의 존재사유의 연속성을 보여주지는 못했다고 생각한다.

42) 이 책의 제15장 제3절 "전회를 둘러싼 애매함"을 보라.

6.
전회 문제와 하이데거의 딜레마

하이데거의 현존재는 가능적 무한자이며, 가능적 무한자는 부단히 자신을 초월하는 바로 그 초월작용(초월의 충동)을 통해 자신의 동일성을 유지할 수 있으며, 바로 그 초월의 충동을 통해 자신을 끊임없이 정립한다. 가능적 무한자로서 현존재는 초월에의 의지로서 바로 그런 이유로 하이데거는 현존재 자체가 형이상학이라고 했다. 칸트는 인간의 이런 측면을 소질적 형이상학이라고 말했다. 인간은 타고난 소질이 형이상학적이라는 말이다. 쉽게 말해서 인간은 형이상학적 동물이라는 것이다. 현존재는 자신의 존재근거를 자신의 초월작용에서 찾고 있는 존재다. 그런 한에서 현존재는 결코 존재 자체에 도달하지는 못한다. 인간이 가능적 무한자인 한, 존재는 인간에게 가능적으로만 부과되는(aufgegeben) 존재이지, 현실적으로 주어지는(gegeben) 존재는 아니다. 그리하여 후기에 가서 하이데거는 현존재로 하여금 초월의 욕망을 내려놓게 한다. 그러니 홀연히 존재의 음성이 들린다. 나는 후기 하이데거의 이런 사유에서 키르케고르가 신존재 증명에 대해 언급한 것을 떠올리게 된다. 그의 주장에 의하면, 인간이 신의 존재를 증명하려고 하는 한에서 신을 만날 수가 없다. 무슨 다른 이유가 있어서가 아니라 인간이 신의 존재를 증명하려는 것 바로 그것 때문에 신의 존재가 증명이 안 된다는 것이다. 그런데 증명을 그만두는 순간에 신은 홀연히 나타난다고 한다. 키르케고르는 신을 데카르트의 인형(오뚜기)에 비유했다. 오뚜기는 우리가 그것을 손에 쥐고 있는 동안에는 바로 서지 못한다. 그러나 손에서 놓는 순간에 오뚜기는 똑바로 선다. 인간이 신을 증명하려는 노력을 경주하는 것은 하이데거의 전기의 존재사유의 입장이라면, 후기의 존재사유는 오뚜기를 놓아버리는(Lassen) 것이다. 슐츠의 주장처럼 전기의 하이데거와 후기의 하이데거가 연속성을 가지려면 '현존재의 존재'(손 안의 오뚜기, 증명 대상으로서의 신)와 '존재 그 자체'(손을 떠난 오뚜기, 증명 이전의 신)가 같은 것이어야 할 것이다. 그러나 나는 같은 것이라고 생각하지 않는다. 현존재의 존재는 가능적 무한이지만, 존재 그 자체는 현실적 무한이기 때문이다.

우리는 하이데거가 전기 사유에서 추구한 '존재'는 돌아가는 동안에만 서 있을 수 있는 팽이와 같은 것으로 생각한다. 그 팽이를 돌리는 힘은 이 세계에서 유일하게 존재 물음을 던질 수 있는 능력의 소유자인 현존재의 '존재를 찾아가는 끊임없는 초월행위'다. 이 초월행위가 멈추면 존재도 사라진다. 우리가 앞서 인용했듯이, 하이데거는 뉴턴 물리학의 진리도 인간 현존재가 없으면, 무의미하게 된다고 말한다. 그런데 돌아가는 동안에만 서 있을 수 있는 이 팽이 같은 '존재'(가능적 무한)가 후기 사유에서는, 현존재의 초월행위로써 돌리면서 서 있게 하려면, 바로 그 초월행위로 인해서는 것을 방해받는 오뚜기(현실적 무한)가 된다. 팽이가 변신하여 오뚜기가 되는 마술이 후기 하이데거가 보여주는 마술의 진수다.

이제 나는 하이데거의 전기 사상과 후기 사상의 연속과 단절에 관계된 전회의 문제를 최종적으로 결론짓고자 한다. 하이데거는 하나의 딜레마 상황에 빠진다. 만약 그가 전기에서나 후기에서나 가능적 무한의 형이상학에 머문다면, 전기와 후기는 연속성을 가지지만, 그의 사유는 참다운 존재 그 자체를 망각한 사유에 불과하며, 그의 형이상학은 (허)무의 형이상학이 된다. 만약 그가 후기에 현실적 무한을 받아들였다면, 그는 참다운 존재에 대한 사유의 길 — 내게는 그 시적 사유의 길이 믿음직스러워 보이지 않는다 — 을 개척한 것이 되지만, 『존재와 시간』에서의 현상학적 존재론 전체를 포기해야 한다.

하이데거 연구자들은 전기의 하이데거와 후기의 하이데거가 탐구방법을 바꾸었다는 사실에 대해서는 합의를 보고 있다. 그리고 하이데거는 전기의 '존재'와 후기의 '존재'는 다르다는 것도 인정한다.[43] 탐구방법도 다르고, 탐구대상도 다르다면, 우리가 전회를 인정하지 못할 이유가 무엇인가? 나는 전회 논쟁에서 우리가 핵심적으로 물어야 할 문제는 바로 이것이라고 생각한다. 하이데거에서 전회 논쟁의 핵심은 전기의 하이데거 사상을 전면적으로 부정하지 않고 후기의 하이데거 사상이 성립할 수 있는가 하는 문제다. 하이데거가 『존재와 시간』에서의 입장을 철회하지 않으면서 현실적 무한을 받아들이는 길은 없다.

나는 이것을 하나의 비유로 설명해보겠다. 투명한 유리병 안에 원숭이가 좋아하는 커다란 과일이 들어 있다. 그 원숭이는 그것을 끄집어내려고 병의 좁다란 입구를 통해 간신히 자신의 손을 집어넣어 그 과일을 움켜쥔 뒤에 그 과일을 끄집어내려 한다. 그러나 그 원숭이는 과일을 움켜쥔 손이 병을 빠져나오지 못한다는 것을 알게 된다. 그는 과일을 놓아버리지 않으면 자신의 손도 병 안에 갇히게 된다. 이 원숭이가 처한 상황이 정확하게

43) 『언어로의 도상에서』, 147쪽 참조.

전기 하이데거 사유에서 언급되는 현존재가 처한 상황이다. 존재는 원숭이가 탐내는 병 안의 과일이다. 그리고 현존재는 그 자신이 병이면서 동시에 병 안의 존재를 끄집어내려는 원숭이의 손이기도 하다. 왜냐하면 현존재라는 병 안에 존재라는 과일이 들어 있기 때문이다. 현존재가 존재를 추구하는 바로 그것이 이유가 되어 현존재는 존재에 도달하지 못한다. 병 안의 존재를 끄집어내기 위해서는 병 그 자체를 깨트려야 한다. 현존재를 깨트려야 한다. 즉 『존재와 시간』에서의 현상학적 존재론을 포기해야 한다.

자신의 철학의 연속성을 주장하는 하이데거는 결국 그가 『존재와 시간』에서 이룩한 학문적 성취를 포기하지 않으면서도 현실적 무한을 받아들일 수 있는 길이 있다고 말하는 셈이다. 그러나 그런 길은 없다. 그런 길이 있는 듯이 보이게 만드는 딱 한 가지 길이 있다. 그것은 '존재'라는 말을 애매하게 사용하는 것이다. 하이데거의 전기 사상에서 거론된 존재는 현존재의 존재였으며 그 존재는 가능적 무한이었다. 그런데 후기 사상에서 거론된 존재는 존재 그 자체로서 현실적 무한이다. 만약 현실적 무한이 아니라면, 하이데거가 『존재와 시간』에서 존재로 향하는 여정에서 만난 막다른 골목에서 전혀 새로운 시도를 하지 않았다는 것이 된다. 그는 후기에 현실적 무한의 개념을 받아들인 것으로 보인다. 그런데 전기의 존재(가능적 무한)와 후기의 존재(현실적 무한)는 다 같이 '존재'(무한)으로 불리지만, 양자는 엄연히 다른 존재(무한)다. 이것이 하이데거가 보여주는 최종 마술이다. 하이데거 사유의 연속성을 주장하는 연구자들은 전후기 사유에서 하이데거가 존재사유의 대상으로 삼은 그 '존재'가 같은 '존재'라는 점을 강조할 것이다. 그러나 단절을 주장하는 사람들은 그 존재가 다른 존재라고 말한다. 나는 이미 밝혔듯이 단절론자다.

나는 앞에서 하이데거의 사유는 전기와 후기를 통틀어 '현존재의 존재는 존재의 현존재다'라는 근본원리에 의해 지배된다고 했다. '현존재의 존재'를 중시하는 방식으로 존재 물음을 묻는 것이 전기 사유이고, '존재의 현존재'를 묻는 것이 후기 사유라고 말할 수가 있을 것이다. '현존재의 존재'를 다룰 때는 현상학이 동원되지만, '존재의 현존재'를 다룰 때는 현상학은 버려지고 사유가 동원된다. 사람들은 이 대목에서 '전기 사유나 후기 사유나 다 같은 근본원리에 따르고 있다면, 전후기의 단절이 아니라 연속이 맞는 것이 아닌가?' 하는 생각을 할 수 있다. 그렇게 생각하는 것이 이상해보이지 않는다. 그러나 문제는, 현존재의 존재를 문제 삼는 전기의 사유에서는 가능적 무한만을 인정할 수 있고 현실적 무한을 부정해야 한다는 것이다. 그런 이유에서 하이데거는 플라톤의 이데아계를 부정한다. 그런데 또 다른 문제는, 후기 사유가 가능하기 위해서는 전기 사유에서 필연적으로 부정할 수밖에 없었던 그 현실적 무한을 인정해야 한다는 것이다. 순전히 논리적으로 말한다면, 하이데거는 전기 사유와 후기 사유 둘 중에 하나를 포기해야 한다. 칸트 역시 『순수이성비판』의 선험적 형이상학에서는 가능적 무한의 입장에 서 있지만, 『실천이성비판』의 초월적 형이상학에서는 현실적 무한을 인정한다. 그럼에도 불구하고 적어도 비판철학기의 칸트에 국한해서 본다면 칸트에게서는 '전회'가 거론되지 않는다. 그 이유는 칸트가 일단 『순수이성비판』에서부터 인식의 차원에서는 긍정도 부정도 못하는 물자체(현실적 무한)를 '사유할 수는 있는 것'으로 전제한 상태에서 자신의 선험철학을 출발하고 있으며[44] 인식의 문제를 다루는 선험적 차원과

44) 『순수이성비판』 초두에 나오는 유명한 구절을 생각해보라. 칸트는 인간이 특정한 문제에 대해서는 거부할 수도 없고 대답할 수도 없는 처지에 놓여 있다고 한다. 그 문제는 신, 영혼, 자유의 문제인데, 이 문제들을 끌어들이면서 칸트는 이미 현실적 무한의 문제를 사색의 중심에 놓고 사색을 시작한다.

도덕의 문제를 다루는 초험적 차원을 구분해 둔 뒤에, 선험적 인식형이상학이 초험적 실천형이상학을 거부하는 것이 아니라 오히려 보호하기 위한 것으로 설정해두었기 때문이다.[45] 그런데 현상학적 존재론이라는 단일한 사유의 차원만을 인정한 하이데거는 칸트처럼 두 차원 즉 인식의 차원과 도덕의 차원으로 구분하지 않았다. 그는 칸트처럼 인식 불가능한 현실적 무한의 영역을 사유할 수는 있는 것으로 남겨두는 노련함을 보여주지 못했다. 그는 현실적 무한의 개념이 들어설 여지를 원천적으로 차단해버렸다. 그런데 그는 현존재의 존재를 사색하면서 다루게 되는 존재는 가능적 무한이라는 주관주의의 늪임을 알게 된 뒤에, 이 늪에서 빠져나오려면 현실적 무한의 개념에 의지해야 함을 깨닫게 된다. 그런데 그는 칸트처럼 사유의 차원을 처음부터 두 차원으로 설정해두지 않았기에, 하이데거가 현실적 무한을 끌어들이는 것은 불법적인 밀반입이 될 수밖에 없는 것이다. **현실적 무한을 끌어들이지 않으면 주관주의의 늪에 빠지게 되고, 주관주의의 늪으로부터 탈출하려면 전기의 하이데거의 입장에서 볼 때는 현실적 무한을 불법적으로 밀반입해야 하는 것이 하이데거가 처한 딜레마적 상황이다. 그리고 후기의 하이데거를 중시하는 방식으로 말한다면 전기의 하이데거는 가차없이 부정되어야 한다. 후기 사유가 없어도 전기 사유는 성립하고, 전기 사유가 없이도 후기 사유는 그 자체로 성립한다. 그 두 개는 한 사람의 사상가에 의해 수행되었기에 언어적 유사성은 있으나, 내용상 전적으로 독립적인**

---

45) 사람들은 칸트가 인식의 차원에서 현실적 무한을 다룰 때의 부정적 태도와 도덕의 차원에서 무한을 다룰 때의 긍정적 태도 사이에 모순이 있다고 주장하기도 하는데, 러셀은 그의 『서양철학사』에서 칸트가 『순수이성비판』을 쓸 때에는 흄이 제공하는 각성제를 먹고서 독단의 선잠에서 깨어나 있는 상태였으나, 『실천이성비판』을 쓸 때에는 각성제 약 기운이 다 떨어져 다시 독단의 잠 속에 빠져들었다고 말한다. 물론 러셀은 아주 잘못된 주장을 펼치고 있다(B. Russell, History of Western Philosophy, London, George Allen & Unwin Ltd., 1974, p. 678 참조).

사상이다. 그러나 칸트의 경우에는 『순수이성비판』 없는 『실천이성비판』은 무근거하고, 『실천이성비판』 없는 『순수이성비판』은 무용하다. 두 비판서는 서로가 서로를 필요로 하며 유기적으로 연결되어 있다.[46]

하이데거는 자신의 전기 사유가 막다른 골목에 이르렀다는 것을 알고 전회를 감행했으면서도, 전기 사유와 후기 사유의 연속성을 강조하는 애매한 태도를 취한다. 이미 말했듯이 그 이유는 그가 전기 사유의 철학적 성과를 포기하고 싶지 않았기 때문이다. 이런 점에서 그는 비트겐슈타인의 태도와 대비된다. 비트겐슈타인은 후기로 넘어가면서 전기 사상을 철저하게 부정하는 솔직함을 여지없이 보여준다.

46) 문성학, 『칸트의 인간관과 인식존재론』, 370-374쪽 참조.

7.
하이데거 후기 사유의 문제점

후기의 하이데거가 시적인 사유를 통해 존재 자체의 의미와 접속하려는 시도는 약간은 눈물겨워 보이기도 한다. 하이데거는 시인들을 통해 존재가 자신을 드러내 보인다고 한다. 시인들은 존재의 눈짓(윙크)을 받아들일 수 있는 수신기이며,[47] 하이데거 철학에서 일종의 접신가들이요, 사제들이다. 물론 하이데거 자신은 대제사장의 경지에 있다. 이 경지에서는 칸트가 걱정했던 일이 발생하게 된다. 형이상학의 나라에서는 심원한 지식과 피상의 요설이 잘 구분되지 않는다는 것이다.[48] **하이데거의 딜레마는 전기 사유에서처럼 현존재를 통해서는 존재의 의미를 온전히 해명할 수가 없고, 후기 사유에서처럼 존재의 목소리를 청취하는 쪽으로 나가게 되면 사이비 선**

---

47) "마지막 신은 눈짓 안에서, 기존 신들의 도착과 도피의 '갑작스런 닥침과 부재' 안에서, 또한 기존의 신들의 은폐된 변형 안에서 현성한다. (…) 생생한 고유화로서의 이러한 눈짓은 존재의 극단적 떠나버림에게로 존재자를 세우고 또한 동시에 '진리가 가장 친밀하게 밝게 빛남'으로서의 존재의 진리를 구석구석 비춘다."(『철학에의 기여』, 577-578쪽)

48) 칸트, 『철학서론』(최재희 옮김, 『실천이성비판』과 합본, 서울: 박영사, 1975), 266-267쪽 참조.

지자와 참된 선지자를 구분할 수가 없다는 것이다. 이 점을 박찬국도 다음처럼 정리해준다.

> 존재의 진리는 사회구성원들 간의 상호주관적인 대화에 의해서 드러나는 것이 아니라 소수의 위대한 시인과 사상가들에게 단적으로 자신을 개시하는 것이다. 그러한 존재의 진리가 상호주관적인 검토와 인정의 대상이 될 수 없는 한, 존재의 진리를 소수의 위대한 시인과 사상가들의 자의적인 결단과 구별할 수 있는 어떠한 기준도 없다. (…) 이러한 비판은 하버마스 같은 비판가뿐 아니라 하이데거에 대해서 전체적으로 긍정적인 입장을 취하고 있는 푀겔러(O. Pöggeler)에 의해서도 제기되고 있는 비판이다. 그는 하이데거가 존재의 진리가 개시되는 장으로 보는 소위 불안이나 경외 같은 근본 정서가 자의적인 성격을 띨 수 있다는 사실을 지적하고 있다.[49]

필자도 1991년에 출간한 『인식과 존재』의 '지은이의 말'에서, 하이데거 철학을 염두에 두고 다음처럼 말했다. "주관과 객관의 대립을 전제하지 않는 사유는 가히 사유라고 불릴 수 없는 것이 아닐까? 차라리 그것은 신비적 명상이라고 하는 것이 타당할 것이다. 신비적 명상은 좋은 것일 수는 있겠지만 주관적 잡념에 불과할 수도 있다는 데 문제가 있다." 지금 생각해보면, 이 구절에서 '주관적 잡념'보다는 '주관적 망상'이 더 나은 표현으로 보인다. 나는 하이데거의 저작들에 등장하는 수많은 암호 같은 문장들을 세세하게 이해할 수 있는 연구자들이 얼마나 있을지 의문이다. 칸트의 책

49) 박찬국, 『하이데거와 나치즘』(서울: 문예출판사, 2001), 347쪽.

도 난해하지만, 전체를 보며 부분을 보고, 부분을 보면서 전체를 보는 독서를 반복하다가 보면, 모든 것이 서서히 이해되기 시작한다. 그러나 하이데거의 언어는 초논리적이기에 '이해'의 대상이 아니라 '감상'의 대상인 듯이 보인다. 칸트의 『순수이성비판』에 대한 탁월한 주석서들이 다수 있지만, 하이데거의 『존재와 시간』에 대한 주석서나 그의 후기 철학으로 들어가기 위한 관문으로 여겨지는 『철학에의 기여』에 대한 주석서가 만들어질 수 있을지는 미지수다. 나는 그 책에 대한 주석서를 쓰는 것은 니체의 『짜라투스트라는 이렇게 말했다』에 대한 주석서를 쓰는 것보다 더 어려울 것이라고 생각한다. 예컨대 다음의 두 구절을 읽어보라.

> 탈-근거는 최초의 본질적인 밝히는 은폐이고, 즉 진리의 현성이다. 그러나 진리는 존재의 밝히는 은폐이기 때문에, 탈-근거로서의 진리는 이에 앞서 이미 근거이고 이러한 근거는 단지 생생한 고유화를 나르면서 생생한 고유화를[…을] 관통해 우뚝 솟게끔 함으로서만 근거짓는 근거이다. 왜냐하면 머뭇거리는 거절은 눈짓이고 또한 이 눈짓에 의해서 현존재는, 즉 밝히는 은폐를 감내함은 생생하게 눈짓 받기 때문이다. 또한 이것은 불러냄과 귀속성 사이에서의 전회의 공전이고, 생생하게 고유화함이고, 존재 자체이다.[50)]

하이데거의 난해한 언어사용의 사례를 하나 더 예시하겠다.

> 현존재는 생생한 고유화의 전회에서의 전환점이고, 불러냄과 귀속성

50) 『철학에의 기여』, 538-539쪽.

간의 대응놀이가 자신을 여는 중앙이고, 영주의-본령(領主-本領)처럼 이해된 고유함의 본령이고, 귀-속하는 자를 생생한 고유화에게로 넘겨주어 고유화함으로써의, 또한 동시에 귀속하는 자를 자신에게로, 즉 '자기로 됨'에게로 넘겨주어 고유화함으로써의 생생하게-고유화함의 지배적 중앙이다.[51]

나는 괴로운 심정으로 나의 하이데거 독서 경험을 고백하는데, 하이데거의 적지 않은 말들이 망상가의 소리로 보인다. 물론 이런 고백은 하이데거의 바닥 모를 심오함을 망상으로 간주하는 나의 무모함을 고백하는 것일 수도 있다. 자프란스키에 의하면 하이데거 자신도 자신의 언어가 난센스에 접근함을 알고 있었다고 한다.

하이데거도 물론 난센스에 가까운 자기 언어의 기이함을 알고 있었다. 경우에 따라서는 자신의 언어를 재치 있게 비꼬는 면모조차 보여주었다. 카를 프리드리히 폰 바이체커(C. F. von Weizsäcker)가 언젠가 하이데거에게 동유럽 유대인들 사이에 전해지는 재미있는 이야기를 들려준 적이 있다. 허구한 날 술집에만 죽치고 있는 남자가 있었다. 누군가 이유를 묻자 그가 대답했다. "아, 제 아내 때문입니다!" 상대방이 다시 물었다. "아내분이 어떻게 됐는데요?" 그러자 남자가 답했다. "아내가 말하고 또 말하고 또 말하고…" "대체 뭐에 관한 말씀을 하시는데요?" "아, 뭐에 관한 것인지는 말하지 않더군요!" 그 이야기를 듣고 난 하이데거가 말했다. "바로 그거예요."[52]

---

51) 『철학에의 기여』, 445쪽.

52) 뤼디거 자프란스키, 『하이데거: 독일의 철학 거장과 그의 시대』(박민수 옮김, 서울: 북캠퍼스,

이 이야기를 소개한 뒤, 이어서 자프란스키는 이렇게 말한다. "『철학에의 기여』가 바로 그렇다." 폰 바이체커가 그 이야기를 하이데거에게 들려준 의도는 뻔한 것이다. 『철학에의 기여』는 술꾼의 말이든지, 술꾼 아내의 말이든지, 아니면 둘 다이든지일 것이다. 러셀은 『서양철학사』에서 자신은 헤겔의 이론을 거의 거짓이라고 생각한다고 말하는데[53] 그가 자신의 책에서 하이데거를 다루었다면, 어떻게 평가했을지 궁금하다.

칸트는 존재로부터 오는 소리가 주관적 망상의 소리가 될 수도 있음을 심각하게 생각하고 도덕신앙의 개념을 만들었다. 그리고 야스퍼스는 칸트의 정신을 이어받아 '철학적 신앙'에 대해 말한다. 우리는 야스퍼스의 실존철학에서는 하이데거와는 달리 이성이 중시되고 있음을 기억할 필요가 있다. 하이데거는 『숲길』을 걸으며 이렇게 말했다.

> 수 세기 동안 찬미되어오던 이성이야말로 사유의 가장 완강한 적대자라는 사실을 우리가 경험하게 될 때에야 참다운 사유는 시작된다.[54]

그러나 야스퍼스는 마치 하이데거를 염두에 둔 듯이 다음처럼 말한다.

> 포월자(Encompassing)의 모든 양식에서 서로 마주치는 우리 존재의 거대한 극은 '이성'과 '실존'이다. 이성과 실존은 분리 불가능하다. 하나가 사라지면 다른 것도 사라지고 만다. (…) 실존은 오로지 이성에 의해

2017), 521쪽.

53) B. Russell, *History of Western Philosophy*, p. 701 참조.

54) 『숲길』(신상희 옮김, 파주: 나남출판, 2020), 391쪽. 번역인 신상희는 참다운 사유를 "단순히 인간 이성에 따른 이성적 사유가 아니라, 그 이전에 스스로를 환히 밝히면서 우리에게 말없이 다가오는 존재의 진리의 시원적 부름에 귀 기울이며 이러한 부름에 응답하는 사유"로 설명한다.

서만 명료해진다. 이성은 오직 실존을 통해서만 내용을 얻는다.[55)]

야스퍼스는, 실존의 독자성과 차별성을 위해 지성을 십자가에 못 박는 것을 종교적 실존자의 의무처럼 생각한 키르케고르나, 이성을 몸에 종속된 상태에서 몸이 명령하는 것을 수행하는 기능자로 보는 니체와는 달리, 실존을 실존답게 만들어주는 이성의 역할을 인정한다는 점에서 훨씬 칸트적이다. 그리하여 그는 하이데거나 키르케고르처럼 존재나 신의 음성이 아닌 것을 존재나 신의 음성으로 오인하는 형이상학적 망상에 빠질 가능성을 제거하려는 의도를 보여주고 있다.

하이데거는 근대 과학의 대상적, 표상적, 주객분리적, 실증적, 계량적 사고를 통칭해서 계산적 사유라고 비하한다. 그는 계산적 사고의 기초가 되는 논리적 사고도 배격한다. 그러나 원시인의 사고방식과 정신세계를 평생 연구한 뤼시앙 레비브륄(Lucien Lévy-Bruhl, 1875-1939)의 연구는 논리학에 기초한 계산적 사유의 중요성에 대해 말해준다. 그의 연구에 의하면, 원시인들은 어떤 사람이 사고나 질병으로 죽을 경우, 그들은 그것을 자연적인 원인이 아니라 마법의 탓으로 돌린다. 원시인의 정신세계에서는 모든 사고는 계시로 나타나며, 모든 것은 우연하지 않다. 원시인의 신비적 인과론은 추리나 추론에 의해 포착되지 않는다. 이런 차원에서 그들은 완전히 비과학적인 신명재판(神明裁判)을 받아들인다. 원시인들 역시 인간의 개인적 개체성을 느끼고 이해하고 있다. 그렇지만 그들은 우리가 말하는 자아(Moi)에 대한 명확한 생각을 소유하고 있지 않다. 원시인은 자신을 둘러싸고 있는 존재나 사물과 구분되는 하나의 고유한 주체로서의 자아에 대

55) K. Jaspers, *Reason and Existenz* (trans. W. Earle, London: Routledge & Kegan Paul., 1956), p. 67.

한 개념을 갖고 있지 않다고 한다. 이런 이유로 원시인의 사고에서는 '개인'과 '집단'이 선명하게 구분되지 않는다. 원시인에게서 모든 존재들은 인류학자들이 '마나'라고 부르는 비개성적 덩어리이며, 심지어 영적인 것과 물질적인 것도 잘 구분되지 않는다.[56] 내가 분명히 밝혀두고자 하는 것은 계산적 사유를 비하하는 하이데거의 숙고적 사유가 원시인의 사유와 닮았다는 것을 말하려고 레비브륄의 연구를 소개하는 것이 아니라는 것이다. 단지 계산적 사유의 문턱을 넘지 못한 원시인들의 마법적 사유가 보여주는 황당함을 보면서 계산적 사유의 중요성과 의의를 깨닫게 된다는 것이다.

56) 뤼시앙 레비브륄, 『원시인의 정신세계』(김종우 옮김, 파주: 나남, 2011), "옮긴이 해제", 622-623쪽 참조.

16장
하이데거를 넘어서

1. 현실적 무한의 철학자 플라톤과 칸트
2. 플라톤에 대한 니체의 오해
3. 인간은 '죽음에의 존재'가 아니다

1.
현실적 무한의 철학자 플라톤과 칸트

플라톤은 세계를 이성의 눈으로만 보이는 이데아의 세계와 육신의 눈으로 보이는 현상계로 나누었다. 그리고 이데아의 세계는 참다운 세계, 현상계는 가상의 세계라고 했다. 그리고 이데아의 세계에서 최고의 자리에는 선의 이데아가 있으며, 선의 이데아는 태양에 비유된다. 플라톤의 이런 생각에는 하이데거가 플라톤의 형이상학을 존재자의 형이상학이라 부를 수 있게 만들어주는 측면이 있음을 부정하기는 힘들 것이다. 플라톤이 보통명사가 될 수 있는 모든 것들에 이데아를 인정했다는 것이 바로 그런 측면이다.[1)]

---

1) 플라톤 철학의 핵심을 이데아론으로 보는 것이 철학사적 상식이지만, 일부 연구자들은 플라톤 철학의 핵심은 이데아론이 아니라 일자론(Lehre von Einen)이라고 한다. 플라톤은 선의 이데아를 일자로 보았다. 플라톤 철학을 일자 및 이 일자로부터 나오는 여럿에 대한 이론으로 본다면 플라톤 철학을 그 이전의 철학 특히 엘레아 학파의 철학과의 연관성을 더 잘 이해할 수 있게 되며, 또 신플라톤주의의 일자 사상과도 더 잘 연결되게 된다(칼 알버트, 『플라톤 철학과 헬라스 종교』, 이강서 옮김, 서울: 아카넷, 2011, 86-87쪽 참조). 우리가 플라톤 철학을 일자에 대한 이론으로 볼 경우, 그의 철학을 현실적 무한의 철학으로 해석하기가 훨씬 용이해진다. 왜냐하면 일자는 무한자일 수밖에 없기 때문이다.

하이데거가 보기에 플라톤이 세계를 감각계와 초감각계로 예리하게 구분한 것은 서양 형이상학이 올바른 길을 가지 못하게 가로막은 결정적인 사건이었다. 플라톤의 이데아는 데카르트에 이르러 본유관념으로 번역되면서 진리는 인간의 정신 속에서 발견되는 완벽한 표상이 되고, 결국 플라톤의 형이상학은 표상주의적 형이상학이 된다. 하이데거가 보기에 형이상학이 존재자의 형이상학으로 되어버리는 결정적인 계기를 만든 사람은 플라톤이다. 이렇게 형이상학이 표상주의와 결합하면서 존재의 진리는 존재 그 자체에 대한 진리가 아닌 것, 주관적인 진리로 퇴보한다. 이상이 하이데거가 대략 플라톤을 보는 관점이다.[2)]

그러나 나는 플라톤을 표상적 사고의 효시로 보는 것에 찬성하지 않는다. 만약 내가 눈앞에 있는 컵을 볼 경우에 내 머릿속에 맺히는 상이 표상이라면, 플라톤의 이데아는 시간-공간적인 것이 아니며 따라서 감각적 지각의 대상이 아니기에 인식주관에게 표상이 될 수 없다. 플라톤은 자신이 설립한 아카데미아 현관 입구에 '기하학을 모르는 자는 들어오지 말라'는 현액을 걸어두었다고 하는데, 그의 **이데아론은 기하학의 표상적 사고의 가능성 근거를 설명하기 위해 고안된 이론**이지, 그 자체 기하학적인 표상적 사고의 결과물은 아니다. 칸트 역시 표상적 사고를 한 사람이 아니라, 근대 과학이 보여준 표상적 사고의 대성공이 어떻게 가능한가를 검토하는 방식

---

2) 하이데거 자신도 『존재와 시간』에서는 표상주의를 부정한다고 하면서 표상주의와 형제지간인 주관주의에 빠져 있음을 자각하고, 후기에는 존재 자체로부터 사유하려 한다. 그는 인간이 존재에 대해 사유하는 것이 아니라 — 그런 한 그 사유는 여전히 주관주의의 늪에 빠진다 — 존재 그 자체가 현존재로 하여금 존재에 대해 사유하도록 하며, 현존재는 존재의 그런 조치에 순응해서 자신을 내려놓는다(lassen)는 식으로 말한다. 이는 매우 기독교적이기도 하다. 기독교에서는 내가 신을 찾은 것이 아니고, 신이 나를 그에게로 부른 것이라고 말한다. 도가철학적으로 말하면 '인위적 사유'가 아니라 '무위적 사유'다. 주관주의, 달리 말하면 전기에 선보였던 현존재 중심주의에 빠지지 않으려는 하이데거 후기 사유의 몸부림이 역력하게 보인다.

으로 자신의 선험적 형이상학을 만든 사람이다. 그러니 칸트의 형이상학도 표상적 형이상학이 아니다. 우리는 칸트가 말하는 물자체에 대해 어떤 표상도 가질 수 없다. 오히려 플라톤과 칸트는 메타-표상적 사유를 했다고 말할 수 있을 것이다. 칸트나 플라톤은 그들의 이데아론과 인식론을 학문으로서의 기하학과 수학의 가능성 근거를 해명하기 위해 고안한 것이란 점에서 동일한 사고방법을 공유하고 있으며, 칸트가 플라톤의 형이상학을 독단적 형이상학으로 간주함에도 불구하고, 칸트는 플라톤의 충실한 후계자다. 칸트는 그런 (선험적) 사유를 수학이나 과학적 인식과 구별했다.

> 둘이 다 이성 기술자이면서, 한쪽[철학자]은 개념에 따르는 길을 취하고 딴 쪽[수학자]은 개념에 합치하여 선천적으로 현시하는 직관에 따르는 길을 취하거니와 …[3)]

칸트는 자신의 메타-표상적 사유를 '선험적 사유'로 불렀다. 만약 인간의 머릿속에서 떠올릴 수 있는 모든 것이 표상이라고 한다면, 하이데거가 말하는 '존재'도 표상이 될 것이다. 물론 플라톤의 이데아는 데카르트를 거치면서 본유관념이 되고, 결국은 근대과학의 표상적 사유에 길을 터주는 기초로 사용되기도 하지만, 데카르트에 의해 탈색된 플라톤의 이데아론이 아니라 플라톤 자신의 본래적 이데아론은 표상적 진리론이 아니라, 존재의 진리론이었다. 그에게 표상의 세계는 현상계일 뿐이다. 나는 플라톤 철학의 본질은 개별적 사물들의 이데아에 대한 이론이 아니라 현상계(표상의

---

3) 칸트, 『순수이성비판』(최재희 옮김, 서울: 박영사, 1974), B745. 칸트는 이렇게 말하기도 한다. "철학상의 정의는 단지 주어진 개념의 '해명'이되, 수학상의 정의는 '근원적으로' 우리가 만든 개념의 '구성'이다."(『순수이성비판』, B758)

세계)와 이데아계(진리의 세계)라는 두 세계의 관계에 대한 그의 이론에 있다고 생각한다. 그리고 나는 두 세계의 관계를 올바로 파악하기 위해서는 이데아의 세계를 현실적 무한의 세계로, 현상계를 가능적 무한의 세계로 읽는 것이 대단히 중요하다고 본다. 플라톤은 현상계를 그림자의 세계로 간주하는데, 이 세계는 완전히 비존재의 세계가 아니다. 그 세계는 이데아의 세계에 비해 단지 **덜 존재하는** 세계다. 플라톤의 현상계가 가능적 무한의 세계로 이해되면, 우리는 그가 왜 현상계를 그림자의 세계로 보았는지 더 잘 이해하게 된다. 그 그림자는 정말로 있는 것도 아니고, 전적으로 없는 것도 아니다. 그것은 정말로 있는 것의 그림자로만 있다.[4] 불교식으로 표현한다면 '색즉시공, 공즉시색'(色卽是空, 空卽是色)의 어떤 것이다. 가능적 무한의 세계는 있는 것도 아니고 없는 것도 아니다. 왜냐하면 가능적 무한의 세계는 끊임없는 전변(轉變)의 세계요, 변화의 세계요, 플라톤의 현상계인데, 이 세계에서는 고정된 것은 아무것도 없기 때문에, '그것이 그것이다'라고 생각하며 집착할 것이 없다. 속인들은 이 세계에 집착하는데, 플라톤은 우리들이 그 세계가 진짜 세계가 아님을 깨닫기를 권한다. 그래야만 그 집착으로부터 벗어나게 되고, 참다운 세계 즉 현실적 무한의 세계를 그리워하는 철학자가 될 수 있다고 생각했다. 플라톤과 불교의 차이점은, 불교는 이 현상세계에는 '나'를 포함하여 집착할 것이 없음을 깨우치는 것 그 자체를 중시한다면,[5] 플라톤은 거기에서 한 걸음 더 나아가 영원한 진

4) 그런데 하이데거에서는 적어도 '존재자의 존재의미'가 물어지는 『존재와 시간』에서는 플라톤과는 달리 오히려 존재가 존재자의 그림자로만 있는 것처럼 된다. 플라톤이 그림자라고 한 것이 실물처럼 대접받게 된다.

5) 불교에서는 무아와 참나 논쟁이 있는데, 무아론자들은 연기법에 의해 지배되는 이 세상에는 영구불변의 상주하는 나라는 것은 없다는 것이며, 바로 이 사실을 깨우치는 것이 중요하다. 그러므로 윤회설 자체가 망상이다. 윤회할 나도 없고 전생도 내생도 없으며, 극락정토도 무간지

선미를 알아내는 것이 더 중요하다고 생각한다는 점이다. 플라톤의 이데아 세계는 현상계 사물들의 원형들이 있는 세계다. 그리고 현상계는 그 원형들의 모형이 있는 세계다. 플라톤의 메타포는 마치 이데아계와 현상계의 관계를 실물과 사진의 관계처럼 보게 만든다. 이런 오해의 원인을 플라톤이 제공한 측면이 있어보이지만, 플라톤이 그 두 세계의 관계를 통해 진정으로 말하고 싶었던 것을 파악하려면 현상계가 아데아계를 그리워한다는 그의 주장을 주목해야 할 것이다. 사진은 실물을 그리워하지 않는다. 그 둘 사이에는 운동이 성립할 수가 없다. 그러나 현상계는 인간을 매개로 해서 이데아계를 그리워한다. 그리하여 현상계에 운동이 발생한다. 가능적 무한은 현실적 무한의 모사물이고, 그 모사물은 실물을 그리워한다. 그렇다면 현상계는 가능적 무한의 세계다. 플라톤의 이데아론을 관념론적으로 해석하는 것은 플라톤의 이데아를 가능적 무한으로 해석하는 것이 되는데, 이는 플라톤의 이데아를 칸트가 말하는 순수이성의 이념으로 본다는 말이다. 그러나 플라톤의 이데아는 인간이 그것을 추구하건 추구하지 않건 그 자체의 힘으로 실재한다. 그것은 전기(前期) 하이데거의 '존재' — 현존재가 찾아나선 '존재' — 와 같은 것이 아니다. 나는 이데아 관념물 이론은 틀렸고 이데아 실재물 이론이 맞다고 생각한다.

칼 알버트(K. Albert, 1921-2008)는 "플라톤 철학은 인간 중심적 사유방식

옥도 없다. 그런 것들은 나라는 것이 없음을 올바로 깨우치지 못한 것에서 만들어진 망상이다. 그런데 참나론자들은 이 세상에는 영구불변의 상주하는 나라는 것은 없다는 것을 깨우치는 순간에 그것을 깨우치는 '나'를 만나며, 바로 그것이 참나라고 주장한다. 마스다 히데오(增田英男)에 의하면 무아론에 대해 대략 다섯 가지 해석이 있다. 첫 번째는, 무아란 자아의 부정이므로, 자아의 존재를 전제하는 윤회설은 폐기되어야 한다. 두 번째는, 무아란 주체로서의 자아를 부정하는 것이 아니라, 진실한 자아 혹은 참나가 아닌 것에 대한 부정이다(임승택, 「무아에 대한 형이상학적 해석의 양상들: 나까야에 나타나는 '실천적 무아'와의 비교를 위한 시론」, 『인도철학』 제51집, 2017, 109쪽 참조).

에서 다른 사유방식으로의 전환을 요구하는데, 후자의 사유방식에 대한 이름을 우리는 아직 갖고 있지 않다"[6]고 한다. 오이겐 핑크(E. Fink)의 플라톤 해석에 따르면, 플라톤은 인간을 동물과 신 사이의 중간자로 보는데, 이리하여 인간은 초인간적인 것에 등을 돌리거나 관심을 돌리거나 두 가지 가능성에 직면한다. 등을 돌리게 되면 인간중심적 세계해석을 갖게 되고, 관심을 돌리면 '인간 현존재의 탈중심성'에서 출발하는 세계해석을 갖게 된다. 전자의 세계해석에서 해석의 척도는 인간이다. 후자의 해석에서는 척도는 인간이 아니다. '신이 만물의 척도'(『법률』 716c)다. 후자의 세계해석에서 인간의 최고 가능성은 '자기 안에 존재하는 것'이 아니라, '자기 바깥에 존재하는 것'이다. 그런데 자기 바깥으로 나간다고 인간은 '무로 빠져드는 것'(Ins-Nichts-Geraten)이 아니라 최고의 존재다움이라는 영역에 입문하는 일이다.[7] 이것을 가능하게 하는 것이 플라톤에게는 열광이다. 열광은 현상계를 넘어서려는 열망이요, 그것을 통해 최고로 고양된 축복의 삶을, 신적인 삶 자체를 분유(分有, Teilhabe)하는 삶을 경험하게 된다.[8]

나는 '가능적 무한이 현실적 무한에 의해 둘러싸여 있다(포위되어 있다)'고 생각하는데, 사실 가능적 무한을 포위하는 것은 가능적 무한자인 인간 그 자신이다. 인간이 무한을 향한 행진을 하는 한에서 만들어지는 수평선이 인간을 포위하고 있는 듯이 보일 뿐이다. 인간이 스스로 만들어내는 수평선을 진정한 실체적인 한계로 생각하지 않으면, 인간은 자신의 가능성 너머는 무가 아님을 알게 된다. **가능적 무한의 가능성의 근거는 현실적 무**

---

6) 칼 알버트, 『플라톤 철학과 헬라스 종교』, 237쪽.

7) 이 점에서, 플라톤은 적어도 전기의 하이데거와 결정적으로 다르다. 하이데거에 있어서는 현존재가 자신의 최고의 존재 가능성을 확인하는 것은 무를 경험하는 것이다.

8) 칼 알버트, 『플라톤 철학과 헬라스 종교』, 236-237 참조.

한의 현실성 안에 놓여 있다. 다시 말해서 인간(선험적 주관 혹은 현존재)**이 인간으로서 자기동일성을 유지할 수 있는 가능성은 신의 현존에 의지하고 있다는 말이다.** 칸트는 가능성의 영역과 현실성의 영역 이 양자 중에 어느 쪽이 다른 쪽을 포괄하는가라는 문제와 관련하여 「경험적 사고 일반의 요청」에서 다음처럼 말한다.

> 보통의 일상 추리에 의해서 우리는 가능성의 대왕국을 만들어내고, (경험의 대상인) 모든 현실적인 것은 이런 왕국에서는 한 작은 부분이라고 하지만, 이러한 보통의 일상의 추리의 빈약성은 현저히 눈에 뜨이는 바이다. '모든 현실적인 것은 가능적이다'라는 명제로부터, 형식논리학의 환위법 규칙에 의해서 자연히, '약간의 가능적인 것은 현실적이다'라는 한갓된 특수 명제가 생긴다. 그리고 이 명제는 실로 '현실적이 아닌 것이 많이 가능하다'라는 의미를 갖는 듯하다. 가능적인 것이 현실적인 것으로 되자면, 가능적인 것에 '그 무엇'이 보태져야 하기 때문에, 가능적인 것의 수가 현실적인 것의 수보다도 많을 수 있는 듯이 여겨진다. 그러나 이 가능적인 것에 보태져야 하는 내용을 나는 아는 바가 없다. 왜냐하면 이 가능적인 것에 보태져야 할 것이 원래 불가능하기 때문이다.[9]

---

9) 칸트, 『순수이성비판』, B283-284. 칸트는 『판단력비판』에서는 가능성과 현실성의 구분은 인간에게는 불가피한데 그 이유는 인간이 감성적 직관의 소유자이기 때문이라고 말한다. 만약 인간이 지성적 직관의 소유자라면 우리의 지성은 현실적인 것 이외에는 어떠한 대상도 갖지 않을 것이고 따라서 그 양자의 구분은 불필요할 것이라는 것이다(*Kritik der Urteilskraft*, Hamburg, Felix Meiner Verlag, 1974, 267면 참조). 그렇다면 지성의 영역은 순수 현실성의 영역이고 감성은 순수 가능성의 영역이 되며, 감성적이면서 동시에 오성적인 인간에게는 가능성과 현실성이 뒤섞인 세계가 있으며, 인간은 이 양자를 구분할 수밖에 없다는 것이 된다. 이렇게 생각한다면, 결국 신에게 있어서는 모든 것이 현실적이며, 신이 인간보다 더 큰 존재라면, 현실성의 영역은 가능성의 영역보다 더 크다고 말하지 않으면 안 된다. 우리는 가능성과 현실성의

뭔가 복잡한 것을 말하고 있는 듯이 보이는 위 인용문을 통해 칸트가 근본적으로 말하고자 하는 것은 비교적 간단하다. 경험적 사유 일반의 성립을 위해서 현실적인 것의 영역이 가능적인 것의 영역을 포괄하지 않으면 안 된다는 것이다. 예컨대 '소고기 맛이 나는 호박만한 완두콩을 만드는 것은 가능하다'는 판단이 성립한다. 그러나 200년 전에는 그 가능성은 공상적인 가능성이었으나 발전한 유전공학 덕택으로 현재는 그럴듯한 가능성이 되었다. 그런데 200년 전이나 지금이나 '소고기 맛이 나는 호박 같은 완두콩'이라는 개념에 대응하는 직관을 가질 수는 없다. 만약에 가능성의 영역이 현실성의 영역보다 넓다면, 그리고 '소고기 맛이 나는 호박만한 완두콩'이라는 사물이 현실성의 영역 바깥에 있는 가능성의 사물이라면, 그런 완두콩이 만들어지는 것은 근원적으로 불가능하게 된다. 그러나 우리는 이제 그런 사물의 현실성을 목전에 두고 있다. 아마도 인간은 원한다면 그런 사물도 만들 수 있을 것이다. 이처럼 인간이 가능성을 현실성으로 만들어가는 것이 가능하기 위해서는 현실성의 영역이 가능성의 영역을 포괄해 있지 않으면 안 된다. 달리 말해서 가능성은 현실성을 전제하는 것이다. 그런데 질료적 측면에서 말한다면 모든 사물의 원천은 신이라고 불리는 선험적 기체로부터 나오지 않으면 안 되기 때문에, 경험적 사유 일반이 가능하기 위해서는 모든 가능적 술어들의 총괄인 선험적 의미의 신인 하나인 물자체가 요청되지 않으면 안 된다.[10] 칸트도 가능적 무한이 현실적 무한 안에 존재함을 말하고 있는 것이다. 현재의 과학기술로는 음속의 30배

구분이 왜 인간에게는 불가피한가에 대한 『판단력비판』에서의 칸트의 설명이 결국 『순수이성비판』, 「경험적 사유 일반의 요청」에서의 가능성과 현실성의 포섭관계에 대한 칸트의 견해와 맥이 닿아 있음을 알게 된다.

10) 문성학, 『칸트의 인간관과 인식존재론』(대구: 경북대학교 출판부, 2007), 316-317쪽.

로 날아가는 미사일을 만들지 못하고 있다. 그것은 과학기술계의 수평선(한계선) 너머에 있다. 그 수평선이 고정적인 실체라면 인간은 그것을 영원히 만들 수가 없고, 과학기술은 그 한계 안에 갇힌다. 그런 것을 만들 수 있는 가능성은 없다. 그 한계선 바깥은 '무'다. 그러나 과학이 발전하게 되면 언젠가 그 가능성은 현실성이 될 것이다. 원시인류가 인간이 달에 가는 것이 가능하다고 생각했겠는가? 그들은 그런 생각 자체를 가지지 않았을 것이다. 그러니 음속의 30배로 날아가는 미사일은 멀지 않아 가능할 것이다. 그렇다면 가능성이 현실성으로 바뀌는 것은 어떻게 가능한가? 그것은 지금 과학자들에게 가능성으로만 있는 것 즉 과학계의 수평선 바깥에 있는 것이 사실은 현실적 무한의 현실성 안에 이미 있는 것임이 전제될 때에만 가능하다는 말이다. 그런 일이 가능하게 되는 것은 단적인 무로부터 유가 생겨나기 때문이 아니라, 인간에게는 없는 것으로 보이는 현실적 무한의 현실성에서 그 가능성을 현실성으로 길러내는(만들어 내는) 것일 뿐이다. 과학 탐구는 현실적 무한의 세계에 숨겨진 보물들을 찾아가는 가능적 무한자의 보물 찾기라는 가능성 게임이다. 보물이 없다고 생각하면 보물 찾기는 무의미하고 보물은 없다. 그러나 보물 찾기를 계속하는 한, 보물은 있고 보물은 찾아진다.

2.
플라톤에 대한 니체의 오해

우리는 위에서 플라톤이 참다운 세계라고 말한 이데아계를 현실적 무한의 세계로, 가상의 세계라고 말한 현상계를 가능적 무한의 세계로 해석해야 됨을 말했다. 그런데 생철학자로서 이 세상만을 인정하고 저세상을 인정하지 않는 니체는 『우상의 황혼』에서 "어떤 오류의 역사"라는 제목을 붙여서 플라톤의 이데아계를 놀라운 재치로 이렇게 조롱한다.

1. 참된 세계에 지혜로운 자, 경건한 자, 덕 있는 자는 이를 수 있다. — 그는 그 세계 안에 살고 있으며, **그가 그 세계다.**(플라톤)
2. 참된 세계에 지금은 이를 수가 없다. 그렇지만 지혜로운 자, 덕 있는 자에게는('회개하는 죄인에게는') **약속되어 있다.**(기독교)
3. 참된 세계는 이를 수 없고 증명할 수 없으며 약속도 할 수 없다. 그렇지만 이미 위안으로서, 의무로서, 명령으로서 생각되고 있다.(칸트)
4. 참된 세계 — 이를 수 없다. 어쨌든 이르지는 않았다. 이르지 않았기에 **알려지지도 않았다.** 그러므로 위로하지도 구원하지도 의무적

이지도 않다. 무엇 때문에 우리에게 알려지지 않은 것에 대한 의무를 갖는다는 말인가?(실증주의)

5. '참된 세계' — 더 이상 아무 쓸모 없는 관념. 더 이상은 의무적이지도 않다 — 불필요하고 쓸데없어진 관념. **그래서** 반박된 관념: 이것을 없애버리자!(자유주의자)
6. 우리는 참된 세계를 없애버렸다: 어떤 세계가 남는가? 아마도 가상 세계? … 천만에 참된 세계와 함께 우리는 가상세계도 없애버린 것이다.[11](니체)

'참된 세계'라는 오류적인 관념은 이 여섯 단계를 거치면서 결국 제거된다. 첫 번째 단계의 대표자는 플라톤이다. 두 번째는 참다운 세계가 기독교의 세례를 받은 단계다. 세 번째 단계를 칸트가 대표한다. 칸트는 참다운 세계를 『실천이성비판』에서 예지계의 이름으로 소중히 모신다. 네 번째 단계는 과학적 실증주의의 이름으로 그 참다운 세계의 실재성이 부정된다. 다섯 번째 단계에서 모든 자유주의자들이 환호하는 함성이 들린다. 마지막 단계에서 니체가 차라투스트라의 이름으로 등장한 다음에, 참다운 세계라는 미신에 대해 최종판결을 내렸다. 나는 이 책에서 니체가 제거했다고 믿은 참다운 세계를 현실적 무한의 이름으로 복권시키려 했다. 니체는 '참된 세계를 없애면서 가상 세계도 없어졌다'고 말한다. 우리는 이 말을 참과 거짓의 이분법적 구분을 거부하는 니체와 연결시켜 해석할 필요가 있다. 니체는 "진리란, 그것 없이는 하나의 살아있는 특정 종의 생물이 살아갈 수가

11) 프리드리히 니체, 『니체전집 15』(백승영 옮김, 서울: 책세상, 2002), 103-104쪽 참조. 강조는 니체.

없을지도 모르는 그러한 종류의 오류다."[12] 고 말한다. 니체식으로 말한다면, '참된 세계란, 그것 없이는 하나의 살아 있는 특정 종의 생물이 살아갈 수가 없을지도 모르는 가상의 세계'가 될 것이다. 그렇다면 니체는 세계를 참된 세계와 가상의 세계로 구분하는 것을 인정할 수 없게 된다. 그냥 우리가 그 안에 있으면서 숨 쉬며 살아가는 하나의 세계가 있을 뿐이다. 이 세계에서의 우리들의 삶이란 것은 허무한 것이다. 신(현실적 무한)의 죽음을 선언한 니체는 유럽이 허무주의에 사로잡힐 것을 예상했다. 생철학자인 그에 따르면 생은 원래 허무한 것이다. 그러나 사람들은 그 허무를 숨기기 위해 내세를 만들었다. 기독교는 '숨겨진 허무주의'다. 생은 허무하다는 생철학적 사실을 바꿀 수는 없다. 바꿀 수 있는 것은 허무한 생을 대하는 우리 인간들의 태도일 뿐이다. 사람들은 허무를 독뱀 피하듯이 피하려 한다. 그러나 그런 허무주의는 '수동적 허무주의'다. 허무를 숨기기 위해 약자들의 원한 감정으로 천당과 내세를 만든 기독교는 수동적 허무주의다. 그러나 허무를 피하지 말고 온몸으로 껴안고 살아가면서 허무를 환대하며 살아가는 자세를 생각해볼 수 있다. 이것은 '능동적 허무주의'의 자세다. 인간은 이러한 삶의 자세를 견지해야 한다. 이런 자세로 살아가는 자는 자신의 운명을 절대적으로 긍정하는 자이며, 초인(Übermensch)이라 불린다. 니체의 초인은 차안의 영웅이지 피안의 허구적 신이 아니다. 초인은 대지의 의의다. 니체는 '동일한 것의 영원회귀'라는 사상으로 허무주의를 극단으로 몰아간다. 니체는 『차라투스트라는 이렇게 말했다』에서 영원회귀사상을 다음처럼 노래한다.

12) F. Nietzsche, *Der Wille zur Macht* (Stuttgart: Alfred Kroener Verlag, 1964), 343면.

> 모든 것은 가며, 모든 것은 되돌아온다. 존재의 수레바퀴는 영원히 돌고 돈다. 모든 것은 시들어가며, 모든 것은 다시 피어난다. 존재의 해(年)는 영원히 흐른다. 모든 것은 부러지며, 모든 것은 다시 이어진다. 똑같은 존재의 집은 영원히 지어진다. 모든 것은 헤어지며, 모든 것은 다시 만나 인사를 나눈다.[13)]

니체의 영원회귀사상은 하나의 상징, 하나의 비유, 하나의 시인가, 아니면 하나의 주장, 하나의 학설인가? 그것이 시든 비유든 아니면 하나의 학설이든 우선 그것은 기독교의 직선적 시간관과 창조와 종말을 가진 세계관에 대항하고 싶어하는 니체의 강력한 염원을 표현해주고 있다. **니체의 영원회귀 사상은 기독교적인 '영원한 저세상'의 이승적 변형물로 보인다.** 물론 이 사상은 과학적으로 받아들일 수 없는 사상이지만, 니체는 그 말로써 운명애(amor fati)의 정신으로 허무한 삶을 영원히 반복하는 삶을 자발적으로 택하는 삶의 자세를 표현하고 있다. 그는 동일한 것의 영원회귀라는 원환적 시간관을 통해 허무주의를 가장 극단적인 형태로 밀어붙이고 있다. 존재의 수레바퀴는 영원히 돌아간다. 니체는 자신을 초인과 동일시했으며, 허무주의를 극복한 최초의 허무주의자로 생각했다. 그러나 내가 보기에 니체는 언어적 트릭으로 허무주의를 극복했다고 말하고 있을 뿐이다. 인간은 생물학적으로 유한한 삶을 살면서 무한한 의미를 실현하는 방식으로 삶의 허무를 극복하려 한다.[14)] 그런데 허무를 극복한다는 것은 곧 유한성을 극복한다는 것이고, 유한성을 극복한다는 것은 무한성과 연결된다

---

13) 프리드리히 니체, 『니체전집 13』(정동호 옮김, 서울: 책세상, 2005), 364쪽.

14) 육신의 부활을 믿는 기독교는 생물학적 유한성을 생물학적으로 무한히 연장하는 방식으로 허무를 극복하려 하지만, 이는 받아들이기 힘든 이야기로 보인다.

는 것이다. **나는 인간의 구원은 인간이 자기 안에 갖고 있는 무한의 가능성을 실현하는 것이라고 생각한다.** 그런데 우리가 니체처럼 능동적 허무주의자의 삶을 산다고, 허무주의를 극복하여 무한성의 세계와 연결되는 것은 아니다. 허무주의를 극복한 허무주의자도 그가 어쨌건 허무주의자인 한에서는 결국 유한성의 세계에 갇혀있는 존재일 뿐이기 때문이다.[15] 그는 영원회귀사상으로 유한한 원환적 세계의 회귀적 운동을 말하고 있는데, 인간은 다람쥐가 쳇바퀴를 돌리듯이, 우주적 차원의 쳇바퀴를 돌리는 허무한 짓을 반복하게 된다. 위대한 심리학자임을 자처하는 니체는 놀랍게도 인간은 허무를 견디고 더 나아가서 허무를 즐겨야 한다고 가르치고 있다. 이 얼마나 반심리적인 주장인가. 그는 모든 우상을 파괴해버린다. 그것들은 생에의 의지를 약화시키고 인간을 기만하는 것들이기 때문이라는 것이다. 그의 망치는 다이너마이트 같은 파괴력을 가지고 있다. 그는 2000년 동안 견고하게 서 있었던 거대한 우상과 그 우상을 떠받치던 군소 우상들을 가차 없이, 일순의 미련도 주저함도 없이 파괴했다. 사람들이 그토록 공

---

15) 허무주의를 극복하는 방식에 대한 니체의 설명은 인과법칙을 벗어나는 길에 대한 스피노자의 설명방식과 어느 정도 유사하다. 세상은 영원 이전부터 영원 이후까지 인과법칙의 흐름이다. 인간의 모든 생각과 행동조차도 인과법칙의 지배를 벗어날 수 없다. 이것은 바꿀 수도 부정할 수도 없는 과학철학적 사실이다. 인간이 할 수 있는 것은 그 흐름을 바라보는 태도를 조정하는 것이다. 자유인은 사물의 인과적 흐름을 '영원의 상 아래에서'(sub speciea aeternitatis) 보면서 자신을 그 흐름과 일치시키면서 마음의 지복을 경험하지만, 부자유인은 사물의 인과적 흐름을, 마치 나쁜 독서가가 책을 읽으며 단장취의(斷章取義)하여 자기 멋대로 해석하듯이, 일부분만 잘라내면서 자신을 사물의 영원한 흐름과 일치하지 못하게 만든다. 그러나 나는 스피노자가 제시하는 자유인의 길은 하나의 딜레마에 빠지게 된다고 생각한다. 스피노자의 철학체계에서는 자유인이 되건 되지 못하건 모든 것은 필연적인 결과다. 따라서 자유인이 되려고 애쓸 필요도 없다. 그리고 칭찬받을 일도 비난받을 일도 없다. 그렇지 않으면 자유인은 칭찬의 대상이 되고 부자유인은 비난의 대상이 되어야 한다면, 그리고 우리가 자유인이 되기 위해서 노력해야 하며, 노력 여부에 따라 자유인이 될 수도 있고 부자유인이 될 수도 있다면, 모든 것은 인과법칙적 필연의 지배하에 있다는 주장은 포기되어야 한다.

들여 세운 우상들을 말이다. 그리고는 사람들을 허무의 암흑으로 던져버렸다. 그리고 그는 기상천외한 하나의 새로운 우상을 제시한다. 그것은 초인이라는 우상이다. 니체는 허무를 견디고 더 나아가서 즐길 줄 아는 인간이 되는 것을 그 목표로 하는 우상, 하나의 반심리학적 우상을 인류가 떠받들어 경배해야 할 우상으로 만든 것이다. 니체는 하나의 감정을 극복하기 위해서는 다른 하나의 감정이 필요하다고 말했다. 우상에 대해서도 마찬가지로 말할 수 있다. 인간은 하나의 우상을 제거하기 위해서 다른 하나의 우상을 필요로 하는 존재다. 인간은 가능적 무한자이기 때문이다. 그러나 니체의 원근법적 사고에서 보면, 이 우상은 단지 니체 자신의 생에의 의지를 강화하기 위해서 유용할 뿐이다. 천재로서 지불해야 했던 고통이 남보다 유별났던 니체, 기독교적 세계관에 거주할 수도 없었던 니체, 그러나 자살은 더더욱 할 수 없었던 니체에게 있을 수 있는 유일한 우상은 허무를 견디고 즐길 줄 아는 인간이 되는 길밖에 없었다. 과연 이 우상은 그 자신에게는 생에의 의지를 강화시켜주는 우상이었을 것이다. 그러나 그 우상이 우리 모두의 우상이 되기에는 우리는 자살에의 유혹을 니체만큼 느끼지 않고 있다. 위대한 심리학자는 이 점에서 근본적인 착오를 하고 있다. 모든 것이 허무인 마당에 허무를 직시하건 환상의 세계로 도피하건 무엇이 문제인가? 모든 것이 허무인 마당에 초인을 추구하건 초인을 추구하지 않건 무엇이 문제인가? 모든 것이 허무인 마당에 모든 것이 허무임을 알고 있건 모르고 있건 무엇이 문제인가? 그 구분이 의미 있는 구분이 되기 위해서는 우리는 모든 것이 허무라는 생각을 포기하지 않으면 안 된다. 이제 니체는 하나의 딜레마에 빠진다. 모든 것은 허무하다고 하든지, 아니면 수동적 허무주의자에서 능동적 허무주의자가 되는 것은 허무한 일이 아니기에 모든 것은 허무한 것이 아님을 인정하든지 해야 한다. 니체는, 모든 것은 허무이지만, 허무를 긍정하고 견뎌내고 그런 허무한 삶을 천 번이고 만 번이고는 반복해서 살 수 있다는 '오기(傲氣)의 허무주의'를 주장한다. 그러나 그는 오기의 허무주의를 영원회귀라는 개념으로 증명하고 있는 것이 아니라 선언하고 있을 뿐이다. 니체의 영원회귀 사상은 철학적 허세와 문학적 과장이 뒤범벅이 된 대표적인 사례처럼 보인다. 그러나 그것은 물리적으로 불가능한 개념이고 심리적으로 자해적인 욕망이다.[16)]

---

16) 인생은 허무하다고 생각하여, '자살을 할 것인가, 말 것인가' 하는 것이 철학의 근본문제라고 생각한 까뮈는 "나는 반항한다. 고로 나는 존재한다"고 했다. 허무한 삶에 반항함으로써 자살하지 않고 존재할 수 있다는 것이다. 필자가 보기에 까뮈는 니체의 '오기의 허무주의'를 변주하고 있다. 까뮈의 시지프스적 인간은 니체가 말하는 영원회귀의 변주이다.

3.
인간은 '죽음에의 존재'가 아니다

필자는 하이데거와 니체가 허무주의를 제대로 극복했다고 생각하지 않는다. 나는 현실적 무한을 인정할 때에만 즉 현존재가 자신의 죽음 너머를 생각하는 것이 가능할 때에만 진정으로 그 허무로부터 탈출하는 가능성이 확보될 수 있다고 믿는다. 인간은 자신이 죽을 수밖에 없는 존재임을, 따라서 삶은 유한하다는 것을 인식하고 있으며, 그리하여 '왜 사는가', '무엇을 위해 살아야 하는가' 하는 삶의 의미 문제를 던지게 된다. 죽음이 없고 삶이 무한하다면 인간은 이런 문제를 던지지 않을 것이다. 이런 문제를 던지는 순간에 삶은 단순히 생명의 연장이 아니라, 의미추구의 장(場)이 된다. 인간에게 의미추구의 장이 만들어지는 순간에 죽음은 삶의 한복판에 자리 잡게 된다. 이리하여 인간의 삶에는 두 개의 이질적인 흐름이 만들어진다. 하나는 태어나면서부터 존재해왔던 인과법칙적-기계론적 흐름이다. 이 흐름은 최종도착지는 죽음이다. 이 흐름의 관점에서 보면 하이데거가 『독일교육사연구』라는 책에서 인용했던 말대로 "인간은 태어나자마자 죽기에는 충분히 늙어 있다".[17] 태어남은 죽음의 원인이고, 죽음은 태어남의 결과다. 기계론적 관점에서 본다면 인간은 일단 태어난 이상 언제 죽어도 이상할 것이 없다. 원인이 주어졌는데 결과가 발생하는 것은 자연스러운 기계적 흐름이니 말이다. 죽음의 사건이 시간 속에서 언제 일어나든, 그것은 인과법칙을 거스르는 것이 아니다. 크로노스적 시간의 흐름에서 아무리 어린아이의 죽음이라도, 죽음은 충분히 준비된 사건이다. 그러나 죽음이 인간의 삶의 한복판에 침투하여 자리 잡고 난 뒤에 의미추구의 장이 만들어지면서부터 인간은 자신의 내면에서 또 하나의 다른 흐름이 형성됨을 자각한다. 그 흐름은 목적론적 운동의 흐름이다. 그러나 삶을 목적론적 관점에서 고찰하면, 삶의 목적도 세워지기 전에 죽음을 맞이하는 것은 자연스럽지가 않다. 카이로스적 시간의 관점에서 보면, 어린아이의 죽음은 아직 죽을 때가 되지 않은 것이다. 삶의 이상과 목적이 세워진 뒤에는 인간은 아무리 늙었어도 죽지 말아야 할 만큼 젊다. 그는 자신의 삶의 이념과 가치와 목표를 충분히 실현하지 못했기 때문에, 살아서 더 해야 할 일이 아직 남아 있기 때문이다. 거꾸로 말한다면, 인간은 실현해야 할 삶의 의미와 목표가 없어지면 언제 죽어도 좋을 만큼 늙은 것이다.

칸트는 『순수이성비판』에서 기계적 인과법칙이 지배하는 세계(현상계)를 다루었고, 『실천이성비판』에서 의지활동의 목적론적 세계(예지계)를 다루었다. 칸트가 『순수이성비판』에서 다룬 시간은 원인-결과의 흐름이 만들어내는 크로노스적 시간이며, 『실천이성비판』에서 다룬 시간은 목적-수단의 흐름이 만들어낸 카이로스적 시간이다. 인간은 양 세계의 시민이며, 자신의 내면에서 두 가지 시간의 흐름을 감지한다. 크로노스적 시간과

17) 『존재와 시간』(이기상 옮김, 서울: 까치, 1998), 329쪽.

카이로스적 시간이다. 크로노스적 시간은 살아 있는 상태에서 죽음을 향해가고, 카이로스적 시간은 죽음에서 삶을 향해 간다. 인간은 크로노스적 시간과 카이로스적 시간이 충돌하는 장소이다. 칸트에 있어서 도덕법칙의 명령에는 인간이 죽음을 넘어서서 실현해야 할 가치를 그 안에 담고 있다. 도덕의 명령이 우리에게 수행해내기를 요구하는 행위는 인과법칙의 자연스러운 흐름을 통해서는 실현될 수 없는 것이다. 그 가치는 원인-결과의 연쇄로 이어지는 흐름으로서의 세계 안에 있는 것이 아니다. 그것은 세계 바깥에 있다. 우리는 그 가치를 실현해내기 위해 생명을 포기해야 할 경우도 있다. 예컨대 목숨을 걸고 위증의 유혹을 물리치거나, 목숨을 걸고 약속을 지키거나, 목숨을 걸고, 즉 굶어 죽을 각오로 부당한 음식을 거부하는 경우다. 우리가 목숨을 걸고 약속을 지키는 행위를 하려면 우리는 심각하고 중대한 도덕적 결단을 해야 한다. 그 결단의 시간은 크로노스적 시간의 흐름 안에 있지 않다. 그 결단의 순간은 카이로스적 시간의 흐름 안에 있다. 그러한 카이로스적 결단은 항상 죽음을 대면하면서 이루어지지만, 그 결단의 행위를 통해 우리는 우리가 추구하는 삶의 가치를 세계 너머로 던지면서 가치실현의 삶을 살아간다.

현상계의 일원으로서 인간은 죽음에의 존재다. 그러나 예지계의 일원으로 인간은 죽음을 넘어서는 존재다. 그런데 현상계는 기계론의 세계라면 예지계는 목적론의 세계다. 칸트는 그 사이에 『판단력비판』을 배치한다. 그 책에서 칸트는 합목적성의 개념을 다루는데, 그 개념은 기계론적 흐름에서 읽어낼 수 있는 목적지향적 운동에 관한 것이다. 일종의 유사목적론적 운동인데, 그것은 인간의 목적지향적 행위, 진정한 목적론적 행위와는 철저하게 구별되어야 한다. 칸트는 먼저 인간의 미적 경험에서 목적 없는 합목적성의 행위가 있음을 관찰한다. 그다음에 그는 자연 속에서 목적 없는 합목적성의 운동이 있음을 주장한다. 예컨대 모든 식물의 꽃은 빨강, 노랑, 하양 등의 색으로 되어있지, 그 식물들의 이파리 색과 비슷한 색으로 꽃을 피우지 않는다. 식물학자들은 식물들이 그렇게 하는 이유는 곤충들의 눈에 꽃이 더 잘 보이게 하려는 목적이라고 설명한다. 왜 눈에 더 잘 띄는 색깔의 꽃을 만드는가? 그 이유는 그래야만 수정을 더 잘 시킬 수가 있기 때문이라는 것이다. 곤충학자들의 이런 설명에는 목적 없는 합목적성의 개념이 작용하고 있다. 꽃은 아무런 의도나 목적의식을 가지고 있지 않다. 그러니 꽃들이 의도적으로 꽃 색을 그렇게 만들었다고 말하는 것은 비과학적인 주장이다. 그럼에도 불구하고 꽃들의 색깔이 그 꽃을 피우는 식물의 이파리 색과 다르게 된 것은 식물들이 곤충들의 수정을 유도하려는 그런 목적을 가진 듯이 보이게 만든다. 지구가 태양 주위를 공전하는 것은 인간에게 사계절의 변화를 느끼게 만들려는 의도가 있는 듯이 보이며, 번개가 무섭게 치는 것은 인간의 잠자는 양심을 일깨우려는 의도를 가진 것처럼 보이는 것, 적을 퇴치하기 위한 스컹크의 악취분비 등등, 목적 없는 합목적적 현상은 무수히 많다. 최근에 리처드 도킨스(C. R. Dawkins, 1941-)는 생명체들은 유전자들이 자신들을 실어 나르는 도구에 불과하다는 의미에서 '이기적 유전자'라는 용어를 사용했는데, 이 용어 역시 '목적 없는 합목적성'의 적절한 사례가 될 것이다. 도킨스는 유전자가 목적을 가지고 행동한다고 생각하지 않았다. 그런데 결과를 두고 해석해보면 그렇게 보이는 것 같다는 말을 하고 있는 것이다. 칸트는 기계론적인 운동을 하는, 그래서 어떤 경우에도 목적개념을 가질 수 없는 자연도 인간의 눈에 목적론적인 운동을 하는 듯이 보인다는 점에서 미적인 합목적성과 자연의 합목적성의 개념을 다루는 『판단력비판』이 『순수이성비판』의 기계론과 『실천이성비판』의 목적론을 연결시키는 역할을 한다고 생각했다.

칸트는 인간을 "두 세계의 시민"이라고 했다. 칸트는 전자의 기계론적 흐름을 『순수이성비판』에서 다루었고, 후자의 목적론적 흐름을 『실천이성비판』에서 다루었다. 기계론적 흐름에서 시간은 과거로부터 미래로 흐르기에 과거, 현재, 미래 중에 과거라는 시간 계기가 주도적인 계기다. 이는 당연한 것인데, 원인-결과의 흐름에서는 원인이 결과를 결정하기 때문이다. 과거는 원인이고 미래는 현재를 거쳐 결과가 되는데, 현재와 미래는 과거에 의해 결정된다. 인간이 죽는 이유도 태어났기 때문이다. 지금 이 책을 쓰고 있는 나는 이 순간에도 죽어가고 있다. 그러나 내가 나의 의식 내부에서 분명하게 자각하고 있는 사실은 '나는 죽기 위해 책을 쓰는 것은 아니다'라는 사실이다. 거꾸로 나는 책을 쓰기 위해 죽어가고 있다. 그런데 목적론적 흐름에서 시간은 정반대로 흐른다. 목적론적 흐름에서는 먼저 내가 의미를 부여한 어떤 일이 미래의 어느 시점에 이루어질 것을 예상하면서 목적으로 설정되어야 한다. 내가 1년 뒤에 이 책을 출간하기로 하는 일은 하나의 좋은 사례다. 나는 그 목적을 실현하기 위해 지금 책을 읽고 연구를 한다. 그리고 소기의 목적을 달성하여 책이 출간되어 나의 서가에 꽂힌다. 이 모든 흐름은 미래에서 시작하여 현재를 거쳐 과거가 된다. 목적론적 흐름에서는 미래가 주도적인 시간계기다. 이 역시 당연한 일인데, 기계론적 운동은 원인-결과의 흐름이라면, 목적론적 운동은 목적-수단의 흐름이기 때문이다. 목적-수단의 흐름에서 수단을 결정하는 것은 미래의 목적이다. 목적이 먼저 정해져야 그 목적실현에 적합한 수단이 정해진다. 나는 지금 생물학적 생존의 차원에서는 탄생이란 과거로부터 시작하여 죽음이라는 미래를 향해 나아가고 있지만, 의미추구적 삶의 차원에서는 정반대로 미래로부터 현재를 거쳐 과거로 가는 삶을 살고 있다.

기계론적 관점에서 보면, 하이데거의 말대로 "인간은 태어나자마자 죽기에 충분할 만큼 늙어 있다". 하이데거는 '죽음에의 존재'인 인간은 죽음을 인정하고 받아들여야 한다고 생각한다. 죽음 너머를 기대하거나 상상해서는 안 된다.[18] 그러나 목적론적 관점에서 보면, 인간은 '죽음에의 존재'가 아니다. 인간은 죽음을 향해 가지 않고 어떤 가치와 이념을 향해 가기 때문이다. 목적론적 관점에서 보면, 인간은 죽음에 저항하고, 죽음을 극복하고, 죽음을 넘어서려고 노력하는 존재다. 최상욱은 하이데거의 죽음관에 대한 레비나스의 비판을 이렇게 소개해주고 있다.

> (레비나스는: 필자 보충) 인간은 죽음을 향하는 대신, 죽음에 저항하고 대항해야 한다고 강조한다. 즉 인간은 '죽음에의 존재'가 아니라 '죽음에 저항하는 존재'(Sein gegen Tode)라는 것이다. 또한 하이데거에 의하면 현존재는 '존재해야 함'(Zu-sein)의 방식으로 '그때마다 나의 존재'(Jemeinigheit)로 실존해야 한다. 그런데 이러한 실존의 방식은 결국엔 '죽음에의 존재'와 연결된다. 이에 대해서 레비나스는 하이데거의 '존재해야 함'이란 표현은 궁극적으로 '죽어야만 함'이란 의미를 지닌다고 비판하면서 인간의 삶은 '죽어가지 않음'이어야 한다고 강조한다. 레비나스에게 있어서 최종적으로 승리를 거두어야 하는 것은 죽음이 아니라 삶이다. 이런 의미에서 "인간은 태어나자마자 죽기에 충분할 만큼 늙어 있다"는 하이데거의 문장을 패러디해서 레비나스는 "모든 죽어야 하는 인간은 죽기에는 항상 너무 젊다"라고 표현한다.[19]

---

18) 그럼에도 불구하고 하이데거는 삶이 죽음이듯이, 죽음이 삶이라고 말한다. 그렇다면 죽음을 받아들이는 것은, 죽음이 삶이라면, 삶을 받아들인다는 것이 되고, 결국 죽음을 받아들이지 않는다는 것이 된다. 이는 하이데거의 혼란으로 보여진다.

19) 최상욱, 『하이데거 VS 레비나스』(서울: 세창출판사, 2019), 150-151쪽.

레비나스의 이 말은 인간의 삶을 목적론적 운동의 관점에서 보면 잘 이해된다. 인간은 자신의 삶이 목적으로 삼고 추구하는 의미를 1년 후의 미래에서 끄집어낼 수도 있고, 10년 후의 미래로부터 끄집어낼 수도 있고, 5천 년 뒤의 미래에서도 끄집어낼 수 있고 만 년 뒤의 미래로부터 끄집어낼 수 있다. 흔히 교육은 백년지대계라고 하는데, 그런 말을 할 때, 사람들은 의미 있는 교육의 목표를 100년 뒤의 미래로부터 끄집어내야 한다는 것이다. 어떤 천체물리학자가 5천 년 뒤에 지구와 충돌할 것으로 계산되는 거대운석과 지구의 충돌을 방지하기 위한 어떤 기술을 개발하고 있다면, 그는 자기 삶을 의미 있게 만들어줄 삶의 목표를 오천 년 뒤라는 미래로부터 끄집어낸 것이다. 인간은 삶의 의미지평을 가지게 되는 순간에 심지어 그의 기계론적 삶의 흐름조차도 목적론적 삶의 흐름에 기여하게 된다. 왜 밥을 먹는가? 순전히 생물학적으로 대답한다면 '죽지 않기 위해 먹는다'가 정답이다. 그러나 그는 '내 연구를 완성시키려면 건강해야 하고, 건강하려면 밥을 먹어야 한다'고 말할 것이다. 밥 먹는 행위가 단순히 배고픔(원인)의 결과가 아니라, 목적 실현의 수단이 되어 있다. 그는 연구를 위해 밥을 먹고, 연구로 피로해진 눈에 휴식을 준다.

이제 인간에게 의미추구의 장을 열어 보여준 죽음은 삶의 중심점이 된다. 그리고 사람들은 자신의 삶의 의미를 실현하기 위해 삶을 버리고 죽음을 택하기도 한다. 이런 죽음은 그 죽음을 선택한 사람의 삶을 완성시키는 죽음이다. 역사상의 많은 위인들이 이런 죽음을 택했다. 소크라테스는 대표적 인물이다. 이제 죽음은 삶의 완성이다.[20] 이런 관점에서 보면 **인간은 죽음을 살아가면서 죽음을 넘어서는 존재다. 그러나 동물들은 삶을 살아가면**

20) 문성학, 『철학의 기초』(대구: 배영출판사, 1989), 92-96쪽 참조.

서 죽음에 갇히는 존재다. 동물은 자신에게 주어진 유한한 삶을 차감해가는 방식으로, 즉 삶을 죽여가는 방식으로 살아간다. 최종 목적지는 죽음이다. 그러나 인간은 자신에게 주어진 삶의 유한성(죽음)을 의식하면서 무한한 의미를 실현하려 한다. 인간은 죽음을 살아가는 존재다. 최종 목적지는 삶의 의미와 이상이다. 그런데 삶의 의미는 인과법칙이 지배하는 가능한 경험의 세계 안에서는 발견되지 않는다는 것이 칸트의 생각이다. 비트겐슈타인도 이렇게 말한다.

> *세계의 의미는 세계 밖에 놓여 있어야 한다. 세계 속에서는 모든 것이 있는 그대로 놓여 있고, 일어나는 그대로 일어난다. 세계 속에 가치는 없다.*[21]

논리학과 인과법칙의 지배하에 있는, 비트겐슈타인과 칸트의 세계에서 의미와 가치의 주소지는 가능적 무한 너머다. 그런데 하이데거는 이 세계 안에서 의미를 찾으려 했다. 그런 이유로 그는 논리학과 인과법칙의 근거인 표상적 사유를 배격한 뒤에, 죽음과 불안을 통로로 해서 삶의 의미 문제를 해명하려 한다.

하이데거 철학의 의의는 죽음에 대한 그의 사유의 깊이에 있다. 하이데거가 인간을 '죽음에의 존재'로 규정한 뒤에, 죽음을 앞당겨 경험하면서 결단하는 자세로 자신의 삶의 의미를 만들어가는 현존재의 삶의 태도를 본래적 삶의 태도로 본 것과, 플라톤이 "철학은 죽음을 연습하는 것이다"라고 말하면서 진리 인식에 있어서 감각과 몸의 영향력을 최소화하려 했

---

21) 비트겐슈타인, 『논리철학논고』(박영식 · 최세만 옮김, 서울: 정음사, 1985), 269쪽.

던 것은 묘한 대비를 이루고 있다. 하이데거는 인간들의 삶의 차별성과 다양성을 확보하기 위해서 몸과 감정과 기분을 강조했고, 그 결과 그는 인간의 삶을 죽음이라는 한계선 안에 가둬버렸다. 본래적 삶의 태도는 인간이 자신의 죽음을 응시하는 데서부터 시작하여 죽음이 주는 실존적 메시지를 삶 속에서 실현하려고 애쓰고 종국에는 죽음을 받아들이는 것에서 성립한다. 하이데거가 말하는 본래적 실존은 어떤 의미에서는 죽음을 살아가는 실존이다. 그의 삶의 한복판에 죽음이 있기 때문이다. 그리고 플라톤도 "철학은 죽음을 연습하는 것이다"라고 말했을 때, 그 역시 우리들에게 '죽음을 살아가는' 방법을 말해주려고 한다는 점에서 하이데거와 마찬가지이다. 그러나 감각과 몸을 중시한 하이데거는 인간을 죽음 안에 가두고, 감각으로부터의 해방을 강조한 플라톤은 인간이 죽음으로부터 해방되는 길을 말해주고 있다. 이 점에서 칸트는 플라톤의 계승자이지, 하이데거의 선구자는 아니다.[22] 칸트는 인간이 경향성의 유혹을 물리치고 도덕법칙에 대한 순수한 존경심으로 행동해야만 예지계에 진입할 수 있다고 했는데, 이것이야말로 플라톤식의 '죽음의 연습'을 통한 이데아계로의 진입과 본질적으로 같은 것이 아니겠는가? 플라톤에서 '죽음의 연습'은 두 차원에서 이루어지는데, 하나는 진리탐구의 이론적 차원이고 다른 하나는 선의 실현을 위한 실천적 차원이다. 진리를 인식하기 위해서는 감각의 방해를 제거해야 한다. 감각의 제거는 몸의 제거요, 몸의 제거는 죽음이다. 선에 도달하기 위해서

22) 가톨릭의 영향권 하에 있었던 젊은 시절의 하이데거는 플라톤과 흡사하게 신앙생활을 죽음의 연습으로 받아들였다. '신앙한다는 것은 죽음을 연습하는 것이다'라는 정신으로 그는 1910년경에 다음처럼 말한다. "그리고 그대가 정신적으로 살고자 하고 행복을 얻고자 한다면, 그대는 죽으라. 그대 안의 저열한 것을 살해하고 초자연적 은총과 함께하라. 그러면 그대는 부활하리라."(뤼디거 자프란스키, 『하이데거, 독일의 철학거장과 그의 시대』, 박민수 옮김, 서울: 북캠퍼스, 2017, 55-56쪽)

는 욕망의 유혹을 제거해야 한다. 욕망의 제거 역시 몸의 제거요, 몸의 제거는 죽음이다. 칸트는 플라톤이 말하는 이론적 차원에서의 죽음의 연습은 받아들이지 않았다. 그에게 있어서 진리의 주소지는 이데아계가 아니라 현상계로 바뀌었기 때문이다. 칸트가 보기에 현상계의 진리에 대한 탐구에는 감각의 도움이 필요하다. 그러니 몸의 도움이 필요하다.[23] 그러나 칸트는 실천적 차원에서는 플라톤이 말하는 죽음의 연습을 받아들인다. 몸에서 연유하는 '경향성의 유혹을 극복하는 것'은 실천철학적 차원에서의 '죽음의 연습'이다. **인간은 죽음을 살아가면서 그가 추구했던 정신의 DNA(이념, 가치, 의미)들을 죽음 너머로 옮겨가고, 동물들은 삶을 죽여가면서 자신의 생존을 가능하게 해주는 육신의 DNA를 땅으로 돌려준다. 인간에게 있어서 죽음은 삶의 끝을 보여주면서 동시에 삶 너머를 지시한다. 인간은 죽음을 살아가며 영원을 꿈꾸고, 동물은 현재에 몰입되어 삶을 죽여간다.**

인간을 '죽음에의 존재'로 규정하는 것은 인간의 삶 속에 흐르는 기계적 흐름만을 강조하는 것이며, 기계적 흐름 못지않게 강력한 흐름인 목적론적 흐름을 무시하는 규정이다. 물론 하이데거의 입장에서는 인간이 자신의 죽음을 인식함으로써 자신의 삶을 가장 자기답게 만들어가는 가능성을 열어가는 계기를 죽음을 통해 만들기에 인간을 죽음에의 존재로 규정한 것은 동물들이 죽음을 향해 가는 것과는 전적으로 다른 것으로 이해했다고 말할 수 있다. 그러나 하이데거에 있어서 죽음은 개별적인 현존재가 더 이상 현존재이기를 그치는 것, 현존재를 유한성 안에 가두는 것임은 분명한 일이다. 그렇게 가둬버림으로써 하이데거는 인간이 자신의 죽음 너머를 사유할 가능성을 배제해버렸다. 인간은 죽음에 직면하여 자신의 죽

23) 물론 그 몸은 순수직관능력을 가진 순수 몸이다.

음을 사유하면서 자신을 '미래'로 던진다는 하이데거의 말은 충분히 수긍할 수 있다. 그러나 그 '미래'는 죽음에 의해 닫힌 미래요, 죽음의 한계선 안에서 허용되는 미래일 뿐이다. 그러나 인간은 자신의 미래를 죽음 너머로까지 확장하는 존재다. 평범한 노인들도 자신의 죽음에 직면하여 자식들에게 유언을 남긴다. "나의 수의는 무명천으로 만든 옷으로 하고, 시신을 화장해서 강에 뿌려주기 바란다. 그리고 내가 남겨준 재산의 절반은 사회복지 시설에 기증하기 바란다."

우리는 '죽음 너머'를 두 가지 방식으로 고찰할 수 있다. 첫째는 내가 죽은 이후인 다음 세대들이 살아가는 삶의 세계로서의 '나의 죽음 너머'의 세계가 있다. 죽음을 불사하고서도 내가 내 인생에서 실현하고자 애썼던 가치들, 내 삶의 의미를 구성했던 가치들, 내가 나의 죽음 너머로까지 던지기를 원했던 가치들의 세계가 있다. 인간 세계는 이런 가치들의 각축장이다. 어떤 가치는 점차 힘을 잃다가 사라지고, 어떤 가치는 존속하고, 어떤 가치는 힘을 키운다. 이런 식으로 생각하면 플라톤은 2,500년 동안 인류의 삶 속에서 죽지 않고 살아온 셈이다. **죽음을 살아가는 인간은 '이념'(가치)으로 부활하기를 꿈꾸는 존재다.** 이것은 일종의 '사회적 영생'이다. 그러나 영생의 주체는 가치(이념)일 뿐이다. 우리가 이순신 장군의 정신을 기리고 흠모할 때, 이순신 장군은 우리 속에서 영생하고 있는 셈이다. 니체는 인류의 삶 속에서 2,500년 동안 생명을 이어온 플라톤적 삶 가치를 끝장내는 것을 자기 삶의 의미로 생각하며 살았던 인물이었다. 니체는 죽었지만, 그가 뿌린 의미의 씨앗들은 생장하고 있는 중이다. 인간이 자신이 추구한 가치나 이념을 자신이 죽은 뒤에도 다음 세대로 이어가는 방식의 '죽음 너머'는 영혼의 불멸과는 거리가 먼 '죽음 너머'다. 이러한 '죽음 너머'는 단지 내 몸을 구성하는 물리적 성분들이 내가 죽으면 흙으로 돌아가서 다른 생명체나 물질이 되는 방식으로 이어가는 것과 유사하게, 내가 죽으면 내가 세상에 남겨주고 싶었던 가치들이 분해되어 다른 후세인들의 삶의 의미체계의 일부가 되는 방식으로 이어 간다. 장기를 기증하면 나의 장기가 다른 사람의 몸속에서 그의 건강을 위해 가능하면서 이어가지만, 그 장기의 이어감은 그 장기기증자의 이어감은 아니다. 이와 마찬가지로 칸트가 그 위대한 저술들을 통해 그가 생전에 추구했고 또 세상에 남기고 싶었던 의미들을 자신의 죽음 너머로 넘겼으며, 칸트가 뿌린 정신은 아직까지도 살아남아 있지만, 칸트라는 역사적 인격체가 살아남은 것은 아니다. 나는 이 첫 번째 의미의 '죽음 너머'는 인간 삶의 최소한의 의미를 구성하는 기반이라고 생각한다. 이러한 '죽음 너머'는 평범한 일상인도 생각하는 죽음 너머다. 대부분의 사람들은 유언을 통해 자신이 생전에 의도했던 것을 자식과 주변인들에게 넘겨준다. 두 번째 '죽음 너머'는 우리가 전통적으로 '사후에 생전의 나와 인격적 동일성이 유지되며, 그 동일성을 기억할 수 있는 영혼이라는 것이 있는가?'라는 물음에 대답하려 할 때 생각하게 되는 '죽음 너머'다. 니체는 첫 번째 의미의 죽음 너머는 인정하지만 두 번째 의미의 죽음 너머는 단호히 배격한다. 우리는 이런 죽음 너머에 대해서는 아는 것이 없다. 그러나 모른다고 해서, 다시 말해서 '인식될 수 없는 것'이라고 해서 그런 세계가 부정되는 것은 아니다. 칸트는 우리가 그 세계로 진입하기 위해서 우리는 자신을 자유라는 칼날 위에 세우는 도덕적 결단을 해야 한다고 말한다. 칸트에 있어서 자유는 현실적 무한의 세계의 문을 열고 들어가게 해주는 암구호다. 칸트의 자유는 인과법칙으로부터의 자유이고, 인간이 스스로에게 부과한 도덕법칙에로의 자유였다. 그러나 하이데거는 칸트와는 자유를 다른 방식으로 이해하는데, 그에게 있어서 자유는 '세계초월적 무를 보여주는 불안을 수반하는 죽음 앞에서의 가능성'이었다. 그러나 하이데거에서 이 가능성은 결코 현존재를 죽음 너머로 던져주지 못한다. 그 가능성의 문은 죽음에 의해 닫혀 있다.

인간은 하이데거가 말하듯이 '죽음에의 존재'가 아니다. 오히려 죽음을 살아가는 인간에게 죽음은 삶의 끝이 아니게 된다. 이것은 하나의 심오한 역설이며, 삶의 의미를 탐구하는 모든 형이상학은 이 역설에 자신의 뿌리를 내리고 있다. 그 역설에 뿌리를 내리고 있는 모든 형이상학이 다 진리인 것은 아니지만, 거기에 뿌리를 내리는 것은 형이상학이 되기 위한 필요조건이다. 여기에 뿌리를 내리지 않은 형이상학은 스스로 형이상학이라 참칭하더라도, 그것은 형이상학의 필요조건도 충족시키지 못한 사이비 형이상학일 뿐이다. 인간은 이중 초월자인데, 유한자인 동물과 비교했을 때, 인간은 초월자다. 이 초월은 양 측면을 가진다. 첫째로 이 초월은 유한으로 **추락하지 않으려는 몸부림**으로서의 초월(소극적 초월)이다. 그리고 둘째로 이것은 동시에 현실적 무한으로 **비약하려는 몸부림**으로서의 초월(적극적 초월)이다. 형이상학이 형이상학이 되기 위한 최소한의 요건은 인간이 가진 초월의 적극적 가능성을 연구하는 것이다. 인간은 현실적 무한으로 비약하지 못하면 유한으로 추락한다. 인간은 추락과 비약 사이에 걸려 있는 몸부림이다. 내가 보기에 적어도 전기의 하이데거는 인간의 초월 운동의 소극적 측면에 머물러 있다. 가능적 무한에서 현실적 무한으로 비약하는 길이 없다. 그리하여 현존재는 죽음과 더불어 허무로 추락할 뿐이다. 죽음은 추락하지 않으려는 몸부림의 끝이기에, 몸부림이 끝나는 순간에 현존재라는 굴렁쇠는 더 이상 굴러가지 않는다. 그런 한, 하이데거의 형이상학은 형이상학이 아니다. 그가 후기에 인간적 초월운동의 적극적 측면에 관심을 가지고 있는 듯이 보이지만, 그 비약의 가능성을 시로 묘사하는 한, 그것은 학문이 아니고, 따라서 철학도 아니다. 철학자는 개념으로 사유하지, 표현으로 묘사하지 않는다. 그가 철학의 종말에 대해 말하며 자신이 철학자로 불리는 것을 거부하는 이유가 이것이다.[24)]

부처가 제자들의 형이상학적 물음에 입을 다물고 답을 제시하지 않은 것을 '무기'(無記)라고 하는 것을 앞에서 살펴보았다. 죽음 이후에 영혼이 있고 내세가 있는가 하는 문제에 대한 부처의 무기는, 부처가 비록 깨달음을 얻은 사람이라 하더라도, 그 물음에 대해서는 답을 제출할 수 없었음을 말해주는 것이다. 공자(B.C. 551 - B.C. 479?)도 『논어』 「선진」 편에서 죽음 이후에 대해 묻는 제자의 질문에 대해, "내가 삶에 대해서도 충분히 알지 못하는데, 죽음에 대해 어찌 알겠는가?" 하는 식으로 답하면서 사후세계에 대한 자신의 무지를 피해 갔다. 만약 그 물음이 사실의 문제가 아니고 의미의 문제라면, 더군더나 실존철학적 의미의 문제, 다시 말해서 사람들이 자신의 삶에 부여하는 **자기만의 의미의 문제**라면, 영혼이 있다고 생각하며 살아가든 없다고 생각하며 살아가든 무슨 상관이 있겠는가? 각자 믿고 싶은 대로 믿고 살아가면 그만일 것이기 때문이다. 문제는 그것이 우리가 현생에서는 그 진위를 가릴 수 없을지 모르지만, 어쨌건 영혼이 있든지 없든지 둘 중에 하나는 옳고 다른 하나는 틀린 것이 되는 진위의 문제라는 것이다. 그러나 부처도 공자도 그 물음을 의미의 문제로 간주하여, 제자들에게 "네가 믿고 싶은 대로 믿어라"라고 말할 수가 없었으며, 그렇다고 영혼이

24) 하이데거는 자신이 실존철학자로 분류되거나, 막스 셸러 같은 철학적 인간학자로 간주되는 것을 거부했다. 그리고 전통적인 의미의 형이상학자로 불리는 것도 반대했다. 그뿐만 아니라 존재론이란 명칭도 전통적 형이상학과 너무 밀접하게 연결되어 있다고 생각했기에, 사람들이 자신을 존재론자로 부르는 것도 사절했다. 그리고 놀랍게도 철학이란 이름은 너무 절망적인 상태에서 평판이 떨어져 있어서 더 이상 자신의 새로운 사색에 알맞는 명칭이 아니라는 이유로 하이데거는 자신의 사유가 철학으로 불리는 것도 거절한다(스피겔버그, 『현상학적 운동 1』, 최경호 · 박인철 옮김, 서울: 이론과 실천, 1991, 382-383쪽 참조).

있다거나 없다고 딱 잘라 해답을 제시하지도 못했던 것이다.[25]

칸트는 영혼과 내세의 문제에 대해 과학적으로 해답을 얻는 것은 불가능하다고 생각했다. 과학은 **'현상적 사실'**의 문제만을 다루는데, 그 문제는 '현상적 사실의 영역'(가능한 경험의 한계 내부)에 속하는 문제가 아니라는 것이다. 그렇다고 그 문제 자체를 거부할 수도 없었다. 그 문제는 이성의 본성 자체에 부과된 문제이기 때문이다. 그리하여 그는 그 문제를 인식의 지

---

25) 나는 하이데거의 존재사유를 선불교적인 깨우침과 유사한 것으로 보며, 그런 깨우침을 '우주적 깨우침'이라고 부르면서, 마치 그런 깨우침을 한 사람은 내세와 영혼불멸의 문제에 대한 해답을 갖고 있을 것으로 기대하는 것은 잘못이라고 생각한다. 깨우침은 삶에 대한 자신의 태도 변경에는 도움이 되겠지만, 그 깨우침의 체험은, 그것이 현상적 사실의 진리이든지 아니면 예지계 — 그런 이데아적 예지계가 있는지 없는지 모르지만 — 의 사실에 대한 진리이든지 간에, 사실의 문제를 해명하는 데는 아무런 소용이 없다. 공자는 여행 중에 두 아이로부터 질문을 받았다. 해가 막 떠오를 때와 중천에 떠 있을 때 중에, 어느 해가 우리로부터 가까운가 하는 물음이었다. 한 아이는 막 떠오를 때에 우리와 해의 거리가 더 가깝다고 했다. 그 근거로 가까운 것이 더 크게 보인다는 것이다. 다른 아이는 중천에 떠 있는 해가 더 가깝다고 했다. 그 근거는 더 따뜻한 것이 더 가깝다는 것이었다. 아이들의 질문에 공자는 답을 주지 못했다(김영수 선역, 『제자백가』, 서울: 동서문화사, 1976, 110쪽 참조). 나는 이 문제에 대해 부처나 예수라도 답을 못했을 것이라고 생각한다. 내가 이 책에서 일관되게 구분하고 있는 사물존재와 의미존재의 구분은 이 경우에도 유효하다. 삶의 의미를 각성시키고 삶에 대한 우리의 태도를 변경시켜주는 깨달음이라 하더라도, 그것이 아무리 우주적 깨우침이고 대자유의 경험이어서 내 삶의 의미를 밝혀주는 확철대오의 체험이라고 하더라도, 그것은 결국 내적 체험의 영역에 한정되며, 그것은 사물존재에 대한 지식을 하나도 증가시키지 못한다는 것이다. 칸트는 『순수이성비판』에서 사물존재론을 제시했다면, 『실천이성비판』에서는 의미존재론을 제시했는데, 그는 의미존재론에서의 영혼과 내세와 신에 대한 모든 이론들은 우리들에게 과학적 지식을 하나도 제공하지 못한다고 말했다. 달리 말하면, 삶의 의미의 영역에서의 그 어떤 깨우침도 과학적 지식의 확장에 기여하는 바가 단 하나도 없다는 것이다. 사람들이 불교적인 깨우침을 얻거나 영적인 신비체험을 하면 흘러가는 세상사의 배후에 있는 근본원리를 꿰뚫어보는 혜안이 생길 것으로 기대하는 것은 망상 중의 망상이다. 사람들은 빈번히 인생살이 중에 고뇌에 빠지면 스님이나 성직자들로부터 해답을 구하는 경우가 있는데, 그들이 그런 문제들에 대한 해답을 줄 수 있는 권위자라고 생각하는 근거가 그들의 깨우침이나 신비체험에 있다고 믿는다면, 이 또한 잘못된 것이다. 그들이 제시하는 해답이나 충고는 그들의 깨우침과는 별 관계가 없다. 깨우침을 얻은 사람들마다 각기 다른 충고를 한다는 것이 그들이 제공하는 해답이 깨우침과는 무관함을 입증해준다. 세상 사람들에 대한 그들의 충고가 가진 설득력은 그들의 깨우침에서 나오는 것이 아니라 그들이 가진 세상사에 대한 상식과 건전한 사고방식과 판단력에서 나오는 것이다.

평이 아니라 도덕의 지평으로 옮겨 해결한다. 우리가 앞서 말했듯이, 칸트는 『실천이성비판』에서 그 문제를 삶의 의미지평에서 다루었다. 통상 삶의 의미 문제는 주관적인 차원의 문제라고 생각하는데, 칸트는 삶의 의미 문제도 객관적인 차원의 문제라고 생각했다. 삶의 의미 문제에 대한 칸트의 해결책은 플라톤과 현대의 실존철학자들의 중간에 서 있다. 플라톤은 영혼과 내세가 있는가 하는 문제는 주관적 차원의 의미문제가 아니라고 생각했다. 그 문제는 '**예지계**(이데아계)**의 사실**'에 관한 문제다. 현대의 실존주의 철학자들은 그 문제는 주관적 차원의 의미의 문제이고 사실의 문제 ― 그 사실이 현상적 사실이든 예지적 사실이든 ― 가 아니라고 생각한다. 그러나 칸트는 실존주의자를 편들어 그 문제는 사실의 문제가 아니고 의미의 문제이지만, 이번에는 플라톤을 편들어 그 문제는 객관성의 문제라고 주장한다.

영혼이라는 것과 내세가 과연 있는가 없는가 하는 문제는 엄격히 말하면 사실에 관한 문제일 것이다. 비록 우리가 현재로서는 과학적으로 해답을 얻을 수 없다 하더라도, 영혼이라는 것은 사후에 존재하든지 존재하지 않든지 둘 중에 하나일 것이다. 그렇다면 우리가 비록 그 문제를 과학적 사실의 문제로 간주할 수 없다 하더라도, 예지적 사실의 문제라고 부를 수 있겠다. 헤센(J. Hessen, 1889-1971)은 형이상학적 대상의 특징을 다음처럼 규정한다.

> 1. 형이상학의 대상은 **실재적** 대상이다. 그것은 현존, 실재성을 갖고 있다. 2. 형이상학의 대상은 **경험 바깥**에 놓여 있다. 그것은 말하자면 경험적 대상보다도 더 깊은 층을 나타낸다. 3. 형이상학적 대상의 초월적 성격 때문에 그것은 **간접적으로만** 인식될 수 있다. 우리는 내재적

존재로부터 초월적 존재를 추리한다.[26]

헤센은 형이상학적 대상을 칸트의 물자체와 연결시킨다.

> 현상은 우리에게 주어진다. 이 현상으로부터 우리는 물자체를 인식하고자 한다. 이 물자체는 물론 현상의 기저에 놓여 있다. 따라서 우리는 현상을 수단으로 해서만 물자체를 인식할 수 있다.[27]

칸트에 있어서 현상계 즉 가능한 경험의 세계는 가능적 무한의 세계다. 물자체는 현실적 무한이다. 그것은 가능적 무한계인 현상계를 초월해 있다. 우리는 현실적 무한이 가능적 무한의 토대임을 알고 있다. 칸트식으로 표현한다면, 가능적 무한은 현실적 무한의 사유근거이고, 현실적 무한은 가능적 무한의 존재근거다. 가능적 무한만 인정하는 것은 그것이 형이상학이건 종교이건 다 허무주의다.

---

26) 요하네스 헤센, 『철학교과서』 제3권(이강조 옮김, 파주: 서광사, 2011), 260-261쪽. 강조는 헤센.

27) 요하네스 헤센, 『철학교과서』 제3권, 261쪽.

참고문헌

국내문헌

감산. 『감산의 노자풀이』. 오진탁 옮김, 서울: 서광사, 1990.

강학순. 『하이데거의 숙고적 사유』. 파주: 아카넷, 2021.

고명섭. 『하이데거 극장 2』. 파주: 한길사, 2022.

김균진. 『죽음의 신학』. 서울: 기독교서회, 2002.

김기태. 「하이데거에 있어서의 역사의 문제」. 경북대학교 대학원 철학과 철학박사 학위논문 주논문, 1975.

_____. 「Heidegger에 있어서의 사고와 시작의 문제」. 경북대학교 대학원 철학과 철학박사 학위논문, 부논문, 1975.

김석수. 「로츠(J. B. Lotz)의 '형이상학적 존재론'–'존재론적 형이상학'」. 한국가톨릭철학회, 『가톨릭 철학』 제11호, 2008: 65-96.

_____. 『요청과 지양』. 서울: 울력, 2015.

김영수(선역). 『제자백가』. 서울: 동서문화사, 1976.

김용규. 『서양 문명을 읽는 코드, 신』. 서울: 휴머니스트, 2010.

김종욱. 『하이데거와 형이상학 그리고 불교』. 서울: 철학과 현실사, 2003.

김진. 『칸트와 불교』. 서울: 철학과 현실사, 2000.

김진석. 「역사를 종말론적으로 뒤덮으려는 존재역사를 가로지르며」. 한국하이데거학회 엮음, 『하이데거의 존재사유』, 서울: 철학과 현실사, 1995.

니체, 프리드리히. 『권력에의 의지』. 강수남 옮김, 서울: 청하, 1988.

______. 『니체전집 15』. 백승영 옮김, 서울: 책세상, 2002.

______. 『니체전집 13』. 정동호 옮김, 서울: 책세상, 2005.

테브나즈, 피에르. 『현상학이란 무엇인가』. 심민화 옮김, 서울: 문학과 지성사, 1983.

데카르트, 르네. 『방법서설/성찰/정념론 외』. 김형효 옮김, 서울: 삼성출판사, 1992.

______. 『철학의 원리』.

레비나스, 에마뉘엘. 『신, 죽음 그리고 시간』. 김도형 · 문성원 · 손영창 옮김, 서울: 그린비, 2022.

레비브륄, 뤼시앙. 『원시인의 정신세계』. 김종우 옮김, 파주: 나남, 2011.

리처드 I. A, 오그든, C. K. 『의미의 의미』, 김영수 옮김, 서울: 현암사, 1987.

모랭, 에드가. 『인간과 죽음』. 김명숙 옮김, 서울: 동문선, 2000.

문성학. 「Descartes의 방법적 회의(懷疑)에 대한 고찰」. 대한철학회, 『철학연구』 42집, 1986: 171-194.

______. 『철학의 기초』. 대구: 배영출판사, 1989.

______. 『인식과 존재』. 서울: 서광사, 1991.

______. 『칸트철학과 물자체』. 울산: 울산대학교 출판부, 1995.

______. 『칸트의 인간관과 인식존재론』. 대구: 경북대학교 출판부, 2007.

______. 『칸트 윤리학의 균열』. 성남: 북코리아, 2022.

맥쿼리, 존. 『하이데거와 기독교』. 강학순 옮김, 서울: 한들출판사, 2006.

뮐러, 막스. 「오늘날 형이상학이란 무엇인가?: 형이상학의 자기 이해에 대한 세 가지 고찰」. 이기상 편저, 『하이데거 철학에의 안내』, 서울: 서광사, 1993.

바지니, 줄리언. 『에고 트릭』. 강혜정 옮김, 서울: 미래인, 2012.

박서현. 「하이데거에게서 시간성과 전회의 문제에 대한 고찰」. 철학연구회, 『철학연구』 제87집, 2009: 27-55.

박이문. 「시와 사유, 하이데거는 어째서 중요한가?」. 한국하이데거학회 엮음, 『하이데거의 존재사유』, 서울: 철학과 현실사, 1995.

박찬국. 「후기 하이데거 사상과 포퍼 사상의 비교연구: 양자의 과학관을 중심으로」. 『하이데거연구』 제15집, 2000.

______. 『하이데거와 나치즘』. 서울: 문예출판사, 2001.

______. 『하이데거와 윤리학』. 서울: 철학과 현실사, 2002.

배상식. 『하이데거의 후기사유』. 대구: 형설출판사, 2002.

백승균. 『삶의 철학으로서의 인문학』. 서울: 세창출판사, 2014.

베르그송, 앙리. 『창조적 진화』. 서정철 옮김, 서울: 을유문화사, 1992.

비트겐슈타인, 루트비히. 『논리 철학 논고』. 박영식 · 최세만 옮김, 서울: 정음사, 1985.

슐츠, 발터. 『달라진 세계와 철학: 제2권 내면화의 동향』. 송기득 옮김, 서울: 현대사상사, 1984.

스태프니, 존(외) 『서양철학과 선』. 김종욱 편역, 서울: 민족사, 1993.

스피겔버그, 허버트. 『현상학적 운동 1』. 최경호 · 박인철 옮김, 서울: 이론과 실천, 1991.

스피노자, 바루흐. 『윤리학』. 강영계 옮김, 서울: 서광사, 1990.

신상희. 『시간과 존재의 빛』. 서울: 한길사, 2000.

아도르노, 테어도어. 『부정변증법』. 홍승용 옮김, 서울: 한길사, 1999.

안병욱. 『현대사상』. 안병욱 전집 12, 서울: 삼육출판사, 1985.

______. 『키에르케고르 사상』. 안병욱 전집 14, 서울: 삼육출판사, 1988.

알버트, 칼. 『플라톤 철학과 헬라스 종교』. 서울: 아카넷, 2011.

야스퍼스, 칼. 『계시에 직면한 철학적 신앙』. 신옥희 · 변선환 옮김, 서울: 분도출판사, 1989.

어거스틴. 『고백록』. 선한용 옮김, 서울: 대한기독교서회, 1994.

에팅거, 엘즈비에타. 『한나 아렌트와 마틴 하이데거』. 황은덕 옮김, 부산: 산지니, 2013.

오트, 하인리히. 『사유와 존재: 마르틴 하이데거의 길과 신학의 길』. 김광식 옮김, 서울: 연세대학교 출판부, 1985.

유소감. 『노자철학』. 김용섭 옮김, 수원: 청계, 2000.

윤병렬. 「하이데거의 죽음-해석학과 그 한계」. 한국해석학회 엮음, 『후기 하이데거의 자유현상학』, 서울: 지평문화사, 1997.

______. 「하이데거와 도가철학의 근친적 사유세계」. 한국학중앙연구원, 『정신문화연구』 제39권 1호, 2016: 57-81.

______. 『하이데거와 도가의 철학』. 파주: 서광사, 2021.

월린, 리처드. 『하이데거, 제자들 그리고 나치』. 서울: 경희대학교 출판부, 2021.

이기상. 『존재의 바람, 사람의 길』. 서울: 철학과 현실사, 1999.

______(편저). 『하이데거 철학에의 안내』. 서울: 서광사, 1993.

______. 『존재와 시간: 인간은 죽음을 향한 존재』. 파주: 살림출판사, 2007.

______. 『쉽게 풀어쓴 하이데거의 생애와 사상 그리고 그 영향』. 서울: 누멘, 2010.

이상하. 『상황윤리』. 서울: 철학과 현실사, 2007.

이수정. 『하이데거, 그의 물음을 묻는다』. 서울: 생각의 나무, 2010.

이수정 · 박찬국. 『하이데거: 그의 생애와 사상』. 서울: 서울대학교 출판부, 1996.

이찬수. 「오늘 우리에게 신이란 – 범재신론 이해하기: 지금 여기로 걸어나온 십계1, 2계명」. 우리신학연구소, 『갈라진 시대의 기쁜 소식』 제1042호, 2013.

임승택. 「무아에 대한 형이상학적 해석의 양상들: 니까야(Nikāya)에 나타나는 '실천적 무아'와의 비교를 위한 시론」. 인도철학회, 『인도철학』 제51집, 2017: 101-138.

임익성. 「하이데거의 사유에서 전회」. 사회철학연구회, 『사회와 철학』 제40집, 2020: 1-42.

자프란스키, 뤼디거. 『하이데거, 독일의 철학 거장과 그의 시대』. 박민수 옮김, 서울: 북캠퍼스, 2017.

전동진. 「하이데거에 있어서 존재의 유한성과 유일성」. 한국하이데거학회 엮음, 『하이데거의 존재사유』, 서울: 철학과 현실사, 1995.

정기철. 「하이데거가 말한 죽음에 대한 비판적 고찰」. 범한철학회, 『범한철학』 제47집, 2007: 205-227.

제임스, 윌리엄. 『종교적 경험의 다양성』. 김재영 옮김, 서울: 한길사, 2000.

지젝, 슬라보예. 『왜 하이데거를 범죄화해서는 안 되는가』. 김영선 옮김, 파주: 글항아리, 2016.

질송, 에티엔느. 『존재와 사유』. 박영도 옮김, 대구: 이문출판사, 1985.

최상욱. 「하이데거의 언어론」. 한국해석학회 엮음, 『후기 하이데거와 자유현상학』, 서울: 지평문화사, 1997.

______. 『하이데거와 여성적 진리』. 서울: 철학과 현실사, 2006.

______. 『니체, 횔더린, 하이데거, 그리고 게르만 신화』. 파주: 서광사, 2010.

______. 『하이데거 VS 레비나스』. 서울: 세창출판사, 2019.

카푸토, 존. 『마르틴 하이데거와 토마스 아퀴나스』. 정은혜 옮김, 서울: 시간과공간사, 1993.

칸트, 임마누엘. 『순수이성비판』. 최재희 옮김, 서울: 박영사, 1974.

______. 『판단력비판』. 이석윤 옮김, 서울: 박영사, 1974.

______. 『도덕형이상학정초』. 최재희 옮김, 서울: 박영사, 1975.

______. 『실천이성비판』. 최재희 옮김, 서울: 박영사, 1975.

______. 『논리학 · 교육론』. 이엽 · 김창원 · 박찬구 옮김, 파주: 한길사, 2021.

______. 『철학서론』. 최재희 옮김, 서울: 박영사, 1975.

콜린스, 제프. 『하이데거와 나치』. 이경현 옮김, 서울: 이제이북스, 2004.

클라크, 티머시. 『마르틴 하이데거 너무나 근본적인』. 김동규 옮김, 서울: 도서출판 엘피, 2012.

테브나즈, 피에르. 『현상학이란 무엇인가』. 심민화 옮김, 서울: 문학과 지성사, 1983.

풍우란. 『중국철학사』(상). 박성규 옮김, 서울: 까치, 1999.

______. 『중국철학사』(하). 박성규 옮김, 서울: 까치, 1999.

푀겔러, 오토. 「형이상학의 정초로서의 기초존재론」. 이기상 편저, 『하이데거 철학의 안내』, 서울: 서광사, 1993.

______. 『하이데거 사유의 길』. 이기상 · 이말숙 옮김, 서울: 문예출판사, 1993.

플레처, 조셉. 『상황윤리』. 이희숙 옮김, 서울: 종로서적, 1989.

피갈, 귄터. 『하이데거』. 김재철 옮김, 고양: 인간사랑, 2008.

피브체비치, 에도. 『훗설에서 사르트르에로』. 이영호 옮김, 서울: 지학사, 1975.

하기락. 『하르트만 연구』. 서울: 형설출판사, 1982.

______. 『하기락논문집』 제4권. 자유인연맹 발행, 1987.

하르트만, 니콜라이. 『존재학원론』. 하기락 옮김, 서울: 형설출판사, 1983.

하이데거, 마르틴. 『사유란 무엇인가』. 권순홍 옮김, 서울: 고려원, 1993.

______. 『현상학의 근본문제들』. 이기상 옮김, 서울: 문예출판사, 1994.

______. 『형이상학입문』. 박휘근 옮김, 서울: 문예출판사, 1997.

______. 『존재와 시간』. 이기상 옮김, 서울: 까치, 1998.

______. 『동일성과 차이』. 신상희 옮김, 서울: 민음사, 2000.

______. 『칸트와 형이상학의 문제』. 이선일 옮김, 서울: 한길사, 2001.

______. 『형이상학의 근본개념들』. 이기상 · 강태성 옮김, 서울: 까치, 2001.

______. 『존재론』. 이기상 · 김재철 옮김, 서울: 서광사, 2002.

______. 『진리의 본질에 관하여』. 이기상 옮김, 서울: 까치, 2004.

______. 『이정표 1』. 신상희 옮김, 파주: 한길사, 2005.

______. 『이정표 2』. 이선일 옮김, 파주: 한길사, 2005.

______. 『철학입문』. 이기상 · 김재철 옮김, 서울: 까치, 2006.

______. 『강연과 논문』. 이기상 · 신상희 · 박찬국 옮김, 서울: 이학사, 2008.

______. 『사유의 사태로』. 문동규 · 신상희 옮김, 서울: 도서출판 길, 2008.

______. 『시간의 개념』. 서동은 옮김, 서울: 누멘, 2009.

______. 『빌헬름 딜타이의 탐구작업과 역사적 세계관』. 김재철 옮김, 서울: 누멘, 2010.

______. 『니체 I』. 박찬국 옮김, 서울: 도서출판 길, 2010.

______. 『니체 II』. 박찬국 옮김, 서울: 도서출판 길, 2012.

______. 『근본개념들』. 박찬국 · 설민 옮김, 서울: 도서출판 길, 2012.

______. 『언어로의 도상에서』. 신상희 옮김, 파주: 나남, 2012.

______. 『시간개념』. 김재철 옮김, 서울: 도서출판 길, 2013.

______. 『철학에의 기여』. 서울: 이선일 옮김, 새물결, 2015.

______. 『숲길』. 신상희 옮김, 파주: 나남출판, 2020.

______. 『근거율』. 김재철 옮김, 서울: 파라아카데미, 2020.

하피터. 『하이데거의 사회존재론』. 서울: 그린비, 2022.

한국하이데거학회 엮음. 『하이데거의 존재사유』. 서울: 철학과 현실사, 1995.

한국해석학회 엮음. 『후기 하이데거의 자유현상학』. 서울: 지평문화사, 1997.

한명수. 『역사철학』. 대구: 이문출판사, 1996.

한상연. 『존재의 순간』. 서울: 세창출판사, 2022.

헤센, 요하네스. 『철학 교과서』 제2권. 이강조 옮김, 파주: 서광사, 2010.

______. 『철학 교과서』 제3권. 이강조 옮김, 파주: 서광사, 2011.

헴펠, 한스 페더. 『하이데거와 선』. 이기상 · 추기연 옮김, 서울: 민음사, 1995.

홀트, 짐. 『세상은 왜 존재하는가』. 우진하 옮김, 파주: 21세기북스, 2013.

헤겔, 게오르그 빌헬름 프리드리히. 『대논리학(I)』. 임석진 옮김, 서울: 지학사, 1983.

회슬레, 비토리오. 『현대의 위기와 철학의 책임』. 이신철 옮김, 서울: 도서출판 b, 2014.

힐쉬베르거, 요한네스. 『서양철학사 하권: 근세와 현대』. 강성위 옮김, 대구: 이문출판사, 1987.

베로, 존. 『무한으로 가는 안내서』. 전대호 옮김, 서울: 해나무, 2011.

국외문헌

Augustine. *Augustine: Earlier Writings*. Ed. & Trans. H. S. Brulegih, London: The Westminster Press.

______. *Basic Writings of Saint Augusstine*, Vol. 2. New York: Random House Publishers, 1948.

Ayer, A. J. (ed.). *Logical Positivism*. New York: Free Press, 1959.

Biemel W. *Martin Heidegger: an Illustrated Study*. London: Routledge and Kegan Paul, 1977.

Carnap R. "The Elimination of Metaphysics." A. J. Ayer (ed.), *Logical Positivism*, New York: Free Press, 1959.

Copi, I. M. *Introduction to Logic*. UK: Macmillan Publishing Co., 1982.

Habermas, J. *Der philosophische Diskurs der Moderne*. Frankfurt am Main: Suhrkamp Verlag., 1986.

Hartmann N. *Ethik*. Berlin: Walter de Gruyter & Co., 1962.

______. *Zur Grundlegung der Ontologie*. Berlin: Walter de Gruyter & Co., 1965.

Hegel G. W. F. Werke in zwanzig Bänden 8, *Enzyclopädie der philosophishen Wissenschaften I*. Frankfurt am Main: Shurkamp Verlag, 1970.

Heidegger M. *Kant und das Problem der Metaphysik*. Frankfurt: Vittorio Klosterman, 1951.

______. *Sein und Seit*. Tübingen: Max Niemeyer Verlag, 1972.

______. *Zur Sache des Dendens*, 2. Tübingen: Auflage, 1976.

______. *Holzwege*. Frankfurt am Main: Vittorio Klostermann, 1977.

______. *Aus der Erfahrung des Denkens*. Günther Neske Pfullingen Verlag, 1977.

______. *Phänomenologische Interpretation von Kants Kritik der reinen Vernunft*. Frankfurt am Main: Vittorio Klostermann, 1977.

______. *Kant and the Problem of Metaphysics*. Trans. Richart Taft, Indiana University Press, 1991.

______. *Identität und Differenz*. Frankfurt am: Klostermann, 2006.

Jaspers, K. *Reason and Existenz*. Trans. W. Earle, London: Routledge & Kegan Paul., 1956.

Kant I. *Kritik der Urteilskraft*. Hamburg: Felix Meiner Verlag, 1974.

Löwith, K. *Heidegger-Denker in dürftiger Zeit*. Frankfurt, 1953.

Nietzsche F. *Der Wille zur Macht*. Stuttgart: Alfred Kroener Verlag, 1964.

Richardson, W. *Heidegger: Trough Phenomenology to Thought*. Hague: Martinus Nijhoff, 1974.

Russell, B. *History of Western Philosophy*. London: George Allen & Unwin Ltd., 1974.

Sartre, J. P. *Existentialism*, trans. B. Frechtman. New York, Philosophical Library, 1947.

______. *Being and Nothingness*. Trans. Hazel E. Barnes, New York: Philosophical Library, 1956.

용어 찾아보기

ㄴ

ㄷ

ㅁ

ㅂ

ㅅ

ㅇ

ㅊ

ㅋ

인명 찾아보기

ㄹ

ㅁ

ㅂ

ㅈ

ㅊ

ㅋ

ㅍ

ㅎ

문성학

1956년에 대구에서 출생하였다. 경북대학교에서 학사(1979), 석사(1984), 박사학위(1988)를 받았다. 1989년부터 2021년까지 경북대학교 사범대학 윤리교육과 교수로 재직했으며, 지금은 경북대학교 명예교수다. 경북대학교 교수회 사무처장, 동서사상연구소장, 도서관장, 대학기록관장, 인권센터 센터장, 대학원장, 교학부총장을 역임했으며, 한국칸트학회장, 한국윤리교육학회장, 대한철학회장을 지냈다.

칸트에 관한 저술로 『인식과 존재: 순수이성의 이율배반과 선험적 관념론』, 『칸트철학과 물자체』, 『칸트의 인간관과 인식존재론』(2007 문화관광부 우수학술도서), 『칸트윤리학과 형식주의』(2008 대한민국학술원 우수학술도서), 『칸트 윤리학의 균열』(2022 세종도서 우수학술도서)을 출간했다. 조만간 『칸트와 떠나는 형이상학 여행』이란 제목의 책을 출간하려는 계획을 갖고 있으며, 이 책을 출간하는 것으로 칸트 연구를 마감하려 한다. 윤리에 관한 연구서로는 『동물해방 대 인간존중』(2020 세종도서 우수학술도서), 『도덕윤리교육의 철학적 기초』, 『현대사회와 윤리』가 있다. 『철학과 삶의 의미』, 『어느 철학자의 한국사회 읽기』 등의 저서들도 출간했으며, 공저로 『고등학교 철학』과 『고전으로 본 인간』이 있다. 아울러 대구 · 경북의 지성사와 사회운동사를 다룬 다수의 공저들도 출간했다.

칸트에 관한 저자의 연구는 한결같이 칸트가 인간을 가능적 무한자로 보고 있다는 해석상의 입장에 근거해서 이루어지고 있다. 『신내림의 철학자 하이데거』는 칸트철학에 대한 저자의 해석상의 관점에서 하이데거를 비판적으로 분석한 책이다. 저자는 또한 그 관점에서 붓다 당대에서 현재까지 이어져 오고 있는 불교 내부의 쟁점들의 불가피성을 해부하는 것을 숙제로 생각하고 있다.